Flexibilität in völkerrechtlichen Verträgen

Europäische Hochschulschriften Recht

European University Studies in Law

Publications Universitaires Européennes de Droit

BAND/VOLUME 6835

Carolin Hoburg

Flexibilität in völkerrechtlichen Verträgen

Vertragsgestaltung für Vorbehalte und andere Flexibilitätsinstrumente

PETER LANG
Berlin · Bruxelles · Chennai · Lausanne · New York · Oxford

Bibliografische Information der Deutschen Nationalbibliothek
Die Deutsche Nationalbibliothek verzeichnet diese Publikation in der Deutschen Nationalbibliografie; detaillierte bibliografische Daten sind im Internet über http://dnb.d-nb.de abrufbar.

Zugl.: Osnabrück, Univ., Diss., 2025

DE-700
ISSN 3052-8291 (Print)
ISSN 3052-8305 (eVersion)
ISBN 978-3-631-94158-4 (Print)
ISBN 978-3-631-94183-6 (ePDF)
ISBN 978-3-631-94184-3 (ePUB)
DOI 10.3726/b23120

Verlegt durch Peter Lang GmbH, Berlin (Deutschland)

info@peterlang.com

www.peterlang.com

Kontaktadresse nach EU-Produktsicherheitsverordnung: gpsr@peterlang.com

Meiner Familie und Freunden

Inhaltsverzeichnis

KAPITEL 2

Vorwort

Die vorliegende Arbeit wurde im Sommersemester 2024 von der Juristischen Fakultät der Universität Osnabrück als Dissertation angenommen. Das Manuskript wurde im August 2024 abgeschlossen und für die Drucklegung geringfügig überarbeitet.

Mein Dank gilt zuallererst meinem Doktorvater Herrn Prof. Dr. Oliver Dörr, LL.M. für die wertvolle Betreuung und Unterstützung der Arbeit sowie die durchaus erforderliche Geduld beim Entstehungsprozess. Dankbar bin ich außerdem für die Möglichkeit, für meinen LL.M. in Sydney meine Promotion zu unterbrechen, und die Unterstützung bei der Vorbereitung des Auslandsaufenthalts. In meiner Zeit als studentische Hilfskraft und wissenschaftliche Mitarbeiterin am Lehrstuhl für Öffentliches Recht, Europarecht, Völkerrecht und Rechtsvergleichung am *European Legal Studies Institute* (ELSI) konnte ich mich sowohl juristisch als auch persönlich weiterentwickeln. Mein Dank gilt auch Herrn Prof. Dr. Thomas Groß für die schnelle Anfertigung des zweiten Gutachtens.

Mein Dank gilt im Übrigen all jenen, die mir während des Entstehungsprozesses dieser Arbeit den Rücken gestärkt und zu ihrem Gelingen beigetragen haben.

Bedanken möchte ich mich bei meinen Lemgoer Freunden, die mich bereits die Hälfte meines Lebens begleiten, und meinen langjährigen Osnabrücker Freunden. Ob aus Osnabrück, Sydney oder Berlin waren und sind sie für mich jederzeit eine Anlaufstelle. Um die Naturwissenschaftler unter ihnen nicht zu enttäuschen, schafft es mit der folgenden Abbildung zumindest eine Abbildung in meine Arbeit:

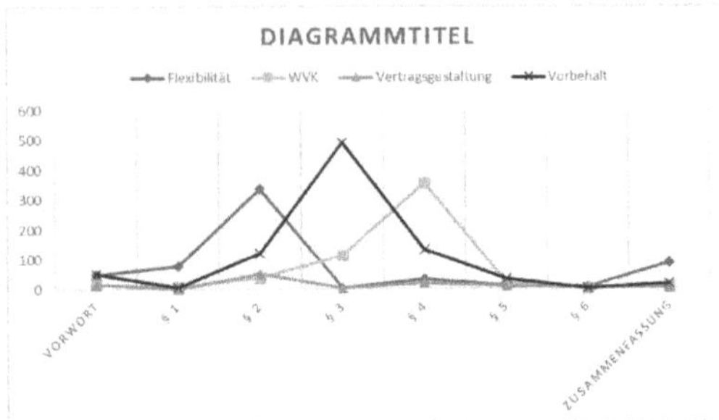

Abbildung 1: Häufigkeit verschiedener Begriffe über den Verlauf der Arbeit

Mein Dank gebührt ebenfalls Julia Hartmann und Lisa Brinkmann für ihren stetigen Zuspruch. Von Herzen möchte ich mich bei Elsa Marie Brandt für ihre unermüdliche Unterstützung und dafür, dass sie auch in schwierigen Situationen mein Nordlicht war, bedanken.

Schließlich gilt mein ganz besonderer Dank meiner Familie inklusive Ingrid Reineke, auf deren Unterstützung ich mich auf meinem bisherigen Lebensweg immer verlassen konnte. Ohne meine Eltern, Dr. Elke Hoburg und Dr. Ralf Hoburg, wäre mein universitärer Werdegang nicht möglich gewesen – für ihren Rat und ihre Unterstützung bin ich Ihnen von Herzen dankbar.

Berlin im August 2025
Carolin Hoburg

Abkürzungsverzeichnis

a. A.	andere Ansicht
ABl.	Amtsblatt
Abs.	Absatz
AEUV	Vertrag über die Arbeitsweise der Europäischen Union
Art.	Artikel; Article
Aufl.	Auflage
Begr.	Begründer
BGBl.	Bundesgesetzblatt
BVerfG	Bundesverfassungsgericht
BVerfGE	Entscheidungen des Bundesverfassungsgerichts
bzgl.	bezüglich
Bzw.	beziehungsweise
ca.	circa
CCPR	International Covenant on Civil and Political Rights
CERD	Committee on the Elemination of Racial Discrimination
CESCR	Committee on Economic, Social and Cultural Rights
CETA	Comprehensive Trade and Economic Agreement
CETS	Council of Europe Treaty Series
DDR	Deutsche Demokratische Republik
ders.	derselbe
Diss.	Dissertation
ECHR	European Convention on Human Rights
EG	Europäische Gemeinschaften
EGMR	Europäischer Gerichtshof für Menschenrechte
EKMR	Europäische Kommission für Menschenrechte

EL	Ergänzungslieferung
engl.	englisch
EMRK	Europäische Menschenrechtskonvention
et. al.	et alii/aliae/alia
etc.	et cetera
EU	Europäische Union
EuGH	Europäischer Gerichtshof
f.	folgende
ff.	die folgenden
Fn.	Fußnote
fr.	französisch
GG	Grundgesetz
ggf.	gegebenenfalls
GK	Große Kammer
Habil	Habilitation
Hrsg.	Herausgeber
i. E.	im Ergebnis
i.e.S.	im engeren Sinne
i.S.v.	im Sinne von
i.w.S.	im weiteren Sinne
ICJ	International Court of Justice
ICSID	International Centre for Settlement of Investment Disputes
IGH	Internationaler Gerichtshof
ILC	International Law Commission
ILO	International Labour Organization
JZ	Juristen Zeitung
lit.	littera
MOP	Meeting of the Parties
MPEPIL	The Max Planck Encyclopedia of Public International Law
NJW	Neue Juristische Wochenschrift
Nr.	Nummer
PCA	Permanent Court of Arbitration
PCIJ	Permanent Court of International Justice
Pl.	Plenum
Rep.	Reports

RGBl	Reichsgesetzblatt
Rn.	Randnummer
S.	Satz; Seite
sog.	sogenannte/r/s
st.Rspr.	ständige Rechtsprechung
StIGH	Ständiger Internationaler Gerichtshof
TRIPS	Agreement on Trade-Related Aspects of Intellectual Property Rights
u. a.	unter anderem; und andere/s
UAbs	Unterabsatz
u. s. w.	und so weiter
UN	United Nations
UN Doc.	United Nations Documents
UNCITRAL	United Nations Commission on International Trade Law
UNCLOT	United Nations Conference on the Law of Treaties
UNESCO	United Nations Educational Scientific and Cultural Organization
UNIO	United Nations Conference on International Organization
Univ.	Universität
UNTS	United Nations Treaty Series
UNTS	United Nations Treaty Series
Urt.	Urteil
v.	von; vom
VCLT	Vienna Convention on the Law of Treatis
vgl.	vergleiche
Vol.	Volume
vs.	versus
VwGO	Verwaltungsgerichtsordnung
WTO	World Trade Organization
WVK	Wiener Vertragsrechtskonvention
z. B.	zum Beispiel
zugl.	zugleich

Einleitung

„Reservations are not the only procedure enabling the parties to a treaty to exclude or modify the legal effect of certain provisions of the treaty or of certain particular aspects of the treaty as a whole. Accordingly, it seems useful to link the consideration of the definition of reservations to that of other procedures, which, while not constituting reservations, are, like them, designed to enable and do indeed enable States and international organizations to modify obligations under treaties to which they are parties; what are involved are alternatives to reservations, and recourse to such procedures may probably make it possible, in specific cases, to overcome some problems linked to reservations. In the Commission's view, these procedures, far from constituting invitations to States to limit the effects of the treaty, would instead help to make recourse to reservations less "necessary" or frequent by offering more flexible treaty techniques."[1]

A. Der Vorbehalt als Flexibilitätsinstrument *„par excellence"*

Der Vorbehalt wird als ein Flexibilitätsinstrument *„par excellence"* bezeichnet.[2] Dabei wirft diese Aussage verschiedene Fragen auf. Die erste Fragestellung ist, was überhaupt ein Flexibilitätsinstrument ist. Nach der in dieser Arbeit formulierten Begriffsbeschreibung umfasst Flexibilität in völkerrechtlichen Verträgen Methoden, die es den Parteien erlauben, ihre Rechte und Pflichten

---

1 ILC Guide to Practice on Reservations to Treaties 2011, UN Doc. A/66/10/Add.1, Guideline 1.7 – Commentary, Rn. 1.

2 *Del Mar*, in: Tams/Tzanakopoulos/Zimmermann (Hrsg.), Research Handbook on the Law of Treaties, 285 (285).

kollektiv oder individuell zu verändern, sowie die Methoden, die ohne rechtlich unterschiedliche Pflichten einen Spielraum bei der Rechtsbefolgung schaffen. Schließlich inkludiert Flexibilität die Freiheit, aus einem Vertrag auszutreten.[3]

Zweitens stellt sich die Frage, warum der Vorbehalt ein Flexibilitätsinstrument *„par excellence"* ist. Durch einen Vorbehalt kann eine Partei eines völkerrechtlichen Vertrages die Rechtswirkung einzelner Vertragsbestimmungen in der Anwendung auf dieses Völkerrechtssubjekt ausschließen oder ändern. Völkerrechtssubjekte können Vorbehalte sehr vielfältig einsetzen und sie zu verschiedenen Zwecken nutzen. Der Vorbehalt erlaubt einem Völkerrechtssubjekt, einem Vertrag zuzustimmen, obwohl es eine bestimmte, darin enthaltene Pflicht nicht eingehen kann oder möchte. Durch einen Vorbehalt kann eine Partei einen Ausgleich zwischen ihrem Partikularinteresse und den Vorgaben des Vertrages erreichen.

Die vielseitige Einsetzbarkeit des Vorbehalts liegt auch in den Regeln in der WVK begründet. Nach der Definition in Art. 2 Abs. 1 lit. d) WVK kann eine Partei die Rechtswirkungen einzelner Vertragsbestimmungen in der Anwendung auf diese Partei ausschließen oder ändern. Durch einen Vorbehalt kann eine Partei einzelne Regeln für sich ausschließen, den Anwendungsbereich einzelner Normen oder die Rechtsfolge einer Norm ändern. Schließlich unterstellen einige Vorbehalte die konkrete Anwendung des völkerrechtlichen Vertrags dem nationalen Recht oder religiösen Regeln. Jeder Autor eines Vorbehalts entscheidet selbst, zu welchen Regelungen des Vertrages er einen Vorbehalt erklärt und welche der Varianten eines Vorbehalts er wählt.

Die WVK begrenzt den Autor eines Vorbehalts auf vier Arten. Erstens setzt die WVK eine zeitliche Grenze, indem ein Völkerrechtssubjekt einen Vorbehalt spätestens bei der Unterzeichnung, Ratifikation, Annahme oder Genehmigung eines Vertrags oder bei dem Beitritt erklären muss. Zweitens begrenzt die WVK Vorbehalte materiell, da ein Vorbehalt nach Art. 19 lit. c) WVK nicht mit Ziel und Zweck des Vertrages unvereinbar sein darf. Drittens beeinflusst nach Art. 20 WVK die Reaktion der anderen Vertragsparteien in Form der Annahme oder des Einspruchs zu einem erklärten Vorbehalt die Rechtswirkungen des Vorbehalts. Viertens hat der Autor eines Vorbehalts

---

3 Siehe ausführlich → Kap. 1 A.

aufgrund der reziproken Wirkung gem. Art. 20 Abs. 4 lit. a) i. V. m. Art. 21 Abs. 1 lit. a) WVK das Risiko zu berücksichtigen, dass die begrenzende Wirkung seines Vorbehalts gegenüber ihm selbst geltend gemacht wird.[4]

In der Praxis begegnen diese Begrenzungen jedoch verschiedenen Schwierigkeiten, sodass trotz dieser Begrenzungen das WVK-Regime zu Vorbehalten die vorbehaltserklärende Partei begünstigt.[5] Zunächst fehlt es in der praktischen Anwendung an einer einheitlichen Prüfung und Kontrolle der Vereinbarkeit mit Ziel und Zweck des Vertrages.[6] Weiterhin führen nach den Regeln der WVK sowohl Annahme als auch Einspruch zu einem Vorbehalt dazu, dass die durch den Vorbehalt betroffene Norm zwischen der vorbehaltserklärenden Partei und der anderen Partei nicht anzuwenden ist.[7] Darüber hinaus ist eine reziproke Wirkung nach Art. 21 Abs. 1 lit. a) WVK aufgrund der Natur des Vertrages für Verträge mit integraler Erfüllungsstruktur nicht möglich.[8] Schließlich lassen die Regeln der WVK die Rechtsfolgen unzulässiger Vorbehalte offen.[9]

Um den offenen Fragen zu begegnen und den Völkerrechtssubjekten eine Orientierung zu bieten, hat die *International Law Commission (ILC)* 2011 einen

---

4 ILC Guide to Practice on Reservations to Treaties 2011, UN Doc. A/66/10/Add.1, Guideline 4.2.4, Rn. 31.

5 *Behnsen*, Das Vorbehaltsrecht völkerrechtlicher Verträge, 54; *Greig*, in: Virginia Journal of International Law 1993–1994 (Vol. 34), 295 (327 f.); *Klabbers*, in: Nordic Journal of International Law 2000 (Vol. 69), 179 (179).

6 *Del Mar*, in: Tams/Tzanakopoulos/Zimmermann (Hrsg.), Research Handbook on the Law of Treaties, 285 (309); *Kühner*, Vorbehalte zu multilateralen völkerrechtlichen Verträgen, 135–137; *Pehl*, Repräsentative Auslegung, 105.

7 *Behnsen*, Das Vorbehaltsrecht völkerrechtlicher Verträge, 53 f.; *Klabbers*, in: Nordic Journal of International Law 2000 (Vol. 69), 179 (179, 181); *Kühner*, Vorbehalte zu multilateralen völkerrechtlichen Verträgen, 184 f.; *Pergantis*, The Paradigm of State Consent in the Law of Treaties, 264; *Ruda*, in: Recueil des Cours 1975 (Vol. 146), 96 (199).

8 *Del Mar*, in: Tams/Tzanakopoulos/Zimmermann (Hrsg.), Research Handbook on the Law of Treaties, 285 (308 f.); *Giegerich*, Treaties, Multilateral, Reservations to, in: Wolfrum (Hrsg.), MPEPIL, Rn. 26; *Kühner*, Vorbehalte zu multilateralen völkerrechtlichen Verträgen, 202 f.; *Walter*, in: Dörr/Schmalenbach, VCLT, Art. 21 Rn. 22 f.; *Whelan*, Reciprocity in International Public Law, 86.

9 *Giegerich*, Treaties, Multilateral, Reservations to, in: Wolfrum (Hrsg.), MPEPIL, Rn. 30; *Pehl*, Repräsentative Auslegung, 105; *Pietropaoli*, in: Journal of Human Rights 2019 (Vol. 14), 83 (97).

unverbindlichen „Guide to Practice on Reservations to Treaties“[10] verabschiedet. Die lebhafte und kritische Debatte in der Literatur über Vorbehalte hat dies jedoch nicht beendet.[11]

B. Maßgeschneiderte Flexibilität durch Vertragsgestaltung

Um in einen völkerrechtlichen Vertrag flexible Elemente aufzunehmen, stehen Völkerrechtssubjekten viel mehr Optionen als nur der Rückgriff auf das Standardregime für Vorbehalte nach der WVK zur Verfügung. Die Regeln der WVK zu Vorbehalten und zu den weiteren flexiblen Elementen wie der teilweisen Zustimmung nach Art. 17 WVK oder der vorläufigen Anwendung nach Art. 25 WVK sind dispositives Recht, von dem Völkerrechtssubjekte durch konkret ausgestaltete Regeln in einem Vertrag abweichen können. Dabei ist das Ziel der Vertragsgestaltung auf internationaler Ebene eine zeit- und zukunftsgerechte Gestaltung von internationalen Beziehungen zwischen verschiedenen Völkerrechtssubjekten mit den Mitteln und in den Grenzen des Rechts.[12] Die Vertragsgestaltung dient dazu, bestimmte Ziele der Vertragsparteien umzusetzen und unerwünschte Folgen zu vermeiden.[13] Insofern hat der Vertragsjurist eine instrumentale Sicht auf das Recht. Er nutzt das Recht als Instrument, um die Interessen und Ziele einer oder mehrerer Parteien zu verwirklichen.[14] Das Völkervertragsrecht ermöglicht den

---

10 ILC Guide to Practice on Reservations to Treaties 2011, UN Doc. A/66/10/Add.1.

11 *Chow*, in: International and Comparative Law Quarterly 2017 (Vol. 66), 335; *Del Mar*, in: Tams/Tzanakopoulos/Zimmermann (Hrsg.), Research Handbook on the Law of Treaties, 285; *De Vriese*, in: The Law and Practice of International Courts and Tribunals 2022 (Vol. 21), 35; *Girshovich*, in: International Community Law Review 2014 (Vol. 16), 333; *McCall-Smith*, in: International Community Law Review 2014 (Vol. 16), 263; *Pietropaoli*, in: Journal of Human Rights 2019 (Vol. 14), 83; *Pergantis*, The Paradigm of State Consent in the Law of Treaties, 254–256; *Turk*, in: Berkeley Journal of International Law 2018 (Vol. 36), 446 (487); *Tyc/Janku/Sipulova*, in: International Community Law Review 2014 (Vol. 16), 371.

12 Vgl. für privatrechtliche Verträge: *Rehbinder*, Archiv für die civilistische Praxis 1974 (Vol. 174), 265 (266); *Rehbinder*, Vertragsgestaltung, 1.

13 *Kunkel*, Vertragsgestaltung, 7, 27 f.; *Rehbinder*, Archiv für die civilistische Praxis 1974 (Vol. 174), 265 (266).

14 *Kamanabrou/Wietfeld*, Vertragsgestaltung, § 1 Rn. 30; *Rehbinder*, Vertragsgestaltung, 1, 45 f.

Völkerrechtssubjekten dabei einen großen Gestaltungsspielraum. Zum einen können sie die Schwächen der WVK-Regeln zu Vorbehalten durch konkretere vertragliche Regeln reduzieren oder ausgleichen. Zum anderen existieren viele weitere Flexibilitätsinstrumente, die ein ähnliches Ergebnis wie Vorbehalte erzielen können[15] und welche die Völkerrechtssubjekte ebenfalls vertraglich weiter ausgestalten können. Diese weniger bekannten Flexibilitätsinstrumente fristen vielfach ein Schattendasein. Bereits die ILC nahm in ihrem „Guide to Practice on Reservations to Treaties" zum Vorbehaltsregime einen Abschnitt über Alternativen zu Vorbehalten und interpretativen Erklärungen auf, um die Bekanntheit dieser Alternativen zu erhöhen.[16]

Ein Beispiel, wie andere Instrumente als Vorbehalte Flexibilität in Verträgen einfügen können, ist die Vertragspraxis der Internationalen Arbeitsorganisation (ILO) mit knapp unter 200 Verträgen.[17] In der Praxis der ILO sind zu ihren Verträgen keine Vorbehalte erlaubt.[18] Die ILO begründet dies mit Besonderheiten in der Vorbereitung, dem Abschluss und der Anwendung der ILO Übereinkommen.[19] Vorbehalte würden dem Kompromiss entgegenlaufen, der in den Verhandlungen unter Einbeziehung von Repräsentanten

---

15 *Wittich*, in: Zimmermann/Hoffmann (Hrsg.), Unity and Diversity in International Law, 345 (359).

16 ILC Guide to Practice on Reservations to Treaties 2011, UN Doc. A/66/10/Add.1, Guideline 1.7.

17 Zur Vertragsgestaltung und Flexibilität innerhalb der ILO: ILO, Working Paper No. 315, The flexibility clauses of the Work in Fishing Convention, 2007 (No. 188), online verfügbar: https://www.ilo.org/publications/flexibility-clauses-work-fishing-convention-2007-no-188 [28.07.2025]; *Devlin*, in: Blokker/Schermers (Hrsg.), Proliferation of International Organizations, 365; *Jenks*, in: Social Policy in a Changing World: The ILO-Response – Speeches by W. Jenks, online verfügbar: https://webapps.ilo.org/public/libdoc/ilo/1976/76B09_212.pdf [28.07.2025], 79; *LeClercq*, in: ILSA Journal of International and Comparative Law 2015 (Vol. 22), 105; *McMahon*, in: British Yearbook of International Law 1965–1966 (Vol. 41), 1; *Politakis*, in: Chesterman/Malone/Villalpando/Ivanovic (Hrsg.), The Oxford Handbook of United Nations Treaties, 229; *Valticos*, in: International Labour Review 1996 (Vol. 135), 473.

18 Fifth Report on reservations to treaties by the Special Rapporteur Mr. Allain Pellet, UN Doc. A/CN.4/508/Add.1 (2000), Rn. 157; ILC Guide to Practice on Reservations to Treaties 2011, UN Doc. A/66/10/Add.1, Guideline 1.1.6 – Commentary, Rn. 3.

19 Memorandum by the Director of the International Labour Office to the Committee of Experts for the Codification of International Law, in: League of Nations, Official Journal 1927, 882 (882).

von Arbeitern und Arbeitnehmern gefunden wurde.[20] Statt Vorbehalten enthalten die verschiedenen ILO Übereinkommen eine Vielzahl anderer Flexibilitätsinstrumente wie *Opting-Out*-Klauseln[21] oder vertraglich eingeräumte Ausgestaltungsmöglichkeiten des Anwendungsbereichs[22].

Diese Dissertation widmet sich der Analyse der Flexibilität in völkerrechtlichen Verträgen. Im Zentrum des Erkenntnisinteresses steht zunächst die Frage, was unter dem Begriff der Flexibilität im Kontext völkerrechtlicher Vertragsgestaltung zu verstehen ist. Darüber hinaus nimmt die Arbeit die Frage in den Blick, wie Flexibilität völkervertragsrechtlich begrenzt werden kann. Ein weiterer Schwerpunkt liegt auf der Identifikation und Darstellung der Instrumente, die Völkerrechtssubjekte neben dem klassischen Vorbehalt nutzen können, um Flexibilität in völkerrechtlichen Verträgen einzuführen. Ziel ist es, die Vielfalt dieser Mechanismen zu erfassen und ihre Funktionsweise darzustellen. Die Arbeit veranschaulicht die unterschiedlichen Flexibilitätsinstrumente und deren Begrenzungen anhand der aktuellen

---

20 Memorandum by the Director of the International Labour Office to the Committee of Experts for the Codification of International Law, in: League of Nations, Official Journal 1927, 882; *Gormley*, in: Fordham Law Review 1970 (Vol. 39), 59 (65 f.); *McMahon*, in: British Yearbook of International Law 1965–1966 (Vol. 41), 1 (79).

21 Ein Beispiel ist Art. 2 Abs. 1 des *ILO Übereinkommens Nr. 63 über Statistiken der Löhne und der Arbeitszeit in den hauptsächlichsten Zweigen des Bergbaus und der Industrie, einschließlich des Baugewerbes, und in der Landwirtschaft*:
„Jedes Mitglied, das dieses Übereinkommen ratifiziert, kann durch eine Erklärung, die seiner Ratifikation beizufügen ist, von der aus seiner Ratifikation sich ergebenden Verpflichtung ausschließen
a) entweder einen der Teile II, III oder IV oder
b) die Teile II und IV oder
c) die Teile III und IV.“. Quelle: Normlex (Information System on International Labour Standards, https://normlex.ilo.org/).

22 Ein Beispiel ist Art. 2 des *ILO-Übereinkommens Nr. 26 über die Einrichtung von Verfahren zur Festsetzung von Mindestlöhnen* vor:
„Jedem Mitglied, das dieses Übereinkommen ratifiziert, steht es frei, nach Anhörung der Berufsverbände der Arbeitgeber und der Arbeitnehmer, falls solche Verbände für das betreffende Gewerbe oder einen Teil des Gewerbes bestehen, selbst zu entscheiden, auf welche Gewerbe oder Teile von Gewerben und insbesondere auf welche Zweige der Heimarbeit oder auf welche ihrer Teile die in Artikel 1 vorgesehenen Verfahren zur Festsetzung von Mindestlöhnen angewendet werden sollen.“ (RGBl. 1929 II 375; BGBl. 1952 II 607. International: Normlex (Information System on International Labour Standards, https://normlex.ilo.org/).

völkervertraglichen Praxis. Die Darstellung der Vertragspraxis bietet die Grundlage, um als weiteren Schwerpunkt der Arbeit aufzuzeigen, welche Vertragsgestaltungsoptionen für Flexibilität in völkerrechtlichen Verträgen bestehen.

Aus dem Untersuchungsgegenstand sowie aus dem Erkenntnisinteresse dieser Arbeit ergibt sich der folgende Untersuchungsgang: Zunächst stellt Kapitel 1 den Begriff der Flexibilität in völkerrechtlichen Verträgen umfassend anhand von fünf verschiedenen Facetten dar. Im Zusammenhang mit völkerrechtlichen Verträgen wird der Begriff Flexibilität in verschiedener rechtswissenschaftlicher, politikwissenschaftlicher oder wirtschaftswissenschaftlicher Literatur verwendet.[23] Diese Darstellungen setzen ein Verständnis von Flexibilität teilweise voraus und definieren sie nicht.[24] Weitere Definitionen sind dagegen unvollständig.[25]

Ausgeklammert wird in dieser völkervertraglichen Arbeit die Flexibilität durch nicht-bindende Vereinbarungen. Dies sind Vereinbarungen oder Instrumente, die nur politische oder moralische Pflichten und keine rechtlich bindenden Verpflichtungen oder rechtliche Konsequenzen enthalten.[26] Nicht-bindende Vereinbarungen stellen ein sehr flexibles Handlungsinstrument

---

23 So z. B.: *Åkermark/Mårsäter*, in: Nordic Journal of International Law 2005 (Vol. 74), 509; *Burmann*, in: Der Betriebswirt 2001 (Vol. 61), 169; *Helfer*, in: Dunoff/Pollack (Hrsg.), Interdisciplinary Perspectives on International Law and International Relations, 175; *Schropp*, Trade Policy Flexibility and Enforcement in the World Trade Organization; *van Aaken*, in: Journal of International Economic Law 2009 (Vol. 12), 507; *van Asselt*, in: Netherlands Yearbook of International Law 2014 (Vol. 45), 255; *Wild*, Flexibilität in multilateralen Instrumenten.

24 So z. B.: *Helfer*, in: Dunoff/Pollack (Hrsg.), Interdisciplinary Perspectives on International Law and International Relations, 175; *van Asselt*, in: Netherlands Yearbook of International Law 2014 (Vol. 45), 255.

25 Beispielsweise beschränkt sich die folgende Definition einer „flexibility provision“ materiell auf die Suspendierung: „A 'flexibility provision' is 'any provision of an international agreement that allows a country to suspend the concessions it previously negotiated without violating or abrogating the terms of the agreement.'“ *Kucik/Reinhardt*, in: International Organization 2008 (Vol. 62), 477 (477).

26 *Fitzmaurice/Elias*, Contemporary Issues in the Law of Treaties, 2; *Gautier*, Non-Binding Agreements, in: Wolfrum (Hrsg.), MPEPIL, Rn. 1; *Schmalenbach*, in: Dörr/Schmalenbach (Hrsg.), VCLT, Art. 2, Rn. 37.

innerhalb des Völkerrechts dar.[27] Die Flexibilität von nicht-bindenden Vereinbarungen insbesondere in Situationen, in denen kein Konsens für rechtsverbindliche Vereinbarungen gefunden werden konnte, stellt einen Grund dar, weshalb sich diese als Handlungsinstrumente entwickelt haben.[28]

Kapitel 2 stellt Flexibilität als Aspekt der Vertragsgestaltung dar. Ob und wie aushandelnde Völkerrechtssubjekte Flexibilität in einen Vertrag aufnehmen, ist eine Frage der Vertragsgestaltung. Dies umfasst insbesondere auch, wie Flexibilitätsinstrumente begrenzt werden können. Obwohl die Mechanismen zur Begrenzung rechtstechnisch mit verschiedenen Flexibilitätsinstrumenten kombiniert werden können, sind übliche Kombinationen entstanden. Beispielsweise wird der Vorbehalt nach der WVK durch eine zeitlich festgelegte Grenze, die Einspruchsrechte der anderen Parteien, die Vereinbarkeit mit Ziel und Zweck des Vertrages und den Grundsatz der Reziprozität eingeschränkt. Obwohl es den aushandelnden Völkerrechtssubjekten möglich wäre, sehen Vorbehaltsklauseln seltener z. B. Berichtspflichten über die Anwendung und den Grund für den Vorbehalt vor oder begrenzen die Berechtigung, einen Vorbehalt zu erklären. Um den Blick über diese üblichen Kombinationen hinaus zu weiten, stellt Kapitel 2 die verschiedenen Begrenzungsmöglichkeiten für Flexibilitätsinstrumente dar.

Die Kapitel 3–6 beschreiben die verschiedenen Flexibilitätsinstrumente für die in Kapitel 1 als die ersten drei Facetten der Flexibilität identifizierten Aspekte. Im Rahmen dieser Arbeit liegt der Fokus auf Instrumenten, die eine Alternative zu Vorbehalten darstellen. Da Instrumente, die einzig die Rechte und Pflichten der Parteien einheitlich für alle verändern oder einer Partei ermöglicht, den Vertrag vollständig zu beenden, dies nicht sind, werden sie im Rahmen dieser Arbeit nicht vollständig analysiert.[29]

Ausgangspunkt der Darstellung der verschiedenen Flexibilitätsinstrumente ist dabei in Kapitel 3 eine ausführliche Übersicht über das Regelungsregimes für Vorbehalte und der davon abweichenden Vertragsgestaltungsmöglichkeiten. Abweichungen von gleichförmigen Rechten und Pflichten in einem Vertrag werden in der Literatur unter verschiedenen Gesichtspunkten behandelt.

---

27 *Aust*, in: International and Comparative Law Quarterly 1986 (Vol. 35), 787 (789); *Guzman*, in: European Journal of International Law 2005 (Vol. 16), 579 (591 f.).

28 *Fitzmaurice/Elias*, Contemporary Issues in the Law of Treaties, 6.

29 Instruktiv insofern die Behandlungen durch *Fitzmaurice/Merkouris*, Treaties in Motion und *Binder*, Grenzen der Vertragstreue im Völkerrecht.

Zwar beschäftigen sich zahlreiche rechtswissenschaftliche Publikationen mit einzelnen Flexibilitätsinstrumenten in Verträgen, jedoch beschränken sie sich dabei auf eine begrenzte Anzahl an Flexibilitätsinstrumenten.[30] Bisher existiert keine übergreifende Darstellung von Flexibilitätsinstrumenten im Völkervertragsrecht oder wurde keine generelle Analyse der Flexibilität von Rechten und Pflichten innerhalb eines völkerrechtlichen Vertrages verfasst. Beispielsweise umfasst der Abschnitt über Alternativen zu Vorbehalten in dem „ILC Guide to Practice on Reservations to Treaties" zwölf Seiten und nennt zehn Alternativen zu Vorbehalten.

Weiterhin sind für eine umfassende Darstellung völkerrechtliche Verträge in verschiedenen Rechtsgebieten einzubeziehen. Die Ausweitung des Völkerrechts in unterschiedliche Rechtsgebiete führt dazu, dass verschiedene Flexibilitätsinstrumente speziell in einzelnen Gebieten wie dem Umweltvölkerrecht, Handelsverträgen oder Menschenrechtsverträgen verwendet werden. Sie werden an die Bedürfnisse der Vertragsparteien in diesem Bereich angepasst und in der Literatur in diesem Zusammenhang behandelt, ohne zu betrachten, dass die gleichen oder ähnliche Ansätze in anderen Bereichen ebenfalls verwendet werden und sich lediglich die Bezeichnung oder konkrete Ausgestaltung unterscheidet.[31] Um aufzuzeigen, welche Instrumente im

---

30 *Åkermark/Mårsäter*, in: Nordic Journal of International Law 2005 (Vol. 74), 509; *Bilder*, Managing the Risks of International Agreement, 36–77; *Bodansky/van Asselt*, The Art and Craft of International Environmental Law, 257–261; *Bowman*, in: Bowman/Kritsiotis (Hrsg.), Conceptual and Contextual Perspectives on the Modern Law of Treaties, 392; *Fitzmaurice/Merkouris*, Treaties in Motion; *Galbraith*, in: Virginia Journal of International Law 2013 (Vol. 53), 309; *Gormley*, in: Fordham Law Review 1970 (Vol. 39), 59; *Gormley*, in: Fordham Law Review 1971 (Vol. 39), 413; *Helfer*, in: Dunoff/Pollack (Hrsg.), Interdisciplinary Perspectives on International Law and International Relations the State of the Art, 175; *Marcoux*, in: Conflict Management and Peace Science 2009 (Vol. 26), 209; *Koremenos*, The Continent of International Law, 99–191; *Virally*, Les clauses échappatoires en matière d'instruments internationaux relatifs aux droits de l'homme, in: Universitè catholique de Louvain (Hrsg.), 6.

31 Zur Flexibilität im Bereich der WTO und Handelsverträgen: *Feichtner*, The Law and Politics of WTO Waiver: Stability and Flexibility in Public International Law; *Pelc*, Making and Bending International Rules; *Schropp*, Trade Policy Flexibility and Enforcement in the World Trade Organization. Zur Flexibilität innerhalb der ILO: ILO, Working Paper No. 315, The flexibility clauses of the Work in Fishing Convention, 2007 (No. 188), online verfügbar: https://www.ilo.org/publications/flexibility-clauses-work-fishing-convention-2007-no-188 [28.07.2025]; *Devlin*, in: Blokker/Schermers

Völkervertragsrecht zur Verfügung stehen und inwiefern diese sich zwischen verschiedenen Rechtsgebieten ähneln oder unterscheiden, wählt diese Arbeit einen rechtsgebietsübergreifenden Ansatz.

Ebenfalls nur einzelne Flexibilitätsinstrumente thematisieren verschiedene Autoren der Politikwissenschaften, der Ökonomie, der internationalen Beziehungen oder disziplinübergreifenden Veröffentlichungen, wenn sie sich insbesondere damit beschäftigen, anhand der Ansätze der rationalen Wahl oder der Verhaltensökonomie ein Vertragsdesign zu erklären.[32] Dabei verwenden verschiedene Veröffentlichungen einen quantitativen Ansatz und vergleichen das Vertragsdesign vieler Verträge.[33] Die vorliegende rechtswissenschaftliche Arbeit wählt dagegen einen dogmatischen Ansatz, indem sie die aktuell existierenden flexiblen Ausgestaltungen in völkerrechtlichen Verträgen deskriptiv darstellt. Dabei verbindet die Arbeit die Beschreibung der Flexibilitätsinstrumente mit dem instrumentalen Ansatz der Vertragsgestaltung und veranschaulicht anhand von Beispielen aus Verträgen die konkrete Vertragsgestaltung der Flexibilitätsinstrumente. Eine derartige Kombination wählt ebenfalls *Hollis*, in dessen Werk verschiedene Autoren zunächst einzelne Themen des Völkervertragsrechts darstellen.[34] Die

---

(Hrsg.), Proliferation of International Organizations, 365; *Jenks*, in: Social Policy in a Changing World: The ILO-Response – Speeches by W. Jenks, online verfügbar: https://webapps.ilo.org/public/libdoc/ilo/1976/76B09_212.pdf [28.07.2025], 79; *LeClercq*, in: ILSA Journal of International and Comparative Law 2015 (Vol. 22), 105; *McMahon*, in: British Yearbook of International Law 1965–1966 (Vol. 41), 1; *Politakis*, in: Chesterman/Malone/Villalpando/Ivanovic (Hrsg.), The Oxford Handbook of United Nations Treaties, 229; *Valticos*, in: International Labour Review 1996 (Vol. 135), 473. Zur Flexibilität im Umweltvölkerrecht: *Barrett*, Environment and Statecraft: The Strategy of Environmental Treaty-Making, 133–194; *Bodansky/van Asselt*, The Art and Craft of International Environmental Law, 251–272.

32 *Koremenos/Lipson/Snidal*, in: International Organization 2001 (Vol. 55), 761; *Koremenos*, in: International Organizations 2001 (Vol. 55), 289; *Kucik/Reinhardt*, in: International Organization 2008 (Vol. 62), 477; *Marcoux*, in: Conflict Management and Peace Science 2009 (Vol. 26), 209; *Rosendorff/Milner*, in: International Organizations 2001 (Vol. 55), 829; *Thompson*, in: European Journal of International Relations 2010 (Vol. 16), 269; *van Aaken*, in: Journal of International Economic Law 2009 (Vol. 12), 507.

33 *Boockmann/Thurner*, in: International Environmental Agreements 2006 (Vol. 6), 113; *Galbraith*, in: Virginia Journal of International Law 2013 (Vol. 53), 309; *Koremenos*, The Continent of International Law.

34 Hollis (Hrsg.), The Oxford Guide to Treaties.

Sammlung an Vertragsklauseln am Ende des Buches enthält einige Flexibilitätsinstrumente, jedoch verschiedene andere nicht.

Weiterhin zeigt diese Arbeit auf, welche weiteren vertragsgestalterischen Möglichkeiten den verhandelnden Völkerrechtssubjekten offenstehen, um Flexibilität in einen Vertrag aufzunehmen und sie zu begrenzen. Die vorliegende Bestandsaufnahme der aktuellen verschiedenen Flexibilitätsinstrumente mag die nach *Virally* unbegrenzte Fantasie der Juristen und Diplomaten in der Vertragsgestaltung[35] anregen zu neuen Kombinationen von Flexibilitätsinstrumenten und ihren Begrenzungen, um die Flexibilität auf den Vertrag maßzuschneidern.

---

35 *Virally*, Les clauses èchappatoires en matière d'instruments internationaux relatifs aux droits de l'homme, in: Universitè catholique de Louvain (Hrsg.), 6: „La seule chose qu'il me soit permis de faire à ce tritre est un inventaire des moyens utilisés par les Etats pour limiter l'effet obligatoire des traités auxquels ils sont parties. C'est un inventaire difficile, car l'imagination des jurists et des diplomates dans ce domaine s'est révélée sans limites.“ Meine Übersetzung: „Das Einzige, was ich in diesem Kapitel tun darf, ist, eine Bestandsaufnahme der Mittel zu machen, die von den Staaten eingesetzt werden, um die bindende Wirkung der Verträge, denen sie beigetreten sind, zu begrenzen. Es ist eine schwierige Bestandsaufnahme, denn die Phantasie der Juristen und Diplomaten auf diesem Gebiet hat sich als grenzenlos erwiesen.“.

Flexibilität des Völkervertragsrechts

Der lateinische Wortursprung *flexibilis* (biegsam, geschmeidig, unbeständig)[36] sowie die gleichgebliebene Wortbedeutung des deutschen Begriffs Flexibilität, des englischen Worts *flexibility* und des französischen Wortes *flexibilité* genügen nicht, um ausreichend klarzustellen, was Flexibilität als Konzept des Völkervertragsrechts bedeutet. Vorliegend steht nicht die Flexibilität[37] der gesamten Völkerrechtsordnung im Vordergrund, sondern im Speziellen die Flexibilität innerhalb eines völkerrechtlichen Vertrages. Im Zusammenhang mit völkerrechtlichen Verträgen wird der Begriff „Flexibilität" in verschiedener rechtswissenschaftlicher, politikwissenschaftlicher oder wirtschaftswissenschaftlicher Literatur verwendet.[38] Vertreten wird, dass es sich bei dem Begriff „Flexibilität" ausschließlich um einen nicht-rechtlichen Begriff der ökonomischen Vertragstheorie handelt.[39] Demgegenüber stellen die nächsten Abschnitte dar, welche rechtliche Bedeutung „Flexibilität in multilateralen

---

36 *Lošek (Hrsg,),* Stowasser.

37 Eine historische Darstellung zu Flexibilität im Recht nimmt *Pelc* vor: *Pelc*, Making and Bending International Rules, 43–92.

38 So z. B.: *Åkermark/Mårsäter*, in: Nordic Journal of International Law 2005 (Vol. 74), 509; *Burmann*, in: Der Betriebswirt 2001 (Vol. 61), 169; *Helfer*, in: Dunoff/Pollack (Hrsg.), Interdisciplinary Perspectives on International Law and International Relations, 175; *Schropp*, Trade Policy Flexibility and Enforcement in the World Trade Organization; *van Aaken*, in: Journal of International Economic Law 2009 (Vol. 12), 507; *van Asselt*, in: Netherlands Yearbook of International Law 2014 (Vol. 45), 255; *Wild*, Flexibilität in multilateralen Instrumenten.

39 So bzgl. ihres Artikels *van Aaken*, in: The Journal of World Investment & Trade 2014 (Vol. 15), 827 (831).

Verträgen" hat (A.). In der Literatur werden neben dem Begriff „Flexibilität" weitere Bezeichnungen verwendet (B.).

A. Flexibilität des Völkervertragsrechts – ein facettenreicher Begriff

Flexibilität umfasst nach dieser Arbeit Methoden, die es den Parteien erlauben, ihre Rechte und Pflichten kollektiv oder individuell zu verändern, sowie die Methoden, die ohne rechtlich unterschiedliche Pflichten einen Spielraum bei der Rechtsbefolgung schaffen. Schließlich inkludiert Flexibilität die Freiheit, aus einem Vertrag auszutreten.

Um eine umfassende Darstellung von Flexibilität zu ermöglichen, stellen die nächsten Abschnitte eine Definition der Flexibilität innerhalb des Völkervertragsrechts anhand von fünf Facetten dar. Die Facetten stehen gleichrangig nebeneinander. Aus der folgenden Reihenfolge ergibt sich keine Hierarchie.

In der ersten Facette bedeutet Flexibilität in völkerrechtlichen Verträgen, dass die Parteien innerhalb eines Bereiches selbstständig entscheiden können, welches Verhalten die Vertragspflichten erfüllt (A.I.). Die zweite Facette von Flexibilität meint, dass andere Parteien oder ein Kontrollorgan aufgrund einer verringerten Kontrolldichte nicht (vollständig) überprüfen kann, ob eine Partei sich vertragskonform verhält (A.II.). Außerdem umfasst die dritte Facette von Flexibilität völkerrechtlicher Verträge das Abweichen von gleichförmigen Rechten und Pflichten für alle Vertragsparteien (A.III.). Darüber hinaus meint die vierte Facette von Flexibilität, dass sich Rechte und Pflichten für alle Parteien während der Vertragsdauern verändern können (A.IV.). Schließlich umfasst die fünfte Facette von Flexibilität völkerrechtlicher Verträge, dass Völkerrechtssubjekte einen multilateralen Vertrag wieder vollständig beenden können (A.V.).

Einzelne Instrumente können teilweise mehreren Facetten zugeordnet werden. Ein Beispiel ist der Rahmenvertrag-Protokoll-Ansatz[40]. Dabei werden durch spätere Protokolle die Pflichten erweitert, sodass dieser Aspekt zu der vierten Facette zählt. Gleichzeitig ermöglicht es ein Abweichen der Rechte und Pflichten durch verschiedene Parteien und ist folglich ein Aspekt der dritten Facette.

---

40 Dazu näher → Kapitel 4 F. III. 1.

I. Erste Facette: Bereich der Rechtmäßigkeit

Die erste Facette von Flexibilität meint den Bereich, innerhalb dessen sich die Parteien selbst bei rechtlich formal gleichförmigen Rechten und Pflichten vertragskonform verhalten (1.). Dieser Bereich entsteht zum einen durch einen Interpretationsspielraum (2.) und zum anderen durch einen Umsetzungsspielraum (3.). Alle Maßnahmen, die innerhalb dieser Spielräume liegen, sind eine zulässige Form der Vertragserfüllung.

1. Generelle Beschreibung

Ein Bereich der Rechtmäßigkeit entsteht bei jeglicher Form von Recht, ob dies nun parlamentarische Gesetze, Verträge auf nationaler Ebene zwischen zwei natürlichen oder juristischen Personen oder völkerrechtliche Verträge sind. Diese Facette stellt *van Aaken* in ihrer Definition dar:

> „[F]lexibility in the narrow sense is the possibility of acting within a given legal frame without breaching the treaty. Generally, flexibility in contracts can be visualized as a Bell curve (Gaussian function) which allows for a certain range of behavior, that is, a 'legal interval.' Within the interval, all behavior is allowed. Behavior at the very extremes is not allowed. The issue of course is where to draw the line of the permitted interval - it may be broader or narrower, depending on the treaty text (explicit flexibility) or on the interpretation by tribunals (implicit flexibility).“[41]

Ähnlich formuliert es *Shany* unter der Bezeichnung „normative Flexibilität“:

> „*Normative flexibility* – international norms subject to the doctrine have been characterized as open-ended or unsettled. Such norms provide limited conduct-guidance and preserve a significant 'zone of legality' within which states are free to operate.“[42]

Der Bereich der Rechtmäßigkeit wird teilweise auch als „Zone der Rechtmäßigkeit“ (*zone of legality*) bezeichnet.[43] Eine weitere Bezeichnung ist „interpretative Flexibilität“:

> „Interpretive flexibility provisions grant individual members leeway in interpreting and implementing agreement rules and commitments.“[44]

---

41 *Van Aaken*, in: The Journal of World Investment & Trade 2014 (Vol. 15), 827 (832).
42 *Shany*, in: European Journal of International Law 2006 (Vol. 16), 907 (910).
43 *Shany*, in: European Journal of International Law 2006 (Vol. 16), 907 (910).
44 *Marcoux*, in: Conflict Management and Peace Science 2009 (Vol. 26), 209 (211).

Der Begriff der „interpretativen Flexibilität" wird allerdings unterschiedlich weit verstanden. *Marcoux* sieht als Quelle für diese interpretative Flexibilität sowohl Vorbehalte als auch die Präzision einer Norm.[45] Ein solch weites Verständnis ist abzulehnen. „Interpretative Flexibilität" ist in Anlehnung an den Begriff der Interpretation zu verstehen. Interpretation ist der Prozess, der darauf abzielt, die wahre Bedeutung einer Norm zu ermitteln.[46] Vorbehalte dienen nicht dazu, das Verständnis von Inhalt oder den Anwendungsbereich einer Norm zu konkretisieren, sondern verändern die Bindung an eine Norm, ihren Anwendungsbereich oder ihren Inhalt. Dagegen führt die Existenz eines Bereichs der Rechtmäßigkeit nicht zu unterschiedlichen Verpflichtungen der Parteien, denn die Parteien sind nur verpflichtet, sich innerhalb des zulässigen Spielraums zu verhalten. Solange eine Partei sich innerhalb des zulässigen Bereichs bewegt, erfüllt sie die Anforderungen des Vertrages.

Bei der Bestimmung des Bereichs der Rechtmäßigkeit sind zwei Aspekte zu unterscheiden: Der Interpretationsspielraum (2.) und der Umsetzungsspielraum (3.).

2. Interpretationsspielraum

Den konkreten Inhalt und den Effekt einer Rechtsnorm ermitteln die Normanwender durch Interpretation.[47] Die Interpretation eines völkerrechtlichen Vertrages ist der notwendige Schritt vor der Anwendung des Vertrages,[48] weshalb jeder Rechtsanwender zur Interpretation berechtigt und verpflichtet ist.[49] Enthält ein Vertrag keine speziellen Regeln zur Auslegung, sind die

---

45 *Marcoux*, in: Conflict Management and Peace Science 2009 (Vol. 26), 209 (211 f.).

46 *Barak*, Purposive Interpretation, 6; *Dörr*, in: Dörr/Schmalenbach (Hrsg.), VCLT, Art. 31, Rn. 2; *Orakhelashvili*, The Interpretation of Acts and Rules in Public International Law, 285; *van Damme*, Treaty Interpretation by the WTO Appellate Body, 33. Dazu näher → Kapitel 5 B.

47 *Orakhelashvili*, The Interpretation of Acts and Rules in Public International Law, 285.

48 *Dörr*, in: Dörr/Schmalenbach (Hrsg.), VCLT, Art. 31, Rn. 14; *Endicott*, Vagueness in Law, 11; *Orakhelashvili*, The Interpretation of Acts and Rules in Public International Law, 285; *Stern*, in: Fitzmaurice/Elias/Merkouris (Hrsg.), Treaty Interpretation and the Vienna Convention on the Law of Treaties: 30 Years on, 111 (111 f.).

49 *Bernhardt*, Auslegung völkerrechtlicher Verträge, 43 f.; *Dörr*, in: Dörr/Schmalenbach (Hrsg.), VCLT, Art. 31, Rn. 17; *Heymann*, Einseitige Interpretationserklärungen zu multilateralen Verträgen, 47.

Regeln der Art. 31–33 WVK anzuwenden.[50] Aufgrund der dort genannten verschiedenen Methoden, die darüber hinaus unterschiedlich kombiniert werden können, entstehen Variationen des Auslegungsprozesses sowie des Auslegungsergebnisses.[51] Anders als teilweise vertreten[52], führt die korrekte Anwendung der Interpretationsregeln nicht zwangsläufig zu nur einem einzigen korrekten Auslegungsergebnis, sondern häufig zu mehreren zulässigen Auslegungsergebnissen, unter denen die auslegende Person sich für eine entscheiden kann.[53] Insofern entsteht ein Interpretationsspielraum, welcher Flexibilität schafft. Der Interpretationsspielraum wird teilweise als *margin of interpretation*,[54] als *interpretative space*[55], als *interpretative range*[56] oder *zone of ambiguity*[57] und deren Ausübung als *judicial discretion*[58] bezeichnet.

---

50 Der Inhalt der Interpretationsregeln der WVK wird hier nicht ausführlicher dargestellt. Es wird verwiesen auf grundlegende Darstellungen: *Djeffal*, Static and evolutive Treaty interpretation; *Dörr*, in: Dörr/Schmalenbach (Hrsg.), VCLT, Art. 31-Art. 33; *Gardiner*, Treaty Interpretation; *Herdegen*, Interpretation in International Law, in: Wolfrum (Hrsg.), MPEPIL; *Linderfalk*, On the Interpretation of Treaties; *Orakhelashvili*, The Interpretation of Acts and Rules in Public International Law, 285–439; *Villiger*, VCLT, Art. 31–33.

51 *Sorel/Boré Eveno*, in: Corten/Klein, VCLT, Art. 31 Rn. 58; *Kolb*, The Law of Treaties, 155 f.; *Linderfalk*, On the Interpretation of Treaties, 45.

52 *Croley/Jackson*, in: American Journal of International Law 1996 (Vol. 90), 193 (200); *Ehlermann/Ehring*, in: Journal of International Economic Law 2005 (Vol. 8), 803 (810); *Fitzmaurice/Merkouris*, in: Fitzmaurice/Elias/Merkouris (Hrsg.), Treaty Interpretation and the Vienna Convention on the Law of Treaties: 30 Years on, 153 (183–187); *Gardiner*, Treaty Interpretation, 30–35; *Spamann*, in: Journal of World Trade 2004 (Vol. 38), 509 (517).

53 Teilweise wird vertreten, dass es lediglich eine zulässige Auslegung gäbe. Zu dieser Diskussion ausführlich → Kapitel 6 B. I. 1.

54 *Goodwin-Gil*, in: International Refugee Law 1999 (Vol. 11), 730; *Herdegen*, Interpretation in International Law, in: Wolfrum (Hrsg.), MPEPIL, Rn. 4; *Stern*, in: Fitzmaurice/Elias/Merkouris (Hrsg.), Treaty Interpretation and the Vienna Convention on the Law of Treaties: 30 Years on, 111 (111 f.).

55 *Waibel*, in: Research Handbook on the Law of Treaties, Tams/Tzanakopoulos/Zimmermann (Hrsg.), 375 (383).

56 *Fahner*, in: European Journal of International Law 2021 (Vol. 32), 835 (845 f.); *Watson*, in: American Journal of International Law 1977 (Vol. 71), 60 (67).

57 *Chayes/Chayes*, in: International Organizations 1993 (Vol. 47), 175 (189).

58 *Barak*, Purposive Interpretation, 207.

3. Umsetzungsspielraum

Eine Erfüllungshandlung ist all jenes Handeln, Dulden oder Unterlassen, welches die Rechtspflicht aus einer Norm erfüllt. Je nach Art der Rechtspflicht und abhängig von der Formulierung einer Norm, erfüllt entweder nur eine tatsächliche Handlung die Pflicht oder können verschiedene Handlungen die Rechtspflicht erfüllen. Während der Interpretationsspielraum die Grenzen des rechtlich Zulässigen betrifft, knüpft der Umsetzungsspielraum daran an und ist die Freiheit der Parteien, wie sie ihre rechtlichen Pflichten innerhalb des rechtlich Zulässigen umsetzen. So führten *Donders* und *Vleugel* hinsichtlich des Umsetzungsspielraums aus:

> „Treaty provisions should be, in principle, defined as clearly as possible, but flexibility is needed for the individual application of the treaty provisions."[59]

Ähnlich formuliert *Thomson*:

> „In this chapter, a decision outcome is said to delegate discretion to an implementer if the implementer can take one of two or more policy actions and still comply with the law of which the decision outcome is part."[60]

Viele Normen in völkerrechtlichen Verträgen sind nicht so präzise formuliert, dass sie nur durch eine bestimmte Form der Umsetzung erfüllt werden können.[61] Insbesondere räumen Vertragsnormen einen Spielraum ein, die einen Standard oder ein Ziel festlegen, während sie den Parteien die Wahl der Umsetzungsmittel überlassen.[62] Jede Partei kann dann bei der Rechtsanwendung bestimmen, durch welche Maßnahmen sie den Vertrag erfüllt. Dies ist vergleichbar mit einer Richtlinie i. S. v. Art. 288 UAbs. 3 AEUV auf EU-Ebene.

Ein Beispiel einer Norm mit sowohl weitem Interpretationsspielraum als auch weitem Umsetzungsspielraum ist Art. 2 Abs. 1 des *Übereinkommens*

---

59 *Donders/Vleugel*, in: Kanetake/Nollkaemper (Hrsg.), The Rule of Law at the National and International Levels: Contestations and Deference, 321 (327).

60 *Thomson*, Resolving controversy in the European Union, 252.

61 *Bodansky*, in: Japanese Yearbook of International Law 2011 (Vol. 54), 62 (70 f.).

62 *Bodansky*, in: Japanese Yearbook of International Law 2011 (Vol. 54), 62 (71); *Shany*, in: European Journal of International Law 2006 (Vol. 16), 907 (912–917); *van Asselt*, in: Netherlands Yearbook of International Law 2014 (Vol. 45), 255 (271); *von Rochow*, Transnationale Nomaden im Völkerrecht, 187.

gegen Folter und andere grausame, unmenschliche oder erniedrigende Behandlung oder Strafe:

> „Jeder Vertragsstaat trifft wirksame gesetzgeberische, verwaltungsmäßige, gerichtliche oder sonstige Maßnahmen, um Folterungen in allen seiner Hoheitsgewalt unterstehenden Gebieten zu verhindern."[63]

Der Interpretationsspielraum betrifft die Frage, welche Maßnahmen „wirksame" sind. Beispielsweise wäre es eine unwirksame Maßnahme, wenn ein Staat die Gesundheitsversorgung für Folteropfer ausbaut. Denn dies würde nicht dazu dienen, Folterungen zu verhindern. Der Umsetzungsspielraum nimmt die Gesamtheit der wirksamen Maßnahmen als Grundlage und ermöglicht einer Partei, aus diesen auszuwählen. So hat eine Partei eine große Auswahl, wie sie verhindert, dass ihre Polizisten jemanden foltern. Dies umfasst ein gesetzliches Verbot der Folter, Verwaltungsanweisungen, Sensibilisierung von Polizisten im Rahmen der Ausbildung oder in regelmäßigen Abständen, das Disziplinarrecht sowie das Strafrecht.

Eine solche Bandbreite zulässiger Umsetzungsmaßnahmen macht den jeweiligen Vertrag flexibel, indem der Vertrag nicht bereits konkrete Umsetzungsmaßnahmen vorschreibt.[64] Dadurch können die Parteien weitere individuelle Erwägungen einbeziehen, wenn sie ihre völkervertraglichen Pflichten umsetzen. Sie können berücksichtigen, wie sich die Umsetzung am besten in ihr Rechtssystem einfügt oder wie sie möglichst kosteneffizient erfolgen kann.[65]

4. Zusammenfassung

Zusammengefasst ist die erste Facette von Flexibilität, dass sich für die Parteien ein Bereich der Rechtmäßigkeit eröffnet, innerhalb dessen sie auswählen können, wie sie Pflichten erfüllen. Dieser Bereich besteht in zwei Formen:

---

63 BGBl. 1990 II 246. International: UNTS Vol. 1465, 85.

64 *Schropp*, Trade Policy Flexibility and Enforcement in the World Trade Organization, 87.

65 Die Kosteneffizienz für Einsparungen von CO2-Emissionen war insbesondere für die verschiedenen Umsetzungsinstrumente des Kyoto-Protokolls sowie den Regelungen der Paris Vereinbarung ein relevanter Faktor: *Mayer*, The International Law on Climate Change, 132; *van Asselt/Gupta*, in: Stanfort Environmental Law Journal 2009 (Vol. 28), 311 (376 f.).

Zum einen auf der Ebene der Auslegung durch einen Interpretationsspielraum und zum anderen auf Ebene der Umsetzung durch einen Umsetzungsspielraum. Alle Maßnahmen, die innerhalb dieser Spielräume liegen, sind eine zulässige Form der Vertragserfüllung. Es bestehen zwar rechtlich formal gleichförmige Rechte und Pflichten, dennoch erlaubt der Bereich der Rechtmäßigkeit den Vertragsparteien innerhalb dieses Bereichs individuelle Zweckmäßigkeitserwägungen zu treffen, wie sie ihre Pflichten erfüllen.

Die Bezeichnung als interpretative Flexibilität[66] ist missverständlich, da sie den Fokus auf den Spielraum aufgrund der Interpretation legt und den Umsetzungsspielraum nicht umfasst. Weiter ist der Begriff normative Flexibilität[67], welcher verdeutlicht, dass die Grundlage für diese Facette von Flexibilität der Wortlaut und die Normstruktur ist. Dies gilt jedoch nicht exklusiv für Flexibilität aufgrund eines Bereichs der Rechtmäßigkeit. Beispielsweise wird für die evolutive Auslegung und eine Änderung der Pflichten dadurch ebenfalls regelmäßig herangezogen, wie eine Norm formuliert ist.[68] Daher wird der Begriff der normativen Flexibilität im Folgenden nicht verwendet.

Wie Völkerrechtssubjekte bei Vertragsgestaltung beeinflussen können, wie umfangreich ein Bereich der Rechtmäßigkeit ist, wird in Kapitel 5 dargestellt.

II. Zweite Facette: Der Umfang der Kontrolldichte

Die zweite Facette von Flexibilität umfasst den Umfang der Kontrolldichte, welche bei einer Überprüfung der Pflichterfüllung einer Partei durch andere Parteien oder ein sonstiges Kontrollorgan angelegt werden kann. In ähnlicher Weise umschreibt dies auch *van Aaken*:

> „A second dimension of flexibility is grounded in the strictness of scrutiny of those clauses (scope of review). Again, these are found on a continuum: at one end, there are self-judging clauses, at the other end, there is strict scrutiny by the tribunals. Treaty-makers determine whether they include this second dimension in their treaties: it is up to them to bind tribunals to the texts or delegate as far as possible."[69]

---

66 *Marcoux*, in: Conflict Management and Peace Science 2009 (Vol. 26), 209 (211).

67 *Van Aaken*, in: RW Rechtswissenschaft 2013 (Vol. 4), 227 (244).

68 Dazu näher → Kapitel 1 A. IV.

69 *Van Aaken*, in: The Journal of World Investment & Trade 2014 (Vol. 15), 827 (850).

Der Überprüfungsmaßstab oder die Kontrolldichte, welche Englisch zumeist als *„standard of review“*[70] bezeichnet wird, meint die Art und die Intensität der Überprüfung von Entscheidungen oder Handlungen der Vertragsparteien und ihrer jeweiligen Organe durch eine Kontrollinstanz.[71] Möglich ist dabei eine vollständige Kontrolle oder eine eingeschränkte Kontrolle. Für die Kontrolldichte sind verschiedene Bereiche zu unterscheiden.

Die Kontrollinstanz stellt bei einer vollständigen Kontrolle die relevanten Tatsachen fest, überprüft sie, ermittelt das anwendbare Recht und wendet dieses auf den konkreten Fall an.[72] Bei einer vollständigen Kontrolle ist die Kontrollinstanz an keine Feststellungen oder Beurteilungen der zuerst handelnden Einheit, also der Vertragspartei bzw. ihrer Organe, gebunden. Demgegenüber respektiert im Rahmen eines eingeschränkten Prüfungsmaßstabes die Kontrollinstanz vollständig oder in Teilen die Feststellungen und Beurteilungen der zuerst handelnden Einheit, solange sich diese innerhalb genereller Grenzen bewegen.[73] Diese Art der Kontrolldichte wird daher im Englischen auch als *„deference“*[74] bezeichnet. *Deference* bedeutet dabei Respekt oder Zurückhaltung und umschreibt damit den Mechanismus, dass die Kontrollinstanz die Feststellungen oder Beurteilungen der zuerst

---

70 *Fahner*, in: European Journal of International Law 2021 (Vol. 32), 835 (858); *Lanovoy*, in: Kajtár (Hrsg.), Secondary Rules of Primary Importance, 42 (42); *Spamann*, in: Journal of World Trade 2005 (Vol. 38), 509 (509).

71 *Bohanes/Lockhart*, in: Bethlehem u. a. (Hrsg.), The Oxford Handbook of International Trade Law, 378 (379 f.); *Gruszczynski/Werner*, in: Gruszczynski/Werner (Hrsg.), Deference in International Courts and Tribunals, 1 (2); *Henckels*, in: Gruszczynski/Werner (Hrsg.), Deference in International Courts and Tribunals, 113 (114).

72 *Gruszczynski/Werner*, in: Gruszczynski/Werner (Hrsg.), Deference in International Courts and Tribunals, 1 (2); *Petersmann*, in: Gruszczynski/Werner (Hrsg.), Deference in International Courts and Tribunals, 19 (19 f.).

73 *Bohanes/Lockhart*, in: Bethlehem u. a. (Hrsg.), The Oxford Handbook of International Trade Law, 378 (380).

74 WTO Appellate Body, *EC Measures concerning meat and meat products (hormones)*, WT/DS26/AB/R, Report vom 16.01.1998, Rn. 111; *Arato*, in: Virginia Journal of International Law 2014 (Vol. 54), 545 (549 f.); *Asche*, Die Margin of Appreciation, 2; *Burke-White/von Staden*, in: Virginia Journal of International Law 2008 (Vol. 48), 307 (372 f.); *Henckels*, in: Gruszczynski/Werner (Hrsg.), Deference in International Courts and Tribunals, 113 (115 f.); *Letsas*, in: Oxford Journal of Legal Studies 2006 (Vol. 26), 705 (722).

handelnden Einheit nicht erneut selbst vornimmt, sondern in der getroffenen Form akzeptiert.

Eine verringerte Kontrolldichte kann sich aufgrund verschiedener Mechanismen ergeben. Erstens kann ein Vertrag ausdrücklich den Prüfungsmaßstab für eine Kontrollinstanz festlegen. Zweitens kann die Kontrolle einer Überprüfungsinstanz für einzelne Normen oder Tatbestandsmerkmale durch *self-judging clauses* in dem Vertrag beschränkt werden. Drittens kann sich die Kontrollinstanz selbst beschränken, indem sie den Parteien eine *margin of appreciation* einräumt.

Zunächst kann ein Vertrag die Kontrolldichte ausdrücklich festlegen oder der Vertrag enthält *self-judging clauses*. Dabei handelt es sich um Formulierungen, die es den Parteien überträgt, einzuschätzen, ob eine Voraussetzung vorliegt oder nicht. Diese Einschätzung ist durch Kontrollorgane nur begrenzt überprüfbar. Verwendete Formulierungen für *self-judging clauses* sind "*it considers*", "*it determines*" oder "*it decides.*"[75] Ein Beispiel ist Art. 2 lit. c) der *Convention between the Government of the French Republic and the Government of the Republic of Djibouti concerning judicial assistance in criminal matters*:

> „Judicial assistance may be refused:
>
> [...]
>
> (c) If the requested State considers that execution of the request is likely to impair its sovereignty, security, public policy or other essential interests."[76]

Für diesen Artikel hat der IGH festgestellt, dass er der Partei ein Einschätzungsspielraum („*discretion*") einräumt.[77] Statt einer vollen Kontrolle ist die Auslegung und Anwendung von *self-judging clauses* gem. Art. 26 WVK regelmäßig nur einer Kontrolle am Maßstab Treu und Glauben unterworfen.[78]

Außerdem kann sich eine reduzierte Kontrolldichte aufgrund einer Selbstbeschränkung des Kontrollorgans ergeben. Ein Beispiel dafür ist der EGMR.

---

75 *Sabanogullari*, General Exception Clauses in International Investment Law, 43.

76 UNTS Vol. 1695, 297.

77 IGH, *Certain Questions of Mutual Assistance in Criminal Matters (Djibouti v. France)*, ICJ Rep. 2008, S. 177, Rn. 145.

78 IGH, *Certain Questions of Mutual Assistance in Criminal Matters (Djibouti v. France)*, ICJ Rep. 2008, S. 177, Rn. 145; International Centre for Settlement of Investment

Der EGMR definiert teilweise nur Grenzen, welche die Parteien nicht überschreiten dürfen. Innerhalb dieser Grenzen kommt den Parteien bei der Anwendung ein gerichtlich nicht zu überprüfender weiter Einschätzungs- oder Ermessensspielraum (*margin of appreciation*) zu, wie sie die Vertragspflichten konkret erfüllen.[79] Ebenfalls gilt die *margin of appreciation* teilweise für die Frage, ob Tatbestandsvoraussetzungen einer Norm, insbesondere des Notstandes i. S. d. Art. 15 EMRK, vorliegen.[80]

Erstmals ausdrücklich nennt die EMRK die *margin of appreciation* seit Inkrafttreten des 15. Zusatzprotokolls am 01.08.2021 in der Präambel der EMRK.[81] Die deutsche Fassung übersetzt die *margin of appreciation* als Ermessensspielraum.[82] In der deutschsprachigen Literatur wurden zuvor die Begriffe Ermessensspielraum[83] und Beurteilungsspielraum[84] verwendet. Im Folgenden wird dennoch die englische Bezeichung *margin of appreciation* genutzt werden, da so die bestehende begrenzte Kontrolldichte präzise innerhalb des Völkervertragsrechts sowie gegenüber nationalen Rechtsbegriffen abgegrenzt werden kann.

Praktisch werden die erste und zweite Facette von Flexibilität häufig zusammen vorliegen. Eine beschränkte Kontrolldichte durch eine internationale

---

Disputes, *LG&E Energy Corp, LG&E Capital Corp. LG&E Capital, Inc. v. Argentine Republic*, ICSID Case No. ARB/02/1, Decision on Liability, 03.10.2006; *Burke-White/von Staden*, in: Virginia Journal of International Law 2008 (Vol. 48), 307 (370, 376); *Sabanogullari*, General Exception Clauses in International Investment Law, 43; *Ragni*, in: Gruszczynski/Werner (Hrsg.), Deference in International Courts and Tribunals, 319 (328 f.); *Schill/Briese*, in: Max Planck Yearbook of International Law 2009 (Vol. 13), 61 (120); *van Aaken*, in: The Journal of World Investment & Trade 2014 (Vol. 15), 827 (845 f.).

79 EKMR Nr. 1468/62, Yearbook of the European Convention on Human Rights 6, 1963, 278 (330) – *Iversen v Norway*; EGMR Nr. 1474/62 u. a., Series A 6, Rn. 5 – *Belgian Linguistic Case*; Nr. 4451/70 – *Golder v United Kingdom*; Nr. 10511/10 - *Murray v The Netherlands (GK)*; Nr. 37452/02, Rn. 89 f., 101 – *Stummer v Austria (GK)*; *Arai-Takahashi*, The Margin of Appreciation Doctrine and the Jurisprudence of the ECHR, 1–9; *Cot*, Margin of Appreciation, in: Wolfrum (Hrsg.), MPEPIL, Rn. 7–31.

80 *Weber*, Notstandskontrolle, 107.

81 BGBl. 2014 II 1034, 1035; 2021 II 522. International: CETS Nr. 213.

82 BGBl. 2014 II 1034, 1035; 2021 II 522. International: CETS Nr. 213.

83 *Asche*, Die Margin of Appreciation, 65 f.

84 *Prepeluh*, in: Zeitschrift für ausländisches öffentliches Recht und Völkerrecht 2001 (Vol. 61), 771 (774); *Weber*, Notstandskontrolle, 102–107.

Überprüfungsinstanz kann insbesondere den Umsetzungsspielraum der Parteien in der Konstellation absichern, in denen eine Instanz das Auslegungsergebnis überprüfen kann. Dennoch handelt es sich um zwei voneinander zu trennende Aspekte. Der Umsetzungsspielraum und die beschränkte Kontrolldichte unterscheiden sich darin, dass der Umsetzungsspielraum zwangsläufig auf Rechtsfolgenseite angesiedelt ist, während eine beschränkte Kontrolldichte sowohl auf Tatbestands- wie auf Rechtsfolgenseite möglich ist.[85] Dies veranschaulicht Art. 15 Abs. 1 EMRK:

> „Wird das Leben der Nation durch Krieg oder einen anderen öffentlichen Notstand bedroht, so kann jede Hohe Vertragspartei Maßnahmen treffen, die von den in dieser Konvention vorgesehenen Verpflichtungen abweichen, jedoch nur, soweit es die Lage unbedingt erfordert und wenn die Maßnahmen nicht im Widerspruch zu den sonstigen völkerrechtlichen Verpflichtungen der Vertragspartei stehen."[86]

Nach dem EGMR bestehen für die Begriffe „öffentlichen Notstand"[87] und „Maßnahmen ..., soweit es die Lage unbedingt erfordert"[88] eine *margin of appreciation*. Auf Rechtsfolgenseite eröffnet nur der Begriff „Maßnahmen ..., soweit es die Lage unbedingt erfordert" einen Umsetzungsspielraum.

Ebenso wie für die erste Facette bestehen zwar formal gleichförmige Rechte und Pflichten, allerdings werden in dem nicht (vollständig) kontrollierten Bereich die individuellen Beurteilungen und Zweckmäßigkeitserwägungen einer jeden Partei vor einer Kontrolle von außen geschützt.

III. Dritte Facette: Abweichung von gleichförmigen Rechten und Pflichten

Die dritte Facette der Flexibilität in völkerrechtlichen Verträgen ist weit zu verstehen und umfasst das Abweichen von gleichförmigen Rechten und Pflichten für alle Vertragsparteien. Ein Abweichen von gleichförmigen

---

85 Beispielsweise unterscheidet der EGMR für seine *Margin of Appreciation* nicht zwischen Tatbestands- und Rechtsfolgenseite: *Stahl*, Schutzpflichten im Völkerrecht, 49.

86 Neufassung der deutschen Übersetzung aus BGBl. 2010 II, 1199. International: CETS Nr. 5.

87 EGMR, Nr. 5310/71 – *Ireland v. The United Kingdom*, Rn. 207; Nr. 14553/89, 14554/89 – *Brannigan and McBride v. The United Kingdom*, Rn. 47.

88 EGMR, Nr. 5310/71 – *Ireland v. The United Kingdom*, Rn. 207; Nr. 3455/05, *A and Others v. The United Kingdom*, Rn. 184.

Rechten und Pflichten liegt vor, wenn sich die Rechte und Pflichten einer Partei qualitativ oder quantitativ von denen aller oder einzelner anderer Parteien unterscheiden. Sieht ein Vertrag beispielsweise eine optionale Klausel[89] vor, sind aus dieser nur die Parteien gebunden, die eine entsprechende Erklärung abgegeben haben. Ihre Rechte und Pflichten unterscheiden sich zu den Parteien, die eine Erklärung nicht abgegeben haben. Der Vorbehalt ist ein Flexibilitätsinstrument innerhalb der dritten Facette, bei der die Rechte und Pflichten der Parteien voneinander abweichen. Durch einen Vorbehalt ist eine Partei beispielsweise nicht an eine Norm gebunden, die für alle anderen Parteien gilt. Die Rechte und Pflichten aus dem Vertrag sind daher nicht mehr für alle Parteien gleichförmig. Eine solche Abweichung kann von Beginn des Vertrages bzw. der Bindung eines Völkerrechtssubjektes an den Vertrag bestehen oder erst später eintreten. Die Parteien können derartige Differenzierungen kollektiv vereinbaren oder eine Partei kann sie für sich durch individuelles Handeln erreichen.

Ein Abweichen von gleichförmigen Rechten und Pflichten ist von der Vertragsfreiheit umfasst. Neben der Abschlussfreiheit zählt die freie inhaltliche Gestaltung eines Vertrages zur Vertragsfreiheit.[90] Begrenzt wird die Vertragsfreiheit lediglich durch die Art. 48–53 WVK. Bereits die WVK sieht verschiedentlich ein Abweichen von gleichförmigen Rechten und Pflichten vor (Art. 17, Art. 19–23, Art. 30 Abs. 4 WVK).

Beschreibungen von Flexibilität aufgrund der Abweichung von gleichförmigen Rechten und Pflichten betonen häufig das Ziel, welches damit verfolgt wird. Beispielsweise formuliert Art. 19 Abs. 3 der *Verfassung der Internationalen Arbeitsorganisation*:

> „Bei der Aufstellung eines Übereinkommens oder einer Empfehlung von allgemeiner Geltung hat die Konferenz auf diejenigen Länder Rücksicht zu nehmen, in denen das Klima, die unvollkommene Entwicklung der wirtschaftlichen Organisation oder andere besondere die Verhältnisse der Wirtschaft wesentlich abweichend

---

[89] Optionale Klauseln sind Bestimmungen, die ein Verfahren schaffen, wonach nur diejenigen Vertragsparteien an eine Vertragsbestimmung gebunden sind, welche in einem von der Zustimmung zum gesamten Vertrag getrennten Akt eingewilligt haben. Näher dazu: → Kapitel 4 B.

[90] *Caflisch*, in: German Yearbook of International Law 1992 (Vol. 35), 52 (78); *Dahm/Delbrück/Wolfrum*, Völkerrecht Bd. I/3 Formen des völkerrechtlichen Handelns, 536.

gestalten. Sie schlägt in solchen Fällen die Abänderungen vor, die sie angesichts der besonderen Verhältnisse dieser Länder als notwendig erachtet."[91]

Im Vordergrund stehen hier die Gründe – Rücksichtnahme auf besondere Verhältnisse – sowie das Ziel – Abänderungen. Die Norm legt nicht fest, durch welche Mittel die Abänderungen erreicht werden sollen. Zur Umsetzung dieser Vorgabe nennt das „*Manual for drafting ILO instruments*" mehrere Flexibilitätsmechanismen.[92] Dies umfasst Instrumente, die die Zahl der Ratifikationen erhöhen sollen,[93] Flexibilitätsinstrumente, die die materiellen Bestimmungen betreffen[94] sowie Flexibilitätsinstrumente hinsichtlich der Wahl der Mittel und Methoden der Anwendung[95].

Als Ziele von Flexibilität innerhalb des Völkervertragsrechts heben auch *Koremenos*[96] und *Marcoux*[97] die Berücksichtigung von unterschiedlichen Positionen der Völkerrechtssubjekte und späteren Veränderungen hervor. Dabei verdeutlichen beide nicht ausreichend, inwiefern die Vertragsparteien

---

91 BGBl. 1957 II 317. International: Normlex (Information System on International Labour Standards, https://normlex.ilo.org/).

92 International Labour Organization, Manual for Drafting ILO Instruments, online revised version 2011: https://www.ilo.org/resource/manual-drafting-ilo-instruments [28.07.2025], Rn. 133–158.

93 International Labour Organization, Manual for Drafting ILO Instruments, online revised version 2011: https://www.ilo.org/resource/manual-drafting-ilo-instruments [28.07.2025], Rn. 135–145. Dies umfasst: „*initial exclusion*", „*declaration of exclusion*", „*provisions allowing exclusion after ratification*", "*declaration of inclusion*", "*the right to specify inclusions after ratifications*", "*modification of the level of protection established in the Convention*", "*information to Members and to supervision of application*."

94 International Labour Organization, Manual for Drafting ILO Instruments, online revised version 2011: https://www.ilo.org/resource/manual-drafting-ilo-instruments [28.07.2025], Rn. 146–154.

95 International Labour Organization, Manual for Drafting ILO Instruments, online revised version 2011: https://www.ilo.org/resource/manual-drafting-ilo-instruments [28.07.2025], Rn. 155–158.

96 *Koremenos*, The Continent of International Law, 42: „Flexibility: How easy is it to modify rules and procedures or even obligations under the agreement? How easily can different positions at the outset of cooperation or during the implementation stage of cooperation be accommodated?."

97 *Marcoux*, in: Conflict Management and Peace Science 2009 (Vol. 26), 209 (211): „Institutional flexibility refers to various formal and informal mechanisms by which states can change the terms of their cooperation in response to specific concerns, as well as unanticipated developments."

aufgrund späterer Veränderungen für alle Parteien Rechte und Pflichten nachträglich verändern. Dieser zeitliche Aspekt von Flexibilität ist von einem Abweichen der Rechte und Pflichten zwischen den Parteien zu unterscheiden und als eigenständige Facette der Flexibilität anzusehen.[98]

Als weiteres Ziel der Flexibilität wird die Integration in einen Vertrag genannt. Beispielsweise formuliert Art. 1 des *Vertrages zur Gründung der Ostafrikanischen Gemeinschaft*:

> „'principle of variable geometry' means the principle of flexibility which allows for progression in co-operation among a sub-group of members in a larger integration scheme in a variety of areas and at different speeds."[99]

Dabei wird diese Form der Flexibilität auf eine integrierende Zielrichtung begrenzt. Ein solches Verständnis ist jedoch zu eng. Außer Acht lässt es Instrumente, die es den Parteien erlauben, ihre Pflichten später vorübergehend oder dauerhaft zu reduzieren durch z. B. eine teilweise Kündigung[100] oder eine Suspendierungsklausel[101]. Für das Abweichen von Rechten und Pflichten ist es unerheblich, ob sie entstehen, indem eine Partei zunächst weniger Pflichten eingeht, um sie später möglicherweise zu erweitern, oder umfängliche Pflichten reduziert.

Die genannten Ziele können allerdings auch durch andere Facetten von Flexibilität verfolgt werden. Von diesen unterscheidet sich die dritte Facette durch die Funktionsweise, wie die abweichenden Verhältnisse berücksichtigt werden. Die Funktionsweise beschreiben *McAllister* und *Schnakenberg*:

> „We conceptualize flexibility in agreements differently than in these papers, and use the term variability instead to avoid conflating these ideas. Although these papers refer either to renegotiation or to forgiveness from punishment, we simply mean allowing the terms of the agreement to be different for each country."[102]

---

98 → Kapitel 1 A. IV.

99 https://www.eacj.org//wp-content/uploads/2012/08/EACJ-Treaty.pdf [28.07.2025].

100 Art. 44 und Art. 60 WVK ermöglichen, einen Vertrag lediglich hinsichtlich einzelner Bestimmungen zu beenden. Darüber hinaus kann nach Art. 60 WVK eine Beendigung gegenüber einzelnen Vertragsparteien erfolgen. Dazu näher → Kapitel 4 L.

101 Eine Suspendierung entlässt eine Partei zeitweise Entlassung aus den suspendierten Pflichten. Dazu näher → Kapitel 4 I.

102 *McAllister/Schnakenberg*, in: International Organization 2022 (Vol. 76), 469 (473).

Wild konkretisiert in seiner Definition, dass sich das Abweichen auf die Rechte und Pflichten bezieht.[103] Unter Flexibilität in der multilateralen Rechtsetzung einer internationalen Organisation versteht er

> „[…] ein Abweichen von einem strengen, gleichförmigen Bestehen eines Rechts oder einer Pflicht für gleiche Rechtssubjekte innerhalb gleicher Sachverhalte."[104]

Vorliegend beschränkt sich das Verständnis von Flexibilität auf solche, die innerhalb des Vertrages entsteht und bezieht nicht ein, dass Maßnahmen außerhalb des Vertrages weiterhin möglich sind. Ein solches weites Verständnis führt *Pelc* an:

> „The second alternative flexibility instrument is formally ignored by the WTO, likely because it technically lies outside of the trade regime. This does not keep it from having very real consequences for trade. It is Keynes who is usually cited as pointing out, in 1931, how a 10 percent currency devaluation has an equivalent effect to a 10 percent tariff combined with a 10 percent export subsidy. In other words, a devaluation of the domestic currency shifts the terms of trade, making imports more expensive for domestic consumers and exports cheaper for foreign consumers."[105]

Beeinflusst werden mit solchen Mitteln die Wirkungen eines Vertrages und nicht die Rechte und Pflichten. Wie *Pelc* feststellt, liegt dies außerhalb des Vertrages. Weicht ein Völkerrechtssubjekt aufgrund eines Verbotes einer Methode auf eine andere aus, die nicht Gegenstand des Vertrages ist, nutzt es die Freiheit, die das Völkerrecht vorsieht, und nicht die Flexibilität des Vertrages.

---

103 Auf Rechte und Pflichten bezieht sich auch *Pelc*, Making and Bending International Rules, 236: „The greater point […] is that while international relations scholarship traditionally dichotomizes membership in international institutions for empirical tractability – countries are either members or they are not – there exists a great deal of variation to countries' terms. Different members face very different obligations, and as I demonstrate here, they enjoy different forms and levels of flexibility. Some members face easy terms, while others are required demanding concessions. Some have access to a great deal of loose flexibility, while others have only highly constrained options at their disposal. Taking note of this considerable inter-state variation is a prerequisite to assessing the true effects of institutions on behavior.".

104 *Wild*, Flexibilität in multilateralen Instrumenten, 83.

105 *Pelc*, Making and Bending International Rules, 184.

Vorliegend wird für das Abweichung von gleichförmigen Rechten und Pflichten ein weites Verständnis zugrunde gelegt. Abzulehnen sind insofern Definitionen, die lediglich ein Abweichen *ex post* umfassen. So formuliert *Schropp*[106]:

> „A trade flexibility tool is to be defined as any intracontractual, legal provision that legitimizes ex post discretion in the form of a departure from performance as promised."[107]

Sie legen den Fokus dabei auf Instrumente, die befristet *ex post* ein Abweichen von den eigentlich festgelegten Rechten und Pflichten ermöglichen, und sind damit zu eng. Beispielsweise würde ein solches Verständnis das Abweichen von Rechten und Pflichten durch einen Vorbehalt[108] oder eine optionale Klausel[109] nicht erfassen, denn diese setzen nicht erst *ex post* an, sondern beeinflussen, an welche Pflichten eine Partei sich bindet.

Ebenfalls zu eng sind Formulierungen von Autoren, die darauf abstellen, dass Parteien durch Flexibilität ihren Pflichten ausweichen[110] oder das Verhalten der Parteien nur aufgrund eines Flexibilitätsinstruments nicht den Vertrag breche[111]. Dem liegt jeweils die Annahme zugrunde, dass die Pflichten abweichen, indem die jeweilige Partei weniger Pflichten übernimmt oder

---

106 Inhaltlich vergleichbar: *Davis/Pelc*, in: Journal of Conflict Resolution 2017 (Vol. 61), 398 (399): „These provisions are designed to allow states to temporarily exit their commitments when faced with an exogenous shock. [...] Regardless of whether we call these policies flexibility measures or protectionism, their effect is to raise barriers to trade, and reliance on such measures comes at a short-term cost to trade partners.". Ebenso *Kucik*, in: Economics & Policy 2012 (Vol. 24), 95 (95): „Flexibility provisions are clauses that allow states to shirk temporarily their contractual obligations without violating the terms of the agreement".

107 *Schropp*, Trade Policy Flexibility and Enforcement in the World Trade Organization, 9.

108 → Kapitel 3.

109 Optionale Klauseln sind Bestimmungen, die ein Verfahren schaffen, wonach nur diejenigen Vertragsparteien an eine Vertragsbestimmung gebunden sind, welche in einem von der Zustimmung zum gesamten Vertrag getrennten Akt eingewilligt haben. Dazu näher: → Kapitel 4 B.

110 *Kucik*, in: Economics & Policy 2012 (Vol. 24), 95 (95); *Pelc*, Making and Bending International Rules, 161.

111 *Van Aaken*, in: The Journal of World Investment & Trade 2014 (Vol. 15), 827 (833): „The second kind of flexibility is an explicit flexibility within the treaty which allows for state measures which may otherwise breach the treaty, [...]."

erfüllen muss. Die Pflichten können jedoch auch abweichen, indem die Parteien durch differenzierte Rechte und Pflichten[112] qualitativ unterschiedliche Pflichten übernehmen.

Flexibilität im Sinne der dritten Facette ist nur die legale Abweichung von den gleichförmigen Rechten und Pflichten. Begeht eine Partei einen Vertragsbruch, stellt dies keine legale Methode dar, die Pflichten zu verändern und somit ist der Vertragsbruch kein Flexibilitätsinstrument. Vielmehr ist die Partei weiterhin verpflichtet, den Vertrag zu erfüllen. Sieht ein Vertrag allerdings vor, dass eine nachträgliche Zustimmung der anderen Parteien, möglicherweise zusammen mit der Zahlung von Schadensersatz, den Vertragsbruch legalisiert, schafft es eine im Ergebnis zulässige Möglichkeit, von den Pflichten abzuweichen, und ist somit ein Flexibilitätsinstrument.[113]

IV. Vierte Facette: Änderung von Rechten und Pflichten für alle Parteien über die Vertragsdauer

Haben die Rechte und Pflichten für alle Parteien zu verschiedenen Zeitpunkten des Vertrages einen unterschiedlichen Inhalt, stellt dies als zeitlich-inhaltliche Flexibilität die vierte Facette von Flexibilität dar. Typisches Beispiel ist eine Vertragsänderung, die alle Parteien bindet. Zu dem ersten Zeitpunkt t_1 ergaben sich aus dem Vertrag die Pflichten mit dem Inhalt A, nach der Vertragsänderung im späteren Zeitpunkt t_2 sind alle Parteien an die Pflichten mit dem Inhalt B gebunden. Zu demselben Zeitpunkt weichen die Rechte und Pflichten der Parteien untereinander nicht ab.

Im Rahmen einer zeitlich-inhaltlichen Flexibilität verändert sich während der Geltungsdauer des Vertrages der Inhalt oder der Anwendungsbereich des Vertrages für alle Parteien. Durch diesen Aspekt der Flexibilität können die Parteien Risiken und Unsicherheiten zukünftiger Entwicklungen absichern und handhaben.[114] Im Idealfall erhöht die zeitlich-inhaltliche Flexibilität

---

112 Differenzierte Rechte und Pflichten umfasst Situationen, in denen ein Vertrag unterschiedliche Rechte und Pflichten für verschiedene Gruppen von Vertragsparteien oder einzelne Parteien vorsieht. Dazu näher: → Kapitel 4 D.

113 Dazu näher: → Kapitel 2 D. II. 8. und → Kapitel 4 C. II. 4.

114 *D'Aspremont*, in: Tams/Tzanakopoulos/Zimmermann (Hrsg.), Research Handbook on the Law of Treaties, 257 (259); *van Asselt*, in: Netherlands Yearbook of International Law 2014 (Vol. 45), 255 (258).

die Robustheit eines Vertrages gegenüber zukünftigen Entwicklungen.[115] Ein Vertrag ist robust, wenn er Möglichkeiten enthält, auf die Änderung der Umstände der internationalen Zusammenarbeit zu reagieren.[116] Werden solche Instrumente in den Vertrag aufgenommen, dienen sie dem Risikomanagement. Die Risiken bei Vertragsabschluss bestehen darin, dass die Parteien zu diesem Zeitpunkt noch nicht wissen können, welche Änderungen in Zukunft eintreten und wie sich dies auswirken wird, die Vertragspflichten zu erfüllen. Die Instrumente der zeitlich-inhaltlichen Flexibilität schaffen Optionen, noch bevor zukünftige Änderungen eingetreten sind, die es den Parteien später ermöglichen sollen zu reagieren. Je länger der geplante Geltungszeitraum eines Vertrages ist, desto bedeutsamer wird es, dass der Vertrag anpassungsfähig ist.

Neben der förmlichen Vertragsänderung kann die (evolutive) Auslegung zu einer zeitlich-inhaltlichen Flexibilität führen. Bei der Unterscheidung zwischen statischer und evolutiver Auslegung stellt sich die Frage, ob der Bedeutungsgehalt zum Zeitpunkt des Vertragsabschlusses oder zum Auslegungszeitpunkt ermittelt werden soll.[117] Im Rahmen der evolutiven Auslegung werden Entwicklungen nach dem Vertragsschluss bei der Auslegung berücksichtigt.[118] Dagegen zielt eine statische Auslegung darauf ab, die Bedeutung zu ermitteln, die bei Vertragsabschluss bestand.[119]

Eines der bekanntesten Beispiele der evolutiven Auslegung dürfte sich in der Rechtsprechung des EGMR finden, der die EMRK als ein *„living*

---

115 *Koremenos*, The Continent of International Law, 99.

116 Vgl. *Koremenos*, The Continent of International Law, 2, 99 f. Dazu näher: → Kapitel 2 B. III.

117 *Binder*, Grenzen der Vertragstreue, 77–79; *Dörr*, in: Dörr/Schmalenbach (Hrsg.), VCLT, Art. 31, Rn. 22–27.

118 *Böth*, Evolutive Auslegung völkerrechtlicher Verträge, 69, 171; *Djeffal*, Static and evolutive treaty interpretation, 18–21. Für das Prinzip der evolutiven Auslegung wird verwiesen auf: *Böth*, Evolutive Auslegung völkerrechtlicher Verträge; *Djeffal*, Static and evolutive treaty interpretation; *Fitzmaurice/Merkouris*, Treaties in Motion, 121–147; *Greschek*, Die evolutive Auslegung völkerrechtlicher Verträge am Beispiel des GATT.

119 *Böth*, Evolutive Auslegung völkerrechtlicher Verträge, 69 f.; *Dörr*, in: Dörr/Schmalenbach (Hrsg.), VCLT, Art. 31, Rn. 22.

instrument" ansieht und auslegt.[120] Aber auch andere Rechtsprechungsorgane wenden eine evolutive Auslegung an. Eine evolutive Auslegung setzt nach der Rechtsprechung des IGH insbesondere voraus, dass die Parteien eine solche evolutive Auslegung von dem Parteiwillen umfasst ist, wofür sich ein Indiz findet, wenn sich die Auslegung auf einen „*generic term*" bezieht.[121] Ein solcher ist generell formuliert und umfasst eine Vielzahl an spezielleren Begriffen (beispielsweise Objekte, Subjekte oder Tätigkeiten).[122] Der IGH nimmt an, dass die Parteien derartige Begriffe verwenden, wenn sie davon ausgingen, dass sich deren Inhalt über die Zeit verändern werde und sie jeweils nach den aktuellen Umständen auszulegen seien.[123] Die evolutive Auslegung eröffnet eine weitere Option für eine zeitlich-inhaltliche Flexibilität, da sich durch eine Einbeziehung der späteren Umstände die Rechte und Pflichten als Ergebnis des Auslegungsprozesses ändern können.

Von der evolutiven Auslegung zu unterscheiden ist, dass die WVK in Art. 31 Abs. 3 lit. a) und b) auch bei der statischen Auslegung ermöglicht, dynamische Auslegungsmittel zu verwenden.[124] Ein späteres Übereinkommen oder eine spätere Übung können dabei auch im Rahmen einer statischen Auslegung herangezogen werden, um die Bedeutung zum Zeitpunkt des

---

120 EGMR Nr. 5856/72 – *Tyrer*, Rn. 31: „[…] the Convention is a living instrument which, as the Commission rightly stressed, must be interpreted in the light of present-day conditions." St. Rspr. vgl. z. B.: EGMR Nr. 18030/11, Rn. 107 – *Magyar Helsinki Bizottság v. Hungary*; Nr. 60561/14, *S. M. v. Croatia*, Rn. 288. *Böth*, Evolutive Auslegung völkerrechtlicher Verträge, 41–54; *Dörr*, in: Abi-Saab/Keith/Marceau/Marquet (Hrsg.), Evolutionary Interpretation and International Law, 115.

121 IGH, *Dispute regarding Navigational and Related Rights (Costa Rica v. Nicaragua)*, I.C.J. Rep. 2009, 213, Rn. 66; *Dörr*, in: Abi-Saab/Keith/Marceau/Marquet (Hrsg.), Evolutionary Interpretation and International Law, 115 (116). Zu den Voraussetzungen: *Lo*, Treaty Interpretation Under the Vienna Convention on the Law of Treaties, 261 f.

122 *Lo*, Treaty Interpretation Under the Vienna Convention on the Law of Treaties, 261.

123 IGH, *Dispute regarding Navigational and Related Rights (Costa Rica v. Nicaragua)*, I.C.J. Rep. 2009, 213, Rn. 66.

124 *Merkouris* nennt dies „a controlled flexibility of the interpretative process": *Merkouris*, in: Fitzmaurice/Elias/Merkouris (Hrsg.), Treaty Interpretation and the Vienna Convention on the Law of Treaties: 30 Years on, 1 (11). Siehe zu diesen Auslegungsmitteln: ILC, Draft Conclusions on subsequent agreements and subsequent practice in relation to the interpretation of treaties 2018, UN Doc. A/73/10.

Vertragsschlusses zu ermitteln.[125] Das Einbeziehen dieser späteren Auslegungsmittel kann einen existierenden Interpretationsspielraum nachträglich verändern.[126]

Durch die zeitlich-inhaltliche Flexibilität kommt es zu einer nachträglichen inhaltlichen Veränderung der Rechte und Pflichten mit einheitlicher Wirkung für alle Parteien. Im Rahmen dieser Arbeit liegt der Fokus auf Instrumenten, die eine Alternative zu Vorbehalten darstellen. Da Instrumente, die einzig die Rechte und Pflichten der Parteien einheitlich für alle verändern, dies nicht sind, werden sie im Rahmen dieser Arbeit nicht vollständig analysiert. Aspekte der Mechanismen zur Vertragsänderung werden insoweit dargestellt, wie sich als mögliche Folge unterschiedliche Rechte und Pflichten für Parteien ergeben können.[127]

V. Fünfte Facette: Möglichkeit, die vertraglichen Verpflichtungen vollständig zu beenden

Die fünfte Facette der Flexibilität ist, dass Völkerrechtssubjekte ihre völkervertragliche Bindung wieder vollständig beenden können. In der Weise sieht auch *Pelc* Flexibilität:

> „[...] credible trade commitments require some measure of flexibility, understood as the ability to exit those commitments under specified circumstances."[128]

---

[125] *Dörr*, in: Dörr/Schmalenbach (Hrsg.), VCLT, Art. 31, Rn. 27. Der IGH formulierte in seiner Entscheidung vom 26.11.1984 in der Rechtssache *Military and Paramilitary Activities in and against Nicaragua (Nicaragua v. United States of America)*, I.C.J. Rep. 1984, 39, Rn. 42: „The Court thus finds that the interpretation whereby the provisions of Article 36, paragraph 5, cover the case of Nicaragua has been confirmed by the subsequent conduct of the parties to the treaty in question, the Statute of the Court".

[126] Vgl. Schlussfolgerung 7 Abs. 1 der ILC, Draft Conclusions on subsequent agreements and subsequent practice in relation to the interpretation of treaties 2018, UN Doc. A/73/10: „Subsequent agreements and subsequent practice under article 31, paragraph 3, contribute, in their interaction with other means of interpretation, to the clarification of the meaning of a treaty. This may result in narrowing, widening, or otherwise determining the range of possible interpretations, including any scope for the exercise of discretion which the treaty accords to the parties".

[127] Dazu näher: → Kapitel 4 K. Im Übrigen instruktiv die Behandlung durch *Fitzmaurice/Merkouris*, Treaties in Motion.

[128] *Pelc*, in: World Politics 2011 (Vol. 63), 618 (626).

Aufgrund von Beendigungsmöglichkeiten wissen die Parteien von Anfang an, dass sie unter bestimmten Voraussetzungen jegliche Bindung und somit alle Rechte und Pflichten aus einem Vertrag beenden können. Ebenfalls bewirken Befristungen eines Vertrages eine derartige Flexibilität, indem für alle Völkerrechtssubjekte vorhersehbar ist, wie lange sie sich verpflichten.[129]

Die Bedeutung von Beendigungsmöglichkeiten wird auch in den Richtlinien für die Behandlung völkerrechtlicher Verträge des Auswärtigen Amtes hervorgehoben, indem diese empfehlen, in jeden Vertrag eine Befristung oder eine Kündigungsklausel aufzunehmen.[130]

Anders als bei den anderen Facetten der Flexibilität ist diese destruktiv für den Vertrag. Entweder wird der gesamte Vertrag kollektiv aufgelöst oder zumindest die ausübende Partei ist anschließend nicht mehr Partei des Vertrages. Die Vertragspflichten oder -rechte enden und die Pflichten oder Rechte des allgemeinen Völkerrechts oder anderer völkerrechtlicher Verträge treten an deren Stelle. Instrumente, die nur zu einer Beendigung der Vertragspflichten führen, werden nur hinsichtlich der Aspekte der Mechanismen zur teilweisen Vertragsbeendigung dargestellt.[131]

B. Die Vielfalt der Bezeichnungen für Flexibilität

Der Begriff der Flexibilität ist nicht nur ein Sammelbegriff, worunter unterschiedliche Autoren verschiedene Aspekte verstehen, sondern darüber hinaus werden weitere Begriffe insbesondere für einzelne Aspekte der Flexibilität verwendet. Autoren nutzen Begriffe wie Differenzierung und differenzierte

---

129 *Galbraith*, in: Netherlands Yearbook of International Law 2014 (Vol. 45), 41 (47).

130 Auswärtiges Amt, Richtlinien für die Behandlung völkerrechtlicher Verträge, § 12, 31 f.

131 → Kapitel 4 L. Im Übrigen wird für den Fokus auf die Möglichkeit, einen Vertrag zu beenden, verwiesen auf: *Binder*, Grenzen der Vertragstreue im Völkerrecht; *Fitzmaurice/Merkouris*, Treaties in Motion, 270–333; *Helfer*, in: Virginia Law Review 2005 (Vol. 91), 1579; *Helfer*, in: Israel Law Review 2019 (Vol. 52), 103.

Integration,[132] Bilateralisierung,[133] Verträge „à la carte",[134] *„variability"*,[135] *„split treaty regime"*[136] oder „individualisiert" und „personalisiert"[137]. Dennoch ist der Begriff der Flexibilität als allumfassend vorzuziehen. Keiner der zuvor genannten Bezeichnungen deckt alle fünf verschiedenen Facetten von Flexibilität ab. Weiterhin bezeichnen differenzierte Rechte und Pflichten oder Behandlung[138] und Bilateralisierung[139] spezifische Flexibilitätsinstrumente und sollten nicht gleichzeitig als Oberbegriff verwendet werden. Darüber hinaus werden die Begriffe differenzierte Integration oder nur Differenzierung insbesondere im Kontext der EU verwendet.[140]

An das Ergebnis, zu dem Flexibilitätsinstrumente führen können, knüpft *Giegerich* an, wenn er für die Abweichung von Rechten und Pflichten durch

---

132 *Heymann*, in: Zimmermann/Hoffmann (Hrsg.), Unity and Diversity in International Law, 217 (223); *Leinen/Pescher*, in: Giegerich/Schmitt/Zeitzmann (Hrsg.), Flexibility in the EU and beyond, 461; *Rajamani*, in: International and Comparative Law Quarterly 2016 (Vol. 65), 493; *Schimmelfennig/Leuffen/Rittberger*, in: Journal of European Public Policy 2015 (Vol. 22), 764; *Leruth/Lord*, in: Journal of European Policy 2015 (Vol. 22), 754; *van Asselt*, in: Netherlands Yearbook of International Law 2014 (Vol. 45), 255 (266–268); *Voigt/Ferreira*, in: Climate Law 2016 (Vol. 6), 58.

133 *Simma*, in: Recueil des Cours 1994 IV (Vol. 248), 219 (230–233, 330); *von Arnauld*, Völkerrecht, Rn. 223.

134 *Von Arnauld*, Völkerrecht, Rn. 218.

135 *McAllister/Schnakenberg*, in: International Organization 2022 (Vol. 76), 469 (473).

136 *Giegerich*, in: Dörr/Schmalenbach (Hrsg.), VCLT, Art. 58 Rn. 36.

137 *Bowman*, in: Bowman/Kritsiotis (Hrsg.), Conceptual and Contextual Perspective on the Modern Law of Treaties, 392 (410).

138 Differenzierte Rechte und Pflichten umfasst Situationen, in denen ein Vertrag unterschiedliche Rechte und Pflichten für verschiedene Gruppen von Vertragsparteien oder einzelne Parteien vorsieht. Die Pflichten können abweichen, indem strengere, mildere Pflichten oder ganz andere Rechte und Pflichten für eine Gruppe von Parteien oder eine einzelne Partei geschaffen werden. Dazu näher → Kapitel 4 D.

139 Dabei wird zunächst ein multilateraler Vertrag geschlossen, anschließend wählt jede Partei diejenigen Parteien aus, gegenüber denen sie an die Pflichten aus dem multilateralen Vertrag gebunden sein möchte und schließt mit diesen weitere bilaterale Vereinbarungen ab. Dazu näher → Kapitel 4 M. II.

140 Generell ist mit Differenzierung eine Situation gemeint, in der Völkerrechtssubjekte in unterschiedlicher Weise an das Recht (überwiegend: Unionsrecht) gebunden sind und in unterschiedlicher Weise zusammenarbeiten. Vgl.: *Joannin*, in: Giegerich/Schmitt/Zeitzmann (Hrsg.), Flexibility in the EU and beyond, 123 (123 f.); *Schimmelfennig/Leuffen/Rittberger*, in: Journal of European Public Policy 2015 (Vol. 22), 764 (765 f.).

eine *inter-se*-Modifikation oder Suspendierung nach Art. 58 WVK den Begriff des „*split treaty regime*" verwendet.[141] Zu berücksichtigen ist jedoch, dass nicht alle Arten von Flexibilitätsinstrumenten zu einer solchen Aufteilung führen.

Als weitere Begriffe verwendet *Bowman* „individualisiert" und „personalisiert":

> „To recapitulate, reservations are far from being the only means by which the duties imposed by standard-setting treaties may be 'individualised' or 'personalised' – that is to say, tailored more precisely to the needs of particular parties."[142]

Zwar ließen sich die Begriffe der Individualisierung oder Personalisierung für einzelne Aspekte der Flexibilität (insbesondere erste und dritte Facette) verwenden, allerdings sind die Bezeichnungen nicht allumfassend und darüber hinaus bisher wenig bekannt im Kontext völkerrechtlicher Verträge. So nutzt auch *Bowman* in demselben Text den Begriff der „*individualised normative flexibility*".[143]

---

141 *Giegerich*, in: Dörr/Schmalenbach (Hrsg.), VCLT, Art. 58 Rn. 36.

142 *Bowman*, in: Bowman/Kritsiotis (Hrsg.), Conceptual and Contextual Perspective on the Modern Law of Treaties, 392 (410).

143 *Bowman*, in: Bowman/Kritsiotis (Hrsg.), Conceptual and Contextual Perspective on the Modern Law of Treaties, 392 (439).

Flexibilität und ihre Begrenzung als Aspekt der Vertragsgestaltung

Vertragsgestaltung (A.) dient dazu, bestimmte Ziele der Vertragsparteien umzusetzen und unerwünschte Folgen zu vermeiden. Bei der Aushandlung eines Vertrages haben Völkerrechtssubjekte viele verschiedene Ziele und möchten jeweils erreichen, dass ihre unterschiedlichen Bedürfnisse bestmöglich berücksichtigt werden. Dazu zählen Gründe, warum ein Vertrag Flexibilität enthalten soll (B.). Allerdings können diese verschiedenen Ziele und Bedürfnisse im Widerspruch stehen und sich nicht gleichzeitig vollständig verwirklichen lassen.[144] Aufgabe der Vertragsgestaltung ist es, die verschiedenen Ziele und Interessen auszugleichen.[145] Bereits durch die Auswahl zwischen den Flexibilitätsinstrumenten können die aushandelnden Völkerrechtssubjekte versuchen, die verschiedenen Interessen und Gründe auszugleichen. Die in der Literatur diskutierten Systematisierungen von Flexibilitätsinstrumenten[146] bieten dabei keinen Mehrwert für deren Auswahl.

---

144 *Kamanabrou/Wietfeld*, Vertragsgestaltung, § 1 Rn. 56–59; *Kunkel*, Vertragsgestaltung, 32.

145 *Kunkel*, Vertragsgestaltung, 33.

146 Zu nennen sind folgende Kategorien: Implizite Flexibilität ergibt sich durch einen vagen Wortlaut, während explizite Flexibilität durch spezielle Flexibilitätsinstrumente in den Vertrag eingebaut wird. Transformative Flexibilität werde im Rahmen einer generellen Unsicherheit dazu verwendet, das gesamte Vertragswerk zu ändern. Dagegen biete adaptive Flexibilität die Möglichkeit für einzelne Vertragsparteien, von bestimmten Regelungen eines Vertrages abzuweichen, um auf eine Unsicherheit zu reagieren, die nur einen Teil der Vertragsparteien betrifft. Innerhalb eines Vertrages geregelt ist der Vorbehalt, wenn er aufgrund einer Vorbehaltsklausel erklärt wird. Außerhalb sei ein Vorbehalt, wenn keine Vorbehaltsklausel vorhanden ist, sondern der Vorbehalt auf der Grundlage des allgemeinen Völkervertragsrechts erklärt wird.

Die Systematisierungen betrachten jeweils die in einem Vertrag vorhandenen Flexibilitätsinstrumente aus einer *ex-post*-Perspektive. Demgegenüber befinden sich die Völkerrechtssubjekte bei der Vertragsgestaltung in einer *ex-ante*-Perspektive und können beeinflussen, wie das Flexibilitätsinstrument ausgestaltet sein wird. Diese Systematisierungen werden daher in der restlichen Arbeit nicht verwendet. Dagegen bieten Begrenzungen von Flexibilitätsinstrumenten eine weitere Möglichkeit, die verschiedenen Interessen und Bedürfnisse auszugleichen (C.).

A. Begriffsbestimmung der Vertragsgestaltung

Ziel der Tätigkeit der Vertragsgestaltung auf internationaler Ebene ist eine zeit- und zukunftsgerechte Gestaltung von internationalen Beziehungen zwischen verschiedenen Völkerrechtssubjekten mit den Mitteln und in den Grenzen des Rechts.[147]

Davon zu unterscheiden ist die Vertragsgestaltung als Ausgestaltung eines fertigen Vertrages, somit dem Abschluss der Tätigkeit. Dieses wird teilweise im Englischen als „*form*" bezeichnet, wobei dem ein weites Verständnis von „Form" zugrunde liegt.[148]

Im Vergleich zur Rechtsanwendung ist die Vertragsgestaltung eine schöpferische und zukunftsgerichtete Tätigkeit, bei welcher die aktuelle Situation nur als Ausgangspunkt dient.[149] Anders als bei der forensischen Befassung mit einem Sachverhalt kann sich der Sachverhalt dynamisch fortentwickeln

---

Verwiesen wird auf die folgende Literatur: ILC Guide to Practice on Reservations to Treaties 2011, UN Doc. A/66/10/Add.1, 1.7.1 – Commentary, Rn. 6 f.; Fifth Report on reservations to treaties by the Special Rapporteur Mr. Allain Pellet, UN Doc. A/CN.4/508/Add.1 (2000), Rn. 89–91; *Koremenos*, The Continent of International Law, 130; *Koremenos/Lipson/Snidal*, in: International Organization 2001 (Vol. 55), 761 (773); *Marcoux*, in: Conflict Management and Peace Science 2009 (Vol. 26), 209 (211); *Thompson*, in: European Journal of International Relations 2010 (Vol. 16), 269 (270 f.); *van Asselt*, in: Netherlands Yearbook of International Law 2014 (Vol. 45), 255 (258); *van Aaken*, in: Journal of International Economic Law 2009 (Vol. 12), 507 (522 f.).

147 Vgl. für privatrechtliche Verträge: *Rehbinder*, Archiv für die civilistische Praxis 1974 (Vol. 174), 265 (266); *Rehbinder*, Vertragsgestaltung, 1.

148 *Helfer*, in: University of Illinois Law Review 2008 (Vol. 2008), 71 (91 f.).

149 *Kunkel*, Vertragsgestaltung, 7; *Rehbinder*, Archiv für die civilistische Praxis 1974 (Vol. 174), 265 (300 f.); *Rehbinder*, Vertragsgestaltung, 1.

und aktiv beeinflusst werden.[150] Die Prognose für zukünftige Entwicklungen und zukünftige Konfliktpotenziale ist während der Vertragsgestaltung zu berücksichtigen.[151] Diese Zukunftsbezogenheit zeigt sich bei der Vertragskonzipierung sowohl in der Erfüllungsplanung als auch der Risikoplanung. Die Erfüllungsplanung bezieht sich auf die Verwirklichung der Ziele der Parteien, während Risikoplanung die Vermeidung von Nachteilen bei nicht ordnungsgemäßer Erfüllung bedeutet.[152] Soweit möglich sollten in der Vertragsplanung bereits mögliche zukünftige Störfälle ermittelt werden und für diese vertraglich Vorsorge getroffen werden.[153]

Die Vertragsgestaltung ist eine ergebnisorientierte Tätigkeit.[154] Sie dient dazu, bestimmte Ziele der Vertragsparteien umzusetzen und unerwünschte Folgen zu vermeiden.[155] Insofern hat der Vertragsjurist eine instrumentale Sicht auf das Recht. Er nutzt das Recht als Instrument, um die Interessen und Ziele einer oder mehrerer Parteien zu verwirklichen.[156]

Vertragsgestaltung bedeutet ein Denken in Wahlmöglichkeiten, denn verschiedene Umsetzungsvarianten hinsichtlich des Inhalts sowie der formalen Aspekte können zu demselben Ergebnis führen.[157] Beispielsweise können die Parteien entweder durch ein *Opting-In*[158] oder ein *Opting-Out*[159] jeder Partei die Wahl einräumen, ob sie an eine Vertragsnorm gebunden sein möchte. Aufgrund des *Status-quo-Verzerrung*, nach der Personen und Völkerrechtssubjekte

---

150 *Kunkel*, Vertragsgestaltung, 23 f.; *Langenfeld*, Grundlagen der Vertragsgestaltung, 10; *Rehbinder*, Vertragsgestaltung, 45.

151 *Koch/Kruse/Wiese*, Vertragsgestaltung, § 2, Rn. 10 f.

152 *Koch/Kruse/Wiese*, Vertragsgestaltung, § 4, Rn. 44; *Rehbinder*, Vertragsgestaltung, 4 f.

153 *Langenfeld*, Grundlagen der Vertragsgestaltung, 31.

154 *Kunkel*, Vertragsgestaltung, 29.

155 *Kunkel*, Vertragsgestaltung, 7, 27 f.; *Rehbinder*, Archiv für die civilistische Praxis 1974 (Vol. 174), 265 (266).

156 *Kamanabrou/Wietfeld*, Vertragsgestaltung, § 1 Rn. 30; *Rehbinder*, Vertragsgestaltung, 1, 45 f.

157 *Koch/Kruse/Wiese*, Vertragsgestaltung, § 2, Rn. 12 f.; *Rehbinder*, Vertragsgestaltung, 44.

158 *Opting-In* oder optionale Klauseln sind Bestimmungen, die ein Verfahren schaffen, wonach nur diejenigen Vertragsparteien an eine Vertragsbestimmung gebunden sind, welche in einem von der Zustimmung zum gesamten Vertrag getrennten Akt eingewilligt haben. Dazu näher → Kapitel 4 B.

159 *Opting-Out* wird definiert als Vertragsbestimmung, durch welche ein Völkerrechtssubjekt an die dort enthaltenen Regeln automatisch gebunden ist, außer es äußert den Willen an diesen Teil eines Vertrages nicht gebunden zu sein. Dazu näher → Kapitel 4 A. I.

es vorziehen, dass keine Veränderungen eintreten,[160] führt ein *Opting-Out* zu einer höheren Quote der Bindung an eine Norm.[161]

Im Rahmen der Vertragsgestaltung sind die jeweiligen Vor- und Nachteile der einzelnen Gestaltungsoptionen herauszuarbeiten und daran zu messen, wie gut sie dazu beitragen, die Ziele der Vertragsparteien zu erfüllen. Insofern sind die rechtliche Konstruktion oder dogmatische Bewertungen nicht ausschlaggebend.[162] Abschließend ist auf dieser Grundlage eine Wahl zwischen den Gestaltungsmöglichkeiten zu treffen.[163] Dabei sind neben dem reinen Inhalt der Gestaltungsmöglichkeiten insbesondere andere Faktoren zu berücksichtigen, beispielsweise inwiefern sie sich auf die Vertragsbeteiligung durch Völkerrechtssubjekte oder die spätere Einhaltung des Vertrages auswirken.[164]

Für den Prozess der Vertragsverhandlung und der Vertragsgestaltung im Völkerrecht können verschiedene Hinweise herangezogen werden. Viele Völkerrechtssubjekte haben eigene Richtlinien, die sie herausgeben und die entweder intern oder öffentlich verfügbar sind. In Deutschland sind dies die „Richtlinien für die Behandlung völkerrechtlicher Verträge“[165], welche durch das Auswärtige Amt herausgegeben werden. Andere Staaten veröffentlichen ebenfalls Hinweise.[166] Im Rahmen der Vereinten Nationen wurden als Resolution sehr generelle „Principles and Guidelines for international negotiations“ verabschiedet.[167] Darüber hinaus haben die Vereinten Nationen ein „Treaty Handbook“[168], ein „Handbook on Final Clauses of Multilateral

---

160 *Rowell/van Zeben*, in: European Journal of Risk Regulation 2016 (Vol. 7), 49 (50); *Samuelson/Zeckhauser*, in: Journal of Risk and Uncertainty 1988 (Vol. 1), 7 (8).

161 *Galbraith*, in: Virginia Journal of International Law 2013 (Vol. 53), 309 (328–336).

162 *Rehbinder*, Vertragsgestaltung, 47.

163 *Kunkel*, Vertragsgestaltung, 7; *Langenfeld*, Grundlagen der Vertragsgestaltung, 22.

164 *Helfer*, in: University of Illinois Law Review 2008 (Vol. 2008), 71 (91 f.).

165 Auswärtiges Amt, Richtlinien für die Behandlung völkerrechtlicher Verträge.

166 Z. B. Für die Schweiz: *Schenker*, Practice Guide to Treaties der Schweiz, Edition 2015. Für das Vereinigte Königreich: Treaties and Memoranda of Understanding (MoUs) Guidance on Practice and Procedure, https://www.gov.uk/government/publications/treaties-and-mous-guidance-on-practice-and-procedures [28.07.2025].

167 UN General Assembly, Resolution 53/101 adopted by the 20.01.1999, Principles and Guidelines for international negotiations, UN Doc. A/RES/53/101.

168 United Nations Publications, UN Treaty Handbook, Revised Edition 2013, https://treaties.un.org/doc/source/publications/THB/English.pdf [28.07.2025].

Treaties"[169] sowie ein „UN Editorial Manual"[170] veröffentlicht. Der Europarat hat „Model Final Clauses" verabschiedet.[171] Für Verträge, die innerhalb einer internationalen Organisation ausgearbeitet werden, haben diese teilweise ebenfalls Hinweise zusammengefasst.[172] Eine weitere Möglichkeit sind Guidelines für bestimmte Themengebiete des Völkerrechts.[173] Schließlich existieren verschiedene Formulierungshilfen oder Mustervertragstexte.[174] Die Literatur beschäftigt sich insbesondere mit den taktischen und psychologischen Faktoren im Rahmen von Vertragsverhandlungen und weniger mit spezifischen Hinweisen zur konkreten Ausgestaltung eines Vertrages.[175]

---

169 United Nations Publications 2003, https://treaties.un.org/Pages/Resource.aspx?path=Publication/FC/Page1_en.xml [28.07.2025].

170 UN Departement of Conference Services, online verfügbar: https://www.un.org/dgacm/en/content/editorial-manual [28.07.2025]. Dieses enthält aktuelle Informationen und verweist im Übrigen auf die Fassung des Editorials von 1983.

171 *Council of Europe*, Model Final Clauses for Conventions, Additional Protocols and Amending Protocols concluded within the Council of Europe as adopted by the Ministers' Deputies of the Council of Europe at their 1291st meeting, on 05.07.2017, online verfügbar: https://rm.coe.int/168072fb76 [28.07.2025].

172 Z. B. für die internationale Arbeitsorganisation: ILO, Manual for drafting ILO instruments; ILO, Manual for drafting ILO instruments, The Quick Guide, 2007; Handbook of procedures relating to international labour Conventions and Recommendations, 2019, online verfügbar: https://www.ilo.org/publications/handbook-procedures-relating-international-labour-conventions-and-2 [28.07.2025]; Legal Issues and International Labour Standards Section, GB.347/LILS/1, 2023, online verfügbar: https://www.ilo.org/ilo-governing-body/346th-session-governing-body/legal-issues-and-international-labour-standards-section-lils [28.07.2025]. Mehr einen thematischen Fokus als auf die Organisation legt der Guide for negotiators of multilateral environmental agreements des United Nations Environment Programme, https://www.cbd.int/doc/guidelines/MEAs-negotiators-guide-en.pdf [28.07.2025].

173 Z. B.: New Zealand Centre for Environmental Law, Multilateral Environmental Agreement Negotiator's Handbook, Pacific Region 2013, online verfügbar: https://portals.iucn.org/library/node/44714 [28.07.2025].

174 *Sprachendienst des Auswärtigen Amtes*, Standardformulierungen für deutsche Vertragstexte; *Council of Europe*, Model Final Clauses for Conventions, Additional Protocols and Amending Protocols concluded within the Council of Europe as adopted by the Ministers' Deputies of the Council of Europe at their 1291st meeting, on 05.07.2017, online verfügbar: https://rm.coe.int/168072fb76 [28.07.2025].

175 Hervorzuheben für den gesamten Prozess der Vertragsverhandlung, Vertragsgestaltung sowie der Vertragsdurchführung ist *Barrett/Beckman*, Handbook on Good Treaty Practice. Vornehmlich zum Verhandlungsprozess: *Ahnlid*, in: International

B. Gründe für Flexibilität in einem Vertrag

Vertragsgestaltung dient der Umsetzung der Interessen und Ziele der späteren Vertragsparteien. Dies umfasst Partikular- und Kollektivinteressen (I.). Das Bedürfnis an Flexibilität innerhalb eines Vertrages ist von verschiedenen Faktoren abhängig. Vielfach gründet das Bedürfnis in dem konkreten Inhalt eines Vertrages. Daneben existieren generelle Faktoren, die für jegliche Verträge bedeutsam sein können. Diese sind ein Bestandteil der Konflikt- und Anreizstruktur hinsichtlich des Zustandekommens eines Vertrages. Die folgenden Abschnitte (II.-IV.) geben einen generellen Überblick über verschiedene dieser Faktoren, ohne abschließend zu sein. Der Schwerpunkt dieser Arbeit liegt auf der Vertragsgestaltung verschiedener Flexibilitätsinstrumente und nicht auf den Gründen für diese. Die Gründe, aus denen Völkerrechtssubjekte Verträge schließen, sind insbesondere Untersuchungsgegenstand der Internationalen Beziehungen als Teildisziplin der Politikwissenschaft oder interdisziplinärer Literatur.[176]

I. Vielzahl von Partikular- und Kollektivinteressen

Für multilaterale Verträge existieren Kollektivziele und -interessen[177] (auch als Gemeinschaftsinteresse bezeichnet) und Partikularinteressen[178] einzelner Völkerrechtssubjekte oder einzelner Teilgruppen.

Ein Kollektivinteresse kann ein universelles Interesse aller Völkerrechtssubjekte weltweit sein oder das Interesse einer Gemeinschaft von

---

Negotiation 2012 (Vol. 17), 65; *Saner*, The Expert Negotiator; *Verdini Trejo*, Winning Together.

176 *Baccini/Dür/Elsig*, in: International Studies Quarterly 2015 (Vol. 59), 765; *Galbraith*, in: Virginia Journal of International Law 2013 (Vol. 53), 309; *Helfer*, in: Dunoff/Pollack (Hrsg.), Interdisciplinary Perspectives on International Law and International Relations, 175; *Koremenos*, in: International Organization 2001 (Vol. 55), 289; *Koremenos*, The Continent of International Law; *Koremenos/Lipson/Snidal*, in: International Organization 2001 (Vol. 55), 761 (776); *Kucik/Reinhardt*, in: International Organization 2008 (Vol. 62), 477; *Rosendorff/Milner*, in: International Organizations 2001 (Vol. 55), 829; *Steinbach/van Aaken*, Ökonomische Analyse des Völker- und Europarechts; *van Aaken*, in: Journal of World Investment & Trade 2014 (Vol. 15), 827.

177 *Feichter*, Community Interest, in: Wolfrum (Hrsg.), MPEPIL; *Simma*, in: Recueil des Cours 1994 IV (Vol. 248), 219; *Tams*, in: Fastenrath/Geiger/Khan/Paulus/von Schorlemer/Vedder (Hrsg.), From Bilateralism to community interest, 379 (380).

178 Auch als Individualinteresse bezeichnet: *Giegerich*, in: Zeitschrift für ausländisches öffentliches Recht und Völkerrecht 1995 (Vol. 55), 713 (720 f.).

Vertragsparteien.[179] Insbesondere sind Kollektivinteressen, ein bestimmtes Thema zu regeln oder ein Problem zu lösen sowie die Notwendigkeit dafür mit anderen zusammenzuarbeiten[180].

Ein Partikularinteresse kann entweder nur von einem Völkerrechtssubjekt verfolgt werden oder einer Teilgruppe. Beispielsweise besteht nur für Israel das Interesse, dass das Rote Schild Davids als ein weiteres Emblem für medizinisches Personal nach den *Genfer Konventionen* genutzt werden kann.[181] Partikularinteressen werden dadurch beeinflusst, dass die heutige internationale Gemeinschaft von Völkerrechtssubjekten aufgrund sehr vielfältiger nationaler Rechtssysteme, Interessen, Bedürfnisse, Kulturen und politischer Ziele komplex und vielfältig ist.[182]

Ein Partikularinteresse kann auch ein Interesse sein, welches eine Teilgruppe der verhandelnden Völkerrechtssubjekte oder Vertragsparteien gemeinsam aufweisen. Unterschiedliche derartiger Partikularinteressen von Teilgruppen innerhalb eines Vertrages können sich gegenüberstehen. Ein häufiges Beispiel für kollidierende Interessen verschiedener Teilgruppen sind die Interessen von sog. entwickelten Staaten und sog. Entwicklungsländern. Dies ließ sich bei den Verhandlungen für das *UN-Seerechtsübereinkommen*[183] beobachten, in deren Verlauf sich einzelne Gruppen von Staaten mit denselben Interessen bildeten.[184] Das Kollektivinteresse war, ein einheitliches Rechtsregime für die Küstenmeere, die hohe See und den Tiefseeboden zu schaffen. Partikularinteressen einzelner Teilgruppen spielten dabei insbesondere für die konkrete Ausgestaltung der Regeln eine Rolle. Besonders kontrovers wurde das Thema des Regimes für den Tiefseebodenbergbau diskutiert. Die Hauptgruppen waren die sog. entwickelten Staaten, welche zukünftig abgebaute Metalle importieren würden, und andererseits die Staaten, die auf dem Land Metalle abbauen und exportieren.[185] Das Bündnis bestehend aus

---

179 *Tams*, in: Fastenrath/Geiger/Khan/Paulus/Schorlemer/Vedder (Hrsg.), From Bilateralism to community interest, 379 (380); *Simma*, in: Recueil des Cours 1994 IV (Vol. 248), 219 (322–325).

180 *Pergantis*, The Paradigm of State Consent in the Law of Treaties, 17.

181 Die insofern erfolgte Erklärung von Israel findet sich unter UNTS Vol. 75, 436.

182 *Kolb*, The Law of Treaties, 6.

183 BGBl. 1994 II 1798, 1799. International: UNTS Vol. 1833, 3.

184 *Fitzmaurice/Elias*, Contemporary Issues in the Law of Treaties, 67–76.

185 *Fitzmaurice/Elias*, Contemporary Issues in the Law of Treaties, 67 f.

sog. Entwicklungsländern wurde als Gruppe der 77 bezeichnet.[186] Das Ziel der Gruppe der 77 war, den Tiefseeboden zu einem gemeinsamen Erbe der Menschheit („*common heritage of mankind*“) zu erklären, damit die Ressourcen dort nicht von den sog. Industriestaaten, die technisch in der Lage zu einem Abbau wären, ausgebeutet würden.[187] Aufgrund dieser Divergenzen dauerten die Verhandlungen von 1973 bis 1982 und die ausreichende Anzahl an Ratifikationen für das Inkrafttreten wurde erst 1994 erreicht, nachdem das *Übereinkommen zur Durchführung des Teiles XI. des UN-Seerechtsübereinkommens*[188] beschlossen wurde, das als eigener Vertrag Bestimmungen des Abschnitts XI. der Konvention verändert.[189] Die Veränderung durch ein Durchführungsabkommen[190] hat es ermöglicht, die verschiedenen Interessen besser zu berücksichtigen.

II. Breite Beteiligung an einem Vertrag

Eine breite Beteiligung an einem Vertrag beeinflusst den Erfolg des Vertrages (1.) Aufgrund des Konsensprinzips entsteht eine breite Beteiligung nur, wenn sich viele Völkerrechtssubjekte an einen Vertrag binden. Flexibilitätsinstrumente können es in einer heterogenen Gemeinschaft von Völkerrechtssubjekten erleichtern, die verschiedenen Interessen auszugleichen, und somit fördern, dass sich die Völkerrechtssubjekte kollektiv auf einen Vertrag einigen (2.) und sich an diesen ebenfalls möglichst binden (3.).

1. Breite Beteiligung als ein Faktor für die Effektivität eines Vertrages

Eine breite Beteiligung an einem Vertrag wirkt sich in vielen Fällen darauf aus, wie effektiv der Vertrag sein Ziel und seinen Zweck erreichen kann. Daher zielen die verhandelnden Parteien regelmäßig darauf ab, dass der multilaterale Vertrag die höchstmögliche Anzahl von Zustimmungen durch

---

186 *Friedman/Williams*, in: San Diego Law Rev. 1979 (Vol. 16), 555 (557).

187 *Friedman/Williams*, in: San Diego Law Rev. 1979 (Vol. 16), 555 (559 f.).

188 BGBl. 1994 II 2565, 2566, 3796. International: UNTS Vol. 1836, 3.

189 *Oxman*, in: American Journal of International Law 1994 (Vol. 88), 687.

190 Ein Durchführungsabkommen oder auch implementierende Vereinbarung verfolgt den Zweck die Effektivität des Originalvertrages zu steigern, indem sie die Umsetzung und Durchführung des Vertrages verbessert. Dazu näher → Kapitel 4 F. III. 2.

Völkerrechtssubjekte erlangt.[191] Der Aspekt der breiten Beteiligung von Völkerrechtssubjekten an einem Vertragsregime wird auch unter dem Begriff der Universalität eines Vertrages diskutiert,[192] ungeachtet dessen, dass wahre Universalität erst erreicht wäre, wenn sich alle Völkerrechtssubjekte der Erde an einem Vertrag beteiligen würden.

Die Anzahl der sich an einem Vertrag beteiligenden Völkerrechtssubjekte kann beeinflussen, wie effektiv ein Vertrag sein Ziel erreicht. Wie bedeutsam eine breite Beteiligung für die Effektivität ist, hängt von dem jeweiligen Vertrag und dem Ziel und Zweck des Vertrages ab. Insbesondere Verträge, die globale Probleme thematisieren, die nicht durch einzelne Völkerrechtssubjekte gelöst werden können, erfordern für ihren Erfolg eine breite Beteiligung. Aufgrund der Globalisierung existieren immer mehr Themen, die nur auf internationaler Ebene effektiv reguliert werden können, sodass sich die Themenbereiche, die inzwischen durch das Völkerrecht geregelt werden, erweitert haben.[193] Dabei wird Globalisierung als internationale Vernetzung verschiedener Akteure (Individuen, Unternehmen, Staaten oder anderer Völkerrechtssubjekte) in einer Vielzahl von Bereichen wie Wirtschaft, Politik und Umwelt und einer damit einhergehender Mobilität von Personen, Kapital, Waren und Dienstleistungen verstanden.[194] Aufgrund dieser Verflechtung entziehen sich einzelne Thematiken der alleinigen nationalen Regelung. So ist bei der Entscheidung über höhere Umweltstandards für industrielle Produktionen zu berücksichtigen, dass den nationalen Unternehmen ein Wettbewerbsnachteil auf dem internationalen Markt entstehen kann oder durch die leichtere Mobilität in einer globalisierten Welt Unternehmen ihre Produktion ins Ausland verlagern könnten. Durch die Verlagerung von vormals rein nationalen Problemen auf die internationale Ebene nimmt die

---

191 *Carneiro*, in: ILSA Journal of International & Comparative Law 2007–2008 (Vol. 14), 477 (484).

192 *Boisson de Chazournes*, in: Leiden Journal of International Law 2019 (Vol. 32), 401 (401); *Kühner*, Vorbehalte zu multilateralen völkerrechtlichen Verträgen, 56; *Prost*, The Concept of Unity in Public International Law, 35.

193 *Boyle/Chinkin*, The Making of International Law, 20 f.; *Wolfrum*, International Law, in: Wolfrum (Hrsg.), MEPIL, Rn. 16 f.; Mégret, Globalization, in: Wolfrum (Hrsg.), MPEPIL, Rn. 26–29.

194 Zum Begriff der Globalisierung: *Donges*, Einleitung, in: Donges/Freytag (Hrsg.), Die Rolle des Staates in der globalisierten Wirtschaft, 1–7; *Krell/Schlotter*, Weltbilder und Weltordnung, 36–39; *Oeter*, in: Ipsen (Begr.), Völkerrecht, § 48 Rn. 29.

Komplexität zu.[195] Rechtsnormen zur effektiven Regelung dieser international verflochtenen Bereiche bedürfen einer internationalen Abstimmung oder Koordinierung.

Die breite Beteiligung ist zwar ein Faktor für die Effektivität eines Vertrages, jedoch kann sie mit anderen Faktoren in Konflikt treten. Ein weiterer Aspekt, welcher beeinflusst, wie effektiv ein Vertrag sein Ziel erreichen kann, ist die Frage, wie streng die Vertragspflichten sind. Strengere Pflichten werden auch als Verpflichtungen mit einer höheren Tiefe („*depth*") bezeichnet.[196] Die so bezeichnete Tiefe umfasst, inwieweit ein Vertrag das Verhalten der Parteien beschränkt.[197] Neben der Frage, wie strikt die enthaltenen Pflichten sind, ist ebenso relevant, wie umfassend sie das Verhalten der Völkerrechtssubjekte in einem Bereich vorgeben. Je umfassender ein Vertrag in seinem Zweck und Umfang ist, desto schwerer kann es sein, einen breiten Konsens zu erreichen.[198]

Da strengere Pflichten zumeist eine tiefgreifende Änderung des Verhaltens der Völkerrechtssubjekte erfordern, besteht das Risiko, dass nur eine geringe Anzahl an Völkerrechtssubjekten dazu bereit sind, diese Pflichten einzugehen. Führen solche strikteren Pflichten jedoch dazu, dass weniger Völkerrechtssubjekte einem Vertrag zustimmen, könnte das Vertragsziel innerhalb eines Vertragsregimes mit geringeren Pflichten, aber einem größeren Beteiligungskreis möglicherweise besser erfüllt werden.[199] Daher kann die Vereinbarung von strengen Pflichten für den Erfolg eines Vertrages kontraproduktiv sein. Unter dem „*breadth-versus-depth-argument*" wird daher angenommen, dass ein Vertrag entweder so formuliert ist, dass möglichst viele Völkerrechtssubjekte sich an ihn binden, oder dass er strenge Pflichten enthält, aber beides gleichzeitig nicht möglich sei.[200]

---

195 *Tietje*, in: German Yearbook of International Law 1999 (Vol. 42), 26 (36).

196 *Baccini/Dür/Elsig*, in: International Studies Quarterly 2015 (Vol. 59), 765 (766); *Bodansky/van Asselt*, The Art and Craft of International Environmental Law, 256.

197 *Baccini/Dür/Elsig*, in: International Studies Quarterly 2015 (Vol. 59), 765 (766).

198 *Friedmann*, in: Recueil des Cours, 1969 II (Vol. 127), 39 (137).

199 *Helfer*, in: Dunoff/Pollack (Hrsg.), Interdisciplinary Perspectives on International Law and International Relations, 175 (175 f.); *van Genugten/van Gestel/Groenhuijsen/Letschert*, in: Netherlands Yearbook of International Law, 2006 (Vol. XXXVII), 109 (127 f.).

200 *Helfer*, in: University of Illinois Law Review 2008 (Vol. 2008), 71 (92); *Turk*, in: Berkeley Journal of International Law 2018 (Vol. 36), 446 (480).

Während der Verhandlungen eines Vertrages müssen sich die Beteiligten daher entscheiden, ob sie einen Vertrag mit weit angelegten oder mit tiefgreifenden Pflichten schaffen wollen.[201] Es existieren unterschiedliche Strategien, um die Kontroverse über tiefgreifende oder geringere Pflichten zu überwinden und dadurch einen Anreiz zur Zustimmung zu schaffen. Eine Strategie kann sein, einen Vertrag in einem kleineren Rahmen auszuhandeln und den Beteiligtenkreis anschließend zu erweitern. Eine andere Vorgehensweise ist es, einen Vertrag zunächst mit geringen Pflichten auszuhandeln und später strengere Pflichten auszuhandeln.[202] Weiterhin können Anreize in unterschiedlichen Formen aufgenommen werden. Beispiele sind Mitgliedschaftsvorteile, die Gewährung von technischer Unterstützung[203] oder die Aufnahme von Flexibilitätsinstrumenten innerhalb eines Vertragsregimes[204]. Verschiedene Studien haben festgestellt, dass je ambitionierter und umfassender ein Vertrag ist, desto eher enthält er Flexibilitätsinstrumente.[205]

2. Breite Beteiligung und das Konsensprinzip

Verschiedene Interessen sind jeweils für unterschiedliche Entscheidungssituationen bedeutsam. Zunächst sind an der Aushandlung multilateraler Verträge, insbesondere diejenigen, die auf eine breite Beteiligung abzielen, bereits viele Völkerrechtssubjekte beteiligt. Diese müssen sich auf einen Vertragstext einigen (a). Nach dieser kollektiven Entscheidung beschließt jedes Völkerrechtssubjekt individuell, ob es sich an den Vertrag bindet (b).

---

201 *Galbraith*, in: Virginia Journal of International Law 2013 (Vol. 53), 309 (316).

202 *Chayes/Chayes*, in: International Organizations 1993 (Vol. 47), 175 (195).

203 *Helfer*, in: Dunoff/Pollack (Hrsg.), Interdisciplinary Perspectives on International Law and International Relations, 175 (175).

204 *Helfer*, in: Dunoff/Pollack (Hrsg.), Interdisciplinary Perspectives on International Law and International Relations, 175 (175); *Mayer*, The International Law on Climate Change, 144; *Pelc*, in: World Politics 2011 (Vol. 63), 618 (643); *Turk*, in: Berkeley Journal of International Law 2018 (Vol. 36), 446 (480); *von Stein*, in: Journal of Conflict Resolution 2008 (Vol. 52), 243 (243).

205 *Baccini/Dür/Elsig*, in: International Studies Quarterly 2015 (Vol. 59), 765 (765); *Kucik/Reinhardt*, in: International Organization 2008 (Vol. 62), 477 (478); *Pelc*, Making and Bending International Rules, 186 f.

a) *Kollektive Einigung auf einen Vertragstext*

Soll ein Vertrag eine große Anzahl an Parteien erreichen, sind häufig bereits bei der Aushandlung sehr viele Völkerrechtssubjekte beteiligt. Dabei sind sehr viele verschiedene Interessen zu berücksichtigen. Ansonsten besteht das Risiko, dass größere oder kleinere Gruppen aufgrund von nicht berücksichtigten Partikularinteressen ihrer Teilgruppe dem späteren Vertrag nicht zustimmen würden. Insofern müssen die verschiedenen Partikular- und Kollektivinteressen[206] bereits bei Aushandlung des Vertragstextes berücksichtigt werden.

Je mehr Völkerrechtssubjekte beteiligt sind[207] und je heterogener diese sind, desto schwieriger ist es, eine Einigung zu erzielen. Interessenkonflikte sind erstens schwer zu überwinden, wenn die Positionen der verhandelnden Völkerrechtssubjekte weit auseinanderliegen. Zweitens ist dies herausfordernd, wenn die Positionen, unabhängig wie weit sie auseinanderliegen, für die verhandelnden Völkerrechtssubjekte besonders bedeutsam sind.[208]

Die Ausgangslage von Parteien kann aufgrund politischer Einstellungen, dem Stand der wirtschaftlichen Entwicklung, finanziellen oder technischen Möglichkeiten stark voneinander abweichen. Dadurch ist zur Einigung erforderlich, dass alle Verhandlungsparteien in nicht unwesentlichem Ausmaß nachgeben. Ein Beispiel sind die Verhandlungen zum *UN-Klimarahmenabkommen*[209] inklusive der Verhandlungen zum *Kyoto-Protokoll*[210] und dem *Übereinkommen von Paris*[211]. Während bei einigen sog. entwickelten Staaten eher der politische Wille als die technische Möglichkeit zur Reduktion von CO_2 fehlte, beriefen sich die sog. Entwicklungsländer darauf, dass sie nicht über die technischen Voraussetzungen verfügen würden, um den CO_2-Ausstoß zu verringern.[212] Dies wurde in den Verträgen durch unterschiedliche

---

206 Dazu näher → Kapitel 2 B. I.

207 *Guzman*, in: Virginia Journal of International Law 2012 (Vol. 52), 747 (751).

208 Vgl. ILC Guide to Practice on Reservations to Treaties 2011, UN Doc. A/66/10/Add.1, 1.7.1 – Commentary, Rn. 1; Fifth Report on reservations to treaties by the Special Rapporteur Mr. Allain Pellet, UN Doc. A/CN.4/508/Add.1 (2000), Rn. 75.

209 BGBl. 1993 II 1783, 1784. International: UNTS Vol. 1771, 107.

210 BGBl. 2002 II 966, 967. International: UNTS Vol. 2303, 162.

211 BGBl. 2016 II, 1082. International: UNTS Vol. 3156, 79.

212 Report of the Intergovernmental Negotiating Committee for a Framework Convention on Climate Change on the work of its first session, held at Washington, DC,

Pflichten für sog. entwickelte Staaten und sog. Entwicklungsländern[213] z. B. in Art. 3 *Kyoto-Protokoll*[214] sowie durch Gewährung technischer Unterstützung berücksichtigt z. B. in Art. 4 Abs. 5 des *UN-Klimarahmenabkommens*[215].

Die stark variierenden Ausgangssituationen verschiedener aushandelnder Völkerrechtssubjekte sind innerhalb des 20. Jahrhunderts angestiegen. Dazu beigetragen hat unter anderem die Dekolonisierung. Aufgrund dieser stieg die Anzahl an anerkannten Staaten von vierzig im Jahr 1920 auf inzwischen fast 200 an. Es entstanden neben den westlichen Staaten, dessen Weltanschauungen und Interessen zuvor das Völkerrecht geprägt hatten, neue Staaten. Während die politischen und kulturellen Einstellungen zwischen den ehemaligen Kolonialmächten weniger stark divergierten und die Kolonien nicht berechtigt waren, ihre Interessen selbstständig zu vertreten, werden diese Unterschiede nunmehr sichtbar und relevant bei der Aushandlung neuer völkerrechtlicher Verträge.[216] Außerdem führte die Dekolonialisierung dazu, dass sich häufiger als zuvor Staaten innerhalb eines Vertrages verpflichten, deren wirtschaftliche oder politische Ausgangslage unterschiedlich ist und deren Bedürfnisse schwerer durch einheitliche Regeln erfüllt werden.

Daneben kann eine Einigung erschwert sein, wenn die Frage, über die sich die verhandelnden Völkerrechtssubjekte noch uneinig sind, für ein oder mehrere besonders bedeutsam ist. *Whytock* unterscheidet zwischen *high* und *low politics*, wobei danach *high politics* die Themenbereiche des Militärs und der nationalen Sicherheit umfasse.[217] Sensible Themen werden vorliegend jedoch weiter verstanden. Nationale Sicherheit dürfte für alle Völkerrechtssubjekte umfasst sein, jedoch bestimmen die Völkerrechtssubjekte bedeutsame Themengebiete im Übrigen individuell. Beispiele für sensible Fragen, die durch einen Vertrag berührt werden können, sind Problemstellungen

---

from 4 to 14 February 1991, Doc. A/AC.237/6, online verfügbar: https://unfccc.int/documents/852 [28.07.2025], Rn. 46–58.

213 Differenzierte Rechte und Pflichten umfasst Situationen, in denen ein Vertrag unterschiedliche Rechte und Pflichten für verschiedene Gruppen von Vertragsparteien oder einzelne Parteien vorsieht. Die Pflichten können abweichen, indem strengere, mildere Pflichten oder ganz andere Rechte und Pflichten für eine Gruppe von Parteien oder eine einzelne Partei geschaffen werden. Dazu näher → Kapitel 4 D.

214 BGBl. 2002 II 966, 967. International: UNTS Vol. 2303, 162.

215 BGBl. 1993 II 1783, 1784. International: UNTS Vol. 1771, 107.

216 *Cullet*, in: European Journal of International Law 1999 (Vol. 10), 549 (564).

217 *Whytock*, in: Boston University International Law Journal 2005 (Vol. 23), 1 (29 f.).

mit religiösen, kulturellen oder ethischen Aspekten. Dies zeigte sich bei der *UN-Konvention zur Beseitigung jeder Form von Diskriminierung der Frau*[218], zu welcher eine hohe Anzahl an Vorbehalten erklärt wurde.[219] Für diesen Vertrag war es einigen Monarchien besonders wichtig, dass die Thronfolge weiterhin nur männliche Mitglieder der Königsfamilie berücksichtigt.[220] In größerer Zahl begründen Staaten ihren Vorbehalt mit der Vereinbarkeit mit dem Schariarecht[221] oder anderen religiösen Erwägungen[222]. Ein Beispiel für ein Thema mit kulturell hoher Bedeutung ist der Walfang für Staaten wie Japan oder Norwegen.[223]

---

218 BGBl. 1985 II 647, 648. International: UNTS Vol. 1249, 13.

219 *Cook*, in: Virginia Journal of International Law 1990 (Vol. 30), 643 (644).

220 So Großbritannien (UN Doc.: C.N.108.1986.TREATIES-4, Depositary Notification vom 07.08.1986), Lesotho (UN Doc.: C.N.294.1995.TREATIES-4, Depositary Notification vom 03.11.1995), Monaco (UN Doc.: C.N.219.2005.TREATIES-1, Depositary Notification vom 28.03.2005), Marokko (UN Doc.: C.N.251.1993.TREATIES-5, Depositary Notification vom 26.10.1993), Niger (UN Doc.: C.N.966.1999.TREATIES-9, Depositary Notification vom 02.11.1999) und Spanien (UN Doc.: C.N.11.1984.TREATIES-1, Depositary Notification vom 14.02.1984).

221 So Ägypten (UN Doc.: C.N.306.1981.TREATIES-13, Depositary Notification vom 28.10.1981), Bahrain (UN Doc.: C.N.717.2002.TREATIES-20, Depositary Notification vom 15.07.2002), Bangladesch (UN Doc.: C.N.289.1984.TREATIES-11, Depositary Notification vom 27.11.1984), Irak (UN Doc.: C.N.197.1986.TREATIES-7, Depositary Notification vom 16.10.1986), Kuweit (UN Doc.: C.N.345.1994.TREATIES-7, Depositary Notification vom 17.01.1995), Libyen (UN Doc.: C.N.132.1989.TREATIES-7, Depositary Notification vom 10.07.1989), Malaysia (UN Doc.: C.N.250.1995.TREATIES-3, Depositary Notification vom 16.10.1995), Mauretanien (UN Doc.: C.N.546.2001.TREATIES-6, Depositary Notification vom 05.06.2001), Marokko (UN Doc.: C.N.251.1993.TREATIES-5, Depositary Notification vom 26.10.1993), Oman (UN Doc.: C.N.193.2006.TREATIES-1, Depositary Notification vom 01.03.2006), Qatar (UN Doc.: C.N.298.2009.TREATIES-1, Depositary Notification vom 08.05.2009), Saudi-Arabien (UN Doc.: C.N.925.2000.TREATIES-8, Depositary Notification vom 10.10.2000), Syrien (UN Doc.: C.N.267.2003.TREATIES-6, Depositary Notification vom 07.04.2003), Vereinigte Arabische Emirate (UN Doc.: C.N.1223.2004.TREATIES-11, Depositary Notification vom 01.12.2004).

222 Israel (UN Doc.: C.N.223.1991.TREATIES-6, Depositary Notification vom 16.12.1991) und Singapur (UN Doc.: C.N.358.1995.TREATIES-5, Depositary Notification vom 21.11.1995).

223 Zur Frage des Walfangs: *Sellheim/Morishita*, Japan's Withdrawal from International Whaling Regulation.

b) *Individuelle Bindung eines Völkerrechtssubjektes an einen Vertrag*

Eine breite Beteiligung an einem völkerrechtlichen Vertrag entsteht durch die Summe an Einzelentscheidungen vieler Völkerrechtssubjekte, sich an diesen Vertrag zu binden. Dabei kann es aus verschiedenen Gründen dazu kommen, dass ein Völkerrechtssubjekt an den Vertragsverhandlungen teilnimmt und möglicherweise auch den Vertrag unterzeichnet, jedoch später sich nicht völkerrechtswirksam an den Vertrag bindet.[224]

Es existieren viele verschiedene Gründe, warum Völkerrechtssubjekte einen Vertrag eingehen oder nicht. Dies sind unter anderem die nationale Politik, das innerstaatliche Rechtssystem, der Vertragstyp, Vorteile für das Ansehen, rechtliche Vorteile oder das Vertragsdesign[225] und viele mehr. Die verschiedenen Gründe können für jedes Völkerrechtssubjekt eine unterschiedliche Bedeutung haben. In einzelnen Konstellationen kann es zu einem Teilhabedruck kommen, durch welchen ein Völkerrechtssubjekt sich nicht dauerhaft der Teilnahme an einen Vertrag entziehen kann.[226]

Nicht alle Gründe, die ein Völkerrechtssubjekt dazu bewegen oder davon abhalten, einen Vertrag zu schließen, liegen auf der internationalen Ebene. Viele Gründe sind vielmehr innerstaatlich, z. B. eine bestimmte politische Haltung der Gesellschaft. Regierungen können insbesondere unerwünschte innerstaatliche Wirkungen eines Vertrages befürchten.[227] Ein Beispiel dafür sind die Verhandlungen zwischen der EU und den Vereinigten Staaten von Amerika über das *Transatlantischen Freihandelsabkommen* und die Proteste dagegen, die die Verhandlungen zum Erliegen gebracht haben.[228]

Unter die innerstaatlichen Gründe für oder gegen einen Vertrag können fallen, dass sich ein Völkerrechtssubjekt durch einen Vertrag in seiner Freiheit einschränkt, bestimmte Gesetze zu erlassen oder nicht zu erlassen, sowie

224 *Barrett/Beckman*, Handbook on Good Treaty Practice, 206 f.
225 *Milewicz/Snidal*, in: International Organization 2016 (Vol. 70), 823 (824).
226 *Giegerich*, in: Zeitschrift für ausländisches öffentliches Recht und Völkerrecht 1995 (Vol. 55), 713 (720 f.).
227 *Chung*, in: Yale Law Journal 2016 (Vol. 126), 170 (173).
228 Zu der öffentlichen Meinung bzgl. des *Transatlantischen Freihandelsabkommens*: *van Loon*, in: Politics and Governance 2020 (Vol. 8), 325.

dass das Völkerrechtssubjekt bestimmte Themengebiete möglichst von internationalen Verpflichtungen freihalten möchte[229].

Weitere Aspekte, warum Völkerrechtssubjekte einem Vertrag zustimmen oder nicht, versuchen Autoren mit Ansätzen der Theorie der rationalen Entscheidung, der Verhaltensökonomik sowie empirischen Untersuchungen[230] zu analysieren.[231]

Nach der Theorie der rationalen Entscheidung handeln Völkerrechtssubjekte ebenso aufgrund rationaler Einschätzungen gerichtet auf die Maximierung ihres Nutzens wie Individuen.[232] Bezogen auf Verträge bedeutet dies, dass sie zwischen den Vorteilen und den Nachteilen oder Kosten für die Eingehung eines Vertrages abwägen. An einen Vertrag binden sie sich nur, wenn die Vorteile die Nachteile überwiegen.[233]

Die Verhaltensökonomik stammt aus den Wirtschaftswissenschaften und untersucht menschliches Verhalten in wirtschaftlichen Situationen, dabei insbesondere jenes, welches im Widerspruch zu den Annahmen der Theorie

---

229 United Nations Conference on Trade and Development, Preserving Flexibility in IIAs: The Use of Reservations, UNCTAD Series on International Investment Policies for Development 2006, online verfügbar: https://doi.org/10.18356/4c7d3325-en [28.07.2025], 2 f.

230 *Goodliffe/Hawkins*, in: The Journal of Politics 2006 (Vol. 68), 358; *Lupu*, in: Journal of Conflict Resolution 2016 (Vol. 60), 1219; *Milewicz/Snidal*, in: International Organization 2016 (Vol. 70), 823.

231 Dabei handelt es sich nicht um den Schwerpunkt dieser Arbeit, sodass für die Anwendung der Theorie der rationalen Entscheidung und der Verhaltensökonomik auf das Völkerrecht insbesondere auf die Literatur der internationalen Beziehungen verwiesen wird: *Broude*, in: University of Pennsylvania Law Review 2015 (Vol. 163), 1099; *Hartmann*, Internationale Beziehungen, 57–59; *Keohane*, in: The Journal of Legal Studies 2002 (Vol. 31), 307; *Thompson*, in: The Journal of Legal Studies 2002 (Vol. 31), 285; *van Aaken/Broude*, in: Kontorovich/Parisi (Hrsg.), Economic Analysis of International Law, 249; *van Aaken*, in: Harvard International Law Journal 2014 (Vol. 55), 421.

232 *Boyle/Chinkin*, The Making of International Law, 15; *Galbraith*, in: Virginia Journal of International Law 2013 (Vol. 53), 309 (311); *Guzman*, How International Law Works, 121; *van Aaken/Stradner*, in: Deplano/Tsagourias (Hrsg.), Research Methods in International Law, 366 (367).

233 *Bodansky/van Asselt*, The Art and Craft of International Environmental Law, 238–241; *Sandler*, in: University of Illinois Law Review 2008 (Vol. 2008), 155 (157–159); *van Aaken*, in: Harvard International Law Journal 2014 (Vol. 55), 421 (457).

der rationalen Entscheidung und dem *Homo Oeconomicus* steht.[234] Die Verhaltensökonomik nimmt dabei an, dass Menschen nur begrenzt rational handeln, ihnen eine begrenzte Willenskraft zukommt und sie nur begrenzt eigennützig handeln.[235] Ein Beispiel der Verhaltensökonomik bezogen auf völkerrechtliche Verträge ist, dass der Vergleich zwischen *Opting-In*[236] und *Opting-Out*[237] hinsichtlich der Annahme der Gerichtsbarkeit des IGH zeigt, dass *Opting-Out* zu einer höheren Quote führt.[238] Dabei handelt es sich um eine *Status-quo-Verzerrung*, also dass Personen und Völkerrechtssubjekte es vorziehen, dass keine Veränderungen eintreten.[239]

3. Einfluss von Flexibilität auf eine breite Beteiligung

Aufgrund von Divergenzen der Interessen der verschiedenen Völkerrechtssubjekte entstehen Probleme, sich auf einen Vertragstext zu einigen. Um eine breite Beteiligung zu sichern, können sich die aushandelnden Völkerrechtssubjekte auf einen Minimalkonsens oder den kleinsten gemeinsamen Nenner einigen.[240] Alternativ bieten Flexibilitätsinstrumente die Möglichkeit, einen generellen Konsens zu finden, von welchem einzelne Parteien abweichen können und so innerhalb eines multilateralen Vertrages Raum für individuelle Interessen der Vertragsparteien ist.[241]

---

234 *Beck*, Behavioral Economics, 1–9.

235 *Beck*, Behavioral Economics, 2 f.

236 *Opting-In* oder optionale Klauseln sind Bestimmungen, die ein Verfahren schaffen, wonach nur diejenigen Vertragsparteien an eine Vertragsbestimmung gebunden sind, welche in einem von der Zustimmung zum gesamten Vertrag getrennten Akt eingewilligt haben. Dazu näher → Kapitel 4 B.

237 *Opting-Out* wird definiert als Vertragsbestimmung, durch welche ein Völkerrechtssubjekt an die dort enthaltenen Regeln automatisch gebunden ist, außer es äußert den Willen an diesen Teil eines Vertrages nicht gebunden zu sein. Dazu näher → Kapitel 4 A. I.

238 *Galbraith*, in: Virginia Journal of International Law 2013 (Vol. 53), 309 (328–336); *Teichman/Zamir*, in: European Journal of International Law 2019 (Vol. 30), 1263 (1269 f.).

239 *Rowell/van Zeben*, in: European Journal of Risk Regulation 2016 (Vol. 7), 49 (50); *Samuelson/Zeckhauser*, in: Journal of Risk and Uncertainty 1988 (Vol. 1), 7 (8).

240 *Helfer*, in: University of Illinois Law Review 2008 (Vol. 2008), 71 (92); *Stone*, in: American Journal of International Law 2004 (Vol. 98), 276 (281).

241 *Bodansky/van Asselt*, The Art and Craft of International Environmental Law, 263; *Boisson de Chazournes*, in: Leiden Journal of International Law 2019 (Vol. 32), 401

Bereits der IGH verknüpfte das Ziel der breiten Beteiligung mit einem erhöhten Bedürfnis an Flexibilität in seinem Gutachten zur *Völkermord-Konvention*.[242] Das Gericht argumentierte dabei, dass die *Völkermord-Konvention*[243] nicht nur ein multilateraler Vertrag sei, sondern aufgrund ihres Inhalts und der Ausarbeitung innerhalb des formellen Rahmens der UN einen universellen Charakter aufweise. Artikel XI der Konvention erlaube einem großen Adressatenkreis dem Vertrag beizutreten. Damit aus diesem Adressatenkreis möglichst viele Völkerrechtssubjekte der Konvention zustimmen und so die Universalität erhöhen, sei es von besonderer Bedeutung, dass ein erhöhtes Maß an Flexibilität vorhanden sei.[244]

III. Erhöhte Robustheit

Vertragsgestaltung erfolgt zur Ausformung der zukünftigen Rechtsbeziehungen der Parteien. Flexibilitätsinstrumente können die Robustheit eines Vertrages erhöhen, indem sie Parteien ermöglichen, bei späteren Änderungen zu reagieren. Die Vertragsparteien versprechen sich für die Zukunft ein bestimmtes Verhalten. Da nicht alle möglichen zukünftigen Konstellationen vorhergesehen werden können, führt dies dazu, dass ein Vertrag regelmäßig gewisse Lücken aufweist.[245] In den Wirtschaftswissenschaften sowie den internationalen Beziehungen wird dieser Umstand auch als Unvollständigkeit („*incompleteness*") verstanden.[246] Ein Vertrag wird als unvollständig bezeichnet, wenn er einzelne Situationen oder zukünftige Umstände, welche

---

(406–409); *Lekkas/Tzanakopoulos*, in: Tams/Tzanakopoulos/Zimmermann (Hrsg.), Research Handbook on the Law of Treaties, 312 (313); *Prost*, The Concept of Unity in Public International Law, 37. Explizit für Vorbehalte: *Piper*, in: Iowa Law Review 1985–1986 (Vol. 71), 295 (296).

242 IGH, *Reservations to the Convention on Genocide, Advisory Opinion*, ICJ Rep. 1951, 21 f.

243 BGBl. 1954 II 729, 730. International: UNTS Vol. 78, 277.

244 IGH, *Reservations to the Convention on Genocide, Advisory Opinion*, ICJ Rep. 1951, 21 f.

245 *Rehbinder*, Vertragsgestaltung, 43.

246 *Abbott/Snidal*, in: International Organization 2000 (Vol. 54), 421 (433); *Bernheim/Whinston*, in: The American Economic Review 1998 (Vol. 88), 902; *Fjelstul/Reiter*, in: International Interactions 2019 (Vol. 45), 976; *Fontanelli/Bianco*, in: Stanford Journal of International Law 2014 (Vol. 50), 211 (234–238); *Lo*, Treaty Interpretation under the Vienna Convention on the Law of Treaties, 11; *Rasmusen*, in: Advances in Economic Analysis & Policy 2001 (Vol. 1), 1; WTO 2009 World Trade Report, 41.

in den Anwendungsbereich des Vertrages fallen, nicht (umfassend) regelt.[247] Dies ist insbesondere der Fall, wenn nicht für alle möglichen Szenarien in der Zukunft die Rechte und Pflichten der Parteien bestimmt sind.[248] Da es in der weit überwiegenden Zahl völkerrechtlicher Verträge unmöglich ist, jegliche zukünftige Szenarien zu berücksichtigen, sind die meisten (vermutlich alle) völkerrechtlichen Verträge unvollständig. Ein vollständiger Vertrag ist allerdings zumeist aufgrund der hohen Kosten in der Aushandlung für die Parteien nicht möglich oder erstrebenswert.[249] Stattdessen kann ein Vertrag Flexibilitätsinstrumente enthalten, die den Parteien erlauben, zu reagieren, wenn eine Situation auftritt, die bisher nicht im Vertrag geregelt war.[250] Insofern ist Flexibilität in Vertragsregimen erforderlich, um Probleme oder Schwierigkeiten während der gesamten Dauer eines Vertragsregimes zu identifizieren, zur Sprache zu bringen und auf sie zu reagieren, um die Funktionsfähigkeit des Vertrages zu erhalten.[251] Ein Vertrag ist robust, wenn er Möglichkeiten enthält, auf die Änderung der Umstände der internationalen Zusammenarbeit zu reagieren.[252]

Veränderungen können dazu führen, dass Völkerrechtssubjekte von dem Vereinbarten abweichen, obwohl sie ursprünglich den Willen hatten, sich an den Vertrag zu halten. Möglich sind objektive Änderungen der äußeren

---

247 *Fjelstul/Reiter*, in: International Interactions 2019 (Vol. 45), 976 (983); *Endicott*, Vagueness in Law, 38; *Lo*, Treaty Interpretation under the Vienna Convention on the Law of Treaties, 11; *Turk*, in: Berkeley Journal of International Law 2018 (Vol. 36), 446 (495 f.).

248 WTO World Trade Report 2009, Trade Policy Commitments and Contingency Measures, online verfügbar: https://www.wto.org/english/res_e/booksp_e/anrep_e/world_trade_report09_e.pdf [28.07.2025], 41.

249 *Caiado*, Commitments and Flexibilities in the WTO Agreement, 37; *Schropp*, Trade Policy Flexibility and Enforcement in the World Trade Organization, 60; *Park*, in: University of Cincinnati Law Review 2022 (Vol. 90), 1088 (1092).

250 *Caiado*, Commitments and Flexibilities in the WTO Agreement, 44–47, 50; *Schropp*, Trade Policy Flexibility and Enforcement in the World Trade Organization, 10–12.

251 *D'Aspremont*, in: Tams/Tzanakopoulos/Zimmermann (Hrsg.), Research Handbook on the Law of Treaties, 257 (259); *Feichtner*, The Law and Politics of WTO Waiver, 11; *Helfer*, in: Dunoff/Pollack (Hrsg.), Interdisciplinary Perspectives on International Law and International Relations, 175 (180); *Rehbinder*, Vertragsgestaltung, 22.

252 *Chambers*, in: Georgetown International Environmental Law Review 2004 (Vol. 16), 501 (526); vgl. *Koremenos*, The Continent of International Law, 2, 99 f.; *Young*, International Governance, 155.

Umstände und subjektive Änderungen der Einstellungen der Vertragsparteien. Eine objektive Änderung liegt vor, wenn sich die äußeren Umstände ändern und erkennbar wird, dass der Vertrag in der aktuellen Form das Ziel nicht erreichen wird oder der Ansatz des Vertrages nicht effektiv ist, um das Ziel zu erreichen.[253] Es können sich z. B. die Kosten für die Erfüllung der vertraglichen Pflichten verändern. Weiterhin ist eine objektive Änderung gegeben, wenn neue wissenschaftliche Erkenntnisse für die Thematik eines Vertrages relevant sind. Beispielsweise entstand das *Wiener Übereinkommen zum Schutz der Ozonschicht*[254] zu einer Zeit, als die Abnahme der Ozonkonzentration und die Gründe dafür noch wissenschaftlich umstritten waren und deshalb haben die Völkerrechtssubjekte zunächst einen Rahmenvertrag[255] mit generellen Pflichten ausgehandelt.[256]

Eine objektive Änderung kann dazu führen, dass sich die subjektive Bereitschaft, den Vertrag zu erfüllen, ändert. Daneben kann sich jedoch auch ohne eine objektive Änderung das Verhalten eines Völkerrechtssubjektes in Bezug auf den Vertrag aufgrund einer gewandelten Einstellung ändern. Faktoren, die Einfluss auf eine subjektive Änderung haben können, sind innerstaatliche gesellschaftliche und politische Entwicklungen, Änderungen der politischen Einstellungen in Bezug auf die internationale Zusammenarbeit mit anderen Völkerrechtssubjekten – aufgrund eines Regierungswechsels oder ohne –, innerstaatliche und internationale ökonomische Änderungen.[257]

Völkerrechtssubjekte können bereits nur aufgrund des bloßen Bewusstseins, dass zukünftig Änderungen eintreten können, weniger bereit sein, sich an einen Vertrag zu binden.[258] Die Zurückhaltung ist umso größer, je

---

253 *Feichtner*, The Law and Politics of WTO Waiver, 11; *Rehbinder*, Vertragsgestaltung, 39.

254 BGBl. 1988 II, 901, 902. International: UNTS Vol. 1513, 293.

255 Beim Rahmenvertrags-Protokoll-Ansatz handelt es sich um eine spezielle Variante Zusatzverträge vorzusehen. Dabei wird zunächst ein Rahmenvertrag abgeschlossen, der lediglich generelle und nur breitangelegte Pflichten enthält. Anschließend werden ein oder mehrere dazugehörige Protokolle ausgehandelt, welche konkretere und strengere Pflichten als der Rahmenvertrag enthalten. Dazu näher → Kapitel 4 F III. 1.

256 *Palmer*, in: American Journal of International Law 1992 (Vol. 86), 259 (274).

257 *Redgwell*, in: Gowlland-Debbas (Hrsg.), Multilateral Treaty-Making, 89 (92).

258 *Pelc*, in: World Politics 2011 (Vol. 63), 618 (627); *Schropp*, Trade Policy Flexibility and Enforcement in the World Trade Organization, 80.

langfristiger ein Vertrag angelegt ist.[259] Für einen langfristigen Vertrag sind mögliche Änderungen in ferner Zukunft schwerer vorherzusehen als für Verträge, die lediglich für eine kurze Dauer gelten.

In der Situation, in der sich die Umstände verändern, können Vertragsparteien nachverhandeln. Das Verfahren der Vertragsänderung ist jedoch häufig ein langwieriger Prozess, insbesondere wenn viele Vertragsparteien existieren und der Vertrag keine Vorgaben hinsichtlich eines bestimmten Verfahrens enthält, sodass alle Parteien der Vertragsänderung zustimmen müssen.[260] Weiterhin kann eine Partei auf eine Änderung reagieren, indem sie den Vertrag für sich beendet.[261]

Zukünftige Änderungen können entweder den gesamten Vertrag betreffen und alle Vertragsparteien oder lediglich einzelne Aspekte des Vertrages und sich besonders stark auf einige Parteien auswirken. Durch eine Vertragsgestaltung für diese verschiedenen Situationen können die Parteien bei tatsächlichem Eintritt passend reagieren.

IV. Vermeidung von Vertragsbrüchen

Verträge verhindern nicht die tatsächliche Möglichkeit, entgegen den vertraglichen Regeln zu handeln. Vielmehr beschränken sich die Völkerrechtssubjekte rechtlich, sodass sie bei Abschluss eines Vertrages die Gefahr eingehen, die Kosten eines Rechtsverstoßes tragen zu müssen.[262] Vor dem Hintergrund der verschiedenen Gründe für Vertragsbrüche (1.) stellt sich Flexibilität als eine Alternative zu Vertragsbrüchen dar (2.). Anstatt entgegen der rechtlichen Vorgabe eines Vertrages zu handeln, erlauben verschiedene Flexibilitätsinstrumente den Parteien, von ihren ansonsten bestehenden Pflichtenprogramm abzuweichen, indem für sie diese Pflichten entweder gar nicht entstehen oder sie diese ausnahmsweise nicht erfüllen zu müssen. Dabei verhält sich die

---

259 *Rehbinder*, Vertragsgestaltung, 22; *Steinbach/van Aaken*, Ökonomische Analyse des Völker- und Europarechts, 39, Rn. 102.

260 *Kucik/Reinhardt*, in: International Organization 2008 (Vol. 62), 477 (480). Aufgrund dieser Schwierigkeiten führt *Pelc* aus: „renegotiations are a minor and imperfect flexibility measure“: *Pelc*, Making and Bending International Rules, 183.

261 *Helfer*, in: Loyola of Los Angeles Law Review 2003 (Vol. 37), 193 (230 f.).

262 *Guzman*, How International Law Works, 125.

abweichende Partei rechtskonform und die anderen Parteien können über mögliche Kontrollmechanismen verfügen.

1. Gründe für Vertragsbrüche

Während der Geltung eines Vertrages wägen die Parteien die Einhaltung sowie die Durchsetzung des Vertrages immer wieder gegen andere Interessen ab.[263] Bei Annahme eines rationalen Handelns durch Völkerrechtssubjekte erfolgt ein Vertragsbruch, wenn höhere Kosten für die Einhaltung als für den Vertragsbruch entstehen und letztere nicht durch Vorteile aufgrund der Erfüllung aufgewogen werden.

Das Risiko eines Vertragsbruchs ist insbesondere hoch, wenn der Kooperation ein Gefangenendilemma zugrunde liegt, bei welchem das Defektieren für einzelne Parteien subjektiv lohnend erscheint.[264] Eine Partei verspricht sich in dieser Situation einen größeren Vorteil aus dem kurzfristigen Defektieren in Form eines Vertragsbruchs gegenüber dem langfristigen Kooperieren.[265] Ein Gefangenendilemma ist gegeben, wenn eine Kooperation zwischen den Akteuren zu dem objektiv bestmöglichen Ergebnis führt, subjektiv allerdings das Verweigern oder Defektieren der Zusammenarbeit verspricht, die individuellen Interessen zu maximieren. Dadurch wird am Ende nicht das optimale Gesamtergebnis erreicht.[266]

Die Anwendung des Gefangenendilemmas auf die internationale Zusammenarbeit verdeutlicht folgendes Beispiel: Wollen zwei aneinandergrenzende

263 *Von Rochow*, Transnationale Nomaden im Völkerrecht, 186.

264 *Snidal*, in: The American Political Science Review 1985 (Vol. 79), 923 (926).

265 *Koremenos/Lipson/Snidal*, in: International Organization 2001 (Vol. 55), 761 (776); *Rosendorff/Milner*, in: International Organizations 2001 (Vol. 55), 829 (832–835).

266 *Helfer*, in: Virginia Law Review 2005 (Vol. 91), 1579 (1611 f.); *Parisi/Ghei*, in: Cornell International Law Journal 2003 (Vol. 36), 93 (99 f.); *Snidal*, in: The American Political Science Review 1985 (Vol. 79), 923 (926). Ausführlich wird das Gefangenendilemma anhand eines hypothetischen Beispiels, in dem zwei Gefangene getrennt voneinander verhört werden. Sie können dabei entweder gestehen oder schweigen. Schweigen beide – wodurch sie untereinander kooperieren –, werden sie wegen kleinerer Delikte zu jeweils einem Jahr Freiheitsstrafe verurteilt. Gesteht einer, kommt er in den Genuss einer Kronzeugenregelung und erhält eine geringere Haftstrafe von sechs Monaten, während der andere zu sieben Jahren verurteilt wird. Gestehen beide, erhalten beide eine Haftstrafe von je fünf Jahren. Während es für beide zusammen am besten wäre, wenn sie schwiegen, ist es individuell vorteilhafter zu gestehen. In der Situation, dass A geschwiegen hat, kann B durch Gestehen seine Position von einem Jahr Haft (beide

Küstenstaaten zum Schutz des Fischbestandes reduzierte Quoten für den Fischfang festlegen, ist eine Möglichkeit, dass sie sich auf diese reduzierten Quoten einigen. Angenommen aus den Fischgründen können jährlich maximal 100 t Fisch gefischt werden. Eine nachhaltige Fischerei, durch welche die Fischbestände langfristig stabil bleiben, liegt allerdings bei jährlich 80 t. Die Staaten einigen sich deshalb in einem bilateralen Vertrag auf eine Quote von jeweils 40 t pro Partei.

Tabelle 1: Gefangenendilemma bei Fangquoten ohne zeitliche Betrachtung

	Staat A kooperiert	**Staat A defektiert**
Staat B kooperiert	40 t / 40 t	60 t / 40 t
Staat B defektiert	40 t / 60 t	50 t / 50 t

Unabhängig von dem Verhalten der anderen Partei besteht für jede Partei der Anreiz, sich nicht an die Quote zu halten. In der Situation, dass Staat A kooperiert, kann Staat B seinen Fischfang von 40 t/jährlich beim Kooperieren auf 60 t/jährlich beim Defektieren steigern. Defektiert dagegen Staat A, steigt der Ertrag für Staat B durch Defektieren von 40 t auf 50 t. Zu beachten ist, dass vorliegend die Konstellation, dass beide Staaten defektieren, pareto-effizient[267] ist. Anders als in der Ausgangskonstellation des Gefangendilemmas liegen die unterschiedlichen Vor- und Nachteile nicht auf derselben Ebene, da die individuellen Vorteile in der Gegenwart und die Nachteile in der Zukunft liegen. Die Reduktion der Quoten dient dazu, langfristig einen stabilen Fischbestand sicherzustellen. Berücksichtigt man eine Zeitachse mit der Annahme, dass über einen Zeitraum von zehn Jahren bei Einhaltung der Quote gleichbleibend 40 t/jährlich durch jeden Staat gefischt werden

schweigen) auf sechs Monate Haft (Nutzung der Kronzeugenregelung) verringern. Hat A gestanden, verbessert sich die Lage von B von sieben Jahren Haft auf fünf Jahre Haft. Siehe *Luce/Raiffa*, Games and Decisions, 94 f.

267 Eine Situation, ein Markt oder ein Zustand sind pareto-effizient, wenn es keine Möglichkeit gibt, jemanden besser zu stellen, ohne jemand anderen dadurch schlechter zu stellen: *Flad*, Kooperative Regelungskonzepte auf Basis der Spieltheorie und deren Anwendung auf Fahrerassistenzsysteme, 28 f.

können, insgesamt somit 800 t, während ohne Reduktion die verfügbare Menge jeweils um 5 t jährlich sinkt, ändert sich dieses Bild:

Tabelle 2: Gefangenendilemma bei Fangquoten mit zeitlicher Betrachtung

	Staat A kooperiert	**Staat A defektiert**
Staat B kooperiert	400 t / 400 t	412,5 t / 362,5 t
Staat B defektiert	362,5 t / 412,5 t[268]	387,5 t / 387,5 t[269]

Auch in dieser Situation entsteht ein individueller Vorteil durch Defektieren anstatt durch Kooperation. Kooperiert Staat A, kann Staat B die gefischte Menge durch Defektieren von 400 t auf 412,5 t steigern. Defektiert Staat A, steigert Staat B die gefischte Menge durch Defektieren von 362,5 t auf 387,5 t. Dennoch wird das beste Ergebnis von 400 t über 10 Jahre durch Kooperieren in Form der Einhaltung der Fangquote erzielt.

Gefangenendilemmata liegen insbesondere Verträgen zugrunde, mit denen Völkerrechtssubjekte Gemeinschaftsgüter wie die Umwelt schützen

---

268 Nimmt man an, dass sich die fischbare Menge jeweils um 5 t reduziert und fischt der defektierende Staat jeweils die Differenz zwischen der fischbaren Menge und der eingehaltenen Quote des kooperierenden Staates bis die Hälfte der Gesamtsumme unterhalb der Quote liegt, ergibt sich:
Jahr 1 (Gesamtmenge: 100 t): Staat A: 40 t, Staat B: 60 t,
Jahr 2 (Gesamtmenge: 95 t): Staat A: 40 t, Staat B: 55 t,
Jahr 3 (Gesamtmenge: 90 t): Staat A: 40 t, Staat B: 50 t,
Jahr 4 (Gesamtmenge: 85 t): Staat A: 40 t, Staat B: 45 t,
Jahr 5 (Gesamtmenge: 80 t): Staat A: 40 t, Staat B: 40 t,
Jahr 6 (Gesamtmenge: 75 t): Staat A: 37,5 t, Staat B: 37,5 t,
Jahr 7 (Gesamtmenge: 70 t): Staat A: 35 t, Staat B: 35 t,
Jahr 8 (Gesamtmenge: 65 t): Staat A: 32,5 t, Staat B: 32,5 t,
Jahr 9 (Gesamtmenge: 60 t): Staat A: 30 t, Staat B: 30 t,
Jahr 10 (Gesamtmenge: 55 t): Staat A: 27,5 t, Staat B: 27,5 t.

269 Nimmt man an, dass sich die fischbare Menge jeweils um fünf Tonnen reduziert, ergibt sich eine Gesamtsumme von 775 t über zehn Jahre. Halten sich beide Staaten nicht an eine Fangquote, fischt jeder Staat die Hälfte der in dem Jahr fischbaren Menge.

wollen.[270] Neben der Schwierigkeit, dass sich die Völkerrechtssubjekte zum Schutz eines Gemeinschaftsgutes auf einen Vertrag einigen müssen, besteht der Anreiz die eigenen Vorteile durch Defektieren zulasten des Gemeinschaftsgutes zu erhöhen.[271]

Ein weiterer Grund für einen Vertragsbruch kann das faktische Unvermögen eines Völkerrechtssubjektes sein, einzelne Vertragspflichten umzusetzen. Dieses Unvermögen kann auf realen Umständen oder rechtlichen Beschränkungen beruhen. Zunächst können die finanziellen oder technischen Mittel fehlen, um einzelne Pflichten umzusetzen.[272]

Neben faktischen Beschränkungen kann Völkerrechtssubjekten der politische Wille fehlen, völkerrechtliche Pflichten einzuhalten. Ein fehlender politischer Wille kann entstehen, nachdem das Völkerrechtssubjekt sich an einen Vertrag gebunden hat. Beispielsweise können sich die Kosten für die Erfüllung eines Vertrages nachträglich ändern und in der Konsequenz ein Völkerrechtssubjekt nicht gewillt sein, diese aufzuwenden. Als Konsequenz wird das Völkerrechtssubjekt regelmäßig seine Vertragspflichten nicht oder nicht vollständig erfüllen.

Nachträgliche objektive Änderungen in der Außenwelt oder subjektive Änderungen hinsichtlich der Einstellung eines Völkerrechtssubjektes zu einem Vertrag[273] sind wesentliche Gründe, warum eine Partei einen Vertragsbruch begeht. Änderungen können dazu führen, dass die Parteien den Vertrag nicht mehr erfüllen können oder wollen. Außerdem können aufgrund von Änderungen die politischen Kosten für die Erfüllung der Vertragspflichten zu hoch werden[274] und sich eine Partei daher entscheiden, den Vertrag zu brechen. Weitere Gründe hängen insbesondere von den spezifischen Umständen im Einzelfall ab.

---

270 *Barrett*, in: Duke Environmental Law & Policy Forum 1999 (Vol. 10), 131 (132); *Snidal*, in: The American Political Science Review 1985 (Vol. 79), 923 (929).

271 *Rosendorff/Milner*, in: International Organizations 2001 (Vol. 55), 829 (833).

272 *Chayes/Chayes*, in: International Organizations 1993 (Vol. 47), 175 (195).

273 Dazu näher → Kapitel 2 B. III.

274 *Pelc*, Making and Bending International Rules, 10.

2. Vertragsgestaltung zur Vermeidung von Vertragsbrüchen

Völkerrechtssubjekte können einen Vertrag derart gestalten, dass die Gefahr von Vertragsbrüchen sinkt. Durch einen Vertragsbruch wird das Prinzip *pacta sunt servanda*[275] verletzt.

In den oben dargestellten Situationen kann es für eine Partei vorteilhaft sein, die völkerrechtliche Vereinbarung zu verletzen. Dies kann durch eine entsprechende Gestaltung des völkerrechtlichen Vertrages verhindert werden. Eine Partei wird nur dann den Vertrag brechen, wenn sie dies als vorteilhaft ansieht. Insofern kann der Vertrag derart gestaltet sein, dass die Anreize für den Vertragsbruch reduziert oder die Kosten für den Vertragsbruch erhöht werden, sodass es für die Parteien vorteilhafter ist, die Vereinbarung einzuhalten. Alternativ kann der Vertrag Flexibilitätsinstrumente aufnehmen, die entweder dazu führen, dass eine Partei durch einzelne Pflichten nicht gebunden ist, oder die eine vertragskonforme Nichterfüllung einer Pflicht erlauben. In beiden Fällen erfüllt eine Partei eine Pflicht nicht, verletzt dabei jedoch nicht die rechtlichen Vorgaben des Vertrages.

Einem faktischen Unvermögen einzelner Parteien, den Vertrag umzusetzen, kann mit Regeln zu finanziellen Unterstützungen oder technischem Transfer begegnet werden oder indem die betreffenden Völkerrechtssubjekte an bestimmte Pflichten nicht gebunden sind. Dies zeigte sich deutlich in der Struktur des *Kyoto-Protokolls*[276], welches für Nicht-Annex I Staaten wesentlich geringere Pflichten vorsah. Durch diese geringeren Pflichten berücksichtigten die aushandelnden Staaten, dass sog. Entwicklungsländer nicht über die finanziellen und technischen Möglichkeiten für eine unmittelbare CO2-Reduktion verfügten.

Die Kosten für einen Vertragsbruch werden insbesondere dadurch beeinflusst, wie die Vertragspflichten durchgesetzt werden. Während eine Vertragspartei nach innerstaatlichem Recht in einer vergleichbaren Situation durch ein Gericht zur Durchführung gezwungen werden kann, erfolgt die Durchsetzung völkerrechtlicher Pflichten überwiegend dezentral.[277] Die aushandelnden Völkerrechtssubjekte können Durchsetzungsmechanismen in einem Vertrag stärken, indem sie ein zentrales Vertragsorgan zur Durchsetzung des

---

[275] Dazu näher → Kapitel 2 C. I. 2.

[276] BGBl. 2002 II 966, 967. International: UNTS Vol. 2303, 162.

[277] *Dörr*, in: Ipsen (Begr.), Völkerrecht, § 29 Rn. 32; *von Arnauld*, Völkerrecht, Rn. 43.

Vertrages schaffen. Haben beispielsweise die Vertragsparteien in dem Vertrag über die oben beschriebene Fangquote ein unabhängiges Kontrollorgan geschaffen, welches bei Nichteinhaltung der Fangquote Sanktionen (wie z. B. Strafzahlungen) verhängen kann, kann dadurch das ansonsten vorteilhafte Defektieren nachteilig werden.

Weiterhin können die aushandelnden Völkerrechtssubjekte einen Vertrag derart gestalten, dass eine dezentrale Durchsetzung erleichtert wird. Der Anreiz zu Defektieren kann in der Konstellation eines Gefangenendilemmas dadurch reduziert werden, dass die Kooperation durch wiederholte Gefangenendilemmata erleichtert wird.[278] Bezogen auf das vorherige Beispiel könnte eine Fangquote nur für drei Jahre festgelegt werden und anschließend erneut eine Quote bestimmt werden. Hat sich eine Vertragspartei nicht an die Fangquoten gehalten, wird die andere Partei ein geringeres Interesse daran haben, in der zweiten Phase zu kooperieren. Durch Wiederholung ist es möglich, dass im nächsten Zeitabschnitt kooperatives Verhalten belohnt und unkooperatives Verhalten geahndet wird. Auf ein unkooperatives Verhalten in der vorherigen Runde mit unkooperativem Verhalten in der nächsten Runde zu reagieren, wird als *„tit-for-tat"* bezeichnet.[279] Die Antizipation dieser zukünftigen Reaktion der anderen Parteien kann einen Anreiz schaffen, sich bereits in der Gegenwart kooperativ zu verhalten.[280] Dies wird auch als Schatten der Zukunft bezeichnet und fördert Kooperation jedoch nur, solange noch eine zukünftige Interaktion folgen wird.[281] Wissen die Parteien, dass keine weitere Interaktion stattfinden wird, auf die ihr gegenwärtiges Handeln Einfluss haben könnte, verhalten sie sich zumeist nicht kooperativ zugunsten ihres

---

278 *Axelrod*, Die Evolution der Kooperation, 9–13; *Riechmann*, Spieltheorie, 141–148. Zu wiederholten Gefangenendilemmata in der internationalen Zusammenarbeit: *Fearon*, in: International Organization 1998 (Vol. 52), 269 (297); *Keohane*, After hegemony, 103–106; *Setear*, in: Virginia Law Review 1997 (Vol. 83), 1 (15, 27–30).

279 *Axelrod*, Die Evolution der Kooperation, 12.

280 *Snidal*, in: The American Political Science Review 1985 (Vol. 79), 923 (930 f.); *Posner/Sykes*, in: Michigan Law Revue 2011 (Vol. 110), 243 (255); *Whytock*, in: Boston University International Law Journal 2005 (Vol. 23), 1 (25).

281 *Axelrod*, Die Evolution der Kooperation, 9; *Koremenos/Lipson/Snidal*, in: International Organization 2001 (Vol. 55), 761 (781).

eigenen Vorteils.[282] Erforderlich ist eine lange oder unbegrenzte Dauer der Zusammenarbeit, welches als langer Schatten der Zukunft bezeichnet wird.[283]

Schließlich können Flexibilitätsinstrumente eine Alternative zu einem Vertragsbruch darstellen. Die Parteien können den Vertrag nachträglich anpassen (vierte Facette von Flexibilität)[284] oder jede Partei kann entscheiden, den Vertrag für sich zu beenden (fünfte Facette von Flexibilität)[285]. Eine weitere Möglichkeit ist ein Abweichen von vertraglichen Pflichten aufgrund eines Flexibilitätsinstruments, wodurch ein Handeln entgegen den Pflichten kein Vertragsbruch ist.[286] Diese Instrumente schaffen eine zulässige Option des Nichterfüllens. Der Anreiz, durch einen Vertragsbruch einen Vorteil zu erlangen, wird dadurch umgelenkt in eine Form des Abweichens von einer vertraglichen Pflicht, welche alle Vertragsparteien bei Vertragsschluss im Vertrag vorgesehen haben. Für die Partei, welche von ihren Pflichten abweicht, ist der Vorteil, dass sie sich innerhalb des rechtlichen Rahmens des Vertrages bewegt und nicht den Vertrag verletzt. So dienen die Flexibilitätsinstrumente als Versicherung für die Parteien, wenn es zu Veränderungen aufgrund von Schocks kommt.[287] Durch den rechtlichen Rahmen der Flexibilitätsinstrumente wird dabei gleichzeitig bei den anderen Vertragsparteien das Vertrauen geschaffen, dass der defektierende Vertragspartner erneut zum Kooperieren zurückkehren wird.[288] Darauf können Vertragsparteien bei einem Vertragsbruch außerhalb von Flexibilitätsinstrumenten nicht vertrauen.

---

282 *Axelrod*, Die Evolution der Kooperation, 9.

283 *Axelrod*, Die Evolution der Kooperation, 113–116.

284 Die vierte Facette umfasst die inhaltliche Veränderung der Rechte und Pflichten aus einem multilateralen Vertrag über die Vertragsdauer für alle Parteien. Eine inhaltliche Änderung ist durch eine Vertragsänderung oder durch eine evolutive Vertragsauslegung möglich. Dazu näher → Kapitel 1 A. IV.

285 Die fünfte Facette schließlich meint die Möglichkeit, dass Völkerrechtssubjekte die Rechte und Pflichten aus einem multilateralen Vertrag vollständig beenden können. Dazu näher → Kapitel 1 A. V.

286 *Baccini/Dür/Elsig*, in: International Studies Quarterly 2015 (Vol. 59), 765 (766); *Rosendorff*, in: The American Political Science Review 2005 (Vol. 99), 389 (390); *Zvobgo/Sandholtz/Mulesky*, in: International Studies Quarterly 2020 (Vol. 64), 785 (786).

287 *Koremenos*, in: American Political Social Sciene Review 2005 (Vol. 99), 549 (549); *Kucik*, in: Economics & Policy 2012 (Vol. 24), 95 (97).

288 *Koremenos*, The Continent of International Law, 133.

Eine Gefahr ist allerdings, dass Flexibilitätsinstrumente zum Abweichen von den eigenen Vertragspflichten vorschnell genutzt werden.[289] Während ohne Flexibilitätsinstrument eine Abwägung zwischen den Kosten der Erfüllung und den Kosten eines Vertragsbruchs vorzunehmen war, kann es dazu kommen, dass mit einem Flexibilitätsinstrument nur abgewogen wird zwischen den Kosten der Erfüllung und den Vorteilen der Erfüllung.[290] Um eine opportunistische Nutzung von Flexibilitätsinstrumenten zu vermeiden, können die aushandelnden Völkerrechtssubjekte Grenzen für die Flexibilitätsinstrumente aufnehmen.

C. Vertragsgestaltung zur Begrenzung von Flexibilitätsinstrumenten

Begrenzungen von Flexibilitätsinstrumenten wurden im Englischen bereits als „*flexibility strings*" bezeichnet.[291] Durch die Begrenzung von Flexibilitätsinstrumenten können die Gründe für Flexibilität ausgeglichen werden mit den Funktionen der Begrenzungen (I.). Die Formen der Begrenzung sind häufig assoziiert mit konkreten Flexibilitätsinstrumenten, z. B. die Vereinbarkeit mit Ziel und Zweck des Vertrages mit dem Vorbehalt. Dennoch kann diese Begrenzung wie verschiedene andere Formen der Begrenzung auch für andere Flexibilitätsinstrumente geeignet sein. Bevor in den folgenden Kapiteln für jedes Flexibilitätsinstrument untersucht wird, welche Begrenzungen sich insofern eignen, sind die verschiedenen Formen der Begrenzungen generell darzustellen (II.).

I. Funktionen der Begrenzung von Flexibilität

Begrenzungen von Flexibilitätsinstrumenten haben verschiedene Funktionen. Sie dienen insbesondere dazu, in den Zielkonflikten zwischen den Bedürfnissen an Flexibilität in einem Vertrag[292] und grundlegenden Prinzipien und Zielen des Völkervertragsrechts einen Ausgleich zu finden. Flexibilitätsinstrumente können insbesondere das Konsensprinzip (1.) und das Prinzip *pacta sunt servanda* (2.) berühren. Mit Fokus auf das gesamte Vertragskonstrukt

289 *Pelc*, Making and Bending International Rules, 2.

290 *Switzer*, in: Journal of International Trade Law and Policy 2017 (Vol. 16), 126 (132).

291 *Baccini/Dür/Elsig*, in: International Studies Quarterly 2015 (Vol. 59), 765 (767); *Pelc*, Making and Bending International Rules, 186.

292 Zu diesen näher → Kapitel 2 B.

und das darin vereinbarte Gleichgewicht von Rechten und Pflichten wirken sich Flexibilitätsinstrumente auf die Integrität des Vertrages aus (3.). Weiterhin können Begrenzungen dazu dienen, eine Integrationswirkung in den Vertrag zu erreichen, wenn Parteien durch Flexibilitätsinstrumente einzelne Pflichten nicht erfüllen müssen (4.). Schließlich können Begrenzungen die Einhaltung der Voraussetzungen der Flexibilitätsinstrumente sicherstellen, um eine opportunistische oder missbräuchliche Nutzung versuchen zu verringern (5.).

1. Konsensprinzip

Das Konsensprinzip, welches das Völkerrecht zwischen gleichrangigen Völkerrechtssubjekten prägt, ist ebenfalls für Flexibilitätsinstrumente zu berücksichtigen. Bereits in seiner *Lotus*-Entscheidung hat der StIGH festgestellt, dass Staaten als souveräne Gleiche nur aufgrund ihres eigenen freien Willens an Regelungen des Völkerrechts gebunden sein können.[293] Somit ist es Ausfluss der Souveränität eines Staates, dass sich gemäß des Konsensprinzips Rechte und Pflichten aus einem völkerrechtlichen Vertrag nur nach Zustimmung der gebundenen Staaten ergeben können.[294] Dies verdeutlicht auch Art. 34 WVK, wonach sich aus einem Vertrag für einen Drittstaat keine Rechte und Pflichten ergeben können, außer dieser stimmt zu.

Verletzt wird das Konsensprinzip nicht, solange die verschiedenen Flexibilitätsmechanismen das Konsensprinzip ausformen[295] und die Parteien sich an die Voraussetzungen der Flexibilitätsinstrumente halten. Für verschiedene Flexibilitätsinstrumente ist das Konsensprinzip unterschiedlich relevant. Flexibilitätsinstrumente beeinflussen die Zustimmung derjenigen Partei, die ein Instrument nutzt. Dies gilt insbesondere für diejenigen Instrumente, die beeinflussen, wie weitgehend sich eine Partei an einen Vertrag bindet. Ohne Flexibilitätsinstrumente könnten Völkerrechtssubjekte nur entscheiden, ob sie sich vollständig an einen Vertrag binden wollen oder die Bindung vollständig unterlassen wollen. Die Flexibilitätsinstrumente erlauben Völkerrechtssubjekten ihre Zustimmung zu einem Vertrag zu variieren. Beispielsweise

---

293 StIGH, *The Case of the SS Lotus (France v Turkey) (Judgment)*, PCIJ Rep Series A No. 10, 18.

294 *Brunnée*, Consent, in: Wolfrum (Hrsg.), MPEPIL, Rn. 5; *Guzman*, in: Virginia Journal of International Law 2012 (Vol. 52), 747 (747).

295 *Galbraith*, in: Virginia Journal of International Law 2013 (Vol. 53), 309 (316).

nimmt ein Völkerrechtssubjekt durch Vorbehalte[296] oder ein *Opting-Out*[297] Teile des Vertrages von seiner Zustimmung zum Vertrag aus. Die Völkerrechtssubjekte können somit den Umfang ihrer Zustimmung variieren.[298]

Flexibilitätsinstrumente berühren auch die Zustimmung der übrigen Parteien,[299] wenn sie reziprok wirken.[300] In Bezug auf Vorbehalte wurde zunächst aus dem Konsensprinzip abgeleitet, dass die Annahme eines Vorbehalts einstimmig durch alle anderen Vertragsparteien erfolgen musste.[301] Ein Vorbehalt einer Partei wirkt sich grundsätzlich reziprok auf die Rechte und Pflichten der anderen Parteien gegenüber der vorbehaltserklärenden Partei aus.[302] Insofern verändert ein Vorbehalt die Rechte und Pflichten der übrigen Parteien, zu denen diese zugestimmt haben. Eine derartige Veränderung berührt nicht nur die ursprüngliche Zustimmung zu dem Vertrag, sondern ist auch relevant für das Fortwirken des Konsenses ab Inkrafttreten des Vertrages aufgrund des Grundsatzes *pacta sunt servanda*.[303]

2. *Pacta sunt servanda* und die Ordnungs- und Stabilitätsfunktion

Wird ein Flexibilitätsinstrument erst nach bereits erfolgter Zustimmung einer Partei genutzt, ist gleichzeitig das Prinzip *pacta sunt servanda* zu beachten. Flexibilitätsinstrumente sind mit *pacta sunt servanda* vereinbar, wenn die Parteien von dem ursprünglich vereinbarten Vertrag unter Voraussetzungen abweichen, auf die sie sich ebenfalls geeinigt haben. Insofern stellen Flexibilitätsinstrumente teilweise eine Alternative zu einem Vertragsbruch dar und tragen dazu bei, dass die Parteien das Prinzip *pacta sunt servanda* einhalten.

Das Prinzip *pacta sunt servanda*, auch als Vertragstreue bezeichnet, ist in Art. 26 WVK niedergelegt. Es stellt eine der wesentlichen Rechtsfolgen eines Vertrages dar. Die Voraussetzungen der Anwendbarkeit von *pacta sunt*

---

296 Dazu näher → Kapitel 3.

297 *Opting-Out* wird definiert als Vertragsbestimmung, durch welche ein Völkerrechtssubjekt an die dort enthaltenen Regeln automatisch gebunden ist, außer es äußert den Willen an diesen Teil eines Vertrages nicht gebunden zu sein. Dazu näher → Kapitel 4 A. I.

298 *Galbraith*, in: Virginia Journal of International Law 2013 (Vol. 53), 309 (317).

299 *Swaine*, in: The Yale Journal of International Law 2006 (Vol. 31), 307 (308).

300 Dazu näher → Kapitel 2 C. II. 7.

301 *Galbraith*, in: Virginia Journal of International Law 2013 (Vol. 53), 309 (317).

302 Siehe dazu → Kapitel 3 C. IV.

303 Dazu näher → Kapitel 2 C. I. 2.

servanda sind, dass es sich um einen völkerrechtlichen Vertrag handeln muss, welcher in Kraft getreten ist und zu welchem das jeweilige Völkerrechtssubjekt Vertragspartei ist.[304] *Pacta sunt servanda* legt fest, dass geschlossene Verträge eingehalten werden müssen.[305] Somit obliegt es Völkerrechtssubjekten, ihren vertraglich eingegangenen Pflichten nachzukommen.[306] Während das Konsensprinzip bestimmt, dass eine bindende Regelung nur mit Zustimmung der verpflichteten Völkerrechtssubjekte zustande kommt, baut *pacta sunt servanda* auf dem Konsens auf und bestimmt die objektiv bindende Wirkung des Konsenses für die Zukunft.[307] Das Konsensprinzip und *pacta sunt servanda* greifen somit ineinander.

Pacta sunt servanda dient dem Ziel eines völkerrechtlichen Vertrages, Stabilität und Rechtssicherheit zu schaffen.[308] Die Ordnungs- und Stabilitätsfunktion eines Vertrages geht allerdings über das Rechtsprinzip von *pacta sunt servanda* hinaus.

Stabilität und Rechtssicherheit verringern die Ungewissheit darüber, wie sich die anderen Parteien zukünftig verhalten werden, und fördern das Vertrauen der Parteien in die weitere Kooperation.[309] Die Völkerrechtssubjekte schaffen Rechtssätze, die Maßstab für ihr zukünftiges Verhalten sind. Dadurch soll das zukünftige Verhalten der Parteien berechenbar sein.[310] Die Verbindlichkeit der Verpflichtungen sowie die Glaubhaftigkeit darüber, dass Parteien ihre Verpflichtungen einhalten, können durch ein hohes Maß an Flexibilität in einem Vertrag beeinträchtigt werden.

---

304 *Schmalenbach*, in: Dörr/Schmalenbach (Hrsg.), VCLT, Art. 26, Rn. 23–45; *Binder*, Die Grenzen der Vertragstreue, 44.

305 *Aust*, Pacta sunt servanda, in: Wolfrum (Hrsg.), MPEPIL, Rn. 1.

306 *Kunz*, in: American Journal International Law 1945 (Vol. 39), 180 (181).

307 *Binder*, Die Grenzen der Vertragstreue, 20; *Lauterpacht*, in: Economica 1932 (Vol. 12), 301 (314).

308 *Kolb*, The Law of Treaties, 5 f.; *Koremenos*, in: Journal of Legal Studies 2002 (Vol. XXXI), 259 (281).

309 *Binder*, Die Grenzen der Vertragstreue im Völkerrecht, 19; *Dörr*, in: Dörr/Schmalenbach (Hrsg.), VCLT, Introduction, Rn. 1; *Ipsen*, in: Ipsen (Begr.), Völkerrecht, § 3 Rn. 6.

310 *Binder*, Die Grenzen der Vertragstreue im Völkerrecht, 19; *Heussen*, in: Heussen/Pischel (Hrsg.), Handbuch Vertragsverhandlung und Vertragsmanagement, 1 (14); *Kanetake/Nollkaemper*, in: Kanetake/Nollkaemper (Hrsg.), The Rule of Law at the National and International Levels: Contestations and Deference, 445 (458).

Stabilität ist für Verträge unterschiedlich bedeutsam. Für einige Verträge, wie beispielsweise Grenzverträge, ist es essentiell, dass sie den Rechtszustand dauerhaft festlegen. Dies verdeutlicht nicht zuletzt Art. 62 Abs. 2 lit. a) WVK, welcher es ausschließt einen Grenzvertrag aufgrund grundlegender Änderung der Umstände zu beenden. Verträge, die eine internationale Organisation einrichten, benötigen auch ein besonderes Maß an Stabilität.[311]

Allerdings steht dem Vorteil der Stabilität und Rechtssicherheit entgegen, dass ein Konservieren eines Rechtszustandes regelmäßig nicht der Realität der internationalen Beziehungen entspricht. Ein Vertrag „friert" den Rechtszustand zum Zeitpunkt des Vertragsschlusses ein.[312] Es entsteht ein Spannungsverhältnis zwischen der Funktion des Vertrages, Rechtssicherheit und Stabilität in den internationalen Beziehungen zu schaffen, und dem Bedürfnis nach Robustheit und Anpassungsfähigkeit eines Vertrages[313].

Die aushandelnden Völkerrechtssubjekte müssen für jeden Vertrag das angemessene Verhältnis zwischen Flexibilität und Stabilität sowie der Ordnungsfunktion des Vertrages finden. Geprägt wird dieses Verhältnis durch die gewählten Flexibilitätsinstrumente sowie deren Vertragsgestaltung, insbesondere, wie sie begrenzt werden.

3. Integrität eines Vertrages

Flexibilitätsinstrumente können die Integrität eines Vertrages beeinträchtigen,[314] weshalb Begrenzungen von Flexibilitätsinstrumenten dazu dienen können, die Beeinträchtigung der Integrität zu verringern. Der IGH hat das Konzept der Integrität eines Vertrages insbesondere in seinem Gutachten zur *Völkermord-Konvention*[315] erwähnt und Integrität darauf bezogen, dass kein Vorbehalt wirksam sei, der nicht einstimmig von allen Parteien angenommen wurde.[316] Generell meint die Integrität insgesamt die Einheitlichkeit

311 *Brunnée*, in: Hollis (Hrsg.), The Oxford Guide to Treaties, 336 (339).

312 *Binder*, Die Grenzen der Vertragstreue im Völkerrecht, 1; *Hafner*, in: Nolte/Hilpold (Hrsg.), Auslandsinvestitionen – Entwicklung großer Kodifikationen – Fragmentierung des Völkerrechts – Status des Kosovo. Beiträge zum 31. Österreichischen Völkerrechtstag 2006 in München, 94 (96–99).

313 Zu diesem näher → Kapitel 2 B. III.

314 *Parisi/Ševčenko*, in: Berkeley Journal of International Law 2003 (Vol. 21), 1 (25).

315 BGBl. 1954 II 729, 730. International: UNTS Vol. 78, 277.

316 IGH, *Reservations to the Convention on Genocide, Advisory Opinion*, ICJ Rep. 1951, 21; *Del Mar*, in: Tams/Tzanakopoulos/Zimmermann (Hrsg.), Research Handbook on the Law of Treaties, 285 (286).

des Vertragsregimes.[317] Ein Vertrag ist nicht nur eine Sammlung von Regeln, sondern eine kohärente, rechtliche Einheit.[318] Die Integrität eines Vertrages bedeutet, dass der Vertrag als ein nach den eigenen Regeln bestimmtes kohärentes, in sich geschlossenes Ganzes aufrechterhalten wird.[319] Auf dieses kohärente, geschlossene Ganze haben sich die aushandelnden Völkerrechtssubjekte geeinigt. Somit stützt sich das Konzept der Integrität des Vertrages auf die Einigung der verhandelnden Völkerrechtssubjekte und das Interesse aller Völkerrechtssubjekte, die sich ohne Einschränkungen an den Vertrag gebunden haben.

Die Integrität eines Vertrages ist eines der Grundprinzipien des Völkervertragsrechts,[320] welches sich in verschiedenen Normen der WVK widerspiegelt. Dies sind insbesondere Art. 19 WVK, der die Möglichkeit begrenzt, Vorbehalte zu erklären und Art. 44 WVK, welcher Voraussetzungen für eine teilweise Suspendierung oder Beendigung bezogen auf einzelne Vertragsbestimmungen aufstellt.

Die Integrität eines Vertrages ist beeinträchtigt, wenn eine Partei von der planmäßigen Erfüllung abweicht. Erklärt beispielsweise eine Partei einen Vorbehalt und schließt so eine Pflicht für sich aus, obwohl der Vertrag diese ursprünglich für die Partei vorgesehen hat, wirkt sich dies nachteilig auf die Integrität des Vertrages aus.[321] Anders ist dies, wenn dagegen der Vertrag bereits in seinen Regeln vorsieht, dass Parteien unter gewissen Voraussetzungen in bestimmter Weise abweichen dürfen. Dann ist dies bereits von der zuvor erzielten Einigung umfasst. Sieht ein Vertrag differenzierte Rechte und Pflichten[322] für einzelne Parteien vor, wird dadurch nicht die Integrität

---

317 ILC Guide to Practice on Reservations to Treaties 2011, UN Doc. A/66/10/Add.1, Guideline 2.5.3, Rn. 4; *Galbraith*, in: Virginia Journal of International Law 2013 (Vol. 53), 309 (318).

318 *Von der Decken*, in: Dörr/Schmalenbach (Hrsg.), VCLT, Art. 44, Rn. 1.

319 *Higgins*, in: Commonwealth Law Bulletin, 1989, 598 (598).

320 *Von der Decken*, in: Dörr/Schmalenbach (Hrsg.), VCLT, Art. 44, Rn. 1; *Reuter*, Introduction to the Law of Treaties, 168, Rn. 242.

321 *Del Mar*, in: Tams/Tzanakopoulos/Zimmermann (Hrsg.), Research Handbook on the Law of Treaties, 285 (285 f.).

322 Differenzierte Rechte und Pflichten umfasst Situationen, in denen ein Vertrag unterschiedliche Rechte und Pflichten für verschiedene Gruppen von Vertragsparteien oder einzelne Parteien vorsieht. Die Pflichten können abweichen, indem strengere,

beeinträchtigt, denn der Vertrag versteht unter einer planmäßigen Erfüllung, dass jede Partei diejenigen Pflichten erfüllt, die für seine Kategorie vorgesehen sind.

Insbesondere Begrenzungen, die darauf abzielen, es zu erschweren ein Flexibilitätsinstrument auszuüben wie z. B. materielle Begrenzungen[323] oder Zustimmungserfordernisse[324] schützen die Integrität eines Vertrages. Dagegen wirkt sich Reziprozität[325] als Grenze nachteilig auf die Integrität des Vertrages aus, indem es die Abweichung von dem kohärenten Ganzen auf weitere Parteien erweitert.

4. Integrationswirkung in den Vertrag

Eine Begrenzung eines Flexibilitätsinstruments kann weiterhin dazu dienen, dass die Integrationswirkung in den Vertrag sichergestellt und verstärkt wird. Die Integrationswirkung in den Vertrag bedeutet, dass ein Völkerrechtssubjekt, welches sich zunächst nur unter Verwendung eines Flexibilitätsinstruments an einen Vertrag gebunden hat, dessen Nutzung zu einem späteren Zeitpunkt aufgibt und das vollständige Pflichtenprogramm des Vertrages übernimmt.[326] Eine derartige Integrationswirkung ist nur zweckmäßig, wenn durch ein Flexibilitätsinstrument eine Partei weniger Pflichten erfüllt, als der Vertrag eigentlich vorsieht. Ein Beispiel dafür sind Fristen, die ein Flexibilitätsinstrument beschränken[327], oder regelmäßige Überprüfungen, warum das Flexibilitätsinstrument noch aufrechterhalten wird[328].

5. Einhaltung der Voraussetzungen der Flexibilitätsinstrumente und Verhinderung eines Missbrauchs

Da Flexibilitätsinstrumente den Parteien erlauben, ihre Pflichten aus einem Vertrag zu verändern oder nach eigenem Ermessen auszulegen, besteht das

---

mildere Pflichten oder ganz andere Rechte und Pflichten für eine Gruppe von Parteien oder eine einzelne Partei geschaffen werden. Dazu näher → Kapitel 4 D.

323 Dazu näher → Kapitel 2 C. II. 1.

324 Dazu näher → Kapitel 2 C. II. 3.

325 Dazu näher → Kapitel 2 C. II. 7.

326 Vgl. *Giegerich*, in: Zeitschrift für ausländisches öffentliches Recht und Völkerrecht 1995 (Vol. 55), 713 (721).

327 Dazu näher → Kapitel 2 C. II 4.

328 Dazu näher → Kapitel 2 C. II. 9.

Risiko opportunistischer Nutzung und Missbrauch.[329] Daher dienen Begrenzungen insbesondere auch dazu, sicherzustellen, dass die Voraussetzungen des Flexibilitätsinstruments eingehalten werden und dass Parteien ein Flexibilitätsinstrument nicht missbrauchen. Parteien, die gegen die Voraussetzungen eines Flexibilitätsinstruments verstoßen, verhalten sich rechtswidrig. Missbräuchlich können Parteien ein Flexibilitätsinstrument auch verwenden, wenn sie die Voraussetzungen einhalten. Beispielsweise erfolgt eine Suspendierung aufgrund einer Suspendierungsklausel[330] dann rechtswidrig, wenn die Voraussetzungen z. B. eines erforderlichen Notstandes nicht mehr vorliegen. Dagegen kann es als missbräuchlich angesehen werden, wenn ein Vorbehalt zwar nicht gegen Ziel und Zweck des Vertrages verstößt, die Partei ihn jedoch viel weiter erklärt, als zur Wahrung seiner Interessen erforderlich wäre. Üben Parteien ein Vertragsrecht missbräuchlich aus, erfüllen sie den Vertrag nicht entsprechend Art. 26 WVK nach Treu und Glauben.[331] Eine übermäßige Nutzung von Flexibilität kann die erzielte Einigung in Frage stellen und als negative Beispiele für andere Parteien ein *race to the bottom* auslösen.

Gegen einen opportunistischen Gebrauch von Flexibilität können z. B. Begrenzungen verwendet werden, die die Nutzung von Flexibilität mit Kosten versehen.[332] Kosten sind dabei weit zu verstehen und umfassen neben monetären Kosten[333] auch Auswirkungen durch Reziprozität[334] oder Risiken einer Überprüfung durch andere Parteien oder Institutionen[335]. Weiterhin können insbesondere Zustimmungserfordernisse[336] oder Berichtspflichten[337]

---

329 Vgl. *Helfer*, in: Loyola of Los Angeles Law Review 2003 (Vol. 37), 193 (231); vgl. *Pelc*, Making and Bending International Rules, 2 f.

330 Eine Suspendierungsklausel ist eine vertragliche Regelung, auf die sich Parteien unter bestimmten Voraussetzungen berufen können und sie i. S. v. Art. 72 Abs. 1 WVK von der Verpflichtung befreit, in ihren gegenseitigen Beziehungen während der Suspendierung den Vertrag zu erfüllen. Dazu genauer → Kapitel 4 I.

331 *Binder*, Die Grenzen der Vertragstreue im Völkerrecht, 54.

332 *Pelc*, Making and Bending International Rules, 31.

333 Dazu näher → Kapitel 2 C. II. 8.

334 Dazu näher → Kapitel 2 C. II. 7.

335 *Kucik*, in: Economics & Policy 2012 (Vol. 24), 95 (102). Dazu näher → Kapitel 2 C. II. 6.

336 Dazu näher → Kapitel 2 C. II. 3.

337 Dazu näher → Kapitel 2 C II. 5. a).

das Risiko verringern, dass Flexibilitätsinstrumente rechtswidrig oder missbräuchlich genutzt werden.

II. Arten der Begrenzungen

Flexibilitätsinstrumente können durch sehr viele unterschiedliche Mechanismen begrenzt werden. Möglich sind materielle Begrenzungen (1.), die Begrenzung der Berechtigung nur für einzelne Parteien (2.), das Erfordernis einer kollektiven Ausübung, Zustimmungserfordernisse oder Einspruchsrechte (3.), zeitlich festgelegte Grenzen (4.), Verfahrensvorschriften (5.), Überprüfungspflichten und -rechte (6.), Reziprozität (7.), das Erfordernis einer Kompensation (8.) und Regeln zur Beendigung eines Flexibilitätsinstruments (9.). Obwohl die Mechanismen rechtstechnisch mit verschiedenen Flexibilitätsinstrumenten kombiniert werden können, sind übliche Kombinationen entstanden. Beispielsweise wird der Vorbehalt durch eine zeitlich festgelegte Grenze, Einspruchsrechte der anderen Parteien und als materielle Grenze der Vereinbarkeit mit Ziel und Zweck des Vertrages eingeschränkt. Seltener wird ein Vorbehalt dagegen mit Berichtspflichten über die Anwendung oder den Grund für den Vorbehalt verknüpft oder nur einzelnen Parteien oder Parteigruppen ermöglicht. Indem die Arten der Begrenzungen losgelöst von den einzelnen Flexibilitätsinstrumenten betrachtet werden, sollen diese üblichen Verknüpfungen aufgebrochen werden. Anschließend wird bei jedem Flexibilitätsinstrument dargestellt werden, welche Begrenzungen sich für das jeweilige Flexibilitätsinstrument eignen – unabhängig davon, ob diese bereits in der Vergangenheit regelmäßig für das Flexibilitätsinstrument verwendet wurden.

1. Materielle Begrenzungen

Ein Flexibilitätsinstrument kann dadurch begrenzt werden, dass ein Vertrag festlegt, welche materiellen Voraussetzungen erfüllt werden müssen, damit und wie ein Flexibilitätsinstrument ausgeübt werden kann. Die Gestaltungsmöglichkeiten von materiellen Begrenzungen dahingehend, ob und wie ein Flexibilitätsinstrument genutzt werden kann, sind sehr vielfältig. Insbesondere für die Begrenzungen nach Ziel und Zweck des Vertrages (a) und der Sicherstellung von Mindeststandards (b) besteht in der praktischen Anwendung die Schwierigkeit, festzustellen, ob die Voraussetzungen erfüllt sind. Um dies zu vermeiden, kann es sinnvoll sein, diese Begrenzungen mit anderen zu kombinieren. Neben der Beschränkung des Flexibilitätsinstruments auf einzelne Aspekte eines Vertrages (c) sind vielfältige sonstige materielle Begrenzungen möglich (d).

Als Checkliste für materielle Begrenzungen können sich aushandelnde Völkerrechtssubjekte folgende Fragen stellen:

1. Soll das Flexibilitätsinstrument materiell begrenzt werden?
2. Soll Ziel und Zweck des Vertrages eine materielle Grenze für ein Flexibilitätsinstrument sein?
   a) Wie sollen Ziel und Zweck das Flexibilitätsinstrument begrenzen? Soll das Flexibilitätsinstrument Ziel und Zweck nicht vereiteln, zu vereinbaren sein mit Ziel und Zweck oder etwas anderes?
   b) Soll Ziel und Zweck als einheitliches Konzept verstanden werden oder soll der Vertrag zwischen Ziel und Zweck unterscheiden?
   c) Soll Ziel und Zweck in einer Bestimmung des Vertrages definiert werden?
   d) Soll festgelegt werden, ob der Vertrag ein Ziel und Zweck oder mehrere verfolgt?
   e) Soll festgelegt werden, welche Quellen bei der Bestimmung von Ziel und Zweck herangezogen werden können?
   f) Soll ein Vertrag festlegen, wie Ziel und Zweck zu bestimmen ist? Soll dies durch eine Mehrheitsentscheidung erfolgen?
   g) Soll einem Vertragsorgan ausdrücklich die Kompetenz verliehen werden, zu überprüfen, ob die Grenze von Ziel und Zweck eingehalten wird?
3. Soll es erforderlich sein, dass die das Flexibilitätsinstrument nutzende Partei einen Mindeststandard wahren muss?
   a) Sollen qualitative Mindeststandards vorgesehen werden?
   b) Sollen quantitative Mindeststandards vorgesehen werden?
   c) Sollen die Parteien verpflichtet werden, zu begründen, warum der vorgesehene Mindeststandard erfüllt sei?
4. Soll das Flexibilitätsinstrument nur auf einzelne Aspekte des Vertrages angewendet werden können?
5. Soll das Flexibilitätsinstrument durch andere materielle Vorgaben begrenzt werden?
   a) Muss mit dem Flexibilitätsinstrument ein bestimmtes Ziel verfolgt werden?

b) Müssen außergewöhnliche Umstände vorliegen, damit das Flexibilitätsinstrument genutzt werden kann?
c) Soll es Voraussetzung für ein Flexibilitätsinstrument sein, dass entweder bisher keine Regelung vorliegt oder dass alternative Regelungen seit einem bestimmten Zeitraum bereits existieren?

a) Ziel und Zweck des Vertrages

Die Festlegung von Ziel und Zweck ist eine wiederkehrende Methode, um zu begrenzen, welche Vorbehalte erklärt werden können. Aber auch andere Flexibilitätsinstrumente können durch Ziel und Zweck begrenzt werden. Ein Beispiel sind Trennungsklauseln,[338] bei denen die vorrangige Anwendung anderer Regelungen als Teile des multilateralen Vertrages davon abhängig gemacht werden kann, dass sie mit Ziel und Zweck des zurücktretenden Vertrages vereinbar sind.

Erstens setzt die Anwendung von Ziel und Zweck voraus, dass das Begriffsverständnis von Ziel und Zweck feststeht (aa). Zweitens muss für einen konkreten Vertrag Ziel und Zweck ermittelt werden (bb). Aushandelnde Völkerrechtssubjekte können durch Vertragsgestaltung (cc) beeinflussen, inwiefern die Bestimmung von Ziel und Zweck zu einem „Enigma“[339] wird oder effektiv ein Flexibilitätsinstrument begrenzen kann.

aa) Begriffsbestimmung von Ziel und Zweck

Erstmals verwendete der IGH die Formulierung „Ziel und Zweck“ als Grenze für Vorbehalte in seinem Gutachten zur *Völkermord-Konvention*.[340] Davor nutzte der StIGH unterschiedliche Formulierungen: „*('the aim and the scope')*

---

[338] Trennungsklauseln schließen die Anwendbarkeit von Teilen eines multilateralen Vertrages zwischen einzelnen Parteien zugunsten anderer internationaler Regelungen aus und ersetzen damit diesen Teil des multilateralen Vertrages durch andere Bestimmungen. Dazu näher → Kapitel 4 J.

[339] *Buffard/Zemanek*, in: Austrian Review of International and European Law 1998 (Vol. 3), 311 (342).

[340] IGH, *Reservations to the Convention on Genocide, Advisory Opinion*, ICJ Rep. 1951, 15 (23 f.).

of a treaty",[341] „*aim and object*"[342] oder „*aim and spirit*"[343]. Die *Harvard Draft Convention on the Law of Treaties* von 1935 enthielt die Formulierungen in Art. 19 lit. a) und b) „*general purpose which it is intended to serve*" und in Art. 22 lit. b) „*is not so inconsistent with the general purpose of the earlier treaty as to be likely to frustrate that purpose.*"[344]

Die WVK nennt Ziel und Zweck des Vertrages an acht Stellen[345], ohne es zuvor zu definieren. Der Kontext in den Normen ist dabei divers. An drei Stellen dürfen die Handlungen von Vertragsparteien nicht unvereinbar mit Ziel und Zweck sein (Art. 19 lit. c), Art. 41 Abs. 1 lit. b) ii) und Art. 58 Abs. 1 lit. b) ii) WVK). An einer Stelle dürfen die Handlungen Ziel und Zweck nicht vereiteln (Art. 18 WVK). Somit begrenzt hier Ziel und Zweck das Handeln der Völkerrechtssubjekte. Vertragsparteien sollen daran gehindert werden, den Vertrag zu destabilisieren.[346] An zwei Stellen legt die WVK Ziel und Zweck als Bestandteil der Auslegung fest (Art. 31 Abs. 1 und Art. 33 Abs. 4 WVK). Schließlich enthält die WVK Ziel und/oder Zweck als Voraussetzung für eine besondere Regel zu Vorbehalten zu plurilateralen Verträgen (Art. 20 Abs. 2 WVK) sowie als Teil der Definition für eine erhebliche Vertragsverletzung (Art. 60 Abs. 3 lit. b) WVK).

Während die Kontexte unterschiedlich sind, ist Ziel und/oder Zweck in den Normen gleich zu verstehen.[347] Ein solches Verständnis entspricht auch

---

341 StIGH, *Competence of the ILO to Regulate, Incidentally, the Personal Work of the Employer*, 1926 PCIJ, Series B, No. 13, 18.

342 StIGH, *Interpretation of the Convention Between Greece and Bulgaria Respecting Reciprocal Emigration, Signed at Neuilly-sur-Seine on November 27th, 1919 (Question of the 'Communities')*, 1930 PCIJ, Series B, No. 17, 21.

343 StIGH, *Interpretation of the Convention Between Greece and Bulgaria Respecting Reciprocal Emigration, Signed at Neuilly-sur-Seine on November 27th, 1919 (Question of the 'Communities')*, 1930 PCIJ, Series B, No. 17, 32.

344 American Journal of International Law 1935 (Vol. 29), 657.

345 Art. 18, Art. 19 lit. c), Art. 20 Abs. 2, Art. 31 Abs. 1, Art. 33 Abs. 4, Art. 41 Abs. 1 lit. b) ii), Art. 58 Abs. 1 lit. b) ii) und Art. 60 Abs. 3 lit. b) WVK.

346 *Keenan*, The Slippery Concept of Object and Purpose in International Criminal Law, 8 (27.04.2022), online abrufbar: http://dx.doi.org/10.2139/ssrn.4095439 [28.07.2025].

347 ILC Guide to Practice on Reservations to Treaties 2011, UN Doc. A/66/10/Add.1, Guideline 3.1.5, Rn. 3; *Dörr*, in: Dörr/Schmalenbach, VCLT, Art. 18 Rn. 32; *Gragl/Fitzmaurice*, in: International & Comparative Law Quarterly 2019 (Vol. 68), 699 (709); *Villinger*, VCLT, Art. 18 Rn. 10. Bezogen auf Art. 19 und Art. 31 WVK: *Linderfalk*, in: Nordic Journal of International Law 2003 (Vol. 72), 429 (433).

der Auslegungsregel, nach der ein Begriff innerhalb eines Vertrages dieselbe Bedeutung haben soll.[348]

Ziel und Zweck sowie die verbindlichen englischen Begriffe *„object"* oder *„purpose"* sind als Begriffe sowohl vage als auch abstrakt. Ein Begriff ist vage, wenn der Bezug eines Rechtsbegriffes unbestimmt ist.[349] Der Bezug eines Rechtsbegriffes meint die Kategorie der Objekte, die unter einen Begriff fällt.[350] Bei vagen Begriffen stellt sich die Frage, ab wann ein Sachverhalt vorliegt, damit der Begriff erfüllt ist. Ein Begriff ist generell, wenn es an Spezifizierungen fehlt und der Begriff eine Vielzahl an spezielleren Begriffen (beispielsweise Objekte, Subjekte oder Tätigkeiten) umfasst.[351] Durch Definitionen oder konkretere Umschreibungen können vage und generelle Begriffe konkretisiert werden.[352] Ausgangspunkt einer Auslegung ist der Wortlaut, wobei für völkerrechtliche Verträge der Wortlaut der authentischen Sprachfassungen entscheidend ist. In der nach Art. 85 WVK authentischen Sprache Englisch wird die Formulierung *„object and purpose"* verwendet. Aus den Beschreibungen des *Oxford English Dictionary* ist für den Begriff *„object"* das folgende Verständnis einschlägig:

> „A goal, purpose, or aim; the end to which effort is directed; the thing sought, aimed at, or striven for."[353]

Für den Begriff *„purpose"* führt das *Oxford English Dictionary* verschiedene Umschreibungen an, von denen einige nicht mehr zum Sprachgebrauch des 20. und 21. Jahrhundert zählen, aber folgende noch aktuell sind:

> „1.a. That which a person sets out to do or attain; an object in view; a determined intention or aim.
>
> […]

---

[348] *Linderfalk*, in: Nordic Journal of International Law 2003 (Vol. 72), 429 (432 f.).

[349] *Barak*, Purposive Interpretation, 100 f.; *Thaler*, Mehrdeutigkeit und juristische Auslegung, 3; *Kulick*, in: German Yearbook of International Law 2015 (Vol. 59), 257 (259). Dazu näher → Kapitel 5 A. II. 1. lit. b) bb).

[350] *Thaler*, Mehrdeutigkeit und juristische Auslegung, 2.

[351] *Cao*, in: Journal of Pragmatics 2007 (Vol. 39), 69 (70); *Kompa*, in: Keil/Poscher (Hrsg.), Vagueness and law, 205 (213); *Zhang*, in: Journal of Pragmatics 1998 (Vol. 29), 13 (16). Dazu näher → Kapitel 5 A. II. 1. lit. b) cc.

[352] Dazu näher → Kapitel 5 A. II. 3. lit. a) aa).

[353] Oxford English Dictionary, Online abrufbar: https://www.oed.com/ [28.07.2025].

2. The reason for which something is done or made, or for which it exists; the result or effect intended or sought; the end to which an object or action is directed; aim.

3. That which forms or ought to form the subject of a discourse; the matter in hand; the point at issue.

[…]

5b. Resolution, determination, intention.

6. Meaning, effect, import, esp. of words; = purport n. 1. Chiefly in to this (also that, the same, etc.) purpose."[354]

Der französische Wortlaut nutzt die Begriffe *„objet et but"*. Das französiche Wörterbuch *Le Robert* nennt für den Begriff *„objet"* die folgende Umschreibung:

„Ce vers quoi tendent les désirs, la volonté, l'effort et l'action. → but, fin, objectif. L'objet de nos désirs."[355]

Einschlägig für den Begriff *„but"* sind dort folgende Beschreibungen:

„1. Point visé, objectif.

2. Point que l'on se propose d'atteindre. →terme.

[…]

4. au figuré Ce que l'on se propose d'atteindre, ce à quoi l'on tente de parvenir. →dessein, objectif."[356]

Über die reine Wortlautbedeutung reichen die Umschreibungen von Ziel und Zweck als dem Gegenstand des Vertrages,[357] dem allgemeinen oder

---

354 Oxford English Dictionary, Online abrufbar: https://www.oed.com/ [28.07.2025].

355 Le Robert Dico en ligne, Online abrufbar: https://dictionnaire.lerobert.com/definition/objet [28.07.2025].

356 Le Robert Dico en ligne, Online abrufbar: https://dictionnaire.lerobert.com/definition/but [28.07.2025].

357 *Ress*, in: Bieber/Ress (Hrsg.), Die Dynamik des Europäischen Gemeinschaftsrechts, 49 (52).

essenziellen Ziel des Vertrages,[358] *„subject matter"*,[359] den Gründen für den Vertrag,[360] der Funktion des Vertrages[361], *„raison d'être"*[362] bis zu *„spirit"*[363] oder dem Ethos des Vertrages[364]. Diese Aufzählung verdeutlicht, dass es an einer praktikablen Definition bisher fehlt.[365] Das hat sich auch durch Abschnitt 3.1.5 des „ILC Guide to Practice on Reservations to Treaties" mit einer weiteren Beschreibung nicht geändert:

> „A reservation is incompatible with the object and purpose of the treaty if it affects an essential element of the treaty that is necessary to its general tenour, in such a way that the reservation impairs the raison d'être of the treaty."[366]

Ein Kern all der Bedeutungen und Umschreibungen ist das finale und effektivitätsorientierte Element von Ziel und Zweck[367]. Völkerrechtssubjekte bedienen sich völkerrechtlicher Verträge als einem Instrument der internationalen

---

358 *Buffard/Zemanek*, in: Austrian Review of International and European Law 1998 (Vol. 3), 311 (323); *Jonas/Saunders*, in: Vanderbilt Transnational Law Journal 2010 (Vol. 43), 565 (567); *Villinger*, VCLT, Art. 18 Rn. 13.

359 *De Vriese*, in: The Law and Practice of International Courts and Tribunals 2022 (Vol. 21), 35 (40).

360 *De Vriese*, in: The Law and Practice of International Courts and Tribunals 2022 (Vol. 21), 35 (56): *„treaty rationale, i.e. "principles of reasons which explain a particular decision, course of action, belief, etc.""*; *Dörr*, in: Dörr/Schmalenbach, VCLT, Art. 18 Rn. 32: *„reasons for which the state concluded the treaty and to the general result, which they want to achieve through it."*; *Munter*, in: Naval Law Review 2016 (Vol. 65), 32 (37): *„ultimate goal of the treaty - what it aims to achieve and how it seeks to do so"*.

361 *Villinger*, VCLT, Art. 18 Rn. 10.

362 ILC Guide to Practice on Reservations to Treaties 2011, UN Doc. A/66/10/Add.1, Guideline 3.1.5; *Rydberg*, The Duty to Safeguard the Object and Purpose of Pending Treaties, 40.

363 *De Vriese*, in: The Law and Practice of International Courts and Tribunals 2022 (Vol. 21), 35 (35 f.); *Kritsiotis*, in: Bowman/Kritsiotis (Hrsg.), Conceptual and contextual perspectives on the modern law of treaties, 237 (239).

364 *Kritsiotis*, in: Bowman/Kritsiotis (Hrsg.), Conceptual and contextual perspectives on the modern law of treaties, 237 (238).

365 *Jonas/Saunders*, in: Vanderbilt Transnational Law Journal 2010 (Vol. 43), 565 (567).

366 ILC Guide to Practice on Reservations to Treaties 2011, UN Doc. A/66/10/Add.1, Guideline 3.1.5.

367 *Boisson de Chazournes/La Rosa/Mbengue*, in: Corten/Klein, VCLT, Art. 18 Rn. 33; *Dörr*, in: Dörr/Schmalenbach (Hrsg.), VCLT, Art. 31, Rn. 52, 56; *Gragl/Fitzmaurice*, in: International & Comparative Law Quarterly 2019 (Vol. 68), 699 (710); *Jonas/Saunders*, in: Vanderbilt Transnational Law Journal 2010 (Vol. 43), 565 (587 f.).

Zusammenarbeit, um Interaktionen und internationale Beziehungen zwischen ihnen zu regeln und zu formen. Ziel und Zweck eines konkreten Vertrages meint somit, was die Völkerrechtssubjekte mit der Nutzung des Vertrages als einem Instrument erreichen möchten.[368]

Neben der Schwierigkeit, eine Definition zu finden, stellt sich die Frage, ob zwischen Ziel und Zweck zu unterscheiden ist oder die Begriffe ein einheitliches Konzept bilden.[369] Diese vornehmlich akademische Diskussion soll vorliegend nicht vertieft werden und es wird mit der wohl überwiegenden Literatur angenommen, dass es sich um ein einheitliches Konzept mit zwei eng verwandten Aspekten handelt.[370] Ein Vertrag kann bewusst zwischen Ziel und Zweck differenzieren wie z. B. Art. 1 des *Vertrages über den Waffenhandel*[371].

bb) Anwendung von Ziel und Zweck als Begrenzung

Aus verschiedenen Gründen ist es schwierig, Ziel und Zweck eines Vertrages als Begrenzung eines Flexibilitätsinstruments anzuwenden. In der Praxis

---

368 *Munter*, in: Naval Law Review 2016 (Vol. 65), 32 (36 f.).

369 Zu der vornehmlich akademischen Diskussion: *Buffard/Zemanek*, in: Austrian Review of International and European Law 1998 (Vol. 3), 311 (322–328); *Crnic-Grotic*, in: Asian Yearbook of International Law 1997 (Vol. 7), 141 (173 f.); *Gragl/Fitzmaurice*, in: International & Comparative Law Quarterly 2019 (Vol. 68), 699 (709 f.); *Jonas/Saunders*, in: Vanderbilt Transnational Law Journal 2010 (Vol. 43), 565 (579 f.); *Keenan*, The Slippery Concept of Object and Purpose in International Criminal Law, 18 f. (27.04.2022), online abrufbar: http://dx.doi.org/10.2139/ssrn.4095439 [28.07.2025]; *Klabbers*, in: Finnish Yearbook of International Law 1997 (Vol. VIII), 138 (144–148).

370 *Buffard/Zemanek*, in: Austrian Review of International and European Law 1998 (Vol. 3), 311 (328); *Crnic-Grotic*, in: Asian Yearbook of International Law 1997 (Vol. 7), 141 (174); *De Vriese*, in: The Law and Practice of International Courts and Tribunals 2022 (Vol. 21), 35 (39–41); *Jonas/Saunders*, in: Vanderbilt Transnational Law Journal 2010 (Vol 43), 565 (580); *Keenan*, The Slippery Concept of Object and Purpose in International Criminal Law, 19 (27.04.2022), online abrufbar: http://dx.doi.org/10.2139/ssrn.4095439 [28.07.2025]; *Klabbers*, Treaties, Object and Purpose, in: Wolfrum (Hrsg.), MPEPIL, Rn. 8; *Klabbers*, in: Finnish Yearbook of International Law 1997 (Vol. VIII), 138 (148).

371 BGBl. 2013 II 1426, 1427. International: UNTS Vol. 3013, 269: „Ziel dieses Vertrags ist es,
- die höchstmöglichen gemeinsamen internationalen Normen für die Regelung oder die Verbesserung der Regelung des internationalen Handels mit konventionellen Waffen zu schaffen;
- den unerlaubten Handel mit konventionellen Waffen zu verhüten und zu beseitigen und deren Umleitung zu verhüten;

finden sich verschiedene Ansätze. Diese unterscheiden sich bereits darin, ob in einem oder in zwei Schritten vorzugehen ist. Wählt ein Vertrag oder individuell der Rechtsanwender ein zweischrittiges Vorgehen, ist zunächst Ziel und Zweck des Vertrages zu ermitteln. Anschließend ist zu bestimmen, wie Ziel und Zweck vereitelt würde, welche Handlungen unvereinbar mit Ziel und Zweck wären oder wie es in der Auslegung anzuwenden ist.[372] Dagegen kann die abstrakte Bestimmung von Ziel und Zweck des Vertrages weggelassen werden und lediglich geprüft werden, ob das Flexibilitätsinstrument derart genutzt wurde, dass es z. B. Ziel und Zweck vereitelt oder mit Ziel und Zweck unvereinbar ist.

Für beide Vorgehensweisen ist entscheidend, ob der Vertrag Ziel und Zweck ausdrücklich festlegt. Enthält der jeweilige Vertrag eine Regelung zu Ziel und Zweck, kann es lediglich erforderlich sein, Ziel und Zweck weiter zu konkretisieren.[373] Ein Beispiel[374] ist Art. 2 des *UN-Klimarahmenabkommens*:

> „Das Endziel dieses Übereinkommens und aller damit zusammenhängenden Rechtsinstrumente, welche die Konferenz der Vertragsparteien beschließt, ist es, in Übereinstimmung mit den einschlägigen Bestimmungen des Übereinkommens die Stabilisierung der Treibhausgaskonzentrationen in der Atmosphäre auf einem Niveau zu erreichen, auf dem eine gefährliche anthropogene Störung des

---

dies geschieht zu dem Zweck,
- zum Weltfrieden und zum regionalen Frieden sowie zur internationalen und regionalen Sicherheit und Stabilität beizutragen;
- menschliches Leid zu mindern;
- Zusammenarbeit, Transparenz und verantwortungsvolles Handeln durch die Vertragsstaaten im internationalen Handel mit konventionellen Waffen zu fördern und dadurch Vertrauen zwischen den Vertragsstaaten zu schaffen.".

372 Für Vorbehalte: *Del Mar*, in: Tams/Tzanakopoulos/Zimmermann (Hrsg.), Research Handbook on the Law of Treaties, 285 (302 f).

373 Zu möglichen Herausforderungen dabei: *De Vriese*, in: The Law and Practice of International Courts and Tribunals 2022 (Vol. 21), 35 (51 f.).

374 Weitere Beispiele sind Art. 2 der *Energiecharta* (BGBl. 1997 II 4, 5. International: UNTS Vol. 2080, 95); Art. 1 des *Übereinkommens über die internationale Geltendmachung der Unterhaltsansprüche von Kindern und anderen Familienangehörigen* (EU ABl. L 192/51 vom 22.07.2011); Art. 1 der *Aarhus Konvention* (BGBl. 2006 II, 1251. International: UNTS Vol. 2161, 447); Art. 1 des *Übereinkommens zum Schutz des Menschen bei der automatischen Verarbeitung personenbezogener Daten* (BGBl. 1985 II 538, 539. International: CETS Nr. 108); Art. 1 der *Inter-American Convention Against Terrorism* (Quelle: https://www.oas.org/juridico/english/treaties/a-66.html [28.07.2025].

> Klimasystems verhindert wird. Ein solches Niveau sollte innerhalb eines Zeitraums erreicht werden, der ausreicht, damit sich die Ökosysteme auf natürliche Weise den Klimaänderungen anpassen können, die Nahrungsmittelerzeugung nicht bedroht wird und die wirtschaftliche Entwicklung auf nachhaltige Weise fortgeführt werden kann."[375]

Besteht eine derartige Regelung nicht, sind Ziel und Zweck zu ermitteln. Dabei bezieht sich Ziel und Zweck auf den gesamten Vertrag und nicht lediglich auf eine einzelne Vertragsnorm.[376]

Eine Vorfrage ist, ob ein Vertrag mehrere Ziele und Zwecke aufweisen kann.[377] Für lediglich ein Ziel und Zweck für einen Vertrag führen Autoren insbesondere Praktikabilitätsgründe an.[378] Insgesamt handelt es sich vornehmlich um eine akademische Debatte, welches erkennbar wird, wenn *De Vriese* zwischen Hauptziel und -zweck sowie sekundären Ziel und Zweck unterscheidet[379] und davon ausgeht, dass Hauptziel und -zweck auch eine Gruppe von verknüpften Zielen und Zwecken sein könnten[380]. Die Rechtsprechung hat verschiedentlich mehrere Ziele und Zwecke für einen Vertrag ermittelt.[381] Im Ergebnis kann diese Vorfrage hier offenbleiben, da aus vertragsgestalterischer Sicht vornehmlich entscheidend ist, dass aufgrund der existierenden

---

375 BGBl. 1993 II 1783, 1784. International: UNTS Vol. 1771, 107.

376 ILC Guide to Practice on Reservations to Treaties 2011, UN Doc. A/66/10/Add.1, Guideline 3.1.5, Rn. 11; *Klabbers*, Treaties, Object and Purpose, in: Wolfrum (Hrsg.), MPEPIL, Rn. 7; *Villinger*, VCLT, Art. 31 Rn. 11.

377 Zu der Diskussion: *Keenan*, The Slippery Concept of Object and Purpose in International Criminal Law, 14–16 (27.04.2022), online abrufbar: http://dx.doi.org/10.2139/ssrn.4095439 [28.07.2025]; *Klabbers*, Treaties, Object and Purpose, in: Wolfrum (Hrsg.), MPEPIL, Rn. 6–8. Bejahend insofern i. E. z. B.: *Kolb*, The law of treaties, 82. Verneinend insofern: *De Vriese*, in: The Law and Practice of International Courts and Tribunals 2022 (Vol. 21), 35 (41–43); *Klabbers*, Treaties, Object and Purpose, in: Wolfrum (Hrsg.), MPEPIL, Rn. 6.

378 *De Vriese*, in: The Law and Practice of International Courts and Tribunals 2022 (Vol. 21), 35 (41–43); *Klabbers*, Treaties, Object and Purpose, in: Wolfrum (Hrsg.), MPEPIL, Rn. 6.

379 *De Vriese*, in: The Law and Practice of International Courts and Tribunals 2022 (Vol. 21), 35 (42).

380 *De Vriese*, in: The Law and Practice of International Courts and Tribunals 2022 (Vol. 21), 35 (43).

381 IGH, *Reservations to the Convention on Genocide, Advisory Opinion*, ICJ Rep. 1951, 23 f.; IGH, *Whaling in the Antarctic (Australia v. Japan, New Zealand Intervening)*, Judgement of 31.03.2014, ICJ Rep. 2014, 226, Rn. 56–58.

Diskussion sich entweder eine Klarstellung im Vertragstext über Ziel und Zweck bzw. deren Mehrzahl empfiehlt oder die offene Frage bewusst genutzt wird, damit jedes verhandelnde Völkerrechtssubjekt während der Vertragsdauer an seiner eigenen Ansicht festhalten kann.

Wie Ziel und Zweck generell zu bestimmen sein soll und welche Aspekte dabei einbezogen werden sollen, listet Guideline 3.1.5.1 des „ILC Guide to Practice on Reservations to Treaties“ im Hinblick auf Art. 19 lit. c) WVK auf:

> „The object and purpose of the treaty is to be determined in good faith, taking account of the terms of the treaty in their context, in particular the title and the preamble of the treaty. Recourse may also be had to the preparatory work of the treaty and the circumstances of its conclusion and, where appropriate, the subsequent practice of the parties.“[382]

Welche Aspekte einbezogen werden sollen, listen die meisten generellen Aufzählungen in der Literatur vergleichbar auf.[383] Der Kommentar zu Abschnitt 3.1.5.1 nennt darüber hinaus insbesondere die Bestimmungen am Anfang des Vertrages, die als Festlegung eines Ziels betrachtet werden können, sowie diejenigen Bestimmungen, die das Hauptanliegen der einzelnen Parteien darstellen.[384] Insbesondere aufgrund des nach Guideline 3.1.5.1 auch einzubeziehenden Faktors der nachträglichen Praxis kann es dazu kommen, dass sich Ziel und Zweck eines Vertrages über die Vertragsdauer hinweg in begrenztem Umfang fortentwickelt.[385] Schließlich sind im Rahmen eines

---

382 ILC Guide to Practice on Reservations to Treaties 2011, UN Doc. A/66/10/Add.1, Guideline 3.1.5.1.

383 *Boisson de Chazournes/La Rosa/Mbengue*, in: Corten/Klein, VCLT, Art. 18 Rn. 34; *Buffard/Zemanek*, in: Austrian Review of International and European Law 1998 (Vol. 3), 311 (329, 333); *De Vriese*, in: The Law and Practice of International Courts and Tribunals 2022 (Vol. 21), 35 (49 f., 54–61); *Dörr*, in: Dörr/Schmalenbach, VCLT, Art. 18 Rn. 34; *Gragl/Fitzmaurice*, in: International & Comparative Law Quarterly 2019 (Vol. 68), 699 (710 f.); *Klabbers*, Treaties, Object and Purpose, in: Wolfrum (Hrsg.), MPEPIL, Rn. 15; *Klabbers*, in: Finnish Yearbook of International Law 1997 (Vol. VIII), 138 (156 f.); *Villinger*, VCLT, Art. 31 Rn. 13.

384 ILC Guide to Practice on Reservations to Treaties 2011, UN Doc. A/66/10/Add.1, Guideline 3.1.5.1, Rn. 3.

385 *Behnsen*, Das Vorbehaltsrecht völkerrechtlicher Verträge, 137; *De Vriese*, in: The Law and Practice of International Courts and Tribunals 2022 (Vol. 21), 35 (46); *Klabbers*, in: Finnish Yearbook of International Law 1997, 138 (148 f.); *Klabbers*, Treaties, Object and Purpose, in: Wolfrum (Hrsg.), MPEPIL, Rn. 10.

Vertragsregimes mit mehreren Verträgen, z. B. aufgrund von Rahmenverträgen und/oder Zusatzverträgen, Ziel und Zweck der verbundenen Verträge einzubeziehen.[386]

Verschiedene Autoren haben Methoden entwickelt, um zu konkretisieren, wie Ziel und Zweck bestimmt werden kann.[387] Verschiedene Ansätze setzen dabei an dem konkreten Kontext an und prüfen in nur einem Schritt statt zwei Schritten. Beispielsweise wird für Art. 18 WVK angenommen, dass ein Vereiteln vorliegen würde, wenn durch die betreffenden Handlungen die Durchführung des Vertrages unmöglich oder bedeutungslos wird.[388] Dagegen schlägt *Klabbers* einen Test zur manifestierten Absicht vor, um festzustellen, ob Handlungen Ziel und Zweck vereiteln.[389] Um zu beurteilen, wann ein Vorbehalt unvereinbar mit Ziel und Zweck ist, greift der „ILC Guide to Practice on Reservations to Treaties" und verschiedene Autoren auf einzelne Fallgruppen zurück, die als Indizien genutzt werden können und nicht abschließend sind.[390] Diese Fallgruppen werden in Kapitel 3 zu Vorbehalten in Abschnitt B. II. ausführlicher dargestellt. Durch diese Ansätze wird jedoch nicht sichergestellt, dass in einem ersten Schritt einheitlich für jede Art der Verwendung von Ziel und Zweck dessen Inhalt für einen konkreten Vertrag ermittelt wird.

Eine Schwierigkeit aller Methoden ist, dass sich Ziel und Zweck regelmäßig nicht vollständig objektiv bestimmen lassen, sondern subjektive Aspekte

---

386 *De Vriese*, in: The Law and Practice of International Courts and Tribunals 2022 (Vol. 21), 35 (60); *Gragl/Fitzmaurice*, in: International & Comparative Law Quarterly 2019 (Vol. 68), 699 (710 f.); *Klabbers*, Treaties, Object and Purpose, in: Wolfrum (Hrsg.), MPEPIL, Rn. 9, 16.

387 *Jonas/Saunders*, in: Vanderbilt Transnational Law Journal 2010 (Vol. 43), 565 (580–608); *Klabbers*, in: Vanderbilt Journal of Transnational Law 2001 (Vol. 34), 283 (291–305); *Rydberg*, The Duty to Safeguard the Object and Purpose of Pending Treaties, 66–74.

388 *Jonas/Saunders*, in: Vanderbilt Transnational Law Journal 2010 (Vol. 43), 565 (598 f.).

389 *Klabbers*, in: Vanderbilt Journal of Transnational Law 2001 (Vol. 34), 283 (305–331). Zu weiteren Tests: *Gragl/Fitzmaurice*, in: International & Comparative Law Quarterly 2019 (Vol. 68), 699 (710–716); *Jonas/Saunders*, in: Vanderbilt Transnational Law Journal 2010 (Vol. 43), 565 (594–608).

390 ILC Guide to Practice on Reservations, UN Doc. A/66/10/Add.1, Guidelines 3.1.5.2–3.1.5.7, Guideline 3.1.5.1, Rn. 11; *Walter*, in: Dörr/Schmalenbach (Hrsg.), VCLT, Art. 19, Rn. 76 f. Kritik an diesem Vorgehen als nicht ausreichend: *Behnsen*, Das Vorbehaltsrecht völkerrechtlicher Verträge, 138 f.

einfließen.[391] Jede Vertragspartei wendet den jeweiligen Test selbstständig an.[392] Obwohl die Prüfung selbst objektiv ist, ist ihre Anwendung deshalb subjektiv. Das Ergebnis kann, je nachdem welche Partei die Prüfung durchführt, variieren.[393] Die anderen Vertragsparteien könnten voreingenommen sein oder sich aus politischen Gründen zurückhalten, eine Unvereinbarkeit, ein Vereiteln oder eine Verletzung von Ziel und Zweck festzustellen.[394] Damit kann jede Methode je nach Partei zu unterschiedlichen Ergebnissen führen.

Unterschiedliche subjektive Einschätzungen können entweder durch einen Mechanismus, der die verschiedenen Ansichten zusammenführt, oder durch eine Überprüfungsinstanz vereinheitlicht werden.

Als erste Methode können viele subjektive Einschätzungen als Grundlage für eine kollektive Entscheidung genutzt werden, ob eine Unvereinbarkeit, ein Vereiteln oder eine Verletzung von Ziel und Zweck vorliegt.[395] Einen Mechanismus in Bezug auf Vorbehalte sieht Art. 20 Abs. 2 des *Internationalen Übereinkommens zur Beseitigung jeder Form von Rassendiskriminierung* vor:

> „Mit dem Ziel und Zweck dieses Übereinkommens unvereinbare Vorbehalte sind nicht zulässig; dasselbe gilt für Vorbehalte, welche die Wirkung hatten, die Arbeit einer auf Grund dieses Übereinkommens errichteten Stelle zu behindern. Ein Vorbehalt gilt als unvereinbar oder hinderlich, wenn mindestens zwei Drittel der Vertragsstaaten Einspruch dagegen erheben."[396]

In der praktischen Umsetzung weist dies jedoch das Problem auf, dass viele Parteien keinen Einspruch erheben und daher auch eine Mehrheitsentscheidung nicht zustande kommt.[397]

---

391 ILC Guide to Practice on Reservations, UN Doc. A/66/10/Add.1, Guideline 3.1.5.1, Rn. 2; *Crnic-Grotic*, in: Asian Yearbook of International Law 1997 (Vol. 7), 141 (174); *de Vriese*, in: The Law and Practice of International Courts and Tribunals 2022 (Vol. 21), 35 (37); *Klabbers*, in: Finnish Yearbook of International Law 1997 (Vol. VIII), 138 (160).

392 *Kühner*, Vorbehalte zu multilateralen völkerrechtlichen Verträgen, 135 f.

393 *Kühner*, Vorbehalte zu multilateralen völkerrechtlichen Verträgen, 136 f.

394 *Kühner*, Vorbehalte zu multilateralen völkerrechtlichen Verträgen, 136 f.

395 *Bauer*, Vorbehalte zu Menschenrechtsverträgen, 193; *Fitzmaurice*, in: Singapore Year Book of International Law 2006 (Vol. 10), 133 (155).

396 BGBl. 1969 II 961, 962. International: UNTS Vol. 1249, 13.

397 *Bauer*, Vorbehalte zu Menschenrechtsverträgen, 194; *Fitzmaurice*, in: Singapore Year Book of International Law 2006 (Vol. 10), 133 (155); *Kühner*, Vorbehalte zu multilateralen völkerrechtlichen Verträgen, 137.

Zweitens kann eine Überprüfungsinstanz verschiedene subjektive Beurteilungen kontrollieren. Allerdings sehen lediglich manche Verträge eine objektive Instanz vor, welche auch die Kompetenz hat, die Vereinbarkeit mit, das Vereiteln von, die Auslegung nach oder die Verletzung von Ziel und Zweck des Vertrages zu überprüfen.[398] Diese Instanz kann entweder ein Organ der Judikative sein, wie der EGMR, oder ein anderes Organ innerhalb des Vertrages, wie die internationale Walfangkommission im Fall des isländischen Vorbehalts[399]. In diesem Fall trat Island zunächst aus dem *Internationalen Übereinkommen zur Regelung des Walfangs*[400] aus und wollte später zusammen mit einem Vorbehalt zu dem Moratorium über den Walfang erneut beitreten.[401] Zur Überprüfung einer Unvereinbarkeit, eines Vereiteln oder einer Verletzung von Ziel und Zweck benötigt ein Vertragsorgan die ausdrückliche oder implizite Kompetenz dazu.[402] Obwohl die internationale Walfangkommission ein Vertragsorgan für die Umsetzung des Übereinkommens ist und kein Organ der Judikative, hat diese festgestellt, dass sie die Kompetenz hat, die Zulässigkeit eines Vorbehalts zu überprüfen.[403] Diese anderen Organe sind allerdings regelmäßig nicht befugt, Konsequenzen an ihre Beurteilung des Vorbehalts zu knüpfen. Sie können weder eine Vertragspartei von dem Vertrag ausschließen noch andere rechtliche Konsequenzen eines unzulässigen Vorbehalts durchsetzen.[404]

Als eine weitere Möglichkeit für den Umgang mit Vorbehalten und für die Vereinbarkeit mit Ziel und Zweck des Vertrages hat *Pellet* als

---

398 *Crnic-Grotic*, in: Asian Yearbook of International Law 1997 (Vol. 7), 141 (148).

399 Die internationale Walfangkommission gibt auf ihrer Seite einen Überblick über die Frage der Mitgliedschaft von Island: https://iwc.int/_iceland [28.07.2025]. Zu konkreten Fragen: Annual Report of the International Whaling Commission 2001, Chair's Report of the 53rd Annual Meeting, 2–4; *Gillespie*, in: European Journal of International Law 2003 (Vol. 14), 977 (977 f).

400 BGBl. 1982 II 558. International: UNTS Vol. 161, 72.

401 *Gillespie*, in: European Journal of International Law 2003 (Vol. 14), 977 (977 f).

402 *Fitzmaurice*, in: Singapore Year Book of International Law 2006 (Vol. 10), 133 (143).

403 Annual Report of the International Whaling Commission 2001, Chair's Report of the 53rd Annual Meeting, 2–4; *Gillespie*, in: European Journal of International Law 2003 (Vol. 14), 977 (980).

404 *Fitzmaurice*, in: Singapore Year Book of International Law 2006 (Vol. 10), 133 (143).

Special Rapporteur den Vorbehaltsdialog in seinem siebzehnten Bericht dargestellt.[405] Durch Einsprüche und andere Erklärungen zu Vorbehalten sollen die Parteien sich über die Vereinbarkeit eines Vorbehalts mit Ziel und Zweck austauschen und insbesondere erreichen, dass ein Völkerrechtssubjekt einen erklärten Vorbehalt noch einmal überdenkt und ganz oder teilweise zurücknimmt.[406] Die Schlussfolgerungen zum Vorbehaltsdialog finden sich als Annex im „ILC Guide to Practice on Reservations to Treaties".[407]

cc) Vertragsgestaltung für Ziel und Zweck als Begrenzung für Flexibilitätsinstrumente

Aushandelnde Völkerrechtssubjekte können in der Vertragsgestaltung der Begrenzung durch Ziel und Zweck folgende Aspekte berücksichtigen. Sie können jeweils abwägen, ob für den konkreten Vertrag die Vorteile überwiegen, diese Aspekte zu regeln oder sie bewusst offen zu lassen.

Zunächst kann ein Vertrag ausdrücklich eine Regelung aufnehmen, die Ziel und Zweck eines Vertrages festlegt. Ein Beispiel[408] ist Art. 1 des *Übereinkommens über den Zugang zu Informationen, die Öffentlichkeitsbeteiligung an*

---

405 Seventeenth Report on reservations to treaties by the Special Rapporteur Mr. Allain Pellet, UN Doc. A/CN.4/647. Weitere Darstellung siehe: *Krivenko*, in: Kanetake/Nollkaemper (Hrsg.), The Rule of Law at the National and International Levels, 289. Genauer dazu → Kapitel 2 C. II. 6. f) und → Kapitel 3 D.

406 Seventeenth Report on reservations to treaties by the Special Rapporteur Mr. Allain Pellet, UN Doc. A/CN.4/647, Rn. 33; *Krivenko*, in: Kanetake/Nollkaemper (Hrsg.), The Rule of Law at the National and International Levels, 289 (300).

407 ILC Guide to Practice on Reservations to Treaties 2011, UN Doc. A/66/10/Add.1.

408 Weitere Beispiele sind Art. 2 des *UN-Klimarahmenabkommens* (BGBl. 1993 II 1783, 1784. International: UNTS Vol. 1771, 107); Art. 2 der *Energiecharta* (BGBl. 1997 II 4, 5. International: UNTS Vol. 2080, 95); Art. 1 des *Übereinkommens über die internationale Geltendmachung der Unterhaltsansprüche von Kindern und anderen Familienangehörigen* (EU ABl. L 192/51 vom 22.07.2011); Art. 1 des *Übereinkommens zum Schutz des Menschen bei der automatischen Verarbeitung personenbezogener Daten* (BGBl. 1985 II 538, 539. International: CETS Nr. 108); Art. 1 der *Inter-American Convention Against Terrorism* (Quelle: https://www.oas.org/juridico/english/treaties/a-66.html [28.07.2025]).

Entscheidungsverfahren und den Zugang zu Gerichten in Umweltangelegenheiten (Aarhus-Übereinkommens):

> „Um zum Schutz des Rechts jeder männlichen/weiblichen Person gegenwärtiger und künftiger Generationen auf ein Leben in einer seiner/ihrer Gesundheit und seinem/ihrem Wohlbefinden zuträglichen Umwelt beizutragen, gewährleistet jede Vertragspartei das Recht auf Zugang zu Informationen, auf Öffentlichkeitsbeteiligung an Entscheidungsverfahren und auf Zugang zu Gerichten in Umweltangelegenheiten in Übereinstimmung mit diesem Übereinkommen."[409]

Eine derartige ausdrückliche Regelung hat den Vorteil, dass die Frage, ob ein Vertrag einen oder mehrere Ziele und Zwecke verfolgen kann, explizit beantwortet wird.

Sollten die aushandelnden Völkerrechtssubjekte keine ausdrückliche Regelung zu Ziel und Zweck des Vertrages aufnehmen wollen, sollten sie ein besonderes Augenmerk auf den Titel des Vertrages, die Präambel und möglicherweise die ersten Artikel des Vertrages legen, da diese insbesondere zur Bestimmung von Ziel und Zweck herangezogen werden.[410]

Weiterhin können die Parteien vertraglich festlegen, welches Material einbezogen werden soll, um Ziel und Zweck des Vertrages zu bestimmen. Orientiert an Guideline 3.1.5.1 des „ILC Guide to Practice on Reservations to Treaties" können die Parteien bewusst weitere Quellen aufnehmen oder einzelne weglassen:

> „The object and purpose of the treaty is to be determined in good faith, taking account of the terms of the treaty in their context, in particular the title and the preamble of the treaty. Recourse may also be had to the preparatory work of the treaty and the circumstances of its conclusion and, where appropriate, the subsequent practice of the parties."[411]

Begriffe, durch die Ziel und Zweck zu einer Begrenzung werden, sind insbesondere „unvereinbar mit", „vereiteln von" oder „verletzen". Nutzen Völkerrechtssubjekte diese Begriffe kann dies dazu führen, dass bereits entwickelte

---

409 BGBl. 2006 II, 1251. International: UNTS Vol. 2161, 447.

410 Vgl. *De Vriese*, in: The Law and Practice of International Courts and Tribunals, 35 (55).

411 ILC Guide to Practice on Reservations to Treaties 2011, UN Doc. A/66/10/Add.1, Guideline 3.1.5.1.

Tests aus bestehender Staatenpraxis oder aus der Literatur auf den neuen Vertrag angewendet werden.

Ein Vertrag kann Methoden aufnehmen, um durch kollektive Entscheidung festzustellen, ob die Grenze von Ziel und Zweck durch ein Flexibilitätsinstrument erreicht wurde. Einen Mechanismus in Bezug auf Vorbehalte sieht Art. 20 Abs. 2 des *Internationalen Übereinkommens zur Beseitigung jeder Form von Rassendiskriminierung* vor:

> „Mit dem Ziel und Zweck dieses Übereinkommens unvereinbare Vorbehalte sind nicht zulässig; dasselbe gilt für Vorbehalte, welche die Wirkung hatten, die Arbeit einer auf Grund dieses Übereinkommens errichteten Stelle zu behindern. Ein Vorbehalt gilt als unvereinbar oder hinderlich, wenn mindestens zwei Drittel der Vertragsstaaten Einspruch dagegen erheben."[412]

Abgewandelt könnte eine Vertragsbestimmung vorsehen, dass sich die Konferenz der Vertragsparteien bei einer Mindestanzahl von Einsprüchen damit beschäftigen muss, ob das Flexibilitätsinstrument die materielle Grenze von Ziel und Zweck überschritten hat.

Schließlich kann einem Kontrollorgan[413] implizit oder explizit die Befugnis übertragen werden, dass es prüfen kann, ob die festgelegte Grenze von Ziel und Zweck eingehalten wird.

b) Sicherstellung von Mindeststandards

Ein Flexibilitätsinstrument kann dadurch beschränkt werden, dass jede Partei, die es nutzt, quantitative oder qualitative Mindeststandards zu erfüllen hat.

Quantitative Mindeststandards sieht beispielsweise die *pick-and-choose*-Methode gem. Art. 17 Abs. 2 WVK vor[414]. Ein quantitativer Mindeststandard ist hier, dass die Parteien mindestens eine bestimmte Anzahl an Pflichten übernehmen müssen. Die auszuwählenden Bestimmungen können auch in

---

412 BGBl. 1969 II 961, 962. International: UNTS Vol. 1249, 13.

413 Zu der Überprüfung durch Kontrollorgane näher → Kapitel 2 C. II. 6.

414 Nach der *Pick-and-choose-* oder *a-la-carte*-Methode gem. Art. 17 Abs. 2 WVK sieht der Vertrag vor, dass die Vertragsparteien auswählen, an welche Vertragsbestimmungen sie gebunden sein möchten. Dazu näher → Kapitel 4 A. II.

Protokollen enthalten sein wie Art. 23 Abs. 1 der *Barcelona Konvention zum Schutz des Mittelmeers vor Verschmutzung* vorsieht:

> „Vertragspartei dieses Übereinkommens kann nur werden, wer gleichzeitig Vertragspartei mindestens eines der Protokolle wird. Vertragspartei eines der Protokolle kann nur werden, wer Vertragspartei dieses Übereinkommens ist oder dies gleichzeitig wird."[415]

Eine ausdifferenzierte Variante eines quantitativen Mindeststandards ist Art. 41 Abs. 1 und 2 des *ILO Übereinkommens Nr. 128 über Leistungen bei Invalidität und Alter und an Hinterbliebene*:

> „(1) Ein Mitglied, das
>
> a) die Verpflichtungen aus diesem Übereinkommen für die Teile II, III und IV übernommen hat und
>
> b) einen Hundertsatz der erwerbstätigen Bevölkerung schützt, der mindestens um zehn Einheiten höher ist als der in Artikel 9 Absatz 1 Buchstabe b), Artikel 16 Absatz 1 Buchstabe b) und Artikel 22 Absatz 1 Buchstabe b) geforderte, oder das die Bestimmungen von Artikel 9 Absatz 1 Buchstabe c), Artikel 16 Absatz 1 Buchstabe c) und Artikel 22 Absatz 1 Buchstabe c) erfüllt, und
>
> c) in Bezug auf mindestens zwei der in den Teilen II, III und IV vorgesehenen gedeckten Fälle Leistungen in einem Betrag gewährleistet, der einem Hundertsatz entspricht, der um mindestens fünf Einheiten höher ist als die in der Tabelle zu Teil V bezeichneten Hundertsätze, kann die Bestimmungen des nachstehenden Absatzes für sich in Anspruch nehmen.
>
> (2) Ein solches Mitglied kann
>
> a) für die Zwecke von Artikel 11 Absatz 2 Buchstabe b) und Artikel 24 Absatz 2 Buchstabe b) die dort bezeichnete Zeitspanne von drei Jahren durch eine solche von fünf Jahren ersetzen;
>
> b) die Empfänger von Leistungen an Hinterbliebene in einer Art und Weise bestimmen, die von der in Artikel 21 geforderten abweicht, jedoch gewährleistet, dass die Gesamtzahl der Leistungsempfänger nicht unter der Zahl

---

415 EG ABl. Nr. L 240/35 vom 19.09.1977.

der Leistungsempfänger liegt, die sich bei der Anwendung von Artikel 21 ergeben würde."[416]

Qualitative Mindeststandards sehen dagegen vor, dass die rechtliche Verpflichtung auch mit dem Flexibilitätsinstrument nicht unter einen festgelegten Standard fallen soll. Einige Verträge enthalten Gleichwertigkeitsklauseln, nach denen die jeweilige Partei einen gleichwertigen Schutz sicherstellen muss. Beispielsweise[417] formuliert Art. 7 Abs. 2 der *Europäischen Ordnung der Sozialen Sicherheit (revidiert)*:

> „Jede Partei kann durch eine an den Generalsekretär des Europarats gerichtete Erklärung von anderen Bestimmungen der Teile II bis X und von Artikel 74 abweichen, wenn die Rechtsvorschriften dieser Partei einen Schutz gewährleisten, der insgesamt in dem betreffenden Teil mindestens dem gleichwertig ist, der nach dieser (revidierten) Ordnung vorgesehen ist. Solche Abweichungen bedürfen der Zustimmung des Ministerkomitees des Europarates, das mit der nach Artikel 20 Buchstabe d der Satzung des Europarates vorgesehenen Mehrheit auf der Grundlage eines Vorschlages entscheidet, den der in Artikel 1 Buchstabe a dieser (revidierten) Ordnung genannte Ausschuß mit Zweidrittelmehrheit der abgegebenen Stimmen angenommen hat."[418]

Offen gelassen wird dabei allerdings, wie ein gleichwertiger Standard bestimmt wird. Die in dem Beispiel von Art. 7 Abs. 2 der *Europäischen Ordnung der Sozialen Sicherheit (revidiert)* ebenfalls erforderliche Zustimmung des Ministerkomitees ist davon losgelöst, sodass zumindest bei der Formulierung keine Vermutungswirkung von einem derartigen Beschluss mit Zweidrittelmehrheit ausgehen dürfte. Eine Vertragsbestimmung könnte derart gestaltet sein, dass die übrigen Parteien durch Mehrheitsentscheidung festlegen, ob ein gleichwertiger Standard vorliegt oder nicht.

Eine andere Art eines qualitativen Mindeststandards ist es, wenn durch das Flexibilitätsinstrument kein Widerspruch zu einzelnen Bestimmungen,

---

416 BGBl. 1970 II 813. International: Normlex (Information System on International Labour Standards, https://normlex.ilo.org/).

417 Weitere Beispiele: Art. 16 Abs. 1 lit. a) des *ILO Übereinkommens Nr. 93 über die Heuern, die Arbeitszeit an Bord von Schiffen und die Besatzungsstärke (Neufassung vom Jahre 1949)*; Art. 39 Abs. 1 des *ILO Übereinkommens Nr. 128 über Leistungen bei Invalidität und Alter und an Hinterbliebene*, 1967. Quelle jeweils: Normlex (Information System on International Labour Standards, https://normlex.ilo.org/).

418 CETS Nr. 139.

den Grundsätzen oder dem Ziel des Vertrages entstehen darf. Dies sieht das *Übereinkommen über Computerkriminalität* in Art. 39 Abs. 2 für eine Trennungsklausel[419] vor:

> „Haben zwei oder mehr Vertragsparteien bereits eine Übereinkunft oder einen Vertrag über Fragen geschlossen, die in diesem Übereinkommen geregelt sind, oder haben sie ihre Beziehungen in diesen Fragen anderweitig geregelt oder sollten sie dies in Zukunft tun, so sind sie auch berechtigt, die Übereinkunft oder den Vertrag oder die entsprechenden Regelungen anzuwenden. Regeln Vertragsparteien ihre Beziehungen in den in diesem Übereinkommen geregelten Fragen jedoch anders als hierin vorgesehen, so tun sie dies in einer Weise, die zu den Zielen und Grundsätzen des Übereinkommens nicht in Widerspruch steht."[420]

Unbeantwortet bleibt dabei ebenfalls, wie dies festzustellen ist und wer dies überprüfen kann oder soll. Ein erster Schritt ist es, dass die Parteien veröffentlichen müssen, wodurch ein gleichwertiger Schutz hergestellt wird. Beispielsweise[421] regelt Art. 3 Abs. 3 lit. a) iii) des *ILO Übereinkommens Nr. 188 über die Arbeit im Fischereisektor*:

> „Jedes Mitglied, das das Übereinkommen ratifiziert, hat:
>
> a) in seinem ersten Bericht über die Durchführung des Übereinkommens, den es gemäß Artikel 22 der Verfassung der Internationalen Arbeitsorganisation vorzulegen hat:
>
> [...]
>
> iii) alle Maßnahmen anzugeben, die getroffen worden sind, um den ausgenommenen Gruppen einen gleichwertigen Schutz zu gewähren."[422]

---

419 Trennungsklauseln („*disconnection clauses*") schließen die Anwendbarkeit von Teilen eines multilateralen Vertrages zwischen einzelnen Parteien zugunsten anderer internationaler Regelungen aus und ersetzen damit diesen Teil des multilateralen Vertrages durch andere Bestimmungen. Dazu näher → Kapitel 4 J.

420 BGBl. 2008 II 1242, 1243. International: CETS Nr. 185.

421 Ein weiteres Beispiel enthält Art. 79 Abs. 2 der *Europäische Ordnung der Sozialen Sicherheit (revidiert)* (CETS Nr. 139).

422 Quelle: Normlex (Information System on International Labour Standards, https://normlex.ilo.org/).

Darüber hinaus können die aushandelnden Völkerrechtssubjekte für qualitative Mindeststandards die Anforderungen an die Mindeststandards in einer Vertragsbestimmung konkretisieren. Alternativ können andere Begrenzungen die praktische Anwendung von qualitativen Mindeststandards unterstützen. Beispielsweise können die ausübenden Parteien verpflichtet werden zu begründen[423], warum kein Widerspruch zu Ziel und Grundsätzen des Vertrages besteht oder warum ein gleichwertiger Standard gewahrt wird.

c) Beschränkung auf einzelne Aspekte des Vertrages

Ein Flexibilitätsinstrument kann materiell dergestalt begrenzt werden, dass es nicht auf den gesamten Vertrag angewendet werden kann, sondern nur für einzelne Regelungen oder Abschnitte. Derartige Beschränkungen sind bei einer optionalen Klausel[424] oder bei Zusatzverträgen[425] inhärent, da geregelt sein muss, was die zusätzlichen Verpflichtungen sind. Für andere Flexibilitätsinstrumente kann eine derartige Begrenzung ausdrücklich aufgenommen werden. Ein Flexibilitätsinstrument kann auf einzelne Aspekte beschränkt werden, indem entweder explizit Normen oder Teile des Vertrages genannt werden, für die das Instrument genutzt werden kann oder umgekehrt diese ausgenommen werden.

Ein Beispiel[426], wie ausdrücklich Normen genannt werden, für die das Flexibilitätsinstrument genutzt werden kann, ist Art. 2 Abs. 1 des *ILO Übereinkommens Nr. 121 über Leistungen bei Arbeitsunfällen und Berufskrankheiten*:

> „Ein Mitglied, dessen Entwicklung auf wirtschaftlichem und medizinischem Gebiet noch ungenügend ist, kann durch eine seiner Ratifikation beigefügte begründete

---

423 Generell zur Begründungspflicht: → Kapitel 2 II. 5. a) cc).

424 *Opting-In* oder optionale Klauseln sind Bestimmungen, die ein Verfahren schaffen, wonach nur diejenigen Vertragsparteien an eine Vertragsbestimmung gebunden sind, welche in einem von der Zustimmung zum gesamten Vertrag getrennten Akt eingewilligt haben. Dazu genauer → Kapitel 4 B.

425 Durch einen Zusatzvertrag entsteht ein Vertragsregime mit untereinander verknüpften Verträgen, wobei nur diejenigen Parteien des Hauptvertrages an den Zusatzvertrag gebunden sind, die sich ebenfalls an diesen gebunden haben. Dazu näher → Kapitel 4 F.

426 Weitere Beispiele sind: Art. 25 Abs. 1 des *Europäische Übereinkommens über die Staatsangehörigkeit* (BGBl. 1997 II 578. International: CETS Nr. 166); Art. 17 Abs. 1 des *Übereinkommens zur Verminderung der Staatenlosigkeit* (BGBl. 1977 II 597, 598. International: UNTS Vol. 989, 175); Art. 20 Abs. 2 des *Protocol on Civil Liability and*

> Erklärung die in den folgenden Artikeln vorgesehenen zeitweiligen Ausnahmen für sich in Anspruch nehmen: Artikel 5, Artikel 9 Absatz 3 Unterabsatz b), Artikel 12, Artikel 15 Absatz 2 und Artikel 18 Absatz 3."[427]

Für den umgekehrten Fall, dass Teile des Vertrages ausdrücklich ausgenommen sind für ein Flexibilitätsinstrument, ist Art. 29 Abs. 1 des *Europäischen Übereinkommens über die Staatsangehörigkeit* ein Beispiel[428]:

> „Vorbehalte zu den Kapiteln I, II und VI sind nicht zulässig. Jeder Staat kann bei der Unterzeichnung oder bei der Hinterlegung seiner Ratifikations-, Annahme-, Genehmigungs- oder Beitrittsurkunde einen oder mehrere Vorbehalte zu den anderen Bestimmungen dieses Übereinkommens anbringen, solange sie mit Ziel und Zweck des Übereinkommens vereinbar sind."[429]

Im Vergleich zu Ziel und Zweck sowie Mindeststandards als materielle Grenzen ist es leichter festzustellen, ob die festgelegte Begrenzung auf einzelne Aspekte des Vertrages durch die Partei, die das Flexibilitätsinstrument nutzt, eingehalten wurde.

d) Sonstige materielle Begrenzungen

Die Gestaltungsmöglichkeiten von materiellen Begrenzungen dahingehend, ob ein Flexibilitätsinstrument genutzt werden kann, sind sehr vielfältig. Die

---

Compensation for Damage Caused by the Transboundary Effects of Industrial Accidents on Transboundary Waters (UN Doc. ECE/MP.WAT/11-ECE/CP.TEIA/9. UN Treaty Collection Multilateral Treaties, Chap. XXVII.16); Art. 62 Abs. 1 des *Übereinkommens über die internationale Geltendmachung der Unterhaltsansprüche von Kindern und anderen Familienangehörigen* (EU ABl. L 192/51 vom 22.07.2011); Art. 42 des *Übereinkommens über Computerkriminalität* (BGBl. 2008 II 1242, 1243. International: CETS Nr. 185); Art. 42 Abs. 1 des *Übereinkommens zur Beseitigung jeder Form von Diskriminierung der Frau* (BGBl. 1985 II 647, 648. International: UNTS Vol. 1249, 13); Art. 26 des *Europäischen Abkommen über soziale Sicherheit* (CETS Nr. 78).

427 BGBl. 1971 II 1169. International: Quelle: Normlex (Information System on International Labour Standards, https://normlex.ilo.org/).

428 Weitere Beispiele sind Art. 15 Abs. 2 EMRK (Neufassung der deutschen Übersetzung aus BGBl. 2010 II 1199. International: CETS Nr. 5); Art. 9 Abs. 1 des *Übereinkommens zum Schutz des Menschen bei der automatischen Verarbeitung personenbezogener Daten* (BGBl. 1985 II 538, 539. International: CETS Nr. 108); Art. 4 Abs. 2 der *Arabischen Charta der Menschenrechte* (Englische Übersetzung: *Al-Midani/Cabanettes*, in: Boston University International Law Journal 2006 (Vol. 24), 147).

429 BGBl. 2004 II 579. International: CETS Nr. 166.

Begrenzungen können dabei sehr spezifisch für den jeweiligen Vertrag sein. Eine derartige spezifische materielle Voraussetzung enthält beispielsweise[430] Art. 2 Abs. 1 des *Zweiten Fakultativprotokolls zum Internationalen Pakt über bürgerliche und politische Rechte zur Abschaffung der Todesstrafe*:

> „Vorbehalte zu diesem Protokoll sind nicht zulässig, ausgenommen ein im Zeitpunkt der Ratifikation oder des Beitritts angebrachter Vorbehalt, der die Anwendung der Todesstrafe in Kriegszeiten aufgrund einer Verurteilung wegen eines in Kriegszeiten begangenen besonders schweren Verbrechens militärischer Art vorsieht."[431]

Im Übrigen sind folgende vier sonstige materielle Begrenzungen hervorzuheben. Erstens kann eine Vertragsbestimmung voraussetzen, dass durch das Flexibilitätsinstrument ein bestimmtes Ziel verfolgt wird oder ein Rechtsgut geschützt werden soll. Ein Beispiel[432] ist Art. 9 Abs. 2 des *Übereinkommens zum Schutz des Menschen bei der automatischen Verarbeitung personenbezogener Daten*:

> „Eine Abweichung von den Artikeln 5, 6 und 8 ist zulässig, wenn sie durch das Recht der Vertragspartei vorgesehen und in einer demokratischen Gesellschaft eine notwendige Maßnahme ist:
>
> a) zum Schutz der Sicherheit des Staates, der öffentlichen Sicherheit sowie der Währungsinteressen des Staates oder zur Bekämpfung von Straftaten;
>
> b) zum Schutz des Betroffenen oder der Rechte und Freiheiten Dritter."[433]

Eine zweite Voraussetzung kann sein, dass außergewöhnliche Umstände wie ein Notstand vorliegen müssen. Eine derartige Begrenzung sehen

---

[430] Ein weiteres Beispiel ist Art. 96 des *Übereinkommens der Vereinten Nationen über Verträge über den internationalen Warenkauf* (BGBl. 1989 II, 588. International: UNTS Vol. 1489, 3), wonach Voraussetzung ist, dass nach den Rechtsvorschriften der Parteien Kaufverträge schriftlich abgeschlossen werden müssen.

[431] BGBl. 1992 II 390, 391. International: UNTS Vol. 1642, 414.

[432] Ein weiteres Beispiel ist Art. 25 Abs. 3 des *UN-Seerechtsübereinkommens* (BGBl. 1994 II 1798, 1799. International: UNTS Vol. 1833, 3).

[433] BGBl. 1985 II 538, 539. International: CETS Nr. 108.

insbesondere verschiedene Suspendierungsklauseln vor.[434] Ein Beispiel[435] ist Art. 60 Abs. 1 des *Internationalen Kaffee-Übereinkommens* von 1962:

> „Der Rat kann mit beiderseitiger Zweidrittelmehrheit ein Mitglied von einer Verpflichtung befreien, die bei Vorliegen von außergewöhnlichen Umständen oder Notfällen, höherer Gewalt, verfassungsmäßigen Verpflichtungen oder internationalen Verpflichtungen aus der Charta der Vereinten Nationen für Gebiete, die treuhandschaftlich verwaltet werden,
>
> a) eine besondere Härte darstellt,
>
> b) für das Mitglied eine unbillige Belastung bedeutet oder
>
> c) den anderen Mitgliedern einen unangemessenen oder ungebührlichen Vorteil verschafft.“[436]

Die dritte und vierte sonstige materielle Voraussetzung bezieht sich darauf, ob und seit wann eine alternative Regelung existiert. Auf den Zeitpunkt, seit dem es eine alternative Regelung gibt, stellt beispielsweise Art. 16 Abs. 1 lit. b) des *ILO Übereinkommens Nr. 93 über die Heuern, die Arbeitszeit an Bord von Schiffen und die Besatzungsstärke (Neufassung vom Jahre 1949)* ab:

> „Die zuständige Stelle kann von dem Geltungsbereich dieses Teiles des Übereinkommens Offiziere ausnehmen, die nicht schon nach Artikel 10 ausgenommen sind. Dabei gelten jedoch die folgenden Bedingungen:
>
> a) Die Offiziere müssen durch Gesamtarbeitsvertrag Anspruch auf Arbeitsbedingungen haben, die nach Bescheinigung der zuständigen Stelle einen vollen Ausgleich für die Nichtanwendung dieses Teiles des Übereinkommens bilden.
>
> b) Der Gesamtarbeitsvertrag muß erstmalig vor dem 30. Juni 1946 abgeschlossen und noch in Kraft oder erneuert worden sein.“[437]

---

434 Dazu näher → Kapitel 4 II. 1. lit a) bb) (2).

435 Weitere Beispiele sind: Art. 15 Abs. 1 EMRK (Neufassung der deutschen Übersetzung aus BGBl. 2010 II, 1199. International: CETS Nr. 5); Teil V Art. F der revidierten Europäischen Sozialcharter (BGBl. II 2020 900, 901. International: CETS Nr. 163); Art. 27 der *Amerikanischen Menschenrechtskonvention* (UNTS Vol. 1144, 123).

436 BGBl. 1963 II, 915. International: UNTS Vol. 469, 169.

437 Normlex (Information System on International Labour Standards, https://normlex.ilo.org/).

Auf das Fehlen einer vorherigen Regelung stellt beispielsweise[438] Art. 9 Abs. 1 des *ILO Übereinkommen Nr. 77 über die ärztliche Untersuchung der Eignung von Kindern und Jugendlichen zur Arbeit im Gewerbe* ab:

> „Jedes Mitglied, das vor dem Zeitpunkt der Annahme von gesetzlichen Vorschriften, welche die Ratifikation dieses Übereinkommens ermöglichen, keine gesetzlichen Vorschriften über die ärztliche Untersuchung der Eignung von Kindern und Jugendlichen zur Arbeit im Gewerbe besaß, kann durch eine der Ratifikation beigefügte Erklärung das in den Artikeln 2 und 3 festgesetzte Alter von achtzehn Jahren durch ein Alter ersetzen, das niedriger als achtzehn, aber keinesfalls niedriger als sechzehn Jahre sein darf, und das in Artikel 4 festgesetzte Alter von einundzwanzig Jahren durch ein Alter, das niedriger als einundzwanzig, aber keinesfalls niedriger als neunzehn Jahre sein darf."[439]

2. Berechtigung nur für einzelne Parteien oder Gruppen von Parteien

Ein Flexibilitätsinstrument kann dadurch beschränkt werden, dass nur einzelne Parteien oder eine Gruppe an Parteien berechtigt sind, es zu nutzen.[440] In Form der differenzierten Rechte und Pflichten stellt die Unterscheidung nach verschiedenen Parteien ein eigenes Flexibilitätsinstrument dar. Differenzierte Rechte und Pflichten (auch als differenzierte Behandlung bezeichnet) liegen in Situationen vor, in denen ein Vertrag unterschiedliche Rechte und Pflichten für verschiedene Gruppen von Vertragsparteien oder einzelne Parteien vorsieht.[441] Auch für andere Flexibilitätsinstrumente kann beschränkt werden, welche Parteien berechtigt sind, dieses zu nutzen.

Als Checkliste für die Berechtigung, ein Flexibilitätsinstrument zu nutzen, können aushandelnde Völkerrechtssubjekte folgende Punkte berücksichtigen:

1. Soll das Flexibilitätsinstrument durch alle Parteien oder nur einzelne genutzt werden können?

---

438 Ein weiteres Beispiel ist Art. 7 des *ILO Übereinkommens Nr. 79 über die Begrenzung der Nachtarbeit von Kindern und Jugendlichen bei nichtgewerblichen Arbeiten* (Quelle: Normlex (Information System on International Labour Standards, https://normlex.ilo.org/).

439 Normlex (Information System on International Labour Standards, https://normlex.ilo.org/).

440 *Kucik*, in: Economics & Policy 2012 (Vol. 24), 95 (104).

441 Dazu näher → Kapitel 4 D.

2. Soll ein Vertrag namentlich einzelne Parteien nennen, die das Flexibilitätsinstrument nutzen können sollen, oder soll die Berechtigung einer Gruppe an Parteien zustehen?
3. Nach welchem Kriterium bestimmt sich, welche Partei zu welcher Gruppe gehört?
4. Wenn das Vorliegen eines Kriteriums für die anderen Parteien nicht offensichtlich erkennbar ist, wie wird festgestellt, ob das Kriterium erfüllt ist oder nicht?
5. Wenn das Kriterium veränderlich ist, soll eine Partei die Gruppe wechseln können?

Wie bei differenzierten Rechten und Pflichten ist es erforderlich, dass sich aus dem Vertrag ergibt, welche Partei berechtigt ist, ein Flexibilitätsinstrument zu nutzen.

Zunächst kann eine Vertragsbestimmung eine konkrete Partei explizit nennen wie z. B.[442] Art. 10 Abs. 3 des *ILO Übereinkommens Nr. 24 über die Krankenversicherung der Arbeitnehmer in Gewerbe und Handel und der Hausgehilfen*:

> „In Europa kann diese Ausnahme nur von Finnland in Anspruch genommen werden."[443]

Anstatt konkrete Parteien aufzuzählen, kann eine Vertragsbestimmung Kategorien von Parteien nennen. Mögliche Unterscheidungskriterien sind dabei vielfältig und abhängig von der jeweiligen Thematik des Vertrages. Beispielsweise[444] formuliert Art. 5 *Montrealer Protokoll über Stoffe, die zu einem Abbau der Ozonschicht führen* eine Übergangsfrist[445] nur für einzelne Parteien:

---

442 Weitere Beispiele sind: Art. 6 UAbs. 3 der *International Convention on the Protection of Birds* (UNTS Vol. 638, 185); Art. 5 des *ILO Übereinkommens Nr. 4 über die Nachtarbeit der Frauen* (Normlex (Information System on International Labour Standards, https://normlex.ilo.org/).

443 RGBl. 1927 II 887. International: Quelle: Normlex (Information System on International Labour Standards, https://normlex.ilo.org/).

444 Weitere Beispiele sind Art. 5 Abs. 1 des *ILO Übereinkommens Nr. 138 über das Mindestalter für die Zulassung zur Beschäftigung* (BGBl. 1976 II 201, 202. International: Quelle: Normlex (Information System on International Labour Standards, https://normlex.ilo.org/) und Art. 2 Abs. 3 *Internationaler Pakt über wirtschaftliche, soziale und kulturelle Rechte* (BGBl. 1973 II 1570. International: UNTS Vol. 993, 3).

445 Durch Übergangsfristen wird den Parteien ein längerer Zeitraum zur Verfügung gestellt, in dem sie Maßnahmen ergreifen können, um die Pflichten aus dem Vertrag zu erfüllen. Dazu ausführlich → Kapitel 4 E.

„Jede Vertragspartei, die ein Entwicklungsland ist und deren jährlicher berechneter Umfang des Verbrauchs der geregelten Stoffe in Anlage A am Tag des Inkrafttretens dieses Protokolls für diese Vertragspartei oder zu irgendeiner Zeit danach bis zum 1. Januar 1999 unter 0,3 kg pro Kopf liegt, kann die Erfüllung der in den Artikeln 2A bis 2E vorgesehenen Regelungsmassnahmen um zehn Jahre verschieben, um ihre grundlegenden nationalen Bedürfnisse zu decken; jedoch findet jede weitere Änderung der Anpassungen oder der Änderung, die auf der zweiten Tagung der Vertragsparteien am 29. Juni 1990 in London angenommen wurden, auf die in diesem Absatz bezeichneten Vertragsparteien Anwendung, nachdem die in Absatz 8 vorgesehene Überprüfung stattgefunden hat, und gründet sich auf die Schlussfolgerungen dieser Überprüfung."[446]

Neben der Frage, welche Gruppen unter den Vertragsparteien gebildet werden können, muss ein Vertrag auch regeln, wie eine Partei der einen oder der anderen Gruppe zugeordnet wird. Die Verfahren unterscheiden sich, je nachdem, welcher Art das Kriterium ist. Ein Kriterium kann veränderbar oder unveränderbar sein. Wenn beispielsweise ein Vertrag nur afrikanischen Staaten offensteht und für die Einordnung ausschließlich auf die geografische Lage abzustellen ist, handelt es sich um ein unveränderbares Kriterium. Dagegen kann ein sog. Entwicklungsland zu einem sog. entwickelten Staat werden. Innerhalb der veränderbaren Kriterien ist weiter zu unterscheiden, ob die Veränderung unabhängig von dem Willen der jeweiligen Partei ist oder sie selbst entscheiden oder beeinflussen kann, ob sich das Kriterium verändert. Ein Beispiel für ein beeinflussbares Kriterium ist eine Ratifikationsabsicht wie in Art. 38 des *Internationalen Tropenholz-Übereinkommen* dafür zu verlangen, dass ein Völkerrechtssubjekt einen Vertrag vorläufig anwenden[447] kann:

„Eine Unterzeichnerregierung, die dieses Übereinkommen ratifizieren, annehmen oder genehmigen will, oder eine Regierung, für die der Rat Beitrittsbedingungen festgelegt hat, die jedoch ihre Urkunde noch nicht hinterlegen konnte, kann dem Verwahrer jederzeit notifizieren, dass sie dieses Übereinkommen in Übereinstimmung mit ihren Gesetzen und sonstigen Vorschriften von seinem Inkrafttreten

446 BGBl. 1988 II, 1014, 2002 II, 921. International: UNTS 1522, 3.

447 Die vorläufige Anwendung ist die Anwendung eines völkerrechtlichen Vertrages oder einzelner Bestimmungen vor Inkrafttreten des Vertrages. Dazu näher → Kapitel 4 H.

> nach Artikel 39 an oder, wenn es bereits in Kraft ist, von einem bestimmten Tag an vorläufig anwenden wird."[448]

Die Mitgliedschaft in einer internationalen Organisation kann ebenfalls ein Kriterium sein wie z. B. in Art. 13 Abs. 3 der *Convention on Stolen or Illegally Exported Cultural Objects (UNIDROIT)*:

> „In their relations with each other, Contracting states which are members of organisations of economic integration or regional bodies may declare that they will apply. the internal rules of these organisations or bodies and will not therefore apply as between these states the provisions of this Convention the scope of application of which coincides with that of those rules."[449]

Weiterhin ist zu unterscheiden, ob unmittelbar nach außen erkennbar ist, welches Völkerrechtssubjekt in welche Gruppe einzuordnen ist. Entweder ist die Zuordnung unmittelbar von außen zu erkennen oder es können zur Bestimmung weitere Schritte erforderlich sein. Ob ein Staat Binnenstaat oder Küstenstaat ist, erfordert keine weiteren Bestimmungsschritte. Dagegen verlangt die Unterscheidung zwischen sog. entwickelten Staaten und sog. Entwicklungsländern, dass vorher festgelegt wird, welche Kriterien erfüllt sein müssen, damit ein Staat als entwickelt gilt.

Aus der Kombination der beiden Faktoren ergeben sich vier Situationen, die bei der Einteilung in unterschiedliche Gruppen innerhalb eines Vertrages auftreten können:

1. Unveränderbare und direkt erkennbare Merkmale,
2. unveränderbare und nicht direkt erkennbare Merkmale,
3. veränderbare und direkt erkennbare Merkmale und
4. veränderbare und nicht direkt erkennbare Merkmale.

In der ersten Situation ist nach der Festlegung des Unterscheidungskriteriums kein weiterer Schritt erforderlich. Die Gruppen bilden sich automatisch und verändern sich über die Vertragsdauer nicht. In der zweiten Situation muss nach Einigung auf das unterscheidende Merkmal ein Verfahren festgelegt werden, um zu ermitteln, welche Partei in welche Kategorie fällt. Im

---

448 BGBl. 2009 II 231, 232. International: UNTS Vol. 2797, 75.
449 UNTS Vol. 2421, 457.

Unterschied zur ersten Situation muss in der dritten Situation festgelegt werden, ob Parteien für die gesamte Vertragsdauer der Gruppe angehören, dessen Kriterien sie zu Beginn erfüllt haben, oder die Gruppen wechseln, wenn sie die anderen Kriterien erfüllen. Die vierte Situation ist eine Kombination aus Situationen zwei und drei. Erforderlich ist damit sowohl ein Mechanismus, der bestimmt, wann ein Völkerrechtssubjekt das abstrakte Kriterium erfüllt, und was geschieht, wenn sich die Umstände verändern und sich daher die Einordnung ändern könnte.

Um festzustellen, bei welcher Partei ein nach außen nicht unmittelbar erkennbares Merkmal vorliegt, können entweder konkretere Kriterien verwendet oder eine Formel aufgestellt werden. So wird der Entwicklungsstand durch eine Vielzahl von Parametern gemessen und dabei häufig das Bruttoinlandsprodukt herangezogen.[450] Allerdings wird die Unterscheidung zwischen Entwicklungsland und entwickeltem Staat häufig in Verträgen verwendet, ohne dass genauer definiert wird, wie zu bestimmen ist, in welche Kategorie eine Partei fällt.[451] Je nachdem, welche Kriterien verwendet werden, kann dasselbe Völkerrechtssubjekt in unterschiedliche Kategorien sortiert werden.[452] Die Parteien müssen die Kriterien daher passend zu dem jeweiligen Vertrag wählen.

Eine andere Möglichkeit ist, eine Liste aufzustellen, welche Partei zu welcher Gruppe gehört.[453] Allerdings verlagert dies nur die Frage, wie zu bestimmen ist, welche Partei auf welcher Liste steht. Insofern kann erneut

---

450 *Hirsch*, Developing Countries, in: Wolfrum (Hrsg.), MPEPIL, Rn. 3; *Bodansky*, in: Yale Journal of International Law 1993 (Vol. 18), 451 (507). Die Weltbank differenziert zwischen vier verschiedenen Gruppen von Ländern mit niedrigem Einkommen zu Ländern mit hohem Einkommen, siehe https://datahelpdesk.worldbank.org/knowledgebase/articles/906519-world-bank-country-and-lending-groups [28.07.2025].

451 Z. B. Art. 2 Abs. 3 *Internationaler Pakt über wirtschaftliche, soziale und kulturelle Rechte* (BGBl. 1973 II 1570. International: UNTS Vol. 993, 3): „Entwicklungsländer können unter gebührender Berücksichtigung der Menschenrechte und der Erfordernisse ihrer Volkswirtschaft entscheiden, inwieweit sie Personen, die nicht ihre Staatsangehörigkeit besitzen, die in diesem Pakt anerkannten wirtschaftlichen Rechte gewährleisten wollen."; Art. 5 des *Montrealer Protokoll über Stoffe, die zu einem Abbau der Ozonschicht führen* (BGBl. 1988 II, 1014, 2002 II, 921. International: UNTS 1522, 3).

452 *Pauwelyn*, in: Review of European, Comparative & International Environmental Law 2013 (Vol. 22), 29 (32).

453 *Bodansky*, in: Yale Journal of International Law 1993 (Vol. 18), 451 (507).

auf konkretere Kriterien zurückgegriffen werden oder die Parteien einigen sich auf eine Liste, die lediglich an Kriterien orientiert ist oder gar keine festgelegten Kriterien verfolgt. Der Listenansatz ohne festgelegte Kriterien führt dazu, dass es nicht nur der zweite Schritt ist, in welchem das Unterscheidungskriterium bestimmt wird, sondern die Liste selbst zum Unterscheidungskriterium wird.

3. Kollektive Ausübung, Zustimmungserfordernisse und Einspruchsrechte

Ein Flexibilitätsinstrument kann dadurch begrenzt werden, dass mehrere Parteien es kollektiv ausüben müssen, andere Parteien oder ein Vertragsorgan zustimmen müssen oder anderen Parteien oder ein Vertragsorgan Einspruch dagegen erheben können, wie eine Partei ein Flexibilitätsinstrument nutzen möchte. Als Checkliste für die kollektive Ausübung eines Flexibilitätsinstruments sowie Zustimmungserfordernisse oder Einspruchsrechte zu einem Flexibilitätsinstrument können aushandelnde Völkerrechtssubjekte folgende Punkte berücksichtigen:

1. Soll das Flexibilitätsinstrument kollektiv ausgeübt werden müssen?
   a) Sollen alle Parteien zusammen handeln müssen oder soll eine Mindestanzahl von Parteien zusammen handeln müssen?
   b) Wem steht ein Initiativrecht zu, um eine kollektive Entscheidung zu erwirken?
2. Sollen anderen Parteien oder ein Vertragsorgan der Nutzung eines Flexibilitätsinstruments zustimmen müssen?
   a) Sollen die übrigen Parteien einstimmig oder durch (bestimmte) Mehrheit zustimmen oder genügt eine einzelne Zustimmung einer anderen Partei?
   b) Was ist die Rechtsfolge, wenn das Quorum nicht erreicht wird?
   c) Welche Auswirkung soll die Zustimmung in dem bilateralen Verhältnis zwischen Flexibilitätsinstrument nutzender Partei und zustimmender Partei haben?
3. Sollen anderen Parteien oder einem Vertragsorgan ein Einspruchsrecht gegen die Nutzung eines Flexibilitätsinstruments zustehen?
   a) Sollen die übrigen Parteien einstimmig oder durch (bestimmte) Mehrheit Einspruch erheben oder genügt ein einzelner Einspruch einer anderen Partei?

b) Welche Auswirkung soll der Einspruch in dem bilateralen Verhältnis zwischen Flexibilitätsinstrument nutzender Partei und widersprechender Partei haben?

Eine kollektive Ausübung liegt vor, wenn mehrere oder alle Parteien eines Vertrages gemeinschaftlich handeln müssen, um ein Flexibilitätsinstrument zu verwenden. Bei einer kollektiven Ausübung ist keine Partei der hauptsächlich handelnde Akteur. Anders ist dies bei Flexibilitätsinstrumenten, die durch eine Partei ausgeübt werden und der Nutzung des Flexibilitätsinstruments müssen die anderen Parteien zustimmen. Ein Beispiel ist ein *Opting-Out*[454], welches auf der Grundlage von Art. 17 Abs. 1 Alt. 2 WVK erklärt wird. Art. 17 Abs. 1 Alt. 2 WVK bestimmt, dass eine teilweise Zustimmung möglich ist, wenn die anderen Parteien zustimmen.

Manche Flexibilitätsinstrumente wie z. B. eine *inter-se*-Modifikation[455] setzen zwangsläufig voraus, dass mindestens zwei Parteien gemeinschaftlich handeln. Weiterhin können Flexibilitätsinstrumente so ausgestaltet sein, dass sie nur kollektiv ausgeübt werden können. Ein Beispiel[456] für eine kollektive

---

454 *Opting-Out* wird definiert als Vertragsbestimmung, durch welche ein Völkerrechtssubjekt an die dort enthaltenen Regeln automatisch gebunden ist, außer es äußert den Willen an diesen Teil eines Vertrages nicht gebunden zu sein. Dazu näher → Kapitel 4 A. I.

455 Nach Art. 41 WVK können einzelne Vertragsparteien einen Vertrag zwischen sich verändern. Dazu näher → Kapitel 4 K. II. 2.

456 Ein weiteres Beispiel ist Art. 60 des *Internationalen Kaffee-Übereinkommens* (BGBl. 2002 II 2374. International: UNTS Vol. 2161, 308):
„(1) Der Rat kann mit beiderseitiger Zweidrittelmehrheit ein Mitglied von einer Verpflichtung befreien, die bei Vorliegen von außergewöhnlichen Umständen oder Notfällen, höherer Gewalt, verfassungsmäßigen Verpflichtungen oder internationalen Verpflichtungen aus der Charta der Vereinten Nationen für Gebiete, die treuhandschaftlich verwaltet werden,
a) eine besondere Härte darstellt,
b) für das Mitglied eine unbillige Belastung bedeutet oder
c) den anderen Mitgliedern einen unangemessenen oder ungebührlichen Vorteil verschafft.
(2) Bei einer solchen Befreiung legt der Rat ausdrücklich die Voraussetzungen und Bedingungen fest, unter denen das Mitglied von der Verpflichtung entbunden ist, und bestimmt die Geltungsdauer der Befreiung.“.

Suspendierungsmöglichkeit[457] zugunsten einer Partei enthält Art. IX Abs. 3 *WTO-Übereinkommen*:

„(3) Unter außergewöhnlichen Umständen kann die Ministerkonferenz beschließen, ein Mitglied von einer Verpflichtung aus diesem Übereinkommen oder einem der Multilateralen Handelsübereinkommen zu entbinden; jedoch muß ein derartiger Beschluß von drei Vierteln der Mitglieder gefaßt werden, sofern in diesem Absatz nichts anderes vorgesehen ist.

a) Ein Antrag auf Ausnahmegenehmigung betreffend dieses Übereinkommen wird der Ministerkonferenz zur Prüfung gemäß der Praxis der Beschlußfassung durch Konsens vorgelegt. Die Ministerkonferenz setzt für die Prüfung des Antrags eine Frist von längstens 90 Tagen. Wird ein Konsens während dieser Frist nicht erzielt, so wird ein Beschluß zur Gewährung einer Ausnahmegenehmigung von drei Vierteln der Mitglieder gefaßt.

b) Ein Antrag auf Ausnahmegenehmigung betreffend die Multilateralen Handelsübereinkommen der Anlagen 1A, 1B oder 1C und deren Anlagen wird zunächst dem Rat für den Handel mit Waren, dem Rat für den Handel mit Dienstleistungen beziehungsweise dem Rat für TRIPS zur Prüfung innerhalb einer Frist von längstens 90 Tagen vorgelegt. Mit Ablauf dieser Frist legt der zuständige Rat der Ministerkonferenz einen Bericht vor.“[458]

Für eine kollektive Ausübung ist insbesondere zu regeln, wem ein Initiativrecht zusteht und welche Parteien oder welches Vertragsorgan mit welchem Quorum entscheiden. Eine ausführliche Regelung enthält Art. 3 Abs. 3–5 des *Übereinkommens über Streumunition*:

„(3) Glaubt ein Vertragsstaat, nicht in der Lage zu sein, binnen acht Jahren nach dem Inkrafttreten dieses Übereinkommens für den betreffenden Vertragsstaat sämtliche in Absatz 1 bezeichnete Streumunition zu vernichten oder ihre Vernichtung sicherzustellen, so kann er das Treffen der Vertragsstaaten oder eine Überprüfungskonferenz um eine Verlängerung der Frist für den Abschluss der Vernichtung dieser Streumunition um bis zu vier Jahre ersuchen. Ein Vertragsstaat kann unter außergewöhnlichen Umständen um zusätzliche Fristverlängerungen um bis zu vier Jahre ersuchen. Die Fristverlängerungen, um die ersucht wird, dürfen die Anzahl Jahre, die der betreffende Vertragsstaat zur Erfüllung seiner Verpflichtungen nach Absatz 2 unbedingt benötigt, nicht überschreiten.

---

457 Dazu näher → Kapitel 4 I. 1. b), → Kapitel 4 I. 2. a) bb) (1) und → Kapitel 4 I. 2. b).
458 EU ABl. vom 23.12.1994, L 336/3.

(4) Jedes Ersuchen um Fristverlängerung enthält

a) Angaben über die Dauer der vorgeschlagenen Fristverlängerung,

b) eine ausführliche Begründung für die vorgeschlagene Fristverlängerung, einschließlich Angaben über die dem Vertragsstaat für die Vernichtung sämtlicher in Absatz 1 genannter Streumunition zur Verfügung stehenden oder von ihm hierfür benötigten finanziellen und technischen Mittel und gegebenenfalls Angaben über die außergewöhnlichen Umstände, die diese Fristverlängerung rechtfertigen,

c) einen Plan mit Angaben darüber, wie und wann die Vernichtung der Lagerbestände abgeschlossen wird,

[...].

(5) Das Treffen der Vertragsstaaten oder die Überprüfungskonferenz prüft das Ersuchen unter Berücksichtigung der in Absatz 4 genannten Angaben und entscheidet mit der Mehrheit der Stimmen der anwesenden und abstimmenden Vertragsstaaten, ob dem Ersuchen um Fristverlängerung stattgegeben wird. Die Vertragsparteien können, soweit angebracht, beschließen, eine kürzere Fristverlängerung als die, um die ersucht wird, zu gewähren, und Richtwerte für die Fristverlängerung vorschlagen. Ein Ersuchen um Fristverlängerung wird mindestens neun Monate vor dem Treffen der Vertragsstaaten oder der Überprüfungskonferenz, auf dem beziehungsweise auf der es geprüft werden soll, vorgelegt."[459]

Unabhängig davon, ob ein Flexibilitätsinstrument von einer oder mehreren Parteien ausgeübt wird, kann es erforderlich sein, dass die nicht aktiv ausübenden Parteien oder ein Vertragsorgan zustimmen. Eine derartige Zustimmung sieht Art. 17 Abs. 1 WVK für ein *Opting-Out*[460] vor, welches nicht aufgrund einer im Vertrag enthaltenen Klausel erfolgt.

Ein weiteres Beispiel für die Zustimmung der übrigen Parteien ist Art. XII des *Übereinkommens zur Förderung der Einhaltung internationaler Erhaltungs- und Bewirtschaftungsmaßnahmen durch Fischereifahrzeuge auf hoher See*:

„Die Annahme dieses Übereinkommens kann von Vorbehalten abhängig gemacht werden, die nur dann gelten, wenn sie von allen Parteien dieses Übereinkommens

459 BGBl. 2009 II 502, 504. International: UNTS Vol. 2688, 39.

460 *Opting-Out* wird definiert als Vertragsbestimmung, durch welche ein Völkerrechtssubjekt an die dort enthaltenen Regeln automatisch gebunden ist, außer es äußert den Willen an diesen Teil eines Vertrages nicht gebunden zu sein. Dazu näher → Kapitel 4 A. I.

> einstimmig angenommen werden. Der Generaldirektor notifiziert allen Parteien umgehend etwaige Vorbehalte. Antwortet eine Partei nicht binnen drei Monaten nach der Notifizierung, so gilt dies als Annahme des Vorbehalts. Wird der Vorbehalt nicht angenommen, so kann der Staat oder die Organisation für regionale wirtschaftliche Integration, der oder die den Vorbehalt angemeldet hat, diesem Übereinkommen nicht beitreten."[461]

Ein Vertragsorgan muss beispielsweise nach Art. 7 Abs. 2 der *Europäischen Ordnung der Sozialen Sicherheit (revidiert)* zustimmen:

> „Jede Partei kann durch eine an den Generalsekretär des Europarats gerichtete Erklärung von anderen Bestimmungen der Teile II bis X und von Artikel 74 abweichen, wenn die Rechtsvorschriften dieser Partei einen Schutz gewährleisten, der insgesamt in dem betreffenden Teil mindestens dem gleichwertig ist, der nach dieser (revidierten) Ordnung vorgesehen ist. Solche Abweichungen bedürfen der Zustimmung des Ministerkomitees des Europarates, das mit der nach Artikel 20 Buchstabe d der Satzung des Europarates vorgesehenen Mehrheit auf der Grundlage eines Vorschlages entscheidet, den der in Artikel 1 Buchstabe a dieser (revidierten) Ordnung genannte Ausschuß mit Zweidrittelmehrheit der abgegebenen Stimmen angenommen hat."[462]

Genau wie für eine kollektive Ausübung sind insbesondere zu regeln, welche Parteien oder welches Vertragsorgan mit welchem Quorum entscheidet. Darüber hinaus muss sich explizit oder implizit ergeben, welche Rechtsfolge aus einer fehlenden Zustimmung folgt. Die Annahme eines Vorbehalts wirkt aufgrund des Reziprozitätsprinzips nur in dem Verhältnis zwischen der vorbehaltserklärenden und der annehmenden Partei.[463] Dagegen ist bei Art. 7 Abs. 2 *Europäischen Ordnung der Sozialen Sicherheit (revidiert)* anzunehmen, dass die Abweichung insgesamt unzulässig ist, wenn die erforderliche Zustimmung verfehlt wird. Insofern sind Einspruchsrechte zumeist eine mildere Begrenzung. Dies gilt insbesondere, wenn die Ausübung des Flexibilitätsinstruments nur unzulässig ist, wenn ein bestimmtes Quorum an Einsprüchen erreicht ist.

---

461 EU ABl. L 177/26 vom 16.07.1996.

462 CETS Nr. 139.

463 Siehe dazu näher → Kapitel 3 C. II. 2 und → Kapitel 3 C. IV.

4. Zeitlich festgelegte Grenze

Zeitliche Grenzen sind vielseitig und können sich zum einen auf das Flexibilitätsinstruments selbst beziehen, zum anderen können auch die Reaktionen der anderen Parteien oder andere Begrenzungsmöglichkeiten von Flexibilitätsinstrumenten zeitlich begrenzt werden. Als Checkliste für zeitliche Begrenzungen können sich aushandelnde Völkerrechtssubjekte folgende Fragen stellen:

1. Soll der Zeitraum begrenzt werden, in welchem eine Partei ein Flexibilitätsinstrument auslösen kann?
2. Was ist die Folge, wenn ein Flexibilitätsinstrument später erklärt wird? Kann es durch einstimmige Annahme der anderen Parteien für zulässig erklärt werden?
3. Soll zwischen der Handlung eines Völkerrechtssubjektes, durch welche sie ein Flexibilitätsinstrument nutzt, und der Wirkung des Instruments ein Zeitraum vorgesehen werden?
4. Soll der Zeitraum begrenzt werden, in dem das Flexibilitätsinstrument wirkt?
5. Soll eine Partei bei Anwendung eines Flexibilitätsinstruments erklären, wie lange es beabsichtigt das Instrument zu nutzen?
6. Soll es möglich sein, ein Flexibilitätsinstrument zu verlängern?
7. Soll es eine zeitliche Begrenzung für Reaktionen der anderen Parteien auf ein Flexibilitätsinstrument geben?
8. Welche Folge haben verspätete Reaktionen der anderen Parteien auf ein Flexibilitätsinstrument?

Der Zeitraum, in dem ein Völkerrechtssubjekt ein Flexibilitätsinstrument auslösen kann, enthält beispielsweise[464] in Art. 8 Abs. 1 *Convention Relating*

[464] Weitere Beispiele: Art. 25 des *Europäischen Übereinkommens über die Rückführung Minderjähriger* (CETS Nr. 71); Art. 57 EMRK (Neufassung der deutschen Übersetzung aus BGBl. 2010 II, 1199. International: CETS Nr. 5); Art. 8 Abs. 3 des *Übereinkommens zur Verminderung der Staatenlosigkeit* (BGBl. 1977 II 597, 598. International: UNTS Vol. 989, 175); Art. 298 *UNSeerechtsübereinkommen* (BGBl. 1994 II 1798, 1799. International: UNTS Vol. 1833, 3).

to the Settlement of the Conflicts Between the Law of Nationality and the Law of Domicile:

> „Each contracting State, on signing or ratifying the present Convention or on adhering hereto, may declare that it excludes from the application of the present Convention conflicts of laws relating to certain matters.“[465]

Die zeitliche Grenze wird dabei durch ein Ereignis (unterzeichnen oder ratifizieren) festgelegt und entspricht somit der Grenze, die die WVK für die Erklärung von Vorbehalten vorsieht. Auf ein Ereignis stellt auch Art. 23 Abs. 1 der *Barcelona Konvention zum Schutz des Mittelmeers vor Verschmutzung* als Rahmenvertrag[466] ab:

> „Vertragspartei dieses Übereinkommens kann nur werden, wer gleichzeitig Vertragspartei mindestens eines der Protokolle wird. Vertragspartei eines der Protokolle kann nur werden, wer Vertragspartei dieses Übereinkommens ist oder dies gleichzeitig wird.“[467]

Die zeitliche Grenze ergibt sich daraus, dass es „gleichzeitig“ erfolgen muss. Schließlich ist ein weiteres Beispiel für ein Ereignis Art. 37 Abs. 3 des *Europäisches Übereinkommen über Staatenimmunität*:

> „Notifiziert jedoch ein Staat, der dem Übereinkommen bereits beigetreten ist, dem Generalsekretär des Europarats einen Einspruch gegen den Beitritt eines anderen Nichtmitgliedstaats, bevor dieser Beitritt wirksam geworden ist, so ist das Übereinkommen auf die Beziehungen zwischen beiden Staaten nicht anzuwenden.“[468]

Alternativ kann als zeitliche Begrenzung ein konkretes Datum oder ein Zeitraum genannt werden.

---

[465] Übersetzung aus dem *American Journal of Comparative Law 1952* (Vol. 1), 280.

[466] Wesentlich ist für den Rahmenvertrags-Protokoll-Ansatz, dass zunächst ein Rahmenvertrag abgeschlossen wird, der lediglich generelle und nur breitangelegte Pflichten enthält. Anschließend werden ein oder mehrere dazugehörige Protokolle ausgehandelt, welche konkretere und strengere Pflichten als der Rahmenvertrag enthalten. Dazu näher → Kapitel 4 F. III. 1.

[467] EG ABl. Nr. L 240/35 vom 19.09.1977.

[468] CETS Nr. 74.

Eine zweite Form der zeitlichen Begrenzung legt fest, ab wann ein Flexibilitätsinstrument wirksam ist. Beispielsweise[469] bestimmt Art. 30 Abs. 3 des *Übereinkommens über die gegenseitige Amtshilfe in Steuersachen*, der einen späteren Vorbehalt erlaubt:

> „Ein Staat kann, nachdem das Übereinkommen für ihn in Kraft getreten ist, einen oder mehrere der in Absatz 1 genannten Vorbehalte nachholen, die im Zeitpunkt der Ratifikation, Annahme oder Genehmigung unterblieben sind. Diese Vorbehalte treten am ersten Tag des Monats nach Ablauf des Dreimonatszeitraums in Kraft, der auf den Tag folgt, an dem der Vorbehalt bei einer der Verwahrstellen eingegangen ist."[470]

Das Flexibilitätsinstrument ist insofern zeitlich begrenzt, als dass es erst nach einem gewissen Zeitraum wirkt.

Die dritte Möglichkeit, ein Flexibilitätsinstrument zeitlich zu begrenzen, ist festzulegen, wie lange ein Flexibilitätsinstrument genutzt werden kann. Ein Beispiel[471] für eine zeitliche Befristung ist Art. 5 des *ILO Übereinkommens Nr. 119 über den Maschinenschutz*:

> „(1) Jedes Mitglied kann eine zeitweilige Aufhebung von Bestimmungen des Artikels 2 vorsehen.
>
> (2) Die Geltungsdauer der zeitweiligen Aufhebung, die drei Jahre, gerechnet vom Inkrafttreten des Übereinkommens für das betreffende Mitglied, nicht überschreiten darf, und die darauf bezüglichen sonstigen Bedingungen sind durch die innerstaatliche Gesetzgebung oder durch andere, ebenso wirksame Maßnahmen zu bestimmen."[472]

Dieser Zeitraum kann im Übrigen auch von dem Eintritt oder Ausbleiben eines Ereignisses abhängig gemacht werden. In der praktischen Anwendung

---

469 Ein weiteres Beispiel ist Art. 97 Abs. 3 des *Übereinkommens der Vereinten Nationen über Verträge über den internationalen Warenkauf* (BGBl. 1989 II, 588. International: UNTS Vol. 1489, 3).

470 CETS Nr. 127.

471 Weitere Beispiele sind Art. 124 des *Rom Statuts des Internationalen Strafgerichtshofs* (BGBl. 2000 II 1393. International: UNTS Vol. 2187, 3) und Art. 6 Abs. 5 des *Übereinkommens von Minamata über Quecksilber* (BGBl. 2017 II 610, 611. International: UNTS Vol. 3202, UN Registration Number: 54669).

472 Normlex (Information System on International Labour Standards, https://normlex.ilo.org/).

problematisch sind dagegen unkonkrete Formulierungen wie in z. B.[473] in Art. 5 Abs. 1 des *ILO Übereinkommens Nr. 138 über das Mindestalter für die Zulassung zur Beschäftigung*:

> „Ein Mitglied, dessen Wirtschaft und Verwaltungseinrichtungen ungenügend entwickelt sind, kann nach Anhörung der beteiligen Arbeitgeber- und Arbeitnehmerverbände, soweit solche bestehen, den Geltungsbereich dieses Übereinkommens anfangs begrenzen."[474]

„Anfangs" impliziert, dass der Anwendungsbereich nicht dauerhaft begrenzt werden könne, legt aber nicht fest, wann dieser Zeitraum endet. Eine gewisse Konkretisierung erreichen manche ILO Übereinkommen, indem die nutzenden Parteien eine Art Selbstverpflichtung abgegeben sollen, dass sie das Flexibilitätsinstrument ab einem bestimmten Zeitpunkt nicht mehr nutzen werden. Ein Beispiel[475] enthält Art. 3 Abs. 2 des *ILO Übereinkommens Nr. 102 über die Mindestnormen der sozialen Sicherheit*:

> „Jedes Mitglied, das eine Erklärung nach Absatz 1 dieses Artikels abgegeben hat, muss in dem nach Artikel 22 der Verfassung der Internationalen Arbeitsorganisation zu erstattenden Jahresbericht über die Anwendung dieses Übereinkommens zu jeder Ausnahme, die es für sich in Anspruch genommen hat, mitteilen, dass
>
> a) die Gründe hierfür weiterbestehen oder
>
> b) es von einem bestimmten Zeitpunkt an darauf verzichtet, die Ausnahme weiter in Anspruch zu nehmen."[476]

---

473 Weitere Beispiele sind: Art. 3 des *ILO Übereinkommens Nr. 102 über die Mindestnormen der sozialen Sicherheit* (BGBl. 1957 II 1321, 1322); Art. 2 Abs. 1 des *ILO Übereinkommens Nr. 121 über Leistungen bei Arbeitsunfällen und Berufskrankheiten*; Art. 4 Abs. 1 des *ILO Übereinkommens Nr. 128 über Leistungen bei Invalidität und Alter und an Hinterbliebene*. Quelle jeweils: Normlex (Information System on International Labour Standards, https://normlex.ilo.org/).

474 BGBl. 1976 II 201. International: Normlex (Information System on International Labour Standards, https://normlex.ilo.org/).

475 Weitere Beispiele sind: Art. 2 Abs. 2 des *ILO Übereinkommens Nr. 121 über Leistungen bei Arbeitsunfällen und Berufskrankheiten*; Art. 2 Abs. 5 des *ILO Übereinkommens Nr. 138 über das Mindestalter für die Zulassung zur Beschäftigung*. Quelle jeweils: Normlex (Information System on International Labour Standards, https://normlex.ilo.org/).

476 BGBl. 1957 II 1321, 1322. International: Normlex (Information System on International Labour Standards, https://normlex.ilo.org/).

Darüber hinaus können die Parteien ausgestalten, zu welcher Rechtsfolge das Ablaufen des jeweiligen Zeitraums führt. Zum einen kann dies bedeuten, dass das Flexibilitätsinstrument anschließend nicht mehr genutzt werden kann. Zum anderen kann es der Partei möglich sein, das Flexibilitätsinstrument unter festgelegten Voraussetzungen zu verlängern. Ein Beispiel[477] ist Art. 7 des *WTO-Übereinkommens über Schutzmaßnahmen (Safeguards Agreement)*:

> „(1) Ein Mitglied darf Schutzmaßnahmen nur so lange anwenden, wie dies zur Verhinderung oder Beseitigung eines ernsthaften Schadens oder zur Erleichterung der Anpassung erforderlich ist. Die Geltungsdauer darf vier Jahre nicht übersteigen, außer wenn sie gemäß Absatz 2 verlängert wird.
>
> (2) Die Geltungsdauer nach Absatz 1 kann verlängert werden, sofern die zuständigen Behörden des Einfuhrmitglieds gemäß den Verfahren nach Artikel 2, 3, 4 und 5 festgestellt haben, daß die Schutzmaßnahme weiterhin zur Verhinderung oder Beseitigung des ernsthaften Schadens erforderlich ist und daß der Wirtschaftszweig nachweislich Anpassungen durchführt, und sofern die einschlägigen Bestimmungen der Artikel 8 und. 12 eingehalten werden.
>
> (3) Die gesamte Geltungsdauer einer Schutzmaßnahme einschließlich der Geltungsdauer einer vorläufigen Maßnahme, der ursprünglichen Geltungsdauer und ihrer Verlängerung darf acht Jahre nicht übersteigen.
>
> [...]“[478]

Schließlich können auch die Reaktionsmöglichkeiten der anderen Parteien zeitlich befristet sein. Aufgrund der Annahmefiktion des Art. 20 Abs. 4, 5 WVK ist beispielsweise der Einspruch gegen einen Vorbehalt auf ein Jahr begrenzt.[479] Nach Guideline 2.6.13 des *ILC Guide to Practice on Reservations to Treaties* kann ein späterer Einspruch dennoch Wirkungen erzeugen, allerdings nicht vollständig jene, die nach Art. 20 Abs. 4 lit. b), Art. 21 Abs. 3 WVK vorgesehen sind.[480] Vergleichbare zeitliche Grenzen können für andere

---

477 Ein weiteres Beispiel ist Art. 6 Abs. 6 des *Übereinkommens von Minamata über Quecksilber* (BGBl. 2017 II 610, 611. International: UNTS Vol. 3202, UN Registration Number: 54669).

478 EU ABl. vom 23.12.1994, L 336/184.

479 Siehe ebenfalls Guideline 2.6.12 des ILC Guide to Practice on Reservations to Treaties 2011, UN Doc. A/66/10/Add.1.

480 Dazu näher → Kapitel 3 C. II. 3.

Begrenzungen eines Flexibilitätsinstruments wie z. B. Überprüfungsrechte vorgesehen werden.

5. Verfahrensvorschriften

Ein Flexibilitätsinstrument kann dadurch beschränkt werden, indem eine Partei Verfahrensvorschriften einhalten muss, wenn es das Instrument ausübt. Verschiedene Varianten derartiger Verfahrensvorschriften dienen dazu, dass öffentlich ist, wie eine Partei ein Flexibilitätsinstrument anwendet (a). Darüber hinaus können vielfältige andere Form- und Verfahrensvorschriften ein Flexibilitätsinstrument begrenzen (b).

a) Öffentlichkeit der Anwendung eines Flexibilitätsinstruments

Öffentlichkeit ist eine Methode zu fördern, dass Völkerrechtssubjekte Völkerrecht einhalten.[481] Daher begrenzen verschiedene Techniken ein Flexibilitätsinstrument, indem sie dazu führen, dass die Art und der Umfang, wie eine Partei ein Flexibilitätsinstrument nutzt, öffentlich sind. Darunter fallen Notifizierungspflichten (aa), Pflichten zur Veröffentlichung innerstaatlicher Maßnahmen (bb), die Begründungspflichten (cc) sowie Berichtspflichten (dd). Als Checkliste können aushandelnde Völkerrechtssubjekte folgende Fragen stellen und entweder in einem Vertrag regeln oder bewusst offenlassen:

1. Soll die Ausübung eines Flexibilitätsinstruments notifiziert werden?
   a) Soll konkretisiert werden, gegenüber wem zu notifizieren ist?
   b) Soll der Inhalt/die Bestandteile der Notifizierung vorgegeben werden?
   c) Soll der Zeitpunkt/Zeitraum für die Notifizierung festgelegt werden?
   d) Sollen Sanktionen bei Verstoß gegen die Notifizierungspflicht oder Verspätung vorgesehen werden?
2. Sollen für das Flexibilitätsinstrument relevante innerstaatliche Regelungen veröffentlicht werden?
3. Soll eine Partei die Nutzung eines Flexibilitätsinstruments begründen müssen?
   a) Zu welchem Zeitpunkt soll die Begründung erfolgen?

---

481 *Schreuer*, in: Delbrück/Heinz (Hrsg.), International Law of Cooperation and State Sovereignty, 163 (175).

   b) Soll festgelegt werden, an wen (Vertragsorgan oder alle Parteien ggf. über den Depositar) die Begründung zu richten ist?
   c) Sollen Sanktionen bei Verstoß gegen die Begründungspflicht oder Verspätung vorgesehen werden?
4. Soll eine Berichtspflicht über die Nutzung eines Flexibilitätsinstruments bestehen?
   a) Soll es eine einmalige Berichtspflicht bei Ausübung des Instruments, eine regelmäßige Berichtspflicht oder eine Berichtspflicht auf Aufforderung sein?
   b) Welchen Umfang soll die Berichtspflicht haben? Soll nur über die Ausübung des Instruments oder erweitert über das Fortbestehen der Gründe für das Flexibilitätsinstrument oder ggf. die Fortschritte zur vollständigen Erfüllung eines Vertrages berichtet werden?
   c) Soll festgelegt werden, an wen (Vertragsorgan, alle Parteien ggf. über den Depositar oder sonstige Gruppen und Organisationen) der Bericht zu kommunizieren ist?
   d) Soll ein Mechanismus geschaffen werden, wie die Berichte überprüft werden können?
   e) Sollen Sanktionen bei Verstoß gegen die Berichtspflicht vorgesehen werden?
5. Sollen Notifizierungen/Begründungen/Berichte in einem Register gesammelt werden? Soll dieses öffentlich zugänglich sein?

aa) Notifizierungspflicht

Eine Notifizierungspflicht schafft eine Öffentlichkeit dafür, wie eine Partei das Flexibilitätsinstrument anwendet, sodass innerstaatlich die Gesellschaft und international die anderen Vertragsparteien die Einhaltung überwachen können.[482] Als eine einfache Form ist eine Partei dazu verpflichtet, bekannt zu machen, wie sie ein Flexibilitätsinstrument nutzt.[483] Ein Beispiel enthält Art. 25 Abs. 3 des *UN-Seerechtsübereinkommens*:

> „Der Küstenstaat kann, ohne fremde Schiffe zu diskriminieren, in bestimmten Gebieten seines Küstenmeers die friedliche Durchfahrt fremder Schiffe

---

[482] Vgl. für die Suspendierung: *Weber*, Notstandskontrolle, 42.

[483] ILO, Manual for drafting ILO instruments, online revised version 2011: https://www.ilo.org/resource/manual-drafting-ilo-instruments [28.07.2025], Rn. 144.

vorübergehend aussetzen, sofern dies für den Schutz seiner Sicherheit, einschließlich Waffenübungen, unerläßlich ist. Eine solche Aussetzung wird erst nach ordnungsgemäßer Bekanntmachung wirksam."[484]

Es ist dabei nicht konkretisiert, wie oder gegenüber wem eine Partei die Bekanntmachung vornehmen soll. Konkreter ist beispielsweise[485] Art. F Abs. 2 der *revidierten Europäischen Sozialcharta*:

„Jede Vertragspartei, die von diesem Recht auf Abweichung Gebrauch gemacht hat, hält den Generalsekretär des Europarats innerhalb einer angemessenen Frist umfassend über die getroffenen Maßnahmen und die Gründe dafür auf dem laufenden. Sie unterrichtet den Generalsekretär auch von dem Zeitpunkt, zu dem diese Maßnahmen aufgehoben wurden und die von ihr angenommenen Bestimmungen dieser Charta wieder in vollem Umfang angewandt werden."[486]

Der Inhalt, den die Notifizierung enthalten muss, kann durch eine Vertragsbestimmung vorgegeben werden. Ein Beispiel ist Art. 18 Abs. 3 des *Japan - Lao People's Democratic Republic BIT*:

„In cases where a Contracting Party takes any measure, pursuant to paragraph 1 of this Article, that does not conform with the obligations of the provisions of this Agreement other than the provisions of Article 13, that Contracting Party shall, prior to the entry into force of the measure or as soon thereafter as possible, notify the other Contracting Party of the following elements of the measure:

(a) sector and sub-sector or matter;

(b) obligation or article in respect of the measure;

(c) legal source of the measure;

---

484 BGBl. 1994 II 1798, 1799. International: UNTS Vol. 1833, 3.

485 Weitere Beispiele sind Art. 15 Abs. 3 der *Arabischen Charta der Menschenrechte* (Englische Übersetzung: *Al-Midani/Cabanettes*, in: Boston University International Law Journal 2006 (Vol. 24), 147 und Art. 15 Abs. 3 des *Agreement between Japan and the Republic of Colombia for the liberalization, promotion and protection of investment* (https://www.wipo.int/wipolex/en/treaties/textdetails/12403 [28.07.2025]: „In cases where a Contracting Party takes any measure, pursuant to paragraph 1, that does not conform with the obligations under this Agreement other than Article 12, that Contracting Party shall endeavor to, as soon as possible, notify the measure to the other Contracting Party.".

486 CETS Nr. 163.

(d) succinct description of the measure; and

(e) purpose of the measure."[487]

Ein Vertrag kann festlegen, zu welchem Zeitpunkt eine Notifizierung erfolgen soll. Es können dabei exakte Fristen oder vage formulierte Zeiträume vorgesehen werden. Letzteres enthält z. B. Art. XIX Abs. 2 des GATT:

> „Bevor ein Vertragspartner auf Grund der Bestimmungen der Ziffer 1 dieses Artikels Massnahmen trifft, soll er die Vertragspartner hiervon schriftlich und möglichst lange vorher benachrichtigen."[488]

Da eine derartige Suspendierung für Krisensituationen vorgesehen ist, erscheinen strikte Fristen weniger praktikabel.

Um einen Überblick über verschiedene Notifizierungen aller Parteien zu haben, kann ein Vertrag vorsehen, dass sie in ein Register einzutragen sind. Ein Beispiel sind Art. 6 Abs. 3 und 4 des *Übereinkommens von Minamata über Quecksilber*:

> „(3) Jede Vertragspartei, für die eine oder mehrere Ausnahmeregelungen gelten, wird in einem Register genannt. Das Sekretariat legt das Register an, führt es und macht es der Öffentlichkeit zugänglich.
>
> (4) Das Register umfasst
>
> a) eine Aufstellung der Vertragsparteien, für die eine oder mehrere Ausnahmeregelungen gelten;
>
> b) die für jede Vertragspartei registrierte/n Ausnahmeregelung/en;
>
> c) den für jede Ausnahmeregelung geltenden Ablauftermin."[489]

bb) Veröffentlichungspflicht

Statt einer Notifizierung kann eine Vertragsbestimmung verlangen, dass innerstaatliche Maßnahmen, die eine Partei aufgrund eines Flexibilitätsinstruments

---

487 EDIT – Electronic Database of Investment Treaties: https://edit.wti.org/document/show/c00a676d-44b9-4ac7-83d0-a529371bb522 [28.07.2025].

488 EU ABl. vom 23.12.1994, L 336/11.

489 BGBl. 2017 II 610, 611. International: UNTS Vol. 3202, UN Registration Number: 54669.

ergreift, veröffentlicht werden. Ein Beispiel[490] ist Art. 21 Abs. 3 des *UN-Seerechtsübereinkommens*:

> „(1) Der Küstenstaat kann in Übereinstimmung mit diesem Übereinkommen und den sonstigen Regeln des Völkerrechts Gesetze und sonstige Vorschriften über die friedliche Durchfahrt durch das Küstenmeer in bezug auf alle oder einzelne der folgenden Bereiche erlassen:
>
> a) Sicherheit der Schifffahrt und Regelung des Seeverkehrs;
>
> b) Schutz der Seezeichen und Navigationseinrichtungen und anderer Einrichtungen oder Anlagen;
>
> [...]
>
> (3) Der Küstenstaat veröffentlicht diese Gesetze und sonstigen Vorschriften ordnungsgemäß."[491]

Ähnlich formuliert es Art. 57 Abs. 2 EMRK, der es dadurch den anderen Parteien ermöglicht zu überprüfen, ob die Voraussetzungen der Vorbehaltsklausel in Art. 57 Abs. 1 EMRK erfüllt sind:

> „(1) Jeder Staat kann bei der Unterzeichnung dieser Konvention oder bei der Hinterlegung seiner Ratifikationsurkunde einen Vorbehalt zu einzelnen Bestimmungen der Konvention anbringen, soweit ein zu dieser Zeit in seinem Hoheitsgebiet geltendes Gesetz mit der betreffenden Bestimmung nicht übereinstimmt. Vorbehalte allgemeiner Art sind nach diesem Artikel nicht zulässig.
>
> (2) Jeder nach diesem Artikel angebrachte Vorbehalt muß mit einer kurzen Darstellung des betreffenden Gesetzes verbunden sein."[492]

cc) Begründungspflicht

Weitergehend als eine reine Notifizierungspflicht ist die Pflicht zu begründen, warum ein Flexibilitätsinstrument genutzt wird. Für Vorbehalte empfiehlt dies Guideline 2.1.2 des „ILC Guide to Practice on Reservations to Treaties":

---

490 Ein weiteres Beispiel ist Art. 29 Abs. 2 des *Europäischen Übereinkommens über die Staatsangehörigkeit* (BGBl. 2004 II, 579. International: CETS Nr. 166).

491 BGBl. 1994 II, 1798, 1799. International: UNTS Vol. 1833, 3.

492 Neufassung der deutschen Übersetzung aus BGBl. 2010 II 1199. International: CETS Nr. 5.

„A reservation should, to the extent possible, indicate the reasons why it is being formulated.“[493]

Ein konkretes Beispiel[494] für eine Begründungspflicht enthält Art. 15 Abs. 3 S. 1 EMRK:

„Jede Hohe Vertragspartei, die dieses Recht auf Abweichung ausübt, unterrichtet den Generalsekretär des Europarats umfassend über die getroffenen Maßnahmen und deren Gründe.“[495]

Eine Begründungspflicht kann zeitlich nachgelagert sein, indem eine Partei in einem späteren Bericht begründen muss, warum und wie es ein Flexibilitätsinstrument genutzt hat. Ein Beispiel[496] ist Art. 3 Abs. 3 lit. a) des *ILO Übereinkommens Nr. 188 über die Arbeit im Fischereisektor*:

„Jedes Mitglied, das das Übereinkommen ratifiziert, hat:

a) in seinem ersten Bericht über die Durchführung des Übereinkommens, den es gemäß Artikel 22 der Verfassung der Internationalen Arbeitsorganisation vorzulegen hat:

i) alle Gruppen von Fischern oder Fischereifahrzeugen anzugeben, die gemäß Absatz 1 ausgenommen worden sind;

ii) die Gründe für deren Ausnahme anzugeben, unter Darlegung der jeweiligen Standpunkte der betroffenen repräsentativen Verbände der Arbeitgeber und

---

493 ILC Guide to Practice on Reservations to Treaties 2011, UN Doc. A/66/10/Add.1, Guideline 2.1.2.

494 Weitere Beispiele sind Art. 17 der *Convention between the Government of the French Republic and the Government of the Republic of Djibouti concerning judicial assistance in criminal matters* (UNTS Vol. 1695, 297); Art. 6 Abs. 1 des *Übereinkommens von Minamata über Quecksilber* (BGBl. 2017 II 610, 611. International: International: UNTS Vol. 3202, UN Registration Number: 54669); Art. 4 Abs. 3 der *Arabischen Charta der Menschenrechte* (Englische Übersetzung: *Al-Midani/Cabanettes*, in: Boston University International Law Journal 2006 (Vol. 24), 147).

495 Neufassung der deutschen Übersetzung aus BGBl. 2010 II 1199. International: CETS Nr. 5.

496 Weitere Beispiele einer Berichtspflicht über die ursprünglichen Gründe für die Nutzung eines Flexibilitätsinstruments sind: Art. 10 Abs. 2 des *ILO Übereinkommens Nr. 24 über die Krankenversicherung der Arbeitnehmer in Gewerbe und Handel und der Hausgehilfen*, 1927; Art. 2 Abs. 3 des *ILO Übereinkommens Nr. 155 über Arbeitsschutz und Arbeitsumwelt*, 1981; Art. 4 Abs. 3 lit. a) ii), Art. 5 Abs. 2 des *ILO Übereinkommens*

der Arbeitnehmer, insbesondere der repräsentativen Verbände der Fischereifahrzeugeigner und der Fischer, soweit solche bestehen;

iii) alle Maßnahmen anzugeben, die getroffen worden sind, um den ausgenommenen Gruppen einen gleichwertigen Schutz zu gewähren."[497]

Offen lassen Notifizierungs- und Begründungspflichten dagegen, welche Sanktionen möglich sind, wenn eine Partei diese Pflichten nicht oder zu spät erfüllt.[498] Die aushandelnden Völkerrechtssubjekte können eine derartige Lücke bewusst lassen oder sie durch eine vertragliche Regelung schließen. Die Folge kann neben einer Unzulässigkeit des Flexibilitätsinstruments in dem Einzelfall eine Pflicht sein, die Notifizierung oder Begründung nachzuholen. Art. XIX Abs. 2 GATT sieht vor:

> „Bevor ein Vertragspartner auf Grund der Bestimmungen der Ziffer 1 dieses Artikels Massnahmen trifft, soll er die Vertragspartner hiervon schriftlich und möglichst lange vorher benachrichtigen. Er soll ihnen ebenso wie allen anderen Vertragspartnern, die als Ausfuhrländer für das betreffende Erzeugnis an der Angelegenheit wesentlich interessiert sind, Gelegenheit geben, mit ihm die beabsichtigten Massnahmen zu prüfen. Wenn die vorherige Benachrichtigung hinsichtlich eines auf eine Präferenz bezüglichen Zugeständnisses erfolgt, so wird er den Vertragspartner angeben, der diese Massnahme beantragt hat. In besonders dringenden Fällen, in denen jede Verzögerung einen schwer zu behebenden Nachteil zur Folge hätte, können die in Ziffer 1 dieses Artikels erwähnten Massnahmen vorläufig ohne vorausgegangene Beratung getroffen werden, vorausgesetzt, dass die Beratung unmittelbar nach dem Anlaufen der betreffenden Massnahmen stattfindet."[499]

dd) Berichtspflicht

Öffentlichkeit während der gesamten Dauer eines Flexibilitätsinstruments schafft, über die Notifizierung und die Begründung eines Flexibilitätsinstruments hinaus, insbesondere Berichtspflichten. Jegliche Berichtspflichten,

---

Nr. 188 über die Arbeit im Fischereisektor, 2007. Quelle jeweils: Normlex (Information System on International Labour Standards, https://normlex.ilo.org/).

497 Normlex (Information System on International Labour Standards, https://normlex.ilo.org/).

498 Für Suspendierungsklauseln: *Helfer*, in: American Journal of International Law 2021 (Vol. 115), 20 (37).

499 EU ABl. vom 23.12.1994, L 336/11.

insbesondere diejenigen zur Erfüllung der Vertragspflichten, fördern, dass sich die Parteien weiterhin an den Vertrag halten.[500]

Berichtspflichten können entweder spezifisch bezogen sein auf die Anwendung eines Flexibilitätsinstruments oder sich auf die gesamten Vertragspflichten beziehen. Da eine generelle Berichtspflicht darauf abzielt, wie eine Partei den Vertrag einhält, kann dies auch umfassen über genutzte Flexibilitätsinstrumente zu berichten.

Berichtspflichten können erstens von den Parteien einen einmaligen Bericht nach der Anwendung eines Flexibilitätsinstruments verlangen. Zweitens können sie als regelmäßige Berichtspflichten ausgestaltet sein. Drittens kann einem Vertragsorgan die Befugnis gegeben werden, eine Partei zur Berichterstattung aufzufordern. Letzteres sieht z. B. Art. 40 Abs. 1 lit. b) des *Internationalen Paktes über bürgerliche und politische Rechte* vor:

> „Die Vertragsstaaten verpflichten sich, über die Maßnahmen, die sie zur Verwirklichung der in diesem Pakt anerkannten Rechte getroffen haben, und über die dabei erzielten Fortschritte Berichte vorzulegen, und zwar
>
> a) innerhalb eines Jahres nach Inkrafttreten dieses Paktes für den betreffenden Vertragsstaat,
>
> b) danach jeweils auf Aufforderung des Ausschusses."[501]

Darüber hinaus können die aushandelnden Parteien festlegen, wie weitgehend eine Berichtspflicht sein soll. Die Berichtspflicht kann sich beschränken auf die bloße Information darüber, wie eine Partei ein Flexibilitätsinstrument verwendet. Ein Beispiel[502] ist Art. 8 Abs. 2 des *ILO Übereinkommens Nr. 77*

---

500 Siehe für generelle Berichtspflichten mit Beispielen innerhalb eines Vertrages, die nicht beschränkt sind auf Flexibilitätsinstrumente: *Barrett/Beckman*, Handbook on Good Treaty Practice, 305–308; *Ehrmann*, in: Colorado Journal of International Environmental Law and Policy 2002 (Vol. 13), 377 (433 f.); *Sagemueller*, in: New Zealand Journal of Environmental Law 2005 (Vol. 9), 163 (178).

501 BGBl. 1973 II 1534. International: UNTS Vol. 999, 171.

502 Weitere Beispiele einer ausschließlich einfachen Berichtspflicht über den Umfang des verwendeten Flexibilitätsinstruments: Art. 8 Abs. 2 des *ILO Übereinkommens Nr. 78 über die ärztliche Untersuchung der Eignung von Kindern und Jugendlichen zu nichtgewerblichen Arbeiten*; Art. 16 Abs. 3 des *ILO Übereinkommens Nr. 93 über die Heuern, die Arbeitszeit an Bord von Schiffen und die Besatzungsstärke (Neufassung vom*

über die ärztliche Untersuchung der Eignung von Kindern und Jugendlichen zur Arbeit im Gewerbe:

> „Jedes Mitglied hat in seinem ersten Jahresbericht, den es auf Grund von Artikel 22 der Verfassung der Internationalen Arbeitsorganisation über die Durchführung dieses Übereinkommens vorzulegen hat, alle Landesteile zu bezeichnen, für die es von diesem Artikel Gebrauch zu machen beabsichtigt. In der Folge darf kein Mitglied von diesem Artikel für andere als die in dieser Weise bezeichneten Landesteile Gebrauch machen."[503]

Eine erweiterte Berichtspflicht verlangt von der Partei zu erklären, ob die Gründe für das Flexibilitätsinstrument noch vorliegen oder wie der Fortschritt bzgl. einer vollständigen Erfüllung der Vertragspflichten aussieht. Beispielsweise[504] hat nach Art. 2 Abs. 2 lit. a) des *ILO Übereinkommens Nr. 102 über die Mindestnormen der sozialen Sicherheit* eine Partei zu berichten, ob die Gründe, die die Partei veranlasst haben, das Flexibilitätsinstrument zu nutzen, noch vorliegen:

> „Jedes Mitglied, das eine Erklärung nach Absatz 1 dieses Artikels abgegeben hat, muss in dem nach Artikel 22 der Verfassung der Internationalen Arbeitsorganisation zu erstattenden Jahresbericht über die Anwendung dieses Übereinkommens zu jeder Ausnahme, die es für sich in Anspruch genommen hat, mitteilen, dass
>
> a) die Gründe hierfür weiterbestehen oder
>
> b) es von einem bestimmten Zeitpunkt an darauf verzichtet, die Ausnahme weiter in Anspruch zu nehmen."[505]

Jahre 1949). Quelle jeweils: Normlex (Information System on International Labour Standards, https://normlex.ilo.org/).

503 Quelle: Normlex (Information System on International Labour Standards, https://normlex.ilo.org/).

504 Weitere Beispiele sind: Art. 2 Abs. 2 lit. b) des *ILO Übereinkommens Nr. 121 über Leistungen bei Arbeitsunfällen und Berufskrankheiten*; Art. 4 Abs. 2 des *ILO Übereinkommens Nr. 128 über Leistungen bei Invalidität und Alter und an Hinterbliebene*; Art. 2 Abs. 5 lit. a) des *ILO Übereinkommens Nr. 138 über das Mindestalter für die Zulassung zur Beschäftigung*. Quelle jeweils: Normlex (Information System on International Labour Standards, https://normlex.ilo.org/).

505 BGBl. 1957 II 1321, 1322. International: Normlex (Information System on International Labour Standards, https://normlex.ilo.org/).

Ein Beispiel[506] zu einer Berichtsverpflichtung über Fortschritte zur vollen Verwirklichung enthält Art. 9 Abs. 3 des *ILO-Übereinkommen Nr. 77 über die ärztliche Untersuchung der Eignung von Kindern und Jugendlichen zur Arbeit im Gewerbe*:

> „Jedes Mitglied, für das eine Erklärung nach Absatz 1 dieses Artikels in Kraft ist, hat in seinem Jahresbericht über die Durchführung dieses Übereinkommens anzugeben, in welchem Umfang Fortschritte in der Richtung auf die völlige Durchführung der Bestimmungen des Übereinkommens erzielt worden sind.“[507]

Die Berichtspflicht kann vereinheitlicht werden, indem die Berichte der Parteien nach einer einheitlichen Struktur aufgebaut sein müssen.[508] Darüber hinaus können Berichtspflichten vorgeben, an wen ein Bericht zu kommunizieren ist. Neben einem Vertragsorgan[509] oder einem Depositar, der den Bericht an alle Parteien zirkuliert, können innerstaatliche Gruppen oder Organisationen genannt werden sowie durch eine Veröffentlichungspflicht die gesamte Öffentlichkeit. Für letzteres enthält Art. 79 Abs. 1 der *Europäischen Ordnung der Sozialen Sicherheit (revidiert)* ein Beispiel:

> „Jede Partei hat dem Generalsekretär des Europarates Berichte über die Anwendung dieser (revidierten) Ordnung in der vom Ausschuß vorgeschlagenen Art und Form

---

506 Weitere Beispiele sind: Art. 7 Abs. 3 des *ILO Übereinkommens Nr. 79 über die Begrenzung der Nachtarbeit von Kindern und Jugendlichen bei nichtgewerblichen Arbeiten*; Art. 76 Abs. 2 des *ILO Übereinkommens Nr. 102 über die Mindestnormen der sozialen Sicherheit*; Art. 41 Abs. 3 des *ILO Übereinkommens Nr. 128 über Leistungen bei Invalidität und Alter und an Hinterbliebene*; Art. 4 Abs. 2 und Art. 5 Abs. 4 des *ILO Übereinkommens Nr. 138 über das Mindestalter für die Zulassung zur Beschäftigung*; Art. 2 Abs. 3 des *ILO Übereinkommens Nr. 155 über Arbeitsschutz und Arbeitsumwelt*; Art. 4 Abs. 3 lit. b) des *ILO Übereinkommens Nr. 188 über die Arbeit im Fischereisektor*. Quelle jeweils: Normlex (Information System on International Labour Standards, https://normlex.ilo.org/).

507 Normlex (Information System on International Labour Standards, https://normlex.ilo.org/).

508 *Ehrmann*, in: Colorado Journal of International Environmental Law and Policy 2002 (Vol. 13), 377 (434); *Sagemueller*, in: New Zealand Journal of Environmental Law 2005 (Vol. 9), 163 (177 f.).

509 Ein Beispiel für die Vorlage an ein Vertragsorgan ist Art. 80 der *Europäischen Ordnung der Sozialen Sicherheit (revidiert)* (CETS Nr. 139): „Der Generalsekretär des Europarates hat der Parlamentarischen Versammlung die nach Artikel 79 Absatz 1, 2 und 3 vorgelegten Berichte, Auskünfte und zusätzlichen Auskünfte sowie die Stellungnahme der Kommission und den Bericht des Ausschusses zur Stellungnahme zu übermitteln.“.

> vorzulegen. Jede Partei hat ihren wichtigsten Arbeitgeber- und Arbeitnehmerorganisationen Ausfertigungen dieser Berichte zukommen zu lassen und wird dem Generalsekretär jegliche Stellungnahme dieser Organisationen hierzu zuleiten.“[510]

Schließlich kann ein Vertrag einen Mechanismus schaffen, dass die Berichte der Parteien überprüft werden. Ein Beispiel[511] enthält die *Europäische Charta der Regional- und Minderheitensprachen*, welche in Art. 16 bestimmt, wie Berichte nach Art. 15 durch einen Sachverständigenausschuss überprüft werden:

> „(1) Die dem Generalsekretär des Europarats nach Artikel 15 vorgelegten Berichte werden von einem nach Artikel 17 eingesetzten Sachverständigenausschuß geprüft.
>
> (2) In einer Vertragspartei rechtmäßig gegründete Organisationen oder Vereinigungen können den Sachverständigenausschuß auf Fragen aufmerksam machen, die sich auf die von der betreffenden Vertragspartei nach Teil III dieser Charta eingegangenen Verpflichtungen beziehen. Nach Konsultation der betroffenen Vertragspartei kann der Sachverständigenausschuß diese Informationen bei der Ausarbeitung des in Absatz 3 genannten Berichts berücksichtigen. Diese Organisationen oder Vereinigungen können außerdem Erklärungen zu der von einer Vertragspartei in Übereinstimmung mit Teil II verfolgten Politik vorlegen.
>
> (3) Auf der Grundlage der in Absatz 1 genannten Berichte und der in Absatz 2 erwähnten Informationen arbeitet der Sachverständigenausschuß einen Bericht für das Ministerkomitee aus. Diesem Bericht werden die Stellungnahmen, um welche die Vertragsparteien ersucht wurden, beigefügt; er kann vom Ministerkomitee veröffentlicht werden.
>
> (4) Der in Absatz 3 genannte Bericht enthält insbesondere die Vorschläge des Sachverständigenausschusses an das Ministerkomitee für die Ausarbeitung von etwa erforderlichen Empfehlungen des Ministerkomitees an eine oder mehrere Vertragsparteien.
>
> (5) Der Generalsekretär des Europarats erstattet der Parlamentarischen Versammlung alle zwei Jahre ausführlich Bericht über die Anwendung der Charta.“[512]

---

510 CETS Nr. 139.

511 Weitere Beispiele enthalten Art. 79 Abs. 4–11, Art. 82 Abs. 2 der *Europäischen Ordnung der Sozialen Sicherheit (revidiert)* (CETS Nr. 139) und Art. 16 Abs. 3 des *ILO Übereinkommens Nr. 93 über die Heuern, die Arbeitszeit an Bord von Schiffen und die Besatzungsstärke (Neufassung vom Jahre 1949)* (Normlex (Information System on International Labour Standards, https://normlex.ilo.org/).

512 BGBl. 1998 II 1314, 1315. International: CETS Nr. 148.

b) Sonstige Verfahrens- und Formvorschriften

Sonstige Verfahrens- oder Formvorschriften können vielfältig sein. Im Rahmen einer Checkliste sind die folgenden hervorzuheben:

1. Soll der Vertrag Vorgaben hinsichtlich eines Verfahrens enthalten, welches einzuhalten ist, bevor eine Partei ein Flexibilitätsinstrument nutzen kann?
2. Soll der Vertrag Voraussetzungen vorsehen, damit ein Flexibilitätsinstrument wirksam wird?
3. Soll eine Erklärung erforderlich sein, um ein Flexibilitätsinstrument zu nutzen?
4. Sollen Formerfordernisse für diese Erklärung bestehen?

Ein Flexibilitätsinstrument kann voraussetzen, dass entweder innerstaatlich oder auf internationaler Ebene ein bestimmtes Verfahren eingehalten wird, bevor eine Partei das Instrument nutzen kann. Bei der ILO spielt beispielsweise die dreigliedrige Struktur und die dreigliedrigen Beratungen mit Arbeitnehmer- und Arbeitgeberverbänden eine wesentliche Rolle. Daher wird eine derartige Beratung teilweise als ein Verfahrenserfordernis vor Verwendung eines Flexibilitätsinstruments festgelegt[513] wie z. B.[514] in Art. 4 Abs. 2 *ILO*

---

513 *Devlin*, in: Blokker/Schermers (Hrsg.), Proliferation of International Organizations, 365 (371 f.).

514 Weitere Beispiele sind: Art. 6 Abs. 2 *ILO Übereinkommens Nr. 1 über die Begrenzung der Arbeitszeit in gewerblichen Betrieben auf acht Stunden täglich und achtundvierzig Stunden wöchentlich*; Art. 2 der *ILO Übereinkommens Nr. 26 über die Einrichtung von Verfahren zur Festsetzung von Mindestlöhnen*; Art. 1 Abs. 2, 3, Art. 3 Abs. 1 des *ILO Übereinkommens Nr. 51 über die Verkürzung der Arbeitszeit bei öffentlichen Arbeiten*; Art. 2 Abs. 2 des *ILO Übereinkommens Nr. 86 über die Höchstdauer der Arbeitsverträge der eingeborenen Arbeitnehmer*; Art. 1 Abs. 4, Art. 7 Abs. 1 des *ILO Übereinkommens Nr. 94 über die Arbeitsklauseln in den von Behörden abgeschlossenen Verträge*; Art. 2 Abs. 2, Art. 17 Abs. 1, 3 des *ILO Übereinkommens Nr. 95 über den Lohnschutz*; Art. 4 Abs. 1 des *ILO Übereinkommens Nr. 101 über den bezahlten Urlaub in der Landwirtschaft*; Art. 4 Abs. 2 des *ILO Übereinkommens Nr. 106 über die wöchentliche Ruhezeit im Handel und in Büros*; Art. 1 Abs. 2 des *ILO Übereinkommens Nr. 110 über die Arbeitsbedingungen der Plantagenarbeiter*; Art. 17 Abs. 2 des *ILO Übereinkommens Nr. 119 über den Maschinenschutz*; Art. 2 des *ILO Übereinkommens Nr. 125 über die Befähigungsnachweise der Fischer*; Art. 1 Abs. 3, 4, 7 des *ILO Übereinkommens Nr. 126 über die Quartierräume von Fischereifahrzeugen*; Art. 2 Abs. 4, Art. 4 Abs. 1, Art. 5 Abs. 1, Art. 8 Abs. 1 des

Übereinkommens Nr. 173 über den Schutz der Forderungen der Arbeitnehmer bei Zahlungsunfähigkeit ihres Arbeitgebers:

> „Die zuständige Stelle kann nach Anhörung der maßgebenden Verbände der Arbeitgeber und der Arbeitnehmer bestimmte Gruppen von Arbeitnehmern, insbesondere die öffentlich Bediensteten, von Teil II, Teil III oder beiden Teilen dieses Übereinkommens ausnehmen, wegen der besonderen Art ihres Arbeitsverhältnisses oder wenn andere Garantien bestehen, die ihnen einen Schutz bieten, der dem des Übereinkommens gleichkommt."[515]

Es können weitere Voraussetzungen in einer Vertragsbestimmung genannt werden, damit ein Flexibilitätsinstrument für eine Partei wirksam wird. Beispielsweise kann insbesondere für *Opting-In*[516] oder die vorläufige Anwendung[517] vorgesehen werden, dass eine Mindestanzahl an Zustimmungen oder Erklärungen bereits vorliegen. So formuliert Art. 21 Abs. 2 des *Übereinkommens gegen Folter und andere grausame, unmenschliche oder erniedrigende Behandlung oder Strafe*:

> „Die Bestimmungen dieses Artikels treten in Kraft, wenn fünf Vertragsstaaten Erklärungen nach Absatz 1 abgegeben haben. Diese Erklärungen werden von den Vertragsstaaten beim Generalsekretär der Vereinten Nationen hinterlegt, der den anderen Vertragsstaaten Abschriften davon übermittelt."[518]

ILO Übereinkommens Nr. 138 über das Mindestalter für die Zulassung zur Beschäftigung; Art. 2 Abs. 2 des *ILO Übereinkommens Nr. 155 über Arbeitsschutz und Arbeitsumwelt*; Art. 3 Abs. 3, 5 des *ILO Übereinkommens Nr. 173 über den Schutz der Forderungen der Arbeitnehmer bei Zahlungsunfähigkeit ihres Arbeitgebers*; Artikel VII des *ILO Seearbeitsübereinkommens*; Art. 3 Abs. 1 des *ILO Übereinkommens Nr. 188 über die Arbeit im Fischereisektor*. Quelle jeweils: Normlex (Information System on International Labour Standards, https://normlex.ilo.org/).

515 Normlex (Information System on International Labour Standards, https://normlex.ilo.org/).

516 *Opting-In* oder optionale Klauseln sind Bestimmungen, die ein Verfahren schaffen, wonach nur diejenigen Vertragsparteien an eine Vertragsbestimmung gebunden sind, welche in einem von der Zustimmung zum gesamten Vertrag getrennten Akt eingewilligt haben. Dazu näher → Kapitel 4 B.

517 Vorläufige Anwendung ist die Anwendung eines völkerrechtlichen Vertrages oder einzelner Bestimmungen vor Inkrafttreten des Vertrages. Dazu näher → Kapitel 4 H.

518 BGBl. 1990 II, 246. International: UNTS Vol. 1465, 85.

Über die reine Anzahl der Völkerrechtssubjekte hinaus können weitere Voraussetzungen aufgenommen werden wie z. B. in Art. 41 des *Internationalen Tropenholz-Übereinkommens* von 1994:

> „Ist dieses Übereinkommen nicht am 1. Februar 1995 endgültig in Kraft getreten, so tritt es an diesem Tag oder an einem anderen Tag innerhalb der nächsten sechs Monate vorläufig in Kraft, wenn 10 Regierungen von Erzeugerländern mit mindestens 50 vom Hundert der Gesamtstimmen nach Anlage A und 14 Regierungen von Verbraucherländern mit mindestens 65 vom Hundert der Gesamtstimmen nach Anlage B dieses Übereinkommens nach Artikel 38 Absatz 2 endgültig unterzeichnet oder ratifiziert, angenommen oder genehmigt oder dem Verwahrer nach Artikel 40 notifiziert haben, dass sie dieses Übereinkommen vorläufig anwenden werden.“[519]

Viele Flexibilitätsinstrumente z. B. Vorbehalte[520], optionale Klauseln[521] oder *Opting-Out*[522] erfordern zwangsläufig eine Erklärung einer Partei, um dieses zu nutzen. Für andere Instrumente können sich anzuwendende Flexibilitätsinstrumente für die einzelnen Parteien unmittelbar aus dem Vertragstext ergeben. Dennoch kann eine Vertragsbestimmung den Parteien die Entscheidung überlassen, ob sie das Flexibilitätsinstrument nutzen möchten, und eine Erklärung dahingehend verlangen. Ein Beispiel ist die Trennungsklausel[523]

---

519 BGBl. 2005 II 26, 27. International: UNTS Vol. 1955, 81.

520 Vorbehalt ist eine wie auch immer formulierte oder bezeichnete, von einem Staat bei der Unterzeichnung, Ratifikation, Annahme oder Genehmigung eines Vertrags oder bei dem Beitritt zu einem Vertrag abgegebene einseitige Erklärung, durch die der Staat bezweckt, die Rechtswirkungen einzelner Vertragsbestimmungen in der Anwendung auf diesen Staat auszuschließen oder zu ändern. Dazu näher → Kapitel 3.

521 *Opting-In* oder optionale Klauseln sind Bestimmungen, die ein Verfahren schaffen, wonach nur diejenigen Vertragsparteien an eine Vertragsbestimmung gebunden sind, welche in einem von der Zustimmung zum gesamten Vertrag getrennten Akt eingewilligt haben. Dazu näher → Kapitel 4 B.

522 *Opting-Out* wird definiert als Vertragsbestimmung, durch welche ein Völkerrechtssubjekt an die dort enthaltenen Regeln automatisch gebunden ist, außer es äußert den Willen an diesen Teil eines Vertrages nicht gebunden zu sein. Dazu näher → Kapitel 4 A. I.

523 Trennungsklauseln (*disconnection clauses*) schließen die Anwendbarkeit von Teilen eines multilateralen Vertrages zwischen einzelnen Parteien zugunsten anderer internationaler Regelungen aus und ersetzen damit diesen Teil des multilateralen Vertrages durch andere Bestimmungen. Dazu näher → Kapitel 4 J.

in Art. 13 der *Convention on Stolen or Illegally Exported Cultural Objects (UNIDROIT)*:

> „In their relations with each other, Contracting States which are Members of organisations of economic integration or regional bodies may declare that they will apply the internal rules of these organisations or bodies and will not therefore apply as between these States the provisions of this Convention the scope of application of which coincides with that of those rules."[524]

Formerfordernisse können für jegliche Flexibilitätsinstrumente, die einer Erklärung bedürfen, vorgesehen werden. Für Vorbehalte ergibt sich dies aus Art. 23 Abs. 1 WVK:

> „Ein Vorbehalt, die ausdrückliche Annahme eines Vorbehalts und der Einspruch gegen einen Vorbehalt bedürfen der Schriftform und sind den Vertragsstaaten sowie sonstigen Staaten mitzuteilen, die Vertragsparteien zu werden berechtigt sind."[525]

Ein Beispiel[526] aus einem Vertrag ist Art. 298 Abs. 1 des *UN-Seerechtsübereinkommen*:

> „Ein Staat kann unbeschadet der Verpflichtungen aus Abschnitt 1, wenn er dieses Übereinkommen unterzeichnet, ratifiziert oder ihm beitritt, oder zu jedem späteren Zeitpunkt schriftlich erklären, daß er einem oder mehreren der in Abschnitt 2 vorgesehenen Verfahren in bezug auf eine oder mehrere der folgenden Arten von Streitigkeit nicht zustimmt:
>
> [...]"[527]

6. Überprüfungsmechanismen

Im Völkerrecht als dezentraler Rechtsordnung[528] dienen Überprüfungsmechanismen dazu, dass andere Vertragsparteien oder Vertragsorgane

---

524 UNTS Vol. 2421, 457.

525 BGBl. 1985 II 927. In der englischen, authentischen Fassung lautet es: „A reservation, an express acceptance of a reservation and an objection to a reservation must be formulated in writing and communicated to the contracting States and other States entitled to become parties to the treaty." (UNTS Vol. 1155, I-18232).

526 Ein weiteres Beispiel ist Art. 97 Abs. 2 des *Übereinkommens der Vereinten Nationen über Verträge über den internationalen Warenkauf* (BGBl. 1989 II, 588. International: UNTS Vol. 1489, 3).

527 BGBl. 1994 II 1798, 1799. International: UNTS Vol. 1833, 3.

528 Dazu näher → Kapitel 1 A. I.

die Einhaltung des Vertrages kontrollieren. Überprüfungsmechanismen begrenzen Flexibilitätsinstrumente, indem die anderen Parteien oder das Kontrollorgan prüft, ob die Voraussetzungen und übrigen Grenzen des Flexibilitätsinstruments gewahrt sind. Bereits die Existenz und der jeweilige Umfang eines Überprüfungsmechanismus beeinflusst, inwiefern Parteien sich opportunistisch verhalten, sodass sie erst gar nicht ihre Pflichten verletzten.[529]

Als Checkliste[530] für einen Überprüfungsmechanismus können aushandelnde Völkerrechtssubjekte folgende Fragen stellen, die in sechs Themenbereiche zu unterteilen sind:

1. Soll ein Überprüfungsmechanismus in einem Vertrag bereits ausformuliert werden oder soll eine vertragliche *enabling clause* aufgenommen werden?
2. Art und Funktion eines Überprüfungsmechanismus
   a) Welche Funktion soll ein Überprüfungsmechanismus haben?
   b) Welche Art von Überprüfungsmechanismus soll aufgenommen werden?
   c) Soll ein genereller Überprüfungsmechanismus für alle vertraglichen Pflichten aufgenommen werden oder ein Überprüfungsmechanismus spezifisch für ein Flexibilitätsinstrument?
3. Soll ein Vertragsorgan mit der spezifischen Aufgabe der Überprüfung geschaffen werden?
   a) Wie ist dieses besetzt?
   b) Welche Aufgaben und Kompetenzen soll das Vertragsorgan haben?
   c) Mit welchem Quorum entscheidet das Vertragsorgan?
4. Einleitung einer Überprüfung
   a) Soll eine Überprüfung in regelmäßigen Abständen ohne weiteres Ereignis erfolgen oder soll es eine auslösende Handlung geben?

529 Vgl. *van Aaken*, in: The Journal of World Investment & Trade 2014 (Vol. 15), 827 (844).

530 Siehe insofern auch: United Nations Environment Programme, Manual on Compliance with and enforcement of Multilateral Environmental Agreements 2006, online verfügbar: https://unece.org/DAM/env/documents/2019/ece/Restart/IC/-Manual_on_Compliance_with_and_Enforcement_of_Multilateral_Environmental_Agreements-2006743.pdf [28.07.2025], 156 f.; *Ulfstein/Marauhn/Zimmermann*, in: Ulfstein/Marauhn/Zimmermann (Hrsg.), Making treaties work, 3 (10 f).

   b) Wenn es eine auslösende Handlung geben soll, wem soll ein Initiativrecht zustehen?
   c) Soll es formelle Voraussetzungen für die Einleitung geben?
   d) Soll es materielle Voraussetzungen für die Einleitung geben?
5. Durchführung der Überprüfung
   a) Wer nimmt die Überprüfung vor?
   b) Soll der Prüfungsmaßstab und die Prüfungsdichte festgelegt werden?
   c) Soll der Ablauf des Verfahrens geregelt werden?
   d) Welche Befugnisse soll der Akteur haben, der überprüft?
6. Was ist die Folge, wenn eine Verletzung von Pflichten festgestellt wird?
   a) Sollen Sanktionen möglich sein?
   b) Soll der Überprüfungsmechanismus dazu dienen, in einen Dialog mit der sich nicht vertragskonform verhaltenden Partei zu treten?

a) Ausformulierung im Vertragstext oder vertragliche enabling clause

Wenn die Völkerrechtssubjekte einen Vertrag aushandeln, haben sie drei Möglichkeiten bezogen auf Regelungen zu einem Überprüfungsmechanismus: Sie können keine Regelungen zu einem Überprüfungsmechanismus aufnehmen, sie können einen Überprüfungsmechanismus vollständig ausformulieren oder sie können eine Bestimmung aufnehmen, dass ein Überprüfungsmechanismus durch die Parteien zu entwickeln ist, wenn der Vertrag in Kraft ist. Regelungen im Vertragstext sowie die Festlegung, weitere Regeln aufzustellen, enthält z. B.[531] Art. 7 des *Protokolls zu dem Übereinkommen über weiträumige grenzüberschreitende Luftverunreinigung betreffend die weitere Verringerung von Schwefelemissionen*:

> „(1) Hiermit wird ein Durchführungsausschuß eingesetzt, der die Durchführung dieses Protokolls und die Einhaltung der von den Vertragsparteien eingegangenen Verpflichtungen überprüft. Er erstattet den Vertragsparteien auf den Tagungen

---

531 Weitere Beispiele sind: Art. 21 des *Internationalen Vertrages über pflanzengenetische Ressourcen für Ernährung und Landwirtschaft* (BGBl. 2003 II 906, 908. International: UNTS Vol. 2400, 303); Art. 15 des *Übereinkommens von Paris* (BGBl. 2016 II, 1082. International: UNTS Vol. 3156, 79) und Art. 15 des *Übereinkommens von Minamata über Quecksilber* (BGBl. 2017 II 610, 611. International: UNTS Vol. 3202, UN Registration Number: 54669).

des Exekutivorgans Bericht und kann Ihnen die von ihm für geeignet gehaltenen Empfehlungen erteilen.

(2) Nach Prüfung des Berichts und etwaiger vom Durchführungsausschuß erteilter Empfehlungen können die Vertragsparteien unter Berücksichtigung der Umstände eine Angelegenheit und entsprechend den Gepflogenheiten des Übereinkommens beschließen und verlangen, daß Maßnahmen getroffen werden, um die vollständige Einhaltung dieses Protokolls sicherzustellen, einschließlich Maßnahmen zur Unterstützung einer Vertragspartei bei der Einhaltung des Protokolls und zur Förderung der Ziele des Protokolls.

(3) Auf der ersten Tagung des Exekutivorgans nach Inkrafttreten dieses Protokolls fassen die Vertragsparteien einen Beschluß, durch den die Struktur und die Aufgaben des Durchführungsausschusses so wie die Verfahren festgelegt werden, die der Ausschuss bei der Überprüfung der Einhaltung des Protokolls zugrundelegt.

(4) Die Anwendung des Verfahrens zur Überprüfung der Einhaltung läßt Artikel 9 dieses Protokolls unberührt."[532]

Vorteil eines späteren Aushandelns ist zum einen, dass die materiellen Bestimmungen des Vertrages in Kraft treten können. Zum anderen können die Parteien bereits Erfahrungen der bisherigen Umsetzung des Vertrages darin einfließen lassen, wie sie den Überprüfungsmechanismus ausgestalten.[533]

Ein Beispiel[534] für eine Vertragsbestimmung, die die Parteien verpflichtet, einen Kontrollmechanismus zu entwickeln und auch als „*enabling clause*"[535]

---

532 BGBl. 1998 II 130. International: UNTS Vol. 2030, 122.

533 United Nations Environment Programme, Manual on Compliance with and enforcement of Multilateral Environmental Agreements 2006, online verfügbar: https://unece.org/DAM/env/documents/2019/ece/Restart/IC/-Manual_on_Compliance_with_and_Enforcement_of_Multilateral_Environmental_Agreements-2006743.pdf [28.07.2025], 156.

534 Weitere Beispiele sind Art. 17 des *Rotterdamer Übereinkommens über das Verfahren der vorherigen Zustimmung nach Inkenntnissetzung für bestimmte gefährliche Chemikalien sowie Pflanzenschutz- und Schädlingsbekämpfungsmittel im internationalen Handel* (BGBl. 2000 II 1058, 1059. International: UNTS Vol. 2244, 337); Art. 18 des *Kyoto-Protokolls* (BGBl. 2002 II 966, 967. International: UNTS Vol. 2303, 162); Art. 17 des *Stockholmer Übereinkommen über persistente organische Schadstoffe* (BGBl. 2002 II 803, 804. International: UNTS Vol. 2256, 119).

535 *Fitzmaurice*, in: National Law School of India Review 2009 (Vol. 21), 1 (6).

bezeichnet wird, ist Art. 8 des *Montrealer Protokolls über Stoffe, die zu einem Abbau der Ozonschicht führen*:

> „Die Vertragsparteien beraten und genehmigen auf ihrer ersten Tagung Verfahren und institutionelle Mechanismen für die Feststellung der Nichteinhaltung der Bestimmungen dieses Protokolls und das Vorgehen gegenüber Vertragsparteien, die das Protokoll nicht einhalten."[536]

Der Vertrag macht hier eine zeitliche Vorgabe, wann der institutionelle Mechanismus verabschiedet werden soll. Die aushandelnden Völkerrechtssubjekte können entscheiden, auf eine derartige zeitliche Vorgabe zu verzichten. Weiterhin können sie trotz einer zeitlichen Vorgabe davon im Nachhinein abweichen. Das *Montrealer Protokolls über Stoffe, die zu einem Abbau der Ozonschicht führen* sah in Art. 8 vor, dass die Parteien auf dem ersten Meeting der Parteien einen Nichteinhaltungsmechanismus verabschieden. Statt der Einigung auf einen derartigen Mechanismus haben die Parteien auf dem ersten Meeting der Parteien eine Arbeitsgruppe zu dem Thema eingesetzt.[537]

Eine *„enabling clause"* kann weitere Vorgaben für einen Überprüfungsmechanismus enthalten. Beispielsweise[538] formuliert Art. 15 des *Übereinkommens über den Zugang zu Informationen, die Öffentlichkeitsbeteiligung an Entscheidungsverfahren und den Zugang zu Gerichten in Umweltangelegenheiten (Aarhus-Übereinkommen)*:

> „Die Tagung der Vertragsparteien trifft durch Konsensentscheidung Regelungen über eine freiwillige, nichtstreitig angelegte, außergerichtliche und auf Konsultationen beruhende Überprüfung der Einhaltung der Bestimmungen dieses Übereinkommens. Diese Regelungen lassen eine angemessene Einbeziehung der Öffentlichkeit zu und können die Möglichkeit beinhalten, Stellungnahmen von Mitgliedern der Öffentlichkeit zu Angelegenheiten im Zusammenhang mit diesem Übereinkommen zu prüfen."[539]

---

536 BGBl. 1988 II, 1014, 2002 II, 921. International: UNTS 1522, 3.

537 Decision I/8: Non-compliance, Report Of The Parties To The Montreal Protocol On The Work Of Their First Meeting, 06.05.1989, UNEP/OzL.Pro.1/5. Zu der weiteren Entwicklung: *Ehrmann*, in: Colorado Journal of International Environmental Law and Policy 2002 (Vol. 13), 377 (392–394).

538 Ein weiteres Beispiel ist Art. 15 des *Übereinkommens von Paris* (BGBl. 2016 II, 1082. International: UNTS Vol. 3156, 79).

539 BGBl. 2006 II, 1251. International: UNTS Vol. 2161, 447.

Der ausgearbeitete Überprüfungsmechanismus kann dann entweder durch eine Vertragsänderung in den Vertragstext aufgenommen werden oder der Überprüfungsmechanismus wird durch eine Entscheidung der *Conference of the parties* verabschiedet. Beispiele für letzteres sind die Entscheidung I/7 des Meetings der Parteien des *Übereinkommens über den Zugang zu Informationen, die Öffentlichkeitsbeteiligung an Entscheidungsverfahren und den Zugang zu Gerichten in Umweltangelegenheiten (Aarhus-Übereinkommen)*[540] oder die *Non-compliance-procedure* des *Montrealer Protokolls über Stoffe, die zu einem Abbau der Ozonschicht führen*[541].

Die Versammlung der Vertragsparteien kann einen Überprüfungsmechanismus auch dann beschließen, wenn der Vertrag keine *enabling clause* dazu enthält.[542] Ein Beispiel ist die Entscheidung VI/12 der Versammlung der Vertragsparteien des *Basler Übereinkommens über die Kontrolle der grenzüberschreitenden Verbringung gefährlicher Abfälle und ihrer Entsorgung.*[543]

b) Art und Funktion eines Überprüfungsmechanismus

Wie ein Überprüfungsmechanismus konkret ausgestaltet ist, wird davon beeinflusst, welche Funktion der Mechanismus aufweisen soll und welcher Art er sein soll. Im Endeffekt dient jeder Überprüfungsmechanismus dazu, dass die Parteien den Vertrag einhalten und ihre Vertragspflichten umsetzen.[544] Dabei meint Einhaltung, dass die Parteien ihre Pflichten aus einem

---

540 Decision I/7 of the Meeting of the Parties to the Convention on Access to Information, Public Participation in Decision-making and Access to Justice in Environmental Matters (Aarhus), ECE/MP.PP/2/Add.8, 02.04.2004.

541 Annex II: Non-compliance procedure (1998) - Tenth Meeting of the Parties, https://ozone.unep.org/node/2078 [28.07.2025].

542 *Adsett/Daniel/Husain/McDorman*, in: The Canadian Yearbook of International Law 2004 (Vol. 42), 91 (94 f.).

543 Conference of the Parties to the Basel Convention on the Control of transboundary movements of hazardous wastes and their disposal, Sixth meeting, Geneva, 9.-13.12.2002, UNEP/CHW.6/40.

544 United Nations Environment Programme, Manual on Compliance with and enforcement of Multilateral Environmental Agreements 2006, online verfügbar: https://unece.org/DAM/env/documents/2019/ece/Restart/IC/-Manual_on_Compliance_with_and_Enforcement_of_Multilateral_Environmental_Agreements-2006743.pdf [28.07.2025], 169; *Sagemueller*, in: New Zealand Journal of Environmental Law 2005 (Vol. 9), 163 (169).

Vertrag erfüllen und Umsetzung umfasst die Maßnahmen der Parteien, um die Pflichten zu erfüllen.[545]

Die Art eines Überprüfungsmechanismus reicht von einem kontradiktorischen Streitbeilegungsmechanismus mit einem bestrafenden Element für einen Verstoß gegen den Vertrag bis zu einem Nichteinhaltungs-Mechanismus, der nicht kontradiktorisch ist und insbesondere auch dazu dient, eine Partei dabei zu unterstützen, die Vertragspflichten zu erfüllen[546]. Weitere Unterschiede können sein, ob für einen Überprüfungsmechanismus eine verletzte Partei vorhanden sein muss und ob die potenziell vertragsbrüchige Partei dem Verfahren zustimmen muss.[547] Das Ziel kann außerdem der Austausch der verschiedenen Parteien darüber, ob eine Partei ihre Pflichten einhält oder ein Flexibilitätsinstrument zu extensiv nutzt, sein. Im Bereich der Vorbehalte hat sich für diesen Austausch der Begriff Vorbehaltsdialog[548] entwickelt. Dazu zählen insbesondere Erklärungen anderer Völkerrechtssubjekte, die noch nicht zu einem Einspruch ausreichen und stattdessen beispielsweise von dem Autor des Vorbehalts Klarstellung, Präzisierung oder eine Überprüfung des Vorbehalts verlangen, bevor sie möglicherweise anschließend einen Einspruch erheben.[549]

Ein Vertrag kann auch mehrere verschiedene Formen von Überprüfungsmechanismen enthalten. Entweder kann es sich um unterschiedliche Arten

---

545 United Nations Environment Programme, Manual on Compliance with and enforcement of Multilateral Environmental Agreements 2006, online verfügbar: https://unece.org/DAM/env/documents/2019/ece/Restart/IC/-Manual_on_Compliance_with_and_Enforcement_of_Multilateral_Environmental_Agreements-2006743.pdf [28.07.2025], 59.

546 United Nations Environment Programme, Manual on Compliance with and enforcement of Multilateral Environmental Agreements 2006, online verfügbar: https://unece.org/DAM/env/documents/2019/ece/Restart/IC/-Manual_on_Compliance_with_and_Enforcement_of_Multilateral_Environmental_Agreements-2006743.pdf [28.07.2025], 116; *Adsett/Daniel/Husain/McDorman*, in: The Canadian Yearbook of International Law 2004 (Vol. 42), 91 (112); *Ehrmann*, in: Colorado Journal of International Environmental Law and Policy 2002 (Vol. 13), 377 (395, 427 f.); *Fitzmaurice*, in: Singapore Year Book of International Law 2004 (Vol. 8), 23 (25); *Ulfstein/Marauhn/Zimmermann*, in: Ulfstein/Marauhn/Zimmermann (Hrsg.), Making treaties work, 3 (6).

547 Vgl. *Fitzmaurice*, in: Singapore Year Book of International Law 2004 (Vol. 8), 23 (26).

548 Dazu näher → Kapitel 3 D.

549 *Krivenko*, in: Kanetake/Nollkaemper (Hrsg.), The Rule of Law at the National and International Levels, 289 (298).

von Überprüfungsmechanismen handeln oder sie können für verschiedene Aspekte des Vertrages gelten. Im Zusammenhang mit Flexibilitätsinstrumenten müssen die aushandelnden Völkerrechtssubjekte entscheiden, ob für ein einzelnes Flexibilitätsinstrument ein spezifischer Überprüfungsmechanismus gelten soll oder dies von einem generellen Überprüfungsmechanismus mitumfasst sein soll. Ein spezifischer Überprüfungsmechanismus für ein Flexibilitätsinstrument sind beispielsweise Einsprüche nach dem Vorbehaltsregime.[550] Enthält ein Vertrag unterschiedliche Formen von Überprüfungsmechanismen, stellt sich die Frage, in welchem Verhältnis diese zueinanderstehen.[551] Die aushandelnden Völkerrechtssubjekte können dazu eine Regelung aufnehmen. Beispielsweise formuliert Art. 34 des *Protokolls von Cartagena über die biologische Sicherheit zum Übereinkommen über die biologische Vielfalt*:

> „Die Konferenz der Vertragsparteien, die als Tagung der Vertragsparteien dieses Protokolls dient, prüft und genehmigt auf ihrer ersten Tagung Verfahren der Zusammenarbeit und institutionelle Mechanismen, um die Einhaltung dieses Protokolls zu fördern und Fälle von Nichteinhaltung zu behandeln. Zu diesen Verfahren und Mechanismen gehören auch Bestimmungen, nach denen gegebenenfalls Rat oder Hilfe angeboten wird. Sie sind von den in Artikel 27 des Übereinkommens vorgesehenen Streitbeilegungsverfahren und -mechanismen getrennt und berühren diese nicht."[552]

c) *Zusammensetzung, Aufgaben und Befugnisse eines Kontrollorgans*

Verschiedene Verträge schaffen ein spezifisches Kontrollorgan, welches für den Überprüfungsmechanismus zuständig ist. Der Charakter des Kontrollorgans kann von einem Gericht bis zu einem *Compliance Committee* reichen. Kreiert der Vertrag oder eine spätere Entscheidung der Versammlung der Vertragsparteien ein Kontrollorgan, ist insbesondere festzulegen, wie ein derartiges Kontrollorgan besetzt ist, welche Befugnisse es hat und wie es entscheidet.

---

550 Dazu näher → Kapitel 3 C. II. 3.

551 *Ehrmann*, in: Colorado Journal of International Environmental Law and Policy 2002 (Vol. 13), 377 (405, 428).

552 BGBl. 2003 II 1506, 1508. International: UNTS Vol. 2226, 208.

Um effektiv arbeiten zu können, bestehen derartige Kontrollorgane regelmäßig aus einer kleineren Anzahl von Personen z. B. zwischen neun und zwanzig Personen.[553] Dies bedeutet jedoch, dass nicht jede Partei eines großen multilateralen Vertrages eine Person in das Kontrollorgan entsenden kann. Daher muss geregelt sein, wie eine Person in das Kontrollorgan kommt, wie lange sie in dem Kontrollorgan ist und ob ein bestimmtes Gleichgewicht von verschiedenen Gruppen von Vertragsparteien sichergestellt werden soll.[554] Für ein derartiges Gleichgewicht kann die geografische Verteilung, das Verhältnis von sog. Industriestaaten und sog. Entwicklungsländern oder andere vertragsspezifische Kriterien relevant sein.[555] Ein Beispiel[556] ist Punkt 5 der *Non-compliance procedure* des *Montrealer Protokolls über Stoffe, die zu einem Abbau der Ozonschicht führen*[557]:

> „An Implementation Committee is hereby established. It shall consist of 10 Parties elected by the Meeting of the Parties for two years, based on equitable geographical distribution. Each Party so elected to the Committee shall be requested to notify the Secretariat, within two months of its election, of who is to represent it and shall endeavour to ensure that such representation remains throughout the entire term of office. Outgoing Parties may be re-elected for one immediate consecutive term.

---

553 *Ehrmann*, in: Colorado Journal of International Environmental Law and Policy 2002 (Vol. 13), 377 (439); *Handl*, in: Tulane Journal of International and Comparative Law 1997 (Vol. 5), 29 (39); *Koester*, in: Environmental Policy and Law 2011 (Vol. 41), 196 (197); *Oberthur/Lefeber*, in: Climate Law 2010 (Vol. 1), 133 (135); *Templeton/Kohler*, in: Review of European, Comparative & International Environmental Law 2014 (Vol. 23), 211 (215); *Ulfstein*, in: Ulfstein/Marauhn/Zimmermann (Hrsg.), Making treaties work, 115 (126).

554 *Ehrmann*, in: Colorado Journal of International Environmental Law and Policy 2002 (Vol. 13), 377 (397 f.).

555 *Ehrmann*, in: Colorado Journal of International Environmental Law and Policy 2002 (Vol. 13), 377 (397 f.); *Handl*, in: Tulane Journal of International and Comparative Law 1997 (Vol. 5), 29 (40).

556 Weitere Beispiele sind Abschnitt II. des Überprüfungsmechanismus des *Protokolls von Cartagena über die biologische Sicherheit zum Übereinkommen über die biologische Vielfalt*, MOP 1 Decision BS-I/7, Establishment of procedures and mechanisms on compliance under the Cartagena Protocol on Biosafety und Abs. 3 des Überprüfungsmechanismus des *Basler Übereinkommen über die Kontrolle der grenzüberschreitenden Verbringung gefährlicher Abfälle und ihrer Entsorgung*, Conference of the Parties to the Basel Convention on the Control of transboundary movements of hazardous wastes and their disposal, Sixth meeting, Geneva, 9.-13.12.2002, UNEP/CHW.6/40.

557 BGBl. 1988 II, 1014, 2002 II, 921. International: UNTS 1522, 3.

A Party that has completed a second consecutive two-year term as a Committee member shall be eligible for election again only after an absence of one year from the Committee. The Committee shall elect its own President and Vice-President. Each shall serve for one year at a time. The Vice-President shall, in addition, serve as the rapporteur of the Committee."[558]

Neben einer Repräsentanz in dem Kontrollorgan können Regelungen zur Transparenz die Legitimität des Kontrollorgans erhöhen. Zunächst können Kontrollorgane öffentlich tagen wie z. B. für den EGMR in Art. 63 der *EGMR-Verfahrensordnung*[559] festgelegt. Die Transparenz wird weiterhin dadurch erhöht, dass Nicht-Mitglieder des Kontrollorgans als Beobachter teilnehmen dürfen. Dies umfasst insbesondere andere Vertragsparteien, die aktuell nicht in dem Kontrollorgan sind.[560] Es kann jedoch auch Nichtregierungsorganisationen umfassen.[561]

Die aushandelnden Parteien legen jeweils fest, welche Aufgaben und Befugnisse dem Kontrollorgan zustehen soll. Das Spektrum möglicher Aufgaben ist sehr breit und hängt von dem konkreten Vertrag ab. Beispielsweise[562] zählt Punkt 7 der *Non-compliance procedure* des *Montrealer Protokolls über Stoffe, die zu einem Abbau der Ozonschicht führen*[563] auf:

„7. The functions of the Implementation Committee shall be:

(a) To receive, consider and report on any submission in accordance with paragraphs 1, 2 and 4;

---

558 Annex II: Non-compliance procedure (1998) - Tenth Meeting of the Parties, https://ozone.unep.org/node/2078 [28.07.2025].

559 https://www.echr.coe.int/rules-of-court [28.07.2025].

560 *Handl*, in: Tulane Journal of International and Comparative Law 1997 (Vol. 5), 29 (42 f.).

561 *Handl*, in: Tulane Journal of International and Comparative Law 1997 (Vol. 5), 29 (40 f.).

562 Weitere Beispiele sind Abschnitt 2 des Beschluss ACXVII/A2/2 der XVII. Alpenkonferenz: Neuer Überprüfungsmechanismus zum *Übereinkommen zum Schutz der Alpen*; Abschnitt III. des Annex zur Decision I/7 of the Meeting the Parties to the *Convention on Access to Information, Public Participation in Decision-making and Access to Justice in Environmental Matters (Aarhus Convention)*, ECE/MP.PP/2/Add.8; Abschnitt III. des Überprüfungsmechanismus des *Protokolls von Cartagena über die biologische Sicherheit zum Übereinkommen über die biologische Vielfalt*, MOP 1 Decision BS-I/7, Establishment of procedures and mechanisms on compliance under the Cartagena Protocol on Biosafety.

563 BGBl. 1988 II, 1014, 2002 II, 921. International: UNTS 1522, 3.

(b) To receive, consider and report on any information or observations forwarded by the Secretariat in connection with the preparation of the reports referred to in Article 12 (c) of the Protocol and on any other information received and forwarded by the Secretariat concerning compliance with the provisions of the Protocol;

(c) To request, where it considers necessary, through the Secretariat, further information on matters under its consideration;

(d) To identify the facts and possible causes relating to individual cases of non-compliance referred to the Committee, as best it can, and make appropriate recommendations to the Meeting of the Parties;

(e) To undertake, upon the invitation of the Party concerned, information-gathering in the territory of that Party for fulfilling the functions of the Committee;

(f) To maintain, in particular for the purposes of drawing up its recommendations, an exchange of information with the Executive Committee of the Multilateral Fund related to the provision of financial and technical cooperation, including the transfer of technologies to Parties operating under Article 5, paragraph 1, of the Protocol."[564]

Diese Aufzählung zeigt typische Aufgaben für ein Kontrollorgan wie das Entgegennehmen aller Information, die eine dazu berechtigte Stelle übermittelt (z. B. Parteien oder das Sekretariat) und weiterhin diese zu prüfen und darüber Bericht zu erstatten.[565] Eine weitere Aufgabe für ein Kontrollorgan kann sein, eine Lösung für eine Situation der Vertragsverletzung zu finden[566] oder darüber eine Entscheidung zu treffen.

Über die Aufgaben hinaus können die aushandelnden Völkerrechtssubjekte festlegen, welche Mehrheit innerhalb des Kontrollorgans erforderlich ist, um zu entscheiden.[567] Beispielsweise[568] legten die Parteien unter 3.1.9.

564 Annex II: Non-compliance procedure (1998) - Tenth Meeting of the Parties, https://ozone.unep.org/node/2078 [28.07.2025].

565 *Ehrmann*, in: Colorado Journal of International Environmental Law and Policy 2002 (Vol. 13), 377 (399).

566 *Ehrmann*, in: Colorado Journal of International Environmental Law and Policy 2002 (Vol. 13), 377 (400); *Goote*, in: International Law FORUM du Droit International 1999 (Vol. 1), 82 (85).

567 *Koester*, in: Ulfstein/Marauhn/Zimmermann (Hrsg.), Making treaties work, 179 (200 f.).

568 Weitere Beispiele sind Abs. 9 des Annex der Decision 27/CMP.1 der Conference of the Parties serving as the meeting of the Parties to the Kyoto Protocol, Procedures

für den Überprüfungsmechanismus des *Übereinkommens zum Schutz der Alpen*[569] fest:

> „Der Überprüfungsausschuss verabschiedet seine Berichte mit Konsens; sind alle Bemühungen um Konsens erschöpft und stellt der Vorsitzende dies ausdrücklich fest, können diese Berichte mit Dreiviertelmehrheit der bei der Sitzung anwesenden und stimmberechtigten Vertragsparteien verabschiedet werden."[570]

d) Einleitung einer Überprüfung

Eine Überprüfung kann entweder eingeleitet werden, weil der Vertrag eine Überprüfung in regelmäßigen Zeiträumen vorsieht oder eine Initiative zur Einleitung vorliegt.

Ein System mit festgelegten regelmäßigen Überprüfungen schafft z. B.[571] Art. 20 des *Übereinkommens über nukleare Sicherheit*:

> „(1) Die Vertragsparteien halten Tagungen (im folgenden als „Überprüfungstagungen" bezeichnet) ab zur Überprüfung der nach Artikel 5 in Übereinstimmung mit den nach Artikel 22 angenommenen Verfahren vorgelegten Berichte.
>
> (2) Vorbehaltlich des Artikels 24 können aus Vertretern der Vertragsparteien zusammengesetzte Untergruppen gebildet werden, die während der Überprüfungstagungen tätig werden, sofern dies zum Zweck der Überprüfung in den Berichten enthaltenen besonderer Themen als notwendig erachtet wird.
>
> (3) Jede Vertragspartei erhält angemessen Gelegenheit, die von anderen Vertragsparteien vorgelegten Berichte zu erörtern und Klarstellung zu diesen Berichten zu suchen."[572]

---

and mechanisms relating to compliance under the Kyoto Protocol II. Compliance Committee und Abs. 25 des Überprüfungsmechanismus des *Basler Übereinkommen über die Kontrolle der grenzüberschreitenden Verbringung gefährlicher Abfälle und ihrer Entsorgung*, Conference of the Parties to the Basel Convention on the Control of transboundary movements of hazardous wastes and their disposal, Sixth meeting, Geneva, 9.-13.12.2002, UNEP/CHW.6/40.

569 BGBl. 1994 II 2538, 2539. International: UNTS Vol. 1917, 135.

570 Beschluss ACXVII/A2/2 der XVII. Alpenkonferenz: Neuer Überprüfungsmechanismus.

571 Ein weiteres Beispiel enthält Abschnitt 3.1.1. des Beschluss ACXVII/A2/2 der XVII. Alpenkonferenz: Neuer Überprüfungsmechanismus zum *Übereinkommen zum Schutz der Alpen.*

572 BGBl. 1997 II 130, 131. International: UNTS Vol. 1963, 293.

Nach Art. 21 Abs. 3 des *Übereinkommens über nukleare Sicherheit* finden diese Überprüfungstagungen alle drei Jahre statt. Aus Art. 24 des *Übereinkommens über nukleare Sicherheit* ergibt sich für alle Parteien die Pflicht zur Teilnahme an den Überprüfungstagungen.

Existiert keine regelmäßige Überprüfungspflicht, kann der Vertrag verschiedenen Akteuren ein Initiativrecht für eine Überprüfung einräumen. Insbesondere wenn der Überprüfungsmechanismus auch eine unterstützende Funktion hat, kann der Vertrag vorsehen, dass eine Partei für sich selbst den Überprüfungsmechanismus einleiten kann.[573] Ein Beispiel[574] ist Absatz 4 des *Non-compliance procedure* des *Montrealer Protokoll über Stoffe, die zu einem Abbau der Ozonschicht führen*[575]:

> „Where a Party concludes that, despite having made its best, bona fide efforts, it is unable to comply fully with its obligations under the Protocol, it may address to the Secretariat a submission in writing, explaining, in particular, the specific circumstances that it considers to be the cause of its non-compliance. The Secretariat shall transmit such submission to the implementation Committee which shall consider it as soon as practicable."[576]

---

573 *Ehrmann*, in: Colorado Journal of International Environmental Law and Policy 2002 (Vol. 13), 377 (395, 397, 436); *Romanin Jacur*, in: Treves et al. (Hrsg.), Non-Compliance Procedures and Mechanisms and the Effectiveness of International Environmental Agreements, 11 (20 f.); *Voigt*, in: Review of European Community & International Environmental Law 2016 (Vol. 25), 161 (167 f.).

574 Weitere Beispiel finden sich für den Überprüfungsmechanismus des *Kyoto Protokolls* unter Punkt VI. 1. des Annex to Decision 27/CMP.1 on Procedures and Mechanisms Relating to Compliance under the Kyoto Protocol, 92, FCCC/KP/CMP/2005/8/Add.3 und in Abschnitt IV. des Überprüfungsmechanismus des *Protokolls von Cartagena über die biologische Sicherheit zum Übereinkommen über die biologische Vielfalt*, MOP 1 Decision BS-I/7, Establishment of procedures and mechanisms on compliance under the Cartagena Protocol on Biosafety; Abs. 9 des Überprüfungsmechanismus des *Basler Übereinkommen über die Kontrolle der grenzüberschreitenden Verbringung gefährlicher Abfälle und ihrer Entsorgung*, Conference of the Parties to the Basel Convention on the Control of transboundary movements of hazardous wastes and their disposal, Sixth meeting, Geneva, 9.-13.12.2002, UNEP/CHW.6/40.

575 BGBl. 1988 II, 1014, 2002 II, 921. International: UNTS 1522, 3.

576 Annex IV des Report of the Fourth Meeting of the Parties to the Montreal Protocol on Substances that deplete the Ozone Layer, UNEP/OzL.Pro.4/15, 25.11.1992.

Weiterhin kann ein Vertrag oder die Entscheidung der Parteien folgenden Akteuren das Recht, eine Überprüfung einzuleiten, einräumen: jeder einzelnen anderen Partei, einer Gruppe oder einem Quorum an anderen Parteien, der Versammlung der Vertragsparteien, dem Depositar, dem Sekretariat, einem anderen Vertragsorgan (insbesondere einem Kontrollorgan), einer natürlichen Person oder einer NGO. Für all diese Akteure ist zur Einleitung einer Überprüfung erforderlich, dass sie von fehlender Einhaltung wissen oder sie zumindest vermuten.[577] Verschiedene Methoden können die jeweiligen Akteure unterstützen derartige Kenntnisse zu erhalten. Darunter fallen insbesondere jene Verfahrensvorschriften, die zu einer Öffentlichkeit der Anwendung eines Flexibilitätsinstruments führen.[578] Weitere Quellen an Informationen sind beispielsweise Berichte anderer Staaten, internationaler Organisationen oder NGOs.[579]

Eine Überprüfung kann durch entweder eine einzelne andere Partei, eine Gruppe oder ein Quorum an anderen Parteien eingeleitet werden.[580] Durch eine andere Partei werden insbesondere Streitschlichtungsmechanismen initiiert. Sowohl einen anderen Überprüfungsmechanismus als auch ein Streitschlichtungsverfahren sieht das *Basler Übereinkommen über die Kontrolle der grenzüberschreitenden Verbringung gefährlicher Abfälle und ihrer Entsorgung* in Art. 19 und 20 vor:

> „Art. 19 Nachprüfung
>
> Jede Vertragspartei, die Grund zu der Annahme hat, daß eine andere Vertragspartei ihren Pflichten aus diesem Übereinkommen zuwiderhandelt oder zuwidergehandelt hat, kann das Sekretariat davon in Kenntnis setzen; in diesem Fall unterrichtet sie gleichzeitig und sofort unmittelbar oder über das Sekretariat die Vertragspartei,

577 Vgl. *Ehrmann*, in: Colorado Journal of International Environmental Law and Policy 2002 (Vol. 13), 377 (433).

578 Zu dieser Begrenzung genauer → Kapitel 2 C. II. 5. a).

579 *Ehrmann*, in: Colorado Journal of International Environmental Law and Policy 2002 (Vol. 13), 377 (435).

580 *Ehrmann*, in: Colorado Journal of International Environmental Law and Policy 2002 (Vol. 13), 377 (395); *Romanin Jacur*, in: Treves et al. (Hrsg.), Non-Compliance Procedures and Mechanisms and the Effectiveness of International Environmental Agreements, 373 (376); *Voigt*, in: Review of European Community & International Environmental Law 2016 (Vol. 25), 161 (168).

> gegen welche die Behauptung vorgebracht wird. Alle diesbezüglichen Informationen sollen den Vertragsparteien vom Sekretariat übermittelt werden.
>
> Art. 20 Beilegung von Streitigkeiten
>
> (1) Im Falle einer Streitigkeit zwischen Vertragsparteien über die Auslegung oder Einhaltung dieses Übereinkommens oder eines dazugehörigen Protokolls bemühen sich diese Vertragsparteien, die Streitigkeit durch Verhandlung oder andere friedliche Mittel eigener Wahl beizulegen.
>
> [...]"[581]

Variiert werden kann das Recht der anderen Parteien, indem das Recht nicht einer einzelnen Partei, sondern einem Quorum zusteht. Zweitens kann das Initiativrecht der Versammlung der Vertragsparteien zustehen.[582] Je nachdem, wie die Regelungen zu Mehrheitsentscheidungen durch die Versammlung der Vertragsparteien sind, entspricht dies einer Initiative durch ein Quorum an Vertragsparteien. Ein Beispiel ist Art. 15 Abs. 4 des *Übereinkommens von Minamata über Quecksilber*:

> „(4) Der Ausschuss kann Angelegenheiten prüfen auf der Grundlage von
>
> [...]
>
> c) Ersuchen der Konferenz der Vertragsparteien."[583]

Drittens kann das Recht dem Verwahrer des Vertrages eingeräumt werden. Nach Art. 77 WVK sind die Pflichten des Verwahrers jedoch vornehmlich informatorischer Art, sodass ein Initiativrecht für einen Kontrollmechanismus eher weniger passt. Dagegen ist viertens für das Sekretariat in

---

581 BGBl. 1994 II 2703. International: UNTS Vol. 1673, 57.

582 *Romanin Jacur*, in: Treves et al. (Hrsg.), Non-Compliance Procedures and Mechanisms and the Effectiveness of International Environmental Agreements, 373 (379); *Templeton/Kohler*, in: Review of European, Comparative & International Environmental Law 2014 (Vol. 23), 211 (215).

583 BGBl. 2017 II 610, 611. International: UNTS Vol. 3202, UN Registration Number: 54669.

verschiedenen Verträgen ein Initiativrecht vorgesehen.[584] Ein Beispiel ist der Überprüfungsmechanismus des *Basler Übereinkommens über die Kontrolle der grenzüberschreitenden Verbringung gefährlicher Abfälle und ihrer Entsorgung*[585]:

> „9. Submissions may be made to the Committee by:
>
> […]
>
> (c) The secretariat, if, while acting pursuant to its functions under articles 13 and 16, it becomes aware of possible difficulties of any Party in complying with its reporting obligations under article 13, paragraph 3 of the Convention, provided that the matter has not been resolved within three months by consultation with the Party concerned."[586]

Fünftens kann ein Vertrag auch weiteren Vertragsorganen, insbesondere spezifischen Kontrollorganen die Befugnis einräumen, eine Überprüfung einzuleiten.[587] Ein Initiativrecht für das Kontrollorgan selbst kann jedoch die Unabhängigkeit dieses beeinträchtigen[588] und sich nachteilig auf die Legitimität des Überprüfungsmechanismus auswirken. Ein Beispiel findet sich in Abschnitt 6 des Überprüfungsmechanismus des *Übereinkommens*

584 *Ehrmann*, in: Colorado Journal of International Environmental Law and Policy 2002 (Vol. 13), 377 (395–397); *Romanin Jacur*, in: Treves et al. (Hrsg.), Non-Compliance Procedures and Mechanisms and the Effectiveness of International Environmental Agreements, 11 (20); *Ulfstein*, in: Ulfstein/Marauhn/Zimmermann (Hrsg.), Making treaties work, 115 (126 f.).

585 BGBl. 1994 II 2703. International: UNTS Vol. 1673, 57.

586 Abs. 3 des Überprüfungsmechanismus des *Basler Übereinkommen über die Kontrolle der grenzüberschreitenden Verbringung gefährlicher Abfälle und ihrer Entsorgung*, Conference of the Parties to the Basel Convention on the Control of transboundary movements of hazardous wastes and their disposal, Sixth meeting, Geneva, 9.-13.12.2002, UNEP/CHW.6/40

587 *Handl*, in: Tulane Journal of International and Comparative Law 1997 (Vol. 5), 29 (38 f.); *Romanin Jacur*, in: Treves et al. (Hrsg.), Non-Compliance Procedures and Mechanisms and the Effectiveness of International Environmental Agreements, 373 (379 f.); *Voigt*, in: Review of European Community & International Environmental Law 2016 (Vol. 25), 161 (168).

588 *Romanin Jacur*, in: Treves et al. (Hrsg.), Non-Compliance Procedures and Mechanisms and the Effectiveness of International Environmental Agreements, 373 (379).

über die Umweltverträglichkeitsprüfung im grenzüberschreitenden Rahmen (ESPOO)[589]:

„Where the Committee becomes aware of possible non-compliance by a Party with its obligations, it may request the Party concerned to furnish necessary information about the matter. Any reply and information in support shall be provided to the Committee within three months or such longer period as the circumstances of a particular case may require. The Committee shall consider the matter as soon as possible in the light of any reply that the Party may provide."[590]

Sehr weitgehend sind sechstens Antragsrechte für natürliche Personen[591] oder NGOs[592]. Derartige Antragsrechte sehen insbesondere Menschenrechtsverträge vor. Beispiele sind Anträge von natürlichen Personen gerichtet an den EGMR oder den UN Menschenrechtsausschuss. Ein weiteres Beispiel ist der Überprüfungsmechanismus des *Übereinkommens über den Zugang zu Informationen, die Öffentlichkeitsbeteiligung an Entscheidungsverfahren und den Zugang zu Gerichten in Umweltangelegenheiten (Aarhus-Übereinkommen)*:

„On the expiry of twelve months from either the date of adoption of this decision or from the date of the entry into force of the Convention with respect to a Party, whichever is the later, communications may be brought before the Committee by one or more members of the public concerning that Party's compliance with the Convention, unless that Party has notified the Depositary in writing by the end of the applicable period that it is unable to accept, for a period of not more than four years, the consideration of such communications by the Committee. The Depositary shall without delay notify all Parties of any such notification received.

589 BGBl. 2002 II 1406, 1407, 1435. International: UNTS Vol. 1989, 309.

590 Annex II der Decision III/2 des Meeting of the Parties to the Convention, 2004, ECE/MP.EIA/6, online verfügbar: https://unece.org/DAM/env/documents/2004/eia/decision.III.2.e.pdf [28.07.2025].

591 *Romanin Jacur*, in: Treves et al. (Hrsg.), Non-Compliance Procedures and Mechanisms and the Effectiveness of International Environmental Agreements, 373 (380 f.); *Koester*, in: Environmental Policy and Law 2011 (Vol. 41), 196 (197); *Ulfstein*, in: Ulfstein/Marauhn/Zimmermann (Hrsg.), Making treaties work, 115 (126 f.).

592 *Ehrmann*, in: Colorado Journal of International Environmental Law and Policy 2002 (Vol. 13), 377 (397); *Romanin Jacur*, in: Treves et al. (Hrsg.), Non-Compliance Procedures and Mechanisms and the Effectiveness of International Environmental Agreements, 373 (380 f.); *Ulfstein*, in: Ulfstein/Marauhn/Zimmermann (Hrsg.), Making treaties work, 115 (126 f.).

During the four-year period mentioned above, the Party may revoke its notification thereby accepting that, from that date, communications may be brought before the Committee by one or more members of the public concerning that Party's compliance with the Convention.“[593]

Das Recht kann eingeschränkt werden, indem es lediglich NGOs erhalten, die einen Beobachterstatus innerhalb des jeweiligen Vertrages aufweisen, wie beispielsweise nach Abschnitt 3.1.2 des Überprüfungsmechanismus zum *Übereinkommen zum Schutz der Alpen*.[594]

Die aushandelnden Völkerrechtssubjekte können entscheiden, welchem der genannten Akteure sie das Recht, eine Überprüfung zu initiieren, einräumen. Darüber hinaus können sie bestimmen, ob formelle oder materielle Voraussetzungen erfüllt sein müssen, um eine Überprüfung einzuleiten.[595] Eine formelle Voraussetzung ist z. B., dass die Eingabe des Akteurs schriftlich erfolgen muss, um eine Überprüfung einzuleiten.[596] Eine formelle Voraussetzung kann auch eine zeitliche Begrenzung sein wie für den Einspruch gegen einen Vorbehalt aufgrund der Regelung in Art. 20 Abs. 4, 5 WVK, wonach ein Vorbehalt nach zwölf Monate stillschweigend angenommen wird. Diese zeitliche Begrenzung gilt für die Überprüfung eines Vorbehalts durch ein anderes Kontrollorgan jedoch nicht.[597]

---

593 Abschnitt VI. des Annex zur Decision I/7 of the Meeting the Parties to the *Convention on Access to Information, Public Participation in Decision-making and Access to Justice in Environmental Matters (Aarhus Convention)*, ECE/MP.PP/2/Add.8.

594 „Vertragsparteien oder Beobachter können jederzeit in schriftlicher Form und begründet Ersuchen um Überprüfung einer vermuteten Nichteinhaltung der Konvention und ihrer Protokolle an den Überprüfungsausschuss richten. Ein solches Ersuchen löst ein außerordentliches Überprüfungsverfahren aus, für das sinngemäß die gleichen Verfahrensregeln gelten, wie für das ordentliche Überprüfungsverfahren. Sollte ein Ersuchen behandelt werden, das die den Vorsitz führende Vertragspartei betrifft, kann der Überprüfungsausschuss für die Dauer des Vorsitzes dieser Vertragspartei eine andere Vertragspartei für die Behandlung dieses Ersuchens mit der Vorsitzführung betrauen.“ (Beschluss ACXVII/A2/2 der XVII. Alpenkonferenz).

595 *Romanin Jacur*, in: Treves et al. (Hrsg.), Non-Compliance Procedures and Mechanisms and the Effectiveness of International Environmental Agreements, 373 (383).

596 *Romanin Jacur*, in: Treves et al. (Hrsg.), Non-Compliance Procedures and Mechanisms and the Effectiveness of International Environmental Agreements, 373 (384).

597 ILC Guide to Practice on Reservations to Treaties 2011, UN Doc. A/66/10/Add.1, Guideline 3.2 Rn. 13; *Del Mar*, in: Tams/Tzanakopoulos/Zimmermann (Hrsg.), Research Handbook on the Law of Treaties, 285 (308).

Weitere mögliche formelle und materielle Voraussetzungen enthält beispielsweise[598] der Überprüfungsmechanismus des *Übereinkommens über den Zugang zu Informationen, die Öffentlichkeitsbeteiligung an Entscheidungsverfahren und den Zugang zu Gerichten in Umweltangelegenheiten (Aarhus-Übereinkommen)*:

> „The Committee shall consider any such communication unless it determines that the communication is:
>
> (a) Anonymous;
>
> (b) An abuse of the right to make such communications;
>
> (c) Manifestly unreasonable;
>
> (d) Incompatible with the provisions of this decision or with the Convention."[599]

e) Durchführung einer Überprüfung

Der Vertrag oder die Entscheidung der Vertragsparteien kann insbesondere regeln, wer die Überprüfung durchführt, welche Befugnis dieser Akteur aufweisen soll, und welcher Prüfungsmaßstab verwendet werden soll.

Zuständig für die Überprüfung können insbesondere die anderen Parteien einzeln, ein Quorum anderer Parteien, die Versammlung der Vertragsparteien, verschiedene Vertragsorgane wie das Sekretariat, ein Streitschlichtungsorgan, ein spezifisches Kontrollorgan oder ein *ad-hoc*-Panel sein.

Jeder Partei mit Erfüllungsanspruch steht in einem dezentralen Rechtssystem wie dem Völkerrecht das Recht zu, zu überprüfen, ob eine andere Partei die Vertragspflichten einhält. Weiterhin ist jede Partei daraus berechtigt,

---

598 Weitere Beispiele finden sich für den Überprüfungsmechanismus des *Kyoto Protokolls* unter Punkt VII. 2. des Annex to Decision 27/CMP.1 on Procedures and Mechanisms Relating to Compliance under the Kyoto Protocol, 92, FCCC/KP/CMP/2005/8/ Add.3 und in Abs. 10 des Überprüfungsmechanismus des *Basler Übereinkommen über die Kontrolle der grenzüberschreitenden Verbringung gefährlicher Abfälle und ihrer Entsorgung,* Conference of the Parties to the Basel Convention on the Control of transboundary movements of hazardous wastes and their disposal, Sixth meeting, Geneva, 9.-13.12.2002, UNEP/CHW.6/40.

599 Abschnitt VI. Absatz 19 des Annex zur Decision I/7 of the Meeting the Parties to the *Convention on Access to Information, Public Participation in Decision- making and Access to Justice in Environmental Matters (Aarhus Convention)*, ECE/MP.PP/2/Add.8.

Konsequenzen zu ergreifen. Beispielsweise überprüft jede Partei für einen Vorbehalt selbst, ob er gegen Ziel und Zweck i. S. v. Art. 19 lit. c) WVK verstößt.[600] Kontrollieren unterschiedliche Parteien, ob eine andere Partei ihre Pflichten einhält, besteht das Risiko, dass sie zu verschiedenen Ergebnissen kommen.[601]

Derartige abweichende Ergebnisse können vermieden werden, wenn eine finale Entscheidung sich aus der Summe der Einzelentscheidungen der Parteien zusammensetzt. Für Vorbehalte sehen dies einzelne Verträge vor.[602] Ein Beispiel ist Art. 20 Abs. 2 des *Internationalen Übereinkommens zur Beseitigung jeder Form von Rassendiskriminierung*:

> „Mit dem Ziel und Zweck dieses Übereinkommens unvereinbare Vorbehalte sind nicht zulässig; dasselbe gilt für Vorbehalte, welche die Wirkung hatten, die Arbeit einer auf Grund dieses Übereinkommens errichteten Stelle zu behindern. Ein Vorbehalt gilt als unvereinbar oder hinderlich, wenn mindestens zwei Drittel der Vertragsstaaten Einspruch dagegen erheben."[603]

Die Versammlung der Vertragsparteien kann berechtigt sein, eine Überprüfung durchzuführen. Eine spezifische Überprüfung für ein Flexibilitätsinstrument durch die Versammlung der Vertragsparteien sieht Art. 4 Abs. 2 des *Übereinkommens von Minamata über Quecksilber* vor:

> „Eine Vertragspartei kann als Alternative zu Absatz 1 zum Zeitpunkt der Ratifikation oder bei Inkrafttreten einer Änderung der Anlage A für sie angeben, dass sie in Bezug auf die in Anlage A Teil I aufgeführten Produkte andere Maßnahmen oder Strategien anwenden wird. [...]
>
> Spätestens fünf Jahre nach Inkrafttreten des Übereinkommens überprüft die Konferenz der Vertragsparteien im Rahmen des Überprüfungsprozesses nach

600 ILC Guide to Practice on Reservations to Treaties 2011, UN Doc. A/66/10/Add.1, Guideline 3.2 Rn. 11; *Del Mar*, in: Tams/Tzanakopoulos/Zimmermann (Hrsg.), Research Handbook on the Law of Treaties, 285 (305).

601 ILC Guide to Practice on Reservations to Treaties 2011, UN Doc. A/66/10/Add.1, Guideline 3.2 Rn. 12.

602 ILC Guide to Practice on Reservations to Treaties 2011, UN Doc. A/66/10/Add.1, Guideline 3.2 Rn. 2.

603 BGBl. 1969 II 961, 962. International: UNTS Vol. 1249, 13.

Absatz 8 die Fortschritte und die Wirksamkeit der nach dem vorliegenden Absatz ergriffenen Maßnahmen."[604]

Abgewandelt kann ein anderes Vertragsorgan eine vorherige Prüfung vornehmen und der Versammlung der Vertragsparteien die Ergebnisse vorlegen, aber die finale Entscheidung der Versammlung überlassen.[605]

Insbesondere Vertragsorgane können befugt sein zu kontrollieren, ob die Parteien ihre Pflichten einhalten.[606] Der Depositar und das Sekretariat dienen vornehmlich der Verwaltung.[607] Zwar weicht ein Überprüfungsmechanismus von diesem Aufgabenspektrum ab, dennoch können die aushandelnden Völkerrechtssubjekte dem Depositar oder dem Sekretariat die Zuständigkeit zuweisen. Darüber hinaus können die aushandelnden Völkerrechtssubjekte ein spezifisches Organ für den Überprüfungsmechanismus schaffen.[608] Ein Kontrollorgan kann ähnlich zu einem Gericht, wie z. B. der EGMR oder der Internationale Seegerichtshof, oder wie ein Gremium wie der UN Menschenrechtsausschuss oder der Überprüfungsausschuss des *Übereinkommens zum Schutz der Alpen*[609] aufgebaut sein.

---

604 BGBl. 2017 II 610, 611. International: UNTS Vol. 3202, UN Registration Number: 54669.

605 United Nations Environment Programme, Manual on Compliance with and enforcement of Multilateral Environmental Agreements 2006, online verfügbar: https://unece.org/DAM/env/documents/2019/ece/Restart/IC/-Manual_on_Compliance_with_and_Enforcement_of_Multilateral_Environmental_Agreements-2006743.pdf [28.07.2025], 144; *Ehrmann*, in: Colorado Journal of International Environmental Law and Policy 2002 (Vol. 13), 377 (439); *Montjoie*, in: Nuclear Law Bulletin 2015 (Vol. 96), 9 (19); *Ulfstein*, in: Ulfstein/Marauhn/Zimmermann (Hrsg.), Making treaties work, 115 (128).

606 *McCall-Smith*, in: German Yearbook of International Law 2011 (Vol. 54), 521 (528–530); *Tyagi*, in: British Yearbook of International Law 2000 (Vol. 71), 181 (239 f.).

607 *Ehrmann*, in: Colorado Journal of International Environmental Law and Policy 2002 (Vol. 13), 377 (439).

608 United Nations Environment Programme, Manual on Compliance with and enforcement of Multilateral Environmental Agreements 2006, online verfügbar: https://unece.org/DAM/env/documents/2019/ece/Restart/IC/-Manual_on_Compliance_with_and_Enforcement_of_Multilateral_Environmental_Agreements-2006743.pdf [28.07.2025], 144; *Ulfstein/Marauhn/Zimmermann*, in: Ulfstein/Marauhn/Zimmermann (Hrsg.), Making treaties work, 1 (9).

609 BGBl. 1994 II 2538, 2539. International: UNTS Vol. 1917, 135.

Statt eines ständigen Vertragsorgans können die Parteien für eine konkrete Überprüfung auch ein *ad-hoc*-Panel einrichten.[610]

Der Überprüfungsmechanismus kann regeln, welche Befugnisse dem Akteur zustehen, der die Überprüfung durchführt. Wesentlich für eine Überprüfung ist insbesondere, dass dem entscheidenden Akteur möglichst viele Informationen vorliegen und er diese verifizieren konnte. Zu diesem Zweck sieht beispielsweise[611] der Überprüfungsmechanismus des *Übereinkommens über den Zugang zu Informationen, die Öffentlichkeitsbeteiligung an Entscheidungsverfahren und den Zugang zu Gerichten in Umweltangelegenheiten (Aarhus-Übereinkommen)*[612] vor:

> „To assist the performance of its functions, the Committee may:
>
> (a) Request further information on matters under its consideration;
>
> (b) Undertake, with the consent of any Party concerned, information gathering in the territory of that Party;
>
> (c) Consider any relevant information submitted to it; and
>
> (d) Seek the services of experts and advisers as appropriate."[613]

Mögliche Kompetenzen umfassen insbesondere die nationalen Berichte zu prüfen, weitere Informationen von allen Parteien zu verlangen, andere

---

610 *Ehrmann*, in: Colorado Journal of International Environmental Law and Policy 2002 (Vol. 13), 377 (420); *Montjoie*, in: Nuclear Law Bulletin 2015 (Vol. 96), 9 (19).

611 Ein weiteres Beispiel ist Abschnitt V. des Überprüfungsmechanismus des *Protokolls von Cartagena über die biologische Sicherheit zum Übereinkommen über die biologische Vielfalt*, MOP 1 Decision BS-I/7, Establishment of procedures and mechanisms on compliance under the Cartagena Protocol on Biosafety.

612 BGBl. 2006 II, 1251. International: UNTS Vol. 2161, 447.

613 Abschnitt VII. Absatz 25 des Annex zur Decision I/7 of the Meeting the Parties to the *Convention on Access to Information, Public Participation in Decision- making and Access to Justice in Environmental Matters (Aarhus Convention)*, ECE/MP.PP/2/Add.8; Abs. 22 des Überprüfungsmechanismus des *Basler Übereinkommen über die Kontrolle der grenzüberschreitenden Verbringung gefährlicher Abfälle und ihrer Entsorgung*, Conference of the Parties to the Basel Convention on the Control of transboundary movements of hazardous wastes and their disposal, Sixth meeting, Geneva, 9.-13.12.2002, UNEP/CHW.6/40.

Vertragsorgane zu konsultieren oder weitere Informationen aus verschiedenen Quellen zu beziehen.[614] Darüber hinaus kann das Kontrollorgan weitere Informationen insbesondere durch Inspektionen vor Ort sammeln und diese verifizieren.[615]

Schließlich kann der Überprüfungsmechanismus den Prüfungsmaßstab festlegen. Der Prüfungsmaßstab oder die Kontrolldichte, welche englisch zumeist als „*standard of review*"[616] bezeichnet wird, meint die Art und die Intensität der Überprüfung von Entscheidungen oder Handlungen der Vertragsparteien und ihrer jeweiligen Organe durch eine Kontrollinstanz.[617] Ein Vertrag kann explizit den Umfang der Kontrolldichte für ein Kontrollorgan oder auch die anderen Vertragsparteien festlegen.[618] Ein Beispiel[619] enthält Art. 17.6 des *Antidumping Übereinkommens*:

> „Bei der Prüfung der in Absatz 5 genannten Angelegenheit:
>
> i) stellt die Sondergruppe zwecks Beurteilung des Sachverhalts fest, ob die Sachverhaltsfeststellung der Behörden richtig und die Sachverhaltswürdigung unparteiisch

---

614 United Nations Environment Programme, Manual on Compliance with and enforcement of Multilateral Environmental Agreements 2006, online verfügbar: https://unece.org/DAM/env/documents/2019/ece/Restart/IC/-Manual_on_Compliance_with_and_Enforcement_of_Multilateral_Environmental_Agreements-2006743.pdf [28.07.2025], 151 f.

615 United Nations Environment Programme, Manual on Compliance with and enforcement of Multilateral Environmental Agreements 2006, online verfügbar: https://unece.org/DAM/env/documents/2019/ece/Restart/IC/-Manual_on_Compliance_with_and_Enforcement_of_Multilateral_Environmental_Agreements-2006743.pdf [28.07.2025], 152; *Marauhn*, in: Ulfstein/Marauhn/Zimmermann (Hrsg.), Making treaties work, 243 (263); *Montjoie*, in: Nuclear Law Bulletin 2015 (Vol. 96), 9 (18 f.).

616 *Lanovoy*, in: Kajtár (Hrsg.), Secondary Rules of Primary Importance, 42 (42).

617 *Bohanes/Lockhart*, in: Bethlehem u. a. (Hrsg.), The Oxford Handbook of International Trade Law, 378 (379 f.); *Gruszczynski/Werner*, in: Gruszczynski/Werner (Hrsg.), Deference in International Courts and Tribunals, 1 (2); *Henckels*, in: Gruszczynski/Werner (Hrsg.), Deference in International Courts and Tribunals, 113 (114); *Lanovoy*, in: Kajtár (Hrsg.), Secondary Rules of Primary Importance, 42 (42); *Spamann*, in: Journal of World Trade 2004 (Vol. 38), 509 (510). Dazu näher → Kapitel 6.

618 *Petersmann*, in: Gruszczynski/Werner (Hrsg.), Deference in International Courts and Tribunals, 19 (26).

619 Im Übrigen wird im Rahmen der WTO auf Art. 11 der *Vereinbarung über Regeln und Verfahren zur Beilegung von Streitigkeiten* (EU ABl. Nr. L336/234 vom 23.12.1994) bezuggenommen: „Die Aufgabe der Panels besteht darin, das DSB bei der Wahrnehmung

und objektiv war. War die Sachverhaltsfeststellung richtig und die Sachverhaltswürdigung unparteiisch und objektiv, so kann die Würdigung nicht verworfen werden, auch wenn die Sondergruppe möglicherweise zu einer anderen Schlußfolgerung gekommen wäre;

ii) legt die Sondergruppe die maßgeblichen Bestimmungen dieses Übereinkommens gemäß den üblichen Regeln für die Auslegung des Völkerrechts aus. Stellt die Sondergruppe fest, daß eine maßgebliche Bestimmung des Übereinkommens mehr als eine Auslegung zuläßt, so erklärt sie die Maßnahme der Behörden als mit dem Übereinkommen vereinbar, sofern sich diese Maßnahme auf eine der zulässigen Auslegungen stützt."[620]

Legt ein Überprüfungsmechanismus die Kontrolldichte nicht zuvor fest, erfolgt dies durch den kontrollierenden Akteur selbst.

f) Mögliche Konsequenzen einer Überprüfung

Der Überprüfungsmechanismus kann einen Katalog an möglichen Konsequenzen aus einer Überprüfung aufführen. Diese stehen neben den generellen Mitteln des Völkervertragsrechts und des Rechts der Staatenverantwortlichkeit.

Die möglichen Maßnahmen können derart strukturiert sein, dass sie über eine gewisse Zeit immer weiter eskaliert werden können.[621] Ein Katalog von Reaktionen und Konsequenzen, je nachdem, was der überprüfende Akteur feststellt, kann in dem Vertrag, in der Entscheidung der Parteien zu dem Überprüfungsmechanismus oder als Aufzählung in einem Annex

---

seiner Aufgaben aufgrund dieser Vereinbarung und der unter die Vereinbarung fallenden Übereinkommen zu unterstützen. Demgemäß nimmt das Panel eine objektive Beurteilung der vor ihm liegenden Angelegenheit vor, einschließlich einer objektiven Beurteilung des Sachverhalts und der Anwendbarkeit sowie der Vereinbarkeit mit den einschlägigen unter die Vereinbarung fallenden Übereinkommen, und trifft andere Feststellungen, die dem DSB helfen, die in den unter die Vereinbarung fallenden Übereinkommen vorgesehenen Empfehlungen abzugeben oder Entscheidungen zu treffen. Die Panels sollen sich regelmäßig mit den Streitparteien beraten und ihnen ausreichend Gelegenheit geben, eine für alle Seiten zufriedenstellende Lösung zu finden.".

620 EU ABl. L336 vom 23.12.1994, 115.

621 *Adsett/Daniel/Husain/McDorman*, in: The Canadian Yearbook of International Law 2004 (Vol. 42), 91 (124).

aufgestellt werden. Beispielsweise[622] listet Rule 12 Abs. 2 der *Operating rules of the Implementation Committee* des *Übereinkommens über die Umweltverträglichkeitsprüfung im grenzüberschreitenden Rahmen (ESPOO)*[623] auf:

> „If the Committee provisionally finds that the Party whose compliance is in question is not in compliance, it should then consider and agree upon possible recommendations to the Meeting of the Parties, recalling that the present compliance procedure is non-adversarial and assistance-orientated. Possible recommendations to bring about compliance might include:
>
> (a) Recommendations to the Party concerned on what legislation, procedures or institutions require strengthening and how;
>
> (b) A recommendation to the Party concerned to submit to the Committee a strategy, with time schedule, for action to bring about compliance, and to report to the Committee on its implementation of the strategy;
>
> (c) A recommendation to the Meeting of the Parties, and to potential donors, to provide assistance to the Party concerned through national or subregional workshops, training, seminars or technical assistance;
>
> (d) A recommendation to the Meeting of the Parties to issue a declaration of non-compliance or a caution;
>
> (e) In circumstances of persistent non-compliance since the previous Meeting of the Parties, a recommendation to the Meeting of the Parties to suspend, in accordance with the applicable rules of international law concerning the suspension of the operation of a treaty, the special rights and privileges accorded to the Party

622 Weitere Beispiele sind: Abs. 37 des Annex der Decision I/7 des Meetings of the Parties to the Convention on Access to Information, Public Participation in Decision-making and Access to Justice in Environmental Matters (Aarhus), ECE/MP.PP/2/Add.8; Abschnitt VI. des Überprüfungsmechanismus des *Protokolls von Cartagena über die biologische Sicherheit zum Übereinkommen über die biologische Vielfalt*, MOP 1 Decision BS-I/7, Establishment of procedures and mechanisms on compliance under the Cartagena Protocol on Biosafety; Abs. 20 des Überprüfungsmechanismus des *Basler Übereinkommen über die Kontrolle der grenzüberschreitenden Verbringung gefährlicher Abfälle und ihrer Entsorgung,* Conference of the Parties to the Basel Convention on the Control of transboundary movements of hazardous wastes and their disposal, Sixth meeting, Geneva, 9.-13.12.2002, UNEP/CHW.6/40; Indicative list of measures in Annex V des Report of the Fourth Meeting of the Parties to the Montreal Protocol on Substances that deplete the Ozone Layer, UNEP/OzL.Pro.4/15, 25.11.1992.

623 BGBl. 2002 II 1406, 1407, 1435. International: UNTS Vol. 1989, 309.

> concerned under the Convention and the Protocol, including the possibility to appoint a member to the Implementation Committee."[624]

Die möglichen Konsequenzen können von unterstützend bis sanktionierend für die nicht ausreichende Vertragserfüllung reichen.[625]

Unterstützende Reaktionen auf eine fehlerhafte Pflichterfüllung umfassen Maßnahmen, um der Partei die Erfüllung in Zukunft zu erleichtern. Darunter fallen finanzielle und technische Unterstützung sowie Maßnahmen, um den Kompetenzaufbau zu fördern.[626] Weiterhin kann der prüfende Akteur Empfehlungen aussprechen, wie die Partei ihre Pflichten erfüllen kann.[627]

In den Bereich der Sanktionen fallen als erste Option alle Handlungen, die zu einem „*blame and shame*" zu zählen sind. Die fehlende Erfüllung kann veröffentlicht werden, z. B. in regelmäßigen Berichten und weiterhin können darin diese Parteien gesondert dargestellt und hervorgehoben werden.[628] Weiterhin kann der überprüfende Akteur schriftlich der betreffenden Partei ernsthafte Bedenken übermitteln und die Partei zur Erfüllung ihrer Pflichten auffordern.[629] Wenn ein Überprüfungsorgan existiert, kann dieses als zweite Form in einer Entscheidung die Verletzung der Pflichten feststellen und die Partei verpflichten, die Verletzung abzustellen. Hat die Partei als eine dritte Form der Sanktion einen Plan vorzulegen, wie sie ihre Pflichten zukünftig

---

624 Decision IV/2, annex IV (ECE/MP.EIA/10), as amended by decision V/4 (ECE/MP.EIA/15) and decision VI/2 (ECE/MP.EIA/20/Add.1–ECE/MP.EIA/SEA/4/Add.1), https://unece.org/DAM/env/documents/2008/eia/decision.IV.2.e.pdf [28.07.2025].

625 *Ehrmann*, in: Colorado Journal of International Environmental Law and Policy 2002 (Vol. 13), 377 (438).

626 *Goote*, in: International Law FORUM du Droit International 1999 (Vol. 1), 82 (86); *Montjoie*, in: Nuclear Law Bulletin 2015 (Vol. 96), 9 (19); *Sagemueller*, in: New Zealand Journal of Environmental Law 2005 (Vol. 9), 163 (179 f.).

627 *Ehrmann*, in: Colorado Journal of International Environmental Law and Policy 2002 (Vol. 13), 377 (429).

628 *Adsett/Daniel/Husain/McDorman*, in: The Canadian Yearbook of International Law 2004 (Vol. 42), 91 (124); *Sagemueller*, in: New Zealand Journal of Environmental Law 2005 (Vol. 9), 163 (180).

629 *Adsett/Daniel/Husain/McDorman*, in: The Canadian Yearbook of International Law 2004 (Vol. 42), 91 (124); *Sagemueller*, in: New Zealand Journal of Environmental Law 2005 (Vol. 9), 163 (180); *Ulfstein*, in: Ulfstein/Marauhn/Zimmermann (Hrsg.), Making treaties work, 115 (130).

einhalten möchte,[630] hat dies auch gleichzeitig eine unterstützende Funktion. Eine vierte Form der Sanktion ist es, bestimmte Rechte der jeweiligen Partei zu suspendieren.[631] Die fünfte Form sind Handelsbeschränkungen[632] und die sechste finanzielle Sanktionen[633].

7. Reziprozität

Reziprozität ist ein prägendes Element im Völkervertragsrecht (a), welches von der Erfüllungsstruktur eines Vertrages abhängt (b). Reziprozität begrenzt Flexibilitätsinstrumente, indem sie entweder dazu führt, dass die Rechtswirkung des Flexibilitätsinstruments nur eintritt zwischen den Parteien, die es beide angewandt haben, oder indem es die Rechtswirkung auf andere Parteien erweitert (c). Als Checkliste für eine reziproke Wirkung eines Flexibilitätsinstruments können sich aushandelnde Völkerrechtssubjekte folgende Fragen stellen:

1. Ergibt sich eine reziproke Wirkung bereits aufgrund der Struktur des Flexibilitätsinstruments?
2. Soll eine reziproke Wirkung für ein Flexibilitätsinstrument ausdrücklich geregelt sein?
3. Soll die reziproke Wirkung eines Flexibilitätsinstruments ausdrücklich ausgeschlossen werden?
4. Soll eine Partei, welche ein Flexibilitätsinstrument nutzt, wählen können, ob es reziprok wirkt?
5. Welcher Art soll die reziproke Wirkung sein?
   a) Soll die Ausübung des Flexibilitätsinstruments dazu führen, dass die ausübende Partei die Erfüllung von den anderen Parteien nur in demselben Umfang verlangen kann, wie sie selbst verpflichtet ist?

---

630 *Oberthur/Lefeber*, in: Climate Law 2010 (Vol. 1), 133 (148); *Reeve*, in: Ulfstein/Marauhn/Zimmermann (Hrsg.), Making treaties work, 134 (148).

631 *Adsett/Daniel/Husain/McDorman*, in: The Canadian Yearbook of International Law 2004 (Vol. 42), 91 (113); *Oberthur/Lefeber*, in: Climate Law 2010 (Vol. 1), 133 (148); *Sagemueller*, in: New Zealand Journal of Environmental Law 2005 (Vol. 9), 163 (180); *Ulfstein*, in: Ulfstein/Marauhn/Zimmermann (Hrsg.), Making treaties work, 115 (130).

632 *Sagemueller*, in: New Zealand Journal of Environmental Law 2005 (Vol. 9), 163 (180); *Ulfstein*, in: Ulfstein/Marauhn/Zimmermann (Hrsg.), Making treaties work, 115 (130).

633 *Sagemueller*, in: New Zealand Journal of Environmental Law 2005 (Vol. 9), 163 (179 f.); *Ulfstein*, in: Ulfstein/Marauhn/Zimmermann (Hrsg.), Making treaties work, 115 (130).

b) Soll die ein Flexibilitätsinstrument nutzende Partei in einem Vertrag mit integraler Erfüllungsstruktur in Bezug auf die durch das Flexibilitätsinstrument betroffene Pflicht nicht mehr als Vertragspartei angesehen werden?

c) Soll die ein Flexibilitätsinstrument nutzende Partei in einem Vertrag mit integraler Erfüllungsstruktur noch berechtigt sein, die Erfüllung durch die anderen Parteien bzgl. der durch das Flexibilitätsinstrument betroffenen Pflicht zu verlangen?

d) Setzt das Flexibilitätsinstrument voraus, dass mindestens zwei Parteien das Flexibilitätsinstrument in demselben Umfang nutzen?

a) Reziprozität im Völkervertragsrecht

Reziprozität ist durch ein Austauschverhältnis nach dem Prinzip von *quid pro quo* oder *do ut des* zu umschreiben.[634] Unter Reziprozität ist zu verstehen, dass das Verhalten einer Vertragspartei Auswirkungen auf das Verhältnis zwischen dieser und den anderen Vertragsparteien hat, indem die Rechte und Pflichten der Parteien angeglichen werden.[635] Inbegriffen sind dabei sowohl eine positive Reziprozität in Form der gegenseitigen Gewährung von Vorteilen als auch eine negative Reziprozität, bei welcher auf die Zufügung eines Nachteils mit vergleichbarer Schadenszufügung reagiert wird.[636]

Für völkerrechtliche Verträge ist zu unterscheiden zwischen einem formellen Aspekt und einem materiellen Aspekt der Gegenseitigkeit. Die formelle Gegenseitigkeit bezieht sich auf die gegenseitige Geltung der Vertragsnormen zwischen den Vertragsparteien.[637] Für die formelle Gegenseitigkeit ist

---

634 Fourth Report on the content, forms and degrees of international responsibility, Special Rapporteur Willem Riphagen, UN Doc. A/CN.4/366 and Add.1 & Add.1/Corr.1, Rn. 96; *Simma*, Das Reziprozitätselement im Zustandekommen völkerrechtlicher Verträge, 47; *Simma*, Reciprocity, in: Wolfrum (Hrsg.), MPEPIL, Rn. 4.

635 *Simma*, Reciprocity, in: Wolfrum (Hrsg.), MPEPIL, Rn. 2; *Lenhoff*, in: Northwestern University Law Review 1954–55 (Vol. 5), 619 (627).

636 *Schmalenbach*, in: Dörr/Schmalenbach (Hrsg.), VCLT, Art. 26, Rn. 35; *Schneeberger*, in: Georgetown Law Journal 1948 (Vol. 37), 29 (29 f.); *Simma*, Das Reziprozitätselement im Zustandekommen völkerrechtlicher Verträge, 48.

637 *Simma*, Das Reziprozitätselement im Zustandekommen völkerrechtlicher Verträge, 53.

entscheidend, ob die Pflichten im Sinne eines *do ut des* oder Synallagmas voneinander abhängen.[638]

Dagegen umfasst die materielle oder inhaltliche Gegenseitigkeit die Korrelativität der vertraglichen Rechte und Pflichten und somit die Frage, ob sich für die Parteien identische oder äquivalente Pflichten ergeben.[639] Eine materielle Gegenseitigkeit kann in einem völkerrechtlichen Vertrag vorliegen, sie muss jedoch nicht zwangsläufig vorhanden sein. Die Parteien eines Vertrages sind frei darin zu entscheiden, ob ein Vertrag materiell gegenseitig sein soll oder nicht.[640]

Innerhalb des Völkerrechts als einer Rechtsordnung mit nur wenigen zentralen Durchsetzungsmechanismen ermöglicht Reziprozität eine dezentrale Durchsetzung, indem es Reaktionsmöglichkeiten bei Nichteinhaltung durch eine Vertragspartei schafft.[641] Durch die Möglichkeit, dass Rechte und Pflichten je nach Verhalten der anderen Vertragsparteien angeglichen werden, wird das eigene Risiko durch die Zustimmung zu dem Vertrag minimiert. Außerdem verstärkt die Gegenseitigkeitserwartung das Vertrauen auf zukünftige Einhaltung des Rechts.[642]

Das Prinzip der Reziprozität ist nicht in allen Verträgen im gleichen Umfang anwendbar. Entscheidend ist, welche Art der Erfüllungsstruktur vorliegt und ob die Pflichten in einem reziproken Verhältnis zueinanderstehen.

b) Auswirkungen der Erfüllungsstrukturen auf die Reziprozität

Die Erfüllungsstruktur stellt dar, in welchem Verhältnis die Pflichten aus einem Vertrag erfüllt werden müssen und welche Partei demgemäß ein Recht hat, von einer anderen Partei Erfüllung ihrer Pflichten zu verlangen.[643]

---

638 *Paulus*, in: Fastenrath (Hrsg.), From Bilaterism to community interest: essays in honour of Judge Bruno Simma, 113 (116 f.).

639 *Simma*, Das Reziprozitätselement im Zustandekommen völkerrechtlicher Verträge, 53, 67 f.; *Preiswerk*, La réciprocité dans les négociations entre pays à systèmes sociaux, in: Journal du droit international 1967 (Vol. 94), 5 (12); *Virally*, in: Recueil des Cours 1967-III (Vol. 122), 1 (23).

640 *Simma*, Das Reziprozitätselement im Zustandekommen völkerrechtlicher Verträge, 68 f.

641 *Parisi/Ghei*, in: Cornell International Law Journal 2003 (Vol. 36), 93 (93 f.); *Whelan*, Reciprocity in International Public Law, 3 f.

642 *Ipsen*, in: Ipsen (Begr.), Völkerrecht, § 3 Rn. 11.

643 *Schmalenbach*, in: Dörr/Schmalenbach (Hrsg.), VCLT, Art. 26, Rn. 33.

Die Erfüllungsstruktur ist danach zu unterscheiden, ob die Erfüllung jeweils innerhalb eines Zweierverhältnisses erfolgt (bilaterale Erfüllungsstruktur) oder gegenüber der Gesamtheit aller Vertragsparteien (integrale Erfüllungsstruktur).[644]

Reziprozität liegt zunächst im Rahmen der bilateralen Erfüllungsstruktur vor. Bilaterale Verträge weisen zwangsläufig eine bilaterale Erfüllungsstruktur auf, sodass die Erfüllung jeweils nur gegenüber dem (einzigen) Vertragspartner geschuldet ist.[645] Die Erfüllung kann jedoch auch innerhalb von multilateralen Verträgen nur gegenüber einzelnen Vertragsparteien geschuldet sein und nicht gegenüber der Gesamtheit der Vertragsparteien.[646] In diesen Fällen vollzieht sich die Erfüllung der vertraglichen Pflichten somit in Paaren der Vertragsparteien.[647] Die Positionen der Parteien sind vergleichbar einem bilateralen Vertrag.[648] Alle Rechte und Pflichten aus dem Vertrag stehen in einem wechselseitigen Verhältnis. Ein Beispiel dafür ist das *Wiener Übereinkommen über diplomatische Beziehungen*[649], welches ein multilaterales Abkommen ist, die Erfüllung jedoch im bilateralen Verhältnis zwischen Entsendestaat und Empfangsstaat erfolgt.[650]

---

644 Grundlegend zu dieser Differenzierung: *Dörr*, in: Ipsen (Begr.), Völkerrecht, § 29 Rn. 9–20; *Pauwelyn*, in: European Journal of International Law 2003 (Vol. 14), 907 (908–925); *Simma*, Das Reziprozitätselement im Zustandekommen völkerrechtlicher Verträge, 152–219.

645 ILC Draft Articles on State Responsibility of States for Internationally Wrongful Acts, with commentaries, ILC Yearbook 2001, Vol. 2, Part 2, 118, Rn. 8; *Åkermark/Mårsäter*, in: Nordic Journal of International Law 2005 (Vol. 74), 509 (513); *Azaria*, in: Cambridge Journal of International and Comparative Law 2016 (Vol. 5), 169 (173); *Fitzmaurice/Merkouris*, Treaties in Motion, 118; *Pergantis*, The Paradigm of State Consent in the Law of Treaties, 48.

646 *Kühner*, Vorbehalte zu multilateralen völkerrechtlichen Verträgen, 7; *Sachariew*, in: Netherlands International Law Review 1988 (Vol. XXXV), 273 (277 f.).

647 *Behnsen*, Das Vorbehaltsrecht völkerrechtlicher Verträge, 86; *Schmalenbach*, in: Dörr/Schmalenbach (Hrsg.), VCLT, Art. 26, Rn. 34 f.

648 *Simma/Tams* in: Corten/Klein (Hrsg.), VCLT, Art. 60, Rn. 32.

649 BGBl. 1964 II, 958. International: UNTS Vol. 500, 95.

650 *Behnsen*, Das Vorbehaltsrecht völkerrechtlicher Verträge, 87 f.; *Sachariew*, in: Netherlands International Law Review 1988 (Vol. XXXV), 273 (276 f.).

Im Rahmen einer integralen Erfüllungsstruktur, auch als *erga omnes (partes)* oder *erga omnes contractantes* bezeichnet,[651] kann die vertragliche Pflicht nur allen Parteien gleichzeitig gegenüber erfüllt werden.[652] Das Konzept der Verpflichtung *erga omnes* ist zurückzuführen auf einen Abschnitt in dem Urteil *Barcelona Traction* des IGH, welches sich auf Pflichten gegenüber der internationalen Gemeinschaft als Ganzes bezog.[653] In einem völkerrechtlichen Vertrag besteht die berechtigte Gemeinschaft aus allen Vertragsparteien, weshalb dies als *erga omnes partes* bezeichnet wird.[654] Innerhalb eines Vertrages mit integraler Erfüllungsstruktur ist jede Vertragspartei gegenüber jeder anderen Vertragspartei zur Erfüllung ihrer Vertragspflichten verpflichtet. Eine Erfüllung der Vertragspflichten kann lediglich simultan und untrennbar zwischen sämtlichen Vertragsparteien erfolgen.[655] Ein Beispiel ist der *Vertrag über das Verbot von Kernwaffenversuchen in der Atmosphäre, im Weltraum und unter Wasser*[656], denn die Pflicht, keine Versuche durchzuführen, wird allen Parteien gegenüber erfüllt. Nimmt eine Partei dennoch solche Versuche vor,

---

651 IGH, *Questions Relating to the Obligation to Prosecute pr Extradite (Belgium v. Senegal)*, Urteil v. 20.07.2012, ICJ Rep. 2012, 422, Rn. 68 f.; International Criminal Tribunal for former Yugoslavia, Appeals Chamber Decision, Prosecuter v. Blaskić, Case IT-95–14-AR, Judgement on the Request of The Republic of Croatia for Review of the Decision of Trial Chamber II, 29.10.1997, Rn. 26; Third Report on State responsibility by James Crawford, Special Rapporteur, UN Doc. A/CN.4/507 and Add. 1–4, Rn. 106 f.; *Tams*, Enforcing Obligations Erga Omnes in International Law, 119.

652 *Dörr*, in: Ipsen (Begr.), Völkerrecht, § 29 Rn. 10; *Pauwelyn*, in: European Journal of International Law 2003 (Vol. 14), 907 (911); *Simma*, Das Reziprozitätselement im Zustandekommen völkerrechtlicher Verträge, 152–161; *Sachariew*, in: Netherlands International Law Review 1988 (Vol. XXXV), 273 (281); *Schmalenbach*, in: Dörr/Schmalenbach (Hrsg.), VCLT, Art. 26, Rn. 36; *Sicilianos*, in: European Journal of International Law 2002 (Vol. 13), 1127 (1134).

653 IGH, *Barcelona Traction, Light and Power Company (Belgium v. Spain)*, Urteil v. 5.2.1970, ICJ Rep. 1970, 3 Rn. 33 f. Ausführlich zu dem Konzept der *erga omnes* Pflichten: *Tams*, Enforcing Obligations Erga Omnes in International Law.

654 *Hamid*, in: International Islamic University Law Journal 2021 (Vol. 29), 29 (41); *Hoffmann*, Völkerrechtliche Vorgaben für die Verleihung der Staatsangehörigkeit, 364; *Longobardo*, in: Journal of Conflict and Security Law, 2018 (Vol. 23), 383 (385).

655 *Åkermark/Mårsäter*, in: Nordic Journal of International Law 2005 (Vol. 74), 509 (513); *Verdross/Simma*, Universelles Völkerrecht, § 539.

656 BGBl. 1964 II 906. International: UNTS Vol. 480, 43.

verletzt sie die Pflicht gegenüber allen anderen Parteien,[657] da der Bruch einer integralen Vertragspflicht alle übrigen Parteien in ihrem Erfüllungsanspruch verletzt.[658] Folglich kann auch jede andere Vertragspartei die Verletzung einer Pflicht rügen – unabhängig davon, ob die Partei darüber hinaus von der Verletzung konkret berührt ist oder nicht.[659] Dies sieht nunmehr auch Art. 48 Abs. 1 lit. a) des „ILC Entwurfs zur Staatenverantwortlichkeit" vor.[660] Das Recht, eine Verletzung zu rügen bzw. Erfüllung zu verlangen, kann entweder als subjektives Recht jeder einzelnen Partei zukommen oder der Gesamtheit aller Vertragsparteien. Sowohl das IGH-Urteil *Barcelona Traction*[661] als auch Art. 33 Abs. 1 des „ILC Entwurfs zur Staatenverantwortlichkeit"[662] sprechen davon, dass die Pflichten gegenüber *„the international community as a whole"* bestehen. Für Pflichten aus einem Vertrag bedeutet dies die Gesamtheit der Vertragsparteien. Allerdings ist weder die internationale Gemeinschaft[663] noch die Gesamtheit aller Vertragsparteien ein eigenständiges Völkerrechtssubjekt, welches Inhaber eines Rechts sein kann. Vielmehr bedeutet dies, dass ein Verhalten gleichzeitig eine Pflichtverletzung gegenüber einer Vielzahl an Völkerrechtssubjekten darstellt.[664]

---

657 *Sachariew*, in: Netherlands International Law Review 1988 (Vol. XXXV), 273 (281); *Simma*, Das Reziprozitätselement im Zustandekommen völkerrechtlicher Verträge, 156.

658 *Dörr*, in: Ipsen (Begr.), Völkerrecht, § 29 Rn. 10.

659 ILC Draft articles on responsibility of States for internationally wrongful acts with commentaries, ILC Yearbook 2001 Vol. II Part Two, Commentary to Art. 42 Rn. 6, S. 118; *Simma*, Das Reziprozitätselement im Zustandekommen völkerrechtlicher Verträge, 153–161.

660 ILC Draft articles on responsibility of States for internationally wrongful Acts with commentaries, ILC Yearbook 2001 Vol. II, Part Two, 20 (29): „1. Any State other than an injured State is entitled to invoke the responsibility of another State in accordance with paragraph 2 if:
(a) the obligation breached is owed to a group of States including that State, and is established for the protection of a collective interest of the group".

661 IGH, *Barcelona Traction, Light and Power Company (Belgium v. Spain)*, Urteil v. 05.02.1970, ICJ Rep. 1970, 3 Rn. 33.

662 ILC Draft articles on Responsibility of States for Internationally Wrongful Acts with commentaries, ILC Yearbook 2001 Vol. II, Part Two, 20 (28).

663 *Dörr*, in: Ipsen (Begr.), Völkerrecht, § 29 Rn. 15; *Whelan*, Reciprocity in International Public Law, 199.

664 *Dörr*, in: Ipsen (Begr.), Völkerrecht, § 29 Rn. 15.

Klar abzugrenzen sind *erga omnes (partes)* Bestimmungen von jenen des *ius cogens*. Ersteres bezieht sich auf die Erfüllungsstruktur, während letzteres eine Vorrangigkeit von Bestimmungen gegenüber dem übrigen Völkerrecht bedeutet (vgl. Art. 53 WVK).[665] Wenn auch einzelne völkerrechtliche Bestimmungen sowohl *ius cogens* sein können als auch *erga omnes (partes)* zu erfüllen sind, handelt es sich um zwei rechtliche Kategorien.

Die Erfüllungsstruktur ist durch Auslegung zu ermitteln.[666] Insbesondere ist dabei Ziel und Zweck der jeweiligen Normen heranzuziehen (vgl. Art. 31 Abs. 1 WVK). Ein gleichgerichteter Gemeinwille (*common interest*) impliziert, dass die fraglichen Verpflichtungen von jedem Vertragsstaat gegenüber allen anderen Vertragsstaaten des Übereinkommens geschuldet werden.[667] Die Erfüllungsstruktur ist je nach Norm zu bestimmen, da auch in einem Vertrag mit einer überwiegenden integralen Erfüllungsstruktur einzelne Normen enthalten sein können, die bilateral zu erfüllen sind.[668]

c) Reziproke Wirkung eines Flexibilitätsinstruments

Für die Rechtsfolge und Wirkung eines Flexibilitätsinstruments ist zu unterscheiden, ob die Rechte und Pflichten nur einseitig für die das Instrument ausübende Partei geändert werden oder ob sich reziprok die Pflichten der anderen Parteien im Verhältnis zu der ausübenden Partei verändern.[669] Für die Bedingung, die nach der optionalen Klausel in Art. 36 Abs. 2 des

---

665 *Dörr*, in: Ipsen (Begr.), Völkerrecht, § 29 Rn. 18; *Hoffmann*, Völkerrechtliche Vorgaben für die Verleihung der Staatsangehörigkeit, 365.

666 *Azaria*, in: Cambridge Journal of International and Comparative Law 2016 (Vol. 5), 169 (175); *Dörr*, in: Ipsen (Begr.), Völkerrecht, § 29 Rn. 11.

667 IGH, *Questions relating to the Obligation to Prosecute or Extradite (Belgium v. Senegal)*, ICJ Rep. 2012, 422, Rn. 68; *Dörr*, in: Ipsen (Begr.), Völkerrecht, § 29 Rn. 11; *Hoffmann*, Völkerrechtliche Vorgaben für die Verleihung der Staatsangehörigkeit, 364.

668 *Pergantis*, The Paradigm of State Consent in the Law of Treaties, 51; *Simma*, in: Recueil des Cours 1994 IV (Vol. 248), 219 (337).

669 Fifth Report on reservations to treaties by the Special Rapporteur Mr. Allain Pellet, UN Doc. A/CN.4/508/Add.1 (2000), Rn. 89–91.

IGH Statuts[670] erklärt werden kann, umschrieb der IGH die reziproke Wirkung wie folgt:

> „Reciprocity in the case of Declarations accepting the compulsory jurisdiction of the Court enables a Party to invoke a reservation to that acceptance which it has not expressed in its own Declaration but which the other Party has expressed in its Declaration."[671]

Eine reziproke Wirkung unterstützt es, dass die Parteien ein Flexibilitätsinstrument nur im erforderlichen Umfang nutzen.[672] Verwenden sie ein Flexibilitätsinstrument sehr weitgehend, reduzieren sie dadurch nicht nur die eigenen Pflichten, sondern auch die eigenen Rechte gegenüber den anderen Parteien bzgl. der entsprechenden Norm.

Inwiefern ein Flexibilitätsinstrument reziprok wirkt, hängt von der Erfüllungsstruktur (aa) und der Vertragsgestaltung für das einzelne Flexibilitätsinstrument (bb) ab.

aa) Reziproke Wirkung eines Flexibilitätsinstruments abhängig von der Erfüllungsstruktur

Eine reziproke Wirkung eines Flexibilitätsinstruments ist in verschiedenen Weisen möglich. Zum einen kann die Ausübung eines Flexibilitätsinstruments dazu führen, dass die Pflichten der anderen Parteien gegenüber der ausübenden Partei in demselben Ausmaß reduziert werden. Dabei handelt es sich um eine negative Reziprozität, bei der bei Zufügung eines Nachteils

---

670 BGBl. 1973 II 505. International: Documents of the United Nations Conference on International Organization, UNIO Vol. 15, 355.

671 IGH, *Interhandel (Switzerland v. United States of America)*, Urteil vom 21.03.1959, ICJ Rep. 1959, 6 (23).

672 Für Vorbehalte: ILC Guide to Practice on Reservations to Treaties 2011, UN Doc. A/66/10/Add.1, Guideline 4.2.4, Rn. 32; *Walter*, in: Dörr/Schmalenbach, VCLT, Art. 21 Rn. 19. In Bezug auf das Fehlen dieser Wirkung für Suspendierungen: *Pelc*, Making and Bending International Rules, 202.

mit vergleichbarer Schadenszufügung reagiert wird.[673] Ein klassisches Beispiel ist der Vorbehalt, dessen Wirkung nach Art. 21 Abs. 1 WVK reziprok ist:

> „Ein gegenüber einer anderen Vertragspartei nach den Artikeln 19, 20 und 23 bestehender Vorbehalt
>
> a) ändert für den den Vorbehalt anbringenden Staat im Verhältnis zu der anderen Vertragspartei die Vertragsbestimmungen, auf die sich der Vorbehalt bezieht, in dem darin vorgesehenen Ausmaß und
>
> b) ändert diese Bestimmungen für die andere Vertragspartei im Verhältnis zu dem den Vorbehalt anbringenden Staat in demselben Ausmaß."[674]

Auch andere Flexibilitätsinstrumente haben eine derartige reziproke Wirkung, z. B. für Bestimmungen zum *Opting-Out*[675] wie in Art. 25 des *Europäische Übereinkommens über die Staatsangehörigkeit*:

> „(1) Jeder Staat kann bei der Unterzeichnung oder bei der Hinterlegung seiner Ratifikations-, Annahme-, Genehmigungs- oder Beitrittsurkunde erklären, dass er Kapitel VII von der Anwendung des Übereinkommens ausschließt.
>
> (2) Kapitel VII gilt nur im Verhältnis zwischen den Vertragsstaaten, für die es in Kraft ist."[676]

Zum anderen besteht eine gegenseitige Wirkung eines Instruments, wenn seine Wirkung voraussetzt, dass zwei Parteien es positiv ausüben. Es handelt sich um eine positive Reziprozität, somit die gegenseitige Gewährung von

---

673 *Simma*, Das Reziprozitätselement im Zustandekommen völkerrechtlicher Verträge, 48.

674 BGBl. 1985 II 927. In der englischen, authentischen Fassung lautet es: „A reservation established with regard to another party in accordance with articles 19, 20 and 23:
a) modifies for the reserving State in its relations with that other party the provisions of the treaty to which the reservation relates to the extent of the reservation; and
b) modifies those provisions to the same extent for that other party in its relations with the reserving State.".

675 *Opting-Out* wird definiert als Vertragsbestimmung, durch welche ein Völkerrechtssubjekt an die dort enthaltenen Regeln automatisch gebunden ist, außer es äußert den Willen an diesen Teil eines Vertrages nicht gebunden zu sein. Dazu näher → Kapitel 4 A. I.

676 BGBl. 1997 II 578. International: CETS Nr. 166.

Vorteilen.[677] Eine Vertragsmodifikation nach Art. 41 WVK, die nur einige Parteien bindet,[678] wirkt sich nur zwischen den Parteien aus, die ebenfalls dieser zugestimmt haben. Ein weiteres Beispiel sind optionale Klauseln[679], die häufig eine Gegenseitigkeitsregelung enthalten und dadurch die zusätzlichen Pflichten einzig gegenüber jenen Parteien bestehen, die eine übereinstimmende Erklärung zu der optionalen Klausel abgegeben haben. Beispielsweise verlangt Art. 21 Abs. 1 des *Übereinkommens gegen Folter und andere grausame, unmenschliche oder erniedrigende Behandlung oder Strafe*:

> „Ein Vertragsstaat kann aufgrund dieses Artikels jederzeit erklären, dass er die Zuständigkeit des Ausschusses zur Entgegennahme und Prüfung von Mitteilungen anerkennt, in denen ein Vertragsstaat geltend macht, ein anderer Vertragsstaat komme seinen Verpflichtungen aus diesem Übereinkommen nicht nach. Diese Mitteilungen können nur dann nach den in diesem Artikel festgelegten Verfahren entgegengenommen und geprüft werden, wenn sie von einem Vertragsstaat eingereicht werden, der für sich selbst die Zuständigkeit des Ausschusses durch eine Erklärung anerkannt hat. Der Ausschuss darf keine Mitteilung aufgrund dieses Artikels behandeln, die einen Vertragsstaat betrifft, der keine derartige Erklärung abgegeben hat. [...]“[680]

Für Art. 36 Abs. 2 *IGH Statut* ergibt sich aus dem Wortlaut „gegenüber jedem anderen Staat, der dieselbe Verpflichtung übernimmt“[681] die Gegenseitigkeit.

Für die reziproke Wirkung eines Flexibilitätsinstruments ist die Erfüllungsstruktur des jeweiligen Vertrages, innerhalb dessen ein Flexibilitätsinstrument angewendet wird, zu berücksichtigen. Innerhalb eines Vertrages mit bilateraler Erfüllungsstruktur wirken sowohl Instrumente, die für die Veränderung der Pflichten eine positive Übereinstimmung verlangen, als auch Instrumente,

---

677 *Simma*, Das Reziprozitätselement im Zustandekommen völkerrechtlicher Verträge, 48.

678 Dazu näher → Kapitel 4 K. II.

679 *Opting-In* oder optionale Klauseln sind Bestimmungen, die ein Verfahren schaffen, wonach nur diejenigen Vertragsparteien an eine Vertragsbestimmung gebunden sind, welche in einem von der Zustimmung zum gesamten Vertrag getrennten Akt eingewilligt haben. Dazu näher → Kapitel 4 B.

680 BGBl. 1990 II 246. International: UNTS Vol. 1465, 85.

681 BGBl. 1973 II 505. International: Documents of the United Nations Conference on International Organization, UNIO Vol. 15, 355.

die als Reaktion negativ die Pflichten der anderen Parteien gegenüber der das Instrument ausübenden Partei anpassen, reziprok.

Anders ist dies bei einer integralen Erfüllungsstruktur. In einer integralen Erfüllungsstruktur ist jede Partei gegenüber allen übrigen Parteien zur Erfüllung verpflichtet. Zu unterscheiden ist zwischen den Formen der negativen und positiven Reziprozität. Bei einer negativen Reziprozität wie bei Vorbehalten[682] oder einem *Opting-Out*[683] ist die Nichterfüllung oder Veränderung einer Pflicht als Reaktion auf eine Veränderung durch eine andere Partei nicht ohne die eigene Verletzung der Vertragspflichten gegenüber den weiteren Parteien möglich. Beispielsweise hat Deutschland folgenden Vorbehalt zum *Übereinkommen über die Rechtsstellung der Staatenlosen* formuliert:

> „Artikel 27 wird nicht angewandt."[684]

Art. 27 des *Übereinkommens über die Rechtsstellung der Staatenlosen* lautet:

> „Die Vertragsstaaten stellen jedem Staatenlosen, der sich in ihrem Hoheitsgebiet befindet und keinen gültigen Reisepass besitzt, einen Personalausweis aus."[685]

Würde sich Australien als andere Vertragspartei mit Verweis auf die reziproke Wirkung des deutschen Vorbehalts beziehen, würde es die Pflicht aus Art. 27 allen anderen Parteien gegenüber verletzen.

In einer integralen Erfüllungsstruktur kann sich eine reziproke Wirkung insofern als abgeschwächte Form darauf beschränken, dass die Partei, die das Flexibilitätsinstrument genutzt hat, nicht berechtigt ist, die Erfüllung der jeweiligen Pflicht durch die anderen Parteien zu verlangen. Beispielsweise[686]

---

682 Dazu näher → Kapitel 3.

683 *Opting-Out* wird definiert als Vertragsbestimmung, durch welche ein Völkerrechtssubjekt an die dort enthaltenen Regeln automatisch gebunden ist, außer es äußert den Willen an diesen Teil eines Vertrages nicht gebunden zu sein. Dazu näher → Kapitel 4 A. I.

684 BGBl. 1977 II 235.

685 BGBl. 1976 II 473, 474. International: UNTS Vol. 360, 117.

686 In einem Vertrag enthalten ist eine derartige Bestimmung z. B. in Art. 7 Abs. 2 des *Europäischen Übereinkommen über die Regelung des Personenverkehrs zwischen den Mitgliedstaaten des Europarats*:
„Eine Vertragspartei, die von einer der in Absatz 1 vorgesehenen Möglichkeiten Gebrauch macht, kann die Anwendung dieses Übereinkommens durch eine andere

formuliert die Modellklausel des Europarats zu Vorbehalten von 2017, welche im Wortlaut der Version von 1980[687] entspricht:

> „A Party which has made a reservation in respect of a provision of this Convention may not claim the application of that provision by any other Party; it may, however, if the reservation is partial or conditional, claim the application of that provision in so far as it has itself accepted it."[688]

In Bezug auf die betroffene Bestimmung hat das Völkerrechtssubjekt die Position wie jedes Völkerrechtssubjekt, das nicht Partei eines Vertrages ist. Genau wie eine Nicht-Partei kann eine Partei, die das Flexibilitätsinstrument ausgeübt hat, dennoch einen faktischen Vorteil aus der Erfüllung durch die anderen Parteien ziehen. Beispielsweise profitieren Küstenstaaten, die nicht dem *Londoner Übereinkommen über die Verhütung der Meeresverschmutzung durch das Einbringen von Abfällen und anderen Stoffen*[689] dennoch davon, dass weniger Abfälle an ihren Küsten angespült werden.

Eine Position vergleichbar zu einer Nicht-Partei in Bezug auf die durch das Flexibilitätsinstrument veränderten Pflichten kann sich beispielsweise[690] aus einer Formulierung wie in Art. 30 Abs. 2 des *Übereinkommens gegen Folter und andere grausame, unmenschliche oder erniedrigende Behandlung oder Strafe* ergeben:

> „Jeder Staat kann bei der Unterzeichnung oder der Ratifikation dieses Übereinkommens oder dem Beitritt zu diesem erklären, dass er sich durch Absatz 1 nicht als

Partei nur insoweit verlangen, als sie selbst es gegenüber dieser Partei anwendet." (BGBl. 1959 II 389, 390. International: CETS Nr. 25).

687 Article e Abs. 3 Model Final Clauses for Conventions and Agreements concluded within the Council of Europe, concluded by the Committee of Ministers of the Council of Europe, 315th meeting, 1980.

688 Article D Option 2 Abs. 3 Model Final Clauses for Conventions, Additional Protocols and Amending Protocols concluded within the Council of Europe as adopted by the Ministers' Deputies of the Council of Europe at their 1291st meeting, on 05.07.2017, online verfügbar: https://rm.coe.int/168072fb76 [28.07.2025].

689 BGBl. 1977 II 165, 180. International: UNTS Vol. 1046, 120.

690 Ein weiteres Beispiel enthält Art. 24 Abs. 2 des *Internationalen Übereinkommens der Vereinten Nationen zur Bekämpfung der Finanzierung des Terrorismus* (BGBl. 2003 II 1923, 1924. International: UNTS Vol. 2178, 197).

gebunden betrachtet. Die anderen Vertragsstaaten sind gegenüber einem Vertragsstaat, der einen solchen Vorbehalt gemacht hat, durch Absatz 1 nicht gebunden."[691]

Eine weitere Möglichkeit sieht Art. 92 Abs. 2 des *Übereinkommens der Vereinten Nationen über Verträge über den internationalen Warenkauf* vor:

> „Ein Vertragsstaat, der eine Erklärung nach Absatz 1 zu Teil II oder Teil III dieses Abkommens abgegeben hat, ist hinsichtlich solcher Gegenstände, die durch den Teil geregelt werden, auf den sich die Erklärung bezieht, nicht als Vertragsstaat im Sinne des Artikels 1 Absatz 1 zu betrachten."[692]

Inwiefern eine solche Wirkung ohne ausdrückliche Vertragsbestimmung anzunehmen ist, ist durch Auslegung zu ermitteln.

In der Konstellation der positiven Reziprozität droht dagegen keine Vertragsverletzung, solange die Veränderung, die zwei Parteien positiv ausüben müssen, gleichzeitig mit den übrigen Vertragspflichten erfüllt werden kann. Ein solcher Fall einer positiven Reziprozität ist eine optionale Klausel[693], welche die Erfüllung auf jene Parteien beschränkt, die von der optionalen Klausel Gebrauch gemacht haben und die eine zusätzliche Pflicht vorsieht, welche integral zu erfüllen ist. Beispielsweise kann eine derartige Reziprozität durch eine Bestimmung wie Art. 14 Abs. 2 des *UN-Klimarahmenabkommen* hergestellt werden:

> „Bei der Ratifikation, der Annahme oder bei der Genehmigung des Übereinkommens oder beim Beitritt zum Übereinkommen oder jederzeit danach kann eine Vertragspartei, die keine Organisation der regionalen Wirtschaftsintegration ist, in einer dem Verwahrer vorgelegten schriftlichen Urkunde erklären, daß sie in bezug auf jede Streitigkeit über die Auslegung oder Anwendung des Übereinkommens folgende Verfahren gegenüber jeder Vertragspartei, welche dieselbe

---

691 BGBl. 1990 II, 246. International: UNTS Vol. 1465, 85.

692 BGBl. 1989 II 588. International: UNTS Vol. 1489, 3.

693 *Opting-In* oder optionale Klauseln sind Bestimmungen, die ein Verfahren schaffen, wonach nur diejenigen Vertragsparteien an eine Vertragsbestimmung gebunden sind, welche in einem von der Zustimmung zum gesamten Vertrag getrennten Akt eingewilligt haben. Dazu näher → Kapitel 4 B.

> Verpflichtung übernimmt, von Rechts wegen und ohne besondere Übereinkunft als obligatorisch anerkennt:
>
> […]"[694]

Es entsteht dadurch für diese Pflicht eine neue, reduzierte Gesamtheit an Parteien, gegenüber welcher die Erfüllung geschuldet wird. Diese Gesamtheit besteht nur aus den Parteien, die die optionale Klausel ausgeübt haben, und nicht aus allen übrigen Vertragsparteien. Zwischen diesen Parteien kann die weitere Pflicht integral erfüllt werden. Die übrigen Vertragspflichten gegenüber den restlichen Vertragsparteien bleiben davon unberührt, da die zusätzlichen Pflichten sich nicht auf die übrigen Vertragspflichten auswirken.

bb) Vertragsgestaltung bezogen auf die reziproke Wirkung eines Flexibilitätsinstruments

Als Ausgangspunkt unabhängig von der Erfüllungsstruktur sind fünf verschiedene Konstellationen für die reziproke Wirkung von Flexibilitätsinstrumenten zu unterscheiden:

1. Ein Flexibilitätsinstrument entfaltet keine reziproke Wirkung aufgrund der Struktur des Flexibilitätsinstruments.
2. Ein Flexibilitätsinstrument entfaltet keine reziproke Wirkung, weil eine solche Wirkung vertraglich ausgeschlossen ist.
3. Ein Flexibilitätsinstrument entfaltet eine reziproke Wirkung, weil eine solche Wirkung vertraglich angeordnet ist.
4. Das ausübende Völkerrechtssubjekt ist aufgrund einer Vertragsbestimmung berechtigt zu wählen, ob das Flexibilitätsinstrument reziprok wirkt oder nicht.
5. Der Vertrag schweigt dazu, ob das Flexibilitätsinstrument reziprok wirkt.

Einige Flexibilitätsinstrumente entfalten aufgrund ihrer Struktur keine reziproke Wirkung. Beispielsweise hat die Bestimmung der territorialen Geltung[695]

---

694 BGBl. 1993 II 1783, 1784. International: UNTS Vol. 1771, 107.

695 Indem Parteien die territoriale Dimension des Anwendungsbereiches eines Vertrages oder einzelner Regelungen bestimmen können, legen sie fest, in welchen Gebieten

keine reziproke Wirkung. Ebenfalls wird der Interpretationsspielraum[696] in den weit überwiegenden Fällen unilateral genutzt und wirkt sich nicht reziprok auf die Auslegung durch andere Parteien aus. Nur im Rahmen der bilateralen Auslegung wird der Interpretationsspielraum reziprok durch zwei Parteien gemeinsam genutzt und wirkt in deren Vertragsbeziehung reziprok.

Darüber hinaus kann für ein Flexibilitätsinstrument, welches grundsätzlich eine reziproke Wirkung entfalten kann, diese in einer Vertragsbestimmung ausgeschlossen werden. Beispielsweise legt Art. 62 Abs. 4 des *Übereinkommens über die internationale Geltendmachung der Unterhaltsansprüche von Kindern und anderen Familienangehörigen* fest:

> „Die nach diesem Artikel angebrachten Vorbehalte mit Ausnahme des Vorbehalts nach Artikel 2 Absatz 2 bewirken nicht die Gegenseitigkeit."[697]

Umgekehrt kann eine Vertragsbestimmung ausdrücklich eine reziproke Wirkung eines Flexibilitätsinstruments vorsehen. Ein Beispiel enthält Art. 25 Abs. 2 des *Europäischen Übereinkommens über die Staatsangehörigkeit*:

> „(1) Jeder Staat kann bei der Unterzeichnung oder bei der Hinterlegung seiner Ratifikations-, Annahme-, Genehmigungs- oder Beitrittsurkunde erklären, daß er Kapitel VII von der Anwendung des Übereinkommens ausschließt.
>
> (2) Kapitel VII gilt nur im Verhältnis zwischen den Vertragsstaaten, für die es in Kraft ist."[698]

Weiterhin kann eine Bestimmung aufgenommen werden, die es den einzelnen Parteien überlässt, ob eine reziproke Wirkung bestehen soll oder nicht, indem eine Bestimmung aufgenommen wird, die vergleichbar ist zu der

---

der Vertrag oder die einzelnen Regelungen gelten und anzuwenden sind. Dazu näher → Kapitel 4 G.

696 Ein Interpretationsspielraum besteht, wenn mehrere zulässige Auslegungsergebnisse existieren und jeder Rechtsanwender bei Auslegung aus diesen auswählen kann. Dazu näher → Kapitel 5 A.

697 EU ABl. L 192/51 vom 22.07.2011.

698 BGBl. 2004 II 579. International: CETS Nr. 166.

optionalen Klausel in Art. 1 Abs. 2 S. 2 des *Europäischen Übereinkommens über die Zustellung von Schriftstücken in Verwaltungssachen im Ausland*:

> „(2) [...] Dieser Staat kann in seiner Erklärung mitteilen, daß er sich auf das Fehlen der Gegenseitigkeit berufen wird."[699]

Ein weiteres Beispiel ist Art. 20 Abs. 7 des *Abkommens über die Zollerleichterungen im Touristenverkehr*, welches eine Erklärung gegenüber dem Generalsekretär verlangt:

> „Kein Vertragsstaat ist verpflichtet, einem Staat, der einen Vorbehalt gemacht hat, die Vergünstigungen dieses Abkommens zu gewähren, auf die sich der Vorbehalt bezieht. Jeder Staat, der dieses Recht für sich in Anspruch nimmt, wird dies dem Generalsekretär mitteilen. Der Generalsekretär wird diese Entscheidung allen Signatar- und Vertragsstaaten mitteilen."[700]

Eine reziproke Wirkung eines Flexibilitätsinstruments besteht auch dann, wenn der Vertrag dazu schweigt, aber sich eine reziproke Wirkung aus dem allgemeinen Völkervertragsrecht ergibt wie z. B. aus Art. 21 Abs. 1 lit. b) WVK für Vorbehalte. Dabei ist die Erfüllungsstruktur zu berücksichtigen, weshalb Vorbehalte zu einem Vertrag mit integraler Erfüllungsstruktur nicht oder nur begrenzt reziprok wirken.[701] Fehlt es an einer derartigen Regelung, ist durch Auslegung im Einzelfall zu bestimmen, ob und in welcher Form (parallele Veränderung der Pflichten oder ob die Partei von der Geltendmachung der Pflichten ausgeschlossen ist) das Flexibilitätsinstrument reziproke Wirkung entfalten soll. Dabei kann beispielsweise einbezogen werden, ob und in welchem Umfang eine reziproke Wirkung die Effektivität des Vertrages beeinträchtigen würde.

8. Kompensationen bei Ausübung eines Flexibilitätsinstruments

Ein Flexibilitätsinstrument kann dadurch begrenzt werden, dass die ausübende Partei bestimmten oder allen anderen Parteien Geld zahlen muss

---

699 BGBl. 1981 II 533, 535. International: CETS Nr. 94.

700 BGBl. 1956 II 1886. International: UNTS Vol. 276, 596.

701 Dazu näher → Kapitel 3 C. IV.

oder andere Kompensationen leisten muss.[702] Als Checkliste können die aushandelnden Völkerrechtssubjekte die folgenden Fragen stellen:

1. Soll eine Partei ein Flexibilitätsinstrument nur ausüben dürfen, wenn sie dafür eine Kompensation zahlt?
2. Wem gegenüber ist die Kompensation zu zahlen?
3. Zu welchem Zeitpunkt muss die Kompensation gezahlt werden?
4. Wie wird die Höhe der Kompensation bestimmt?

Ein Beispiel für eine Kompensation ist Art. 8 Abs. 1 des *WTO-Übereinkommens über Schutzmaßnahmen (Safeguards Agreement)*:

> „(1) Ein Mitglied, das die Anwendung oder die Verlängerung einer Schutzmaßnahme beabsichtigt, bemüht sich gemäß Artikel 12 Absatz 3, einen Umfang an Zugeständnissen und sonstigen Verpflichtungen aufrechtzuerhalten, der im wesentlichen dem entspricht, der gemäß dem GATT 1994 zwischen ihm selbst und den Ausfuhrmitgliedern besteht, die von einer solchen Maßnahme betroffen wären. Um dieses Ziel zu erreichen, können sich die betreffenden Mitglieder über angemessene Handelskompensationen für die negativen Auswirkungen der Maßnahme auf ihren Handel einigen.
>
> (2) Kommt bei den Konsultationen gemäß Artikel 12 Absatz 3 innerhalb von 30 Tagen keine Einigung zustande, so steht es den betroffenen Ausfuhrmitgliedern frei, spätestens 90 Tage nach der Anwendung der Maßnahme und frühestens nach Ablauf von 30 Tagen nach Eingang einer entsprechenden schriftlichen Mitteilung beim Rat für Warenverkehr die Anwendung im wesentlichen gleichwertiger Zugeständnisse oder sonstiger Verpflichtungen im Rahmen des GATT 1994 auf den Handel des die Schutzmaßnahme anwendenden Mitglieds auszusetzen, sofern der Rat für Warenverkehr dagegen keine Einwände hat.
>
> (3) Das Recht auf Aussetzung nach Absatz 2 darf nicht in den ersten drei Anwendungsjahren einer Schutzmaßnahme ausgeübt werden, sofern diese Schutzmaßnahme wegen eines Anstiegs der Einfuhren in absoluten Zahlen getroffen wurde und im Einklang mit diesem Übereinkommen steht.“[703]

---

[702] Für Suspendierungsklauseln: *Helfer*, in: Dunoff/Pollack (Hrsg.), Interdisciplinary Perspectives on International Law and International Relations, 175 (186 f.); *Pelc*, Making and Bending International Rules, 31 f.; *Rosendorff/Milner*, in: International Organizations 2001 (Vol. 55), 829 (831 f.).

[703] EU ABl. vom 23.12.1994, L 336/184.

Ebenfalls sehen Enteignungsklauseln in Investitionsschutzabkommen ein solches Vorgehen vor.[704] Ein Beispiel[705] ist Art. 8.15 des *umfassenden Wirtschaftsabkommens zwischen Kanada und der EU (CETA)*:

> „(1) Eine Vertragspartei darf eine erfasste Investition weder direkt verstaatlichen oder enteignen noch indirekt durch Maßnahmen gleicher Wirkung wie Verstaatlichung oder Enteignung (im Folgenden „Enteignung"), es sei denn, dies geschieht
>
> a) zu einem öffentlichen Zweck,
>
> b) nach einem rechtsstaatlichen Verfahren,
>
> c) diskriminierungsfrei und
>
> d) gegen Zahlung einer umgehenden, angemessenen und effektiven Entschädigung.
>
> Es wird klargestellt, dass dieser Absatz im Einklang mit Anhang 8-A auszulegen ist.
>
> (2) Die Höhe der Entschädigung nach Absatz 1 muss dem fairen Marktwert entsprechen, den die Investition unmittelbar vor dem Bekanntwerden der Enteignung oder bevorstehenden Enteignung hatte, je nachdem, welches der frühere Zeitpunkt ist. Zu den Bewertungskriterien gehören der Fortführungswert, der Wert der Vermögensgegenstände, einschließlich des ausgewiesenen Steuerwerts der materiellen Vermögensgegenstände, sowie andere zur Bestimmung des fairen Marktwerts geeignete Kriterien.
>
> (3) Die Entschädigung muss darüber hinaus Zinsen zu einem marktüblichen Zinssatz für die Zeit vom Tag der Enteignung bis zum Tag der Zahlung zu beinhalten und muss, damit sie für den Investor tatsächlich verwertbar ist, unverzüglich in der Währung des Landes, dessen Staatsangehöriger der Investor ist, oder in einer

---

704 Zu diesen Klauseln ausführlicher: United Nations Conference on Trade and Development (UNCTAD), International Investment Agreements: Key Issues Volume I, 2004, UNCTAD/ITE/IIT/2004/10, 235–256; WTO World Trade Report 2009, Trade Policy Commitments and Contingency Measures, online verfügbar: https://www.wto.org/english/res_e/booksp_e/anrep_e/world_trade_report09_e.pdf [28.07.2025], 74–76; *Pelc/Urpelainen*, in: The Review of International Organizations 2015 (Vol. 10), 231 (255–257); *Ratner*, in: American Journal of International Law 2017 (Vol. 111), 7; *Sabanogullari*, General Exception Clauses in International Investment Law, 290–294.

705 Weitere Beispiele sind Art. 13 der *Energiecharta* (BGBl. 1997 II 4, 5. International: UNTS Vol. 2080, 95) und Art. 4 des *Abkommens zwischen der Bundesrepublik Deutschland und der Volksrepublik China über die Förderung und den gegenseitigen Schutz von Kapitalanlage* (BGBl. 2005 II, 732).

> vom Investor akzeptierten frei konvertierbaren Währung gezahlt werden und in das vom Investor bestimmte Land transferierbar sein."[706]

Während die ersten drei Voraussetzungen für eine zulässige Enteignung zuvor oder bei der Enteignung vorliegen müssen, sieht lit. d) bereits von vornherein vor, dass die Entschädigung nachträglich erfolgen kann, da festgelegt ist, dass sie „umgehend" gezahlt werden soll. Liegen die ersten drei Voraussetzungen vor, eine Partei enteignet und zahlt anschließend keine angemessene Entschädigung, bleibt es bei einer Vertragsverletzung. Zu berücksichtigen ist weiterhin, dass die Entschädigung nicht zwischen den Vertragsparteien des völkerrechtlichen Vertrages gezahlt wird, sondern eine Partei zahlt diese an ein Unternehmen, welches aus einer der anderen Vertragsparteien stammt.

Durch eine Entschädigung wird der Anreiz für die Parteien reduziert, ein Flexibilitätsinstrument leichtfertig zu verwenden. Darüber hinaus kann eine Entschädigungszahlung der Umsetzung der Theorie des effizienten Vertragsbruchs dienen. Die Theorie des effizienten Vertragsbruchs (*efficient breach*) stammt aus dem Bereich der ökonomischen Analyse des Rechts im *Common Law*. Danach wird durch einen Vertragsbruch zugunsten einer wirtschaftlich günstigeren Alternative in Kombination mit einer Vertragsstrafe eine wirtschaftlich effizientere Verteilung erreicht.[707] Die Theorie des effizienten Vertragsbruchs auf völkerrechtliche Verträge zu übertragen, ist nicht einfach, da vielen Verträgen kein wirtschaftliches Austauschverhältnis zugrunde liegt, sondern politische Ziele verfolgt werden. Eine effizientere Verteilung ist somit kaum zu definieren.[708] Die Theorie des effizienten Vertragsbruchs im Bereich des Völkervertragsrechts sollte daher nur sehr zurückhaltend übertragen werden. Darüber hinaus besteht für multilaterale Verträge mit integraler Erfüllungsstruktur[709] die Schwierigkeit, dass allen Parteien gegenüber die Erfüllung geschuldet ist und insofern allen Parteien eine Kompensation zu zahlen wäre.

---

706 EU ABl. L 11/23 vom 14.01.2017.

707 *Birmingham*, in: Rutgers Law Review 1970 (Vol. 24), 273 (284–286); *Collins*, in: Journal of World Trade 2009 (Vol. 43), 225 (229); *Goetz/Scott*, in: Colombia Law Review 1977 (Vol. 77), 554 (558 f.); *Jackson*, in: American Journal of International Law 2004 (Vol. 98), 109 (122); *Morrison*, in: Denver Journal of International Law and Policy 1997 (Vol. 23), 183 (183 f.); *Ng'ambi*, in: Northwestern Journal of International Law & Business 2021 (Vol. 41), 325 (340 f.).

708 *Thompson*, in: The Journal of Legal Studies 2002 (Vol. 31), 285 (297 f.).

709 Dazu genauer → Kapitel 2 C. II. 7. b).

9. Regeln zur Beendigung eines Flexibilitätsinstruments

Ein Vertrag kann ausdrücklich Regeln zur Beendigung des Flexibilitätsinstruments enthalten. Als Checkliste können aushandelnde Völkerrechtssubjekte folgende Fragen stellen und entweder in einem Vertrag regeln oder bewusst offenlassen:

1. Ist es sinnvoll die ausübende Partei zu verpflichten, einen Plan vorzulegen, wie die Beendigung des Flexibilitätsinstruments erreicht werden soll?
2. Ist es sinnvoll eine einmalige oder regelmäßige Pflicht aufzunehmen, dass die ausübende Partei überprüfen soll, ob das Flexibilitätsinstrument weiterhin erforderlich ist?
3. Ist es sinnvoll aufzunehmen, dass die ausübende Partei verpflichtet ist, Schritte zu unternehmen, um das Flexibilitätsinstrument beenden zu können?
4. Soll sich entweder aus der Vertragsbestimmung oder der Erklärung der ausübenden Partei eine automatische Beendigung für das Flexibilitätsinstrument ergeben?
5. Soll der Vertrag eine Regelung enthalten, die ausführt, dass das Flexibilitätsinstrument beendet werden kann?
6. Soll der Vertrag vorgeben, welches Verfahren und Form eine Partei erfüllen muss, wenn es ein Flexibilitätsinstrument beendet?
7. Soll die Beendigungsmöglichkeit von einer materiellen Voraussetzung abhängen?
8. Sollen die Rechtswirkungen der Beendigung des Flexibilitätsinstruments ausdrücklich geregelt werden?

Neben den Erwägungen der aushandelnden Völkerrechtssubjekte ist für die ersten drei Fragen relevant, welche Art von Flexibilitätsinstrumenten vorliegen. Derartige Begrenzungen sind nur sinnvoll, wenn durch das Flexibilitätsinstrument die ausübende Partei geringere Pflichten erfüllt und die übrigen Parteien ein Interesse an einer vollständigen Integration der Partei haben[710].

Als Begrenzung kann eine Norm vorsehen, dass die Partei einen Plan vorlegen muss, wie sie die Nutzung des Flexibilitätsinstruments beenden möchte.

---

710 Zu der Integrationswirkung siehe → Kapitel 2 C. I. 4.

Ein Beispiel ist Art. 4 Abs. 3 lit. a) iii) des *ILO Übereinkommens Nr. 188 über die Arbeit im Fischereisektor*:

> „Jedes Mitglied, das die in Absatz 1 gebotene Möglichkeit für sich in Anspruch nimmt, hat:
>
> a) in seinem ersten Bericht über die Durchführung des Übereinkommens nach Artikel 22 der Verfassung der Internationalen Arbeitsorganisation:
>
> [...]
>
> iii) den Plan für die schrittweise Durchführung zu beschreiben;“[711]

Eine Pflicht nach einer gewissen Zeit zu prüfen, ob das Flexibilitätsinstrument weiterhin erforderlich ist, enthält beispielsweise[712] Art. 29 Abs. 3 des *Europäischen Übereinkommens über die Staatsangehörigkeit*:

> „Ein Staat, der einen oder mehrere Vorbehalte nach Absatz 1 angebracht hat, prüft ihre vollständige oder teilweise Rücknahme, sobald die Umstände dies zulassen. Die Rücknahme erfolgt durch eine an den Generalsekretär des Europarats gerichtete Notifikation und wird mit dem Eingang der Notifikation beim Generalsekretär wirksam.“[713]

Eine regelmäßige Überprüfung der Erforderlichkeit empfiehlt für Vorbehalte auch Guideline 2.5.3 des *ILC Guide to Practice on Reservations to Treaties*:

> „1. States or international organizations which have formulated one or more reservations to a treaty should undertake a periodic review of such reservations and consider withdrawing those which no longer serve their purpose.
>
> 2. In such a review, States and international organizations should devote special attention to the aim of preserving the integrity of multilateral treaties and, where

---

711 Normlex (Information System on International Labour Standards, https://normlex.ilo.org/).

712 Weitere Beispiele sind Art. 7 Abs. 3 des *ILO Übereinkommens Nr. 94 über die Arbeitsklauseln in den von Behörden abgeschlossenen Verträge* und Art. 17 Abs. 3 des *ILO Übereinkommens Nr. 95 über den Lohnschutz* (Normlex (Information System on International Labour Standards, https://normlex.ilo.org/).

713 BGBl. 2004 II, 579. International: CETS Nr. 166.

relevant, consider the usefulness of retaining the reservations, in particular in relation to developments in their internal law since the reservations were formulated."[714]

Weiterhin kann die Verpflichtung aufgenommen werden, Schritte zu unternehmen, um die Abweichung aufgrund eines Flexibilitätsinstrumentes zu beenden. Beispielsweise[715] sieht Art. 3 Abs. 2 des *ILO Übereinkommens Nr. 188 über die Arbeit im Fischereisektor* vor:

> „Im Fall von Ausnahmen gemäß dem vorstehenden Absatz hat die zuständige Stelle, soweit es möglich und erforderlich ist, Maßnahmen zu treffen, um die Anforderungen dieses Übereinkommens schrittweise auf die betreffenden Gruppen von Fischern und Fischereifahrzeugen auszudehnen."[716]

Es kann sich entweder aus dem Vertrag aufgrund einer *Sunset*-Bestimmung oder der Erklärung für das Flexibilitätsinstrument ergeben, dass das Flexibilitätsinstrument bei Eintritt eines Ereignisses automatisch enden soll. Ein Beispiel ist Art. 7 Abs. 3 des *Durchführungsübereinkommens zu Teil XI des UN-Seerechtsübereinkommens*:

> „Die vorläufige Anwendung endet mit dem Inkrafttreten dieses Übereinkommens. In jedem Fall endet sie am 16. November 1998, sofern bis zu diesem Zeitpunkt das Erfordernis in Artikel 6 Absatz 1 nicht erfüllt ist, das mindestens sieben der unter Nummer 1 Buchstabe a der Resolution II genannten Staaten (von denen mindestens fünf entwickelte Staaten sein müssen) ihre Zustimmung bekundet haben, durch das Übereinkommen gebunden zu sein."[717]

Bestimmungen, die ausführen, dass ein Flexibilitätsinstrument beendet werden kann, können entweder auf die Beendigung abstellen oder auf die Ausweitung der Pflichten. Ein Beispiel für ersteres ist Art. 9 Abs. 2 des

---

714 ILC Guide to Practice on Reservations to Treaties 2011, UN Doc. A/66/10/Add.1, Guideline 2.5.3.

715 Weitere Beispiele sind Art. 4 Abs. 3 des *ILO Übereinkommens Nr. 128 über Leistungen bei Invalidität und Alter und an Hinterbliebene* (Normlex (Information System on International Labour Standards, https://normlex.ilo.org/) und Art. 40 Abs. 3 des *Abkommens über die Rechtsstellung der Flüchtlinge* (BGBl. 1953 II 559, 560. International: UNTS Vol. 189, 137).

716 Normlex (Information System on International Labour Standards, https://normlex.ilo.org/).

717 BGBl. 1994 II 2565, 2566, 3796. International: UNTS Vol. 1836, 3.

Übereinkommens über die Verringerung der Mehrstaatigkeit und über die Wehrpflicht von Mehrstaatern:

> „Jede auf Grund dieses Artikels abgegebene Erklärung kann bezüglich der darin bezeichneten Staatsangehörigen und Hoheitsgebiete nach Maßgabe des Artikels 12 zurückgezogen werden.“[718]

Bestimmungen, die auf die Ausweitung abstellen, werden auch als *Escalation*[719] oder *Escalator*[720] Klauseln bezeichnet. Ein Beispiel ist Art. 3 Abs. 3 des *ILO Übereinkommens Nr. 121 über Leistungen bei Arbeitsunfällen und Berufskrankheiten*:

> „(1) Jedes Mitglied, das dieses Übereinkommen ratifiziert, kann durch eine seiner Ratifikationsurkunde beigefügte Erklärung vom Geltungsbereich des Übereinkommens ausschließen
>
> a) die Seeleute, einschließlich der Seefischer,
>
> b) die öffentlichen Bediensteten,
>
> sofern diese Gruppen durch Sondersysteme geschützt sind, die im ganzen Leistungen gewähren, die den in diesem Übereinkommen vorgesehenen mindestens gleichwertig sind.
>
> [...]
>
> (3) Jedes Mitglied, das eine Erklärung nach Absatz 1 dieses Artikels abgegeben hat, kann in der Folge dem Generaldirektor des Internationalen Arbeitsamtes mitteilen, dass es die Verpflichtungen aus diesem Übereinkommen für die bei der Ratifikation ausgeschlossene Gruppe oder Gruppen übernimmt.“[721]

Die Vertragsbestimmung kann außerdem Regelungen zu Verfahren und Form zum Beenden des Flexibilitätsinstruments aufnehmen. Darunter fällt insbesondere die Pflicht mitzuteilen, wenn eine Partei ein Flexibilitätsinstrument

---

718 BGBl. 1969 II 1953. International: CETS Nr. 43.

719 *Gormley*, in: Fordham Law Review 1970 (Vol. 39), 59 (71–75).

720 *Helfer*, in: Dunoff/Pollack (Hrsg.), Interdisciplinary Perspectives on International Law and International Relations the State of the Art, 175 (179); *Servais*, in: International Labour Review 1986 (Vol. 125), 193 (195–197).

721 BGBl. 1971 II 1169.

beendet. Ein Beispiel[722] ist Art. 20 Abs. 3 des *Internationalen Übereinkommens zur Beseitigung jeder Form von Rassendiskriminierung*:

> „Vorbehalte können jederzeit durch eine diesbezügliche Notifikation an den Generalsekretär zurückgenommen werden. Diese Notifikationen werden mit dem Tage ihres Eingangs wirksam."[723]

Neben formellen Aspekten kann die Vertragsbestimmung auch materielle Voraussetzungen aufnehmen, damit eine Partei ein Flexibilitätsinstrument beenden kann. So formuliert Art. 45 Abs. 3 lit. a) des *Vertrages über die Energiecharta*:

> „Jeder Unterzeichner kann die vorläufige Anwendung dieses Vertrages durch eine schriftliche Notifikation an den Verwahrer beenden, in der er seine Absicht bekundet, nicht Vertragspartei des Vertrags zu werden. Die Beendigung der vorläufigen Anwendung wird den betreffenden Unterzeichner nach Ablauf von 60 Tagen nach Eingang seiner schriftlichen Notifikation beim Verwahrer wirksam."[724]

Für die Rechtsfolgen der Beendigung kann ein Vertrag konkretisieren, ab wann diese wirksam wird, wie z. B.[725] in Art. 62 Abs. 3 des *Übereinkommens über die internationale Geltendmachung der Unterhaltsansprüche von Kindern und anderen Familienangehörigen*:

> „Die Wirkung des Vorbehalts endet am ersten Tag des dritten Monats nach der in Absatz 2 genannten Notifikation."[726]

Darüber hinaus können noch weitere Rechtsfolgen geregelt werden. Ein Beispiel[727] ist Art. 45 Abs. 3 lit. b) des *Vertrages über die Energiecharta*:

---

722 Ein weiteres Beispiel ist Art. 15 Abs. 3 S. 2 EMRK (Neufassung der deutschen Übersetzung aus BGBl. 2010 II, 1199. International: CETS Nr. 5).

723 BGBl. II 1969, 961. International: UNTS Vol. 660, 195.

724 BGBl. 1997 II 4, 5. International: UNTS Vol. 2080, 95.

725 Weitere Beispiele sind: Art. 97 Abs. 4, 5 des *Übereinkommens der Vereinten Nationen über Verträge über den internationalen Warenkauf* (BGBl. 1989 II, 588. International: UNTS Vol. 1489, 3) und Art. 20 Abs. 3 des *Internationalen Übereinkommens zur Beseitigung jeder Form von Rassendiskriminierung* (BGBl. II 1969, 961. International: UNTS Vol. 660, 195).

726 EU ABl. L 192/51 vom 22.07.2011.

727 Ein weiteres Beispiel ist Art. 45 Abs. 3 lit. b) des *Vertrages über die Energiecharta* (BGBl. 1997 II 4, 5. International: UNTS Vol. 2080, 95).

„b) Beendet ein Unterzeichner die vorläufige Anwendung nach Buchstabe a, so bleibt seine Verpflichtung aus Absatz 1, die Teile III und V in Bezug auf Investitionen anzuwenden, die Investoren anderer Unterzeichner in seinem Gebiet während der vorläufigen Anwendung des Vertrags vorgenommen haben, dennoch bestehen, und zwar für die Dauer von 20 Jahren nach dem Tag des Wirksamwerdens der Beendigung, sofern in Buchstabe c nichts anderes vorgesehen ist."[728]

Außerdem kann es erforderlich sein, eine spezifische Rechtsfolge aufzunehmen, wenn eine Mindestanzahl an Erklärungen erforderlich sind, damit ein Flexibilitätsinstrument wirksam wird. Ein Beispiel[729] enthält Art. 41 Abs. 2 des *Internationalen Paktes über bürgerliche und politische Rechte*:

„Die Bestimmungen dieses Artikels treten in Kraft, wenn zehn Vertragsstaaten Erklärungen nach Absatz 1 abgegeben haben. Diese Erklärungen werden von den Vertragsstaaten beim Generalsekretär der Vereinten Nationen hinterlegt, der den anderen Vertragsstaaten Abschriften davon übermittelt. Eine Erklärung kann jederzeit durch eine an den Generalsekretär gerichtete Notifikation zurückgenommen werden. Eine solche Zurücknahme berührt nicht die Prüfung einer Sache, die Gegenstand einer auf Grund dieses Artikels bereits vorgenommenen Mitteilung ist; nach Eingang der Notifikation über die Zurücknahme der Erklärung beim Generalsekretär wird keine weitere Mitteilung eines Vertragsstaates entgegengenommen, es sei denn, daß der betroffene Vertragsstaat eine neue Erklärung abgegeben hat."[730]

10. Zusammenfassung

Die Möglichkeiten der Begrenzung von Flexibilitätsinstrumenten können die einen Vertrag verhandelnden Personen an folgender Checkliste prüfen:

I. Materielle Begrenzungen
   1. Soll das Flexibilitätsinstrument materiell begrenzt werden?
   2. Soll Ziel und Zweck des Vertrages eine materielle Grenze für ein Flexibilitätsinstrument sein?
      a) Wie sollen Ziel und Zweck das Flexibilitätsinstrument begrenzen? Soll das Flexibilitätsinstrument Ziel und Zweck nicht vereiteln, zu vereinbaren sein mit Ziel und Zweck oder etwas anderes?

---

728 BGBl. 1997 II 4, 5. International: UNTS Vol. 2080, 95.

729 Weitere Beispiele enthalten Art. 21 Abs. 2 und Art. 22 Abs. 8 des *Übereinkommens gegen Folter und andere grausame, unmenschliche oder erniedrigende Behandlung oder Strafe* (BGBl. 1990 II, 246. International: UNTS Vol. 1465, 85).

730 BGBl. 1973 II, 1534. International: UNTS Vol. 999, 171.

b) Soll Ziel und Zweck als einheitliches Konzept verstanden werden oder soll der Vertrag zwischen Ziel und Zweck unterscheiden?
c) Soll Ziel und Zweck in einer Bestimmung des Vertrages definiert werden?
d) Soll festgelegt werden, ob der Vertrag ein Ziel und Zweck oder mehrere verfolgt?
e) Soll festgelegt werden, welche Quellen bei der Bestimmung von Ziel und Zweck herangezogen werden können?
f) Soll ein Vertrag festlegen, wie Ziel und Zweck zu bestimmen ist? Soll dies durch eine Mehrheitsentscheidung erfolgen?
g) Soll einem Vertragsorgan ausdrücklich die Kompetenz verliehen werden, zu überprüfen, ob die Grenze von Ziel und Zweck eingehalten wird?

3. Soll es erforderlich sein, dass die das Flexibilitätsinstrument nutzende Partei einen Mindeststandard wahren muss?
   a) Sollen qualitative Mindeststandards vorgesehen werden?
   b) Sollen quantitative Mindeststandards vorgesehen werden?
   c) Sollen die Parteien verpflichtet werden, zu begründen, warum der vorgesehene Mindeststandard erfüllt sei?
4. Soll das Flexibilitätsinstrument nur auf einzelne Aspekte des Vertrages angewendet werden können?
5. Soll das Flexibilitätsinstrument durch andere materielle Vorgaben begrenzt werden?
   a) Muss mit dem Flexibilitätsinstrument ein bestimmtes Ziel verfolgt werden?
   b) Müssen außergewöhnliche Umstände vorliegen, damit das Flexibilitätsinstrument genutzt werden kann?
   c) Soll es Voraussetzung für ein Flexibilitätsinstrument sein, dass entweder bisher keine Regelung vorliegt oder dass alternative Regelungen seit einem bestimmten Zeitraum bereits existieren?

II. Berechtigung nur für einzelne Parteien oder Gruppen von Parteien
   1. Soll das Flexibilitätsinstrument durch alle Parteien oder nur einzelne genutzt werden können?
   2. Soll ein Vertrag namentlich einzelne Parteien nennen, die das Flexibilitätsinstrument nutzen können sollen, oder soll die Berechtigung einer Gruppe an Parteien zustehen?

3. Nach welchem Kriterium bestimmt sich, welche Partei zu welcher Gruppe gehört?
4. Wenn das Vorliegen eines Kriteriums für die anderen Parteien nicht offensichtlich erkennbar ist, wie wird festgestellt, ob das Kriterium erfüllt ist oder nicht?
5. Wenn das Kriterium veränderlich ist, soll eine Partei die Gruppe wechseln können?

III. Kollektive Ausübung, Zustimmungserfordernisse und Einspruchsrechte
   1. Soll das Flexibilitätsinstrument kollektiv ausgeübt werden müssen?
      a) Sollen die alle Parteien zusammen handeln müssen oder soll eine Mindestanzahl von Parteien zusammen handeln müssen?
      b) Wem steht ein Initiativrecht zu, um eine kollektive Entscheidung zu erwirken?
   2. Sollen anderen Parteien oder ein Vertragsorgan der Nutzung eines Flexibilitätsinstruments zustimmen müssen?
      a) Sollen die übrigen Parteien einstimmig oder durch (bestimmte) Mehrheit zustimmen oder genügt eine einzelne Zustimmung einer anderen Partei?
      b) Was ist die Rechtsfolge, wenn das Quorum nicht erreicht wird?
      c) Welche Auswirkung soll die Zustimmung in dem bilateralen Verhältnis zwischen Flexibilitätsinstrument nutzender Partei und zustimmender Partei haben?
   3. Sollen anderen Parteien oder einem Vertragsorgan ein Einspruchsrecht gegen die Nutzung eines Flexibilitätsinstruments zustehen?
      a) Sollen die übrigen Parteien einstimmig oder durch (bestimmte) Mehrheit Einspruch erheben oder genügt ein einzelner Einspruch einer anderen Partei?
      b) Welche Auswirkung soll der Einspruch in dem bilateralen Verhältnis zwischen Flexibilitätsinstrument nutzender Partei und widersprechender Partei haben?

IV. Zeitlich festgelegte Grenze
   1. Soll der Zeitraum begrenzt werden, in welchem eine Partei ein Flexibilitätsinstrument auslösen kann?
   2. Was ist die Folge, wenn ein Flexibilitätsinstrument später erklärt wird? Kann es durch einstimmige Annahme der anderen Parteien für zulässig erklärt werden?

3. Soll zwischen der Handlung eines Völkerrechtssubjektes, durch welche sie ein Flexibilitätsinstrument nutzt, und der Wirkung des Instruments ein Zeitraum vorgesehen werden?
4. Soll der Zeitraum begrenzt werden, in dem das Flexibilitätsinstrument wirkt?
5. Soll eine Partei bei Anwendung eines Flexibilitätsinstruments erklären, wie lange es beabsichtigt das Instrument zu nutzen?
6. Soll es möglich sein, ein Flexibilitätsinstrument zu verlängern?
7. Soll es eine zeitliche Begrenzung für Reaktionen der anderen Parteien auf ein Flexibilitätsinstrument geben?
8. Welche Folge haben verspätete Reaktionen der anderen Parteien auf ein Flexibilitätsinstrument?

V. Verfahrensvorschriften
1. Soll die Ausübung eines Flexibilitätsinstruments notifiziert werden?
   a) Soll konkretisiert werden, gegenüber wem zu notifizieren ist?
   b) Soll der Inhalt/die Bestandteile der Notifizierung vorgegeben werden?
   c) Soll der Zeitpunkt/Zeitraum für die Notifizierung festgelegt werden?
   d) Sollen Sanktionen bei Verstoß gegen die Notifizierungspflicht oder Verspätung vorgesehen werden?
2. Sollen für das Flexibilitätsinstrument relevante innerstaatliche Regelungen veröffentlicht werden?
3. Soll eine Partei die Nutzung eines Flexibilitätsinstruments begründen müssen?
   a) Zu welchem Zeitpunkt soll die Begründung erfolgen?
   b) Soll festgelegt werden, an wen (Vertragsorgan oder alle Parteien ggf. über den Depositar) die Begründung zu richten ist?
   c) Sollen Sanktionen bei Verstoß gegen die Begründungspflicht oder Verspätung vorgesehen werden?
4. Soll eine Berichtspflicht über die Nutzung eines Flexibilitätsinstruments bestehen?
   a) Soll es eine einmalige Berichtspflicht bei Ausübung des Instruments, eine regelmäßige Berichtspflicht oder eine Berichtspflicht auf Aufforderung sein?

b) Welchen Umfang soll die Berichtspflicht haben? Soll nur über die Ausübung des Instruments oder erweitert über das Fortbestehen der Gründe für das Flexibilitätsinstrument oder ggf. die Fortschritte zur vollständigen Erfüllung eines Vertrages berichtet werden?
c) Soll festgelegt werden, an wen (Vertragsorgan, alle Parteien ggf. über den Depositar oder sonstige Gruppen und Organisationen) der Bericht zu kommunizieren ist?
d) Soll ein Mechanismus geschaffen werden, wie die Berichte überprüft werden können?
e) Sollen Sanktionen bei Verstoß gegen die Berichtspflicht vorgesehen werden?

5. Sollen Notifizierungen/Begründungen/Berichte in einem Register gesammelt werden? Soll dieses öffentlich zugänglich sein?
6. Soll der Vertrag Vorgaben hinsichtlich eines Verfahrens enthalten, welches einzuhalten ist, bevor eine Partei ein Flexibilitätsinstrument nutzen kann?
7. Soll der Vertrag Voraussetzungen vorsehen, damit ein Flexibilitätsinstrument wirksam wird?
8. Soll eine Erklärung erforderlich sein, um ein Flexibilitätsinstrument zu nutzen?
9. Sollen Formerfordernisse für diese Erklärung bestehen?

VI. Überprüfungsmechanismus

1. Soll ein Überprüfungsmechanismus in einem Vertrag bereits ausformuliert werden oder soll eine vertragliche *enabling clause* aufgenommen werden?
2. Art und Funktion eines Überprüfungsmechanismus
   a) Welche Funktion soll ein Überprüfungsmechanismus haben?
   b) Welche Art von Überprüfungsmechanismus soll aufgenommen werden?
   c) Soll ein genereller Überprüfungsmechanismus für alle vertraglichen Pflichten aufgenommen werden oder ein Überprüfungsmechanismus spezifisch für ein Flexibilitätsinstrument?
3. Soll ein Vertragsorgan mit der spezifischen Aufgabe der Überprüfung geschaffen werden?
   a) Wie ist dieses besetzt?

b) Welche Aufgaben und Kompetenzen soll das Vertragsorgan haben?
c) Mit welchem Quorum entscheidet das Vertragsorgan?
4. Einleitung einer Überprüfung
a) Soll eine Überprüfung in regelmäßigen Abständen ohne weiteres Ereignis erfolgen oder soll es eine auslösende Handlung geben?
b) Wenn es eine auslösende Handlung geben soll, wem soll ein Initiativrecht zustehen?
c) Soll es formelle Voraussetzungen für die Einleitung geben?
d) Soll es materielle Voraussetzungen für die Einleitung geben?
5. Durchführung der Überprüfung
a) Wer nimmt die Überprüfung vor?
b) Soll der Prüfungsmaßstab und die Prüfungsdichte festgelegt werden?
c) Soll der Ablauf des Verfahrens geregelt werden?
d) Welche Befugnisse soll der Akteur haben, der überprüft?
6. Was ist die Folge, wenn eine Verletzung von Pflichten festgestellt wird?
a) Sollen Sanktionen möglich sein?
b) Soll der Überprüfungsmechanismus dazu dienen, in einen Dialog mit der sich nicht vertragskonform verhaltenden Partei zu treten?

VII. Reziprozität
1. Ergibt sich eine reziproke Wirkung bereits aufgrund der Struktur des Flexibilitätsinstruments?
2. Soll eine reziproke Wirkung für ein Flexibilitätsinstrument ausdrücklich geregelt sein?
3. Soll die reziproke Wirkung eines Flexibilitätsinstruments ausdrücklich ausgeschlossen werden?
4. Soll eine Partei, welche ein Flexibilitätsinstrument nutzt, wählen können, ob es reziprok wirkt?
5. Welcher Art soll die reziproke Wirkung sein?
a) Soll die Ausübung des Flexibilitätsinstruments dazu führen, dass die ausübende Partei die Erfüllung von den anderen Parteien nur in demselben Umfang verlangen kann, wie sie selbst verpflichtet ist?
b) Soll die ein Flexibilitätsinstrument nutzende Partei in einem Vertrag mit integraler Erfüllungsstruktur in Bezug auf die durch

das Flexibilitätsinstrument betroffene Pflicht nicht mehr als Vertragspartei angesehen werden?

c) Soll die ein Flexibilitätsinstrument nutzende Partei in einem Vertrag mit integraler Erfüllungsstruktur noch berechtigt sein, die Erfüllung durch die anderen Parteien bzgl. der durch das Flexibilitätsinstrument betroffenen Pflicht zu verlangen?

d) Setzt das Flexibilitätsinstrument voraus, dass mindestens zwei Parteien das Flexibilitätsinstrument in demselben Umfang nutzen?

VIII. Kompensation bei Ausübung eines Flexibilitätsinstruments

1. Soll eine Partei ein Flexibilitätsinstrument nur ausüben dürfen, wenn sie dafür eine Kompensation zahlt?
2. Wem gegenüber ist die Kompensation zu zahlen?
3. Zu welchem Zeitpunkt muss die Kompensation gezahlt werden?
4. Wie wird die Höhe der Kompensation bestimmt?

IX. Regeln zur Beendigung eines Flexibilitätsinstruments

1. Ist es sinnvoll die ausübende Partei zu verpflichten, einen Plan vorzulegen, wie die Beendigung des Flexibilitätsinstruments erreicht werden soll?
2. Ist es sinnvoll eine einmalige oder regelmäßige Pflicht aufzunehmen, dass die ausübende Partei überprüfen soll, ob das Flexibilitätsinstrument weiterhin erforderlich ist?
3. Ist es sinnvoll aufzunehmen, dass die ausübende Partei verpflichtet ist, Schritte zu unternehmen, um das Flexibilitätsinstrument beenden zu können?
4. Soll sich entweder aus der Vertragsbestimmung oder der Erklärung der ausübenden Partei eine automatische Beendigung für das Flexibilitätsinstrument ergeben?
5. Soll der Vertrag eine Regelung enthalten, die ausführt, dass das Flexibilitätsinstrument beendet werden kann?
6. Soll der Vertrag vorgeben, welches Verfahren und Form eine Partei erfüllen muss, wenn es ein Flexibilitätsinstrument beendet?
7. Soll die Beendigungsmöglichkeit von einer materiellen Voraussetzung abhängen?
8. Sollen die Rechtswirkungen der Beendigung des Flexibilitätsinstruments ausdrücklich geregelt werden?

Vorbehalte als Prototypen der Flexibilität in völkerrechtlichen Verträgen

Der Vorbehalt wird als ein Flexibilitätsinstrument *„par excellence"* bezeichnet.[731] Mit einem Vorbehalt i. S. v. Art. 2 Abs. 1 lit. d) WVK bezweckt ein Völkerrechtssubjekt, die Rechtswirkungen einzelner Vertragsbestimmungen für sich auszuschließen oder zu ändern. Es erreicht damit, dass die eigenen Rechte und Pflichten aus einem multilateralen Vertrag nicht gleichförmig zu denen der übrigen Vertragsparteien sind, sondern von ihnen abweichen. Vorbehalte sind sehr variabel und individuell einsetzbar, weshalb Völkerrechtssubjekte sie häufig verwenden. Neben Vorteilen weisen Vorbehalte und die Regeln über Vorbehalte im allgemeinen Völkervertragsrecht Nachteile auf, wie hinsichtlich der Unklarheiten des Umgangs mit unzulässigen Vorbehalten (C. III.) oder der Anwendbarkeit des Reziprozitätsprinzips auf integrale Verträge (C. IV.). Das geltende Vorbehaltsregime sowie die Vor- und Nachteile müssen Völkerrechtssubjekte berücksichtigen, wenn sie einen neuen Vertrag gestalten und entscheiden, ob sie spezifische Regeln zu Vorbehalten aufnehmen (D.). Weiterhin bilden diese Erwägungen die Grundlage dafür, inwiefern Völkerrechtssubjekte statt Vorbehalten eines der alternativen Flexibilitätsinstrumente (Kapitel 4–6) verwenden.

731 *Del Mar*, in: Tams/Tzanakopoulos/Zimmermann (Hrsg.), Research Handbook on the Law of Treaties, 285 (285).

A. Definition

Das Institut des Vorbehalts, welches im innerstaatlichen Recht keine Parallele hat,[732] wird durch Art. 2 Abs. 1 lit. d) WVK definiert:

> „Im Sinne dieses Übereinkommens bedeutet „Vorbehalt" eine wie auch immer formulierte oder bezeichnete, von einem Staat bei der Unterzeichnung, Ratifikation, Annahme oder Genehmigung eines Vertrags oder bei dem Beitritt zu einem Vertrag abgegebene einseitige Erklärung, durch die der Staat bezweckt, die Rechtswirkungen einzelner Vertragsbestimmungen in der Anwendung auf diesen Staat auszuschließen oder zu ändern."[733]

Die Funktion eines Vorbehalts ist es, die rechtliche Bindungswirkung einzelner Vertragsbestimmungen für die Partei zu verändern, welche einen Vorbehalt erklärt.[734] Dies unterscheidet einen Vorbehalt von einer interpretativen Erklärung[735]. Zweck einer interpretativen Erklärung ist es, dass eine Vertragspartei äußert, wie sie eine bestimmte Bestimmung in dem Vertrag versteht.[736]

Der typische Fall des Vorbehalts ist die Erklärung, die darauf abzielt, die Pflichten der erklärenden Partei zu reduzieren und aufgrund der Reziprozität die Pflichten der anderen Parteien gegenüber der erklärenden Partei ebenso zu verringern. Die Definition des Vorbehalts in Art. 2 Abs. 1 lit. d) WVK spricht von dem „Ausschließen" oder „Ändern" der Rechtswirkungen einzelner Vertragsbestimmungen,[737] sodass die Änderung weitere Konstellationen umfassen muss als die Reduzierung von Pflichten der erklärenden Partei. Demgemäß argumentieren einige Autoren, dass die Änderung ebenso eine Erweiterung

---

732 *Kühner*, Vorbehalte zu multilateralen völkerrechtlichen Verträgen, 1.

733 BGBl. 1985 II 927. In der englischen, authentischen Fassung lautet es: „'Reservation' means a unilateral statement, however phrased or named, made by a State, when signing, ratifying, accepting, approving or acceding to a treaty, whereby it purports to exclude or to modify the legal effect of certain provisions of the treaty in their application to that State;" (UNTS Vol. 1155, I-18232).

734 *Giegerich*, Treaties, Multilateral, Reservations to, in: Wolfrum (Hrsg.), MPEPIL, Rn. 1.

735 Durch eine interpretative Erklärung einer Partei konkretisiert diese eine Vertragsbestimmung einseitig durch eine methodengerecht erzielte Auslegung oder macht die Auslegung zur Bedingung, sofern der jeweilige Vertrag kein zur Auslegung obligatorisch berechtigtes Organ vorsieht. Dazu genauer → Kapitel 5 A. IV. 2

736 ILC Guide to Practice on Reservations to Treaties 2011, UN Doc. A/66/10/Add.1, Guidelines 1.2.-1.3.3.

737 Der englische Wortlaut verwendet "to exclude or modify" (UNTS Vol. 1155, I-18232).

umfassen soll. Dies wird als extensiver Vorbehalt bezeichnet.[738] Zwar fehlt es an einer allgemeingültigen Definition extensiver Vorbehalte, jedoch werden generell Erklärungen als extensive Vorbehalte eingeordnet, die entweder die Rechte oder die Pflichten der erklärenden Partei erhöhen und/oder die Rechte oder insbesondere die Pflichten der anderen Parteien gegenüber dem vereinbarten Vertragstext erweitern.[739] Teilweise lehnen Autoren die Existenz extensiver Vorbehalte vollständig ab.[740] Andere Autoren bilden unterschiedliche Konstellationen für extensive Vorbehalte heraus.[741] Schließlich stellen weitere Autoren fest, dass es sich um eine rein theoretische Debatte handele.[742]

Häufig erfolgt die Betrachtung von Erklärungen, die als extensive Vorbehalte eingeordnet werden, nur unter dem Blickwinkel, ob es sich um Vorbehalte handelt oder nicht. Dabei sollte nicht vergessen werden, dass neben Vorbehalten weitere Instrumente existieren, welche mit Rechtswirkung die Bindung an den Vertrag verändern können. Die weite Definition in Art. 2 Abs. 1 lit. d) WVK lässt die Möglichkeit von extensiven Vorbehalten durchaus bewusst offen.[743] Vorbehalte können insbesondere dann einen extensiven Effekt haben, wenn der Vertrag die Pflichten der Parteien gegenüber dem allgemeinen Völkerrecht reduziert und das strengere allgemeine Völkerrecht durch den Vorbehalt weiterhin eingreift. Jede Erklärung einer Partei sollte

---

738 ILC Yearbook 1998 Vol. I, UN Doc. A/CN.4/SER.A/1998, 2541st meeting, S. 164, Rn. 36; *Lador-Lederer*, in: Israel Law Review 1977 (Vol. 12), 202 (209 f.); *Ruda*, in: Recueil des Cours 1975 III, 95 (107).

739 ILC Guide to Practice on Reservations to Treaties 2011, UN Doc. A/66/10/Add.1, Guideline 1.1.1 – Commentary, Rn. 8; *Ruda*, in: Recueil des Cours 1975 III, 95 (107); *Horn*, Reservations and Interpretative Declarations to Multilateral Treaties, 87–90; *Kühner*, Vorbehalte zu multilateralen Verträgen, 23–27.

740 *Imbert*, Les réserves aux traités multilatéralaux, 15 f.

741 Die Erklärung Südafrikas zu Art. XXXV GATT: *Horn*, Reservations and Interpretative Declarations to Multilateral Treaties, 87. Weitere Beispiele werden in den Vorarbeiten für den ILC Guide to Practice on Reservations genannt: Die Erklärung Israels bezogen auf die Genfer Konventionen: ILC Yearbook 1998 Vol. I, UN Doc. A/CN.4/SER.A/1998, 2549th meeting, 208, Rn. 7 und die Erklärung der DDR zum *Übereinkommen gegen Folter und andere grausame, unmenschliche oder erniedrigende Behandlung oder Strafe*: ILC Guide to Practice on Reservations to Treaties 2011, UN Doc. A/66/10/Add.1, Guideline 1.1.1 – Commentary, Rn. 8.

742 ILC Guide to Practice on Reservations to Treaties 2011, UN Doc. A/66/10/Add.1, Guideline 1.1.1 – Commentary, Rn. 5.

743 *Kühner*, Vorbehalte zu multilateralen Verträgen, 27.

unter Berücksichtigung jeglicher Instrumente des Völkervertragsrechts genau betrachtet werden, bevor sie vorschnell als Vorbehalt eingeordnet wird.

Bei der Behandlung von extensiven Vorbehalten ist es wesentlich, zwischen verschiedenen Konstellationen zu unterscheiden. Die erste Konstellation umfasst unilaterale Erklärungen, durch die die erklärende Partei einseitig weitere Pflichten übernimmt, ohne zu versuchen, den anderen Parteien weitere Pflichten aufzuerlegen. Obwohl *Horn* sie als *„commissive reservations"* bezeichnete,[744] sind solche unilateralen Erklärungen keine Vorbehalte.[745] Während Vorbehalte keine autonomen unilateralen Erklärungen sind,[746] sind sog. *„commissive reservations"* als unilaterale Erklärungen vielmehr autonom. Eine unilaterale Erklärung ist nicht autonom, wenn es sie nur im Zusammenhang mit einem Vertrag oder einer anderen Erklärung Rechtswirkungen erzeugen kann und somit von dieser abhängig ist.[747] Ein Vorbehalt ist abhängig davon, dass ein Vertragstext und die Zustimmung der den Vorbehalt erklärenden Partei existiert. Daher ist ein Vorbehalt nicht autonom. Dagegen besteht diese Abhängigkeit bei der Übernahme weiterer Pflichten aufgrund einer unilateralen Erklärung nicht.[748] Es handelt sich vielmehr um unilaterale Erklärungen, durch die ein Völkerrechtssubjet jederzeit internationale Verpflichtungen eingehen kann.[749] Dies spiegelte sich in dem Entwurf der ILC für Guideline 1.1.5 des „Guide to Practice on Reservations to Treaties" wider:

> „A unilateral statement made by a State or an international organization by which that State or that organization undertakes commitments going beyond the obligations

---

744 *Horn*, Reservations and Interpretative Declarations to Multilateral Treaties, 87.

745 ILC Guide to Practice on Reservations to Treaties 2011, UN Doc. A/66/10/Add.1, Guideline 1.5 – Commentary, Rn. 9 f.

746 ILC Guide to Practice on Reservations to Treaties 2011, UN Doc. A/66/10/Add.1, Guideline 4.2.6 – Commentary, Rn. 10; *Chow*, in: International and Comparative Law Quarterly 2017 (Vol. 66), 335 (346).

747 *Rodríguez Cedeño*, ILC, Summary Record of the 2593rd Meeting, UN Doc. A/CN.4/SR.2593 (1999), Rn. 12; *Chow*, in: International and Comparative Law Quarterly 2017 (Vol. 66), 335 (346); *Kassoti*, in: Netherlands International Law Review 2022 (Vol. 69), 295 (302); *Suy*, Les actes juridiques unilatéraux en droit international public, 30.

748 Third Report on reservations to treaties by the Special Rapporteur on Reservations Mr. Allain Pellet, UN Doc. A/CN.4/491 and Add. 1–6, Rn. 210.

749 ILC Guide to Practice on Reservations to Treaties 2011, UN Doc. A/66/10/Add.1, Guideline 1.5 – Commentary, Rn. 10; *Whelan*, Reciprocity in International Public Law, 84.

> imposed on it by a treaty does not constitute a reservation [and is governed by the rules applicable to unilateral legal acts], even if that statement is made at the time the State or international organization expresses its consent to be bound by the treaty."[750]

Zwar übernahm die ILC die Guideline in der Form nicht in den finalen „Guide to Practice on Reservations to Treaties", dessen ungeachtet stellt der Kommentar zu Guideline 1.5 klar, dass es sich bei solchen Erklärungen nicht um Vorbehalte handelt.[751]

In der zweiten Konstellation formuliert eine (zukünftige) Partei eine Erklärung, die einen Vorbehalt zu einer restriktiven Klausel oder anderen einschränkenden Klauseln darstellen soll. Restriktive Klauseln sind solche Normen in einem Vertrag, die eine zuvor festgelegte Regel, die einen weiten Anwendungsbereich aufweist, wieder einschränkt.[752] Die Formulierung eines Vorbehalts zu einer Norm, die den Anwendungsbereich des Vertrages einschränkt, führt so im Ergebnis dazu, dass entweder die Pflichten der erklärenden Partei und/oder die Pflichten der anderen Parteien erhöht werden. Somit handelt es sich trotz der äußerlichen Ähnlichkeit mit einem Vorbehalt um eine Vertragsergänzung durch einseitigen Rechtsakt.

Über diese zwei Konstellationen hinaus wird für die weiteren Erklärungen, die teilweise als extensive Vorbehalte angesehen werden, die Bezeichnung der *„extensive reservations proper"* verwendet.[753] Zunächst werden darunter Erklärungen verstanden, die die Pflichten der erklärenden Partei reduzieren und dabei gleichzeitig zu erhöhten Pflichten der anderen Parteien führen, da es sich um eine kollektive Pflicht handelt und die Pflicht nur vollständig erfüllt wird, wenn die anderen Parteien ihren Anteil erhöhen.[754] Als Beispiel wird dabei die Erklärung der ehemaligen DDR zum *Übereinkommen gegen*

---

750 Third Report on reservations to treaties by the Special Rapporteur on Reservations Mr. Allain Pellet, UN Doc. A/CN.4/491 and Add. 1–6, Rn. 212.

751 ILC Guide to Practice on Reservations to Treaties 2011, UN Doc. A/66/10/Add.1, 1.5 – Commentary, Rn. 9 f.

752 Dazu genauer → Kapitel 4 C.

753 *Horn*, Reservations and Interpretative Declarations to Multilateral Treaties, 90; Third Report on reservations to treaties by the Special Rapporteur on Reservations Mr. Allain Pellet, UN Doc. A/CN.4/491 and Add. 1–6, Rn. 213.

754 Third Report on reservations to treaties by the Special Rapporteur on Reservations Mr. Allain Pellet, UN Doc. A/CN.4/491 and Add. 1–6, Rn. 214.

Folter und andere grausame, unmenschliche oder erniedrigende Behandlung oder Strafe genannt:[755]

> „*Reservations:*
>
> The German Democratic Republic declares in accordance with article 28, paragraph 1 of the Convention that it does not recognize the competence of the Committee provided for in article 20.
>
> *Declaration:*
>
> The German Democratic Republic declares that it will bear its share only of those expenses in accordance with article 17, paragraph 7, and article 18, paragraph 5, of the Convention arising from activities under the competence of the Committee as recognized by the German Democratic Republic."[756]

Indem die DDR erklärte, einen geringeren Anteil an den Kosten des Ausschusses zu übernehmen, mussten die anderen Parteien einen höheren Anteil zahlen, damit der Ausschuss dennoch vollständig finanziert war. Allerdings möchte eine Partei auch mit einem klassischen Vorbehalt ihre Rechte ausweiten, indem sie eine Vertragspflicht nicht zu erfüllen hat. Dabei kann es dazu kommen, dass sich die Pflichten der anderen Parteien erhöhen.[757] Für die Definition des Vorbehalts ist zunächst nur entscheidend, dass die unmittelbare Rechtsfolge der Erklärung der Ausschluss der eigenen Pflicht ist. Dass als mittelbare Folge sich die Pflichten der anderen Parteien erhöhen, ist nicht für die Frage entscheidend, ob es sich überhaupt um einen Vorbehalt handelt, sondern ob dieser Vorbehalt zulässig ist.[758]

Schließlich werden Erklärungen als extensive Vorbehalte bezeichnet, durch die die erklärende Partei entweder ihre eigenen Pflichten oder ihre Rechte

---

755 ILC Guide to Practice on Reservations to Treaties 2011, UN Doc. A/66/10/Add.1, 1.1.1 – Commentary, Rn. 8.

756 UN Doc. C.N.232.1987.TREATIES-8, Depositary Notification vom 07.10.1987, UN Treaty Collection Multilateral Treaties, Chap. IV.9.

757 Third Report on reservations to treaties by the Special Rapporteur on Reservations Mr. Allain Pellet, UN Doc. A/CN.4/491 and Add. 1–6, Rn. 216.

758 So reagierten Australien (UN Doc.: C.N.235.1989.TREATIES-11, Depositary Notification vom 12.10.1989), Luxemburg (UN Doc.: C.N.201.1988.TREATIES-7, Depositary Notification vom 21.10.1988), Neuseeland (UN Doc.: C.N.361.1989.TREATIES-20, Depositary Notification vom 09.03.1990), Portugal (UN Doc.: C.N.50.1989.TREATIES-3, Depositary Notification vom 17.04.1989), Schweden (UN Doc.: C.N.266.1989.

vergrößert und gleichzeitig darauf abzielt, den anderen Parteien weitere Pflichten aufzuerlegen.[759] Die erklärende Partei strebt danach, den anderen Parteien über die Einigung auf einen Vertragstext einseitig weitere Pflichten aufzuerlegen. Eine solche Erklärung kann indes bereits nicht unter die Definition eines Vorbehalts subsumiert werden. Art. 2 Abs. 1 lit. d) WVK formuliert, dass ein Vorbehalt eine einseitige Erklärung ist, die „bezweckt, die Rechtswirkungen einzelner Vertragsbestimmungen in der Anwendung auf diesen Staat auszuschließen oder zu ändern". Der vornehmliche Zweck eines Vorbehalts ist somit die Änderung bezogen auf die eigenen Pflichten. Das Reziprozitätsprinzip bewirkt zwar eine Änderung für die anderen Parteien, jedoch ist dies eine Folge des Vorbehaltsregimes der WVK und nicht der primäre Zweck des Vorbehalts. Deutlich wird dies an der Erklärung Israels[760] zu Art. 38 der *ersten Genfer Konvention zur Verbesserung des Loses der Verwundeten und Kranken der Streitkräfte im Felde*[761] und zu Art. 41 der *zweiten Genfer Konvention zur Verbesserung des Loses der Verwundeten, Kranken und Schiffbrüchigen der Streitkräfte zur See*[762]:

> „Subject to the reservation that, while respecting the inviolability of the distinctive signs and emblems of the Convention, Israel will use the Red Shield of David as the emblem and distinctive sign of the medical services of her armed forces."[763]

Einerseits erklärt Israel dadurch, dass sie für sich ein anderes Emblem nutzen möchten. Andererseits soll durch diese Erklärung den anderen Parteien die

---

TREATIES-17, Depositary Notification vom 16.11.1989), Schweiz (UN Doc.: C.N.231.1988.TREATIES-14, Depositary Notification vom 11.11.1988) auf den Vorbehalt der DDR zur Folterkonvention mit Erklärungen, die diesen als unvereinbar mit Ziel und Zweck des Vertrages ansahen. Diese Meinung wird ebenso in der Literatur vertreten: *Edwards Jr.*, in: Michigan Journal of International Law 1989 (Vol. 10), 362 (392 f.).

759 ILC Guide to Practice on Reservations and Commentary, UN Doc. A/66/10/Add.1, Guideline 1.1.1 – Commentary, Rn. 8; *Szafarz*, Reservations to Multilateral Treaties, in: Polish Yearbook of International Law 1970 (Vol. 3), 293 (295 f.); *Horn*, Reservations and Interpretative Declarations to Multilateral Treaties, 90.

760 ILC Yearbook 1998 Vol. I, UN Doc. A/CN.4/SER.A/1998, 2549th meeting, S. 208, Rn. 7.

761 BGBl. 1954 II 783. International: UNTS Vol. 75, 31.

762 BGBl. 1954 II 813. International: UNTS Vol. 75, 85.

763 UNTS Vol. 75, 436.

Pflicht auferlegt werden, dieses Emblem in einem Krieg oder bewaffneten Konflikt ebenso zu akzeptieren und denselben Schutz zuteilwerden zu lassen wie den im Vertrag genannten Emblemen. Daher ist die Änderung der Pflichten der anderen Parteien ein wesentlicher Zweck der Erklärung, sodass es sich nicht um einen Vorbehalt handelt, sondern um eine Vertragsergänzung durch einseitige Rechtsakte.

B. Zulässigkeit und Formulierung von Vorbehalten

Die WVK enthält in Art. 19–23 Regeln zu Vorbehalten. Diese Regeln sind anwendbar, wenn der jeweilige Vertrag keine abweichenden Bestimmungen zu Vorbehalten trifft. Um die Regeln der WVK zu konkretisieren, hat die ILC einen nicht-verbindlichen „Guide to Practice on Reservations to Treaties“ entwickelt, welcher 2011 durch die UN-Generalversammlung angenommen wurde.[764]

Art. 19 WVK beschreibt die generelle Freiheit der Vertragsparteien, Vorbehalte zu erklären: Ein Völkerrechtssubjekt kann bei Unterzeichnung, Ratifikation, Annahme oder Genehmigung einen Vorbehalt erklären. Ein Vorbehalt muss zulässig sein. Aufgrund der Souveränität der Staaten ist ein Vorbehalt zulässig, außer er fällt unter die Ausnahmen nach Art. 19 lit. a)-c) WVK.[765] Enthält ein Vertrag eine Vorbehaltsklausel, richtet sich die Zulässigkeit eines Vorbehalts nach dieser (I.). Im Übrigen muss ein Vorbehalt vereinbar sein mit Ziel und Zweck eines Vertrages (II.). Schließlich kann ein Völkerrechtssubjekt einen Vorbehalt nach den Regeln der WVK nur bis oder mit Unterzeichnung, Ratifikation, Annahme oder Genehmigung erklären (III.) und das Völkerrechtssubjekt muss das Verfahren und die Form wahren (IV.).

I. Zulässigkeit bei Vorbehaltsklausel in dem Vertrag

Art. 19 lit. a) WVK schließt Vorbehalte aus, wenn und soweit der jeweilige Vertrag Vorbehalte verbietet. Darüber hinaus können Parteien eine spezifische Vorbehaltsklausel in einen Vertrag aufnehmen, welche konkrete Voraussetzungen abgestimmt auf den Vertrag festlegt. Art. 19 lit. b) WVK schließt

---

764 Resolution adopted by the General Assembly on 09.12.2011, UN Doc. A/RES/66/98.

765 *Giegerich*, Treaties, Multilateral, Reservations to, in: Wolfrum (Hrsg.), MPEPIL, Rn. 14.

in dieser Situation alle Vorbehalte aus, die nicht unter die spezifische Vorbehaltsklausel fallen. Eine Vorbehaltsklausel kann spezifische Grenzen für Vorbehalte innerhalb des Vertrages vorsehen und insofern von den generellen Regeln der WVK abweichen.[766] So erlaubt Art. 10 der *International Convention on the Arrest of Ships* von 1999 bestimmte Vorbehalte:

> „(1) Any State may, at the time of signature, ratification, acceptance, approval, or accession, or at any time thereafter, reserve the right to exclude the application of this Convention to any or all of the following:
>
> (a) ships which are not seagoing;
>
> (b) ships not flying the flag of a State Party;
>
> (c) claims under article 1, paragraph 1 (s).
>
> (2) A State may, when it is also a State Party to a specified treaty on navigation on inland waterways, declare when signing, ratifying, accepting, approving or acceding to this Convention, that rules on jurisdiction, recognition and execution of court decisions provided for in such treaties shall prevail over the rules contained in article 7 of this Convention."[767]

II. Zulässigkeit ohne Vorbehaltsklausel: Vereinbarkeit mit Ziel und Zweck des Vertrages

Nach Art. 19 lit. c) WVK sind Vorbehalte unwirksam, die mit dem Ziel und Zweck des Vertrages unvereinbar sind.[768] Der „ILC Guide to Practice on Reservations to Treaties" sowie verschiedene Autoren haben im Kontext von Art. 19 lit. c) WVK einzelne Fallgruppen entwickelt, die als Indizien genutzt werden können und nicht abschließend sind.[769]

---

766 *Walter*, in: Dörr/Schmalenbach (Hrsg.), VCLT, Art. 19, Rn. 43; *Kühner*, Vorbehalte zu multilateralen völkerrechtlichen Verträgen, 118 f.

767 UNTS Vol. 2797, 3.

768 *Del Mar*, in: Tams/Tzanakopoulos/Zimmermann (Hrsg.), Research Handbook on the Law of Treaties, 285 (287). Dazu genauer → Kapitel 2 C. II. 1. a).

769 ILC Guide to Practice on Reservations, UN Doc. A/66/10/Add.1, Guidelines 3.1.5.2–3.1.5.7, Guideline 3.1.5.1, Rn. 11; *Walter*, in: Dörr/Schmalenbach (Hrsg.), VCLT, Art. 19, Rn. 76 f. Kritik an diesem Vorgehen als nicht ausreichend: *Behnsen*, Das Vorbehaltsrecht völkerrechtlicher Verträge, 138 f.

Als erste Fallgruppe nennt Guideline 3.1.5.2 des „ILC Guide to Practice on Reservations to Treaties" vage und generelle Vorbehalte.[770] Hintergrund für diese Fallgruppe ist, dass insbesondere, da die Rechtsfolgen eines Vorbehalts von der Reaktion der anderen Parteien abhängen, die anderen Parteien in der Lage sein müssen, zu beurteilen, wie weitgehend der Vorbehalt ist.[771] Außerdem muss es den übrigen Parteien bei Anwendung des Vertrages möglich sein, den Umfang der Pflichten der vorbehaltserklärenden Partei festzustellen. Sehen sich die anderen Parteien außer Stande durch weitergehende Auslegung, den konkreten Umfang der Pflichten zu bestimmen, handelt es sich um einen vagen oder generellen Vorbehalt. Streng genommen sind diese Vorbehalte nicht unvereinbar mit Ziel und Zweck, sondern entziehen sich der Prüfung durch ihre Art der Formulierung.[772] Daher schlägt der „ILC Guide to Practice on Reservations to Treaties" für diese Vorbehalte insbesondere einen Vorbehaltsdialog[773] vor, in dessen Prozess der Vorbehalt konkretisiert werden kann.[774]

In diese Kategorie fallen insbesondere Vorbehalte, die generell die Bindung eines Vertrages aufheben wollen, wenn und soweit der Vertrag gegen nationales Recht oder religiöse Regeln wie die Scharia verstößt, ohne dies zu konkretisieren.[775] Ein Beispiel ist der Vorbehalt von Mauretanien zur *UN-Konvention zur Beseitigung jeder Form von Diskriminierung der Frau*[776]:

---

[770] ILC Guide to Practice on Reservations to Treaties 2011, UN Doc. A/66/10/Add.1, Guideline 3.1.5.2: „A reservation shall be worded in such a way as to allow its meaning to be understood, in order to assess in particular its compatibility with the object and purpose of the treaty." Vgl. zu dieser Kategorie auch UN Human Rights Committee, General Comment Nr. 24, 04.11.1994, UN Doc CCPR/C/21/Rev.1/Add.6, Rn. 19. Zu dieser Fallgruppe: *Walter*, in: Dörr/Schmalenbach (Hrsg.), VCLT, Art. 19, Rn. 78 f.

[771] ILC Guide to Practice on Reservations to Treaties 2011, UN Doc. A/66/10/Add.1, Guideline 3.1.5.2, Rn. 1; *Bauer*, Vorbehalte zu Menschenrechtsverträgen, 111; *Kolb*, The law of treaties, 83.

[772] ILC Guide to Practice on Reservations to Treaties 2011, UN Doc. A/66/10/Add.1, Guideline 3.1.5.2, Rn. 1.

[773] Dazu genauer → Kapitel 3 D.

[774] ILC Guide to Practice on Reservations to Treaties 2011, UN Doc. A/66/10/Add.1, Guideline 3.1.5.2, Rn. 11.

[775] *Bauer*, Vorbehalte zu Menschenrechtsverträgen, 110; *Walter*, in: Dörr/Schmalenbach (Hrsg.), VCLT, Art. 19, Rn. 82.

[776] BGBl. 1985 II 647, 648. International: UNTS Vol. 1249, 13.

„Having seen and examined the United Nations Convention on the Elimination of All Forms of Discrimination against Women, adopted by the United Nations General Assembly on 18 December 1979, have approved and do approve it in each and every one of its parts which are not contrary to Islamic Sharia and are in accordance with our Constitution."[777]

Andere Völkerrechtssubjekte müssten bei der Prüfung eines solchen Vorbehalts für jede Vertragsbestimmung das genannte Regelungssystem ebenfalls kennen, um beurteilen zu können, in welchem Umfang die Regelung noch für die Partei gelten soll und ob ein solcher Vorbehalt gegen Ziel und Zweck verstößt. Erleichtert wird daher die Prüfung durch die später erfolgte teilweise Rücknahme des Vorbehalts von Mauretanien:

„On 25 July 2014, the Government of Mauritania informed the Secretary-General that it partially withdraws its general reservation made upon accession, which shall continue to apply in respect of articles 13 (a) and 16 of the Convention."[778]

Davon zu unterscheiden ist die Konstellation, wenn ein Vorbehalt konkrete nationale Regeln bewahren möchte. Zunächst ist für derartige Vorbehalte nicht Art. 27 WVK einschlägig. Zwar verbietet dieser es den Parteien, die Nichterfüllung von Vertragspflichten mit innerstaatlichem Recht zu begründen. Allerdings entsteht bei einem wirksamen Vorbehalt keine völkervertragsrechtliche Verpflichtung, die die Partei erfüllen müsste.[779] Dies zeigt auch die Vorbehaltsklausel in Art. 57 EMRK, die ausdrücklich vorsieht, dass aufgrund nationaler Regelungen, die nicht im Einklang mit der Konvention stehen, ein Vorbehalt erklärt werden darf, solange dieser nicht allgemeiner Art ist.[780] Stattdessen sieht die Guideline 3.1.5.5 des „ILC Guide to Practice on Reservations to Treaties" für derartige Vorbehalte vor:

„A reservation by which a State or an international organization purports to exclude or to modify the legal effect of certain provisions of a treaty or of the treaty as a whole in order to preserve the integrity of specific rules of the internal law of that

777 Erklärung durch Mauretanien vom 05.06.2001, UN Doc. C.N.546.2001.TREATIES-6 (Depositary Notification).

778 Erklärung durch Mauretanien vom 30.07.2014, UN Doc. C.N.505.2014.TREATIES-IV.8 (Depositary Notification).

779 *Walter*, in: Dörr/Schmalenbach (Hrsg.), VCLT, Art. 19, Rn. 92.

780 Zu der Regelung siehe: *Behnsen*, Das Vorbehaltsrecht völkerrechtlicher Verträge, 159 f.; *Dörr*, in: Schmahl/Breuer, The Council of Europe, 465 (Rn. 22.30).

> State or of specific rules of that organization in force at the time of the formulation of the reservation may be formulated only insofar as it does not affect an essential element of the treaty nor its general tenour."[781]

Der entscheidende Maßstab bleibt somit für Vorbehalte zugunsten nationaler Regelungen weiterhin die Vereinbarkeit mit Ziel und Zweck des Vertrages.

Der „ILC Guide to Practice on Reservations to Treaties" enthält für die weitere Konstellation von Vorbehalten zu Vertragsbestimmungen, die Völkergewohnheitsrecht kodifizieren, die Guidelines 3.1.5.3[782] und 4.4.2[783]. Danach verhindert das existierende Völkergewohnheitsrecht nicht, einen Vorbehalt zu formulieren, und umgekehrt führt der Vorbehalt isoliert nicht dazu, dass das Völkerrechtssubjekt nicht mehr an die Verpflichtung aus dem Völkergewohnheitsrecht gebunden ist. Dies berücksichtigt, dass es sich bei völkerrechtlichen Verträgen und Völkergewohnheitsrecht um zwei voneinander getrennte Quellen des Völkerrechts handelt.[784]

Eine weitere Methode, um zu bestimmen, ob ein Vorbehalt mit dem Ziel und Zweck einer Vertragsbestimmung unvereinbar ist, ist es danach zu unterscheiden, ob die Vertragsbestimmung derogationsfest ist oder nicht.[785] Verschiedene Völkerrechtssubjekte begründeten ihre Einsprüche mit der

---

781 ILC Guide to Practice on Reservations to Treaties 2011, UN Doc. A/66/10/Add.1, Guideline 3.1.5.5.

782 ILC Guide to Practice on Reservations to Treaties 2011, UN Doc. A/66/10/Add.1, Guideline 3.1.5.3: „The fact that a treaty provision reflects a rule of customary international law does not in itself constitute an obstacle to the formulation of a reservation to that provision.".

783 ILC Guide to Practice on Reservations to Treaties 2011, UN Doc. A/66/10/Add.1, Guideline 4.4.2: „A reservation to a treaty provision which reflects a rule of customary international law does not of itself affect the rights and obligations under that rule, which shall continue to apply as such between the reserving State or organization and other States or international organizations which are bound by that rule.".

784 *Walter*, in: Dörr/Schmalenbach (Hrsg.), VCLT, Art. 19, Rn. 87.

785 *Clark*, in: American Journal of International Law 1991 (Vol. 85), 281 (320); *Trindade*, The Access of Individuals to International Justice, 90. Im Ergebnis dagegen ablehnend: *Behnsen*, Das Vorbehaltsrecht völkerrechtlicher Verträge, 134 f.; *Giegerich*, in: Zeitschrift für ausländisches öffentliches Recht und Völkerrecht 1995 (Vol. 55), 713 (772 f.). Ausführlich zu Derogationsklauseln (auch Suspendierungsklauseln genannt): → Kapitel 4 I.

Derogationsfestigkeit der betroffenen Bestimmungen.[786] Dies kann allerdings nur ein Indiz sein, da Bestimmungen nicht nur aufgrund ihrer besonderen Bedeutung derogationsfest sein können. Vielmehr können auch Normen derogationsfest sein, weil sie Aspekte regeln, die tatsächlich nicht von einer Notstandssituation berührt werden können, und es somit nicht zweckmäßig wäre sie suspendieren zu können.[787] Dies spiegelt sich nunmehr auch in Guideline 3.1.5.4 des „ILC Guide to Practice on Reservations to Treaties"[788] wider. Danach spricht eine Vermutung bei derogationsfesten Bestimmungen dafür, dass ein Vorbehalt gegen Ziel und Zweck verstößt. Diese Vermutung kann jedoch widerlegt werden.

Der „ILC Guide to Practice on Reservations to Treaties" ist nicht generell der diskutierten Ansicht gefolgt, dass ein Vorbehalt, der sich auf eine Streitschlichtungsklausel oder eine Klausel zu einem Überwachungsmechanismus bezieht, gegen Ziel und Zweck verstößt[789]. Nach Guideline 3.1.5.7[790] ist ein

---

786 Einsprüche Belgiens und der Niederlande im Rahmen des *Internationaler Pakt über bürgerliche und politische Rechte*, UN Doc.: C.N.297.1984.TREATIES-23, Depositary Notification vom 06.12.1984; Einspruch Australiens im Rahmen des *Internationaler Pakt über bürgerliche und politische Rechte*, UN Doc.: C.N.885.2007.TREATIES-28, Depositary Notification vom 18.09.2007; Einspruch Kanadas im Rahmen des *Internationaler Pakt über bürgerliche und politische Rechte*, UN Doc.: C.N.884.2007.TREATIES-27, Depositary Notification vom 18.09.2007.

787 UN Human Rights Committee, General Comment Nr. 24, 04.11.1994, UN Doc CCPR/C/21/Rev.1/Add.6, Rn. 10; *Behnsen*, Das Vorbehaltsrecht völkerrechtlicher Verträge, 135; *Walter*, in: Dörr/Schmalenbach (Hrsg.), VCLT, Art. 19, Rn. 89.

788 ILC Guide to Practice on Reservations to Treaties 2011, UN Doc. A/66/10/Add.1, Guideline 3.1.5.4: „A State or an international organization may not formulate a reservation to a treaty provision concerning rights from which no derogation is permissible under any circumstances, unless the reservation in question is compatible with the essential rights and obligations arising out of that treaty. In assessing that compatibility, account shall be taken of the importance which the parties have conferred upon the rights at issue by making them non-derogable." Vergleichbar auch UN Human Rights Committee, General Comment Nr. 24, 04.11.1994, UN Doc CCPR/C/21/Rev.1/Add.6, Rn. 10.

789 UN Human Rights Committee, General Comment Nr. 24, 04.11.1994, UN Doc CCPR/C/21/Rev.1/Add.6, Rn. 11, 13; UN Human Rights Committee, Communication No. 845/1999, *Kennedy v. Trinidad and Tobago*, UN Doc CCPR/C/67/D/845/1999, Rn. 6.7. Zu der Diskussion: *Walter*, in: Dörr/Schmalenbach (Hrsg.), VCLT, Art. 19, Rn. 98–101.

790 ILC Guide to Practice on Reservations to Treaties 2011, UN Doc. A/66/10/Add.1, Guideline 3.1.5.7: „A reservation to a treaty provision concerning dispute settlement

solcher Vorbehalt nur unvereinbar mit Ziel und Zweck des Vertrages, wenn er essentielle Aspekte des vertraglichen *raison d'être* betrifft oder wenn der Streitschlichtungs- oder Überwachungsmechanismus hinsichtlich Bestimmungen ausgeschlossen werden soll, die das Völkerrechtssubjekt bereits angenommen hat.

Die nächste Fallgruppe – Verträge mit einer integralen Erfüllungsstruktur – wird insbesondere für Menschenrechtsverträge besonders umfangreich in Literatur sowie der Praxis internationaler Überprüfungsorgane diskutiert.[791] Die Debatte bezüglich Vorbehalte zu Menschenrechtsverträgen kann und soll an dieser Stelle nicht umfassend dargestellt werden. Wesentlicher Kritikpunkt an Vorbehalten zu Menschenrechtsverträgen ist, dass diese

---

or the monitoring of the implementation of the treaty is not, in itself, incompatible with the object and purpose of the treaty, unless:
(i) the reservation purports to exclude or modify the legal effect of a provision of the treaty essential to its raison d'être; or
(ii) the reservation has the effect of excluding the reserving State or international organization from a dispute settlement or treaty implementation monitoring mechanism with respect to a treaty provision that it has previously accepted, if the very purpose of the treaty is to put such a mechanism into effect".

791 In Bezug auf Menschenrechtsverträge: Inter-American Court of Human Rights, The Effect of Reservations on the Entry into Force of the American Convention (Advisory Opinion), 24.09.1982, Series A No. 2; UN Human Rights Committee, General Comment Nr. 24, 04.11.1994, UN Doc CCPR/C/21/Rev.1/Add.6, Rn. 8; *Augustauskaitė-Keršienė*, in: International Comparative Jurisprudence 2020 (Vol. 6), 118; *Baratta*, in: European Journal of International Law 2000 (Vol. 11), 413; *Bauer*, Vorbehalte zu Menschenrechtsverträgen; *Behnsen*, Das Vorbehaltsrecht völkerrechtlicher Verträge, 133; *Cook*, in: Virginia Journal of International Law 1990 (Vol. 30), 643; *Fitzmaurice*, in: Singapore Year Book of International Law 2006 (Vol. 10), 133; *Giegerich*, in: Zeitschrift für ausländisches öffentliches Recht und Völkerrecht 1995 (Vol. 55), 713; *Goodman*, in: American Journal of International Law 2002 (Vol. 96), 531; *Leblanc*, in: The International Journal of Children's Rights 1996 (Vol. 4), 357; *Neumayer*, in: Journal of Legal Studies 2007 (Vol. 36), 397; *Pellet/Müller*, in: Fastenrath, Ulrich (Hrsg.), From Bilaterism to community interest: essays in honour of Judge Bruno Simma, 521; *Redgwell*, in: International and Comparative Law Quarterly 1997 (Vol. 46), 390; *Schabas*, in: Human Rights Quarterly 1996 (Vol. 18), 472; *Simma*, in: Rest u. a. (Hrsg.), Liber Amicorum Professor Seidl-Hohenveldern in Honour of his 80th Birthday, 659; *Tyc/Janku/Sipulova*, in International Community Law Review 2014 (Vol. 16), 371; *Walter*, in: Dörr/Schmalenbach (Hrsg.), VCLT, Art. 19, Rn. 85 f., 94–97; *Ziemele/Liede*, in: European Journal of International Law 2013 (Vol. 24), 1135.

Vorteile zugunsten Dritter einräumen, die selbst nicht an dem völkerrechtlichen Vertrag beteiligt sind.[792] In der Debatte sind allerdings zwei Aspekte zu unterscheiden: Ob Vorbehalte zu Menschenrechtsverträgen generell gegen Ziel und Zweck verstoßen oder ob die Regelungen zu den Rechtsfolgen von Vorbehalten unzureichend für diese Vorbehalte sind. In Bezug auf die Zulässigkeit von Vorbehalten zu Menschenrechtsverträgen enthielt der Entwurf des „ILC Guide to Practice on Reservations to Treaties" die Guideline 3.1.12.[793] Im Verlauf der weiteren Ausarbeitungen wurde der Entwurf dieser Guideline ausgeweitet auf alle Verträge mit einer integralen Erfüllungsstruktur, da die ILC feststellte, dass entscheidend für die Herausforderungen in diesem Zusammenhang nicht der Schutz von Menschenrechten sondern die Erfüllungsstruktur sei.[794] Somit lautet nunmehr Guideline 3.1.5.6 wie folgt:

> „To assess the compatibility of a reservation with the object and purpose of a treaty containing numerous interdependent rights and obligations, account shall be taken of that interdependence as well as the importance that the provision to which the reservation relates has within the general tenour of the treaty, and the extent of the impact that the reservation has on the treaty."[795]

Entsprechend der vielfältigen Staatenpraxis, innerhalb derer häufig im Rahmen von Menschenrechtsverträgen sowie sonstigen Verträgen mit integraler Erfüllungsstruktur Vorbehalte erklärt werden, sieht der „ILC Guide to Practice on Reservations to Treaties" diese nicht von vornherein als unvereinbar

---

792 UN Human Rights Committee, General Comment Nr. 24, 04.11.1994, UN Doc CCPR/C/21/Rev.1/Add.6, Rn. 8; *Behnsen*, Das Vorbehaltsrecht völkerrechtlicher Verträge, 95 f.

793 Official Records of the General Assembly, Sixtysecond Session, Supplement No. 10 (A/62/10), 113: „To assess the compatibility of a reservation with the object and purpose of a general treaty for the protection of human rights, account shall be taken of the indivisibility, interdependence and interrelatedness of the rights set out in the treaty as well as the importance that the right or provision which is the subject of the reservation has within the general thrust of the treaty, and the gravity of the impact the reservation has upon it.".

794 ILC Guide to Practice on Reservations to Treaties 2011, UN Doc. A/66/10/Add.1, Guideline 3.1.5.6, Rn. 2.

795 ILC Guide to Practice on Reservations to Treaties 2011, UN Doc. A/66/10/Add.1, Guideline 3.1.5.6.

mit Ziel und Zweck des Vertrages an. Ihre Erfüllungsstruktur ist dennoch bei der Beurteilung miteinzubeziehen.[796]

Schließlich ist es nicht erforderlich, einen Vorbehalt, der gegen *ius cogens* verstößt, als unvereinbar mit Ziel und Zweck anzusehen. Dessen fehlende Wirkung ergibt sich aus Art. 53 WVK analog.[797] Ohne Bezug zu Art. 53 WVK ist dies auch in Guideline 4.4.3 des „ILC Guide to Practice on Reservations to Treaties" niedergelegt.[798]

Für weitere Erläuterungen zu Ziel und Zweck des Vertrages als generelle Begrenzungsmöglichkeit von Flexibilitätsinstrumenten wird verwiesen auf → Kapitel 2 C. II. 1. a).

III. Zeitpunkt der Erklärung eines Vorbehalts

Eine weitere Wirkungsvoraussetzung für einen Vorbehalt ist, dass ein Völkerrechtssubjekt einen Vorbehalt bei Unterzeichnung, Ratifikation, Annahme oder Genehmigung erklären muss. Ein nachträglicher Vorbehalt ist nach der WVK nicht vorgesehen.[799] Hat sich ein Völkerrechtssubjekt vollumfänglich verpflichtet, kann er seine Pflichten nach dem Wortlaut des Art. 19 WVK später nicht durch einen Vorbehalt reduzieren. Dagegen kann eine Vorbehaltsklausel in einem Vertrag davon abweichen. So erlaubt Art. 30

---

796 Inwiefern die Regeln zu Rechtsfolgen von Vorbehalten für Menschenrechtsverträge und sonstige Verträge mit einer integralen Erfüllungsstruktur passen, wird in →Abschnitt C. IV. behandelt.

797 *Behnsen*, Das Vorbehaltsrecht völkerrechtlicher Verträge, 133 f.; *Walter*, in: Dörr/Schmalenbach (Hrsg.), VCLT, Art. 19, Rn. 102 f.

798 ILC Guide to Practice on Reservations to Treaties 2011, UN Doc. A/66/10/Add.1, Guideline 4.4.3:
„1. A reservation to a treaty provision which reflects a peremptory norm of general international law (jus cogens) does not affect the binding nature of that norm, which shall continue to apply as such between the reserving State or organization and other States or international organizations.
2. A reservation cannot exclude or modify the legal effect of a treaty in a manner contrary to a peremptory norm of general international law.".

799 ILC Guide to Practice on Reservations to Treaties 2011, UN Doc. A/66/10/Add.1, Guideline 1.1.6 – Commentary, Rn. 2.

Abs. 3 des *Übereinkommens über die gegenseitige Amtshilfe in Steuersachen* einen späteren Vorbehalt:

> „Ein Staat kann, nachdem das Übereinkommen für ihn in Kraft getreten ist, einen oder mehrere der in Absatz 1 genannten Vorbehalte nachholen, die im Zeitpunkt der Ratifikation, Annahme oder Genehmigung unterblieben sind. Diese Vorbehalte treten am ersten Tag des Monats nach Ablauf des Dreimonatszeitraums in Kraft, der auf den Tag folgt, an dem der Vorbehalt bei einer der Verwahrstellen eingegangen ist.“[800]

In der Praxis werden später erklärte Vorbehalte auch ohne Vorbehaltsklausel, die dies erlaubt, regelmäßig als zulässig angesehen, wenn keine Vertragspartei widerspricht.[801] Diese Praxis ist nun auch niedergeschrieben in Abschnitt 2.3 des „ILC Guide to Practice on Reservations to Treaties“. Formuliert ein Völkerrechtssubjekt einen verspäteten Vorbehalt, teilt der Depositar diesen allen anderen Vertragsparteien mit und akzeptiert den Vorbehalt nur, wenn keine andere Partei widerspricht.[802] Die Zulässigkeit für die Verlängerung des Zeitraums zur Erklärung eines Vorbehalts ergibt sich daraus, dass die Parteien Herren des Vertrages sind.[803]

Eine andere Einordnung ermöglicht der Vergleich mit der teilweisen Zustimmung nach Art. 17 WVK. Dieser erlaubt eine spätere teilweise Zustimmung ohne Vertragsbestimmung. Vorbehalte und *Opting-Out* unterscheiden sich teilweise in den Rechtsfolgen. Denn ein *Opting-Out* ermöglicht einer Partei nur zu wählen, ob sie sich an eine Norm bindet oder nicht. Dagegen lässt ein Vorbehalt darüber hinaus zu, dass die Partei die Rechtswirkungen der Norm verändern kann. Während das Vorbehaltsregime der WVK keine Einstimmigkeit fordert, ist dies für Art. 17 Abs. 1 WVK anders. Eine der

---

800 CETS Nr. 127.

801 United Nations Publications, UN Treaty Handbook, Revised Edition 2013, Abschnitt 3.5.3, 12 f., online verfügbar: https://treaties.un.org/doc/source/publications/THB/English.pdf [28.07.2025]; *Walter*, in: Dörr/Schmalenbach (Hrsg.), VCLT, Art. 19, Rn. 54.

802 United Nations Publications, UN Treaty Handbook, Revised Edition 2013, Abschnitt 3.5.3, 12 f., online verfügbar: https://treaties.un.org/doc/source/publications/THB/English.pdf [28.07.2025].

803 ILC Guide to Practice on Reservations to Treaties 2011, UN Doc. A/66/10/Add.1, Guideline 2.3 – Commentary, Rn. 9 f.

WVK entsprechende Lösung für diejenigen verspäteten Vorbehalte, durch die das Völkerrechtssubjekt die Bindung an eine Norm ausschließt, ist es, sie als *Opting-Out* ohne ausdrückliche Vertragsbestimmung nach Art. 17 Abs. 1 WVK einzuordnen. Dementsprechend ist eine Zustimmung aller anderen Parteien erforderlich. Dem entspricht das Vorgehen des UN-Generalsekretärs als Depositar. Zulässig ist dabei, dass die Zustimmung nicht ausdrücklich erfolgen muss, sondern die Möglichkeit eines Widerspruchs genügt. Für den Widerspruch kann ein Zeitraum von einem Jahr zur Verfügung stehen und wird kein Widerspruch eingelegt, ist dies als Zustimmung anzusehen.[804] Durch die verlangte Einstimmigkeit wird die Integrität des Vertrages geschützt und die Gefahr des Missbrauchs reduziert.[805]

Eine andere Möglichkeit für die Erklärung eines späteren Vorbehalts ist, den Vertrag zu kündigen und unter Erklärung eines Vorbehalts erneut dem Vertrag zuzustimmen.[806] Dies wird regelmäßig von anderen Parteien kritisiert[807] und teilweise als missbräuchlich eingeordnet[808]. Eine einheitliche Praxis fehlt jedoch bisher.[809]

Schließlich ist es denkbar, einen verspäteten Vorbehalt als teilweise Beendigung[810] einzuordnen. In diesem Fall müssen die Voraussetzungen des

---

804 UN Treaty Handbook, Revised Edition 2013, Abschnitt 3.5.3, online verfügbar: https://treaties.un.org/doc/source/publications/THB/English.pdf [28.07.2025].

805 ILC Guide to Practice on Reservations to Treaties 2011, UN Doc. A/66/10/Add.1, Guideline 2.3 – Commentary, Rn. 20.

806 Zu dieser Praxis mit verschiedenen Beispielen: *Arp*, in: Netherlands International Law Review 2014 (Vol. 61), 141.

807 Kommunikation durch die Niederlande zu dem Vorbehalt von Trinidad und Tobago, UN Doc. C.N.907.1999.TREATIES-14, Depositary Notification vom 06.08.1999; Einspruch durch Dänemark to zu dem Vorbehalt von Trinidad und Tobago, UN Doc. C.N.861.1999.TREATIES-13, Depositary Notification vom 06.08.1999; Einspruch durch die Vereinigten Staaten von Amerika auf den Vorbehalt von Bolivien, UN Doc. C.N.361.2012.TREATIES-VI.18, Depositary Notification vom 10.07.2012.

808 *Polakiewicz*, Treaty-Making in the Council of Europe, 96.

809 *Arp*, in: Netherlands International Law Review 2014 (Vol. 61), 141 (163).

810 Die Regeln des allgemeinen Völkervertragsrechts ermöglichen es in Art. 44 und Art. 60 WVK, einen Vertrag lediglich hinsichtlich einzelner Bestimmungen zu beenden. Darüber hinaus kann nach Art. 60 WVK eine Beendigung gegenüber einzelnen Vertragsparteien erfolgen. Der multilaterale Vertrag ist jeweils weiterhin in Kraft, es ändert sich indes die Vertragsbindung oder der Anwendungsbereich in personeller Hinsicht. Dazu genauer → Kapitel 4 L.

Art. 44 WVK erfüllt sein. Ausdrücklich ermöglicht Art. 45 Abs. 4 des *Revised General Act for the Pacific Settlement of International Disputes* einen solchen verspäteten Vorbehalt als Beendigung:

> „A denunciation may be partial only, or may consist in notification of reservations not previously made."[811]

Aufgrund der differenzierten Praxis, nach der verspätete Vorbehalte erklärt und akzeptiert werden, ist die Aussage, dass ein Vorbehalt nur bei Unterzeichnung, Ratifikation, Annahme oder Genehmigung erklärt werden kann, nicht mehr vollumfänglich gültig.

IV. Verfahren und Form gem. Art. 23 WVK

Art. 23 Abs. 1 WVK sieht insbesondere Schriftform für die Erklärung eines Vorbehalts, für die ausdrückliche Annahme und den Einspruch vor.

Nach den Regelungen der WVK ist ein Völkerrechtssubjekt nicht verpflichtet die Erklärung eines Vorbehalts zu begründen. Vorbehaltsklauseln können eine solche Pflicht jedoch vorsehen wie z. B. Art. 57 Abs. 2 EMRK:

> „Jeder nach diesem Artikel angebrachte Vorbehalt muß mit einer kurzen Darstellung des betreffenden Gesetzes verbunden sein."[812]

Innerhalb der EMRK ist dies erforderlich, um zu überprüfen, ob der angebrachte Vorbehalt den Voraussetzungen der Vorbehaltsklausel in Art. 57 Abs. 1 EMRK genügt, somit ob er nicht allgemeiner Art ist und ob eine innerstaatliche Regelung nicht mit einer Konventionsbestimmung übereinstimmt.

Unabhängig von einer vertraglichen Verpflichtung kann jedes Völkerrechtssubjekt bei Erklärung eines Vorbehalts freiwillig die Gründe für den Vorbehalt darlegen. Dahingehend hat die ILC in Guideline 2.1.2 des „Guide to Practice on Reservations to Treaties" eine Empfehlung ausgesprochen.[813]

---

811 UNTS Vol. 71, 101.

812 Neufassung der deutschen Übersetzung aus BGBl. 2010 II 1199. International: CETS Nr. 5.

813 ILC Guide to Practice on Reservations to Treaties 2011, UN Doc. A/66/10/Add.1, Guidelines 2.1.2.

C. Rechtswirkungen

Nach der Definition eines Vorbehalts in Art. 2 Abs. 1 lit. d) WVK zielt ein Vorbehalt darauf ab „die Rechtswirkungen einzelner Vertragsbestimmungen in der Anwendung auf diesen Staat auszuschließen oder zu ändern"[814]. Da sich so die Rechtswirkungen eines Vorbehalts bereits nach seiner Definition nicht lediglich auf den Ausschluss von Vertragsbestimmungen für die erklärende Partei beschränkt, gibt der erste Unterabschnitt (I.) einen Überblick über die Arten der Rechtswirkungen eines Vorbehalts.

Die Rechtswirkungen von Vorbehalten und Einsprüchen ergeben sich aus Art. 21 WVK im Zusammenwirken mit Art. 20 WVK. In Art. 21 Abs. 1 WVK werden die Rechtswirkungen eines „gegenüber einer anderen Vertragspartei nach den Artikeln 19, 20 und 23 bestehende[m] Vorbehalt"[815] festgelegt. Die WVK trifft keine Regelung, wann ein Vorbehalt als bestehend anzusehen ist. Klarstellend formuliert nunmehr Guideline 4.1 des „Guide to Practice on Reservations to Treaties":

> „A reservation formulated by a State or an international organization is established with regard to a contracting State or a contracting organization if it is permissible and was formulated in accordance with the required form and procedures, and if that contracting State or contracting organization has accepted it."[816]

Danach und aufgrund der Inbezugnahme von Art. 19 WVK ist davon auszugehen, dass zulässige Vorbehalte als bestehend anzusehen sind (II.). Fraglich ist dies für unzulässige Vorbehalte (III.). Schließlich wird das Vorbehaltsregime wesentlich beeinflusst durch das Reziprozitätsprinzip (IV.).

I. Arten von Rechtswirkungen eines Vorbehalts

Die Legaldefinition des Vorbehalts in Art. 2 Abs. 1 lit. d) WVK sieht als Rechtsfolge eines Vorbehaltes vor, die Rechtswirkungen einzelner

---

814 BGBl. 1985 II 927. In der englischen, authentischen Fassung lautet es: „to exclude or to modify the legal effect of certain provisions of the treaty in their application to that State;" (UNTS Vol. 1155, I-18232).

815 BGBl. 1985 II, 927. Englische authentische Fassung, UNTS Vol. 1155, 331: „A reservation established with regard to another party in accordance with articles 19, 20 and 23."

816 ILC Guide to Practice on Reservations to Treaties 2011, UN Doc. A/66/10/Add.1, Guideline 4.1.

Vertragsbestimmungen in der Anwendung auf diesen Staat auszuschließen oder zu ändern. Die in der Praxis erklärten Vorbehalte können in folgende Gruppen sortiert werden.

1. Aufhebung der Bindung an einzelne Vertragsbestimmungen

Vorbehalte können die Bindung an bestimmte Vorschriften eines Vertrages aufheben.[817] Parteien formulieren diese Vorbehalte häufig vergleichbar zu dem Vorbehalt Dänemarks zu dem *Übereinkommen über die Rechte des Kindes*[818]:

> „Article 40, paragraph 2 (b) (v) shall not be binding on Denmark."[819]

Durch einen solchen Vorbehalt ist die erklärende Partei nicht an die entsprechende Norm gebunden, sodass sie nicht für sie gilt. Eine andere übliche Formulierung verwendet Ägypten in Bezug auf das *Wiener Übereinkommen über diplomatische Beziehungen*[820]:

> „Paragraph 2 of article 37 shall not apply."[821]

Weitere Formulierungen sind *„cannot undertake to give effect to"*[822], *„is accepted only to the extent"*[823] oder *„ratifies the Convention to the extent that it is unable to comply with the obligation imposed by"*[824]. Ebenso zielen Erklärungen, die die Wirkung nicht weiter spezifizieren, wie *„make(s) a formal reservation to"*[825]

---

817 *Kühner*, Vorbehalte zu multilateralen Verträgen, 193–195.

818 BGBl. 1992 II 121, 122. International: UNTS Vol. 1577, 3.

819 BGBl. II 1992, 997.

820 BGBl. 1964 II, 958. International: UNTS Vol. 500, 95.

821 UN Doc. C.N.99.1961.TREATIES-10, Depositary Notification vom 29.06.1964.

822 So der Vorbehalt Kiribatis zum *Übereinkommen über die Rechtsstellung der Staatenlosen* (BGBl. 1976 II 473, 474. International: UNTS Vol. 360, 117): UN Doc. C.N.371.1983. TREATIES, Depositary Notification vom 14.12.1983.

823 Z. B. der Vorbehalt Australiens zu dem *Übereinkommen über die Rechte des Kindes* (BGBl. 1992 II 121, 122. International: UNTS Vol. 1577, 3): BGBl. II 1992, 995.

824 Z. B. der Vorbehalt Australiens zu dem *Übereinkommen über die Rechte des Kindes* (BGBl. 1992 II 121, 122. International: UNTS Vol. 1577, 3): BGBl. II 1992, 995.

825 Z. B. der Vorbehalt Venezuelas zum *Wiener Übereinkommen über diplomatische Beziehungen* (BGBl. 1964 II, 958. International: UNTS Vol. 500, 95): UN Doc. C.N.35.1965. TREATIES-3, Depositary Notification vom 14.04.1965.

oder „*reservations with respect to articles [...]*"[826] darauf ab, die gesamte Bindung an die genannten Normen aufzuheben.

Eine besondere Form, die Bindung an einzelne Vertragsbestimmungen aufzuheben, ist die rechtliche Bindung aufzuheben und der Vertragsbestimmung ausschließlich einen nicht-verbindlichen Empfehlungscharakter zu geben. Beispielsweise erklärte Estland zum *Abkommen über die Rechtsstellung der Flüchtlinge*[827]:

> „The Republic of Estonia considers articles 23 and 24 merely as recommendatory, not as legally binding."[828]

Erklärungen dieser Form beabsichtigen die Rechtswirkungen einer Vertragsbestimmung zu verändern, indem sie eine rechtlich bindende Pflicht in eine nicht-bindende Norm für diese Partei umwandeln. Wie bei den zuvor genannten Vorbehalten wird die rechtliche Bindungswirkung vollständig aufgehoben, aber anders als bei den anderen Erklärungen kann die erklärende Partei die Norm weiterhin als eine politische Pflicht ansehen. Derartige Erklärungen unterfallen damit der Definition des Art. 2 Abs. 1 lit. d) WVK.

2. Beschränkung oder Änderung des Anwendungsbereiches einer Norm

Weitere Vorbehalte sollen die Bindung an bestimmte Vorschriften nicht vollständig aufheben, sondern einschränken.[829] Eine solche Einschränkung erfolgt insbesondere dann, wenn der Anwendungsbereich verringert wird.

Der sachliche Anwendungsbereich eines Vertrages kann beschränkt werden, indem eine Partei aufzählt, in welcher Situation der Vertrag nicht anzuwenden ist. Guideline 1.1 des „ILC Guide to Practice on Reservations

---

826 Z. B. der Vorbehalt der Malediven zu dem *Übereinkommen über die Rechte des Kindes* (BGBl. 1992 II 121, 122. International: UNTS Vol. 1577, 3): UN Doc. C.N.5.1991. TREATIES-1, Depositary Notification vom 12.04.1991.

827 BGBl. 1953 II 559, 560. International: UNTS Vol. 189, 137.

828 UN Doc. C.N.171.1997.TREATIES-1/1, Depositary Notification vom 11.05.1997.

829 *Kühner*, Vorbehalte zu multilateralen Verträgen, 195 f.

to Treaties“ erweitert die Definition im Hinblick auf einen vollständigen Ausschluss innerhalb des sachlichen Anwendungsbereich:

> „(2) Paragraph 1 is to be interpreted as including reservations which purport to exclude or to modify the legal effect of certain provisions of a treaty, or of the treaty as a whole with respect to certain specific aspects, in their application to the State or to the international organization which formulates the reservation.“[830]

In dem Kommentar zum „ILC Guide to Practice on Reservations to Treaties“ werden die Veränderung des sachlichen Anwendungsbereichs hinsichtlich verschiedener Personengruppen, verschiedener Gegenstände, bestimmter Situationen, Gebiete, bestimmter Umstände, bestimmter Gründe aufgrund des internationalen Status der erklärenden Partei und der nationalen Gesetze eines Staates genannt.[831] Ein Beispiel[832] ist die Erklärung Großbritanniens zu dem *Internationalen Übereinkommen zur Vereinheitlichung von Regeln über den Arrest in Seeschiffe*[833]:

> „Die Regierung des Vereinigten Königreichs Großbritannien und Nordirland behält sich das Recht vor, die Bestimmungen dieses Übereinkommens nicht auf Kriegsschiffe oder im Eigentum oder Dienst eines Staates stehende Schiffe anzuwenden.“[834]

Innerhalb des zeitlichen Anwendungsbereichs kann der Zeitraum verändert werden, in dem der Vertrag anzuwenden ist. Innerhalb des räumlichen Anwendungsbereichs modifiziert eine Partei das Gebiet, in dem der Vertrag anzuwenden ist. Bei sog. Territorialvorbehalten handelt es sich dann nicht um einen Vorbehalt, wenn der gesamte Vertrag für ein Gebiet ausgeschlossen

---

830 ILC Guide to Practice on Reservations to Treaties 2011, UN Doc. A/66/10/Add.1, Guideline 1.1.

831 ILC Guide to Practice on Reservations to Treaties 2011, UN Doc. A/66/10/Add.1, Commentary to 1.1, Rn. 18.

832 Ein weiteres Beispiel enthält der Vorbehalt Österreichs (UN Doc. C.N.209.1954. TREATIES, Depository Notification vom 16.11.1954) zu dem *Abkommen über die Rechtsstellung der Flüchtlinge*: „Subject to the reservation that the provisions of article 22, paragraph 1, shall not be applicable to the establishment and maintenance of private elementary schools.“.

833 BGBl. 1972 II 653, 655. International: UNTS Vol. 439, 193.

834 BGBl. 1973 II 173.

wird.[835] Ein Vorbehalt liegt nach der Definition in Art. 2 Abs. 1 lit. d) WVK nur vor, wenn einzelne Bestimmungen für ein Gebiet nicht anzuwenden sind. Wird der vollständige Vertrag für ein Gebiet ausgeschlossen, handelt es sich vielmehr um eine Erklärung nach Art. 29 WVK. Anders verhält es sich dagegen, wenn der ganze Vertrag hinsichtlich einzelner Aspekte für ein Gebiet ausgeschlossen werden soll. Dies sieht Guideline 1.1.3 des „ILC Guide to Practice on Reservations to Treaties“ vor:

> „A unilateral statement by which a State purports to exclude the application of some provisions of a treaty, or of the treaty as a whole with respect to certain specific aspects, to a territory to which they would be applicable in the absence of such a statement constitutes a reservation.“[836]

Schließlich verändert ein Vorbehalt den persönlichen Anwendungsbereich einer Norm, wenn die Anwendung einer Norm von der Gegenseitigkeit abhängig gemacht wird. So hat Malta zum *Wiener Übereinkommen über diplomatische Beziehungen*[837] erklärt:

> „The Government of Malta wishes to declare that paragraph 2 of article 37 shall be applied on the basis of reciprocity.“[838]

3. Beschränkung oder Änderung der Rechtsfolgen einer Norm

Weitere Vorbehalte zielen darauf ab, die Rechtsfolge einer Norm, somit die Pflichten oder Rechte, zu begrenzen oder zu modifizieren. Die Niederlande erklärten zu dem *Übereinkommen über die Rechte des Kindes*[839]:

> „The Kingdom of the Netherlands accepts the provisions of article 26 of the Convention with the reservation that these provisions shall not imply an independent entitlement of children to social security, including social insurance.“[840]

---

835 *Miltner*, in: Bowman/Kritsiotis (Hrsg.), Conceptual and Contextual Perspective on the Modern Law of Treaties, 468 (485). Dazu näher → Kapitel 4 G II. 2. lit. c.

836 ILC Guide to Practice on Reservations to Treaties 2011, UN Doc. A/66/10/Add.1, Guideline 1.1.3.

837 BGBl. 1964 II, 958. International: UNTS Vol. 500, 95.

838 UN Doc. C.N.30.1967.TREATIES-2, Depositary Notification vom 21.04.1967.

839 BGBl. 1992 II 121, 122. International: UNTS Vol. 1577, 3.

840 BGBl. II 1996, 765.

Dänemark erklärte zum *Übereinkommen über die Rechtsstellung der Staatenlosen*[841]:

> „Article 31 shall not oblige Denmark to grant to stateless persons a status more favourable than that accorded to aliens in general."[842]

4. Unterstellung der Anwendung eines Vertrages unter nationales Recht oder religiöse Regeln

Einige Vorbehalte unterstellen die konkrete Anwendung des völkerrechtlichen Vertrags dem nationalen Recht oder religiösen Regeln. Beispielsweise erklärte Thailand zu dem *Übereinkommen über die Rechte des Kindes*[843]:

> „The application of articles 22 of the Convention on the Rights of the Child shall be subject to the national laws, regulations and prevailing practices in Thailand."[844]

Diese Form der Vorbehalte führen zu der Schwierigkeit, da für andere Parteien nur mit erhöhtem Aufwand erkennbar ist, welche Pflichten für die Parteien bestehen und welche ausgenommen sind.[845] Der „ILC Guide

841 BGBl. 1976 II 473, 474. International: UNTS Vol. 360, 117.

842 UN Doc. C.N.2.1956.TREATIES, Depositary Notification vom 27.01.1956.

843 BGBl. 1992 II 121, 122. International: UNTS Vol. 1577, 3.

844 UN Doc. C.N.94.1992.TREATIES-7, Depositary Notification vom 09.06.1992, welche teilweise zurückgenommen wurde: UN Doc. C.N.163.1997.TREATIES-6, Depositary Notification vom 16.05.1997 und UN Doc. C.N.808.2010.TREATIES-5, Depositary Notification vom 16.12.2010. Ein weiteres Beispiel ist der Vorbehalt des Irans zu demselben Vertrag: „The Islamic Republic of Iran is making reservation to the articles and provisions which may be contrary to the Islamic Shariah, and preserves the right to make such particular declaration, upon its ratification." (UN Doc. C.N.196.1991. TREATIES-10, Depositary Notification vom 25.11.1991).

845 Dies stellen andere Parteien in ihren Widersprüchen oder Reaktionen auf solche Vorbehaltserklärungen auch fest, beispielsweise zu dem *Übereinkommen über die Rechte von Menschen mit Behinderungen* (BGBl. 2008 II 1419, 1420. International: UNTS Vol. 2515, 3): Österreich (UN Doc. C.N.704.2008.TREATIES-26, Depositary Notification vom 26.09.2008; C.N.423.2011.TREATIES-8, Depositary Notification vom 30.06.2011; C.N.41.2017.TREATIES-IV.15, Depositary Notification vom 03.02.17; C.N.326.2018.TREATIES-IV.15, Depositary Notification vom 06.07.2018), Tschechien (UN Doc. C.N.859.2009.TREATIES-41, Depositary Notification vom 04.12.2009; C.N.486.2010.TREATIES-18, Depositary Notification vom 04.08.2010; C.N.961.2016.TREATIES-IV.15, Depositary Notification vom 22.12.2016), Finnland (UN Doc. C.N.566.2018.TREATIES-IV.15, Depositary Notification vom 29.11.2018),

to Practice on Reservations to Treaties" greift diese Form der Vorbehalte in Guideline 3.1.5.5 auf:

> „A reservation by which a State or an international organization purports to exclude or to modify the legal effect of certain provisions of a treaty or of the treaty as a whole in order to preserve the integrity of specific rules of the internal law of that State or of specific rules of that organization in force at the time of the formulation of the reservation may be formulated only insofar as it does not affect an essential element of the treaty nor its general tenour."[846]

Es ist anzunehmen, dass Vorbehalte, die diese Bedingungen nicht erfüllen, gegen Ziel und Zweck des Vertrages verstoßen und damit für sie die Regeln zu unzulässigen Vorbehalten gelten.[847]

II. Rechtswirkungen eines zulässigen Vorbehalts

Die Rechtswirkungen eines zulässigen Vorbehalts richten sich nach Art. 21 i. V. m. Art. 19, 20 und Art. 23 WVK. Dabei ergibt sich aus Art. 23 WVK das einzuhaltende Verfahren und die erforderliche Form eines Vorbehalts. Da Art. 21 Abs. 1 WVK in der Eingangsformulierung auf Art. 23 WVK verweist, ist ein bestehender Vorbehalt nur ein solcher, der die in Art. 23 WVK enthaltenen Anforderungen erfüllt. Nach Art. 20 WVK beeinflusst die Reaktion der anderen Vertragsparteien zu einem erklärten Vorbehalt die

---

Deutschland (UN Doc. C.N.702.2010.TREATIES-33, Depositary Notification vom 10.11.2010; C.N.229.2017.TREATIES-IV.15, Depositary Notification vom 13.04.2017; C.N.143.2018.TREATIES-IV.15, Depositary Notification vom 20.03.2018), Peru (UN Doc. C.N.238.2017.TREATIES-IV.15, Depositary Notification vom 18.04.2017), Portugal (UN Doc. C.N.693.2009.TREATIES-35, Depositary Notification vom 06.10.2009; C.N.694.2009.TREATIES-36, Depositary Notification vom 06.10.2009; C.N.703.2010. TREATIES-34, Depositary Notification vom 10.11.2010; C.N.144.2017.TREATIES-IV.15, Depositary Notification vom 23.03.2017; C.N.39.2019.TREATIES-IV.15, Depositary Notification vom 13.02.2019) und Großbritannien (UN Doc. C.N.221.2017. TREATIES-IV.15, Depositary Notification vom 10.04.2017; C.N.51.2019.TREATIES-IV.15, Depositary Notification vom 15.02.2019).

846 ILC Guide to Practice on Reservations to Treaties 2011, UN Doc. A/66/10/Add.1, Guideline 3.1.5.5.

847 Dazu genauer → Kapitel 3 B. II.

Rechtswirkungen des Vorbehalts, sodass die Rechtsfolgen bei Annahme eines zulässigen Vorbehalts (1.) von denen bei Einspruch (2.) zu unterscheiden sind.

1. Annahme eines zulässigen Vorbehalts

In den meisten Fällen ist nach Art. 20 Abs. 4 WVK die Annahme maßgeblich, um die dort genannten Rechtswirkungen zu erzeugen. Davor führt Art. 20 WVK Konstellationen auf, in denen eine Annahme entweder nicht oder in besonderer Form erforderlich ist.

Für einen Vorbehalt, der ausdrücklich durch den Vertrag zugelassen ist, ist gem. Art. 20 Abs. 1 WVK eine Annahme nicht erforderlich. Derartige Vorbehalte fallen daher bereits ohne Annahme unter Art. 21 Abs. 1 WVK. Besondere zusätzliche Anforderungen sehen Art. 20 Abs. 2 und Abs. 3 WVK für die Konstellationen von Verträgen mit einer begrenzten Zahl an Parteien vor, bei dem die Anwendung des Vertrages in seiner Gesamtheit zwischen allen Parteien wesentliche Voraussetzung für die Zustimmung jeder Partei ist, sowie für Gründungsverträge von internationalen Organisationen.

Wenn eine Annahme erforderlich ist, erfolgt sie entweder durch eine ausdrücklich formulierte unilaterale Erklärung einer Vertragspartei, welche den Vorbehalt akzeptiert, oder stillschweigend, indem die Partei gem. Art. 20 Abs. 4, 5 WVK für zwölf Monate dem Vorbehalt nicht widerspricht.[848] Daneben ist die Rücknahme eines Einspruchs eine weitere Variante der Annahme.[849]

Eine wesentliche Rechtswirkung der ersten Annahme eines erklärten und zulässigen Vorbehalts ist gem. Art. 20 Abs. 4 lit. c) WVK, dass der Autor des Vorbehalts zur Vertragspartei wird. Somit verändert sich der Status des Völkerrechtssubjektes bezogen auf den konkreten Vertrag. Im Gegensatz zu der Praxis des Völkerbundes, wonach es erforderlich war, dass ein Vorbehalt einstimmig angenommen wurde,[850] ist dies nun nicht mehr der Fall.

---

848 ILC Guide to Practice on Reservations to Treaties 2011, UN Doc. A/66/10/Add.1, Guidelines 2.8.1, 2.8.2; *Giegerich*, Treaties, Multilateral, Reservations to, in: Wolfrum (Hrsg.), MPEPIL, Rn. 20.

849 ILC Guide to Practice on Reservations to Treaties 2011, UN Doc. A/66/10/Add.1, Guideline 2.7.4.

850 *Behnsen*, Das Vorbehaltsrecht völkerrechtlicher Verträge, 21–23; *Galbraith*, in: Virginia Journal of International Law 2013 (Vol. 53), 309 (317); *Kühner*, Vorbehalte zu multilateralen völkerrechtlichen Verträgen, 59–61.

Zweitens modifiziert ein angenommener Vorbehalt gem. Art. 20 Abs. 4 lit. a), 21 Abs. 1 lit. a) WVK den Vertrag in dem Umfang des Vorbehalts zwischen dem erklärenden Völkerrechtssubjekt und jeder Partei, die dem Vorbehalt nicht widerspricht.[851] Aufgrund des in Art. 21 Abs. 1 lit. b) WVK geregelten Grundsatz der Reziprozität eines Vorbehalts verändert der Vorbehalt für die anderen Parteien die Bestimmung in dem Verhältnis zu der vorbehaltserklärenden Partei in demselben Ausmaß.[852]

Unabhängig von den Rechtswirkungen des Vorbehalts bleibt die Rechtsbeziehung zwischen der akzeptierenden Partei und den anderen Parteien innerhalb des Vertrages unverändert (Art. 21 Abs. 2 WVK). Die Rechtswirkungen eines Vorbehalts gelten somit nur relativ in der Beziehung zu der vorbehaltserklärenden Partei.[853]

2. Einspruch bezogen auf einen zulässigen Vorbehalt

Jede Partei ist berechtigt, einen Einspruch gegen einen zulässigen Vorbehalt zu erheben. Bestimmte Voraussetzungen bestehen für einen Einspruch im Ergebnis nicht, allerdings muss eine Form gewahrt werden (a). Die konkreten Wirkungen eines zulässigen Vorbehalts bei einem Einspruch hängen von der Art des Einspruchs ab (b).

a) Voraussetzungen und Form eines Einspruchs

Die Guideline 2.6.1 des „ILC Guide to Practice on Reservations to Treaties" definiert den Einspruch als

> „a unilateral statement, however phrased or named, made by a State or an international organization in response to a reservation formulated by another State or international organization, whereby the former State or organization purports to preclude the reservation from having its intended effects or otherwise opposes the reservation."[854]

---

[851] *Behnsen*, Das Vorbehaltsrecht völkerrechtlicher Verträge, 49; *Fitzmaurice*, in: Singapore Year Book of International Law 2006 (Vol. 10), 133 (140).

[852] Dazu näher → Kapitel 3 C. IV.

[853] *Walter*, in: Dörr/Schmalenbach, VCLT, Art. 21 Rn. 24.

[854] ILC Guide to Practice on Reservations to Treaties 2011, UN Doc. A/66/10/Add.1, Guideline 2.6.1.

Die einzige Voraussetzung, damit ein Völkerrechtssubjekt einen Einspruch gegen einen Vorbehalt richten kann, ist, dass es selbst Partei des Vertrages ist oder im Begriff dabei ist zu werden. Weitergehende Voraussetzungen sehen weder die WVK noch der „ILC Guide to Practice on Reservations to Treaties" vor. Insbesondere können Einsprüche sowohl gegen zulässige als auch unzulässige Vorbehalte i. S. v. Art. 19 WVK erklärt werden.[855] Eine andere Frage ist, inwiefern der Einspruch gegen einen unzulässigen Vorbehalt dieselben, andere oder gar keine Rechtswirkungen erzeugt.[856] Die Abgabe eines Einspruchs liegt im Ermessen jeder einzelnen Partei.[857] Grenzen ergeben sich jedoch insbesondere aus den Verfahrensregeln zu Einsprüchen.

Ein Einspruch muss gem. Art. 23 Abs. 1 WVK schriftlich erfolgen. Nach den Regeln der WVK ist die Partei nicht verpflichtet, die Gründe für den Einspruch mitzuteilen. Insbesondere wenn eine Partei Einspruch erhebt, weil sie einen Vorbehalt für unzulässig hält, ist es für die anderen Parteien hilfreich, wenn die Gründe für den Einspruch erklärt werden. Insofern hat die ILC eine derartige Empfehlung in ihrem „Guide to Practice on Reservations to Treaties" in Guideline 2.6.9 aufgenommen.[858]

Die Erklärung eines Einspruchs muss aufgrund der fingierten Annahme nach Schweigen von einem Jahr gem. Art. 20 Abs. 5 WVK innerhalb dieses Jahres erfolgen. Der Zeitraum berechnet sich ab Notifizierung des Vorbehalts oder Zustimmung zu dem Vertrag der anderen Partei. Bezeichnet eine Partei nach Ablauf des Jahres eine Erklärung als Einspruch, ist sie verspätet. Die Verspätung wirkt sich auf die Rechtsfolgen der Erklärung aus, sodass sich aus einer solchen Erklärung nicht die Rechtsfolgen eines Einspruchs ergeben können.[859]

---

855 Dies hat die ILC auch in ihrem Guide to Practice on Reservations to Treaties in Guideline 2.6.2 festgehalten (UN Doc. A/66/10/Add.1).

856 Dazu näher → Kapitel 3 C. III. 2.

857 ILC Guide to Practice on Reservations to Treaties 2011, UN Doc. A/66/10/Add.1, Guideline 2.6.2, Rn. 10; *Villiger*, VLCT, Art. 20 Rn. 15.

858 „An objection should, to the extent possible, indicate the reasons why it is being formulated." ILC Guide to Practice on Reservations to Treaties 2011, UN Doc. A/66/10/Add.1, Guideline 2.6.9.

859 *Walter*, in: Dörr/Schmalenbach, VCLT, Art. 21, Rn. 11. So auch in Guideline 2.6.13 des ILC Guide to Practice on Reservations to Treaties 2011, UN Doc. A/66/10/Add.1: „An objection to a reservation formulated after the end of the time period specified

b) Rechtswirkungen eines zulässigen Vorbehalts bei Einspruch

Obwohl Art. 21 WVK vollständig auf Art. 20 WVK verweist, zeigt die Systematik von Art. 20 WVK, dass die Reaktionen der anderen Parteien entscheidend für die Rechtswirkungen eines Vorbehalts sind. Daher kann ein Vorbehalt gegenüber den Parteien, die Einspruch erhoben haben, nicht als „bestehend“ betrachtet werden.[860] So zeigt die Systematik des Art. 21 WVK, der in seinem Abs. 3 auf Vorbehalte eingeht, gegen die ein Einspruch besteht, dass diese nicht gleichzeitig unter Abs. 1 fallen können.

Bei einem zulässigen Vorbehalt, gegen den Einspruch erhoben wurde, muss man zwischen der Rechtswirkung für den Status als Partei für den Autor des Vorbehalts und den Wirkungen in der Rechtsbeziehung zwischen dem Autor des Vorbehalts und der Partei, die einen Einspruch erklärt, unterscheiden.

Auf den Status als Vertragspartei hat ein Einspruch nur selten Einfluss. Möglich ist dies erstens, wenn eine Konstellation vorliegt, in der ein Vorbehalt einstimmig angenommen werden muss (Art. 20 Abs. 2 WVK, Guideline 4.3.4 des „ILC Guide to Practice on Reservations to Treaties“[861]). Eher unwahrscheinlich ist in der Praxis die zweite Konstellation, in der ein Völkerrechtssubjekt dann nicht Vertragspartei wird, wenn alle Parteien einen Einspruch erheben.

Die grundlegende Rechtswirkung des Vorbehalts in der Beziehung zwischen der vorbehaltserklärenden Partei und der Partei, die einen Einspruch erklärt hat, bringt Guideline 4.3 des „ILC Guide to Practice on Reservations to Treaties“ zum Ausdruck:

> „Unless the reservation has been established with regard to an objecting State or organization, the formulation of an objection to a valid reservation precludes the

---

in guideline 2.6.12 does not produce all the legal effects of an objection formulated within that time period.“.

860 Vgl. *Kühner*, Vorbehalte zu multilateralen Verträgen, 192 f. Für das Ergebnis auch zustimmend: ILC Guide to Practice on Reservations to Treaties 2011, UN Doc. A/66/10/Add.1, Guideline 4.1, Rn. 8; *Walter*, in: Dörr/Schmalenbach, VCLT, Art. 21 Rn. 11. Eine andere Ansicht, allerdings ohne weiter darauf einzugehen, scheint *Villiger*, VLCT, Art. 21 Rn. 3 zu nennen: „The reference to the various articles recalls that the reservation shall not be prohibited (Article 19), that it has been accepted or objected to (Article 20), and that the procedures of Article 23 have been complied with.“.

861 ILC Guide to Practice on Reservations to Treaties 2011, UN Doc. A/66/10/Add.1, Guideline 4.3.4.

reservation from having its intended effects as against that State or international organization."[862]

Die weiteren Rechtswirkungen eines Einspruchs hängen von der Art des Einspruchs ab. Die WVK sieht ausdrücklich zwei unterschiedliche Formen vor: Einen einfachen Einspruch ohne Ausschlusswirkung (aa) und einen qualifizierten Einspruch mit vollständiger Ausschlusswirkung (bb). Darüber hinaus haben sich in der Staatenpraxis als weitere Arten von Einsprüchen ein qualifizierter Einspruch mit teilweiser Ausschlusswirkung (cc) und ein absoluter Einspruch zur Verhinderung eines Vorteils durch den Vorbehalt (dd) entwickelt.

aa) Einfacher Einspruch ohne Ausschlusswirkung („minimum effect“)

Hat die andere Vertragspartei dem Vorbehalt widersprochen, jedoch nicht dem Inkrafttreten des Vertrages zwischen ihr und der vorbehaltserklärenden Partei, gilt der Vertrag zwischen den Parteien. Allerdings gilt die Vertragsklausel, zu der der Vorbehalt erklärt wurde, nicht in der gegenseitigen Beziehung und es erwachsen daraus weder Rechte noch Pflichten zwischen den zwei Parteien (Art. 20 Abs. 4 lit. b), Art. 21 Abs. 3 WVK).[863] Dies wird als *„minimum effect“* bezeichnet.[864] Solange eine Partei bei der Erklärung eines Einspruchs nichts anderes erklärt, ist von einem derartigen einfachen Einspruch auszugehen.[865]

bb) Qualifizierter Einspruch mit vollständiger Ausschlusswirkung („maximum effect“)

Nach Art. 20 Abs. 4 lit. b) WVK kann der Autor eines Einspruchs durch seine erklärte Intention verhindern, dass der Vertrag zwischen ihm und

---

862 ILC Guide to Practice on Reservations to Treaties 2011, UN Doc. A/66/10/Add.1, Guideline 4.3.

863 ILC Guide to Practice on Reservations to Treaties 2011, UN Doc. A/66/10/Add.1, Guideline 2.6.1, Rn. 22; *Giegerich*, Treaties, Multilateral, Reservations to, in: Wolfrum (Hrsg.), MPEPIL, Rn. 25; *Behnsen*, Das Vorbehaltsrecht völkerrechtlicher Verträge, 50.

864 ILC Guide to Practice on Reservations to Treaties 2011, UN Doc. A/66/10/Add.1, Guideline 2.6.1, Rn. 22; *Walter*, in: Dörr/Schmalenbach, VCLT, Art. 21 Rn. 30.

865 *Walter*, in: Dörr/Schmalenbach, VCLT, Art. 20 Rn. 48–50. Vgl. ILC Guide to Practice on Reservations to Treaties 2011, UN Doc. A/66/10/Add.1, Guideline 2.6.7.

dem vorbehaltserklärenden Völkerrechtssubjekt in Kraft tritt.[866] Die erforderliche Intention, das Inkrafttreten des Vertrages durch den Einspruch zu verhindern, muss eindeutig aus dem Einspruch hervorgehen. Dies ergibt sich aus der Formulierung von Art. 20 Abs. 4 lit. b) WVK und wurde ebenfalls in Guideline 2.6.7 des „ILC Guide to Practice on Reservations to Treaties“ aufgenommen[867]. Diese Art des Einspruchs wird als *„maximum effect“* bezeichnet.[868] In der Praxis erfolgt ein solcher Einspruch nur selten.[869]

cc) *Qualifizierter Einspruch mit teilweiser Ausschlusswirkung („intermediate effect“)*

Der qualifizierte Einspruch mit teilweiser Ausschlusswirkung ist nicht ausdrücklich in der WVK vorgesehen. Der Autor dieses Einspruchs möchte erreichen, dass neben der Vertragsklausel, auf die sich der Vorbehalt bezieht, weitere Vertragsklauseln in der Beziehung zwischen dem Autor des Vorbehalts und dem Autor des Einspruchs nicht gelten sollen, obwohl der Vertrag zwischen den beiden in Kraft ist. Dieser Einspruch wird auch als *„intermediate“* bezeichnet.[870] Die Wirkung geht weniger weit als bei einem qualifizierten Einspruch mit vollständiger Ausschlusswirkung, jedoch weiter als die Wirkung des einfachen Einspruchs. Solche Einsprüche sind zwar in der WVK nicht geregelt, jedoch durch sie auch nicht untersagt.

---

866 *Behnsen*, Das Vorbehaltsrecht völkerrechtlicher Verträge, 50; *Dörr*, in: German Yearbook International Law 2006 (Vol. 49), 129 (141); *Kühner*, Vorbehalte zu multilateralen völkerrechtlichen Verträgen, 210 f.

867 ILC Guide to Practice on Reservations to Treaties 2011, UN Doc. A/66/10/Add.1, Guideline 2.6.7.

868 ILC Guide to Practice on Reservations to Treaties 2011, UN Doc. A/66/10/Add.1, Guideline 2.6.1, Rn. 22; *Del Mar*, in: Tams/Tzanakopoulos/Zimmermann (Hrsg.), Research Handbook on the Law of Treaties, 285 (295); *Walter*, in: Dörr/Schmalenbach, VCLT, Art. 21 Rn. 30.

869 ILC Guide to Practice on Reservations to Treaties 2011, UN Doc. A/66/10/Add.1, Guideline 4.3.6, Rn. 1; *Dörr*, in: German Yearbook International Law 2006 (Vol. 49), 129 (141); *Klabbers*, in: Nordic Journal of International Law 2000 (Vol. 69), 179 (181).

870 ILC Guide to Practice on Reservations to Treaties 2011, UN Doc. A/66/10/Add.1, Guideline 2.6.1, Rn. 23, Guideline 4.3.6, Rn. 1; *Walter*, in: Dörr/Schmalenbach, VCLT, Art. 21 Rn. 30.

Die Guideline 3.4.2 des „ILC Guide to Practice on Reservations to Treaties" sieht für einen solchen qualifizierten Einspruch mit teilweiser Ausschlusswirkung weitere Voraussetzungen vor:

> „An objection to a reservation by which a State or an international organization purports to exclude in its relations with the author of the reservation the application of provisions of the treaty to which the reservation does not relate is only permissible if:
>
> (1) the provisions thus excluded have a sufficient link with the provisions to which the reservation relates; and
>
> (2) the objection would not defeat the object and purpose of the treaty in the relations between the author of the reservation and the author of the objection."[871]

Es erscheint fraglich, warum bei einem qualifizierten Einspruch mit teilweiser Ausschlusswirkung solche Voraussetzungen einzuhalten sein sollen, wenn für den qualifizierten Einspruch mit vollständiger Ausschlusswirkung solche nicht zu wahren sind.[872] Die ILC hat die Voraussetzungen dennoch aufgenommen, da sie den qualifizierten Einspruch mit teilweiser Ausschlusswirkung als eine Art „Gegen-Vorbehalt" ansieht und den anderen Parteien ein Einspruch nicht die Möglichkeit geben soll, nach ihrem Belieben weitere Vorschriften auszuschließen.[873] Da der „ILC Guide to Practice on Reservations to Treaties" nicht bindend ist, handelt es sich bei den beiden Voraussetzungen um keine zwingenden Voraussetzungen für einen qualifizierten Einspruch mit teilweiser Ausschlusswirkung. Eine Bindungswirkung könnte nur entstehen, wenn sich diese Regelung zu Völkergewohnheitsrecht entwickelt. Darüber hinaus können die aushandelnden Völkerrechtssubjekte diese Voraussetzungen in einer Vorbehaltsklausel aufnehmen.

---

871 ILC Guide to Practice on Reservations to Treaties 2011, UN Doc. A/66/10/Add.1, Guideline 3.4.2.

872 Fourteenth report on reservations to treaties by the Special Rapporteur Pellet, A/CN.4/614/Add.1, Rn. 118.

873 ILC Guide to Practice on Reservations to Treaties 2011, UN Doc. A/66/10/Add.1, Guideline 3.4.2, Rn. 7 f.

dd) Absoluter Einspruch zur Verhinderung eines Vorteils durch den Vorbehalt („supermaximum effect")

Die Kritik an den in der WVK vorgesehenen Rechtswirkungen von Einsprüchen hat dazu geführt, dass sich in der Staatenpraxis ein absoluter Einspruch entwickelt hat. Ein wesentlicher Kritikpunkt an dem Vorbehaltsregime der WVK ist, dass sich für die Rechtsfolge eines Vorbehalts kein Unterschied ergäbe zwischen der Annahme eines Vorbehalts und dem einfachen Einspruch, denn in beiden Fällen sei der Autor eines Vorbehalts nicht an die betroffene Vertragsnorm gebunden.[874] Dies gilt allerdings in dem Umfang nur, wenn der Autor des Vorbehalts durch diesen die Pflichten aus der Norm für sich ausschließen wollte. Wollte er dagegen durch den Vorbehalt die Pflichten ändern, unterscheiden sich die Rechtswirkungen von Annahme und einfachem Einspruch, da der Einspruch zu einem Ausschluss der Norm im Verhältnis der beiden Parteien führt und nicht zu der durch den Vorbehalt vorgesehenen Änderung.[875] Eine anderslautende Auslegung von Art. 20 Abs. 4 lit. b) WVK, wonach der Einspruch gegen einen modifizierenden Vorbehalt dazu führe, dass die jeweilige Vertragsklausel teilweise zwischen den beiden Parteien gelte,[876] hat die ILC in ihrer Guideline 4.3.6 abgelehnt. Danach bewirkt der Einspruch sowohl bei ausschließenden als auch bei modifizierenden Vorbehalten, dass die Norm nicht in dem Verhältnis der beiden Parteien gilt.[877]

Die Rechtswirkungen der beiden Formen des qualifizierten Einspruchs unterscheiden sich zwar von der Rechtswirkung der Annahme, allerdings muss der Autor eines Vorbehalts auch bei ihnen nicht fürchten, dass er an Normen gebunden wird, an die er sich nicht binden möchte.

Auf der Grundlage dieser Kritik entwickelte sich ein ebenfalls nicht in der WVK vorgesehener absoluter Einspruch, mit dem die erklärende Partei verhindern möchte, dass der Autor des Vorbehalts durch diesen einen Vorteil

---

874 *Behnsen*, Das Vorbehaltsrecht völkerrechtlicher Verträge, 53 f.; *Klabbers*, in: Nordic Journal of International Law 2000 (Vol. 69), 179 (179, 181); *Kühner*, Vorbehalte zu multilateralen völkerrechtlichen Verträgen, 184 f.; *Ruda*, in Recueil des Cours 1975 (Vol. 146), 96 (199).

875 *Walter*, in: Dörr/Schmalenbach, VCLT, Art. 21 Rn. 28.

876 *Ruda*, in Recueil des Cours 1975 (Vol. 146), 96 (200).

877 ILC Guide to Practice on Reservations to Treaties 2011, UN Doc. A/66/10/Add.1, Guideline 4.3.6.

erlangen soll. Vielmehr soll als Konsequenz die betroffene Norm des Vertrages vollständig zwischen dem Autor des Vorbehalts und dem Autor des Einspruchs gelten.[878] Einen solchen Einspruch hat beispielsweise Schweden zu dem durch Oman erklärten Vorbehalt im Rahmen des *Fakultativprotokolls betreffend die Beteiligung von Kindern an bewaffneten Konflikten zum Übereinkommen über die Rechte der Kinder*[879] erklärt:

> „The Government of Sweden therefore objects to the aforesaid reservation made by the Government of Oman to the Optional Protocol to the Convention of the Rights of the Child in Armed Conflicts and considers the reservation null and void. This objection shall not preclude the entry into force of the Optional Protocol between Oman and Sweden. The Optional Protocol enters into force in its entirety between Oman and Sweden, without Oman benefiting from its reservation."[880]

Für diese Art eines Einspruchs ist zu differenzieren zwischen zulässigen Vorbehalten und unzulässigen Vorbehalten. Anders als die zuvor aufgeführten Einsprüche entstanden absolute Einsprüche, durch die der Autor des Vorbehalts nicht von dem Vorbehalt profitieren soll, im Zusammenhang mit der geltend gemachten Unzulässigkeit eines Vorbehalts.[881] Ein absoluter Einspruch zu einem zulässigen Vorbehalt widerspräche sowohl dem Rechtsregime für Vorbehalte in der WVK als auch dem Konsensprinzip.[882] Dementsprechend formuliert der „ILC Guide to Practice on Reservations to Treaties" in Guideline 4.3.8:

> „The author of a valid reservation is not required to comply with the provisions of the treaty without the benefit of its reservation."[883]

---

878 ILC Guide to Practice on Reservations to Treaties 2011, UN Doc. A/66/10/Add.1, Guideline 4.3.6, Rn. 1; *Girshovich*, in: International Community Law Review 2014 (Vol. 16), 333 (347).

879 BGBl. 2004 II 1354, 1355. International: UNTS Vol. 2173, 222.

880 Einspruch von Schweden zu dem Vorbehalt von Oman, UN Doc. C.N.1076.2005. TREATIES-18, Depositary Notification vom 28.10.2005.

881 ILC Guide to Practice on Reservations to Treaties 2011, UN Doc. A/66/10/Add.1, Guideline 4.3.8, Rn. 2.

882 ILC Guide to Practice on Reservations to Treaties 2011, UN Doc. A/66/10/Add.1, Guideline 4.3.8, Rn. 3.

883 ILC Guide to Practice on Reservations to Treaties 2011, UN Doc. A/66/10/Add.1, Guideline 4.3.8.

In der Staatenpraxis lässt sich beobachten, dass die absoluten Einsprüche zur Verhinderung eines Vorteils durch einen unzulässigen Vorbehalt in den letzten Jahren zugenommen haben.[884] Diese Staatenpraxis hat jedoch noch nicht die Deutlichkeit erreicht, dass sie sich gegenüber der *opposibility school*[885] durchgesetzt hätte.

III. Rechtswirkungen eines unzulässigen Vorbehalts

Die WVK enthält keine Regel über die Rechtsfolgen unzulässiger Vorbehalte. Es ergeben sich im Zusammenhang mit unzulässigen Vorbehalten verschiedene Problemkreise, die untereinander zusammenhängen:

1. Ist ein unzulässiger Vorbehalt nichtig?
2. Welche Wirkungen haben die Reaktionen der anderen Parteien?
3. Wie wirkt sich der unzulässige Vorbehalt auf den Umfang der Vertragsbindung des Autors des Vorbehalts aus?

1. Ist ein unzulässiger Vorbehalt nichtig?

Zunächst könnte ein unzulässiger Vorbehalt nichtig sein und daher unabhängig von den Reaktionen der anderen Parteien keine Rechtswirkungen erzeugen. Über diese Frage streiten die *permissibility* und die *opposibility school.*[886] Diskutiert werden diese Ansichten für unzulässige Vorbehalte nach Art. 19 lit. c) WVK. Verstößt ein Vorbehalt dagegen gegen eine Vorbehaltsklausel und somit gegen Art. 19 lit. a) oder b) WVK, wird teilweise angenommen, dass offensichtlich eine Annahme ausscheiden müsste und der Vorbehalt

---

884 Siehe eine Darstellung dieser steigenden Zahl von Einsprüchen mit *supermaximum* Effekt bei ILC Guide to Practice on Reservations to Treaties 2011, UN Doc. A/66/10/ Add.1, Guideline 4.5.3, Rn. 2–5; *Candelmo*, in: Pascale/Candelmo (Hrsg.), The Vienna Convention on the Law of Treaties, 21 (43–47).

885 Dazu genauer → Kapitel 3 C. III. 1.

886 Generell zu den beiden Ansichten: *Behnsen*, Das Vorbehaltsrecht völkerrechtlicher Verträge, 52 f.; *Del Mar*, in: Tams/Tzanakopoulos/Zimmermann (Hrsg.), Research Handbook on the Law of Treaties, 285 (296 f.); *Fitzmaurice*, in: Singapore Year Book of International Law 2006 (Vol. 10), 133 (140 f.); *Fitzmaurice*, Treaties, in: Wolfrum (Hrsg.), MPEPIL, Rn. 69; *Koh*, in: Harvard International Law Journal 1982 (Vol. 23), 71 (97–99); *Pergantis*, The Paradigm of State Consent in the Law of Treaties, 254–256; *Walter*, in: Dörr/Schmalenbach (Hrsg.), VCLT, Art. 19, Rn. 50–53.

nichtig sein müsste.[887] Eine unterschiedliche Behandlung von Vorbehalten, die gegen Art. 19 lit. a) und lit. b) WVK verstoßen, gegenüber Vorbehalten, die nach Art. 19 lit. c) WVK unvereinbar sind mit Ziel und Zweck des Vertrages, ist abzulehnen.[888] Anders als in einem früheren Entwurf[889] für die WVK finden sich nunmehr keine Anhaltspunkte im Vertragstext für eine derartige unterschiedliche Behandlung.[890] In Guideline 3.3.1 des „Guide to Practice on Reservations to Treaties" formulierte daher nun auch die ILC, dass nicht zwischen den Unzulässigkeitsgründen des Art. 19 WVK zu unterscheiden sei.[891]

Über die Nichtigkeit von Vorbehalten, die gegen Ziel und Zweck des Vertrages verstoßen, streiten sich die Ansichten der *permissibility* und der *opposibility school*.[892] Die *permissibility school* nimmt an, dass ein gegen Ziel und Zweck verstoßender Vorbehalt nichtig sei und daher nicht angenommen werden könne.[893] Dagegen geht die *opposibility school* nicht von einer direkten

---

887 Tenth Report on Reservations by Pellet, the Special Rapporteur, Addendum 2, UN Doc A/CN.4/558/Add.2 (2005), Rn. 51–53; *Walter*, in: Dörr/Schmalenbach (Hrsg.), VCLT, Art. 19, Rn. 106.

888 Befürwortend: *Kühner*, Vorbehalte zu multilateralen völkerrechtlichen Verträgen, 145 f. Ablehnend *Greig*, der das Argument, ein Verstoß gegen Art. 19 lit. a) oder lit. b) WVK sei leichter erkennbar als bei Art. 19 lit. c) WVK als Fiktion bezeichnet und darauf verweist, dass die Prüfung an einem Maßstab einer Vorbehaltsklausel ähnliche Probleme aufwerfen könne wie am Maßstab von Ziel und Zweck: *Greig*, in: Australian Yearbook of International Law 1995 (Vol. 16), 21 (53, 64). Allgemein zu der Frage: Tenth Report on Reservations by Pellet, Special Rapporteur on Reservations, UN Doc. A/CN.4/558 Rn. 52; *Walter*, in: Dörr/Schmalenbach (Hrsg.), VCLT, Art. 19, Rn. 106–109.

889 In dem Entwurf in Art. 17 Abs. 2 lit. a): ILC Yearbook 1962 Vol. II, 60.

890 ILC Guide to Practice on Reservations to Treaties 2011, UN Doc. A/66/10/Add.1, Guideline 3.3.1, Rn. 4.

891 ILC Guide to Practice on Reservations to Treaties 2011, UN Doc. A/66/10/Add.1, Guideline 3.3.1.

892 Generell zu den beiden Ansichten: *Behnsen*, Das Vorbehaltsrecht völkerrechtlicher Verträge, 52 f.; *Del Mar*, in: Tams/Tzanakopoulos/Zimmermann (Hrsg.), Research Handbook on the Law of Treaties, 285 (296 f.); *Fitzmaurice*, in: Singapore Year Book of International Law 2006 (Vol. 10), 133 (140 f.); *Fitzmaurice*, Treaties, in: Wolfrum (Hrsg.), MPEPIL, Rn. 69; *Koh*, in: Harvard International Law Journal 1982 (Vol. 23), 71 (97–99); *Pergantis*, The Paradigm of State Consent in the Law of Treaties, 254–256; *Walter*, in: Dörr/Schmalenbach (Hrsg.), VCLT, Art. 19, Rn. 50–53.

893 *Bowett*, in: British Yearbook of International Law 1976/1977 (Vol. 48), 67 (82 f., 88 f.); *Del Mar*, in: Tams/Tzanakopoulos/Zimmermann (Hrsg.), Research Handbook on the

Nichtigkeit aus, sondern vertritt, dass die Gültigkeit eines Vorbehalts einzig von der Annahme durch die anderen Parteien abhängt.[894] Die Unzulässigkeitsgründe des Art. 19 WVK dienen dabei lediglich als Orientierung für die anderen Parteien, wann ein Einspruch gegen einen Vorbehalt empfehlenswert sein könnte.[895] Somit handelt es sich nach der *oppositility school* auch bei einem unzulässigen Vorbehalt um einen, der als „bestehend" (engl.: „*established*") nach Art. 21 Abs. 1 WVK anzusehen ist. Die Anwendung der *permissibility school* begegnet insbesondere praktischen Schwierigkeiten. Mangels zentraler Überprüfungseinheit für Vorbehalte in den meisten Verträgen, die die Unzulässigkeit feststellen kann, sind die Reaktionen der anderen Parteien als Indiz dafür, ob ein Vorbehalt unzulässig ist, dennoch bedeutsam.[896] Dagegen vermag die *opposibility school* die Existenz von Art. 19 WVK nicht zu erklären.[897] Die ILC hat sich *permissibility school* in Guideline 4.5.1 angeschlossen, wonach ein unzulässiger Vorbehalt nichtig sei.[898] Weiterhin stellt die ILC in ihrem Kommentar klar, dass die Nichtigkeit unabhängig von der Reaktion der Parteien sei.[899]

Die Staatenpraxis trägt zur Lösung dieses Streites nur wenig bei, da nur für die eine Ansicht nach außen sichtbare Handlungen erforderlich sind. Nach der *permissibility school* ist keine Reaktion der anderen Parteien auf einen potenziell gegen Art. 19 WVK verstoßenden Vorbehalt erforderlich. Jeder dennoch erklärte Einspruch scheint insofern Staatenpraxis zugunsten der *opposibility school* zu sein und wird von Befürwortern der *opposibility*

Law of Treaties, 285 (300); *von Arnauld*, Völkerrecht, Rn. 226; *Wold*, in: Colorado Journal of International Environmental Law and Policy 2003 (Vol. 14), 53 (87).

894 *Behnsen*, Das Vorbehaltsrecht völkerrechtlicher Verträge, 53; *Ruda*, in: Recueil des Cours 1975 (Vol. 146), 96 (190); *Schmidt*, Vorbehalte zu multilateralen Verträgen unter dem Aspekt des intertemporalen Völkerrechts – Giftgasprotokoll, 33 f.

895 *Ruda*, in: Recueil des Cours 1975 (Vol. 146), 96 (190).

896 *Del Mar*, in: Tams/Tzanakopoulos/Zimmermann (Hrsg.), Research Handbook on the Law of Treaties, 285 (300).

897 *Von Arnauld*, Völkerrecht, Rn. 226; *Walter*, in: Dörr/Schmalenbach (Hrsg.), VCLT, Art. 19, Rn. 107.

898 ILC Guide to Practice on Reservations to Treaties 2011, UN Doc. A/66/10/Add.1, Guideline 4.5.1.

899 ILC Guide to Practice on Reservations to Treaties 2011, UN Doc. A/66/10/Add.1, Guideline 4.5.1, Rn. 3.

school so gesehen.[900] Aufgrund der Annahmefiktion des Art. 20 Abs. 4, 5 WVK kann jedoch aus dem Schweigen von Parteien auf einen potenziell gegen Art. 19 WVK verstoßenden Vorbehalt nicht auf eine Rechtsüberzeugung zugunsten der *permissibility school* geschlossen werden. Die Parteien könnten vielmehr den Vorbehalt für vereinbar mit Art. 19 WVK halten und daher mit der Annahmefiktion einverstanden sein. Staatenpraxis zugunsten der *permissibility school* ist jedoch in Einsprüchen zu sehen, wenn aus dem Einspruch erkennbar wird, dass die Partei ihn als deklaratorisch ansieht. Weiterhin verwenden Völkerrechtssubjekte insbesondere, wenn sie absolute Einsprüche zur Verhinderung eines Vorteils durch den Vorbehalt („*supermaximum effect*") erklären, Formulierungen ähnlich[901] zu dem Einspruch von Tschechien zu dem Vorbehalt von Brunei zu dem *Übereinkommen über die Rechte von Menschen mit Behinderungen*[902]:

> „The Government of the Czech Republic wishes to recall that, according to article 46 paragraph 1 of the Convention, as well as according to customary international law as codified in the Vienna Convention on the Law of Treaties, a reservation incompatible with the object and purpose of a treaty shall not be permitted and that such a reservation is null and void and therefore devoid of any legal effect.
>
> The Government of the Czech Republic, therefore, objects to the aforementioned reservation made by Brunei Darussalam. This objection shall not preclude the entry into force of the Convention between the Czech Republic and Brunei Darussalam. The Convention enters into force in its entirety between the Czech Republic and Brunei Darussalam, without Brunei Darussalam benefiting from its reservation."[903]

---

900 *Behnsen*, Das Vorbehaltsrecht völkerrechtlicher Verträge, 52 f.

901 Weitere Beispiele: Einspruch durch Schweden zu dem Vorbehalt von Oman, UN Doc. C.N.1076.2005.TREATIES-18, Depositary Notification vom 22.12.2005 zu dem *Fakultativprotokoll betreffend die Beteiligung von Kindern an bewaffneten Konflikten zum Übereinkommen über die Rechte der Kinder* (BGBl. 2004 II 1354, 1355. International: UNTS Vol. 2173, 222); Einspruch durch die Niederlande zu dem Vorbehalt von Bhutan, UN Doc. C.N.210.2018.TREATIES-XVIII.14, Depositary Notification vom 17.04.2018 zu dem *Übereinkommen der Vereinten Nationen gegen Korruption* (BGBl. 2014 II 762, 763. International: UNTS Vol. 2349, 41); Einspruch durch Finnland zu dem Vorbehalt von Malaysien, UN Doc. C.N.243.1996.TREATIES-4, Depositary Notification vom 06.09.1996 zu dem *Übereinkommen über die Rechte des Kindes* (BGBl. 1992 II 121, 122. International: UNTS Vol. 1577, 3).

902 BGBl. 2008 II 1419, 1420. International: UNTS Vol. 2515, 3.

903 Einspruch durch Tschechien zu dem Vorbehalt von Brunei Darussalam, UN Doc. C.N.961.2016.TREATIES-IV.15, Depositary Notification vom 28.10.2016.

Die Zahl der absoluten Einsprüche zur Verhinderung eines Vorteils durch den Vorbehalt hat in den letzten Jahren zugenommen.[904] Diese Staatenpraxis hat jedoch noch nicht die Deutlichkeit erreicht, dass sie sich gegenüber der *oppositility school* durchgesetzt hätte.

Inwieweit sich die Staatenpraxis in den kommenden Jahren weiter dem „ILC Guide to Practice on Reservations to Treaties" und der *permissibility school* anschließen wird, bleibt abzuwarten. Unter Gesichtspunkten der Vertragsgestaltung, die der Fokus dieser Arbeit ist, ist entscheidend, dass der Streit über die Nichtigkeit unzulässiger Vorbehalte weiterhin besteht. Den rechtlichen Unsicherheiten, die von diesem Streit ausgehen, sollten sich Völkerrechtssubjekte bei der Gestaltung eines Vertrages, der Formulierung eines Vorbehalts und der möglichen Verwendung anderer Vertragsgestaltungsoptionen bewusst sein.

2. Welche Wirkungen haben die Reaktionen der anderen Parteien?

Annahme und Einspruch sind mögliche Reaktionen auf einen unzulässigen Vorbehalt. Die *opposibility school* sieht eine Annahme eines Vorbehalts, der gegen Ziel und Zweck des Vertrages verstößt, als zulässig an.[905] Die Annahme habe danach dieselbe Wirkung wie die Annahme eines zulässigen Vorbehalts gem. Art. 20 Abs. 4 lit. a), 21 Abs. 1 lit. a) WVK.

Nimmt man dagegen zuvor mit der *persmissibility school* an, dass ein unzulässiger Vorbehalt nichtig sei, ist eine Annahme durch eine einzelne Vertragspartei nicht möglich.[906] Lediglich bei Annahme durch alle Vertragsparteien würden diese implizit den Vertrag ändern und dadurch den Verstoß gegen Art. 19 WVK beseitigen.[907] Ein Einspruch gegen einen unzulässigen Vorbehalt ist nach der *permissibility school* wiederum nicht erforderlich, da aufgrund der

---

[904] Siehe eine Darstellung dieser steigenden Zahl von Einsprüchen mit *supermaximum* Effekt bei ILC Guide to Practice on Reservations to Treaties 2011, UN Doc. A/66/10/ Add.1, Guideline 4.5.3, Rn. 2–5; *Candelmo*, in: Pascale/Candelmo (Hrsg.), The Vienna Convention on the Law of Treaties, 21 (43–47).

[905] *Ruda*, in: Recueil des Cours 1975 (Vol. 146), 96 (190); *Villiger*, VCLT, Art. 20 Rn. 12.

[906] *Bowett*, in: British Yearbook of International Law 1976/1977 (Vol. 48), 67 (83); *Kühner*, Vorbehalte zu multilateralen völkerrechtlichen Verträgen, 143 f.

[907] *Giegerich*, Treaties, Multilateral, Reservations to, in: Wolfrum (Hrsg.), MPEPIL, Rn. 27.

Nichtigkeit dieser keine Rechtsfolgen erzeugt.[908] In der praktischen Umsetzung erscheint dies insofern problematisch, da nicht erkennbar ist, ob eine Partei einen Vorbehalt für unzulässig und nichtig hält oder sie schweigt und damit nach zwölf Monaten die Rechtsfolge des Art. 20 Abs. 4, 5 WVK auslöst und somit den Vorbehalt annimmt.

Dem trägt der Vorschlag der ILC Rechnung, indem in Guideline 4.5.2 des „ILC Guide to Practice on Reservations to Treaties" steht, dass ein unzulässiger Vorbehalt ohne Einspruch nichtig sei, jedoch die Parteien angehalten seien, begründete Einsprüche zu erklären.[909] Der *Committee of Ministers* des *Council of Europe* empfiehlt seinen Mitgliedern ebenfalls Einsprüche zu erheben und stellt dazu Standardformulierungen zur Verfügung.[910]

3. Wie wirkt sich der unzulässige Vorbehalt auf den Umfang der Vertragsbindung des Autors des Vorbehalts aus?

Das Konsensprinzip[911] bildet den Hintergrund für die Frage, in welchem Umfang der Autor eines unzulässigen Vorbehalts an den Vertrag gebunden ist. Nach dem Konsensprinzip können sich Rechte und Pflichten aus dem Völkerrecht lediglich nach Zustimmung der gebundenen Völkerrechtssubjekte ergeben.[912] Der Autor eines unzulässigen Vorbehalts hat zwei sich widersprechende Willenserklärungen abgegeben: Zum einen möchte er sich an den Vertrag binden, zum anderen beschränkt er diese Bindung durch den Vorbehalt.[913]

---

908 *Fitzmaurice*, in: Singapore Year Book of International Law 2006 (Vol. 10), 133 (140).

909 ILC Guide to Practice on Reservations to Treaties 2011, UN Doc. A/66/10/Add.1, Guideline 4.5.2: „1. The nullity of an invalid reservation does not depend on the objection or the acceptance by a contracting State or a contracting organization. 2. Nevertheless, a State or an international organization which considers that a reservation is invalid should formulate a reasoned objection as soon as possible.".

910 Council of Europe, Committee of Ministers, recommendation No. R(99)13 on responses to inadmissible reservations to international treaties as well as its appendix containing model response clause to reservations, adopted on 18.05.1999 at the 670th meeting of the Ministers' Deputies.

911 Dazu genauer → Kapitel 2 C. I. 1.

912 StIGH, *The Case of the SS Lotus (France v Turkey) (Judgment)* PCIJ Rep Series A No 10, 18; *Brunnée*, Consent, in: Wolfrum (Hrsg.), MPEPIL, Rn. 5.

913 *Bowett*, in: British Yearbook of International Law 1976/1977 (Vol. 48), 67 (75 f.); *Walter*, in: Dörr/Schmalenbach (Hrsg.), VCLT, Art. 19, Rn. 115; *McCall-Smith*, in: International Community Law Review 2014 (Vol. 16), 263 (270 f.).

Drei mögliche Konsequenzen sind denkbar für unzulässige Vorbehalte, denen durch eine andere Partei widersprochen wurde.[914] Die erste Möglichkeit ist, dass aufgrund des unzulässigen Vorbehalts die Zustimmung des vorbehaltserklärenden Völkerrechtssubjektes zu dem betreffenden Vertrag unwirksam ist und der Autor des unzulässigen Vorbehalts nicht Partei des Vertrages wird. Dem liegt die Annahme zugrunde, dass das Völkerrechtssubjekt sich ohne den Vorbehalt nicht hätte an den Vertrag binden wollen.[915] Zweitens könnte der Vertrag zwischen der vorbehaltserklärenden Partei und der widersprechenden Partei teilweise in Kraft sein.[916] Die dritte Variante ist, dass der Vertrag vollständig – inklusive der Klauseln, die Gegenstand des Vorbehalts sind – zwischen erklärender und widersprechender Partei in Kraft ist.[917]

Der IGH befürwortete die erste Variante in dem Gutachten zu der *Konvention über die Verhütung und Bestrafung des Völkermordes*[918] und damit die vollständige Ungültigkeit der Zustimmungserklärung des vorbehaltserklärenden Völkerrechtssubjektes, wenn der Vorbehalt gegen Ziel und Zweck des Vertrages verstößt.[919] In der Rechtssache *Interhandel* hat der IGH zwar nicht über diese Thematik entschieden, dennoch hat *Lauterpacht* in einem

---

914 Für eine Übersicht siehe: *Baratta*, in: European Journal of International Law 2000 (Vol. 11), 413; *Chow*, in: International and Comparative Law Quarterly 2017 (Vol. 66), 335; *Del Mar*, in: Tams/Tzanakopoulos/Zimmermann (Hrsg.), Research Handbook on the Law of Treaties, 285 (295 f.); *Goodman*, in: American Journal of International Law 2002 (Vol. 96), 531 (531); *Redgwell*, in: British Yearbook of International Law 1993 (Vol. 64), 245 (274–276); *Tyc/Janku/Sipulova*, in: International Community Law Review 2014 (Vol. 16), 371 (375 f.).

915 Dissenting opinion of Sir Hersch Lauterpacht in IGH, *Interhandel (Switzerland v. United States of America), Preliminary Objections*, I.C.J. Reports 1959, 95 (117).

916 *Tyc/Janku/Sipulova*, in: International Community Law Review 2014 (Vol. 16), 371 (375).

917 EGMR Nr. 10328/83, Rn. 60 – *Belilos v. Switzerland*; Nr. 15318/89, Rn. 95 – *Loizidou v. Turkey*; Inter-American Court of Human Rights, *Hilaire v. Trinidad and Tobago*, Urteil vom 01.09.2001 (Preliminary Objections), Series C, No. 80, Rn. 98; UN Human Rights Committee, General Comment Nr. 24, 04.11.1994, UN Doc CCPR/C/21/Rev.1/Add.6, Rn. 18; UN Human Rights Committee, *Rawle Kennedy v. Trinidad and Tobago*, Communication No. 845/1999, decision of 2 November 1999 (CCPR/C/67/D/845/1999), Rn. 6.7; *Baratta*, in: European Journal of International Law 2000 (Vol. 11), 413 (425).

918 BGBl. 1954 II, 730. International: UNTS Vol. 78, 277.

919 IGH, *Reservations to the Convention on Genocide, Advisory Opinion*, ICJ Rep. 1951, 15 (29).

Sondervotum die vollständige Unwirksamkeit des Beitritts für den Fall eines unzulässigen Vorbehalts angedeutet.[920]

Die zweite Variante führt dazu, dass ein unzulässiger Vorbehalt im Ergebnis in den meisten Fällen eines Vorbehalts, der einzelne Bestimmungen ausschließt, genauso behandelt wird wie ein zulässiger. Der Autor des Vorbehalts ist an die Norm, zu der er den Vorbehalt erklärt hat, nicht gebunden.[921] Dafür müssen allerdings die Aspekte des Vertrages, die durch den Vorbehalt betroffen sind, vom restlichen Vertrag abtrennbar sein.

Zugunsten der dritten Variante wird angeführt, dass von den kollidierenden beiden Willenserklärungen die Zustimmung zu dem Vertrag als stärkere Willensbekundung angesehen werden sollte.[922] Weiterhin wird die dritte Variante durch verschiedentliche Staatenpraxis bei Erklärung von absoluten Einsprüchen zur Verhinderung eines Vorteils durch den Vorbehalt („*supermaximum effect*") gestützt.[923] Darüber hinaus verfolgen insbesondere entscheidungsbefugte Vertragsorgane im Rahmen von Menschenrechtsverträgen diesen Ansatz.[924]

Der Ansatz, den die ILC in ihrem „Guide to Practice on Reservations to Treaties" darlegt, versucht einen Ausgleich zwischen den verschiedenen Möglichkeiten sowie den unterschiedlichen Willenserklärungen des Völkerrechtssubjekts zu erreichen, indem es in Guideline 4.5.3 die Intention des Autors des unzulässigen Vorbehalts in den Vordergrund stellt:

> „1. The status of the author of an invalid reservation in relation to a treaty depends on the intention expressed by the reserving State or international organization on

---

920 Separate Opinion by Judge Lauterpacht, *Interhandel Case*, ICJ Rep 1959, 95 (101).

921 *Tyc/Janku/Sipulova*, in: International Community Law Review 2014 (Vol. 16), 371 (375).

922 *Bowett*, in: British Yearbook of International Law 1976/1977 (Vol. 48), 67 (76).

923 ILC Guide to Practice on Reservations to Treaties 2011, UN Doc. A/66/10/Add.1, Guideline 4.5.3, Rn. 2.

924 EGMR Nr. 10328/83, Rn. 60 – *Belilos v. Switzerland*; Nr. 15318/89, Rn. 95 – *Loizidou v. Turkey*; Inter-American Court of Human Rights, *Hilaire v. Trinidad and Tobago*, Judgment of 01.09.2001 (Preliminary Objections), Series C, No. 80, Rn. 98; UN Human Rights Committee, General Comment Nr. 24, 04.11.1994, UN Doc CCPR/C/21/Rev.1/Add.6, Rn. 18; UN Human Rights Committee, *Rawle Kennedy v. Trinidad and Tobago*, Communication No. 845/1999, decision of 2 November 1999 (CCPR/C/67/D/845/1999), Rn. 6.7.

> whether it intends to be bound by the treaty without the benefit of the reservation or whether it considers that it is not bound by the treaty.
>
> 2. Unless the author of the invalid reservation has expressed a contrary intention or such an intention is otherwise established, it is considered a contracting State or a contracting organization without the benefit of the reservation.
>
> 3. Notwithstanding paragraphs 1 and 2, the author of the invalid reservation may express at any time its intention not to be bound by the treaty without the benefit of the reservation.
>
> 4. If a treaty monitoring body expresses the view that a reservation is invalid and the reserving State or international organization intends not to be bound by the treaty without the benefit of the reservation, it should express its intention to that effect within a period of twelve months from the date at which the treaty monitoring body made its assessment."[925]

Somit soll die Intention ausschlaggebend sein, ob der Autor Partei des Vertrages ohne Vorteil aus seinem unzulässigen Vorbehalt ist oder er sich nicht als Partei des Vertrages ansieht. Lediglich, wenn nicht erkennbar ist, was der Wille des Autors des Vorbehalts ist, sieht die Guideline als *default*-Entscheidung vor, dass das Völkerrechtssubjekt trotz des unzulässigen Vorbehalts Partei des Vertrages ohne Vorteil aus dem Vorbehalt wird. Dabei handelt es sich um eine widerlegbare Vermutung.[926] Als Ausgleich räumt die Guideline dem Autor des Vorbehalts die Möglichkeit ein, jederzeit den Willen zu erklären, nicht Partei des Vertrages ohne den Vorteil aus dem Vorbehalt sein zu wollen.[927] Zur Ermittlung des Willens des Autors des unzulässigen Vorbehalts sei zunächst die Frage zu stellen, ob der Autor im Bewusstsein der Unzulässigkeit des Vorbehalts dennoch dem Vertrag zugestimmt hätte oder ob er dies unterlassen hätte.[928] Darüber hinaus sollen Erklärungen bei

---

925 ILC Guide to Practice on Reservations to Treaties 2011, UN Doc. A/66/10/Add.1, Guideline 4.5.3.

926 ILC Guide to Practice on Reservations to Treaties 2011, UN Doc. A/66/10/Add.1, Guideline 4.5.3, Rn. 33; *Chow*, in: International and Comparative Law Quarterly 2017 (Vol. 66), 335 (356).

927 ILC Guide to Practice on Reservations to Treaties 2011, UN Doc. A/66/10/Add.1, Guideline 4.5.3.

928 ILC Guide to Practice on Reservations to Treaties 2011, UN Doc. A/66/10/Add.1, Guideline 4.5.3, Rn. 43.

Abgabe des Vorbehalts sowie im Anschluss herangezogen werden, um den Willen des Autors zu bestimmen.[929] Inwiefern er sich in der Staatenpraxis durchsetzen wird, bleibt abzuwarten. Zusammengefasst bestehen weiterhin unterschiedliche Ansätze hinsichtlich der Frage, in welchem Umfang ein Autor eines unzulässigen Vorbehalts an den Vertrag gebunden ist.

IV. Reziprozität von Vorbehalten

Ein angenommener Vorbehalt modifiziert gem. Art. 20 Abs. 4 lit. a), 21 Abs. 1 lit. a) WVK den Vertrag in dem Umfang des Vorbehalts zwischen dem erklärenden Völkerrechtssubjekt und jeder Partei, die dem Vorbehalt nicht widerspricht.[930] Aufgrund des in Art. 21 Abs. 1 lit. b) WVK geregelten Grundsatzes der Reziprozität verändert der Vorbehalt für die anderen Parteien die Bestimmung im Verhältnis zu der vorbehaltserklärenden Partei in demselben Ausmaß. Es entsteht ein Netzwerk bilateraler Beziehungen innerhalb eines multilateralen Vertrages (Art. 21 WVK).[931] Der Autor eines Vorbehalts hat aufgrund der reziproken Wirkung das Risiko zu berücksichtigen, dass die begrenzende Wirkung seines Vorbehalts gegenüber ihm selbst geltend gemacht wird.[932] Dies dient auch dazu, Autoren eines Vorbehalts davon abzuhalten, einen Vorbehalt weitergehender zu formulieren als für sie zur Wahrung ihrer Interessen zwingend erforderlich.

Von dem Prinzip der Reziprozität existieren verschiedene Ausnahmen.[933] Zunächst kann eine reziproke Wirkung in einer speziellen Vertragsklausel ausgeschlossen werden, wodurch dieser Vertrag von den Regeln des Art. 21

929 ILC Guide to Practice on Reservations to Treaties 2011, UN Doc. A/66/10/Add.1, Guideline 4.5.3, Rn. 44–48.

930 *Behnsen*, Das Vorbehaltsrecht völkerrechtlicher Verträge, 49; *Fitzmaurice*, in: Singapore Year Book of International Law 2006 (Vol. 10), 133 (140); *Kühner*, Vorbehalte zu multilateralen völkerrechtlichen Verträgen, 198 f.; *Whelan*, Reciprocity in International Public Law, 81.

931 ILC Guide to Practice on Reservations to Treaties 2011, UN Doc. A/66/10/Add.1, Commentary to 3.1.3, Rn. 2; *Behnsen*, Das Vorbehaltsrecht völkerrechtlicher Verträge, 51; *Dörr*, in: German Yearbook International Law 2006 (Vol. 49), 129 (139); *Fitzmaurice/Merkouris*, Treaties in Motion, 101 f.; *Whelan*, Reciprocity in International Public Law, 82.

932 ILC Guide to Practice on Reservations to Treaties 2011, UN Doc. A/66/10/Add.1, Guideline 4.2.4, Rn. 31.

933 *Kühner*, Vorbehalte zu multilateralen völkerrechtlichen Verträgen, 200 f.

WVK abweicht. Beispielsweise legt Art. 62 des *Übereinkommens über die internationale Geltendmachung der Unterhaltsansprüche von Kindern und anderen Familienangehörigen* fest:

> „(1) Jeder Vertragsstaat kann spätestens bei der Ratifikation, der Annahme, der Genehmigung oder dem Beitritt oder bei Abgabe einer Erklärung nach Artikel 61 einen oder mehrere der in Artikel 2 Absatz 2, Artikel 20 Absatz 2, Artikel 30 Absatz 8, Artikel 44 Absatz 3 und Artikel 55 Absatz 3 vorgesehenen Vorbehalte anbringen. Weitere Vorbehalte sind nicht zulässig.
>
> [...]
>
> (4) Die nach diesem Artikel angebrachten Vorbehalte mit Ausnahme des Vorbehalts nach Artikel 2 Absatz 2 bewirken nicht die Gegenseitigkeit.“[934]

Darüber hinaus kann sich eine Ausnahme von der reziproken Wirkung entweder aus der Natur des Vorbehalts oder der Natur des Vertrages ergeben.[935] Ein Beispiel für die erste Konstellation ist der Territorialvorbehalt.[936] Schließt ein Vorbehalt die Geltung einzelner Bestimmungen für einen Teil seines Staatsgebietes aus, ist es unmöglich, reziprok die Pflichten der anderen Parteien gegenüber der den Vorbehalt erklärenden Partei zu verändern.[937]

Eine reziproke Wirkung nach Art. 21 Abs. 1 lit. a) WVK ist darüber hinaus aufgrund der Natur des Vertrages für Verträge mit integraler Erfüllungsstruktur nicht möglich.[938] Die Diskussion entzündet sich insbesondere an Menschenrechtsverträgen,[939] ist allerdings auf alle Verträge mit integraler

---

934 EU ABl. L 192/51 vom 22.07.2011.

935 *Walter*, in: Dörr/Schmalenbach, VCLT, Art. 21 Rn. 20.

936 Durch einen Territorialvorbehalt verändert eine Partei die Rechtswirkungen einzelner Vertragsbestimmungen für ein bestimmtes Territorium oder schließt sie für dieses aus. Dazu genauer → Kapitel 4 G. II. 2. b).

937 *Kühner*, Vorbehalte zu multilateralen völkerrechtlichen Verträgen, 201; *Walter*, in: Dörr/Schmalenbach, VCLT, Art. 21 Rn. 21.

938 *Del Mar*, in: Tams/Tzanakopoulos/Zimmermann (Hrsg.), Research Handbook on the Law of Treaties, 285 (308 f.); *Giegerich*, Treaties, Multilateral, Reservations to, in: Wolfrum (Hrsg.), MPEPIL, Rn. 26; *Kühner*, Vorbehalte zu multilateralen völkerrechtlichen Verträgen, 202 f.; *Walter*, in: Dörr/Schmalenbach, VCLT, Art. 21 Rn. 22 f.; *Whelan*, Reciprocity in International Public Law, 86.

939 Zum Überblick wird verwiesen auf: *Bauer*, Vorbehalte zu Menschenrechtsverträgen; *Baratta*, in: European Journal of International Law 2000 (Vol. 11), 413; *Fitzmaurice*,

Erfüllungsstruktur zu übertragen. In einer integralen Erfüllungsstruktur sind die Pflichten simultan und untrennbar gegenüber allen anderen Vertragsparteien zu erfüllen.[940] Eine reziproke Nichterfüllung oder Veränderung einer Pflicht durch eine andere Partei als den Autor des Vorbehalts ist nicht ohne die eigene Verletzung der Vertragspflichten gegenüber den weiteren Parteien möglich. Der „ILC Guide to Practice on Reservations to Treaties" thematisiert die Auswirkung der integralen Erfüllungsstruktur in Guideline 4.2.5:

> „Insofar as the obligations under the provisions to which the reservation relates are not subject to reciprocal application in view of the nature of the obligations or the object and purpose of the treaty, the content of the obligations of the parties other than the author of the reservation remains unaffected. The content of the obligations of those parties likewise remains unaffected when reciprocal application is not possible because of the content of the reservation."[941]

Darüber hinaus wird insbesondere für Menschenrechtsverträge vorgebracht, dass eine reziproke Wirkung ausscheidet, da deren Erfüllung vertikal gegenüber den Menschen erfolgt, die mit der Hoheitsgewalt der Vertragsparteien in Berührung kommen.[942]

Eine abgeschwächte Form der Reziprozität von Vorbehalten ist es, dass die anderen Parteien zwar faktisch nicht ihre Erfüllung der Pflichten gegenüber der erklärenden Partei einschränken können, jedoch der erklärenden Partei nicht mehr das Recht zusteht, die Erfüllung der Norm zu verlangen, an welche sie nicht gebunden ist.[943] Eine derartige abgeschwächte Form der

---

in: Singapore Year Book of International Law 2006 (Vol. 10), 133; *Giegerich*, Treaties, Multilateral, Reservations to, in: Wolfrum (Hrsg.), MPEPIL, Rn. 43–58; *Pellet/Müller*, in: Fastenrath (Hrsg.), From Bilaterism to community interest, 521; *Simma*, in: Rest u. a. (Hrsg.), Liber Amicorum Professor Seidl-Hohenveldern in Honour of his 80th Birthday, 659.

940 *Åkermark/Mårsäter*, in: Nordic Journal of International Law 2005 (Vol. 74), 509 (513); *Verdross/Simma*, Universelles Völkerrecht, § 539. Zu der vertraglichen Erfüllungsstruktur genauer → Kapitel 2 C. II. 7. b).

941 ILC Guide to Practice on Reservations to Treaties 2011, UN Doc. A/66/10/Add.1, Guideline 4.2.5.

942 *Behnsen*, Das Vorbehaltsrecht völkerrechtlicher Verträge, 124–131.

943 ILC Guide to Practice on Reservations to Treaties 2011, UN Doc. A/66/10/Add.1, Guideline 4.2.5 – Commentary, Rn. 5; *Müller*, in: Corten/Klein (Hrsg.), VCLT, Art. 21, Rn. 36.

Reziprozität kann sich ausdrücklich aus einer Vertragsbestimmung ergeben. Beispielsweise formuliert die Modellklausel des Europarats von 2017:

> „A Party which has made a reservation in respect of a provision of this Convention may not claim the application of that provision by any other Party; it may, however, if the reservation is partial or conditional, claim the application of that provision in so far as it has itself accepted it."[944]

Beispielsweise enthält Art. 7 Abs. 2 des *Europäischen Übereinkommens über die Regelung des Personenverkehrs zwischen den Mitgliedstaaten des Europarats* eine derartige Bestimmung:

> „Eine Vertragspartei, die von einer der in Absatz 1 vorgesehenen Möglichkeiten Gebrauch macht, kann die Anwendung dieses Übereinkommens durch eine andere Partei nur insoweit verlangen, als sie selbst es gegenüber dieser Partei anwendet."[945]

Im Einzelfall zu prüfen ist eine solche abgeschwächte Form der reziproken Wirkung, wenn es an einer derartigen Regelung fehlt. Die Europäische Kommission zum Schutze der Menschenrechte lehnte in ihrer Entscheidung *Frankreich, Norwegen, Dänemark, Schweden, Niederlande gegen die Türkei* das Argument der Türkei ab, dass Frankreich aufgrund seines Vorbehalts zu Art. 15 EMRK nicht berechtigt sei, in Bezug auf Art. 15 EMRK eine Beschwerde gegen die Türkei zu erheben.[946] Der „ILC Guide to Practice on Reservations to Treaties" geht dagegen standardmäßig von einer abgeschwächten reziproken Wirkung aus.[947] Um nicht auf den Nachweis einer solchen Regel als Bestandteil des Völkergewohnheitsrechts angewiesen zu sein,

---

944 Article D Option 2 Abs. 3 Model Final Clauses for Conventions, Additional Protocols and Amending Protocols concluded within the Council of Europe as adopted by the Ministers' Deputies of the Council of Europe at their 1291st meeting on 05.07.2017, online verfügbar: https://rm.coe.int/168072fb76 [28.07.2025]. Diese Klausel entspricht jener, die in den der Version von 1980 enthalten war (Article e Abs. 3 Model Final Clauses for Conventions and Agreements concluded within the Council of Europe, concluded by the Committee of Ministers of the Council of Europe, 315th meeting, 1980).

945 BGBl. 1959 II 389, 390. International: CETS Nr. 25.

946 EKMR, Nr. 9940–9944/82, *Frankreich, Norwegen, Dänemark, Schweden, Niederlande gegen die Türkei*, Entscheidung vom 06.12.1983, Rn. 35–43.

947 ILC Guide to Practice on Reservations to Treaties 2011, UN Doc. A/66/10/Add.1, Guideline 4.2.5 – Commentary, Rn. 5.

empfiehlt es sich, eine Vertragsbestimmung dahingehend aufzunehmen, falls sichergestellt werden soll, dass eine abgeschwächte Form von Reziprozität für einen Vorbehalt bei einem Vertrag mit integraler Erfüllungsstruktur besteht.

D. Vertragsgestaltungsmöglichkeiten

Durch einen Vorbehalt verringert oder verändert die erklärende Partei ihre Rechte und Pflichten im Vergleich zu den Rechten und Pflichten, die der Vertrag vorsieht.

Vorbehalte sind ein Instrument des Völkervertragsrechts mit verschiedenen Zwecken. Das wichtigste Ziel ist es, die Beteiligung unterschiedlicher Völkerrechtssubjekte an dem Vertrag zu fördern, indem ihnen die Möglichkeit eingeräumt wird, einzelne Bestimmungen des Vertrages auszuschließen oder zu ändern. Dadurch dienen Vorbehalte insbesondere dazu, die eigene Souveränität zu wahren.[948] Vorbehalte können zwischen einem Partikularinteresse und dem Gemeinschaftsinteresse aller Parteien ausgleichen.[949] Stimmt das Einzelinteresse einer Partei nicht vollständig mit dem Gemeinschaftsinteresse überein, kann ein einzelnes Völkerrechtssubjekt die Bestimmungen des Vertrages ausschließen, die es nicht erfüllen kann oder möchte und dennoch dem Vertrag zustimmen. Insgesamt sind Vorbehalte sehr weitreichend und sehr variabel einsetzbar.

Vorbehalte können aufgrund der Regelungen in Art. 19–23 WVK zu jedem völkerrechtlichen Vertrag erklärt werden, wenn dieser keine gesonderten Regelungen enthält. Es bestehen in dem Regelungsregime der WVK zu Vorbehalten allerdings noch offene Fragen wie nach der Rechtswirkung unzulässiger Vorbehalte, insbesondere jener, die gegen Ziel und Zweck des Vertrages verstoßen, oder der reziproken Wirkung von Vorbehalten zu Verträgen mit integraler Erfüllungsstruktur. Insbesondere aufgrund der Vielzahl von Ansätzen für die Rechtsfolgen unzulässiger Vorbehalte entstehen Unsicherheiten. Diese Unsicherheiten können jedoch auch Vorteile bieten, indem sie die Zurückhaltung von Völkerrechtssubjekten überwinden helfen, sich an einen Vertrag zu binden. Ohne diese Unsicherheiten könnten sie

---

948 *Del Mar*, in: Tams/Tzanakopoulos/Zimmermann (Hrsg.), Research Handbook on the Law of Treaties, 285 (285 f).

949 *Giegerich*, Treaties, Multilateral, Reservations to, in: Wolfrum (Hrsg.), MPEPIL, Rn. 6.

bezweifeln, ob ein Vorbehalt tatsächlich ihre Interessen schützen kann.[950] Die aushandelnden Parteien können diesen Schwierigkeiten begegnen, indem sie Regelungen zu Vorbehalten in dem konkreten Vertrag aufnehmen. Diese Regeln können die Verwendung von Vorbehalten in unterschiedlicher Weise begrenzen.

Ein Vertrag kann Vorbehalte vollständig untersagen. Beispielsweise[951] lautet Art. 18 des *Wiener Übereinkommens zum Schutz der Ozonschicht*:

> „Vorbehalte zu diesem Übereinkommen sind nicht zulässig."[952]

Materielle Begrenzungen[953] können Voraussetzungen umfassen, ob Vorbehalte möglich sind, und in welchem Umfang ein Vorbehalt zulässig ist. Eine Vorbehaltsklausel kann zusätzlich zu Art. 19 lit. c) WVK voraussetzen, dass ein Vorbehalt vereinbar mit Ziel und Zweck des Vertrages ist.[954] Ein Beispiel[955] ist Art. 20 Abs. 2 des *Internationalen Übereinkommens zur Beseitigung jeder Form von Rassendiskriminierung*, welches vor Inkrafttreten der WVK abgeschlossen wurde:

> „Mit dem Ziel und Zweck dieses Übereinkommens unvereinbare Vorbehalte sind nicht zulässig; dasselbe gilt für Vorbehalte, welche die Wirkung hätten, die Arbeit einer auf Grund dieses Übereinkommens errichteten Stelle zu behindern. Ein Vorbehalt gilt als unvereinbar oder hinderlich, wenn mindestens zwei Drittel der Vertragsstaaten Einspruch dagegen erheben."[956]

---

950 *Del Mar*, in: Tams/Tzanakopoulos/Zimmermann (Hrsg.), Research Handbook on the Law of Treaties, 285 (309 f).

951 Weitere Beispiele sind: Art. 18 *Montrealer Protokolls über Stoffe, die zu einem Abbau der Ozonschicht führen* (BGBl. 1988 II 1014. International: UNTS 1522, 3); Art. 37 des *Übereinkommens über die biologische Vielfalt* (BGBl. 1993 II 1741, 1742. International: UNTS Vol. 1760, 79); Art. 24 des *UNKlimarahmenabkommen* (BGBl. 1993 II 1783, 1784. International: UNTS Vol. 1771, 107).

952 BGBl. 1988 II 901, 902. International: UNTS Vol. 1513, 293.

953 Dazu genauer → Kapitel 2 C. II. 1.

954 Dazu genauer → Kapitel 2 C. II. 1. a).

955 Weitere Beispiele sind Art. 42 Abs. 1 des *Abkommens über die Rechtsstellung der Flüchtlinge* (BGBl. 1953 II 559, 560. International: UNTS Vol. 189, 137) und Art. 25 Abs. 1 des *Vertrages über den Waffenhandel* (BGBl. 2013 II 1426, 1427. International: UNTS Vol. 3013, 269).

956 BGBl. II 1969, 961. International: UNTS Vol. 660, 195.

Diese Vorbehaltsklausel erleichtert darüber hinaus, wie festgestellt werden kann, ob ein Vorbehalt mit Ziel und Zweck des Vertrages unvereinbar ist.

Eine weitere materielle Begrenzung ist es, wenn Vorbehalte nur zu bestimmten Bestimmungen des Vertrages erklärt werden können.[957] Ein Beispiel[958] ist Art. 29 Abs. 1 des *Europäischen Übereinkommens über die Staatsangehörigkeit*:

> „Vorbehalte zu den Kapiteln I, II und VI sind nicht zulässig. Jeder Staat kann bei der Unterzeichnung oder bei der Hinterlegung seiner Ratifikations-, Annahme-, Genehmigungs- oder Beitrittsurkunde einen oder mehrere Vorbehalte zu den anderen Bestimmungen dieses Übereinkommens anbringen, solange sie mit Ziel und Zweck des Übereinkommens vereinbar sind."[959]

Alternativ kann eine Vertragsbestimmung ausdrücklich Normen nennen, zu denen Vorbehalte erklärt werden dürfen wie z. B. Art. 17 Abs. 1 des *Übereinkommens zur Verminderung der Staatenlosigkeit*:

> „Bei der Unterzeichnung, der Ratifikation oder dem Beitritt kann jeder Staat einen Vorbehalt zu Artikel 11, 14 oder 15 einlegen."[960]

Anstatt Regelungen aufzuzählen, kann die Vorbehaltsklausel Aspekte nennen, die von einem Vorbehalt umfasst sein dürfen, siehe z. B.[961] Art. 39 Abs. 2 des *Revised General Act for the Pacific Settlement of International Disputes*:

> „(1) In addition to the power given in the preceding article, a Party, in acceding to the present General Act, may make his acceptance conditional upon the reservations

---

957 Dazu genauer → Kapitel 2 C. II. 1. c).

958 Weitere Beispiele sind Art. 62 Abs. 1 des *Übereinkommens über die internationale Geltendmachung der Unterhaltsansprüche von Kindern und anderen Familienangehörigen* (EU ABl. L 192/51 vom 22.07.2011); Art. 42 des *Übereinkommens über Computerkriminalität* (BGBl. 2008 II 1242, 1243. International: CETS Nr. 185); Art. 42 Abs. 1 des *Übereinkommens zur Beseitigung jeder Form von Diskriminierung der Frau* (BGBl. 1985 II 647, 648. International: UNTS Vol. 1249, 13).

959 BGBl. 2004 II 579. International: CETS Nr. 166.

960 BGBl. 1977 II 597, 598. International: UNTS Vol. 989, 175.

961 Ein weiteres Beispiel enthält Art. 2 Abs. 1 des *Zweiten Fakultativprotokolls zum Internationalen Pakt über bürgerliche und politische Rechte zur Abschaffung der Todesstrafe* (BGBl. 1992 II 390, 391. International: UNTS Vol. 1642, 414).

> exhaustively enumerated in the following paragraph. These reservations must be indicated at the time of accession.
>
> (2) These reservations may be such as to exclude from the procedure described in the present Act:
>
> (a) Disputes arising out of facts prior to the accession either of the Party making the reservation or of any other Party with whom the said Party may have a dispute;
>
> (b) Disputes concerning questions which by international law are solely within the domestic jurisdiction of States;
>
> (c) Disputes concerning particular cases or clearly specified subject-matters, such as territorial status, or disputes falling within clearly defined categories."[962]

Eine noch weitergehende inhaltliche Beschränkung ist möglich, wenn nur jene Vorbehalte zulässig sind, die eine Vertragsklausel oder ein Anhang aufzählt.

Um klarzustellen, dass die ansonsten nach WVK zulässigen Vorbehalte im Übrigen ausgeschlossen sein sollen, können derartige Aufzählungen mit folgendem Zusatz versehen werden wie in Art. 42 des *Übereinkommens über Computerkriminalität*:

> „Weitere Vorbehalte sind nicht zulässig."[963]

Eine alternative Formulierung wählt Art. 98 des *Übereinkommens der Vereinten Nationen über Verträge über den internationalen Warenkauf*:

> „Vorbehalte sind nur zulässig, soweit sie in diesem Übereinkommen ausdrücklich für zulässig erklärt werden."[964]

Andere materielle Begrenzungen wie die Sicherstellung von Mindeststandards[965] sind für Vorbehalte nicht üblich, wären allerdings denkbar. Die Berechtigung, einen Vorbehalt zu erklären, kann begrenzt werden auf einzelne Parteien.[966]

---

962 UNTS Vol. 71, 101.
963 BGBl. 2008 II 1242, 1243. International: CETS Nr. 185.
964 BGBl. 1989 II, 588. International: UNTS Vol. 1489, 3.
965 Dazu genauer → Kapitel 2 C. II. 1. b).
966 Dazu genauer → Kapitel 2 C. II. 2.

Verfahrensvorschriften[967], die entweder darin bestehen, dass vor Erklärung eines Vorbehaltes ein Verfahren einzuhalten ist (z. B. Anhörungserfordernisse) oder der ausübenden Partei weitere verfahrenstechnische Verpflichtungen auferlegt werden (z. B. regelmäßige Überprüfungspflicht, ob der Vorbehalt noch erforderlich ist), können ebenfalls in eine Vertragsklausel aufgenommen werden. Eine regelmäßige Überprüfung der Erforderlichkeit empfiehlt inzwischen auch Guideline 2.5.3 des „ILC Guide to Practice on Reservations to Treaties“:

> „1. States or international organizations which have formulated one or more reservations to a treaty should undertake a periodic review of such reservations and consider withdrawing those which no longer serve their purpose.
>
> 2. In such a review, States and international organizations should devote special attention to the aim of preserving the integrity of multilateral treaties and, where relevant, consider the usefulness of retaining the reservations, in particular in relation to developments in their internal law since the reservations were formulated.“[968]

Beispielsweise kann eine derartige Überprüfungspflicht wie in Art. 29 Abs. 3 des *Europäischen Übereinkommen über die Staatsangehörigkeit* aufgenommen werden:

> „Ein Staat, der einen oder mehrere Vorbehalte nach Absatz 1 angebracht hat, prüft ihre vollständige oder teilweise Rücknahme, sobald die Umstände dies zulassen. Die Rücknahme erfolgt durch eine an den Generalsekretär des Europarats gerichtete Notifikation und wird mit dem Eingang der Notifikation beim Generalsekretär wirksam.“[969]

Eine weitere formelle Begrenzung stellt es dar, wenn erklärte Vorbehalte bei der Unterzeichnung zum Zeitpunkt der Ratifikation, Annahme oder Genehmigung bestätigt werden müssen wie beispielsweise in Art. 97 Abs. 1

---

967 Dazu genauer → Kapitel 2 C. II. 5.

968 ILC Guide to Practice on Reservations to Treaties 2011, UN Doc. A/66/10/Add.1, Guideline 2.5.3.

969 BGBl. 2004 II, 579. International: CETS Nr. 166.

des *Übereinkommens der Vereinten Nationen über Verträge über den internationalen Warenkauf*:

> „Erklärungen, die nach diesem Übereinkommen bei der Unterzeichnung abgegeben werden, bedürfen der Bestätigung bei der Ratifikation, Annahme oder Genehmigung."[970]

Außerdem kann eine Vorbehaltsklausel voraussetzen, dass der Autor des Vorbehalts begründet, warum er den Vorbehalt erklärt.[971] Dies empfiehlt ebenfalls Guideline 2.1.2 des „ILC Guide to Practice on Reservations to Treaties":

> „A reservation should, to the extent possible, indicate the reasons why it is being formulated."[972]

Als eine andere prozessuale Pflicht können die Parteien aufnehmen, dass das innerstaatliche Recht, zu dessen Schutz ein Vorbehalt erklärt wird, zu benennen ist[973] wie z. B. Art. 57 Abs. 2 EMRK:

> „Jeder nach diesem Artikel angebrachte Vorbehalt muß mit einer kurzen Darstellung des betreffenden Gesetzes verbunden sein."[974]

Weiterhin kann eine Vorbehaltsklausel eine Berichtspflicht[975] vorsehen.

Überprüfungsrechte[976] können für einen Vorbehalt den anderen Vertragsparteien oder einem Vertragsorgan in Form einer Vorabkontrolle oder einer regelmäßigen Kontrolle während der Verwendung des Vorbehalts eingeräumt werden.

Ferner kann als Voraussetzung auch in einer Vertragsklausel aufgenommen werden, dass für einen Vorbehalt die Zustimmung aller übrigen Vertragsparteien erforderlich ist.[977] Dabei empfiehlt sich deutlich zu machen, ob es sich dabei um eine einstimmige Zustimmung handelt oder die

---

970 BGBl. 1989 II, 588. International: UNTS Vol. 1489, 3.

971 Dazu genauer → Kapitel 2 C. II. 5. a) cc).

972 ILC Guide to Practice on Reservations to Treaties 2011, UN Doc. A/66/10/Add.1, Guideline 2.1.2.

973 Dazu genauer → Kapitel 2 C. II. 5. a) bb).

974 Neufassung der deutschen Übersetzung aus BGBl. 2010 II 1199. International: CETS Nr. 5.

975 Dazu genauer → Kapitel 2 C. II. 5. a) dd).

976 Dazu genauer → Kapitel 2 C. II. 6.

977 Dazu genauer → Kapitel 2 C. II. 3.

Zustimmung einzelner Parteien genügt und welche Auswirkung dies hat. Abweichend von den Vorgaben der WVK sieht beispielsweise Art. XII des *Übereinkommens zur Förderung der Einhaltung internationaler Erhaltungs- und Bewirtschaftungsmaßnahmen durch Fischereifahrzeuge auf hoher See* eine einstimmige Zustimmung zu einem Vorbehalt vor:

> „Die Annahme dieses Übereinkommens kann von Vorbehalten abhängig gemacht werden, die nur dann gelten, wenn sie von allen Parteien dieses Übereinkommens einstimmig angenommen werden. Der Generaldirektor notifiziert allen Parteien umgehend etwaige Vorbehalte. Antwortet eine Partei nicht binnen drei Monaten nach der Notifizierung, so gilt dies als Annahme des Vorbehalts. Wird der Vorbehalt nicht angenommen, so kann der Staat oder die Organisation für regionale wirtschaftliche Integration, der oder die den Vorbehalt angemeldet hat, diesem Übereinkommen nicht beitreten."[978]

Als geringere Begrenzung kann den anderen Parteien ein Einspruchsrecht eingeräumt werden.[979] Dabei sollte konkretisiert werden, welche Auswirkung ein Einspruch hat, somit diejenigen der Art. 20 Abs. 4 lit. b), Art. 21 Abs. 3 WVK[980] oder andere. Alternativ kann die Zustimmung eines Vertragsorgans als Voraussetzung vorgesehen oder einem solchen die Möglichkeit eines Einspruchs eingeräumt werden.

Diese förmlichen Reaktionen in Form von Annahme und Einspruch stellen einen formellen Teil eines Vorbehaltsdialogs[981] dar.[982] Aber auch unterhalb dieser Schwelle können andere Völkerrechtssubjekte sowie ein Vertragsorgan im Rahmen eines Vorbehaltsdialogs versuchen, den Autor des Vorbehalts zu beeinflussen.[983] Dazu zählen insbesondere Erklärungen anderer Völkerrechtssubjekte,

---

978 EU ABl. L 177/26 vom 16.07.1996.

979 Dazu genauer → Kapitel 2 C. II. 3.

980 Dazu genauer → Kapitel 3 C. II. 3. lit. b).

981 Zum Vorbehaltsdialog finden sich im Annex des ILC Guide to Practice on Reservations to Treaties 2011 (UN Doc. A/66/10/Add.1) einige Schlussfolgerungen, welche auf dem 17. Bericht des Special Rapporteurs *Pellet* (Seventeenth Report on reservations to treaties by the Special Rapporteur Mr. Allain Pellet, UN Doc. A/CN.4/647, Rn. 2–68) beruhen.

982 Seventeenth Report on reservations to treaties by the Special Rapporteur Mr. Allain Pellet, UN Doc. A/CN.4/647, Rn. 2–27.

983 Seventeenth Report on reservations to treaties by the Special Rapporteur Mr. Allain Pellet, UN Doc. A/CN.4/647, Rn. 28–53; *Pergantis*, The Paradigm of State Consent in the Law of Treaties, 315.

die noch nicht zu einem Einspruch ausreichen und stattdessen beispielsweise von dem Autor des Vorbehalts Klarstellung, Präzisierung oder eine Überprüfung des Vorbehalts verlangen, bevor sie möglicherweise anschließend einen Einspruch erheben.[984] Um einen derartigen Vorbehaltsdialog zu fördern, kann ein Vertrag dazu explizit Regelungen aufnehmen. Allerdings ist dabei abzuwägen, dass die Flexibilität des informellen Austausches verloren gehen kann, wenn Aspekte eines Vorbehaltsdialogs geregelt sind und damit andere Praktiken nicht.[985] Neben der oben genannten Möglichkeit, dass der Autor eines Vorbehalts verpflichtet werden kann, die Gründe für seinen Vorbehalt anzugeben, kann ein Dialog dadurch gefördert werden, dass eine Partei einen Einspruch gegen einen Vorbehalt begründen soll.[986] Sollten Völkerrechtssubjekte weitere Regelungen zu einem Vorbehaltsdialog aufnehmen wollen, könnten sie solche orientieren an der Empfehlung der *Working Group on Reservations to Treaties*:

> „a) Treaty bodies should request in their lists of issues information, especially when it is provided neither in the common core document (where available), nor in the treaty-specific report, about:
>
> i) the nature and scope of reservations or interpretative declarations;
>
> ii) the reason why such reservations were considered to be necessary and have been maintained;
>
> iii) the precise effect of each reservation in terms of national law and policy;
>
> iv) any plans to limit the effect of reservations and ultimately withdraw them within a specific time frame.
>
> b) Treaty bodies should clarify to States parties their reasons for concern over particular reservations in light of the provisions of the treaty concerned and, as relevant, its object and purpose.
>
> c) Treaty bodies should in their concluding observations:

---

984 *Krivenko*, in: Kanetake/Nollkaemper (Hrsg.), The Rule of Law at the National and International Levels, 289 (298).

985 Seventeenth Report on reservations to treaties by the Special Rapporteur Mr. Allain Pellet, UN Doc. A/CN.4/647, Rn. 62.

986 Eine Empfehlung dahingehend enthält Guideline 2.6.9 des ILC Guide to Practice on Reservations to Treaties 2011, UN Doc. A/66/10/Add.1.

i) welcome the withdrawal, whether total or partial, of a reservation;

ii) acknowledge ongoing reviews of reservations or expressions of willingness to review;

iii) express concern for the maintenance of reservations;

iv) encourage the complete withdrawal of reservations, the review of the need for them or the progressive narrowing of scope through partial withdrawals of reservations.

d) Treaty bodies should highlight the lack of consistency among reservations formulated to certain provisions protected in more than one treaty and encourage the withdrawal of a reservation on the basis of the availability of better protection in other international conventions resulting from the absence of a reservation to comparable provisions."[987]

Je weiter Regelungen hinsichtlich des Vorbehaltsdialogs formuliert sind, desto mehr Spielraum lassen sie den Parteien.

Eine Vorbehaltsklausel kann zeitliche Einschränkungen[988] vorsehen. Dies kann sich darauf beziehen, zu welchem Zeitpunkt ein Vorbehalt erklärt werden muss. Nach der WVK sind Vorbehalte spätestens bei der Unterzeichnung, Ratifikation, Annahme oder Genehmigung zu erklären. Völkerrechtssubjekte können in einer Vorbehaltsklausel einen anderen Zeitpunkt festlegen oder spätere Vorbehalte zulassen, wenn sie einstimmig durch die übrigen Parteien angenommen werden. Eine andere Art der zeitlichen Beschränkung ist, dass Vorbehalte auch begrenzt werden können auf eine gewisse Zeitspanne.[989] Eine Vertragsklausel, die nur zeitlich begrenzt Vorbehalte zulässt, kann

---

987 Report of the Meeting of the Working Group on Reservations, Nineteenth meeting of chairpersons of the human rights bodies, Geneva 21.-22.06.2007, Sixth Inter-Committee Meeting of the human rights treaty bodies, Geneva, 18.-20.06.2007, UN Doc. HRI/MC/2007/5.

988 Dazu genauer → Kapitel 2 C. II. 4.

989 United Nations Conference on Trade and Development, Preserving Flexibility in IIAs: The Use of Reservations, UNCTAD Series on International Investment Policies for Development 2006, online verfügbar: https://doi.org/10.18356/4c7d3325-en [28.07.2025], 9 f.

vergleichbar zu Art. 124 des *Rom Statuts des Internationalen Strafgerichtshofs* formuliert werden:

> „Ungeachtet des Artikels 12 Absätze 1 und 2 kann ein Staat, wenn er Vertragspartei dieses Statuts wird, erklären, dass er für einen Zeitraum von sieben Jahren, nachdem das Statut für ihn in Kraft getreten ist, die Gerichtsbarkeit des Gerichtshofs für die Kategorie der in Artikel 8 bezeichneten Verbrechen nicht anerkannt, wenn angeblich ein Verbrechen von seinen Staatsangehörigen oder in seinem Hoheitsgebiet begangen worden ist. Eine Erklärung nach diesem Artikel kann jederzeit zurückgenommen werden. Dieser Artikel wird auf der in Übereinstimmung mit Artikel 123 Absatz 1 einberufenen Überprüfungskonferenz überprüft.“[990]

Aufgrund der in Art. 21 Abs. 1 lit. b) WVK geregelten Reziprozität eines Vorbehalts verändert der Vorbehalt für die anderen Parteien die Bestimmung in dem Verhältnis zu der vorbehaltserklärenden Partei in demselben Ausmaß.[991] Diese reziproke Wirkung kann in einer Vorbehaltsklausel ausgeschlossen, abgeändert oder präzisiert werden. Ein Beispiel für den Ausschluss der reziproken Wirkung ist Art. 62 des *Übereinkommens über die internationale Geltendmachung der Unterhaltsansprüche von Kindern und anderen Familienangehörigen*:

> „(1) Jeder Vertragsstaat kann spätestens bei der Ratifikation, der Annahme, der Genehmigung oder dem Beitritt oder bei Abgabe einer Erklärung nach Artikel 61 einen oder mehrere der in Artikel 2 Absatz 2, Artikel 20 Absatz 2, Artikel 30 Absatz 8, Artikel 44 Absatz 3 und Artikel 55 Absatz 3 vorgesehenen Vorbehalte anbringen. Weitere Vorbehalte sind nicht zulässig.
>
> […]
>
> (4) Die nach diesem Artikel angebrachten Vorbehalte mit Ausnahme des Vorbehalts nach Artikel 2 Absatz 2 bewirken nicht die Gegenseitigkeit.“[992]

Alternativ kann eine Bestimmung aufgenommen werden, die es den einzelnen Parteien überlässt, ob eine reziproke Wirkung bestehen soll oder nicht. Ein Beispiel für eine derartige Regelung ist die Vertragsbestimmung zu der

990 BGBl. 2000 II 1393. International: UNTS Vol. 2187, 3.
991 Dazu genauer → Kapitel 3 C. IV.
992 EU ABl. L 192/51 vom 22.07.2011.

optionalen Klausel in Art. 1 Abs. 2 S. 2 des *Europäischen Übereinkommens über die Zustellung von Schriftstücken in Verwaltungssachen im Ausland*:

> „(2) [...] Dieser Staat kann in seiner Erklärung mitteilen, daß er sich auf das Fehlen der Gegenseitigkeit berufen wird."[993]

Ein weiteres Beispiel ist Art. 20 Abs. 7 des *Abkommens über die Zollerleichterungen im Touristenverkehr*, welches eine Erklärung gegenüber dem Generalsekretär verlangt:

> „Kein Vertragsstaat ist verpflichtet, einem Staat, der einen Vorbehalt gemacht hat, die Vergünstigungen dieses Abkommens zu gewähren, auf die sich der Vorbehalt bezieht. Jeder Staat, der dieses Recht für sich in Anspruch nimmt, wird dies dem Generalsekretär mitteilen. Der Generalsekretär wird diese Entscheidung allen Signatar- und Vertragsstaaten mitteilen."[994]

Allerdings ist für die reziproke Wirkung zu berücksichtigen, welche Erfüllungsstruktur ein Vertrag aufweist. Unproblematisch kann eine reziproke Wirkung in einer bilateralen Erfüllungsstruktur vorliegen. Dagegen sind die Parteien in einer integralen Erfüllungsstruktur den übrigen Parteien zur Erfüllung verpflichtet. Eine reziproke Wirkung kann sich dann auf eine abgeschwächte Form beschränken, indem die Partei, die einen Vorbehalt erklärt hat, nicht berechtigt ist, die Erfüllung der jeweiligen Pflicht durch die anderen Parteien zu verlangen. Beispielsweise formuliert die Modellklausel des Europarats von 2017:

> „A Party which has made a reservation in respect of a provision of this Convention may not claim the application of that provision by any other Party; it may, however, if the reservation is partial or conditional, claim the application of that provision in so far as it has itself accepted it."[995]

---

993 BGBl. 1981 II 533, 535. International: CETS Nr. 94.

994 BGBl. 1956 II 1886. International: UNTS Vol. 276, 596.

995 Article D Option 2 Abs. 3 Model Final Clauses for Conventions, Additional Protocols and Amending Protocols concluded within the Council of Europe as adopted by the Ministers' Deputies of the Council of Europe at their 1291st meeting on 05.07.2017, online verfügbar: https://rm.coe.int/168072fb76 [28.07.2025].

Verwendet wurde eine derartige Bestimmung z. B. in Art. 7 Abs. 2 des *Europäischen Übereinkommens über die Regelung des Personenverkehrs zwischen den Mitgliedstaaten des Europarats*:

> „Eine Vertragspartei, die von einer der in Absatz 1 vorgesehenen Möglichkeiten Gebrauch macht, kann die Anwendung dieses Übereinkommens durch eine andere Partei nur insoweit verlangen, als sie selbst es gegenüber dieser Partei anwendet."[996]

Der Autor eines Vorbehalts ist jederzeit berechtigt, einen Vorbehalt zurückzunehmen.[997] Dennoch kann ein Vertrag dazu klarstellend oder konkretisierend Regelungen aufnehmen.[998] Eine derartige Klausel kann insbesondere konkretisieren, gegenüber wem die Rücknahme zu erklären ist, ob ein Vorbehalt ganz oder teilweise zurückgenommen werden kann und ab wann die Rücknahme wirksam wird. Beispielsweise[999] bestimmt Art. 15 des *Übereinkommens über die Zollbehandlung von Behältern, die im Rahmen eines Pools im grenzüberschreitenden Verkehr verwendet werden*:

> „Die Vertragsparteien können gegen Artikel 6 Absatz 2 und Artikel 7 Absatz 2 hinsichtlich der Verpflichtung zur Vorlage eines Zollpapiers oder zur Sicherheitsleistung Vorbehalte einlegen. Haben die Vertragsparteien Vorbehalte eingelegt, so können sie diese durch Notifikation an den Verwahrer unter Angabe des Datums der Zurücknahme der Vorbehalte ganz oder teilweise zurücknehmen."[1000]

Die ILC hat drei verschiedene Modellklauseln zur Rücknahme von Vorbehalten entwickelt:

> „Model clause A - Deferment of the effective date of the withdrawal of a reservation

---

996 BGBl. 1959 II 389, 390. International: CETS Nr. 25.

997 Nunmehr auch so in Guideline 2.7.1 des ILC Guide to Practice on Reservations to Treaties 2011, UN Doc. A/66/10/Add.1: „Unless the treaty otherwise provides, an objection to a reservation may be withdrawn at any time.".

998 Vgl. *Walter*, in: Dörr/Schmalenbach, VCLT, Art. 22 Rn. 27–29. Dazu genauer → Kapitel 2 C. II. 9.

999 Weitere Beispiele enthalten Art. 97 Abs. 4 und 5 des *Übereinkommens der Vereinten Nationen über Verträge über den internationalen Warenkauf* (BGBl. 1989 II, 588. International: UNTS Vol. 1489, 3), Art. 42 Abs. 2 des *Abkommens über die Rechtsstellung der Flüchtlinge* (BGBl. 1953 II, 559, 560. International: UNTS Vol. 189, 137) und Art. 20 Abs. 3 des *Internationalen Übereinkommens zur Beseitigung jeder Form von Rassendiskriminierung* (BGBl. II 1969, 961. International: UNTS Vol. 660, 195).

1000 EU ABl. L 091/46 vom 22.04.1995.

A Contracting Party which has made a reservation to this treaty may withdraw it by means of a notification addressed to [the depositary]. This withdrawal shall take effect on the expiration of a period of X [months] [days] after the date of receipt of the notification by [the depositary].

Model clause B - Earlier effective date of withdrawal of a reservation

A Contracting Party which has made a reservation to this treaty may withdraw it by means of a notification addressed to [the depositary]. The withdrawal shall take effect on the date of the receipt of such notification by [the depositary].

Model clause C - Freedom to set the effective date of withdrawal of a reservation

A Contracting Party which has made a reservation to this treaty may withdraw it by means of a notification addressed to [the depositary]. The withdrawal shall take effect on the date set by that State in the notification addressed to [the depositary].“[1001]

[1001] Report of the International Law Commission, Fifty-fifth session (05.05.-06.06. und 07.07.-08.08. 2003), UN Doc. A/58/10, 239–241.

Abweichung von gleichförmigen Rechten und Pflichten

Ein Abweichen von gleichförmigen Rechten und Pflichten liegt vor, wenn sich die Rechte und Pflichten einer Partei qualitativ oder quantitativ von denen aller oder einzelner anderer Parteien unterscheiden.[1002] Eine solche Abweichung kann rechtstechnisch auf unterschiedliche Weise durch eine Vielzahl an Instrumenten erreicht werden. Die folgenden Abschnitte stellen diese verschiedenen Instrumente dar. Der ebenfalls in diese Kategorie fallende Vorbehalt wurde bereits ausführlich in Kapitel 3 dargestellt.

A. Teilweise Zustimmung zu einem Vertrag

Neben Vorbehalten[1003] ist eine in der WVK genannte Möglichkeit, die vertragliche Bindung festzulegen oder zu beschränken, die teilweise Zustimmung zu einem Vertrag. Art. 17 WVK bestimmt:

> „(1) Unbeschadet der Artikel 19 bis 23 ist eine Zustimmung eines Staates, durch einen Teil eines Vertrages gebunden zu sein, nur wirksam, wenn der Vertrag dies zuläßt oder die anderen Vertragsparteien dem zustimmen.
>
> (2) Die Zustimmung eines Staates, durch einen Vertrag gebunden zu sein, der eine Wahl zwischen unterschiedlichen Bestimmungen zuläßt, ist nur wirksam, wenn klargestellt wird, auf welche Bestimmungen sich die Zustimmung bezieht."[1004]

1002 Dazu genauer → Kapitel 1 A III.

1003 Dazu genauer → Kapitel 3.

1004 BGBl. 1985 II 927. Englische authentische Fassung, UNTS Vol. 1155, 331: „(1) Without prejudice to articles 19 to 23, the consent of a State to be bound by part of the treaty

Art. 17 WVK enthält zwei Varianten einer teilweisen Zustimmung: das *Opting-Out* nach Art. 17 Abs. 1 WVK (I.) und die *Pick-and-choose* oder *à-la-carte*-Methode nach Art. 17 Abs. 2 WVK (II.).

I. *Opting-Out*, Art. 17 Abs. 1 WVK

Art. 17 Abs. 1 WVK erlaubt eine teilweise Zustimmung zu einem Vertrag und legt die Voraussetzungen für diese fest.

1. Definition

Die teilweise Zustimmung nach Art. 17 Abs. 1 WVK wird auch als *Opting-Out* bezeichnet.[1005] *Opting-Out* ist eine Vertragsbestimmung, durch die ein Völkerrechtssubjekt an die dort enthaltenen Regeln gebunden ist, außer es äußert den Willen an diesen Teil eines Vertrages nicht gebunden zu sein.[1006] Für *Opting-Out* werden auch die Bezeichnung des *Contracting-Out*, der ausschließenden Klauseln (*exclusionary clauses*)[1007] oder der Ausnahmen (*exceptions*)[1008] verwendet.

is effective only if the treaty so permits or the other contracting States so agree.
(2) The consent of a State to be bound by a treaty which permits a choice between differing provisions is effective only if it is made clear to which of the provisions the consent relates.".

1005 ILC Guide to Practice on Reservations to Treaties 2011, UN Doc. A/66/10/Add.1, Guideline 1.1.6 – Commentary, Rn. 1; *Åkermark/Mårsäter*, in: Nordic Journal of International Law 2005 (Vol. 74), 509 (525); *Galbraith*, in: Virginia Journal of International Law 2013 (Vol. 53), 309 (322 f.).

1006 ILC Guide to Practice on Reservations to Treaties 2011, UN Doc. A/66/10/Add.1, Guideline 1.1.6 – Commentary, Rn. 1; *Åkermark/Mårsäter*, in: Nordic Journal of International Law 2005 (Vol. 74), 509 (525); *Galbraith*, in: Virginia Journal of International Law 2013 (Vol. 53), 309 (322 f.).

1007 ILC Guide to Practice on Reservations to Treaties 2011, UN Doc. A/66/10/Add.1, Guideline 1.1.6 – Commentary, Rn. 1.

1008 *Gormley*, in: Fordham Law Review 1970 (Vol. 39), 59 (69). Dieser Begriff wird allerdings auch für restriktive Klauseln (→ Kapitel 4 C.) verwendet: *Sabanogullari*, General Exception Clauses in International Investment Law, 40. So auch die Bezeichnung für Art. XX GATT, Art. XIV GATS (EU ABl. vom 23.12.1994, L 336/11) oder Art. 24 des *Vertrages über die Energiecharta* (BGBl. 1997 II 4, 5. International: UNTS Vol. 2080, 95).

2. Abgrenzung zu Vorbehalten

Sowohl Vorbehalte als auch *Opting-Out* ermöglichen es einer Partei, dass sie an eine Vertragsbestimmung nicht gebunden ist. Die möglichen Gestaltungsfolgen eines Vorbehaltes sind allerdings vielfältiger im Vergleich zu der Gestaltungsfolge des *Opting-Outs*. Denn ein *Opting-Out* ermöglicht einer Partei nur dazwischen zu wählen, ob sie sich an eine Norm bindet oder nicht. Dagegen lässt ein Vorbehalt gem. Art. 2 Abs. 1 lit. d) WVK darüber hinaus zu, dass die Partei die Rechtswirkungen der Norm verändern kann.[1009] Die Anwendungsmöglichkeiten des Vorbehalts sind somit weitergehender. Andererseits ist ein *Opting-Out* in zeitlicher Hinsicht weiter, da es nicht wie der Vorbehalt vor Bindung an den Vertrag durch Unterzeichnung, Ratifikation, Annahme, Genehmigung oder Beitritt zu erklären ist. Für Vorbehalte enthalten die Art. 19–23 WVK ausdifferenziertere Regelungen als Art. 17 Abs. 1 WVK für das *Opting-Out*. Um zu bestimmen, welche Regelungen aus der WVK anwendbar sind, ist zu bestimmen, ob eine unilaterale Erklärung als Vorbehalt oder als *Opting-Out* oder beides eingeordnet werden kann.

Ausgangspunkt für die Frage der Abgrenzung ist Art. 17 Abs. 1 WVK. Dieser legt fest, dass die Möglichkeit der teilweisen Zustimmung unbeschadet der Art. 19–23 WVK, also den Regeln über Vorbehalte, gelten soll. Zur konkreten Abgrenzung trägt diese Regelung jedoch kaum bei. Der Verweis auf die Vorbehaltsregeln in Art. 17 Abs. 1 WVK spricht dafür, dass es sich bei Vorbehalten und dem *Opting-Out* um zwei unterschiedliche Instrumente handelt.[1010] Andererseits könnte dies auch nur bedeuten, dass nicht jeder Fall des *Opting-Out* als Vorbehalt einzuordnen ist.

Die Schwierigkeit bei der Abgrenzung zwischen Vorbehalten und *Opting-Out* entsteht, da es unilaterale Erklärungen gibt, die sowohl ein Vorbehalt als auch ein *Opting-Out* sein können. Ein Völkerrechtssubjekt ist nach dem allgemeinen Vertragsvölkerrecht berechtigt, zu jedem Vertrag, der zu Vorbehalten schweigt, einen Vorbehalt zu erklären, wenn er die Grenzen des Art. 19 lit. c) WVK wahrt, oder ein *Opting-Out* nach Art. 17 Abs. 1 Var. 2 WVK zu erklären. Enthält der Vertrag dagegen eine Vertragsbestimmung, können manche davon sowohl als Vorbehaltsklausel oder als *Opting-Out* eingeordnet

---

1009 Zu den Arten der Rechtswirkungen von Vorbehalten → Kapitel 3 C. I.

1010 Fifth Report on reservations to treaties by the Special Rapporteur Mr. Allain Pellet, UN Doc. A/CN.4/508/Add.1 (2000), Rn. 171.

werden. Dies zeigt z. B. der Vergleich zwischen Art. 33 Abs. 1 des *Übereinkommens über die Beweisaufnahme im Ausland in Zivil- oder Handelssachen*[1011] und Art. 25 Abs. 1 des *Europäischen Übereinkommens über die Staatsangehörigkeit*[1012]. Erstere Regelung ordnet die danach ergehende Erklärung als Vorbehalt ein:

> „Jeder Staat kann bei der Unterzeichnung, bei der Ratifikation oder beim Beitritt die Anwendung des Artikels 4 Absatz 2 sowie des Kapitels II ganz oder teilweise ausschließen. Ein anderer Vorbehalt ist nicht zulässig."[1013]

Demgegenüber formulieren die Parteien zu dem *Europäischen Übereinkommen über die Staatsangehörigkeit* verschiedene Vorbehalte, allerdings bezeichnen sie Erklärungen auf der Grundlage von Art. 25 Abs. 1 des *Europäischen Übereinkommens über die Staatsangehörigkeit* nicht als Vorbehalt, sondern als *„Declaration"*[1014] und ordnen Art. 25 somit als *Opting-Out* ein. Art. 25 lautet:

> „Jeder Staat kann bei der Unterzeichnung oder bei der Hinterlegung seiner Ratifikations-, Annahme-, Genehmigungs- oder Beitrittsurkunde erklären, daß er Kapitel VII von der Anwendung des Übereinkommens ausschließt."[1015]

Die Staatenpraxis ist bzgl. der Einordnung des *Opting-Outs* als Vorbehalt nicht eindeutig. Teilweise sehen Verträge ausdrücklich *Opting-Out* und Vorbehalte vor,[1016] was impliziert, dass es sich um unterschiedliche Instrumente handelt. Beispielsweise enthält das *Europäische Übereinkommen zur friedlichen Beilegung von Streitigkeiten* in Art. 34 die Möglichkeit des *Opting-Out* und in Art. 35 eine Vorbehaltsklausel.[1017] Die meisten Parteien, die ein *Opting-Out* nach

---

[1011] BGBl. 1977 II 1452, 1472. International: UNTS Vol. 847, 240.

[1012] BGBl. 2004 II 579. International: CETS Nr. 166.

[1013] BGBl. 1977 II 1452, 1472. International: UNTS Vol. 847, 240.

[1014] Reservations and Declarations for Treaty No. 166 - European Convention on Nationality (CETS No. 166), https://www.coe.int/en/web/conventions/full-list?module=declarations-by-treaty&numSte=166&codeNature=0 [28.07.2025].

[1015] BGBl. 2004 II 579. International: CETS Nr. 166.

[1016] So der *Revised General Act for the Pacific Settlement of International Disputes* (UNTS Vol. 71, 101), der in Art. 39 eine Regelung zu Vorbehalten enthält und in Art. 38 die Möglichkeit des *Opting-Outs* eröffnet.

[1017] BGBl. 1961 II 81. International: CETS Nr. 23:
„Artikel 34

Art. 34 nutzen, bezeichnen ihre Erklärung als „*declaration*"[1018]. Malta jedoch bezeichnet sowohl seine Erklärung nach Art. 34 als auch nach Art. 35 als „*reservation*"[1019] und greift somit die Unterscheidung des Vertrages nicht auf.

Statt einer generellen Abgrenzung von Vorbehalt und *Opting-Out* ist jede Erklärung und jede Vertragsbestimmung, die eine Erklärung erlaubt, individuell zu betrachten. Eine Auslegung erfolgt entweder nach Auslegungsregeln des konkreten Vertrages oder nach Art. 31–33 WVK, die für eine Vertragsbestimmung direkt. Für die unilateralen Erklärungen sind die Regeln analog anzuwenden, soweit dies mit ihrem Charakter vereinbar ist.[1020]

Für die Einordnung als Vorbehalt oder *Opting-Out* sind verschiedene Konstellationen zu unterscheiden. Wenn ein Vertrag eine Vertragsbestimmung enthält, ist durch Auslegung zu bestimmen, ob es sich um eine Vorbehaltsklausel oder eine Bestimmung zum *Opting-Out* handelt. Dabei sind

---

(1) Jede der Hohen Vertragschließenden Parteien kann bei Hinterlegung ihrer Ratifikationsurkunde erklären, daß sie

a) das Kapitel III über das Schiedsverfahren oder

b) die Kapitel II und III über das Vergleichs- und das Schiedsverfahren nicht anwenden wird.

[...]

Artikel 35

(1) Die Hohen Vertragschließenden Parteien können nur solche Vorbehalte erklären, die darauf abzielen, diejenigen Streitigkeiten von der Anwendung dieses Übereinkommens auszuschließen, die sich auf bestimmte Einzelfälle oder besondere, genau bezeichnete Materien wie zum Beispiel den Gebietsstand beziehen oder in genau umschriebene Kategorien fallen. [...]."

1018 Vgl. die Erklärungen von Belgien, Frankreich, Italien, den Niederlanden, Slowenien, Schweden, Vereinigtes Königreich, siehe Reservations and Declarations for Treaty No. 023 - European Convention for the Peaceful Settlement of Disputes (CETS No. 023), https://www.coe.int/en/web/conventions/full-list?module=declarations-by-treaty&numSte=023&codeNature=0 [28.07.2025].

1019 Vgl. die Erklärung von Malta, siehe Reservations and Declarations for Treaty No. 023 - European Convention for the Peaceful Settlement of Disputes (CETS No. 023), https://www.coe.int/en/web/conventions/full-list?module=declarations-by-treaty&numSte=023&codeNature=0 [28.07.2025].

1020 ILC Guiding Principles applicable to unilateral declarations of States capable of creating legal obligations, with commentaries thereto, UN Doc. A/61/10, Guideline 7, Rn. 3. Für die Erklärung nach Art. 36 Abs. 2 *IGH Statut* (BGBl. 1973 II 505. International: Documents of the United Nations Conference on International Organization, UNIO Vol. 15, 355): IGH, *Fisheries Jurisdiction (Spain v. Canada)*, Jurisdiction of the Court, ICJ Rep. 1998, 432 (453, Rn. 46).

verschiedene Umstände bei der Auslegung zu berücksichtigen. Für eine Vorbehaltsklausel spricht es, wenn eine Klausel ausdrücklich den Begriff „Vorbehalt" bzw. „*reservation*" verwendet, wie z. B. Art. 29 Abs. 1 des *Europäischen Übereinkommens über die Staatsangehörigkeit*:

> „Vorbehalte zu den Kapiteln I, II und VI sind nicht zulässig. Jeder Staat kann bei der Unterzeichnung oder bei der Hinterlegung seiner Ratifikations-, Annahme-, Genehmigungs- oder Beitrittsurkunde einen oder mehrere Vorbehalte zu den anderen Bestimmungen dieses Übereinkommens anbringen, solange sie mit Ziel und Zweck des Übereinkommens vereinbar sind."[1021]

Bei der Auslegung derartiger Vertragsbestimmungen ist die WVK heranzuziehen, um zu bestimmen, welche Erklärungen die Parteien abgeben können. Es gelten somit Art. 2 Abs. 1 lit. d) WVK sowie Art. 19–23 WVK.

Ebenfalls von einer Vorbehaltsklausel ist auszugehen, wenn die Vertragsbestimmung neben dem Ausschluss einer Regelung für die erklärende Partei auch eine Abänderung ermöglicht, da ein *Opting-Out* diese Gestaltungsmöglichkeit nicht bietet.

Erlaubt eine Vertragsbestimmung lediglich den Ausschluss konkreter Bestimmungen für eine erklärende Partei, können bei der Auslegung weitere Umstände einbezogen werden.

Ein wesentlicher Unterschied in zeitlicher Hinsicht zwischen Vorbehalten und *Opting-Out* ist, dass Vorbehalte nur vor oder mit der Bindung an den Vertrag erklärt werden dürfen. Dagegen ergibt sich keine zeitliche Beschränkung aus Art. 17 Abs. 1 WVK. Wird ein wirksamer Vorbehalt oder ein *Opting-Out* direkt bei der Erklärung der Zustimmung zu dem Vertrag erklärt, tritt niemals eine weitergehende Bindung an den Vertrag ein. Dagegen verringert eine Erklärung eines *Opting-Outs* die bestehende Vertragsbindung wieder. Somit ist die spätere Nutzung des *Opting-Outs* vergleichbar zu einer teilweisen Kündigung des Vertrages i. S. v. Art. 44 WVK.[1022] Eine Vermutung für eine Vorbehaltsklausel liegt vor, wenn die Erklärung bei der Unterzeichnung,

---

1021 BGBl. 2004 II, 579. International: ETS Nr. 166.

1022 ILC Guide to Practice on Reservations to Treaties 2011, UN Doc. A/66/10/Add.1, Guideline 1.1.6 – Commentary, Rn. 17. Zu der teilweisen Kündigung genauer → Kapitel 4 L. I.

Ratifikation, Annahme oder Genehmigung vorliegen muss. Ein Beispiel ist Art. 92 Abs. 1 des *Übereinkommens der Vereinten Nationen über Verträge über den internationalen Warenkauf*:

> „Ein Vertragsstaat kann bei Unterzeichnung, der Ratifikation, der Annahme, der Genehmigung oder dem Beitritt erklären, daß Teil II dieses Übereinkommens für ihn nicht verbindlich ist oder daß Teil III dieses Übereinkommens für ihn nicht verbindlich ist."[1023]

Fehlt dagegen eine zeitliche Vorgabe, spricht dies für eine vertragliche Bestimmung zu einem *Opting-Out* und damit der Anwendung von Art. 17 Abs. 1 WVK anstatt von Art. 19–23 WVK. Es handelt sich jeweils um eine widerlegbare Vermutung, da die Völkerrechtssubjekte auch bewusst von einer allgemeinen Regelung des Völkervertragsrechts abweichen können. Sie können eine Vorbehaltserklärung später zulassen und dennoch die übrigen Regelungen der Art. 19–23 WVK anwenden wollen.

Ein weiterer Umstand, der in eine Auslegung einbezogen werden kann, ist die Praxis einer internationalen Organisation, wenn ein Vertrag im Rahmen der Organisation verhandelt wurde. Relevant ist hier insbesondere die Praxis der ILO. Die ILO ist der Ansicht, dass *Opting-Out* nicht als Vorbehalt einzuordnen ist.[1024] In der Praxis der ILO sind zu ihren Verträgen keine Vorbehalte erlaubt, jedoch sehen sie teilweise *Opting-Out* vor.[1025] Vorbehalte würden dem Kompromiss entgegenlaufen, der in den Verhandlungen gefunden wurde. Dies sei unvereinbar mit der dreigliedrigen Struktur der Organisation, da während den Vertragsverhandlungen auch Repräsentanten von Arbeitern

---

1023 BGBl. 1989 II 588. International: UNTS Vol. 1489, 3.

1024 Zur Praxis der ILO ausführlich: Memorandum by the Director of the International Labour Office to the Committee of Experts for the Codification of International Law, in: League of Nations, Official Journal, 1927, 882; *Gormley*, in: Fordham Law Review 1970 (Vol. 39), 59; *Åkermark/Mårsäter*, in: Nordic Journal of International Law 2005 (Vol. 74), 509 (514-521).

1025 Fifth Report on reservations to treaties by the Special Rapporteur Mr. Allain Pellet, UN Doc. A/CN.4/508/Add.1, Rn. 157; ILC Guide to Practice on Reservations to Treaties 2011, UN Doc. A/66/10/Add.1, Guideline 1.1.6 – Commentary, Rn. 3.

und Arbeitnehmern mitwirkten.[1026] Daher lehnte die ILO bereits wiederholt erklärte Vorbehalte durch Völkerrechtssubjekte ab.[1027]

Schließlich kann nach Art. 31 Abs. 3 lit. b) WVK auch die spätere Praxis der Parteien bei der Auslegung einbezogen werden. Als spätere Praxis zählt dabei insbesondere, ob die Parteien ihre Erklärungen als „*reservations*" oder „*declarations*" bezeichnen. Es kann sich aber auch dabei nur um Indizien handeln, da im Übrigen der Grundsatz *falsa demonstratio non nocet* gilt[1028].

Für unilaterale Erklärungen bei einem Vertrag, der keine Vorbehaltsklausel oder Bestimmung zum *Opting-Out* enthält, ist die jeweilige unilaterale Erklärung auszulegen. Heranzuziehen sind grundsätzlich dieselben Umstände wie bei einem Vertrag mit Vertragsbestimmung: Ändert die Erklärung eine Vertragsbestimmung ab und schließt sie nicht nur aus, handelt es sich um einen Vorbehalt, da ein *Opting-Out* diese Gestaltungsoption nicht gewährt. Erfolgt die Erklärung vor oder mit Bindung an den Vertrag, liegt eine Vermutung zugunsten eines Vorbehalts vor. Die Regelungen der Art. 19–23 WVK sind in dem Fall günstiger für die erklärende Partei, da keine einstimmige Annahme erforderlich ist. Erfolgt eine Erklärung dagegen später, lässt dies ein *Opting-Out* vermuten, da nach Art. 17 Abs. 1 WVK dies zulässig ist bei einstimmiger Annahme. Die Auslegung im konkreten Einzelfall kann jedoch jeweils von den genannten Vermutungsregeln abweichen.

3. Mechanismus des *Opting-Out*

Das *Opting-Out* ist nach Art. 17 Abs. 1 WVK auf zwei Arten möglich: Die teilweise Zustimmung kann ausdrücklich im Vertrag vorgesehen sein (Alt. 1) oder sie ist aufgrund der Einverständnisse der anderen Parteien zulässig (Alt. 2).[1029] Die Anwendung des *Opting-Out* erfolgt in beiden Konstellationen zweistufig. Sofern eine Vertragsklausel das *Opting-Out* ermöglicht, ist der erste Schritt die Aushandlung der Vertragsbestimmung. Dabei werden konkrete Vorgaben für das *Opting-Out* gemacht. Der zweite Schritt ist die Abgabe der jeweiligen unilateralen Erklärung durch die einzelnen Parteien.

1026 Memorandum by the Director of the International Labour Office to the Committee of Experts for the Codification of International Law, in: League of Nations, Official Journal, 1927, 882; *Gormley*, in: Fordham Law Review 1970 (Vol. 39), 59 (65 f.).

1027 *Gormley*, in: Fordham Law Review 1970 (Vol. 39), 59 (67).

1028 *Heymann*, Einseitige Interpretationserklärungen zu multilateralen Verträgen, 58.

1029 *Hilling*, in: Corten/Klein (Hrsg.), VCLT, Art. 17, Rn. 2.

Enthält der Vertrag keine Bestimmung zum *Opting-Out*, ist die Erklärung der teilweisen Zustimmung der erste Schritt und die dann nach Art. 17 Abs. 1 WVK erforderliche Zustimmung der anderen Parteien der zweite Schritt.

a) Voraussetzungen des Opting-Out *mit vertraglicher Klausel*

Für ein *Opting-Out*, welches auf Grundlage einer Vertragsbestimmung erfolgt, ergeben sich die anwendbaren Regeln unmittelbar aus dem Vertrag. Es können also keine generalisierenden Aussagen getroffen werden, da es jeweils auf die spezifische Vertragsklausel ankommt. Insofern besteht für *Opting-Out* ein Gleichlauf zwischen Art. 17 Abs. 1 WVK und dem Vorbehaltsregime, denn Art. 19 lit. b) WVK bestimmt für Vorbehalte nach einer Vorbehaltsklausel, dass sich die Zulässigkeit nach der Vertragsbestimmung richtet. Solange die Erklärung der teilweisen Zustimmung den Anforderungen aus dem Vertrag entspricht, ist sie wirksam. In zeitlicher Hinsicht gilt, dass ein *Opting-Out* auch zu einem späteren Zeitpunkt als die Erklärung der Zustimmung zu dem Vertrag ausgeübt werden kann.[1030]

Beispiele[1031] der ausdrücklichen Möglichkeit, nur einem Teil eines Vertrages zuzustimmen, sind Art. 39 und Art. 40 der *UN Convention on the Assignment of Receivables in International Trade*:

> „Article 39
>
> A State may declare at any time that it will not be bound by chapter V.
>
> Article 40
>
> A State may declare at any time that it will not be bound or the extent to which it will not be bound by articles 9 and 10 if the debtor or any person granting a personal

---

[1030] ILC Guide to Practice on Reservations to Treaties 2011, UN Doc. A/66/10/Add.1, Guideline 1.1.6 – Commentary, Rn. 16; Åkermark/Mårsäter, in: Nordic Journal of International Law 2005 (Vol. 74), 509 (535).

[1031] Weitere Beispiele: Art. 92 Abs. 1 des *Übereinkommens der Vereinten Nationen über Verträge über den internationalen Warenkauf* (BGBl. 1989 II 588. International: UNTS Vol. 1489, 3); Art. 28 Abs. 1 des *UN-Übereinkommens gegen Folter und andere grausame, unmenschliche oder erniedrigende Behandlung oder Strafe* (BGBl. 1990 II, 246. International: UNTS Vol. 1465, 85); Art. 7 Abs. 1 des *Übereinkommens über die Verringerung der Mehrstaatigkeit und über die Wehrpflicht von Mehrstaatern* (BGBl. 1969 II 1953. International: CETS Nr. 43).

> or property right securing payment of the assigned receivable is located in that State at the time of conclusion of the original contract and is a Government, central or local, any subdivision thereof, or an entity constituted for a public purpose. If a State has made such a declaration, articles 9 and 10 do not affect the rights and obligations of that debtor or person. A State may list in a declaration the types of entity that are the subject of a declaration."[1032]

b) *Voraussetzungen des* Opting-Out *ohne vertragliche Klausel*

Art. 17 Abs. 1 Alt. 2 WVK bestimmt, dass eine teilweise Zustimmung möglich ist, wenn die anderen Parteien zustimmen. Aus dem Wortlaut des Art. 17 Abs. 1 Alt. 2 WVK ergibt sich nicht, welcher Qualität diese Zustimmung sein muss, insbesondere ob eine einstimmige Zustimmung aller anderen Parteien erforderlich ist.[1033] An einer eindeutigen Staatenpraxis bzgl. Art. 17 Abs. 1 WVK fehlt es bisher.[1034] Für ein abweichendes Verständnis im Vergleich zum Vorbehaltsregime, welches nach Art. 20 WVK keine einstimmige Annahme vorsieht, spricht systematisch der unterschiedliche Wortlaut: Der semantische Unterschied zwischen „Annahme" (engl.: *acceptance*, fr.: *acceptation*) in Art. 20 WVK und „zustimmen" (engl.: *agree*, fr.: *consentent*) in Art. 17 Abs. 1 Alt. 2 WVK ist ein erstes Indiz für ein unterschiedliches Verständnis. Weiterhin benennt Art. 20 Abs. 4 WVK jeweils die Annahme durch die einzelnen anderen Vertragsparteien, während Art. 17 Abs. 1 Alt. 2 WVK lediglich formuliert, dass die Zustimmung der anderen Vertragsparteien im Plural notwendig ist. Der Singular ist für das Vorbehaltsregime zweckmäßig, da gem. Art. 20 Abs. 4 lit. c) WVK bereits die erste Annahme eines Vorbehalts durch eine andere Vertragspartei ausreicht, damit der Autor des Vorbehalts zu einer Vertragspartei wird.[1035] Im Unterschied dazu spricht die Verwendung des Plurals in Art. 17 Abs. 1 Alt. 2 WVK dafür, dass eine alleinige Zustimmung einer Partei nicht genügt. Daher sprechen die besseren Argumente dafür, dass eine teilweise Zustimmung in Form des *Opting-Out* ohne Vertragsbestimmung nur bei einstimmiger Zustimmung durch die anderen Vertragsparteien zulässig ist.

Nicht zu verlangen ist eine Vereinbarkeit mit Ziel und Zweck des Vertrages. Eine solche wird teilweise verlangt, wenn das *Opting-Out* ohne Vertragsklausel

---

1032 UN General Assembly Resolution 56/81, 31.01.2002, UN Doc. A/RES/56/81.

1033 *Hilling*, in: Corten/Klein (Hrsg.), VCLT, Art. 17, Rn. 14.

1034 *Hilling*, in: Corten/Klein (Hrsg.), VCLT, Art. 17, Rn. 15.

1035 Siehe → Kapitel 3 C. II. 2.

als eine Form einer Teilbarkeit eines Vertrages i. S. v. Art. 44 WVK angesehen wird.[1036] Art. 17 Abs. 1 WVK nimmt darauf indes keinen Bezug, sodass hier lediglich die Zustimmung der anderen Parteien ausschlaggebend ist.

4. Rechtsfolge des *Opting-Out*

Durch das *Opting-Out* wird die inhaltliche Bindung der erklärenden Partei gegenüber allen übrigen Vertragsparteien reduziert. Art. 17 WVK enthält keine Regelung zur gegenseitigen Wirkung des *Opting-Out*. Daher kann sich eine Partei, die eine *Opting-Out*-Klausel angewendet hat, gegenüber den anderen Parteien auf den für sich ausgeschlossenen Teil des Vertrages berufen. Die Vertragsklausel kann eine gegenseitige Wirkung festlegen.

Es stellt sich die Frage, ob ein *Opting-Out*, für welches die Vertragsklausel keine Gegenseitigkeit vorsieht, eine reziproke Wirkung entfaltet. Der Vergleich zwischen Art. 17 Abs. 1 WVK und dem Vorbehaltsregime spricht dafür, dass sich ein *Opting-Out* grundsätzlich nicht gegenseitig auswirkt. Während Art. 21 Abs. 1 lit. a) WVK eine ausdrückliche Regelung dazu enthält, schweigt Art. 17 Abs. 1 WVK insofern. Wenn sowohl das allgemeine Völkervertragsrecht als auch die konkrete Vertragsbestimmung des *Opting-Outs* hinsichtlich einer reziproken Wirkung schweigt, ist durch Auslegung im Einzelfall zu bestimmen, ob das *Opting-Out* reziproke Wirkung entfalten soll.

Der Umfang einer reziproken Wirkung hängt von der Erfüllungsstruktur des Vertrages ab. In einer bilateralen Erfüllungsstruktur kann sich auch diejenige Partei A, die kein *Opting-Out* erklärt hat, gegenüber einer Partei B, die ein solches erklärt hat, darauf berufen. In einer integralen Erfüllungspartei hat eine derartige reziproke Veränderung zwischen Parteien A und B keine Auswirkung, da für Partei A, die kein *Opting-Out* erklärt hat, diese konkrete Pflicht unverändert gegenüber den Parteien C-Z besteht. Da im Rahmen einer integralen Erfüllungsstruktur die vertragliche Pflicht nur allen Parteien gleichzeitig gegenüber erfüllt werden kann,[1037] kann Partei A nicht isoliert

---

1036 *Hilling*, in: Corten/Klein (Hrsg.), VCLT, Art. 17, Rn. 18.

1037 *Dörr*, in: Ipsen (Begr.), Völkerrecht, § 29 Rn. 10; *Pauwelyn*, in: European Journal of International Law 2003 (Vol. 14), 907 (911); *Simma*, Das Reziprozitätselement im Zustandekommen völkerrechtlicher Verträge, 152-161; *Sachariew*, in: Netherlands International Law Review 1988 (Vol. XXXV), 273 (281); *Schmalenbach*, in: Dörr/Schmalenbach (Hrsg.), VCLT, Art. 26, Rn. 36; *Sicilianos*, in: European Journal of International Law 2002 (Vol. 13), 1127 (1134).

gegenüber Partei B ihre Pflicht reduzieren. In einer integralen Erfüllungsstruktur kann sich eine reziproke Wirkung insofern als abgeschwächte Form darauf beschränken, dass die Partei, die das *Opting-Out* genutzt hat, nicht berechtigt ist, die Erfüllung der jeweiligen Pflicht durch die anderen Parteien zu verlangen. Wie in Art. 92 Abs. 2 des *Übereinkommens der Vereinten Nationen über Verträge über den internationalen Warenkauf* formuliert, ist sie insofern nicht als Vertragspartei anzusehen:

> „Ein Vertragsstaat, der eine Erklärung nach Absatz 1 zu Teil II oder Teil III dieses Abkommens abgegeben hat, ist hinsichtlich solcher Gegenstände, die durch den Teil geregelt werden, auf den sich die Erklärung bezieht, nicht als Vertragsstaat im Sinne des Artikels 1 Absatz 1 zu betrachten."[1038]

Erfüllt eine Erklärung nicht die Anforderungen der Vertragsklauseln oder stimmen nach Art. 17 Abs. 1 Var. 2 WVK nicht alle Parteien zu, ist die gesamte Zustimmung zu dem Vertrag nicht wirksam und das jeweilige Völkerrechtssubjekt wird nicht Vertragspartei. Etwas anderes gilt nur, wenn das Völkerrechtssubjekt bei Abgabe seiner Zustimmung etwas Abweichendes für diese Situation erklärt hat.[1039] Dann besteht die Möglichkeit, Partei des Vertrages zu werden, ohne das *Opting-Out* wirksam ausgeübt zu haben.

5. Vertragsgestaltungsmöglichkeiten

Vor der konkreten Ausgestaltung eines *Opting-Outs* ist zu entscheiden, ob der Vertrag eine *Opting-Out*-Möglichkeit aufnehmen soll oder stattdessen ein anderes Flexibilitätsinstrument. Verhaltensökonomisch besteht ein Unterschied, ob eine Partei handeln muss, um ihre Pflichten zu reduzieren oder sie zu erweitern, obwohl das rechtliche Ergebnis dasselbe ist. Während beim *Opting-In*[1040] diejenigen Parteien handeln müssen, die eine weitergehende Bindung eingehen wollen, müssen beim *Opting-Out* die Parteien handeln, die eine geringere Bindung erreichen wollen. So zeigt eine Untersuchung, dass die Zuständigkeit des IGH im Rahmen eines *Opting-Out*-Mechanismus viel

---

1038 BGBl. 1989 II 588. International: UNTS Vol. 1489, 3.

1039 *Villiger*, VCLT, Art. 17, Rn. 4.

1040 *Opting-In* oder optionale Klauseln sind Bestimmungen, die ein Verfahren schaffen, wonach nur diejenigen Vertragsparteien an eine Vertragsbestimmung gebunden sind, welche in einem von der Zustimmung zum gesamten Vertrag getrennten Akt eingewilligt haben. Dazu genauer → Kapitel 4 B.

häufiger angenommen wird als in einem *Opting-In*-Verfahren.[1041] Dies entspricht der *Status-quo-Verzerrung*. Nach der *Status-quo-Verzerrung* ziehen es Personen und Völkerrechtssubjekte vor, dass keine Veränderungen eintreten.[1042] In der Ausgestaltung eines Vertrages sollte dies berücksichtigt werden.

Opting-Out kann unterschiedlich gestaltet werden, insbesondere kann es durch verschiedene Varianten begrenzt werden. Materielle Begrenzungen[1043] können Voraussetzungen umfassen, ob ein *Opting-Out* möglich ist, und in welchem Umfang es zulässig ist. So kann ein *Opting-Out* davon abhängig gemacht werden, dass dieses vereinbar mit Ziel und Zweck des Vertrages ist.[1044] Eine häufige materielle Begrenzung ist, zu welchen Bestimmungen ein *Opting-Out* verwendet werden kann[1045], siehe z. B. Art. 25 Abs. 1 des *Europäische Übereinkommens über die Staatsangehörigkeit*:

> „Jeder Staat kann bei der Unterzeichnung oder bei der Hinterlegung seiner Ratifikations-, Annahme-, Genehmigungs- oder Beitrittsurkunde erklären, dass er Kapitel VII von der Anwendung des Übereinkommens ausschließt."[1046]

Andere materielle Begrenzungen wie die Sicherstellung von Mindeststandards oder die Zahlung von Ersatz sind für *Opting-Out* nicht üblich, wären allerdings denkbar.

Verfahrensvorschriften[1047] sind bisher unüblich, können aber in Vertragsbestimmungen aufgenommen werden und der ausübenden Partei weitere verfahrenstechnische Verpflichtungen auferlegen (z. B. Anhörungserfordernisse oder Begründungspflichten).

Die Berechtigung, ein *Opting-Out* auszuüben, kann begrenzt werden auf einzelne Parteien.[1048] Weiterhin kann als Voraussetzung auch in einer Vertragsklausel aufgenommen werden, dass für ein *Opting-Out* die Zustimmung aller

---

1041 *Galbraith*, in: Virginia Journal of International Law 2013 (Vol. 53), 309 (328-336); *Teichman/Zamir*, in: European Journal of International Law 2019 (Vol. 30), 1263 (1269 f.).

1042 *Rowell/van Zeben*, in: European Journal of Risk Regulation 2016 (Vol. 7), 49 (50); *Samuelson/Zeckhauser*, in: Journal of Risk and Uncertainty 1988 (Vol. 1), 7 (8).

1043 Dazu genauer → Kapitel 2 C. II. 1.

1044 Dazu genauer → Kapitel 2 C. II. 1. a).

1045 Dazu genauer → Kapitel 2 C. II. 1. c).

1046 BGBl. 1997 II 578. International: CETS Nr. 166.

1047 Dazu genauer → Kapitel 2 C. II. 5.

1048 Dazu genauer → Kapitel 2 C. II. 2.

übrigen Vertragsparteien erforderlich ist.[1049] Dabei empfiehlt sich deutlich zu machen, ob es sich dabei um eine einstimmige Zustimmung handelt oder die Zustimmung einzelner Parteien genügt. Außerdem können die Rechtsfolgen der Zustimmung oder ihres Fehlens geregelt werden. Als geringere Begrenzung kann den anderen Parteien ein Einspruchsrecht eingeräumt werden. Alternativ kann die Zustimmung eines Vertragsorgans als Voraussetzung vorgesehen werden oder einem solchen die Möglichkeit eines Einspruchs eingeräumt werden. Dagegen erscheint es nicht zweckmäßig, eine kollektive Ausübung für ein *Opting-Out* vorzusehen.

Überprüfungsrechte[1050] können für ein *Opting-Out* den anderen Vertragsparteien oder einem Vertragsorgan in Form einer Vorabkontrolle oder einer regelmäßigen Kontrolle während der Verwendung des *Opting-Outs* eingeräumt werden.

Eine Vertragsklausel zum *Opting-Out* kann zeitliche Einschränkungen[1051] vorsehen. Dies kann sich darauf beziehen, zu welchem Zeitpunkt ein *Opting-Out* erklärt werden muss. In den Fällen, dass eine Erklärung bis zur Zustimmung zu dem Vertrag erfolgen muss, spricht eine Vermutung dafür, dass es sich um eine Vorbehaltsklausel und nicht um ein *Opting-Out* handelt, so in Art. 8 Abs. 1 *Convention Relating to the Settlement of the Conflicts Between the Law of Nationality and the Law of Domicile*:

> „Each contracting State, on signing or ratifying the present Convention or on adhering hereto, may declare that it excludes from the application of the present Convention conflicts of laws relating to certain matters."[1052]

Die Vermutung kann jedoch im Einzelfall durch andere Umstände entkräftet werden.

Als weitere zeitliche Grenze kann eine Vertragsklausel vorsehen, wie lange insgesamt ein *Opting-Out* genutzt werden kann. Eine solche sieht z. B. Art. 124 des *Rom Statuts des Internationalen Strafgerichtshofs* vor:

1049 Dazu genauer → Kapitel 2 C. II. 3.

1050 Dazu genauer → Kapitel 2 C. II. 6.

1051 Dazu genauer → Kapitel 2 C. II. 4.

1052 Englische Übersetzung des ausschließlich in Französisch gefassten Vertrages aus dem *American Journal of Comparative Law* 1952 (Vol. 1), 280.

„Ungeachtet des Artikels 12 Absätze 1 und 2 kann ein Staat, wenn er Vertragspartei dieses Statuts wird, erklären, dass er für einen Zeitraum von sieben Jahren, nachdem das Statut für ihn in Kraft getreten ist, die Gerichtsbarkeit des Gerichtshofs für die Kategorie der in Artikel 8 bezeichneten Verbrechen nicht anerkannt, wenn angeblich ein Verbrechen von seinen Staatsangehörigen oder in seinem Hoheitsgebiet begangen worden ist. Eine Erklärung nach diesem Artikel kann jederzeit zurückgenommen werden. Dieser Artikel wird auf der in Übereinstimmung mit Artikel 123 Absatz 1 einberufenen Überprüfungskonferenz überprüft."[1053]

Eine Vertragsbestimmung über ein *Opting-Out* kann weiterhin eine ggf. regelmäßige Berichtspflicht vorsehen.[1054]

Schließlich kann eine Vertragsbestimmung ausdrücklich die reziproke Wirkung[1055] eines *Opting-Outs* vorsehen. Ein Beispiel enthält Art. 25 Abs. 2 des *Europäischen Übereinkommens über die Staatsangehörigkeit*:

„(1) Jeder Staat kann bei der Unterzeichnung oder bei der Hinterlegung seiner Ratifikations-, Annahme-, Genehmigungs- oder Beitrittsurkunde erklären, daß er Kapitel VII von der Anwendung des Übereinkommens ausschließt.

(2) Kapitel VII gilt nur im Verhältnis zwischen den Vertragsstaaten, für die es in Kraft ist."[1056]

Eine andere Formulierung, wie im Ergebnis ebenfalls eine reziproke Wirkung eines *Opting-Outs* entsteht, enthält Art. 92 Abs. 2 des *Übereinkommens der Vereinten Nationen über Verträge über den internationalen Warenkauf*:

„Ein Vertragsstaat, der eine Erklärung nach Absatz 1 zu Teil II oder Teil III dieses Abkommens abgegeben hat, ist hinsichtlich solcher Gegenstände, die durch den Teil geregelt werden, auf den sich die Erklärung bezieht, nicht als Vertragsstaat im Sinne des Artikels 1 Absatz 1 zu betrachten."[1057]

Allerdings ist für die reziproke Wirkung zu berücksichtigen, welche Erfüllungsstruktur ein Vertrag aufweist. Unproblematisch kann eine reziproke Wirkung in einer bilateralen Erfüllungsstruktur vorliegen. Dagegen sind

---

1053 BGBl. 2000 II 1393. International: UNTS Vol. 2187, 3.
1054 Dazu genauer → Kapitel 2 C. II. 5. a) dd).
1055 Dazu genauer → Kapitel 2 C. II. 7.
1056 BGBl. 2004 II 579. International: CETS Nr. 166.
1057 BGBl. 1989 II 588. International: UNTS Vol. 1489, 3.

die Parteien in einer integralen Erfüllungsstruktur den übrigen Parteien zur Erfüllung verpflichtet. Eine reziproke Wirkung beschränkt sich dann darauf, dass die Partei, die ein *Opting-Out* erklärt, nicht berechtigt ist, die Erfüllung der jeweiligen Pflicht durch die anderen Parteien zu verlangen. Wie in Art. 92 Abs. 2 des *Übereinkommens der Vereinten Nationen über Verträge über den internationalen Warenkauf* formuliert, ist sie insofern nicht als Vertragsparteien anzusehen.

Schließlich kann eine Bestimmung aufgenommen werden, die es den einzelnen Parteien überlässt, ob eine reziproke Wirkung bestehen soll oder nicht, indem beispielsweise die Formulierung aus der optionalen Klausel[1058] in Art. 1 Abs. 2 S. 2 des *Europäischen Übereinkommens über die Zustellung von Schriftstücken in Verwaltungssachen im Ausland* verwendet wird:

> „(2) [...] Dieser Staat kann in seiner Erklärung mitteilen, daß er sich auf das Fehlen der Gegenseitigkeit berufen wird."[1059]

Der Vertrag kann ausdrücklich regeln, dass das *Opting-Out* während der Vertragsdauer beendet werden kann.[1060] Eine derartige Klausel kann sich in der Formulierung an der Regelung in Art. 29 Abs. 3 des *Europäischen Übereinkommens über die Staatsangehörigkeit* zu Vorbehalten orientieren:

> „Ein Staat, der einen oder mehrere Vorbehalte nach Absatz 1 angebracht hat, prüft ihre vollständige oder teilweise Rücknahme, sobald die Umstände dies zulassen. Die Rücknahme erfolgt durch eine an den Generalsekretär des Europarats gerichtete Notifikation und wird mit dem Eingang der Notifikation beim Generalsekretär wirksam."[1061]

Weiterhin kann die Verpflichtung aufgenommen werden, Schritte zu unternehmen, um die Abweichung aufgrund eines Flexibilitätsinstrumentes zu

---

1058 *Opting-In* oder optionale Klauseln sind Bestimmungen, die ein Verfahren schaffen, wonach nur diejenigen Vertragsparteien an eine Vertragsbestimmung gebunden sind, welche in einem von der Zustimmung zum gesamten Vertrag getrennten Akt eingewilligt haben. Dazu näher → Kapitel 4 B.

1059 BGBl. 1981 II 533, 535. International: CETS Nr. 94.

1060 Dazu genauer → Kapitel 2 C. II. 9.

1061 BGBl. 2004 II, 579. International: CETS Nr. 166.

beenden. Beispielsweise[1062] sieht Art. 3 Abs. 2 des *ILO Übereinkommens Nr. 188 über die Arbeit im Fischereisektor* vor:

> „Im Fall von Ausnahmen gemäß dem vorstehenden Absatz hat die zuständige Stelle, soweit es möglich und erforderlich ist, Maßnahmen zu treffen, um die Anforderungen dieses Übereinkommens schrittweise auf die betreffenden Gruppen von Fischern und Fischereifahrzeugen auszudehnen."[1063]

II. *Pick-and-choose-* oder *à-la-carte*-Methode, Art. 17 Abs. 2 WVK

Art. 17 Abs. 2 WVK nennt eine zweite Möglichkeit einer teilweisen Zustimmung. Dies wird auch als *Pick-and-choose-* oder *à-la-carte*-Methode bezeichnet.[1064]

1. Definition

Nach der *Pick-and-choose-* oder *à-la-carte*-Methode gem. Art. 17 Abs. 2 WVK sieht der Vertrag vor, dass die Vertragsparteien auswählen, an welche Vertragsbestimmungen sie gebunden sein möchten.[1065] Ein Beispiel enthält Art. 38 des *Revised General Act for the Pacific Settlement of International Disputes*:

> „Accessions to the present General Act may extend:
>
> A. Either to all the provisions of the Act (chapters I, II III and IV);

1062 Weitere Beispiele sind Art. 4 Abs. 3 des *ILO Übereinkommens Nr. 128 über Leistungen bei Invalidität und Alter und an Hinterbliebene* (Normlex (Information System on International Labour Standards, https://normlex.ilo.org/) und Art. 40 Abs. 3 des *Abkommens über die Rechtsstellung der Flüchtlinge* (BGBl. 1953 II 559, 560. International: UNTS Vol. 189, 137).

1063 Normlex (Information System on International Labour Standards, https://normlex.ilo.org/).

1064 Diese Methode wurde auch als *'Smorgasbord' Approach* bezeichnet: *Bowman*, in: Bowman/Kritsiotis (Hrsg.), Conceptual and Contextual Perspective on the Modern Law of Treaties, 392 (429). Der Begriff wird im Englischen für Sammelsurium verwendet. Die beiden ersten Bezeichnungen verdeutlichen jedoch besser die dahinterstehende Methode.

1065 ILO, Manual for drafting ILO instruments, online revised version 2011: https://www.ilo.org/resource/manual-drafting-ilo-instruments [28.07.2025], Rn. 141; *Åkermark/Mårsäter*, in: Nordic Journal of International Law 2005 (Vol. 74), 509 (528 f.); *Bowman*, in: Bowman/Kritsiotis (Hrsg.), Conceptual and Contextual Perspective on the Modern Law of Treaties, 392 (429); *Dörr*, in: Schmahl/Breuer, The Council of Europe, 507 (Rn. 23.17); *Stubb*, Negotiating Flexibility in the European Union, 52.

> B. Or to those provisions only which relate to conciliation and judicial settlement (chapters I and II), together with the general provisions dealing with these procedures (chapter IV);
>
> C. Or to those provisions only which relate to conciliation (chapter I), together with the general provisions concerning that procedure (chapter IV).
>
> The Contracting Parties may benefit by the accessions of other Parties only in so far as they have themselves assumed the same obligations."[1066]

Während sich die Parteien bei der ersten Option an alle Pflichten des Vertrages bindet, schließt sie bei den anderen beiden Varianten Abschnitte des Vertrages von ihrer Bindung aus. Die verfügbare Auswahl für die Parteien richtet sich danach, wie der Vertrag das *Pick-and-choose* ausgestaltet. Die Auswahl kann sich auf verschiedene Regelungen in festgelegten Abschnitten eines Vertrages oder auch auf Anhänge oder Protokolle beziehen. Weiterhin kann der Vertrag festlegen, ob die Auswahlmöglichkeiten nur alternativ oder kumulativ gewählt werden können.

2. Mechanismus der *Pick-and-choose*-Methode

Ausgangspunkt für den Mechanismus der *Pick-and-choose*-Methode ist Art. 17 Abs. 2 WVK:

> „Die Zustimmung eines Staates, durch einen Vertrag gebunden zu sein, der eine Wahl zwischen unterschiedlichen Bestimmungen zuläßt, ist nur wirksam, wenn klargestellt wird, auf welche Bestimmungen sich die Zustimmung bezieht."[1067]

Offen lässt dieser erstens, ob die Erklärung einer bestimmten Form unterliegt. Umfasst sein können insbesondere auch informelle Mitteilungen.[1068] Teilweise

---

1066 UNTS Vol. 71, 101.

1067 BGBl. 1985 II 927. Englische authentische Fassung, UNTS Vol. 1155, 331: „(1) Without prejudice to articles 19 to 23, the consent of a State to be bound by part of the treaty is effective only if the treaty so permits or the other contracting States so agree. (2) The consent of a State to be bound by a treaty which permits a choice between differing provisions is effective only if it is made clear to which of the provisions the consent relates.".

1068 *Villiger*, VCLT, Art. 17, Rn. 6.

konkretisiert die Vertragsbestimmung, die die *pick-and-choose*-Methode einführt, die Anforderungen an die Mitteilung.[1069]

Zweitens lässt Art. 17 Abs. 2 WVK offen, ob die unterschiedlichen Bestimmungen, zwischen denen die Wahl erfolgt, in demselben Vertrag enthalten sein müssen. Zwar spricht die Norm von der Zustimmung an einen Vertrag, aber aus dem Vertrag muss sich nur die Erlaubnis der Auswahl ergeben. Ob die Bestimmungen ebenfalls in dem Vertrag enthalten sein müssen, ist nicht vorgegeben. Daher können die Bestimmungen auch in anderen Verträgen enthalten sein. So bestimmt beispielsweise Art. 23 Abs. 1 des *Übereinkommens von Barcelona für den Schutz des Mittelmeers* als Rahmenvertrag[1070]:

> „Vertragspartei dieses Übereinkommens kann nur werden, wer gleichzeitig Vertragspartei mindestens eines der Protokolle wird. Vertragspartei eines der Protokolle kann nur werden, wer Vertragspartei dieses Übereinkommens ist oder dies gleichzeitig wird."[1071]

Die zustimmenden Völkerrechtssubjekte können dabei auswählen, welchem der Protokolle sie zustimmen. Die Protokolle sind jedoch eigene Verträge und nicht Vertragsbestandteile des Hauptvertrages. Anders bestimmt dies z. B. Art. 4 des *UN-Übereinkommens über das Verbot oder die Beschränkung des Einsatzes bestimmter konventioneller Waffen, die übermäßige Leiden verursachen oder unterschiedslos wirken können*[1072]:

1069 Z. B. in Teil III Artikel A Abs. 2 der *revidierten Europäische Sozial Charta*: „Die nach Maßgabe des Absatzes 1 Buchstaben b und c ausgewählten Artikel oder Nummern sind dem Generalsekretär des Europarats gleichzeitig mit der Hinterlegung der Ratifikations-, Annahme- oder Genehmigungsurkunde zu notifizieren." Weiteres Beispiel: Art. 2 Abs. 1 des *Übereinkommens Nr. 96 der Internationalen Arbeitsorganisation über Büros für entgeltliche Arbeitsvermittlung (Neufassung vom Jahre 1949)*: „(1) Jedes Mitglied [...] hat in seiner Ratifikationsurkunde anzugeben, ob es die Bestimmungen von Teil II welche [...] oder die Bestimmungen von Teil III annimmt, [...].".

1070 Beim Rahmenvertrags-Protokoll-Ansatz handelt es sich um eine spezielle Variante Zusatzverträge vorzusehen. Dabei wird zunächst ein Rahmenvertrag abgeschlossen, der lediglich generelle und nur breitangelegte Pflichten enthält. Anschließend werden ein oder mehrere dazugehörige Protokolle ausgehandelt, welche konkretere und strengere Pflichten als der Rahmenvertrag enthalten. Dazu genauer → Kapitel 4 F. III. 1.

1071 EG ABl. Nr. L 240/35 vom 19.09.1977.

1072 BGBl. 1992 II, 958. International: UNTS Vol. 1432, 137.

„(3) Jeder Staat kann zustimmen, durch eines der zu diesem Übereinkommen gehörenden Protokolle gebunden zu sein, sofern er im Zeitpunkt der Hinterlegung seiner Ratifikations-, Annahme, Genehmigungs- oder Beitrittsurkunde zu dem Übereinkommen dem Verwahrer seine Zustimmung notifiziert, durch zwei oder mehr dieser Protokolle gebunden zu sein.

[...]

(5) Jedes Protokoll, durch das eine Hohe Vertragspartei gebunden ist, ist für diese Vertragspartei Bestandteil dieses Übereinkommens.“[1073]

Die auszuwählenden Bestimmungen sind zwar in einem anderen Vertrag geregelt, dennoch handelt es sich um eine Variante von Art. 17 Abs. 2 WVK.[1074]

3. Varianten der *Pick-and-choose*-Methode

Art. 17 Abs. 2 WVK umfasst unterschiedliche Varianten. Es kann zunächst eine freie Wahl unter allen Vertragsbestimmungen eingeräumt werden. Weiterhin kann ein bestimmtes zahlenmäßiges Minimum an Pflichten vorgegeben sein, aber die Auswahl der konkreten Pflichten frei erfolgen. Die Auswahl kann vollständig frei unter den Pflichten erfolgen oder es sind Abschnitte des Vertrages zu wählen, sodass eine Modulisierung vorliegt.[1075] Schließlich kann ein Vertrag die *Pick-and-choose*-Methode nur für einzelne Abschnitte vorsehen. Die Auswahl ist dann nur innerhalb dieser Abschnitte möglich und für alle übrigen Vertragsbestimmungen steht die Bindung nicht zur Disposition.[1076] Ein Beispiel[1077] für die letzte Möglichkeit ist die *Revidierte Sozialcharter.*[1078] Diese bestimmt in Teil III Artikel A – Verpflichtungen:

1073 BGBl. 1992 II 958.

1074 *Hoffmeister* in: Dörr/Schmalenbach (Hrsg.), VCLT, Art. 17 Rn. 8.

1075 *Bowman*, in: Bowman/Kritsiotis (Hrsg.), Conceptual and Contextual Perspective on the Modern Law of Treaties, 392 (429).

1076 *Hoffmeister*, in: Dörr/Schmalenbach (Hrsg.), VCLT, Art. 17 Rn. 8.

1077 Andere Beispiele sind Art. 2 des *ILO Übereinkommens Nr. 102 über die Mindestnormen der sozialen Sicherheit* (BGB. 1957 II 1321, 1322) oder Art. 2 und 3 der *Europäischen Charta der Regional- oder Minderheitensprachen* (CETS Nr. 148).

1078 Zu dieser ausführlich: *Brillat*, in: Alfredsson (Hrsg.), International Human Rights Monitoring Mechanisms, 503; *Dörr*, in: Schmahl/Breuer, The Council of Europe, 507.

„(1) Vorbehaltlich des Artikels B verpflichtet sich jede der Vertragsparteien:

a) Teil I als eine Erklärung der Ziele anzusehen, die sie entsprechend dem einleitenden Satz jenes Teils mit allen geeigneten Mitteln verfolgen wird,

b) mindestens sechs der folgenden neun Artikel des Teils II als für sich bindend anzusehen: Artikel 1, 5, 6, 7, 12, 13, 16, 19 und 20,

c) zusätzlich so viele Artikel oder Nummern des Teils II auszuwählen und als für sich bindend anzusehen, daß die Gesamtzahl der Artikel oder Nummern, durch die sie gebunden ist, mindestens sechzehn Artikel oder dreiundsechzig Nummern beträgt.

(2) Die nach Maßgabe des Absatzes 1 Buchstaben b und c ausgewählten Artikel oder Nummern sind dem Generalsekretär des Europarats gleichzeitig mit der Hinterlegung der Ratifikations-, Annahme- oder Genehmigungsurkunde zu notifizieren.

(3) Jede Vertragspartei kann zu einem späteren Zeitpunkt durch eine an den Generalsekretär zu richtende Notifikation erklären, daß sie in Teil II einen anderen Artikel oder eine andere Nummer als für sich bindend ansieht, den sie bisher noch nicht nach Absatz 1 angenommen hat. Diese später übernommenen Verpflichtungen gelten als Bestandteil der Ratifikation, Annahme oder Genehmigung und haben vom ersten Tag des Monats an, der auf einen Zeitabschnitt von einem Monat nach dem Zeitpunkt der Notifikation folgt, die gleiche Wirkung.

(4) Jede Vertragspartei hat ein den innerstaatlichen Verhältnissen entsprechendes System der Arbeitsaufsicht zu unterhalten.“[1079]

Die auszuwählenden Bestimmungen können in zwei Arten zueinanderstehen.[1080] In der ersten Variante ist es möglich, dass die Parteien nur einzelne Pflichten oder alle Pflichten kumulativ wählen. Dies trifft für alle zuvor genannten Konstellationen zu. Die andere Variante ist es, dass die Auswahl zwischen verschiedenen Bestimmungen erfolgen kann, die nicht gleichzeitig eingegangen werden können und somit in einem Alternativverhältnis stehen. Daher wird diese Form der *Pick-and-choose*-Methode auch als alternative Klausel („*alternative clauses*“) bezeichnet.[1081] Diese Form

---

1079 CETS Nr. 163.

1080 Fifth Report on reservations to treaties by the Special Rapporteur Mr. Allain Pellet, UN Doc. A/CN.4/508/Add.1 (2000), Rn. 199-205.

1081 ILC Guide to Practice on Reservations to Treaties 2011, UN Doc. A/66/10/Add.1, Guideline 1.5.3 – Commentary, Rn. 17 f.

wird beispielsweise[1082] verwendet in Art. 2 des *Übereinkommens Nr. 96 der Internationalen Arbeitsorganisation über Büros für entgeltliche Arbeitsvermittlung (Neufassung vom Jahre 1949)*:

> „(1) Jedes Mitglied, das dieses Übereinkommen ratifiziert, hat in seiner Ratifikationsurkunde anzugeben, ob es die Bestimmungen von Teil II welche die fortschreitende Aufhebung der auf Gewinn gerichteten Büros für entgeltliche Arbeitsvermittlung und eine Regelung für die anderen Arbeitsvermittlungsstellen vorsehen, oder die Bestimmungen von Teil III annimmt, welche eine Regelung für die Büros für entgeltliche Arbeitsvermittlung einschließlich der auf Gewinn gerichteten Arbeitsvermittlungsbüros vorsehen.
>
> (2) Jedes Mitglied, das die Bestimmungen von Teil III dieses Übereinkommens annimmt, kann dem Generaldirektor in der Folge mitteilen, daß es die Bestimmungen von Teil II annimmt; vom Zeitpunkte der Eintragung einer solchen Mitteilung durch den Generaldirektor an treten für das betreffende Mitglied die Bestimmungen von Teil III außer Kraft und werden die Bestimmungen von Teil II wirksam."[1083]

4. Gegenseitigkeit im Rahmen der *Pick-and-choose*-Methode

Aus Art. 17 Abs. 2 WVK ergibt sich nicht, ob sich *pick-and-choose-* oder die *à-la-carte*-Methode gegenseitig zwischen den Parteien auswirkt. Reziprozität eines Flexibilitätsinstruments bedeutet, dass sich die Rechte und Pflichten der anderen Parteien im Verhältnis zu der ausübenden Partei ebenfalls verändern.[1084]

Dafür ist jeweils die Erfüllungsstruktur zu betrachten. Im Rahmen einer bilateralen Erfüllungsstruktur[1085] können die Pflichten rechtstechnisch sowohl reziprok gelten als auch nicht reziprok. Würde beispielsweise das *Wiener Übereinkommen über diplomatische Beziehungen* eine Auswahl an den Rechten, die den Diplomaten zustehen soll, gewähren, wäre es erstens möglich, dass eine

---

1082 Weitere Beispiele sind in Abschnitt 1 des Artikels XIV des *Statuts des Internationalen Währungsfonds* in der Fassung vom 30.04.1976 (BGBl. 1978 II 13. International: https://www.imf.org/external/pubs/ft/aa/ [28.07.2025] und Art. VII des *Protokolls zum Übereinkommen über internationale Sicherungsrechte an beweglicher Ausrüstung betreffend Besonderheiten der Landwirtschafts-, Bau- und Bergbauausrüstung* (Quelle: https://www.unidroit.org/instruments/security-interests/mac-protocol/ [28.07.2025].

1083 BGBl. 1954 II 456. International: Normlex (Information System on International Labour Standards, https://normlex.ilo.org/).

1084 Dazu genauer → Kapitel 2 C. II. 7.

1085 Dazu genauer → Kapitel 2 C. II. 7. b).

Partei sich zwar an die konkrete Pflicht gebunden hat, aber das Recht nur in den bilateralen Verhältnissen gewährt, in denen sich die andere Partei in demselben Umfang gebunden hat. Zweitens könnte die Partei auf die Reziprozität verzichten und allen Parteien jeweils dieselben Rechte gewähren, unabhängig davon, ob diese die Pflicht auch übernommen haben. Trifft der Vertrag keine Regelung, ist dies durch Auslegung zu ermitteln.

Die *Pick-and-choose-* oder *à-la-carte-*Methode wird dagegen häufiger innerhalb einer integralen Erfüllungsstruktur verwendet. In dieser Situation ist jede Partei gegenüber der Gesamtheit der anderen Parteien verpflichtet, jene Pflichten zu erfüllen, an die sie sich gebunden hat.[1086] Auf die Pflicht zur Erfüllung wirkt sich somit nicht aus, welche Pflichten die anderen Parteien übernommen haben. Jede Partei muss die durch sie ausgewählten Pflichten erfüllen, unabhängig von der Wahl der anderen Parteien. Zu einer reziproken Veränderung der eigenen Pflichten kommt es somit nicht. Fraglich ist allerdings, welche Parteien berechtigt sind, Durchsetzungsmaßnahmen zu ergreifen oder auf Vertragsverletzungen zu reagieren. Im Rahmen einer integralen Erfüllungsstruktur ist dazu grundsätzlich stellvertretend für die Gesamtheit der Parteien jede Partei berechtigt. Innerhalb der *pick-and-choose-*Methode kann die Gesamtheit der Parteien alle Parteien des gesamten Vertrages umfassen oder nur alle Parteien, welche dieselben Pflichten eingegangen sind, sein. Rechtlich zulässig sind beide Varianten. Ein Vertrag ist effektiver ausgestaltet, wenn alle Parteien berechtigt sind, die Pflichten durchzusetzen. Aufgrund des hohen Grades an Individualisierung, welche durch die *pick-and-choose-*Methode erreicht werden kann, ist es erschwert zu ermitteln, welche Partei an welche Pflichten gebunden ist.[1087] Darüber hinaus bestünde die Gefahr, dass, wenn keine andere Partei an dieselbe Pflicht gebunden ist, niemand diese durchsetzen könnte. Eine Methode, wie die Parteien dennoch zumindest die Einhaltung der Pflichten überprüfen können, sind Berichtspflichten[1088]. Weiterhin können die Parteien ein Vertragsorgan schaffen, welche die Umsetzung überwacht, ist dieses berechtigt gegenüber jeder Partei dessen eingegangene Pflichten durchzusetzen.[1089]

1086 Dazu genauer → Kapitel 2 C. II. 7. b).
1087 *Dörr*, in: Schmahl/Breuer, The Council of Europe, 507 (Rn. 23.05).
1088 Dazu genauer → Kapitel 2 C. II. 5. a) dd).
1089 Dazu genauer → Kapitel 2 C. II. 6.

5. Vertragsgestaltungsmöglichkeiten

Die *Pick-and-choose*-Methode kann unterschiedlich gestaltet werden, insbesondere kann sie durch verschiedene Varianten begrenzt werden.

Materielle Begrenzungen erfolgen insbesondere dahingehend, ob die Auswahl der Bestimmungen aus dem gesamten Vertrag erfolgt oder aus bestimmten Teilen.[1090] Weiterhin handelt es sich um eine materielle Begrenzung, wie differenziert eine Auswahl ermöglicht wird, d. h. ob die Auswahl zwischen verschiedenen Abschnitten mit den darin enthaltenen Regelungen als Gesamtheit oder zwischen einzelnen Bestimmungen erfolgt. Die Auswahl kann sich auf verschiedene Regelungen in festgelegten Abschnitten eines Vertrages oder auch auf Anhänge oder Protokolle beziehen. Ferner kann die Regelung vorgeben, ob ein zahlenmäßiges Minimum an Pflichten zu übernehmen ist. Weiterhin kann der Vertrag festlegen, ob die Auswahlmöglichkeiten nur alternativ oder kumulativ gewählt werden können.

Da jede Partei erklären muss, welche Bestimmungen sie annimmt, können materielle Zugangsvoraussetzungen zur *Pick-and-choose*-Methode nicht festgelegt werden. Möglich wäre jedoch, materielle Voraussetzungen für die Auswahl bestimmter Auswahloptionen vorzusehen z. B. Abschnitt B kann nur gewählt werden, wenn das Völkerrechtssubjekt eine bestimmte Voraussetzung erfüllt.

Verfahrensvorschriften[1091] sind bisher unüblich, können aber in Vertragsbestimmungen aufgenommen werden und der ausübenden Partei weitere verfahrenstechnische Verpflichtungen auferlegen (z. B. Anhörungserfordernisse oder Begründungspflichten).

Die Berechtigung, die verschiedenen Optionen zu wählen, kann begrenzt werden auf einzelne Parteien.[1092] Weiterhin können einzelne Optionen nur für bestimmte Parteien zur Verfügung stehen. Zustimmungserfordernisse oder Einspruchsrechte[1093] erscheinen insgesamt für die *Pick-and-choose*-Methode nicht zweckmäßig, da ihre Rahmenbedingungen bereits detailliert im Vertrag festgelegt sind.

1090 Dazu genauer → Kapitel 2 C. II. 1 c).
1091 Dazu genauer → Kapitel 2 C. II. 5.
1092 Dazu genauer → Kapitel 2 C. II. 2.
1093 Dazu genauer → Kapitel 2 C. II. 3.

Eine Vertragsklausel zum *Pick-and-Choose* kann Überprüfungsrechte[1094] und Berichtspflichten[1095] vorsehen. Dadurch können Parteien insbesondere Schwierigkeiten in der Durchsetzung bei integralen Verträgen begegnen. Ein Beispiel enthält die *Europäische Charta der Regional- und Minderheitensprachen*, welche in Art. 15 und 16 eine Berichtspflicht gegenüber dem Ministerrat und einem Sachverständigenausschuss festlegt:

> „Artikel 15
>
> (1) Die Vertragsparteien legen dem Generalsekretär des Europarats in einer vom Ministerkomitee zu bestimmenden Form in regelmäßigen Abständen einen Bericht über ihre in Übereinstimmung mit Teil II dieser Charta verfolgte Politik und über die in Anwendung der von ihnen angenommenen Bestimmungen des Teiles III getroffenen Maßnahmen vor. Der erste Bericht wird innerhalb des Jahres vorgelegt, das auf das Inkrafttreten der Charta für die betreffende Vertragspartei folgt, die weiteren Berichte in Abständen von drei Jahren nach Vorlage des ersten Berichts.
>
> (2) Die Vertragsparteien veröffentlichen ihre Berichte.
>
> Artikel 16
>
> (1) Die dem Generalsekretär des Europarats nach Artikel 15 vorgelegten Berichte werden von einem nach Artikel 17 eingesetzten Sachverständigenausschuß geprüft.
>
> (2) In einer Vertragspartei rechtmäßig gegründete Organisationen oder Vereinigungen können den Sachverständigenausschuß auf Fragen aufmerksam machen, die sich auf die von der betreffenden Vertragspartei nach Teil III dieser Charta eingegangenen Verpflichtungen beziehen. Nach Konsultation der betroffenen Vertragspartei kann der Sachverständigenausschuß diese Informationen bei der Ausarbeitung des in Absatz 3 genannten Berichts berücksichtigen. Diese Organisationen oder Vereinigungen können außerdem Erklärungen zu der von einer Vertragspartei in Übereinstimmung mit Teil II verfolgten Politik vorlegen.
>
> (3) Auf der Grundlage der in Absatz 1 genannten Berichte und der in Absatz 2 erwähnten Informationen arbeitet der Sachverständigenausschuß einen Bericht für das Ministerkomitee aus. Diesem Bericht werden die Stellungnahmen, um welche

1094 Dazu genauer → Kapitel 2 C. II. 6.
1095 Dazu genauer → Kapitel 2 C. II. 5. a) dd).

die Vertragsparteien ersucht wurden, beigefügt; er kann vom Ministerkomitee veröffentlicht werden.

(4) Der in Absatz 3 genannte Bericht enthält insbesondere die Vorschläge des Sachverständigenausschusses an das Ministerkomitee für die Ausarbeitung von etwa erforderlichen Empfehlungen des Ministerkomitees an eine oder mehrere Vertragsparteien.

(5) Der Generalsekretär des Europarats erstattet der Parlamentarischen Versammlung alle zwei Jahre ausführlich Bericht über die Anwendung der Charta."[1096]

Eine Vertragsklausel zum *Pick-and-Choose* kann zeitliche Einschränkungen vorsehen.[1097] Zunächst ergibt sich bereits aus Art. 17 Abs. 2 WVK, dass die Erklärung, welche Optionen gewählt werden, zusammen mit der Zustimmung zu dem Vertrag erfolgen muss. Ein Vertrag kann dies zusätzlich aufnehmen wie z. B. Teil III Artikel A Abs. 2 der *Revidierte Sozialcharter*:

„Die nach Maßgabe des Absatzes 1 Buchstaben b und c ausgewählten Artikel oder Nummern sind dem Generalsekretär des Europarats gleichzeitig mit der Hinterlegung der Ratifikations-, Annahme- oder Genehmigungsurkunde zu notifizieren."[1098]

Außerdem könnten die Parteien festlegen, dass eine Option nur für eine bestimmte Dauer gewählt werden kann und würden so die Wirkung einer Übergangsregelung[1099] erzeugen.

Schließlich kann eine Vertragsbestimmung ausdrücklich die reziproke Wirkung[1100] vorsehen. Eine Formulierung wie für das *Opting-Out* in Art. 25 Abs. 2 des *Europäischen Übereinkommens über die Staatsangehörigkeit* ist insofern denkbar:

„Kapitel VII gilt nur im Verhältnis zwischen den Vertragsstaaten, für die es in Kraft ist."[1101]

1096 BGBl. 1998 II 1314, 1315. International: CETS Nr. 148.
1097 Dazu genauer → Kapitel 2 C. II. 4.
1098 CETS Nr. 163.
1099 Dazu genauer → Kapitel 4 E.
1100 Dazu genauer → Kapitel 2 C. II. 7.
1101 BGBl. 2004 II 579. International: CETS Nr. 166.

Alternativ ist eine Regelung wie in Art. 34 Abs. 2 des *Europäischen Übereinkommens zur friedlichen Beilegung von Streitigkeiten* möglich:

> „Eine Hohe Vertragschließende Partei kann sich nur auf diejenigen Bestimmungen dieses Übereinkommens berufen, die sie selbst angenommen hat."[1102]

Eine weitere Formulierung ist z. B. aus Art. 36 Abs. 2 *IGH Statut* „gegenüber jedem anderen Staat, der dieselbe Verpflichtung übernimmt"[1103]. Allerdings ist für die reziproke Wirkung zu berücksichtigen, welche Erfüllungsstruktur ein Vertrag aufweist. Unproblematisch kann eine reziproke Wirkung in einer bilateralen Erfüllungsstruktur vorliegen.[1104] Dagegen sind die Parteien in einer integralen Erfüllungsstruktur den übrigen Parteien zur Erfüllung verpflichtet. Innerhalb der *Pick-and-Choose*-Methode kann die Gesamtheit der Parteien alle Parteien des gesamten Vertrages oder alle Parteien, welche dieselben Pflichten eingegangen sind, sein. Rechtlich zulässig sind beide Varianten. Klargestellt werden kann dies z. B. durch eine Formulierung wie im zuvor zitierten Art. 25 Abs. 2 des *Europäischen Übereinkommens über die Staatsangehörigkeit*[1105]. Eine reziproke Wirkung beschränkt sich dann darauf, dass die Partei, die sich an andere Pflichten gebunden hat, nicht berechtigt ist, die Erfüllung der jeweiligen Pflicht durch die anderen Parteien zu verlangen.

B. Optionale Klauseln oder *Opting-In*

Bereits die Bezeichnung als *Opting-In* zeigt, dass es sich hinsichtlich des Mechanismus um das Gegenteil des *Opting-Outs*[1106] handelt. Im Ergebnis hat sowohl das *Opting-In* als auch das *Opting-Out* als Konsequenz, dass einige Vertragsparteien an alle Vertragsbestimmungen gebunden sind und einige

---

1102 BGBl. 1961 II, 81. International: CETS Nr. 23.

1103 BGBl. 1973 II 505. International: Documents of the United Nations Conference on International Organization, UNIO Vol. 15, 355.

1104 Dazu genauer → Kapitel 2 C. II. 7. b).

1105 BGBl. 2004 II, 579. International: CETS Nr. 166.

1106 *Opting-Out* wird definiert als Vertragsbestimmung, durch welche ein Völkerrechtssubjekt an die dort enthaltenen Regeln automatisch gebunden ist, außer es äußert den Willen an diesen Teil eines Vertrages nicht gebunden zu sein. Dazu näher → Kapitel 4 A. I.

lediglich an eine verringerte Anzahl. Unterschiedlich ist der Ausgangspunkt, an welche Bestimmungen eines Vertrages die Parteien automatisch gebunden sind, wenn sie keine zusätzliche Erklärung abgeben. Im Ausgangspunkt besteht in der Situation des *Opting-Ins* eine geringere Bindung, welche erweitert werden kann und für das *Opting-Out* eine weitere Bindung, welche reduziert werden kann.[1107]

I. Definition und Rechtsnatur

Optionale Klauseln („*optional clauses*") sind Klauseln, die ein Verfahren schaffen, wonach nur diejenigen Vertragsparteien an eine Vertragsbestimmung gebunden sind, die in einem von der Zustimmung zum gesamten Vertrag getrennten Akt eingewilligt haben.[1108] Andere Bezeichnungen für optionale Klauseln sind *Opting-In* oder *Contracting-In*.[1109] Der Begriff der optionalen Klauseln bringt zum Ausdruck, dass die Übernahme der Vertragspflicht und selbst die Abgabe einer Erklärung dazu eine Option ist. Dies unterscheidet das Verfahren von der *Pick-and-choose*-Methode nach Art. 17 Abs. 2 WVK. Die *Pick-and-choose*-Methode verlangt eine Erklärung, durch die eine Partei Bestimmungen auswählt, da ansonsten die Zustimmung zu dem Vertrag nicht wirksam ist.[1110]

Die optionale Klausel, welche die Möglichkeit des *Opting-Ins* in einen Vertrag einführt, ist Bestandteil des Vertrages. Somit ist auf sie das Völkervertragsrecht anzuwenden. Die Erklärung aufgrund einer optionalen Klausel ist eine unilaterale Erklärung[1111], durch die einvernehmliche Beziehungen zwischen der erklärenden Partei und den anderen zustimmenden Parteien entstehen.[1112] Auf diese Erklärung sind die Auslegungsregeln nach Art. 31–33 WVK direkt

---

1107 *Åkermark/Mårsäter*, in: Nordic Journal of International Law 2005 (Vol. 74), 509 (532).

1108 ILC Guide to Practice on Reservations to Treaties 2011, UN Doc. A/66/10/Add.1, Guideline 1.7.1 – Commentary, Rn. 6; *Fuchs*, Optional Provision, in: Wolfrum (Hrsg.), MPEPIL, Rn. 1; *Virally*, Les clauses échappatoires en matière d'instruments internationaux relatifs aux droits de l'homme, in: Universitè catholique de Louvain (Hrsg.), 13 f.

1109 ILC Guide to Practice on Reservations to Treaties 2011, UN Doc. A/66/10/Add.1, Guideline 1.7.1 – Commentary, Rn. 3.

1110 Siehe dazu → Kapitel 4 A. II.

1111 Diese werden auch als optional clause und als optional clause declaration bezeichnet: *Fitzmaurice/Elias*, Contemporary Issues in the Law of Treaties, 203.

1112 *Fitzmaurice*, in: Australian Year Book of International Law 1999 (Vol. 20), 127 (129 f.).

oder analog anwendbar, unabhängig davon, ob man annimmt[1113], dass durch sie ein eigener Vertrag entsteht, sie zu einem Vertragsbestandteil wird[1114] oder sie als reine unilaterale Erklärung[1115] ansieht oder als Rechtsakt *sui generis*[1116].

II. Mechanismus und Rechtsfolgen der optionalen Klausel

Eines der wohl bekanntesten Beispiele[1117] der optionalen Klauseln ist Art. 36 Abs. 2, 3 *IGH-Statut*, wonach eine Partei die Zuständigkeit des IGHs akzeptiert:

> „(2) Die Vertragsstaaten dieses Statuts können jederzeit erklären, dass sie die Zuständigkeit des Gerichtshofs von Rechts wegen und ohne besondere Übereinkunft gegenüber jedem anderen Staat, der dieselbe Verpflichtung übernimmt, für alle Rechtsstreitigkeiten über folgende Gegenstände als obligatorisch anerkennen:
>
> a) die Auslegung eines Vertrags;
>
> b) jede Frage des Völkerrechts;
>
> c) das Bestehen jeder Tatsache, die, wäre sie bewiesen, die Verletzung einer internationalen Verpflichtung darstellt;

1113 Für eine ausführlichere Darstellung dieses Problems wird verwiesen auf *Fitzmaurice*, in: Australian Year Book of International Law 1999 (Vol. 20), 127; *Fitzmaurice/ Elias*, Contemporary Issues in the Law of Treaties, 211-247; *Lamm*, in: Acta Juridica Hungarica 2001 (Vol. 42), 25 (27-45); *Waldock*, in: British Yearbook of International Law 1955-1956 (Vol. 32), 244 (250-254).

1114 First Report on Reservations by the Special Rapporteur Mr. Lauterpacht on Reservations, A/CN.4/63, ILC Yearbook 1953, Vol. II 90 (101); *Briggs*, in: Recueil des Cours 1958-I (Vol. 93), 229 (267); *Lamm*, in: Acta Juridica Hungarica 2001 (Vol. 42), 25 (29).

1115 *Torres-Bernardez*, in: Bello / Ajibola (Hrsg.), Essays in Honour of Judge Taslim Olawale Elias, Vol. I, Contemporary International Law and Human Rights, 291 (305); *Villagram-Kramer*, in: ILC (Hrsg.), International Law on the Eve of the Twenty-First Century, 137 (140 f.).

1116 Seperate Opinion, Richter Jennings in *Case concerning military and paramilitary activities in and against Nicaragua (Nicaragua v. United States of America)*, Jurisdiction of the Court and Admissibility of the Application, Judgement of 26.11.1984, 1984 ICJ Rep. 533 (546); *Waldock*, in: British Yearbook of International Law 1955-1956 (Vol. 32), 244 (254).

1117 Optionale Klauseln zu Streitschlichtungsverfahren finden sich des Weiteren in Art. 41 Abs. 1 *Internationaler Pakt über bürgerliche und politische Rechte* (BGBl. 1973 II 1534. International: UNTS Vol. 999, 171) und Art. 21, 22 des *UN-Übereinkommens gegen Folter und andere grausame, unmenschliche oder erniedrigende Behandlung oder Strafe* (BGBl. 1990 II 246. International: UNTS Vol. 1465, 85).

d) Art und Umfang der wegen Verletzung einer internationalen Verpflichtung geschuldeten Wiedergutmachung.

(3) Die oben bezeichnete Erklärung kann vorbehaltlos oder vorbehaltlich einer entsprechenden Verpflichtung mehrerer oder einzelner Staaten oder für einen bestimmten Zeitabschnitt abgegeben werden."[1118]

Durch die Erklärung aufgrund einer optionalen Klausel wird die inhaltliche Bindung der erklärenden Partei erweitert.

Optionale Klauseln sehen überwiegend Gegenseitigkeit vor.[1119] Für Art. 36 Abs. 2 *IGH Statut* ergibt sich aus dem Wortlaut „gegenüber jedem anderen Staat, der dieselbe Verpflichtung übernimmt" die Gegenseitigkeit. Ebenso verlangt Art. 21 Abs. 1 des *Übereinkommens gegen Folter und andere grausame, unmenschliche oder erniedrigende Behandlung oder Strafe*:

„Ein Vertragsstaat kann aufgrund dieses Artikels jederzeit erklären, dass er die Zuständigkeit des Ausschusses zur Entgegennahme und Prüfung von Mitteilungen anerkennt, in denen ein Vertragsstaat geltend macht, ein anderer Vertragsstaat komme seinen Verpflichtungen aus diesem Übereinkommen nicht nach. Diese Mitteilungen können nur dann nach den in diesem Artikel festgelegten Verfahren entgegengenommen und geprüft werden, wenn sie von einem Vertragsstaat eingereicht werden, der für sich selbst die Zuständigkeit des Ausschusses durch eine Erklärung anerkannt hat. Der Ausschuss darf keine Mitteilung aufgrund dieses Artikels behandeln, die einen Vertragsstaat betrifft, der keine derartige Erklärung abgegeben hat. [...]"[1120]

Andere Verträge überlassen es den Parteien, ob sie die zusätzlichen Pflichten nur bei Gegenseitigkeit erfüllen oder nicht, z. B. Art. 1 Abs. 2 S. 2 des

---

1118 BGBl. 1973 II 505. International: Documents of the United Nations Conference on International Organization, UNIO Vol. 15, 355.

1119 Weiterführend zur Gegenseitigkeit in optionalen Klauseln: *Greig*, in: Virginia Journal of International Law 1993-1994 (Vol. 34), 295 (306-312); *Fitzmaurice/Elias*, Contemporary Issues in the Law of Treaties, 209-211; *Minagawa*, in: Japanese Annual of International Law 1960 (Vol. 4), 32; *Rosenne*, The Law and Practice of the International Court 1920-2005, Vol. II Jurisdiction, 731-737; *Torres-Bernardez*, in: Bello / Ajibola (Hrsg.), Essays in Honour of Judge Taslim Olawale Elias, Vol. I, Contemporary International Law and Human Rights, 291.

1120 BGBl. 1990 II 246. International: UNTS Vol. 1465, 85.

Europäischen Übereinkommens über die Zustellung von Schriftstücken in Verwaltungssachen im Ausland:

> „Dieses Übereinkommen findet keine Anwendung in Steuer- oder Strafsachen. Jedoch kann jeder Staat bei der Unterzeichnung, bei der Hinterlegung seiner Ratifikations-, Annahme-, Genehmigungs- oder Beitrittsurkunde oder jederzeit danach durch eine an den Generalsekretär des Europarats gerichtete Erklärung mitteilen, daß bezüglich der an ihn gerichteten Ersuchen das Übereinkommen in Steuersachen sowie auf Verfahren über Straftaten Anwendung findet, deren Verfolgung und Bestrafung im Zeitpunkt des Ersuchens nicht in die Zuständigkeit seiner Gerichte fällt. Dieser Staat kann in seiner Erklärung mitteilen, daß er sich auf das Fehlen der Gegenseitigkeit berufen wird."[1121]

In dieser Situation müssen die Parteien jeweils mit der Erklärung zu der optionalen Klausel festlegen, ob sie Gegenseitigkeit verlangen oder nicht.[1122] Verlangen sie keine Gegenseitigkeit, kann sich jede Partei auf die weitergehenden Pflichten der erklärenden Partei berufen.

Fraglich bleibt, wie die Situation sich darstellt, wenn die optionale Klausel keine Vorgaben zur Gegenseitigkeit macht. Reziprozität ist ein prägendes Element im Völkervertragsrecht.[1123] Im Grundsatz bedeutet dies, dass eine Pflicht nur im Verhältnis zwischen den Parteien gilt, die sich an sie gebunden haben. Vornehmlich ist dennoch die jeweilige optionale Klausel auszulegen, ob sie reziprok wirken soll oder nicht.

Unabhängig davon, ob sich eine reziproke Wirkung ausdrücklich aus der optionalen Klausel oder aus der Auslegung ergibt, ist die jeweilige Erfüllungsstruktur des Vertrages zu berücksichtigen.[1124] In einer bilateralen

---

[1121] BGBl. 1981 II 533, 535. International: CETS Nr. 94.

[1122] Dies spiegelt sich in den Erklärungen der Staaten wider: Österreich erklärte: „On ratification of the Convention the Republic of Austria declares, in pursuance of Article 1, paragraph 2, that the Convention shall also apply to fiscal matters and criminal matters on the basis of reciprocity." Während Estland nicht die Gegenseitigkeit verlangt: „Pursuant to Article 1, paragraph 2 of the Convention, the Republic of Estonia declares that it applies the Convention to fiscal matters." Vorbehalte und Erklärungen für Vertrag CETS Nr. 94 - *Europäisches Übereinkommen über die Zustellung von Schriftstücken in Verwaltungssachen im Ausland*, unter https://www.coe.int/de/web/conventions/full-list?module=declarations-by-treaty&numSte=094&codeNature=0 [28.07.2025].

[1123] Dazu genauer → Kapitel 2 C. II. 7.

[1124] Dazu genauer → Kapitel 2 C. II. 7. b).

Erfüllungsstruktur gelten die Rechte und Pflichten aus einer optionalen Klausel nur in den bilateralen Beziehungen, in denen beide Parteien der optionalen Klausel in übereinstimmenden Umfang zugestimmt haben. Unabhängig von der Erfüllungsstruktur des restlichen Vertrages fallen insbesondere optionale Klauseln zu Streitschlichtungsbestimmungen in die Kategorie der bilateralen Erfüllungsstruktur.

Für Verträge mit integraler Erfüllungsstruktur besteht die Pflicht aus der optionalen Klausel gegenüber der Gesamtheit der anderen Parteien. Eine unterschiedliche Erfüllung gegenüber verschiedenen Parteien ist nicht möglich. Für die Pflicht aus einer optionalen Klausel ist die Gesamtheit der Parteien zu begrenzen auf die Parteien, welche die optionale Klausel in demselben Ausmaß genutzt haben. Von einer integral zu erfüllenden Pflicht aus einer optionalen Klausel können faktisch auch die anderen Parteien profitieren, welche keine zusätzliche Erklärung abgegeben haben. Dies gilt allerdings genauso für Nicht-Parteien. Dennoch dürfen weder Nicht-Parteien noch Parteien, die sich nicht an die Pflichten aus der optionalen Klausel gebunden haben, die Erfüllung verlangen oder Maßnahmen bei der Verletzung der Pflicht ergreifen.

III. Vertragsgestaltungsmöglichkeiten

Optionale Klauseln oder *Opting-In* können unterschiedlich gestaltet werden, insbesondere kann es durch verschiedene Varianten begrenzt werden.

Die inhaltliche Ausgestaltung einer optionalen Klausel stellt eine wesentliche materielle Begrenzung[1125] des Instruments dar, weil dadurch festgelegt wird, welche Rechte und Pflichten zusätzlich freiwillig eingegangen werden können. Im Übrigen sind materielle Begrenzungen (z. B. eine Vereinbarkeit mit Ziel und Zweck[1126]) vielfach nicht zweckmäßig, da eine konkretisierte zusätzliche Verpflichtung übernommen wird. Anders kann dies sein, wenn eine optionale Klausel zulässt, Bedingungen zu erklären.

Eine optionale Klausel kann in einem Vertrag so entworfen sein, dass die Parteien die Möglichkeit haben, Bedingungen zu der Erklärung des *Opting-Ins*

1125 Dazu genauer → Kapitel 2 C. II. 1.

1126 Dazu genauer → Kapitel 2 C. II. 1. a).

zu formulieren.[1127] Der Wortlaut des Art. 36 Abs. 3 *IGH-Statuts*[1128] erlaubt, dass eine Erklärung „vorbehaltlich“ möglich ist. Der Begriff vorbehaltlich in der deutschen Übersetzung ist nicht gut gewählt, denn er lässt vermuten, dass es sich um einen Vorbehalt i. S. v. Art. 2 Abs. 1 lit. d) WVK handelt. Obwohl der englische Begriff der „*condition*“ besser passt, wird in der Literatur dennoch teilweise von „*reservation*“ gesprochen.[1129] Diese zusätzlichen Bedingungen können indes nicht unter die Definition eines Vorbehalts nach Art. 2 Abs. 1 lit. d) WVK subsumiert werden. Sie beabsichtigen nicht die Beschränkung der vertraglichen Bindung als solche, sondern sie determinieren den Umfang des *Opting-Ins*.[1130] So stellt auch Guideline 1.5.3 Abs. 2 des „ILC Guide to Practice on Reservations to Treaties“ fest, dass es sich bei den Beschränkungen nicht um Vorbehalte handelt.[1131]

Der IGH befasste sich damit, wie weitgehend Völkerrechtssubjekte solche Bedingungen erklären können. Er stellte klar, dass eine Bedingung nur die Reichweite der Zustimmung zu der optionalen Klausel bestimmt. Bedingungen definieren dabei in zulässiger Weise die Zustimmung des Völkerrechtssubjekts zu der Gerichtsbarkeit des IGH.[1132] Weiterhin entschied der IGH, dass die Völkerrechtssubjekte im Zusammenhang mit Art. 36 *IGH Statut* vollkommen frei sind, Bedingungen zu ihrer optionalen Erklärung abzugeben.[1133] Diese Freiheit kann jedoch durch die jeweilige vertragliche

---

1127 *Tomuschat*, in: Zimmermann/Tomuschat/Oellers-Frahm, The Statute of the International Court of Justice – A Commentary, Art. 36, Rn. 85. Ausführlicher zu diesen Vorbehalten/Bedingungen: *Briggs*, in: Recueil des Cours 1958-I (Vol. 93), 229.

1128 BGBl. 1973 II 505. International: Documents of the United Nations Conference on International Organization, UNIO Vol. 15, 355: „Die oben bezeichnete Erklärung kann vorbehaltlos oder vorbehaltlich einer entsprechenden Verpflichtung mehrerer oder einzelner Staaten oder für einen bestimmten Zeitabschnitt abgegeben werden.“.

1129 *Fitzmaurice*, in: Australian Year Book of International Law 1999 (Vol. 20), 127 (128); *Fitzmaurice/Elias*, Contemporary Issues in the Law of Treaties, 203.

1130 *Kühner*, Vorbehalte zu multilateralen völkerrechtlichen Verträgen, 51 f.

1131 ILC Guide to Practice on Reservations to Treaties 2011, UN Doc. A/66/10/Add.1, Guideline 1.5.3: „A restriction or condition contained in a statement by which a State or an international organization accepts, by virtue of a clause in a treaty, an obligation that is not otherwise imposed by the treaty does not constitute a reservation.“.

1132 IGH, *Fisheries Jurisdiction (Spain v. Canada)*, Jurisdiction of the Court, ICJ Rep. 1998, 432 (453).

1133 IGH, *Military and Paramilitary Activities in and Against Nicaragua (Nicaragua v. United States of America)*, Jurisdiction and Admissibility, Urteil vom 26.11.1984, ICJ

Ausgestaltung eingeschränkt werden. Um die Freiheit hinsichtlich zusätzlicher Bedingungen einzuschränken, kann auf materielle Beschränkungen wie z. B. die Vereinbarkeit mit Ziel und Zweck zurückgegriffen werden. Für Streitbeilegungsmechanismen, zu denen Parteien durch ein *Opting-In* zustimmen, kann eine Unvereinbarkeit mit Ziel und Zweck der optionalen Bestimmung diskutiert werden, wenn sich die Partei vorbehält, dass die Streitigkeiten, die nach ihrer eigenen Einschätzung die nationale Rechtsordnung oder Gerichtsbarkeit betreffen, ausgenommen sind. Ein Beispiel ist insofern das sog. *Connally Amendment* der Vereinigten Staaten von Amerika, an dessen Wirksamkeit es verschiedentliche Zweifel gibt.[1134]

Verfahrensvorschriften[1135] sind bisher unüblich, können aber in Vertragsbestimmungen aufgenommen werden und der ausübenden Partei weitere verfahrenstechnische Verpflichtungen auferlegen (z. B. Anhörungserfordernisse oder Begründungspflichten). Darüber hinaus kann das Inkrafttreten einer optionalen Klausel davon abhängen, dass eine Mindestanzahl an Parteien eine entsprechende Erklärung abgegeben haben. Ein Beispiel[1136] enthält Art. 41 Abs. 2 des *Internationalen Paktes über bürgerliche und politische Rechte*:

> „Die Bestimmungen dieses Artikels treten in Kraft, wenn zehn Vertragsstaaten Erklärungen nach Absatz 1 abgegeben haben. Diese Erklärungen werden von den Vertragsstaaten beim Generalsekretär der Vereinten Nationen hinterlegt, der den anderen Vertragsstaaten Abschriften davon übermittelt."[1137]

Die Berechtigung, ein *Opting-In* auszuüben, kann begrenzt werden auf einzelne Parteien.[1138] Zustimmungserfordernisse oder Einspruchsrechte[1139]

Rep. 1984, 392 (418).

1134 Dissenting opinion of Judge Lauterpacht in IGH, *Certain Norwegian Loans (France v. Norway)*, I.C.J. Reports 1957, 9, 34 (41); Dissenting opinion of Judge Guerro in IGH, *Certain Norwegian Loans (France v. Norway)*, I.C.J. Reports 1957, 9, 67 (68); *Doeker*, in: Archiv des Völkerrechts 1963 (Vol. 11), 156; *Tomuschat*, in: Zimmermann/Tomuschat/Oellers-Frahm, The Statute of the International Court of Justice – A Commentary, Art. 36, Rn. 98.

1135 Dazu genauer → Kapitel 2 C. II. 5.

1136 Ein weiteres Beispiel enthält Art. 21 Abs. 2 und Art. 22 Abs. 8 des *Übereinkommens gegen Folter und andere grausame, unmenschliche oder erniedrigende Behandlung oder Strafe* (BGBl. 1990 II, 246. International: UNTS Vol. 1465, 85).

1137 BGBl. 1973 II 1533, 1534. International: UNTS Vol. 999, 171.

1138 Dazu genauer → Kapitel 2 C. II. 2.

1139 Dazu genauer → Kapitel 2 C. II. 3.

erscheinen insgesamt für optionale Klauseln nicht zweckmäßig, da ihre Rahmenbedingungen bereits detailliert im Vertrag festgelegt sind. Dasselbe gilt in den meisten Konstellationen für Überprüfungsrechte[1140] und Berichtspflichten[1141].

Zeitliche Vorgaben[1142] enthält eine optionale Klausel regelmäßig nicht. Die Abgabe einer Erklärung zu einer optionalen Klausel ist zu einem späteren Zeitpunkt als der Erklärung der Zustimmung zu dem Vertrag möglich.[1143] Weiterhin erscheint eine zeitliche Begrenzung, wie lange ein *Opting-In* genutzt werden kann, nicht zweckmäßig.

Eine optionale Klausel kann explizit festlegen, dass sie unter der Bedingung der Gegenseitigkeit steht.[1144] Regelmäßig beschränkt eine Klausel die Geltung der zusätzlichen Pflichten auf die Parteien, die dieser zugestimmt haben.[1145] Formulierungsbeispiele sind Art. 36 Abs. 2 *IGH Statut*: „gegenüber jedem anderen Staat, der dieselbe Verpflichtung übernimmt" oder Art. 21 Abs. 1 des *Übereinkommens gegen Folter und andere grausame, unmenschliche oder erniedrigende Behandlung oder Strafe*:

> „Ein Vertragsstaat kann aufgrund dieses Artikels jederzeit erklären, dass er die Zuständigkeit des Ausschusses zur Entgegennahme und Prüfung von Mitteilungen anerkennt, in denen ein Vertragsstaat geltend macht, ein anderer Vertragsstaat komme seinen Verpflichtungen aus diesem Übereinkommen nicht nach. Diese Mitteilungen können nur dann nach den in diesem Artikel festgelegten Verfahren entgegengenommen und geprüft werden, wenn sie von einem Vertragsstaat eingereicht werden, der für sich selbst die Zuständigkeit des Ausschusses durch eine Erklärung anerkannt hat. Der Ausschuss darf keine Mitteilung aufgrund dieses

1140 Dazu genauer → Kapitel 2 C. II. 6.

1141 Dazu genauer → Kapitel 2 C. II. 5. a) dd).

1142 Dazu genauer → Kapitel 2 C. II. 4.

1143 ILC Guide to Practice on Reservations to Treaties 2011, UN Doc. A/66/10/Add.1, Guideline 1.1.6 – Commentary, Rn. 16; Åkermark/Mårsäter, in: Nordic Journal of International Law 2005 (Vol. 74), 509 (535).

1144 Zu der reziproken Wirkung generell → Kapitel 2 C. II. 7.

1145 Weiterführend zur Gegenseitigkeit in optionalen Klauseln: *Greig*, in: Virginia Journal of International Law 1993-1994 (Vol. 34), 295 (306-312); *Fitzmaurice/Elias*, Contemporary Issues in the Law of Treaties, 209-211; *Rosenne*, The Law and Practice of the International Court 1920-2005, Vol. II Jurisdiction, 731-737; *Torres-Bernardez*, in: Bello/Ajibola (Hrsg.), Essays in Honour of Judge Taslim Olawale Elias, Vol. I, Contemporary International Law and Human Rights, 291.

> Artikels behandeln, die einen Vertragsstaat betrifft, der keine derartige Erklärung abgegeben hat. […]"[1146]

Eine solche gegenseitige Wirkung ist immer möglich für einen Vertrag mit bilateraler Erfüllungsstruktur. Bei einem Vertrag mit integraler Erfüllungsstruktur, wie dem zitierten Beispiel des *Übereinkommens gegen Folter und andere grausame, unmenschliche oder erniedrigende Behandlung oder Strafe*, schafft ein solches Gegenseitigkeitserfordernis eine neue Gesamtheit der Parteien, die sich auf diese Bestimmung berufen kann. Im Rahmen einer integralen Erfüllungsstruktur ist jede Partei gegenüber der Gesamtheit der anderen Parteien verpflichtet jene Pflichten zu erfüllen, an die sie sich gebunden hat. Ohne eine wie oben zitierte Regelung stellt sich die Frage, welche Parteien die Gesamtheit bilden. Die Gesamtheit der Parteien könnten alle Parteien des Vertrages sein oder nur die Gesamtheit der Parteien, die sich an die konkrete Bestimmung gebunden haben. Relevant ist dies für die Berechtigung der Durchsetzung. Für optionale Klauseln, bei denen die zusätzlichen Rechte und Pflichten integral zu erfüllen sind, bietet sich insofern angelehnt an eine Formulierung für ein *Opting-Out* in Art. 92 Abs. 2 des *Übereinkommens der Vereinten Nationen über Verträge über den internationalen Warenkauf* folgende Gegenseitigkeitsklausel an:

> „Ein Vertragsstaat, der keine Erklärung nach Absatz 1 abgegeben hat, ist hinsichtlich dieses Artikels nicht als Vertragsstaat zu betrachten."[1147]

Schließlich kann eine Bestimmung aufgenommen werden, die es den einzelnen Parteien überlässt, ob eine reziproke Wirkung bestehen soll oder nicht, indem eine Bestimmung wie Art. 1 Abs. 2 S. 2 des *Europäischen Übereinkommens über die Zustellung von Schriftstücken in Verwaltungssachen im Ausland* aufgenommen wird:

> „(2) […] Dieser Staat kann in seiner Erklärung mitteilen, daß er sich auf das Fehlen der Gegenseitigkeit berufen wird."[1148]

1146 BGBl. 1990 II 246. International: UNTS Vol. 1465, 85.

1147 BGBl. 1989 II 588. International: UNTS Vol. 1489, 3.

1148 BGBl. 1981 II 533, 535. International: CETS Nr. 94.

In dieser Situation müssen die Parteien jeweils mit der Erklärung zu der optionalen Klausel festlegen, ob sie Gegenseitigkeit verlangen oder nicht.[1149] Verlangen sie keine Gegenseitigkeit, kann sich jede Partei auf die weitergehenden Pflichten der erklärenden Partei berufen.

Schließlich kann der Vertrag ausdrücklich regeln, dass die Erklärung des *Opting-In* während der Vertragsdauer zurückgenommen werden kann.[1150] Trifft der Vertrag keine Regelung stellt sich die Frage, ob und unter welchen Voraussetzungen die Erklärung über das *Opting-In* später zurückgenommen werden kann.[1151] Wendet man den Grundsatz des *actus contrarius* an, könnte die Erklärung jederzeit durch eine gleichwertige Erklärung zurückgenommen werden. Allerdings entstehen durch das *Opting-In* konsensuale Beziehungen zwischen all jenen Parteien, die dies erklärt haben, sodass das Vertrauen der anderen Parteien auf den Bestand des *Opting-In* zu berücksichtigen ist.[1152] Ein solches Vertrauen kann nicht entstehen, wenn sich ein Völkerrechtssubjekt in der Erklärung des *Opting-In* vorbehält dies später zu widerrufen.[1153] Im Übrigen hat der IGH in seiner Entscheidung *Military and Paramilitary Activities in and Against Nicaragua* entschieden, dass ein Widerruf keine sofortige Wirkung habe, sondern der Widerruf mit einem angemessenem Vorlauf

---

1149 Dies spiegelt sich in den Erklärungen der Staaten wider: Österreich erklärte: „On ratification of the Convention the Republic of Austria declares, in pursuance of Article 1, paragraph 2, that the Convention shall also apply to fiscal matters and criminal matters on the basis of reciprocity." Während Estland nicht die Gegenseitigkeit verlangt: „Pursuant to Article 1, paragraph 2 of the Convention, the Republic of Estonia declares that it applies the Convention to fiscal matters." Vorbehalte und Erklärungen für Vertrag CETS Nr. 94 - *Europäisches Übereinkommen über die Zustellung von Schriftstücken in Verwaltungssachen im Ausland*, unter https://www.coe.int/de/web/conventions/full-list?module=declarations-by-treaty&numSte=094&codeNature=0 [28.07.2025].

1150 Dazu genauer → Kapitel 2 C. II. 9.

1151 Weiterführend dazu: *Rosenne*, The Law and Practice of the International Court 1920-2005, Vol. II Jurisdiction, 785-789; *Tomuschat*, in: Zimmermann/Tomuschat/Oellers-Frahm, The Statute of the International Court of Justice – A Commentary, Art. 36, Rn. 75-78.

1152 IGH, *Land and Maritime Boundary between Cameroon and Nigeria* (Cameroon v. Nigeria: Equatorial Guinea intervening), Preliminary Objections, Urteil v. 11.06.1998, ICJ Rep. 1998, 275, Rn. 34; *Tomuschat*, in: Zimmermann/Tomuschat/Oellers-Frahm, The Statute of the International Court of Justice – A Commentary, Art. 36, Rn. 75.

1153 *Tomuschat*, in: Zimmermann/Tomuschat/Oellers-Frahm, The Statute of the International Court of Justice – A Commentary, Art. 36, Rn. 76.

erfolgen solle.[1154] Darüber hinaus kann, wenn der Vertrag selbst keine Regelung für diesen Fall trifft, auf die Bestimmungen über die teilweise Kündigung eines Vertrages zurückgegriffen werden.[1155] Notwendig ist dabei jedoch, dass die Partei einen Kündigungsgrund geltend machen muss und eine teilweise Kündigung des Vertrages zulässig ist.

C. Restriktive Klauseln

Restriktive Klauseln umfassen verschiedene Vertragsbestimmungen, die den Anwendungsbereich eines Vertrages oder einzelner Normen sowie die Tatbestandsvoraussetzungen oder Rechtsfolgen einer Norm beeinflussen. Zu einer Flexibilität im Sinne eines Abweichens der Rechte und Pflichten führen restriktive Klauseln dann, wenn aufgrund von Unterschieden im Anwendungsbereich oder den Tatbestandsvoraussetzungen für einzelne Parteien derselbe Sachverhalt unterschiedlich rechtlich zu beurteilen ist. Eine Definition (I.) der restriktiven Klausel wird dadurch erschwert, dass es sich dabei um einen Sammelbegriff handelt. Verschiedene Arten restriktiver Klauseln bewirken durch unterschiedliche Rechtstechniken eine Veränderung des Anwendungsbereichs eines Vertrages (II.).

I. Definition

Die Bezeichnung restriktive Klausel ist ein Sammelbegriff. Einen Definitionsversuch restriktiver Klauseln in Abgrenzung zu Vorbehalten hatte *Pellet* als eine Guideline für den „ILC Guide to Practice on Reservations to Treaties" entworfen. Diese Guideline gelangte jedoch nicht in den fertigen *Guide*:

> „1.7.3 Restrictive clauses
>
> A provision in a treaty that purports to limit or restrict the scope or application of more general rules contained in the treaty does not constitute a reservation within the meaning of the present Guide to Practice."[1156]

1154 *Military and Paramilitary Activities in and against Nicaragua (Nicaragua v. United States of America)*, I.C.J. Rep. 1984, S. 39, Rn. 63.

1155 Dazu genauer → Kapitel 4 L. I.

1156 Fifth Report on reservations to treaties by the Special Rapporteur Mr. Allain Pellet, UN Doc. A/CN.4/508/Add.1 (2000), Rn. 116.

Diese Bestimmung zeigt, dass restriktive Klauseln sehr weit verstanden werden. Noch weiter waren restriktive Klauseln in der Vergangenheit verstanden worden. So wurden auch Vorbehalte als eine Form der restriktiven Klauseln angesehen.[1157] Indes wurde in dem Aufsatz von *Cavalcanti* aus dem Jahr 1914 der Begriff *„reservation"* nicht so verstanden wie er inzwischen in der WVK definiert ist,[1158] sodass eine Gleichsetzung heutzutage unzulässig ist.

Das Verständnis von restriktiven Klauseln wird darüber hinaus dadurch erschwert, dass die Bezeichnung in der Literatur und Praxis nicht einheitlich erfolgt. Neben dem Begriff der restriktiven Klauseln (*„restrictive clauses"*) wird teilweise von *„limitation clauses"*[1159], *„carve-out clauses"*[1160], *„exception clauses"*[1161], *„accommodation clauses"*[1162], *„qualifying clauses"*[1163], *„nonprecluded measures clauses"*[1164], *„flexible scope provisions"*[1165] und schließlich von *„claw-back / clawback clauses"*[1166] gesprochen. Bisweilen werden die Begriffe synonym verwendet und es wird für die Definition einer der zuvor genannten Begriffe auf eine

---

1157 *Cavalcanti*, in: American Journal of International Law 1914 (Vol. 8), 723 (723 f.).

1158 Vgl. *Cavalcanti*, in: American Journal of International Law 1914 (Vol. 8), 723 (725).

1159 ILC Guide to Practice on Reservations to Treaties 2011, UN Doc. A/66/10/Add.1, Guideline 1.7.1 – Commentary, Rn. 6; Åkermark, in: International & Comparative Law Quartely 1999 (Vol. 48), 479 (500); *Fernandez*, in: Philippine Law Journal 2019 (Vol. 92), 1 (2 f., 8 f.).

1160 United Nations Conference on Trade and Development, Preserving Flexibility in IIAs: The Use of Reservations, UNCTAD Series on International Investment Policies for Development 2006, online verfügbar: https://doi.org/10.18356/4c7d3325-en [28.07.2025], 21 f.; *Fontanelli/Bianco*, in: Stanford Journal of International Law 2014 (Vol. 50), 211 (224); *Pauwelyn*, in: Review of European, Comparative & International Environmental Law 2013 (Vol. 22), 29 (34).

1161 *Baltag/Joshi/Duggal*, in: ICSID Review 2023 (Vol. 38), 381 (390); *Sabanogullari*, General Exception Clauses in International Investment Law, 40. So auch die Bezeichnung für Art. XX GATT EU (ABl. vom 23.12.1994, L 336/11), Art. XIV GATS (EU ABl. vom 23.12.1994, L 336/11) oder Art. 24 der *Energiecharta* (BGBl. 1997 II 4, 5. International: UNTS Vol. 2080, 95).

1162 *Higgins*, in: British Yearbook of International Law 1976-1977 (Vol. 48), 281 (313); *Schreuer*, in: The Yale Journal of World Public Order 1982 (Vol. 9), 113 (113 f.).

1163 *Higgins*, in: British Yearbook of International Law 1976-1977 (Vol. 48), 281 (307).

1164 *Baltag/Joshi/Duggal*, in: ICSID Review 2023 (Vol. 38), 381 (390); *Sabanogullari*, General Exception Clauses in International Investment Law, 48.

1165 *McMahon*, in: British Yearbook of International Law 1965-1966 (Vol. 41), 1 (43).

1166 ILC Guide to Practice on Reservations to Treaties 2011, UN Doc. A/66/10/Add.1, in Fn. 392 in 1.7.1 – Commentary Rn. 6; *Higgins*, in: British Yearbook of International Law 1976-1977 (Vol. 48), 281 (281); *Jegede*, in: Journal of Human Rights Practice 2023

Erläuterung des anderen Begriffs verwiesen.[1167] Während die Definition von *Pellet* im Entwurf des „ILC Guide to Practice on Reservations to Treaties" von der begrenzenden Wirkung der Klauseln für die Bestimmung des Pflichtenumfangs und der Anwendung spricht, schreibt *Higgins* für zurücknehmende Klauseln:

> „By a 'clawback clause' is meant one that permits, in normal circumstances, breach of an obligation for a specified number of public reasons."[1168]

Diese Definition ist jedoch missglückt, da sie auf einen Bruch der Verpflichtung abstellt. Zu einem Bruch kommt es jedoch aufgrund der betreffenden Klauseln erst gar nicht. Vielmehr werden von vorherein aus dem Anwendungsbereich der Norm Konstellationen ausgenommen, in denen die festgelegten Ausnahmen vorliegen. Beispielsweise ordnet *Higgins* Art. 8 Abs. 2 EMRK in diese Kategorie ein.[1169] Dieser lautet:

> „Eine Behörde darf in die Ausübung dieses Rechts nur eingreifen, soweit der Eingriff gesetzlich vorgesehen und in einer demokratischen Gesellschaft notwendig ist für die nationale oder öffentliche Sicherheit, für das wirtschaftliche Wohl des Landes, zur Aufrechterhaltung der Ordnung, zur Verhütung von Straftaten, zum Schutz der Gesundheit oder der Moral oder zum Schutz der Rechte und Freiheiten anderer."[1170]

Wenn eine Partei ein entsprechendes Gesetz geschaffen hat, welches dem Schutz einer der genannten Rechtsgüter dient, kann es die Rechtsausübung in jedem der Fälle, die die Voraussetzungen des Gesetzes erfüllen, einschränken. Es handelt sich somit um eine negative Tatbestandsvoraussetzung, die für diese Partei generell gilt. Da jede Partei entscheiden kann, ob und in welchem Umfang

---

(Vol. XX), 1 (2); *Norris/Reiton*, in: American University Law Review 1980 (Vol. 30), 189 (193 f.).

1167 So verweist der ILC Guide to Practice on Reservations to Treaties 2011, UN Doc. A/66/10/Add.1, in Fn. 392 in 1.7.1 – Commentary Rn. 6 für die Definition der restriktiven Klausel auf die Definition der zurücknehmenden (*clawback clauses*) in dem Aufsatz von *Higgins*, British Yearbook of International Law 1976-1977 (Vol. 48), 281 (281).

1168 *Higgins*, in: British Yearbook of International Law 1976-1977 (Vol. 48), 281 (281).

1169 *Higgins*, in: British Yearbook of International Law 1976-1977 (Vol. 48), 281 (288, 307).

1170 Neufassung der deutschen Übersetzung aus BGBl. 2010 II, 1199. International: ETS Nr. 5.

sie die Möglichkeit nutzt, kann dies zu einem unterschiedlichen Umfang der Pflichten aus Art. 8 Abs. 1 EMRK für verschiedene Parteien führen.

Ein Grund für die unstimmige Verwendung der Begrifflichkeiten mag darin begründet liegen, dass sich bestimmte Bezeichnungen in einzelnen Rechtsgebieten innerhalb des Völkerrechts etabliert haben, ohne Verträge in anderen Gebieten zu berücksichtigen. Beispielsweise ist für solche Klauseln in Menschenrechtsverträgen die Bezeichnung „*clawback-clause*" üblich,[1171] während im Bereich der Investitionsschutzverträge oder Handelsverträge häufig „*nonprecluded measures clauses*"[1172] genutzt werden. Vorliegend wird die Bezeichnung „restriktive Klauseln" als Oberbegriff verwendet. Restriktive Klauseln führen jeweils dazu, dass Sachverhalte nicht mehr von einem Vertrag oder einer Norm erfasst werden, die ansonsten darunterfallen würden. Rechtstechnisch kann dies auf verschiedene Arten erfolgen (II.).

II. Arten restriktiver Klauseln

Verschiedene Arten restriktiver Klauseln bewirken durch unterschiedliche Rechtstechniken eine Veränderung des Anwendungsbereichs eines Vertrages. Dazu zählen erstens Vertragsbestimmungen, die entweder einheitlich den Anwendungsbereich eines Vertrages für alle Parteien ausdrücklich oder implizit durch eine restriktive Begriffsdefinition beschränken (1.). Zweitens gehören dazu Klauseln, die jeder Partei Ausgestaltungsmöglichkeiten hinsichtlich des Anwendungsbereichs einräumen (2.). Drittens fallen darunter Vertragsbestimmungen, die Parteien Ausgestaltungsmöglichkeiten bezüglich Tatbestandsvoraussetzungen oder Rechtsfolgen ermöglichen (3.). Viertens umfassen sie einheitliche Ausnahmen für alle Parteien (4.). Fünftens kann eine restriktive Klausel den Parteien erlauben, Ausnahmen zu einem festgelegten Zweck im innerstaatlichen Recht zu schaffen (5.).

1171 *Gittleman*, in: Virginia Journal of International Law 1982 (Vol. 22), 667 (691 f.); *Higgins*, in: British Yearbook of International Law 1976-1977 (Vol. 48), 281 (307); *Norris/Reiton*, in: American University Law Review 1980 (Vol. 30), 189 (193 f.).

1172 *Sabanogullari*, General Exception Clauses in International Investment Law, 48.

1. Einheitliche Beschränkung des Anwendungsbereichs für alle Parteien

Die erste Form der restriktiven Klauseln sind Vertragsbestimmungen, die einheitlich für alle Parteien den Anwendungsbereich entweder ausdrücklich beschränken, indem sie bestimmte Aspekte aus dem Anwendungsbereich herausnehmen, oder implizit, indem sie einen Begriff einschränkend definieren.

Zunächst kann eine Norm ausdrückliche den Anwendungsbereich beschränken. Ausdrücklich nimmt z. B.[1173] Art. 9 des *Europäischen Übereinkommens über die Produkthaftpflicht bei Personenschäden und Tod* Aspekte aus dem Anwendungsbereich des Vertrages heraus:

> „Dieses Übereinkommen findet keine Anwendung auf:
>
> a) Rückgriffe der Erzeuger untereinander und gegenüber Dritten;
>
> b) nukleare Schäden."[1174]

Aus dem Anwendungsbereich werden durch eine solche Klausel einzelne Konstellationen für alle Parteien herausgenommen. Daher werden diese Klauseln ebenfalls als herausschneidende Klausel (*carve-out-clause*) bezeichnet.[1175] Einer unilateralen Erklärung einer einzelnen Partei bedarf es insofern nicht.

Neben dem Anwendungsbereich eines gesamten Vertrages kann ebenfalls der Anwendungsbereich einer einzelnen Norm eingeschränkt werden, so

---

1173 Weitere Beispiel sind: Art. 27 des *Europäischen Übereinkommens zur friedlichen Beilegung von Streitigkeiten* (BGBl. 1961 II 81. International: CETS Nr. 23); Art. 2 der *Anlage zu Luftverkehrsdienstleistungen zu dem Allgemeinen Abkommen über den Handel mit Dienstleistungen* (EU ABl. L336 vom 23.12.1994, 205); Art. 1 Abs. 3 des *Europäischen Übereinkommens über die Leichenbeförderung* (CETS Nr. 80); Art. 11 Abs. 1 des *Europäischen Übereinkommens über die zivilrechtliche Haftung für durch Kraftfahrzeuge verursachte Schäden* (CETS Nr. 79); Art. 1 Abs. 2, 3 der *Convention on Information and Legal Co-operation concerning "Information Society Services"* (CETS Nr. 180).

1174 CETS Nr. 91.

1175 United Nations Conference on Trade and Development, Preserving Flexibility in IIAs: The Use of Reservations, UNCTAD Series on International Investment Policies for Development 2006, online verfügbar: https://doi.org/10.18356/4c7d3325-en [28.07.2025], 21 f.

z. B.[1176] in Art. 37 Abs. 3 des *Europäischen Übereinkommens über konsularische Aufgaben*:

> „Dieser Artikel findet keine Anwendung auf die üblichen Untersuchungen hinsichtlich des Zollwesens, der öffentlichen Gesundheit, der Hafenpolizei, der gefährlichen Güter und der Einwanderungskontrolle."[1177]

Zu demselben Ergebnis führen restriktive Definitionen, die den Anwendungsbereich beschränken. Ein klassisches Beispiel ist die Definition des völkerrechtlichen Vertrages in Art. 2 Abs. 1 lit. a) WVK. Die Definition beschränkt den Anwendungsbereich der WVK gleich zweifach: Aufgrund der Definition fallen sowohl mündliche Verträge aus dem Anwendungsbereich der WVK als auch Verträge mit Völkerrechtssubjekten, die nicht Staaten sind.[1178] Ein weiteres Beispiel ist Art. 3 Abs. 1 lit. a) des *Europäischen Übereinkommens über die zivilrechtliche Haftung für durch Kraftfahrzeuge verursachte Schäden*:

> „Im Sinne dieses Übereinkommens:
>
> a) bedeutet „Fahrzeug" ein Fahrzeug, das mit einem Antriebsmotor versehen und zum Fahren auf dem Boden bestimmt ist, ausgenommen Schienenfahrzeuge und Luftkissenfahrzeuge;
>
> [...]"[1179]

Anstatt einer positiven Definition eines Begriffes ist ebenfalls zulässig, dass negativ aufgezählt wird, was nicht unter einen bestimmten Begriff fällt. Diesen Ansatz wählt Art. 4 Abs. 3 EMRK:

> „(1) Niemand darf in Sklaverei oder Leibeigenschaft gehalten werden.
>
> (2) Niemand darf gezwungen werden, Zwangs- oder Pflichtarbeit zu verrichten.
>
> (3) Nicht als Zwangs- oder Pflichtarbeit im Sinne dieses Artikels gilt

---

1176 Weiteres Beispiel ist Art. 34 des *Europäischen Übereinkommens über den Schutz von Tieren beim internationalen Transport* (CETS Nr. 65).

1177 CETS Nr. 61.

1178 *Virally*, Les clauses échappatoires en matière d'instruments internationaux relatifs aux droits de l'homme : quatrième colloque du Département des droits de l'homme, in: Universitè catholique de Louvain (Hrsg.), 5 (10 f.).

1179 CETS Nr. 79.

a) eine Arbeit, die üblicherweise von einer Person verlangt wird, der unter den Voraussetzungen des Artikels 5 die Freiheit entzogen oder die bedingt entlassen worden ist;

b) eine Dienstleistung militärischer Art oder eine Dienstleistung, die an die Stelle des im Rahmen der Wehrpflicht zu leistenden Dienstes tritt, in Ländern, wo die Dienstverweigerung aus Gewissensgründen anerkannt ist;

c) eine Dienstleistung, die verlangt wird, wenn Notstände oder Katastrophen das Leben oder das Wohl der Gemeinschaft bedrohen;

d) eine Arbeit oder Dienstleistung, die zu den üblichen Bürgerpflichten gehört."[1180]

2. Vertraglich eingeräumte Ausgestaltungsmöglichkeit des Anwendungsbereichs

Eine weitere Form einer restriktiven Klausel räumt den Parteien die Option ein, den Anwendungsbereich eigenständig zu konkretisieren. Während im Rahmen von optionalen Klauseln[1181] oder *Opting-Out*[1182] die Parteien jeweils entscheiden, ob sie eine Pflicht übernehmen wollen oder nicht, kann eine Partei hier beeinflussen, wann die im Vortrag enthaltenen Pflichten für sie gelten. Drei Vertragsgestaltungsmöglichkeiten, wie eine Klausel den Parteien Ausgestaltungsmöglichkeiten für den Anwendungsbereich einräumen kann, sind denkbar: Erstens kann eine Vertragsklausel bestimmen, dass eine Partei noch den Anwendungsbereich zu konkretisieren hat. Zweitens kann eine Vertragsklausel vorsehen, dass der Anwendungsbereich erweitert werden kann, und drittens, dass der Anwendungsbereich beschränkt werden kann durch eine Erklärung einer Partei.

Die weitgehendste Variante erlaubt den Parteien den Anwendungsbereich ohne weitere Vorgaben zu konkretisieren. Eine ausdrückliche Erlaubnis, den Anwendungsbereich frei zu bestimmen, sieht z. B.[1183] Art. 2 der

---

1180 Neufassung der deutschen Übersetzung aus BGBl. 2010 II 1199. International: CETS Nr. 5.

1181 Dazu genauer → Kapitel 3 B.

1182 Dazu genauer → Kapitel 3 A. I.

1183 Weitere Beispiele sind: Art. 4 Abs. 2 des *ILO Übereinkommen Nr. 77 über die ärztliche Untersuchung der Eignung von Kindern und Jugendlichen zur Arbeit im Gewerbe*; Art. 4 des *ILO Übereinkommens Nr. 101 über den bezahlten Urlaub in der Landwirtschaft*; Art. 9 des *ILO Übereinkommens Nr. 188 über die Arbeit im Fischereisektor.* Quelle jeweils: Normlex (Information System on International Labour Standards, https://normlex.ilo.org/).

ILO-Übereinkommens Nr. 26 über die Einrichtung von Verfahren zur Festsetzung von Mindestlöhnen vor:

> „Jedem Mitglied, das dieses Übereinkommen ratifiziert, steht es frei, nach Anhörung der Berufsverbände der Arbeitgeber und der Arbeitnehmer, falls solche Verbände für das betreffende Gewerbe oder einen Teil des Gewerbes bestehen, selbst zu entscheiden, auf welche Gewerbe oder Teile von Gewerben und insbesondere auf welche Zweige der Heimarbeit oder auf welche ihrer Teile die in Artikel 1 vorgesehenen Verfahren zur Festsetzung von Mindestlöhnen angewendet werden sollen."[1184]

Art. 13 des *ILO Übereinkommens Nr. 119 über den Maschinenschutz* ist ein Beispiel[1185] für die Befugnis, den Anwendungsbereich zu erweitern:

> „Die Bestimmungen dieses Teils des Übereinkommens, die sich auf die Verpflichtungen der Arbeitgeber und der Arbeitnehmer beziehen, gelten, falls und soweit die zuständige Stelle dies bestimmt, auch für selbständig Erwerbstätige."[1186]

1184 RGBl. 1929 II 375. Bek. vom 05.06.1952 über Verbindlichkeiten aus den vom Deutschen Reich ratifizierten Übereinkommen der ILO – BGBl. 1952 II 607. International: Normlex (Information System on International Labour Standards, https://normlex.ilo.org/).

1185 Weitere Beispiele sind: Art. 2 Abs. 3 des *Übereinkommens über die internationale Geltendmachung der Unterhaltsansprüche von Kindern und anderen Familienangehörigen* (EU ABl. L 192/51 vom 22.07.2011); Art. 3 des *ILO Übereinkommens Nr. 106 über die wöchentliche Ruhezeit im Handel und in Büros* (Normlex (Information System on International Labour Standards, https://normlex.ilo.org/); Art. 1 Abs. 2 des *ILO Übereinkommens Nr. 110 über die Arbeitsbedingungen der Plantagenarbeiter* (Normlex (Information System on International Labour Standards, https://normlex.ilo.org/); Art. 1 Abs. 3 des *ILO Übereinkommens Nr. 126 über die Quartierräume von Fischereifahrzeugen* (Normlex (Information System on International Labour Standards, https://normlex.ilo.org/); Art. 5 des *ILO Übereinkommens Nr. 129 über die Arbeitsaufsicht in der Landwirtschaft* (Normlex (Information System on International Labour Standards, https://normlex.ilo.org/); Art. 2 Abs. 3 des *ILO Übereinkommens Nr. 188 über die Arbeit im Fischereisektor* (Normlex (Information System on International Labour Standards, https://normlex.ilo.org/).

1186 Normlex (Information System on International Labour Standards, https://normlex.ilo.org/).

Ein Beispiel[1187] für die Möglichkeit, den Anwendungsbereich zu reduzieren, ist Art. 11 Abs. 2 des *Europäischen Übereinkommens über die zivilrechtliche Haftung für durch Kraftfahrzeuge verursachte Schäden*:

> „Jeder Vertragsstaat hat das Recht, dieses Übereinkommen nicht auf Schäden anzuwenden, die von bestimmten Arten von Fahrzeugen verursacht werden, die geringe Gefahren für den Verkehr bilden, z. B. von Fußgängern geführte Fahrzeuge, gewisse landwirtschaftliche Maschinen und Motorfahrräder mit geringer Leistung und niedriger Geschwindigkeit."[1188]

In einigen Vertragsbestimmungen wird zusätzlich noch aufgenommen, dass die Parteien zu einem späteren Zeitpunkt den reduzierten Anwendungsbereich erweitern können. Teilweise werden solche Klauseln als „*Escalation*"[1189] oder „*Escalator*"[1190] Klauseln bezeichnet. Ein Beispiel ist Art. 3 Abs. 3 des *ILO Übereinkommens Nr. 121 über Leistungen bei Arbeitsunfällen und Berufskrankheiten*:

> „(1) Jedes Mitglied, das dieses Übereinkommen ratifiziert, kann durch eine seiner Ratifikationsurkunde beigefügte Erklärung vom Geltungsbereich des Übereinkommens ausschließen
>
> a) die Seeleute, einschließlich der Seefischer,
>
> b) die öffentlichen Bediensteten,
>
> sofern diese Gruppen durch Sondersysteme geschützt sind, die im ganzen Leistungen gewähren, die den in diesem Übereinkommen vorgesehenen mindestens gleichwertig sind.
>
> [...]

1187 Weitere Beispiele enthält die *Europäische Ordnung der Sozialen Sicherheit (revidiert)* (CETS Nr. 139) in Art. 9 Abs. 2, 20 Abs. 3, 28 Abs. 2, 35 Abs. 3, 46 Abs. 2, 52 Abs. 2, 59 Abs. 2, 65 Abs. 2 und Art. 2 Abs. 2 des *Übereinkommens über die internationale Geltendmachung der Unterhaltsansprüche von Kindern und anderen Familienangehörigen* (EU ABl. L 192/51 vom 22.07.2011).

1188 CETS Nr. 79.

1189 *Gormley*, in: Fordham Law Review 1970 (Vol. 39), 59 (71-75).

1190 *Helfer*, in: Dunoff/Pollack (Hrsg.), Interdisciplinary Perspectives on International Law and International Relations the State of the Art, 175 (179); *Servais*, in: International Labour Review 1986 (Vol. 125), 193 (195-197).

(3) Jedes Mitglied, das eine Erklärung nach Absatz 1 dieses Artikels abgegeben hat, kann in der Folge dem Generaldirektor des Internationalen Arbeitsamtes mitteilen, dass es die Verpflichtungen aus diesem Übereinkommen für die bei der Ratifikation ausgeschlossene Gruppe oder Gruppen übernimmt."[1191]

3. Vertraglich eingeräumte Ausgestaltungsmöglichkeit der Tatbestandsvoraussetzungen oder Rechtsfolgen

Statt einheitlich für alle Parteien die Tatbestandsvoraussetzungen einer Norm oder den Umfang der Rechtsfolgen festzulegen, kann eine Norm den Parteien erlauben, eine oder mehrere Tatbestandsvoraussetzungen oder den konkreten Umfang der Rechtsfolge individuell festzulegen. Individuell festlegen können Parteien dies entweder, indem ein Vertrag ihnen die Auswahl zwischen verschiedenen Optionen einräumt oder indem der Vertrag einen Rückgriff auf nationales Recht vorsieht. Die Parteien legen somit fest, in welchen Situationen die Pflichten für sie gelten. Darin unterscheiden sich diese Klauseln von optionalen Klauseln[1192] oder *Opting-Out*[1193], bei denen die Parteien jeweils entscheiden, ob sie eine Pflicht übernehmen wollen oder nicht.

Teilweise räumen Verträge ihren Parteien eine Auswahl an verschiedenen Optionen ein, um einen Begriff zu konkretisieren. Der Vertrag fordert in dem Fall ausdrücklich eine Konkretisierung durch unilaterale Erklärung. Ein Beispiel[1194] dafür ist Art. 2 des *Übereinkommens Nr. 138 der ILO über das Mindestalter für die Zulassung der Beschäftigung*. Art. 2 legt kein allgemeingültiges

---

1191 BGBl. 1971 II 1169. International: Normlex (Information System on International Labour Standards, https://normlex.ilo.org/).

1192 Dazu genauer → Kapitel 3 B.

1193 Dazu genauer → Kapitel 3 A. I.

1194 Weitere Beispiele: Art. 3 Abs. 2 des *Fakultativprotokolls zum Übereinkommen über die Rechte des Kindes betreffend die Beteiligung von Kindern an bewaffneten Konflikten* (BGBl. 2004 II 1354. International: UNTS Vol. 2173, 222): „Jeder Vertragsstaat hinterlegt bei der Ratifikation dieses Protokolls oder dem Beitritt dazu eine verbindliche Erklärung, in der das Mindestalter festgelegt ist, ab dem er die Einziehung von Freiwilligen zu seinen nationalen Streitkräften gestattet, sowie eine Beschreibung der von ihm getroffenen Schutzmaßnahmen, mit denen er sicherstellt, dass eine solche Einziehung nicht gewaltsam oder zwangsweise erfolgt." Art. 3 des *UN-Seerechtsübereinkommens* (BGBl. 1994 II 1798, 1799. International: UNTS Vol. 1833, 3): „Jeder Staat hat das Recht, die Breite seines Küstenmeers bis zu einer Grenze festzulegen, die höchsten 12 Seemeilen von den in Übereinstimmung mit diesem Übereinkommen festgelegten Basislinien entfernt sein darf.".

Mindestalter fest, sondern bestimmt, dass die Parteien selbst bestimmen sollen, welches Mindestalter für sie gelten soll, solange die untere Grenze von grundsätzlich 15 Jahren eingehalten wird:

„(1) Jedes Mitglied, das dieses Übereinkommen ratifiziert, hat in einer seiner Ratifikationsurkunde beigefügten Erklärung ein Mindestalter für die Zulassung zur Beschäftigung oder Arbeit in seinem Gebiet und auf den in seinem Gebiet eingetragenen Verkehrsmitteln anzugeben; vorbehaltlich der Artikel 4 bis 8 dieses Übereinkommens darf niemand vor Erreichung dieses Alters zur Beschäftigung oder Arbeit in irgendeinem Beruf zugelassen werden.

(2) Jedes Mitglied, das dieses Übereinkommen ratifiziert hat, kann in der Folge den Generaldirektor des Internationalen Arbeitsamtes durch weitere Erklärungen davon in Kenntnis setzen, daß es ein höheres als das früher angegebene Mindestalter festlegt.

(3) Das gemäß Absatz 1 dieses Artikels anzugebende Mindestalter darf nicht unter dem Alter, in dem die Schulpflicht endet, und auf keinen Fall unter 15 Jahren liegen.

[...]“[1195]

Durch die Erklärung definieren die Parteien für sich die Altersgrenze für Kinderarbeit und damit den Anwendungsbereich der in dem Vertrag festgelegten Pflichten. Ebenfalls innerstaatlich legen sie das Alter fest, in dem die Schulpflicht endet.

Weiterhin kann eine Vertragsklausel explizit auf nationales Recht verweisen, ohne dass dieses Recht auf internationaler Ebene erläutert wird, z. B. in Art. 12 EMRK:

„Männer und Frauen im heiratsfähigen Alter haben das Recht, nach den innerstaatlichen Gesetzen, welche die Ausübung dieses Rechts regeln, eine Ehe einzugehen und eine Familie zu gründen.“[1196]

Durch die Formulierung „nach den innerstaatlichen Gesetzen, welche die Ausübung dieses Rechts regeln“ (*„according to the national laws governing the*

[1195] BGBl. 1976 II 201. International: Normlex (Information System on International Labour Standards, https://normlex.ilo.org/).

[1196] Neufassung der deutschen Übersetzung aus BGBl. 2010 II 1199. International: CETS Nr. 5.

exercise of this right." und *„selon les lois nationales régissant l'exercice de ce droit.*") wird ausdrücklich das nationale Konzept der Ehe in Bezug genommen. Speziell hinsichtlich Art. 12 EMRK bezeichnete *Shelton* eine solche Klausel als *„clawback clause*".[1197] Eine weitere Terminologie ist die Definition durch *renvoi*.[1198] Dies bezeichnet insbesondere im internationalen Privatrecht die Zurückverweisung in das andere nationale Rechtssystem.[1199] Eine Definition durch *„renvoi*" meint daher eine Definition durch Zurückverweisung auf die nationale Ebene.

4. Einheitliche Ausnahmen für alle Parteien

Der Anwendungsbereich kann weiterhin durch Ausnahmen in Form von negativen Tatbestandsvoraussetzungen begrenzt werden. Beispielsweise[1200] sieht Art. 7 Abs. 2 EMRK eine solche Ausnahme vor:

> „(1) Niemand darf wegen einer Handlung oder Unterlassung verurteilt werden, die zur Zeit ihrer Begehung nach innerstaatlichem oder internationalem Recht nicht strafbar war. Es darf auch keine schwerere als die zur Zeit der Begehung angedrohte Strafe verhängt werden.
>
> (2) Dieser Artikel schließt nicht aus, dass jemand wegen einer Handlung oder Unterlassung verurteilt oder bestraft wird, die zur Zeit ihrer Begehung nach den von den zivilisierten Völkern anerkannten allgemeinen Rechtsgrundsätzen strafbar war."[1201]

Die negativen Tatbestandsvoraussetzungen dürfen nicht erfüllt sein, damit die Rechtsfolge der jeweiligen Norm für einen bestimmten Sachverhalt eingreift. Derartige Ausnahmen gelten dauerhaft und schränken die Rechte auch im

---

1197 *Shelton*, in: Saskatchewan Law Review 2002 (Vol. 65), 301 (317).

1198 *Böth*, Evolutive Auslegung völkerrechtlicher Verträge, 142; *Croquet*, in: Human Rights Law Review 2011 (Vol. 11), 91 (95).

1199 Cheshire/North/Fawcett (Begr.), Private International Law, 57-72; *Lindenau*, Die Einführung des Renvoi in das internationale Privatrecht Italiens, 5-9.

1200 Weitere Beispiele sind: Art. 6 Abs. 1 S. 2, Art. 8 Abs. 2, Art. 9 Abs. 2, Art. 10 Abs. 2, Art. 11 Abs. 2 *EMRK* (Neufassung der deutschen Übersetzung aus BGBl. 2010 II 1199. International: CETS Nr. 5); Art. 2 Abs. 3, 4 des *4. Zusatzprotokolls zur EMRK* (BGBl. 1968 II 422. International: CETS Nr. 46); Art. 14 Abs. 1 des *Internationalen Pakts über bürgerliche und politische Rechte* (BGBl. 1973 II 1533, 1534. International: UNTS Vol. 999, 171).

1201 Neufassung der deutschen Übersetzung aus BGBl. 2010 II 1199. International: CETS Nr. 5.

Normalzustand ein. Dagegen können Parteien aufgrund einer Suspendierungsklausel[1202] (auch als Schutzklauseln bezeichnet) im Ausnahmezustand Pflichten suspendieren.[1203]

Solche Ausnahmen beziehen sich entweder wie bei Art. 7 EMRK auf einzelne Normen oder auf den gesamten Vertrag.

In anderen Vertragsklauseln ist eine Voraussetzung der Ausnahme, dass die Partei, welche die Ausnahme nutzt, eine Entschädigung zahlen muss.[1204] Erfolgt diese Zahlung erst nachträglich, kommt es zunächst zu einer Vertragsverletzung, die durch die Zahlung einer Entschädigung später gerechtfertigt wird.[1205] Beispiele für ein solches Vorgehen sind Enteignungsklauseln in Investitionsschutzabkommen[1206] wie beispielsweise Art. 8.12 des *umfassenden Wirtschaftsabkommens zwischen Kanada und der EU (CETA)*:

> „(1) Eine Vertragspartei darf eine erfasste Investition weder direkt verstaatlichen oder enteignen noch indirekt durch Maßnahmen gleicher Wirkung wie Verstaatlichung oder Enteignung (im Folgenden „Enteignung"), es sei denn, dies geschieht
>
> a) zu einem öffentlichen Zweck,
>
> b) nach einem rechtsstaatlichen Verfahren,
>
> c) diskriminierungsfrei und
>
> d) gegen Zahlung einer umgehenden, angemessenen und effektiven Entschädigung.
>
> Es wird klargestellt, dass dieser Absatz im Einklang mit Anhang 8-A auszulegen ist.
>
> (2) Die Höhe der Entschädigung nach Absatz 1 muss dem fairen Marktwert entsprechen, den die Investition unmittelbar vor dem Bekanntwerden der Enteignung

---

1202 Dazu genauer → Kapitel 3 I.

1203 *Voelcker*, Schutzklauseln als Grenzpunkte internationaler Integration, 24.

1204 Dazu genauer → Kapitel 2 C. II. 8.

1205 *Pelc/Urpelainen*, in: Review of International Organizations 2015 (Vol. 10), 231 (257).

1206 Zu diesen Klauseln ausführlicher: United Nations Conference on Trade and Development (UNCTAD), International Investment Agreements: Key Issues Volume I, 2004, UNCTAD/ITE/IIT/2004/10, 235-256; WTO World Trade Report 2009, Trade Policy Commitments and Contingency Measures, online verfügbar: https://www.wto.org/english/res_e/booksp_e/anrep_e/world_trade_report09_e.pdf [28.07.2025], 74-76; *Pelc/Urpelainen*, in: The Review of International Organizations 2015 (Vol. 10), 231 (255-257); *Ratner*, in: American Journal of International Law 2017 (Vol. 111), 7; *Sabanogullari*, General Exception Clauses in International Investment Law, 290-294.

> oder bevorstehenden Enteignung hatte, je nachdem, welches der frühere Zeitpunkt ist. Zu den Bewertungskriterien gehören der Fortführungswert, der Wert der Vermögensgegenstände, einschließlich des ausgewiesenen Steuerwerts der materiellen Vermögensgegenstände, sowie andere zur Bestimmung des fairen Marktwerts geeignete Kriterien.
>
> (3) Die Entschädigung muss darüber hinaus Zinsen zu einem marktüblichen Zinssatz für die Zeit vom Tag der Enteignung bis zum Tag der Zahlung zu beinhalten und muss, damit sie für den Investor tatsächlich verwertbar ist, unverzüglich in der Währung des Landes, dessen Staatsangehöriger der Investor ist, oder in einer vom Investor akzeptierten frei konvertierbaren Währung gezahlt werden und in das vom Investor bestimmte Land transferierbar sein."[1207]

Während die ersten drei Voraussetzungen für eine zulässige Enteignung zuvor oder bei der Enteignung vorliegen müssen, sieht lit. d) bereits von vornherein vor, dass die Entschädigung nachträglich erfolgen kann, da festgelegt ist, dass sie „umgehend" gezahlt werden soll. Liegen die ersten drei Voraussetzungen vor, eine Partei enteignet und zahlt anschließend keine angemessene Entschädigung, bleibt es bei einer Vertragsverletzung.

Eine andere Variante einer Ausnahme, die durch alle Parteien genutzt werden kann, ist der Emissionshandels unter dem *Kyoto Protokoll*. Art. 17 regelt:

> „Die Konferenz der Vertragsparteien legt die maßgeblichen Grundsätze, Modalitäten, Regeln und Leitlinien, insbesondere für die Kontrolle, die Berichterstattung und die Rechenschaftslegung beim Handel mit Emissionen, fest. Die in Anlage B aufgeführten Vertragsparteien können sich an dem Handel mit Emissionen beteiligen, um ihre Verpflichtungen aus Artikel 3 zu erfüllen. Ein derartiger Handel erfolgt ergänzend zu den im eigenen Land ergriffenen Maßnahmen zur Erfüllung der quantifizierten Emissionsbegrenzungs- und reduktionsverpflichtungen aus Artikel 3."[1208]

1207 EU ABl. L 11/23 vom 14.01.2017. Weitere Beispiele sind Art. 13 *Energiecharta* (BGBl. 1997 II 4, 5. International: UNTS Vol. 2080, 95); Art. 1110 *North American Free Trade Agreement* (https://www.international.gc.ca/trade-commerce/trade-agreements-accords-commerciaux/agr-acc/nafta-alena/fta-ale/index.aspx?lang=eng [28.07.2025]); Art. 4 des *Abkommens zwischen der Bundesrepublik Deutschland und der Volksrepublik China über die Förderung und den gegenseitigen Schutz von Kapitalanlage* (BGBl. 2005 II 732).

1208 BGBl. 2002 II 966. International: UNTS Vol. 2303, 162.

Indem die Parteien zusätzliche Zertifikate im Rahmen des Emissionshandels kaufen, können sie entgegen ihrer sich aus dem Annex ergebenden Reduzierungspflicht mehr Emissionen ausstoßen. Entscheidend, ob es sich dabei um eine nachträgliche Rechtfertigung einer Vertragsverletzung oder um eine Veränderung der Rechtsfolge von Art. 3 handelt, ist, zu welchem Zeitpunkt die Parteien die Zertifikate zu erwerben haben. Da Art. 3 des *Kyoto Protokolls* sich jeweils auf den Ausstoß in einem Zeitabschnitt bezieht, verletzt eine Partei seine Pflicht erst, wenn am Ende des gesamten Abschnitts eine größere Menge ausgestoßen wurde. Solange dies innerhalb des Zeitraums mit dem Zukauf von Zertifikaten ausgeglichen wird, verletzt die Partei nicht ihre Vertragspflicht.[1209]

Sowohl die Enteignungsklauseln in Investitionsschutzabkommen als auch der Emissionshandel werden als Beispiele für einen effizienten Vertragsbruch innerhalb des Völkervertragsrechts genannt.[1210] Die Theorie des effizienten Vertragsbruchs („*efficient breach*") stammt aus dem Bereich der ökonomischen Analyse des Rechts im *Common Law*. Danach wird durch einen Vertragsbruch zugunsten einer wirtschaftlich günstigeren Alternative in Kombination mit einer Vertragsstrafe eine wirtschaftlich effizientere Verteilung erreicht.[1211] Die Theorie des effizienten Vertragsbruchs auf völkerrechtliche Verträge zu übertragen, ist nicht einfach, da vielen Verträgen kein wirtschaftliches Austauschverhältnis zugrunde liegt, sondern politische Ziele verfolgt werden. Eine effizientere Verteilung ist somit kaum zu definieren.[1212] Die Theorie des

---

1209 So i. E. auch *Pauwelyn*, Optimal Protection of International Law, University of St. Gallen Law School, Law and Economics Paper Series, Working Paper No. 2007-27, online verfügbar: https://papers.ssrn.com/sol3/papers.cfm?abstract_id=1019415 [28.07.2025], 6.

1210 *Pauwelyn*, Optimal Protection of International Law, University of St. Gallen Law School, Law and Economics Paper Series, Working Paper No. 2007-27, online verfügbar: https://papers.ssrn.com/sol3/papers.cfm?abstract_id=1019415 [28.07.2025], 5.

1211 *Birmingham*, in: Rutgers Law Review 1970 (Vol. 24), 273 (284-286); *Collins*, in: Journal of World Trade 2009 (Vol. 43), 225 (229); *Goetz/Scott*, in: Colombia Law Review 1977 (Vol. 77), 554 (558 f.); *Jackson*, in: American Journal of International Law 2004 (Vol. 98), 109 (122); *Morrison*, in: Denver Journal of International Law and Policy 1997 (Vol. 23), 183 (183 f.); *Ng'ambi*, in: Northwestern Journal of International Law & Business 2021 (Vol. 41), 325 (340 f.).

1212 *Thompson*, in: The Journal of Legal Studies 2002, 285 (297 f.).

effizienten Vertragsbruchs sollte daher nur sehr zurückhaltend auf völkerrechtliche Verträge angewendet werden. Vielmehr ist entscheidend, wie eine Vertragsklausel ausgestaltet ist und nicht, inwiefern sie als effizienter Vertragsbruch eingeordnet werden kann.

Klauseln, die einheitlich für alle Parteien Ausnahmen schaffen, führen nicht zu einem Abweichen der Rechte und Pflichten und stellen kein Flexibilitätsinstrument dar. Die Spielräume, die einheitliche Ausnahmen für alle Parteien schaffen, entstehen nicht durch die Ausnahme selbst, sondern durch Interpretationsspielräume in der Ausnahme oder durch den Umsetzungsspielraum,[1213] der insbesondere darin besteht, ob und wie weitgehend eine Partei eine ihr zustehende Ausnahme im Einzelfall nutzt.

5. Vertraglich eingeräumte Befugnis zu Ausnahmen

Neben Ausnahmen, die sich direkt aus dem Vertragstext ergeben, kann der Vertrag Klauseln enthalten, die den Parteien erlauben, Ausnahmen zu einem festgelegten Zweck im innerstaatlichen Recht zu schaffen. Ein Vertrag enthält die Befugnis zu Ausnahmen für die einzelnen Parteien, wenn er den Parteien erlaubt, entweder bestehende Sonderregelungen weiter aufrechtzuerhalten oder solche trotz des Inkraftseins des Vertrages erstmalig zu schaffen. Ein Beispiel[1214] für Klauseln, die es erlauben innerstaatlich Ausnahmen zu schaffen, ist Art. 21 des *UN-Seerechtsübereinkommens*:

> „(1) Der Küstenstaat kann in Übereinstimmung mit diesem Übereinkommen und den sonstigen Regeln des Völkerrechts Gesetze und sonstige Vorschriften über die

---

1213 Siehe dazu ausführlich → Kapitel 5.

1214 Weitere Beispiele: Art. 8 Abs. 2 EMRK (Neufassung der deutschen Übersetzung aus BGBl. 2010 II 1199. International: CETS Nr. 5):
„(1) Jede Person hat das Recht auf Achtung ihres Privat- und Familienlebens, ihrer Wohnung und ihrer Korrespondenz.
(2) Eine Behörde darf in die Ausübung dieses Rechts nur eingreifen, soweit der Eingriff gesetzlich vorgesehen und in einer demokratischen Gesellschaft notwendig ist für die nationale oder öffentliche Sicherheit, für das wirtschaftliche Wohl des Landes, zur Aufrechterhaltung der Ordnung, zur Verhütung von Straftaten, zum Schutz der Gesundheit oder der Moral oder zum Schutz der Rechte und Freiheiten anderer.“; Art. 17 *Europäisches Übereinkommen über den Schutz von Schlachttieren* (CETS Nr. 102); Art. 9 Abs. 4, Art. 17 Abs. 2, 27 Abs. 2, 5, 52 Abs. 4 *Europäische Ordnung der Sozialen Sicherheit (revidiert)* (CETS Nr. 139).

friedliche Durchfahrt durch das Küstenmeer in bezug auf alle oder einzelne der folgenden Bereiche erlassen:

a) Sicherheit der Schifffahrt und Regelung des Seeverkehrs;

b) Schutz der Seezeichen und Navigationseinrichtungen und anderer Einrichtungen oder Anlagen;

c) Schutz von Kabeln und Rohrleitungen;

d) Erhaltung der lebenden Ressourcen des Meeres;

[...]

(3) Der Küstenstaat veröffentlicht diese Gesetze und sonstigen Vorschriften ordnungsgemäß.

(4) Fremde Schiffe, die das Recht der friedlichen Durchfahrt durch das Küstenmeer ausüben, müssen diese Gesetze und sonstigen Vorschriften sowie alle allgemein anerkannten internationalen Vorschriften über die Verhütung von Zusammenstößen auf See einhalten."[1215]

Art. 21 des *UN-Seerechtsübereinkommens* erlaubt den Küstenstaaten, dass sie Gesetze und sonstige Vorschriften zur Regelung der friedlichen Durchfahrt erlassen können, wenn sie in die dort aufgeführten Bereiche fallen. *Sabanogullari* bezeichnet Klauseln, die den Parteien eine Befugnis zu Ausnahmen einräumt, als „*general exception clauses*".[1216] Ein Beispiel dafür ist Art. XX GATT:

„Unter dem Vorbehalt, daß die folgenden Maßnahmen nicht so angewendet werden, daß sie zu einer willkürlichen und ungerechtfertigten Diskriminierung zwischen Ländern, in denen gleiche Verhältnisse bestehen, oder zu einer verschleierten Beschränkung des internationalen Handels führen, darf keine Bestimmung dieses Abkommens so ausgelegt werden, daß sie eine Vertragspartei daran hindert, folgende Maßnahmen zu beschließen oder durchzuführen:

a) Maßnahmen zum Schutze der öffentlichen Sittlichkeit;

b) Maßnahmen zum Schutze des Lebens und der Gesundheit von Menschen, Tieren und Pflanzen;

[1215] BGBl. 1994 II 1798, 1799. International: UNTS Vol. 1833, 3.

[1216] *Sabanogullari*, General Exception Clauses in International Investment Law, 40.

c) Maßnahmen für die Ein- oder Ausfuhr von Gold oder Silber;

[...]"[1217]

Die genannten Maßnahmen darf jede Partei zu jeder Zeit der Vertragslaufzeit vornehmen, sodass es sich um Ausnahmen für den Normalzustand handelt und nicht um eine Suspendierungsklausel für Ausnahmezustände.[1218]

Da verschiedene Vertragsklausel, die Art. XX GATT als Vorbild nehmen, den englischen Wortlaut „*The provisions of this treaty shall not preclude* [...]"[1219] wählen, werden sie teilweise als *non-precluded measures clause* (*NPM clause*) bezeichnet.[1220] Jedoch verwenden nicht alle Klauseln diesen Wortlaut, sodass die Bezeichnung missverständlich sein kann[1221] und vorliegend nicht verwendet wird.

Im Unterschied zu Ausnahmen, die sich ausdrücklich aus dem Vertragstext ergeben, bleibt den Parteien insofern ein Spielraum ob und wie weit sie die Erlaubnis nutzen, um Ausnahmen zu schaffen. Insofern können sich Unterschiede über die konkreten Ausnahmen der einzelnen Parteien ergeben.

Indem die jeweilige Vertragsklausel den verfolgten Zweck der Ausnahme festlegt, bestimmt sie, wie weitgehend der Spielraum ist, den die Parteien haben, um eine innerstaatliche Ausnahme zu schaffen. Beispielsweise erlaubt die *Afrikanische Charta der Menschenrechte und der Rechte der Völker*[1222] sehr weitgehende Ausnahmen durch innerstaatliches Recht. Diese weitreichenden Ausnahmen entwerten teilweise die Rechte deutlich, indem sie keine Voraussetzungen an die nationalen Gesetze knüpft, welche die Rechte einschränken dürfen. Sie müssen insbesondere nicht bestimmten Zielen oder Zwecken

---

1217 EU ABl. vom 23.12.1994, L 336/11.

1218 *Voelcker*, Schutzklauseln als Grenzpunkte internationaler Integration, 24.

1219 So z. B. Art. 24 der *Energiecharta* (BGBl. 1997 II 4, 5. International: UNTS Vol. 2080, 95), Art. 71 des *Agreement between New Zealand and Singapore on a closer economic partnership* (UNTS 2203, 129); Art. 19 des *Australia – New Zealand Protocol on Investment to the New Zealand – Australia Free Trade Agreement*, [2013] Australian Treaties Series 10.

1220 *Binder*, Die Grenzen der Vertragstreue, 593; *Burke-White/von Staden*, in: Virginia Journal of International Law 2008 (Vol. 48), 307; *Sabanogullari*, General Exception Clauses in International Investment Law, 48; *van Aaken*, in: Journal of International Economic Law 2009 (Vol. 12), 507 (523).

1221 *Sabanogullari*, General Exception Clauses in International Investment Law, 48.

1222 UNTS Vol. 1520, 217.

dienen. Beispielsweise bestimmt Art. 9 Abs. 2 der *Afrikanischen Charta der Menschenrechte und der Rechte der Völker*:

> „Every individual shall have the right to express and disseminate his opinions within the law."[1223]

Wenn die einzige Voraussetzung zum Beschränken der Meinungsfreiheit ein Gesetz ist – unerheblich des verfolgten Ziels – besteht die Gefahr, dass das gewährte Recht ausgehöhlt wird. *Gittleman* verdeutlicht die Kritik an einer solch weitreichenden Erlaubnis für innerstaatliche Ausnahmen durch folgendes Beispiel: Ein Bürger, der entweder in Staat X oder Staat Y die Steuerpolitik kritisiert, wird dafür verhaftet. Während in Staat X keine die Meinungsfreiheit einschränkenden Gesetze gelten, existiert in Staat Y ein Gesetz, welches jede Meinungsäußerung untersagt, die nur im Entferntesten der Regierungspolitik widerspricht. Staat X verstößt gegen den Vertrag, während Staat Y die Bedingung für die Beschränkung aus dem Vertrag einhält.[1224] Eine derart weitreichende Erlaubnis, innerstaatliche Ausnahmen zu schaffen, räumen den Parteien ein absolutes Ermessen bei der Bestimmung ihrer Vertragspflichten ein.[1225] Um einen solchen Missbrauch zu vermeiden, sollte bei der Aushandlung eines Vertrages darauf geachtet werden, dass Parteien nicht beliebig innerstaatlich Ausnahmen schaffen dürfen. Stattdessen sollte die Vertragsklausel festlegen, welchem Zweck die Ausnahme zu dienen hat. Häufig verwendete Zwecke sind die nationale Sicherheit (*national security*), die öffentliche Sicherheit (*public safety*), öffentliche Ordnung (*public order*), die öffentliche Gesundheit (*public health*) oder die öffentliche Sittlichkeit (*public morals*).[1226] Darüber hinaus enthalten die meisten Klauseln die Anforderung, dass nicht jedes Verfolgen eines genannten Zweckes zu jeder Einschränkung der garantierten Rechte ausreicht. Stattdessen erfordern Klauseln häufig, dass „die Ausübung dieses Rechts [...] keinen anderen als den gesetzlich vorgesehenen Einschränkungen unterworfen werden [darf],

---

1223 UNTS Vol. 1520, 217.

1224 *Gittleman*, in: Virginia Journal of International Law 1982 (Vol. 22), 667 (696).

1225 *Ofosu-Amaah*, in: University of Ghana Law Journal 1964 (Vol. 1), 110 (114 f.).

1226 Mit Erläuterungen zu den einzelnen Begriffen: *Burke-White/von Staden*, in: Virginia Journal of International Law 2008 (Vol. 48), 307 (332-335); *Kiss*, in: Henkin (Hrsg.), The International Bill of Rights, 290 (292-304).

die in einer demokratischen Gesellschaft im Interesse der nationalen oder der öffentlichen Sicherheit [...] notwendig sind."[1227] Die Erlaubnis, Ausnahmen zu schaffen, wird dabei zweifach beschränkt: Zum einen müssen die Ausnahmen notwendig zum Schutz der genannten Ziele sein und zum anderen muss es in einer demokratischen Gesellschaft notwendig sein.[1228]

Die Erlaubnis, dass Parteien einschränkende Regeln zum Schutz festgelegter Ziele erlassen können, wird regelmäßig als *clawback clause* bezeichnet, da sie den weiten Anwendungsbereich beschränken.[1229] Aufgrund des unterschiedlichen Verständnisses dieses Begriffs wird dieser jedoch vorliegend nicht verwendet.[1230]

III. Vertragsgestaltungsmöglichkeiten

Restriktive Klauseln in Form von vertraglich eingeräumten Ausgestaltungsmöglichkeiten sowie vertraglich eingeräumter Befugnis zu Ausnahmen können unterschiedlich gestaltet werden, insbesondere können die restriktiven Klauseln durch verschiedene Varianten begrenzt werden. Nicht um Flexibilitätsinstrumente handelt es sich dagegen bei einheitlichen Ausnahmen für alle Parteien oder bei Klauseln, die einheitlich für alle Parteien den Anwendungsbereich beschränken.

1227 Art. 21 des *Internationaler Pakt über bürgerliche und politische Rechte* (BGBl. II 1973, 1533, 1534. International: UNTS Vol. 999, 171): „No restrictions may be placed on the exercise of this right other than those imposed in conformity with the law and which are necessary in a democratic society in the interests of national security or public safety, public order (ordre public), the protection of public health or morals or the protection of the rights and freedoms of others." Franz.: "L'exercice de ce droit ne peut faire l'objet que des seules restrictions imposées conformément à la loi et qui sont nécessaires dans une société démocratique, dans l'intérêt de la sécurité nationale, de la sûreté publique, de l'ordre public ou pour protéger la santé ou la moralité publiques, ou les droits et les libertés d'autrui."

1228 Zu diesen Anforderungen in Bezug auf die EMRK: EGMR Nr. 5493/72 – *Handyside*, Rn. 44-50; Nicht nur beschränkt auf die EMRK: *Kiss*, in: Henkin (Hrsg.), The International Bill of Rights, 290 (305-308).

1229 *Gittleman*, in: Virginia Journal of International Law 1982 (Vol. 22), 667 (691); *Higgins*, in: British Yearbook of International Law 1976-1977 (Vol. 48), 281 (281); *Norris/Reiton*, in: American University Law Review 1980 (Vol. 30), 189 (193).

1230 Dazu genauer → Kapitel 4 C. I.

Materielle Begrenzungen[1231] erfolgen insbesondere dahingehend, ob der Anwendungsbereich frei festgelegt werden kann oder ausschließlich erweitert oder reduziert werden kann. Die vertraglich eingeräumte Befugnis zu Ausnahmen wird materiell dadurch begrenzt, dass die Ausnahmen festgelegte Zwecke verfolgen müssen.[1232] Andere materielle Begrenzungen wie die Vereinbarkeit mit Ziel und Zweck des Vertrages[1233] oder die Sicherstellung von Mindeststandards[1234] sind ebenfalls möglich. Einen Mindeststandard legt z. B. Art. 7 Abs. 2 der *Europäischen Ordnung der Sozialen Sicherheit (revidiert)* fest:

> „Jede Partei kann durch eine an den Generalsekretär des Europarats gerichtete Erklärung von anderen Bestimmungen der Teile II bis X und von Artikel 74 abweichen, wenn die Rechtsvorschriften dieser Partei einen Schutz gewährleisten, der insgesamt in dem betreffenden Teil mindestens dem gleichwertig ist, der nach dieser (revidierten) Ordnung vorgesehen ist. Solche Abweichungen bedürfen der Zustimmung des Ministerkomitees des Europarates, das mit der nach Artikel 20 Buchstabe d der Satzung des Europarates vorgesehenen Mehrheit auf der Grundlage eines Vorschlages entscheidet, den der in Artikel 1 Buchstabe a dieser (revidierten) Ordnung genannte Ausschuß mit Zweidrittelmehrheit der abgegebenen Stimmen angenommen hat."[1235]

Weiterhin können beispielsweise materielle Zugangsvoraussetzungen festgelegt werden wie in Art. 16 Abs. 1 des *ILO Übereinkommens Nr. 93 über die Heuern, die Arbeitszeit an Bord von Schiffen und die Besatzungsstärke (Neufassung vom Jahre 1949)*:

> „Die zuständige Stelle kann von dem Geltungsbereich dieses Teiles des Übereinkommens Offiziere ausnehmen, die nicht schon nach Artikel 10 ausgenommen sind. Dabei gelten jedoch die folgenden Bedingungen:
>
> a) Die Offiziere müssen durch Gesamtarbeitsvertrag Anspruch auf Arbeitsbedingungen haben, die nach Bescheinigung der zuständigen Stelle einen vollen Ausgleich für die Nichtanwendung dieses Teiles des Übereinkommens bilden.

1231 Dazu genauer → Kapitel 2 C. II. 1.
1232 Dazu genauer → Kapitel 2 C. II. 1 d).
1233 Dazu genauer → Kapitel 2 C. II. 1. a).
1234 Dazu genauer → Kapitel 2 C. II. 1. b).
1235 CETS Nr. 139.

b) Der Gesamtarbeitsvertrag muß erstmalig vor dem 30. Juni 1946 abgeschlossen und noch in Kraft oder erneuert worden sein."[1236]

Die Parteien können Verfahrensvorschriften[1237] in den Vertrag aufnehmen und der ausübenden Partei verfahrenstechnische Verpflichtungen auferlegen (z. B. Anhörungserfordernisse, Begründungspflichten oder Formerfordernisse). Beispielsweise sieht Art. 2 des *ILO Übereinkommens Nr. 125 über die Befähigungsnachweise der Fischer* ein Anhörungserfordernis vor:

> „Die zuständige Stelle kann nach Anhörung der Berufsverbände der Eigentümer von Fischereifahrzeugen und der Fischer, soweit solche bestehen, Fahrzeuge, die zur Küstenfischerei im Sinne der innerstaatlichen Gesetzgebung verwendet werden, von der Anwendung dieses Übereinkommens ausnehmen."[1238]

Weiterhin können auch andere verfahrenstechnische Verpflichtungen wie z. B. eine regelmäßige Überprüfungspflicht[1239] über die Erforderlichkeit vorgesehen werden.

Die Berechtigung, die Ausgestaltungsmöglichkeiten zu nutzen, kann begrenzt werden auf einzelne Parteien.[1240] Ein Beispiel ist Art. 6 UAbs. 3 der *International Convention on the Protection of Birds*:

> „In view of the special importance of economic conditions in Sweden, Norway, Finland and the Faroe Islands, the appropriate authorities in those countries may make exceptions and permit certain derogations from the provisions of this Convention. If Iceland should accede to this Convention, it shall be entitled to enjoy the benefit of such derogations upon request."[1241]

Außerdem kann als Voraussetzung auch in einer Vertragsklausel aufgenommen werden, dass für ein die Ausübung der Ausgestaltungsmöglichkeit die Zustimmung aller übrigen Vertragsparteien erforderlich ist.[1242] Dabei

---

1236 Normlex (Information System on International Labour Standards, https://normlex.ilo.org/).

1237 Dazu genauer → Kapitel 2 C. II. 5.

1238 BGBl. 1988 II 680. International: Normlex (Information System on International Labour Standards, https://normlex.ilo.org/).

1239 Dazu genauer → Kapitel 2 C. II. 6.

1240 Dazu genauer → Kapitel 2 C. II. 2.

1241 UNTS Vol. 638, 185.

1242 Dazu genauer → Kapitel 2 C. II. 3.

empfiehlt sich deutlich zu machen, ob es sich dabei um eine einstimmige Zustimmung handelt oder die Zustimmung einzelner Parteien genügt und welche Auswirkung dies hat. Als geringere Begrenzung kann den anderen Parteien ein Einspruchsrecht eingeräumt werden.[1243] Alternativ kann die Zustimmung eines Vertragsorgans als Voraussetzung vorgesehen werden, siehe den oben zitierten Art. 7 Abs. 2 der *Europäischen Ordnung der Sozialen Sicherheit (revidiert)*[1244], oder einem solchen die Möglichkeit eines Einspruchs eingeräumt werden. Dagegen erscheint es nicht zweckmäßig, eine kollektive Ausübung für die Ausgestaltungsmöglichkeit des Anwendungsbereichs, der Rechtsfolge oder die Befugnis zu Ausnahmen vorzusehen.

Überprüfungsrechte[1245] können für eine Ausgestaltungsmöglichkeit oder für die Befugnis von Ausnahmen den anderen Vertragsparteien oder einem Vertragsorgan in Form einer Vorabkontrolle oder einer regelmäßigen Kontrolle während der Verwendung der Ausgestaltung des Anwendungsbereichs, des Tatbestandes, der Rechtsfolge oder Ausnahmen eingeräumt werden.

Eine Vertragsklausel zur Ausgestaltungsmöglichkeit des Anwendungsbereichs, des Tatbestandes, der Rechtsfolge oder Ausnahmen kann zeitliche Einschränkungen vorsehen.[1246] Dies kann sich darauf beziehen, zu welchem Zeitpunkt eine Erklärung erfolgen muss oder darauf, für welche Dauer die Ausgestaltungsmöglichkeit genutzt werden kann. Bei zeitlich befristeten Ausnahmen handelt es sich insofern um eine Suspendierung.[1247]

Schließlich kann eine Vertragsbestimmung ausdrücklich die reziproke Wirkung[1248] vorsehen. Denkbar ist eine Formulierung wie aus Art. 36 Abs. 2 *IGH Statut* „gegenüber jedem anderen Staat, der dieselbe Verpflichtung übernimmt“[1249]. Allerdings ist für die reziproke Wirkung zu berücksichtigen, welche Erfüllungsstruktur ein Vertrag aufweist. Unproblematisch kann eine reziproke Wirkung in einer bilateralen Erfüllungsstruktur vorliegen. Dagegen sind die Parteien in einer integralen Erfüllungsstruktur den übrigen Parteien

---

1243 Dazu genauer → Kapitel 2 C. II. 3.

1244 BGBl. II 2020 900, 901. International: CETS Nr. 163.

1245 Dazu genauer → Kapitel 2 C. II. 6.

1246 Dazu genauer → Kapitel 2 C. II. 4.

1247 Dazu genauer → Kapitel 4 I.

1248 Dazu genauer → Kapitel 2 C. II. 7.

1249 BGBl. 1973 II 505. International: Documents of the United Nations Conference on International Organization, UNIO Vol. 15, 355.

zur Erfüllung verpflichtet. Eine reziproke Wirkung beschränkt sich dann darauf, welche Partei berechtigt ist, die Erfüllung der jeweiligen Pflicht durch die anderen Parteien zu verlangen.

Der Vertrag kann ausdrücklich regeln, dass die Nutzung der restriktiven Klausel während der Vertragsdauer beendet werden kann.[1250] Eine Klausel kann vergleichbar zu der Regelung im Rahmen der Vorbehaltsklausel in Art. 29 Abs. 3 des *Europäischen Übereinkommens über die Staatsangehörigkeit* lauten:

> „Ein Staat, der einen oder mehrere Vorbehalte nach Absatz 1 angebracht hat, prüft ihre vollständige oder teilweise Rücknahme, sobald die Umstände dies zulassen. Die Rücknahme erfolgt durch eine an den Generalsekretär des Europarats gerichtete Notifikation und wird mit dem Eingang der Notifikation beim Generalsekretär wirksam."[1251]

Weiterhin kann die Verpflichtung aufgenommen werden, Schritte zu unternehmen, um die Abweichung aufgrund eines Flexibilitätsinstrumentes zu beenden. Beispielsweise[1252] sieht Art. 3 Abs. 2 des *ILO Übereinkommens Nr. 188 über die Arbeit im Fischereisektor* vor:

> „Im Fall von Ausnahmen gemäß dem vorstehenden Absatz hat die zuständige Stelle, soweit es möglich und erforderlich ist, Maßnahmen zu treffen, um die Anforderungen dieses Übereinkommens schrittweise auf die betreffenden Gruppen von Fischern und Fischereifahrzeugen auszudehnen."[1253]

D. Differenzierte Rechte und Pflichten

Historisch wurden Verträge mit unterschiedlichen Rechten und Pflichten auch als ungleiche Verträge diskutiert (I.). Differenzierte Rechte und Pflichten

---

[1250] Dazu genauer → Kapitel 2 C. II. 9.

[1251] BGBl. 2004 II, 579. International: CETS Nr. 166.

[1252] Weitere Beispiele sind Art. 4 Abs. 3 des *ILO Übereinkommens Nr. 128 über Leistungen bei Invalidität und Alter und an Hinterbliebene* (Normlex (Information System on International Labour Standards, https://normlex.ilo.org/) und Art. 40 Abs. 3 des *Abkommens über die Rechtsstellung der Flüchtlinge* (BGBl. 1953 II 559, 560. International: UNTS Vol. 189, 137).

[1253] Normlex (Information System on International Labour Standards, https://normlex.ilo.org/).

umfassen Situationen, in denen ein Vertrag unterschiedliche Rechte und Pflichten für verschiedene Gruppen von Vertragsparteien oder einzelne Parteien vorsieht (II.). Derartige unterschiedliche Rechte und Pflichten können durch verschiedene Rechtstechniken entstehen (III.).

I. Historisch: Ungleiche Verträge

Historisch wurden Verträge, die aufgrund ihrer Struktur verschiedene Rechte und Pflichten für unterschiedliche Parteien vorsahen, unter dem Begriff der ungleichen Verträge behandelt. Bereits die Definition eines ungleichen Vertrages bereitet einige Schwierigkeiten. Genannt werden als Kennzeichen eines ungleichen Vertrages regelmäßig der ungleiche Inhalt, ein Ungleichgewicht der Vertragspflichten, eine fehlende Reziprozität, die extreme Beschränkung der Souveränität oder Ungleichheit im Verfahren des Abschlusses eines Vertrages aufgrund von militärischem, politischem oder ökonomischem Druck.[1254] *Malawer* differenziert zumindest darüber hinaus zwischen ungleichen Verträgen und erzwungenen Verträgen.[1255] *Malawer* stellt sechs Kategorien auf, wovon einige ungleiche Verträge seien, einige erzwungene Verträge und einige beides. Ein Vertrag sei ungleich, wenn er formal dieselben Pflichten enthält, indes aufgrund unvorhergesehener Entwicklungen in der Praxis die Pflichten nicht gleich sind (1). Ebenso sei ein Vertrag ungleich, wenn er Pflichten enthält, die unabhängig von Entwicklungen ungleich sind (2). Kategorie 3 ist dieselbe wie Kategorie 1, nur dass zusätzlich die Verträge aufgrund von militärischem Zwang geschlossen worden sind und es sich somit um ungleiche und erzwungene Verträge handelt. Dies gilt ebenso für Kategorie 4, bei welcher zu der Situation in Kategorie 2 noch militärischer Zwang hinzutritt. Lediglich erzwungene Verträge seien solche Verträge, die entweder unter ökonomischem Zwang (5) oder militärischem Zwang (6) geschlossen wurden.[1256] Die Unterscheidung zwischen erzwungenen und ungleichen Verträgen ist bedeutsam, da sie zwischen dem Inhalt des Vertrages und der Art und Weise, wie der Vertrag zustande gekommen ist, differenziert. Für die Rechtmäßigkeit eines erzwungenen Vertrages ist nach der Art des Zwangs zu unterscheiden. Welche Art von Druck im Rahmen von Vertragsverhandlungen heutzutage

---

1254 *Peters*, Treaties, Unequal, in: Wolfrum (Hrsg.), MPEPIL, Rn. 5.

1255 *Malawer*, in: California Western International Law Journal 1977 (Vol. 7), 1 (9).

1256 *Malawer*, in: California Western International Law Journal 1977 (Vol. 7), 1 (9).

noch zulässig ist, bestimmt sich nach Art. 51 und 52 WVK. Die Ausübung militärischen Drucks zum Abschluss eines Vertrages ist nach Art. 52 WVK untersagt. Dagegen ist ökonomischer oder politischer Druck im Rahmen der WVK weiterhin ein zulässiges Mittel der internationalen Beziehungen.[1257]

Wenn zwischen erzwungenen und ungleichen Verträgen unterschieden wird, stellt sich die Frage, ob sich aus dem alleinigen Umstand, dass ein Vertrag ungleich ist, Rechtsfolgen ergeben können. Zum Teil wurde vertreten, ungleiche Verträge generell als Ausnahme zu *pacta sunt servanda* als unwirksam anzusehen[1258] oder zumindest als einseitig kündbar[1259]. Das Völkervertragsrecht bietet dafür allerdings keine Grundlage, denn die Herstellung von Gleichheit in Vertragsbeziehungen war niemals das Ziel des Völkervertragsrechts.[1260] Inzwischen lehnt die Mehrheit innerhalb der Literatur es ab, aus der Ungleichheit eines Vertrages als isoliertem Umstand rechtliche Konsequenzen abzuleiten.[1261] Das Konzept der ungleichen Verträge hat somit keine rechtlichen Konsequenzen, sondern ist eine politische Argumentation, welche eine Benachteiligung aufzeigen soll.[1262]

1257 *De Jonge*, in: Asian Journal of International Law, 2014 (Vol. 4), 125 (128).

1258 Kommentar des Vertreters der Sowjetunion Herr Movchan, UN Doc. A/C.6/SR.738, 20, Rn. 7; Kommentar der Tschechoslowakei in Sixth Report of the Special Rapporteur Humphrey Waldock on the Law of Treaties, A/CN.4/186 and Add.1, 2/Rev.1, 3-7, YILC 1966 Vol. II S. 59.

1259 *Garner*, in: American Journal of International Law 1927 (Vol. 21), 509. Teilweise erfolgt eine differenziertere Betrachtung und eine Annulierbarkeit wird nur für extreme Fälle angenommen, in denen die Existenz einer Partei als souveräner Staat negiert würde: *Detter*, in: International and Comparative Law Quarterly 1966 (Vol. 15), 1069 (1086 f.); *Li*, in: Houston Journal of International Law 2016 (Vol. 38), 465 (495).

1260 *Caflisch*, in: German Yearbook of International Law 1992 (Vol. 35), 52 (67); *Craven*, in: Craven/Fitzmaurice (Hrsg.)., Interrogating the Treaty, 43 (79 f.); *Aust*, in: Craven/Fitzmaurice (Hrsg.), Interrogating the Treaty, 81; *De Jonge*, in: Asian Journal of International Law, 2014 (Vol. 4), 125 (126).

1261 *Aust*, in: Craven/Fitzmaurice (Hrsg.), Interrogating the Treaty, 81 (85); *Caflisch*, in: German Yearbook of International Law 1992 (Vol. 35), 52 (67); *Li*, in: Houston Journal of International Law 2016 (Vol 38), 465 (495); *Paulus*, in: Fastenrath (Hrsg.), From Bilaterism to community interest: essays in honour of Judge Bruno Simma, 113 (119); *Simma*, Reciprocity, in: Wolfrum (Hrsg.), MPEPIL, Rn. 4.

1262 *Peters*, Treaties, Unequal, in: Wolfrum (Hrsg.), MPEPIL, Rn. 69-72.

II. Definition

Differenzierte Rechte und Pflichten umfassen Situationen, in denen ein Vertrag unterschiedliche Rechte und Pflichten als inhaltliches Pflichtenprogramm für verschiedene Gruppen von Vertragsparteien oder einzelne Parteien vorsieht.[1263] Der Unterschied kann dabei qualitativ oder quantitativ sein. Die Pflichten können abweichen, indem strengere, mildere Pflichten oder ganz andere Rechte und Pflichten für eine Gruppe von Parteien oder eine einzelne Partei geschaffen werden. Häufig werden die Begriffe differenzierte Behandlung („*differential treatment*")[1264], spezielle („*special treatment*")[1265] oder bevorzugte Behandlung („*preferential treatment*")[1266] verwendet. Allerdings wird bei diesen Begriffen teilweise ein weiteres Verständnis zugrunde gelegt und nicht nur die Normstruktur betrachtet, sondern unabhängig von der rechtstechnischen Umsetzung vornehmlich auf die Unterstützung von sog. Entwicklungsstaaten als Ziel einer Regelung abgestellt.[1267]

Spezifisch für differenzierte Rechte und Pflichten ist, dass die Pflichten abhängig sind von der Zugehörigkeit zu einer Gruppe und nicht von äußeren Umständen in einer konkreten Situation. Deutlich wird dies bei dem

---

1263 *Bodansky/van Asselt*, The Art and Craft of International Environmental Law, 260; *Cullet*, in: European Journal of International Law 1999 (Vol. 10), 549 (573); *Iles*, in: Leiden Journal of International Law 2003 (Vol. 16), 217 (224-227).

1264 *Conconi/Perroni*, in: World Trade Review 2015 (Vol. 14), 67; *Cullet*, in: European Journal of International Law 1999 (Vol. 10), 549; *De Jonge*, in: Asian Journal of International Law, 2014 (Vol. 4), 125; *Pauwelyn*, in: Review of European, Comparative & International Environmental Law 2013 (Vol. 22), 29; *Tempone*, Special and Differential Treatment, in: Wolfrum (Hrsg.), MPEPIL.

1265 *Conconi/Perroni*, in: World Trade Review 2015 (Vol. 14), 67; *Tempone*, Special and Differential Treatment, in: Wolfrum (Hrsg.), MPEPIL.

1266 *Cullet*, in: Transnational Environmental Law 2016 (Vol. 5), 305 (317); *Voigt/Ferreira*, in: Transnational Environmental Law 2016 (Vol. 5), 285 (285).

1267 Beispielsweise zählt das Committee on Trade and Development der WTO in Special and Differential Treatment Provisions in WTO Agreements and Decisions, Note by the Secretariat, WT/COMTD/W/258, 4, 02.03.2021. Online verfügbar: https://docs.wto.org/dol2fe/Pages/SS/directdoc.aspx?filename=q:/WT/COMTD/W258.pdf&Open=True [28.07.2025], Rn. 1.5. auf: „The S&D provisions in this updated compilation have been classified according to the typology developed by the Secretariat in 2001. This six-fold typology has been retained and includes: 1. Provisions aimed at increasing the trade opportunities of developing country Members; 2. Provisions under which WTO Members should safeguard the interests of developing country Members; 3. Flexibility of commitments, of action, and use of policy instruments;

Vergleich, wie sich die Pflichten einer Partei ändern können. Im Rahmen des *Wiener Übereinkommens über diplomatische Beziehungen*[1268] kann eine Partei in einer Situation Entsendestaat sein und in der nächsten Empfangsstaat. Dabei handelt es sich nicht um eine differenzierte Behandlung, denn jede Partei nimmt jede Rolle über die Dauer des Vertrages ein. Welche dies ist, bestimmen dabei die äußeren Umstände der einzelnen Situation. Dagegen nennt das *Protokoll über die Beschränkung und Regelung des Anbaues der Mohnpflanze, der Erzeugung von Opium, des internationalen Handels und Großhandels mit Opium und seiner Verwendung*[1269] als besondere Gruppe Erzeugerstaaten. Stellt eine Partei die Produktion ein, kann sie die Gruppe wechseln. Die Pflichten ändern sich einmalig und nicht jeweils abhängig von der konkreten Situation. Ein weiteres Beispiel sind die besonderen Pflichten für Küstenstaaten im Rahmen der *UN-Seerechtskonvention*[1270]. Während ein Küstenstaat situationsabhängig sowohl verpflichtet als auch gegenüber einem anderen Küstenstaat berechtigt sein kann, kann ein Binnenstaat niemals die Pflichten eines Küstenstaates erfüllen müssen.

III. Rechtstechniken, die zu differenzierten Rechten und Pflichten führen

Differenzierte Rechte und Pflichten können durch verschiedene Rechtstechniken erreicht werden. Die meistverwendete Form ist die Zuordnung jeder Partei in eine bestimmte Kategorie der Vertragsparteien und daran anknüpfend ergeben sich für jede Partei spezifische Rechte und Pflichten (1.). Eine andere Variante der differenzierten Pflichten sieht z. B. das *Übereinkommen von Paris*[1271] vor, indem jede Partei erklären kann, um wie viel sie ihren CO_2-Ausstoß verringern möchte. Es bestehen keine Gruppen an Parteien, sondern jede Partei legt selbstständig ihre Pflicht fest. Dies wird als (gebundene) Selbstdifferenzierung [(*bounded) self-differentiation*][1272] bezeichnet (2.).

4. Transitional time-periods; 5. Technical assistance; 6. Provisions relating to LDC Members."

1268 BGBl. 1964 II 958. International: UNTS Vol. 500, 95.

1269 BGBl. 1959 II 333, 358. International: UNTS Vol. 456, 3.

1270 BGBl. 1994 II 1798, 1799. International: UNTS Vol. 1833, 3.

1271 BGBl. 2016 II 1082. International: UNTS Vol. 3156, 79.

1272 *Rajamani*, in: International and Comparative Law Quarterly 2016 (Vol. 65), 493 (509 f.); *Bodansky*, in: American Journal of International Law 2016 (Vol. 110), 288

1. Unterschiedliche Pflichten für verschiedene Kategorien an Vertragsparteien

Die unterschiedlichen Rechte und Pflichten für die verschiedenen Kategorien der Vertragsparteien können entstehen durch Normen, welche ausdrücklich für verschiedene Parteien unterschiedliche Pflichten vorsehen. Eine differenzierte Norm sieht ausdrücklich für eine Gruppe von Parteien bestimmte Rechte und Pflichten vor und für eine andere geringere, strengere, andere oder gar keine.[1273] So sieht das *Kyoto Protokoll*[1274] lediglich Pflichten zur Reduzierung klimaschädlicher Gase für Annex I Staaten vor. Ebenso sieht das *Übereinkommen der Vereinten Nationen zur Bekämpfung der Wüstenbildung in den von Dürre und/oder Wüstenbildung schwer betroffenen Ländern, insbesondere in Afrika (Wüstenkonvention)* in Art. 5 und 6 jeweils unterschiedliche Pflichten für betroffene Staaten und für sog. entwickelte Staaten vor:

> „Art. 5
>
> Zusätzlich zu ihren Verpflichtungen nach Artikel 4 verpflichten sich die Vertragsparteien, die betroffene Länder sind,
>
> a) der Bekämpfung der Wüstenbildung und der Milderung von Dürrefolgen gebührenden Vorrang einzuräumen und entsprechend ihren Gegebenheiten und Möglichkeiten angemessene Mittel bereitzustellen;
>
> b) im Rahmen der Pläne und/oder Politiken für eine nachhaltige Entwicklung Strategien und Schwerpunkte festzulegen, um die Wüstenbildung zu bekämpfen und Dürrefolgen zu mildern;
>
> […]
>
> Art. 6
>
> Zusätzlich zu ihren allgemeinen Verpflichtungen nach Artikel 4 verpflichten sich die Vertragsparteien, die entwickelte Länder sind,

---

(300); *Dowd/McAdam*, in: Melbourne Journal International Law 2017 (Vol. 18), 180 (192); *Maljean-Dubois*, in: Review of European Comparative & International Environmental Law 2016 (Vol. 25), 151 (154); *Voigt/Ferreira*, in: Transnational Environmental Law 2016 (Vol. 5), 285 (292).

1273 *Magraw*, in: Colorado Journal of International Environmental Law & Policy 1990 (Vol. 1), 69 (73); *Cullet*, in: Transnational Environmental Law 2016 (Vol. 5), 305 (312).

1274 BGBl. 2002 II 966, 967. International: UNTS Vol. 2303, 162.

a) je nach Vereinbarung einzeln oder gemeinsam die Bemühungen der am wenigsten entwickelten Länder zur Bekämpfung der Wüstenbildung und zur Milderung von Dürrefolgen aktiv zu unterstützen;

[...]"[1275]

Möglich ist weiterhin, dass die Ausübung anderer Flexibilitätsinstrumente an die Zugehörigkeit zu einer Gruppe geknüpft wird. Diese Berechtigung stellt insofern eine Begrenzung des anderen Flexibilitätsinstruments dar.[1276] Beispielsweise kann ein Vertrag spezielle Übergangsfristen für einen Teil der Parteien vorsehen.[1277]

Ein Vertrag, der für unterschiedliche Kategorien an Vertragsparteien verschiedene Rechte und Pflichten vorsieht, muss festlegen, nach welchem Kriterium sich die Gruppen unterscheiden und nach welchem Verfahren die Parteien einer Gruppe zugeordnet werden. Mögliche Unterscheidungskriterien sind dabei vielfältig und abhängig von der jeweiligen Thematik des Vertrages. Die Unterscheidung nach sog. Entwicklungsland und sog. entwickeltem Land ist dabei die häufigste. In eine ähnliche Richtung geht die Kategorie der *„newly independent states"*, welche die *Wiener Konvention über die Staatensukzession in Verträge*[1278] enthält. Andere Unterscheidungskriterien sind abhängig von der jeweiligen Thematik des Vertrages. Das *UN-Seerechtsübereinkommen*[1279] unterscheidet zwischen Binnenstaaten und Küstenstaaten, welche jeweils verschiedene Rechte und Pflichten haben. Das *Internationale Tropenholz-Übereinkommen*[1280] nennt produzierende und konsumierende Parteien.

Neben der Frage, welche Gruppen unter den Vertragsparteien gebildet werden können, muss ein Vertrag auch regeln, wie eine Partei der einen oder der anderen Gruppe zugeordnet wird. Die Verfahren unterscheiden

---

1275 BGBl. 1997 II 1468, 1471. International: UNTS Vol. 1954, 3.

1276 Dazu genauer → Kapitel 2 C. II. 2.

1277 Für Entwicklungsländer sieht Art. 5 *Montrealer Protokoll über Stoffe, die zu einem Abbau der Ozonschicht führen* (BGBl. 1988 II, 1014, 2002 II, 921. International: UNTS 1522, 3) einen zehnjährigen Übergangszeitraum zur Erfüllung der Kontrollmechanismen aus Art. 2 Abs. 1–4 desselben Protokolls vor. Zu Übergangsfristen genauer → Kapitel 4 E.

1278 International: UNTS Vol. 1946, 3.

1279 BGBl. 1994 II 1798, 1799. International: UNTS Vol. 1833, 3.

1280 BGBl. 2009 II 231, 232. International: UNTS Vol. 2797, 75.

sich je nachdem, welcher Art das Kriterium ist. Ein Kriterium kann veränderbar oder unveränderbar sein. Ein Binnenstaat wird nicht innerhalb einer kürzeren Zeitspanne zu einem Küstenstaat, die für die Geltungsdauer eines Vertrages relevant ist. Dagegen kann ein sog. Entwicklungsland zu einem sog. entwickelten Land werden. Innerhalb der veränderbaren Kriterien ist weiter zu unterscheiden, ob die Veränderung unabhängig von dem Willen der jeweiligen Partei ist oder sie selbst entscheiden oder beeinflussen kann, ob sich das Kriterium verändert. Abhängig von dem Willen der Parteien ist das Kriterium z. B. in Art. 2 Abs. 3 des *Fakultativprotokolls zum Übereinkommen über die Rechte des Kindes betreffend die Beteiligung von Kindern an bewaffneten Konflikten*:

> „(3) Vertragsstaaten, welche die Einziehung von Freiwilligen unter 18 Jahren zu ihren nationalen Streitkräften gestatten, treffen Schutzmaßnahmen, durch die mindestens gewährleistet wird, dass
>
> a) die Einziehung tatsächlich freiwillig erfolgt;
>
> [...]"[1281]

Weiterhin ist zu unterscheiden, ob unmittelbar nach außen erkennbar ist, welches Völkerrechtssubjekt in welche Gruppe einzuordnen ist. Entweder ist die Zuordnung unmittelbar von außen zu erkennen oder es können zur Bestimmung weitere Schritte erforderlich sein. Ob ein Staat Binnenstaat oder Küstenstaat ist, erfordert keine weiteren Bestimmungsschritte. Dagegen verlangt die Unterscheidung zwischen entwickelten Staaten und Entwicklungsländern, dass vorher festgelegt wird, welche Kriterien erfüllt sein müssen, dass ein Staat als entwickelt gilt.

Aus der Kombination der beiden Faktoren ergeben sich vier Situationen, die bei der Einteilung in unterschiedliche Gruppen innerhalb eines Vertrages auftreten können:

1. Unveränderbare und direkt erkennbare Merkmale,
2. unveränderbare und nicht direkt erkennbare Merkmale,
3. veränderbare und direkt erkennbare Merkmale und
4. veränderbare und nicht direkt erkennbare Merkmale.

[1281] BGBl. 2004 II 1354. International: UNTS Vol. 2173, 222.

In der ersten Situation ist nach der Festlegung des Unterscheidungskriteriums kein weiterer Schritt erforderlich. Die Gruppen bilden sich automatisch und verändern sich über die Vertragsdauer nicht. In der zweiten Situation muss nach Einigung auf das unterscheidende Merkmal ein Verfahren festgelegt werden, um zu ermitteln, welche Partei in welche Kategorie gehört. Im Unterschied zur ersten Situation muss in der dritten Situation festgelegt werden, ob Parteien für die gesamte Vertragsdauer der Gruppe angehören, dessen Kriterien sie zu Beginn erfüllt haben, oder die Gruppen wechseln, wenn sie die anderen Kriterien erfüllen. Die vierte Situation ist eine Kombination aus Situationen zwei und drei. Erforderlich ist damit sowohl ein Mechanismus, der bestimmt, wann ein Völkerrechtssubjekt das abstrakte Kriterium erfüllt, was geschieht, wenn sich die Umstände verändern und sich daher die Einordnung ändern könnte.

Um festzustellen, bei welcher Partei ein nach außen nicht unmittelbar erkennbares Merkmal vorliegt, können entweder konkretere Kriterien verwendet oder eine Formel aufgestellt werden. So wird der Entwicklungsstand durch eine Vielzahl von Parametern gemessen und dabei häufig das Bruttoinlandsprodukt herangezogen.[1282] Allerdings verwenden Verträge die Unterscheidung zwischen sog. Entwicklungsland und sog. entwickeltem Staat häufig, ohne dass genauer definiert wird, wie zu bestimmen ist, in welche Kategorie eine Partei fällt.[1283] Je nachdem, welche Kriterien verwendet werden, kann dasselbe Völkerrechtssubjekt in unterschiedliche

---

1282 *Hirsch*, Developing Countries, in: Wolfrum (Hrsg.), MPEPIL, Rn. 3; *Bodansky*, in: Yale Journal of International Law 1993 (Vol. 18), 451 (507). Die Weltbank differenziert zwischen vier verschiedenen Gruppen zwischen niedrig Einkommensländern und hohen Einkommensländern, siehe https://datahelpdesk.worldbank.org/knowledgebase/articles/906519-world-bank-country-and-lending-groups [28.07.2025].

1283 Z. B. Art. 2 Abs. 3 *Internationaler Pakt über wirtschaftliche, soziale und kulturelle Rechte* (BGBl. 1973 II 1570. International: UNTS Vol. 993, 3): „Entwicklungsländer können unter gebührender Berücksichtigung der Menschenrechte und der Erfordernisse ihrer Volkswirtschaft entscheiden, inwieweit sie Personen, die nicht ihre Staatsangehörigkeit besitzen, die in diesem Pakt anerkannten wirtschaftlichen Rechte gewährleisten wollen." Art. 5 des *Montrealer Protokoll über Stoffe, die zu einem Abbau der Ozonschicht führen* (BGBl. 1988 II, 1014, 2002 II, 921. International: UNTS 1522, 3).

Kategorien fallen.[1284] Die Parteien müssen die Kriterien daher passend zu dem jeweiligen Vertrag wählen.

Eine andere Möglichkeit ist es, eine Liste aufzustellen, welche Partei zu welcher Gruppe gehört.[1285] Allerdings verlagert dies nur die Frage, wie zu bestimmen ist, welche Partei auf welcher Liste steht. Insofern kann erneut auf konkretere Kriterien zurückgegriffen werden oder die Parteien einigen sich auf eine Liste, die lediglich an Kriterien orientiert ist oder gar keine festgelegten Kriterien verfolgt. Der Listenansatz ohne festgelegte Kriterien kann dazu führen, dass die Liste selbst zum Unterscheidungskriterium wird. So unterscheidet das *UN-Rahmenabkommen zum Klimaschutz*[1286] zwischen Annex I und Annex II-Staaten, wobei alle Annex II-Staaten auch in Annex I aufgelistet sind, umgekehrt nicht alle Annex I-Staaten in Annex II. Die grobe Einteilung dahinter ist der Unterschied zwischen sog. Entwicklungsland und sog. entwickeltem Land, allerdings ist diese Unterscheidung nicht vollständig einheitlich.[1287] So ist China dort als Entwicklungsland aufgeführt. Somit ist das eigentliche Kriterium, auf welcher Liste eine Partei steht.

Schließlich wählt unter anderem die WTO den Ansatz, dass Parteien sich selbst als ein Teil einer Gruppe erklären können. Ein WTO-Mitglied kann sich mangels vertraglicher Definition des Begriffes des sog. Entwicklungslandes einseitig als solches erklären und den anderen Parteien bleibt lediglich die Möglichkeit zu widersprechen.[1288]

Ist das Kriterium veränderbar, kann sich die Zuordnung einer Partei über die Vertragsdauer ändern und somit eine Partei zu verschiedenen Zeitpunkten unterschiedlichen Gruppen angehören. Werden konkrete Kriterien gewählt, welche die Gruppenangehörigkeit bestimmen, wechselt eine Partei automatisch die Gruppe. Der Vorteil ist, dass insofern die konkrete und aktuelle Leistungsfähigkeit des Staates berücksichtigt

---

1284 *Pauwelyn*, in: Review of European, Comparative & International Environmental Law 2013 (Vol. 22), 29 (32).

1285 *Bodansky*, in: Yale Journal of International Law 1993 (Vol. 18), 451 (507).

1286 BGBl. 1993 II 1783, 1784. International: UNTS Vol. 1771, 107.

1287 *Bodansky*, in: Yale Journal of International Law 1993 (Vol. 18), 451 (507).

1288 Dazu die WTO online: https://www.wto.org/English/thewto_e/whatis_e/tif_e/org7_e.htm [28.07.2025]; *Hirsch*, Developing Countries, in: Wolfrum (Hrsg.), MPEPIL, Rn. 6; *Pauwelyn*, in: Review of European, Comparative & International Environmental Law 2013 (Vol. 22), 29 (31).

wird.[1289] Hat eine Partei unmittelbar Einfluss darauf, ob ein Kriterium vorliegt, kann es dieses verändern und wechselt dadurch die Kategorie der Vertragspartei. Dies erfolgt z. B. in Art. 5 Abs. 2 lit. a) des *Protokolls über die Beschränkung und Regelung des Anbaues der Mohnpflanze, der Erzeugung von Opium, des internationalen Handels und Großhandels mit Opium und seiner Verwendung*:

> „Beschließt ein in Absatz 1 Buchstabe a bezeichneten Erzeugerstaat, die Erzeugung von Opium für die Ausfuhr einzustellen, und wünscht er, in dem in Artikel 6 Absatz 2 Buchstabe a aufgeführten Verzeichnis aus der Gruppe der Erzeugerstaaten gestrichen zu werden, so gibt er dem Ausschuß zu dem Zeitpunkt, in welchem gemäß Absatz 3 Buchstabe b die nächste Jahresmeldung erfolgen muß, eine Erklärung in diesem Sinne ab. Nach Abgabe dieser Erklärung gilt diese Vertragspartei für die Zwecke dieses Protokolls nicht mehr als ein in Artikel 6 Absatz 2 Buchstabe a bezeichneter Staat und kann in diese Gruppe nicht wieder aufgenommen werden. Nach Eingang einer solchen Erklärung reiht der Ausschuß diese Vertragspartei sinngemäß in die in Absatz 1 Buchstabe b oder c bezeichnete Gruppe ein und benachrichtigt alle Vertragsparteien dieses Protokolls entsprechend. Für die Zwecke dieses Protokolls tritt jeder Wechsel in der Eingruppierung mit dem Tage der Benachrichtigung durch den Ausschuß in Kraft."[1290]

Wird ein Listenansatz gewählt, kann ein Vertrag vorsehen, dass die Listen nach einem gewissen Zeitraum überprüft werden[1291], Parteien freiwillig in die Gruppe mit den strengeren Pflichten wechseln können[1292] oder durch eine Abstimmung aller Parteien sich die Zugehörigkeit eines Staates ändert[1293].

Werden differenzierte Rechte und Pflichten in einen Vertrag eingeführt, indem Gruppen innerhalb der Vertragsparteien gebildet werden, ist ein Nachteil, dass auch innerhalb der Gruppen große Unterschiede zwischen den Parteien bestehen können.[1294] So sind insbesondere Entwicklungsländer als große

---

1289 *Bodansky*, in: Yale Journal of International Law 1993 (Vol. 18), 451 (507).

1290 BGBl. 1959 II 333, 358. International: UNTS Vol. 456, 3.

1291 Z. B.: Art. 4 lit. f) *UN-Klimarahmenabkommen* (BGBl. 1993 II 1783, 1784. International: UNTS Vol. 1771, 107).

1292 So möglich nach Art. 4 lit. g) *UN-Klimarahmenabkommen* (BGBl. 1993 II 1783, 1784. International: UNTS Vol. 1771, 107).

1293 Z. B.: Art. 4 lit. f) *UN-Klimarahmenabkommen* (BGBl. 1993 II 1783, 1784. International: UNTS Vol. 1771, 107).

1294 *De Jonge*, in: Asian Journal of International Law, 2014 (Vol. 4), 125 (139).

Gruppe nicht homogen.[1295] Aktuell differenzieren einige Vertragsregime nicht bloß zwischen zwei großen Gruppen, sondern zwischen einer größeren Anzahl an Gruppen[1296] (z. B. in den Doha-Verhandlungen der WTO zu nicht-landwirtschaftlichem Marktzugang zwischen dreizehn Gruppen[1297]). Durch kleinere Gruppen an Parteien können homogenere Gruppen gebildet werden. Die Gruppen sollten darüber hinaus anhand von Kriterien gebildet werden, die für die Thematik des jeweiligen Vertrages entscheidend ist. Eine andere Möglichkeit, auf diese Schwierigkeit zu reagieren, ist die Selbstdifferenzierung (2).

2. Selbstdifferenzierung

Eine andere Form der differenzierten Pflichten ist nicht abhängig davon, dass Gruppen von Vertragsparteien definiert sind. Stattdessen kann ein Vertrag vorsehen, dass die Parteien selbst den genauen Umfang ihrer Pflichten festlegen, dies wird auch als (gebundene) Selbstdifferenzierung [(*bounded) self-differentiation*] bezeichnet.[1298] Insbesondere für quantitative Pflichten kann von einem Vertrag eine Spanne vorgegeben werden, innerhalb derer sich jede Partei zu Beginn seine konkrete Verpflichtung aussucht. Durch einseitige Erklärung ist die Partei an die festgelegte Pflicht gebunden. So müssen keine Gruppen aufgrund von Kriterien bestimmt werden, allerdings droht dabei ein *race-to-the-bottom*, wenn lediglich die geringsten Pflichten eingegangen werden. Das Verfahren der Selbstdifferenzierung verwendet z. B.[1299] das *Übereinkommen von Paris* in Art. 4 zwar nicht für verbindliche

---

1295 *Jobim*, in: Journal of Politics and Law 2013 (Vol. 6), 55 (59).

1296 *Pauwelyn*, in: Review of European, Comparative & International Environmental Law 2013 (Vol. 22), 29 (36 f.).

1297 https://www.wto.org/english/tratop_e/markacc_e/nama_groups_e.htm [28.07.2025].

1298 *Bodansky/van Asselt*, The Art and Craft of International Environmental Law, 261; *Bodansky*, in: American Journal of International Law 2016 (Vol. 110), 288 (300); *Dowd/McAdam*, in: Melbourne Journal International Law 2017 (Vol. 18), 180 (192); *Maljean-Dubois*, in: Review of European, Comparative & International Environmental Law 2016 (Vol. 25), 151 (154); *Rajamani*, in: International and Comparative Law Quarterly 2016 (Vol. 65), 493 (509 f.); *Voigt/Ferreira*, in: Transnational Environmental Law 2016 (Vol. 5), 285 (292).

1299 Weiteres Beispiel sind Art. 8, 9 des *International Convention on the Protection of Birds* (International: UNTS Vol. 638, 185):
„Art. 8
Each Contracting Party undertakes to prepare a list of birds which may lawfully be

Pflichten[1300], aber für die Festlegung von national festgelegten Beiträgen (*nationally determined contributions*):

> „(2) Jede Vertragspartei erarbeitet, übermittelt und behält aufeinanderfolgende national festgelegte Beiträge bei, die sie zu erreichen beabsichtigt. Die Vertragsparteien ergreifen innerstaatliche Minderungsmaßnahmen, um die Ziele dieser Beiträge zu verwirklichen.
>
> (3) Jeder nachfolgende national festgelegte Beitrag einer Vertragspartei wird eine Steigerung gegenüber ihrem zum fraglichen Zeitpunkt geltenden national festgelegten Beitrag darstellen und ihre größtmögliche Ambition unter Berücksichtigung ihrer gemeinsamen, aber unterschiedlichen Verantwortlichkeiten und ihrer jeweiligen Fähigkeiten angesichts der unterschiedlichen nationalen Gegebenheiten ausdrücken."[1301]

Losgelöst von der Einschränkung im Rahmen des *Paris Übereinkommens*, dass es sich nicht auf Rechtspflichten bezieht, sind differenzierte Rechte und Pflichten durch eine Selbstdifferenzierung möglich. Im Vergleich zu der differenzierten Behandlung durch Bildung verschiedener Gruppen von Vertragsparteien ist dies ein diversifizierter Ansatz der differenzierten Rechte und Pflichten.[1302] Jede Partei entscheidet selbstständig über den Umfang ihrer Verpflichtung.

Eine andere Form der Selbstdifferenzierung sieht Art. 14 des *WTO-Abkommens über Handelserleichterungen* vor, welches Entwicklungsländern erlaubt, ihre Pflichten selbstständig in verschiedene Kategorien zu sortieren.

---

killed or captured in its own territory, subject to compliance with the conditions laid down in this Convention.
Art. 9
Each Contracting Party shall have the right to draw up a list of species of indigenous and migratory birds which may be kept in captivity by individuals and shall establish the permissible methods of capture and the conditions in which birds may be transported or kept in captivity.
Each Contracting Party shall regulate trade in the birds protected by this Convention and take all necessary measures to limit the expansion of such trade.".

1300 *Bodansky*, in: American Journal of International Law 2016 (Vol. 110), 288 (295, 297); *Rajamani*, in: Journal of Environmental Law 2016 (Vol. 28), 337 (353 f.).

1301 BGBl. 2016 II 1082. International: UNTS Vol. 3156, 79.

1302 *Maljean-Dubois*, in: Review of European, Comparative & International Environmental Law 2016 (Vol. 25), 151 (154); *Voigt/Ferreira*, in: Transnational Environmental Law 2016 (Vol. 5), 285 (301).

„(1) Es gibt drei Kategorien von Bestimmungen:

a) Die Kategorie A enthält Bestimmungen, die ein Entwicklungsland-Mitglied oder ein zu den am wenigsten entwickelten Ländern gehörendes Mitglied zur Umsetzung beim Inkrafttreten dieses Übereinkommens ausweist oder die ein zu den am wenigsten entwickelten Ländern gehörendes Mitglied zur Umsetzung binnen eines Jahres nach dem Inkrafttreten ausweist, wie es in Artikel 15 vorgesehen ist.

b) Die Kategorie B enthält Bestimmungen, die ein Entwicklungsland-Mitglied oder ein zu den am wenigsten entwickelten Ländern gehörendes Mitglied zur Umsetzung zu einem Zeitpunkt nach Ablauf eines auf das Inkrafttreten dieses Übereinkommens folgenden Übergangszeitraums ausweist, wie es in Artikel 16 vorgesehen ist.

c) Die Kategorie C enthält Bestimmungen, die ein Entwicklungsland-Mitglied oder ein zu den am wenigsten entwickelten Ländern gehörendes Mitglied zur Umsetzung zu einem Zeitpunkt nach Ablauf eines Übergangszeitraums ausweist, der auf das Inkrafttreten dieses Übereinkommens folgt und in dem der Erwerb von Umsetzungskapazitäten im Wege der Bereitstellung von Hilfe und Unterstützung für den Aufbau von Kapazitäten zu erfolgen hat, wie es in Artikel 16 vorgesehen ist.

(2) Jedes Entwicklungsland-Mitglied und zu den am wenigsten entwickelten Ländern gehörende Mitglied weist selbst auf individueller Basis die Bestimmungen aus, die es in die Kategorie A, B oder C aufnimmt.“[1303]

Die Parteien können dadurch die Umsetzung ihrer Pflichten individuell ihren Umständen anpassen.[1304] Anders als das *Paris Übereinkommen* setzt das *WTO-Abkommen über Handelserleichterungen* bestimmte Begrenzungen.

Eine weitere besondere Form einer Selbstdifferenzierung verwenden die Parteien des GATT. Jede Partei legt aufgrund von bilateralen oder multilateralen Verhandlungen Zolltarife in Listen i. S. d. Art. 2 GATT[1305] fest.[1306] Diese Listen sind als Annex nach Art. 2 Abs. 7 GATT integraler Bestandteil des Vertrages.

1303 EU ABl. L 284/3 vom 30.10.2015.

1304 *Irish*, in: Manchester Journal of International Economic Law 2017 (Vol. 14), 50 (62).

1305 EU ABl. L 336/11 vom 23.12.1994.

1306 Zu den Verhandlungen über die Listen: *Hoda*, Tariff negotiations and renegotiations under GATT and the WTO.

IV. Reziprozität im Rahmen differenzierter Rechte und Pflichten

Teilweise nehmen Autoren an, dass differenzierte Rechte und Pflichten von dem Reziprozitätsprinzip ausgenommen seien.[1307] Diese Annahme beruht zum Teil auf der Ausgestaltung der differenzierten Behandlung im Rahmen des GATT. Weniger entwickelte Staaten unterliegen insbesondere nach Art. XXXVII GATT[1308] nicht der Pflicht der gegenseitigen Beseitigung oder Reduzierung von Zöllen. Von besonderer Bedeutung ist diese Ausnahme, da innerhalb von Handelsverträgen die gegenseitige Einräumung von Handelserleichterungen ein prägendes Element ist. Von dieser Ausnahme sollte nicht generell auf die Reziprozität im Rahmen von differenzierten Rechten und Pflichten geschlossen werden.[1309] Ob die Parteien die gleichen Pflichten eingehen, ist eine Frage des Inhalts des Vertrages und ist als materielle oder inhaltliche Gegenseitigkeit zu bezeichnen. Sie umfasst die Korrelativität der vertraglichen Rechte und Pflichten und somit die Frage, ob sich für die Parteien identische oder äquivalente Pflichten ergeben.[1310] Dagegen bezieht sich die formelle Gegenseitigkeit auf die gegenseitige Geltung der Vertragsnormen zwischen den Vertragsparteien.[1311] Für die formelle Gegenseitigkeit ist entscheidend, ob die Pflichten voneinander abhängen. Die formelle Gegenseitigkeit erlaubt einer Partei, an das Verhalten einer anderen Partei Konsequenzen zu knüpfen.[1312] Der Vergleich mit einem Kaufvertrag zeigt, dass Reziprozität als Abhängigkeit der Pflichten nicht mit der Frage gleichzusetzen ist, ob die Pflichten identisch sind. Aus einem innerstaatlichen Kaufvertrag erwachsen den Parteien nicht dieselben Pflichten, denn der Käufer muss den Kaufpreis

---

1307 So unter anderem: *Cullet*, in: European Journal of International Law 1999 (Vol. 10), 549 (573); *De Jonge*, in: Asian Journal of International Law, 2014 (Vol. 4), 125 (127). Zu der reziproken Wirkung ausführlicher → Kapitel 2 C. II. 7.

1308 EU ABl. L 336/11 vom 23.12.1994.

1309 Vgl. *Conconi/Perroni*, in: World Trade Review 2015 (Vol. 14), 67 (69).

1310 *Simma*, Das Reziprozitätselement im Zustandekommen völkerrechtlicher Verträge, 53, 67 f.; *Virally*, in: Recueil des Cours 1967-III (Vol. 122), 1 (23); *Preiswerk*, La réciprocité dans les négociations entre pays à systèmes sociaux, in: Journal du droit international 1967 (Vol. 94), 5 (12).

1311 *Simma*, Das Reziprozitätselement im Zustandekommen völkerrechtlicher Verträge, 53.

1312 *Simma*, Das Reziprozitätselement im Zustandekommen völkerrechtlicher Verträge, 48.

entrichten und der Verkäufer die Kaufsache übereignen. Trotzdem sind die Pflichten gegenseitig voneinander abhängig, sie stehen in einem Synallagma.

Für die Reziprozität völkerrechtlicher Verträge ist die Erfüllungsstruktur eines Vertrages entscheidend.[1313] Im Rahmen einer bilateralen Erfüllungsstruktur ist es möglich, dass die Pflichten ausschließlich gegenüber den Parteien derselben Gruppe gelten oder unabhängig davon, welcher Gruppe die andere Partei angehört, jede Partei jene Pflichten erfüllen muss, die für ihre Gruppe gilt. Trifft der Vertrag keine Regelung, ist dies durch Auslegung zu ermitteln.

Die meisten der Verträge, die differenzierte Rechte und Pflichten enthalten, weisen eine integrale Erfüllungsstruktur auf. Jede Partei kann und muss ihre Pflichten gegenüber allen anderen Parteien erfüllen. Eine Möglichkeit wäre, dass innerhalb einer integralen Erfüllungsstruktur die Erfüllung nur gegenüber den Mitgliedern derselben Gruppe geschuldet wird. Da der Regelfall der integralen Erfüllungsstruktur ist, dass die Erfüllung gegenüber der Gesamtheit aller Parteien geschuldet ist, müsste ein Vertrag eine solche Abweichung explizit vorsehen. Insbesondere für Verträge, in denen typischerweise Parteien aus unterschiedlichen Gruppen interagieren, wäre ein solcher Ansatz schädlich für die Effektivität des Vertrages. Könnten beispielsweise nur andere Küstenstaaten die Einhaltung der Pflichten eines Küstenstaates verlangen, würde dies die Effektivität der *UN-Seerechtskonvention*[1314] einschränken.

V. Vertragsgestaltungsmöglichkeiten

Differenzierte Rechte und Pflichten können unterschiedlich gestaltet werden, insbesondere können sie als Flexibilitätsinstrument durch verschiedene Varianten begrenzt werden.

Materiell ist zunächst festzulegen, ob differenzierte Rechte und Pflichten für einzelne Gruppen bestehen sollen oder eine Form der Selbstdifferenzierung ermöglicht wird. Erfolgt eine Unterscheidung nach Parteigruppen, ist festzulegen, welches das Unterscheidungskriterium ist und wie dieses zu bestimmen ist. Insbesondere wenn das Kriterium nicht nach außen erkennbar ist, sollte ein Verfahren festgelegt werden, wie eine Partei in eine der

[1313] Dazu genauer → Kapitel 2 C. II. 7. b).
[1314] BGBl. 1994 II 1798, 1799. International: UNTS Vol. 1833, 3.

Gruppen eingeordnet wird und ob sie während der Vertragslaufzeit die Gruppe wechseln kann. Wird ein Listenansatz gewählt, kann ein Vertrag vorsehen, dass die Listen nach einem gewissen Zeitraum erneut überprüft werden[1315], Parteien freiwillig in die Gruppe mit den strengeren Pflichten wechseln können[1316] oder durch eine Abstimmung aller Parteien sich die Zugehörigkeit eines Staates ändert.[1317]

Materielle Begrenzungen[1318] erfolgen insbesondere dahingehend, in welchem Umfang sich die Rechte und Pflichten der verschiedenen Parteien unterscheiden. Ergeben sich die Rechte und Pflichten für die verschiedenen Gruppen direkt aus dem Vertrag, ist es nicht zweckmäßig, sie durch eine Vereinbarkeit mit Ziel und Zweck oder die Sicherstellung von Mindeststandards zu begrenzen. Anders ist dies bei einer Selbstdifferenzierung. Dort kann der Vertrag einen Mindeststandard setzen.[1319]

Verfahrensvorschriften[1320], die der ausübenden Partei verfahrenstechnische Verpflichtungen auferlegen (z. B. Anhörungserfordernisse, Begründungspflichten oder Formerfordernisse), sind ebenfalls nur sinnvoll aufzunehmen für die Selbstdifferenzierung und nicht für unterschiedliche Rechte und Pflichten, die sich ohne weitere Erklärung unmittelbar aus dem Vertrag ergeben.

Wenn der Vertrag unmittelbar unterschiedliche Rechte und Pflichten für die verschiedene Gruppen von Parteien vorsieht, sind differenzierte Rechte und Pflichten in der Struktur des Vertrages begründet. Darüber hinaus ist es zumeist nicht möglich oder zweckmäßig, die Berechtigung, das Instrument zu nutzen, auf einzelne Parteien zu begrenzen[1321].

Eine Vertragsklausel zu differenzierten Rechten und Pflichten kann zeitliche Einschränkungen wie eine Höchstdauer vorsehen.[1322]

1315 Z. B.: Art. 4 lit. f) des *UN-Klimarahmenabkommens* (BGBl. 1993 II 1783, 1784. International: UNTS Vol. 1771, 107).

1316 So möglich nach Art. 4 lit. g) *UN-Klimarahmenabkommen* (BGBl. 1993 II 1783, 1784. International: UNTS Vol. 1771, 107).

1317 Z. B.: Art. 4 lit. f) *UN-Klimarahmenabkommen* (BGBl. 1993 II 1783, 1784. International: UNTS Vol. 1771, 107).

1318 Dazu genauer → Kapitel 2 C. II. 1.

1319 Dazu genauer → Kapitel 2 C. II. 1. b).

1320 Dazu genauer → Kapitel 2 C. II. 5.

1321 Dazu genauer → Kapitel 2 C. II. 2.

1322 Dazu genauer → Kapitel 2 C. II. 4.

Schließlich kann eine Vertragsbestimmung ausdrücklich die reziproke Wirkung[1323] vorsehen. Eine Formulierung wie für das *Opting-Out* in Art. 25 Abs. 2 des *Europäischen Übereinkommens über die Staatsangehörigkeit* ist insofern auch für differenzierte Rechte und Pflichten denkbar:

> „Kapitel VII gilt nur im Verhältnis zwischen den Vertragsstaaten, für die es in Kraft ist."[1324]

Eine weitere mögliche Formulierung ist z. B. aus Art. 36 Abs. 2 *IGH Statut* „gegenüber jedem anderen Staat, der dieselbe Verpflichtung übernimmt"[1325]. Allerdings ist für die reziproke Wirkung zu berücksichtigen, welche Erfüllungsstruktur ein Vertrag aufweist. Unproblematisch kann eine reziproke Wirkung in einer bilateralen Erfüllungsstruktur vorliegen. Dagegen sind die Parteien in einer integralen Erfüllungsstruktur den übrigen Parteien zur Erfüllung verpflichtet. Innerhalb der differenzierten Rechte und Pflichten kann die Gesamtheit der Parteien alle Parteien des gesamten Vertrages oder alle Parteien, für welche dieselben Pflichten gelten, sein. Rechtlich zulässig sind beide Varianten. Klargestellt werden kann dies z. B. durch eine Formulierung wie in dem oben zitiertem Art. 25 Abs. 2 des *Europäischen Übereinkommens über die Staatsangehörigkeit*. Eine reziproke Wirkung beschränkt sich dann darauf, dass die Partei einer anderen Gruppe nicht berechtigt ist, die Erfüllung der jeweiligen Pflicht durch die anderen Parteien zu verlangen.

E. Übergangsfristen

Durch Übergangsfristen wird den Parteien ein längerer Zeitraum zur Verfügung gestellt, in dem sie Maßnahmen ergreifen können, um die Pflichten aus dem Vertrag zu erfüllen. Die meisten Flexibilitätsinstrumente können mit zeitlichen Fristen versehen werden und so einen Übergangszeitraum schaffen. Darunter fällt, wenn zeitlich begrenzte Ausnahmen durch das Flexibilitätsinstrument geschaffen werden. Andererseits können Übergangsfristen

---

1323 Dazu genauer → Kapitel 2 C. II. 7.

1324 BGBl. 2004 II 579. International: CETS Nr. 166.

1325 BGBl. 1973 II 505. International: Documents of the United Nations Conference on International Organization, UNIO Vol. 15, 355.

(*transitional periods*) auch spezielle Sonderregelungen für einen Übergangszeitraum vorsehen, die danach durch andere Regeln ersetzt werden.

I. Der rechtliche Rahmen

Übergangszeiträume können so ausgestaltet sein, dass diese für einzelne Parteien oder alle Ausnahmen von den eigentlichen Regelungen des Vertrages bestehen. Beispielsweise formulieren Art. 65, 66 Abs. 1 des *Übereinkommens über handelsbezogene Aspekte der Rechte des geistigen Eigentums*:

> „Art. 65
>
> (1) Vorbehaltlich der Absätze 2, 3 und 4 ist kein Mitglied verpflichtet, dieses Übereinkommen vor Ablauf der allgemeinen Frist von einem Jahr nach dem Zeitpunkt des Inkrafttretens des WTO-Übereinkommens anzuwenden.
>
> (2) Ein Entwicklungsland, das Mitglied ist, ist berechtigt, den in Absatz 1 festgelegten Zeitpunkt der Anwendung der Bestimmungen dieses Übereinkommens mit Ausnahme der Artikel 3, 4 und 5 um eine weitere Frist von vier Jahren zu verschieben.
>
> (3) Andere Mitglieder, die sich im Prozeß des Übergangs von der Planwirtschaft zur freien Marktwirtschaft befinden und die eine Strukturreform ihres Systems des geistigen Eigentums unternehmen und bei der Erarbeitung und Umsetzung von Gesetzen und sonstigen Vorschriften über das geistige Eigentum auf besondere Probleme stoßen, können ebenfalls die in Absatz 2 vorgesehene Aufschubfrist in Anspruch nehmen.
>
> (4) Soweit ein Entwicklungsland, das Mitglied ist, durch dieses Übereinkommen verpflichtet wird, den Schutz von Stoffpatenten auf Gebieten der Technik auszudehnen, die in seinem Hoheitsgebiet zum Zeitpunkt der allgemeinen Anwendung dieses Übereinkommens auf dieses Mitglied nach Absatz 2 nicht schutzfähig waren, kann es die Anwendung der Bestimmungen über Stoffpatente in Teil II Abschnitt 5 auf solche Gebiete der Technik um eine weitere Frist von fünf Jahren verschieben.
>
> (5) Ein Mitglied, das eine Übergangsfrist nach Absatz 1, 2, 3 oder 4 in Anspruch nimmt, stellt sicher, daß während dieser Frist vorgenommene Änderungen seiner Gesetze, seiner sonstigen Vorschriften und seiner Praxis nicht zu einem geringeren Grad der Vereinbarkeit mit diesem Übereinkommen führen.
>
> Art. 66
>
> (1) In Anbetracht der besonderen Bedürfnisse und Erfordernisse der am wenigsten entwickelten Länder, die Mitglieder sind, ihrer wirtschaftlichen, finanziellen und

administrativen Engpässe und ihres Bedarfs an Flexibilität bei der Schaffung einer tragfähigen technologischen Grundlage sind solche Mitglieder während einer Frist von zehn Jahren ab dem Zeitpunkt der Anwendung nach Artikel 65 Absatz 1 nicht verpflichtet, die Bestimmungen dieses Übereinkommens mit Ausnahme der Artikel 3, 4 und 5 anzuwenden. Der Rat für TRIPS gewährt auf ordnungsgemäß begründeten Antrag eines der am wenigsten entwickelten Länder, das Mitglied ist, Verlängerungen dieser Frist."[1326]

Eine zeitlich befristete Ausnahme kann sich entweder direkt aus dem Wortlaut des Vertrages ergeben oder eine Partei hat zu erklären, dass sie diese nutzen wird. Dies verlangt z. B. Art. 124 des *Römischen Statuts des Internationalen Strafgerichtshofs*:

„Ungeachtet des Artikels 12 Absätze 1 und 2 kann ein Staat, wenn er Vertragspartei dieses Statuts wird, erklären, dass er für einen Zeitraum von sieben Jahren, nachdem das Statut für ihn in Kraft getreten ist, die Gerichtsbarkeit des Gerichtshofs für die Kategorie der in Artikel 8 bezeichneten Verbrechen nicht anerkennt, wenn angeblich ein Verbrechen von seinen Staatsangehörigen oder in seinem Hoheitsgebiet begangen worden ist. Eine Erklärung nach diesem Artikel kann jederzeit zurückgenommen werden. Dieser Artikel wird auf der in Übereinstimmung mit Artikel 123 Absatz 1 einberufenen Überprüfungskonferenz überprüft."[1327]

Die Sonderregelungen oder Ausnahmen können allen Parteien auf Wunsch offenstehen oder nur einzelnen Parteien. Sieht bereits der Vertragstext für eine bestimmte Gruppe an Parteien andere Pflichten für eine Übergangszeit vor, handelt es sich um eine Form der differenzierten Rechte und Pflichten[1328]. Können nur einzelne Parteien – beispielsweise Entwicklungsländer – in einer Übergangszeit ihre Rechte und Pflichten ändern, stellt dies ein zeitlich befristetes *Opting-Out*[1329] dar. Ein Beispiel, das den jeweiligen Parteien dar-

---

1326 BGBl. 1994 II 1730. International: UNTS Vol. 1869, 299.

1327 BGBl. 2000 II 1393. International: UNTS Vol. 2187, 3.

1328 Differenzierte Rechte und Pflichten (auch als differenzierte Behandlung bezeichnet) liegen in Situationen vor, in denen ein Vertrag unterschiedliche Rechte und Pflichten für verschiedene Gruppen von Vertragsparteien oder einzelne Parteien vorsieht. Dazu genauer → Kapitel 4 D.

1329 *Opting-Out* wird definiert als Vertragsbestimmung, durch welche ein Völkerrechtssubjekt an die dort enthaltenen Regeln automatisch gebunden ist, außer es äußert den Willen an diesen Teil eines Vertrages nicht gebunden zu sein. Dazu näher → Kapitel 4 A. I.

über hinaus noch die Auswahl überlässt, welche Bestimmungen innerhalb welcher Frist umzusetzen ist, enthält Art. 14 des *WTO-Übereinkommens über Handelserleichterungen*:

> „(1) Es gibt drei Kategorien von Bestimmungen:
>
> a) Die Kategorie A enthält Bestimmungen, die ein Entwicklungsland-Mitglied oder ein zu den am wenigsten entwickelten Ländern gehörendes Mitglied zur Umsetzung beim Inkrafttreten dieses Übereinkommens ausweist oder die ein zu den am wenigsten entwickelten Ländern gehörendes Mitglied zur Umsetzung binnen eines Jahres nach dem Inkrafttreten ausweist, wie es in Artikel 15 vorgesehen ist.
>
> b) Die Kategorie B enthält Bestimmungen, die ein Entwicklungsland-Mitglied oder ein zu den am wenigsten entwickelten Ländern gehörendes Mitglied zur Umsetzung zu einem Zeitpunkt nach Ablauf eines auf das Inkrafttreten dieses Übereinkommens folgenden Übergangszeitraums ausweist, wie es in Artikel 16 vorgesehen ist.
>
> c) Die Kategorie C enthält Bestimmungen, die ein Entwicklungsland-Mitglied oder ein zu den am wenigsten entwickelten Ländern gehörendes Mitglied zur Umsetzung zu einem Zeitpunkt nach Ablauf eines Übergangszeitraums ausweist, der auf das Inkrafttreten dieses Übereinkommens folgt und in dem der Erwerb von Umsetzungskapazitäten im Wege der Bereitstellung von Hilfe und Unterstützung für den Aufbau von Kapazitäten zu erfolgen hat, wie es in Artikel 16 vorgesehen ist.
>
> (2) Jedes Entwicklungsland-Mitglied und zu den am wenigsten entwickelten Ländern gehörende Mitglied weist selbst auf individueller Basis die Bestimmungen aus, die es in die Kategorie A, B oder C aufnimmt.“[1330]

Statt einer Gruppe von Parteien kann bereits der Vertrag das Recht auch nur einer einzelnen Partei einräumen. Ein Beispiel für ein derartiges Vorgehen bietet Art. 17 des *Europäischen Übereinkommens über die zivilrechtliche Haftung für durch Kraftfahrzeuge verursachte Schäden* in Bezug auf befristete Vorbehalte und dies ist übertragbar auf Übergangsfristen. Nach Art. 17 sind nur solche Vorbehalte zulässig, die in der Anlage enthalten sind und die Anlage lautet:

> „Belgien kann bei der Unterzeichnung oder der Hinterlegung seiner Ratifikations- oder Annahmeurkunde zu dem Übereinkommen erklären, daß es sich das Recht

[1330] EU ABl. L 284/3 vom 30.10.2015.

> vorbehält, drei Jahre lang, gerechnet vom Inkrafttreten des Übereinkommens für Belgien, Sachschäden an Fahrzeugen vom Geltungsbereich des Übereinkommens auszuschließen."[1331]

Schließlich kann ein Vertrag für einen Übergangszeitraum andere Regelungen vorsehen, als später gelten. So enthält jeder Beitrittsvertrag eines Staates zur EU einen Abschnitt mit Regelungen, die eine begrenzte Geltungsdauer aufweisen.[1332]

II. Vertragsgestaltungsmöglichkeiten

Übergangsfristen können unterschiedlich gestaltet werden, insbesondere können sie durch verschiedene Varianten begrenzt werden. Die Übergangsfrist kann sich automatisch aus dem Vertrag ergeben, sodass die betroffenen Parteien nicht weitergehend handeln müssen, oder einzelne Parteien können eine unilaterale Erklärung abgeben, um die Übergangsfrist zu nutzen. Materielle Begrenzungen können Voraussetzungen sein, ob Übergangsfristen möglich sind, genauso können sie festlegen, in welchem Umfang eine Übergangsfrist zulässig ist. Statt im Vertrag festzulegen, für welche Verpflichtungen welcher Übergangszeitraum gilt, kann die konkrete Einordnung den Parteien überlassen werden wie z. B. in Art. 14 des *WTO-Übereinkommens über Handelserleichterungen*[1333].

Andere materielle Begrenzungen[1334] wie die Vereinbarkeit mit Ziel und Zweck des Vertrages, die Sicherstellung von Mindeststandards oder die Zahlung von Ersatz sind für Übergangszeiträume nicht üblich, wären allerdings denkbar.

Die Parteien können Verfahrensvorschriften[1335] in den Vertrag aufnehmen und der ausübenden Partei verfahrenstechnische Verpflichtungen auferlegen (z. B. Anhörungserfordernisse, Begründungspflichten oder Formerfordernisse).

1331 CETS Nr. 79.

1332 Siehe z. B. den *Vertrag über den Beitritt der Republik Bulgarien und Rumäniens*, EU ABl. L 157 vom 21.06.2005 oder den *Vertrag über den Beitritt der Tschechischen Republik, Estlands, Zyperns, Lettlands, Litauens, Ungarns, Maltas, Polens, Sloweniens und der Slowakei*, EU ABl. L 236 vom 23.09.2003.

1333 EU ABl. L 284/3 vom 30.10.2015.

1334 Dazu genauer → Kapitel 2 C. II. 1.

1335 Dazu genauer → Kapitel 2 C. II. 5.

Beispielsweise sieht Art. 2 des *ILO Übereinkommens Nr. 125 über die Befähigungsnachweise der Fischer* ein Anhörungserfordernis vor:

> „Die zuständige Stelle kann nach Anhörung der Berufsverbände der Eigentümer von Fischereifahrzeugen und der Fischer, soweit solche bestehen, Fahrzeuge, die zur Küstenfischerei im Sinne der innerstaatlichen Gesetzgebung verwendet werden, von der Anwendung dieses Übereinkommens ausnehmen."[1336]

Weiterhin können auch andere verfahrenstechnische Verpflichtungen, wie z. B. eine regelmäßige Überprüfungspflicht über die Erforderlichkeit, vorgesehen werden.

Die Berechtigung, einen Übergangszeitraum zu nutzen,[1337] kann begrenzt werden auf einzelne Parteien. Weiterhin kann als Voraussetzung auch in einer Vertragsklausel aufgenommen werden, dass für einen Übergangszeitraum die Zustimmung aller übrigen Vertragsparteien erforderlich ist.[1338] Ein Beispiel ist Art. 3 Abs. 3–5 des *Übereinkommens über Streumunition*:

> „(3) Glaubt ein Vertragsstaat, nicht in der Lage zu sein, binnen acht Jahren nach dem Inkrafttreten dieses Übereinkommens für den betreffenden Vertragsstaat sämtliche in Absatz 1 bezeichnete Streumunition zu vernichten oder ihre Vernichtung sicherzustellen, so kann er das Treffen der Vertragsstaaten oder eine Überprüfungskonferenz um eine Verlängerung der Frist für den Abschluss der Vernichtung dieser Streumunition um bis zu vier Jahre ersuchen. Ein Vertragsstaat kann unter außergewöhnlichen Umständen um zusätzliche Fristverlängerungen um bis zu vier Jahre ersuchen. Die Fristverlängerungen, um die ersucht wird, dürfen die Anzahl Jahre, die der betreffende Vertragsstaat zur Erfüllung seiner Verpflichtungen nach Absatz 2 unbedingt benötigt, nicht überschreiten.
>
> (4) Jedes Ersuchen um Fristverlängerung enthält
>
> a) Angaben über die Dauer der vorgeschlagenen Fristverlängerung,
>
> b) eine ausführliche Begründung für die vorgeschlagene Fristverlängerung, einschließlich Angaben über die dem Vertragsstaat für die Vernichtung sämtlicher in Absatz 1 genannter Streumunition zur Verfügung stehenden oder von ihm hierfür

---

1336 BGBl. 1988 II 680. International: Normlex (Information System on International Labour Standards, https://normlex.ilo.org/).

1337 Dazu genauer → Kapitel 2 C. II. 2.

1338 Dazu genauer → Kapitel 2 C. II. 3.

> benötigten finanziellen und technischen Mittel und gegebenenfalls Angaben über die außergewöhnlichen Umstände, die diese Fristverlängerung rechtfertigen,
>
> c) einen Plan mit Angaben darüber, wie und wann die Vernichtung der Lagerbestände abgeschlossen wird,
>
> [...].
>
> (5) Das Treffen der Vertragsstaaten oder die Überprüfungskonferenz prüft das Ersuchen unter Berücksichtigung der in Absatz 4 genannten Angaben und entscheidet mit der Mehrheit der Stimmen der anwesenden und abstimmenden Vertragsstaaten, ob dem Ersuchen um Fristverlängerung stattgegeben wird. Die Vertragsparteien können, soweit angebracht, beschließen, eine kürzere Fristverlängerung als die, um die ersucht wird, zu gewähren, und Richtwerte für die Fristverlängerung vorschlagen. Ein Ersuchen um Fristverlängerung wird mindestens neun Monate vor dem Treffen der Vertragsstaaten oder der Überprüfungskonferenz, auf dem beziehungsweise auf der es geprüft werden soll, vorgelegt."[1339]

Als geringere Begrenzung kann den anderen Parteien ein Einspruchsrecht eingeräumt werden. Alternativ kann die Zustimmung eines Vertragsorgans als Voraussetzung vorgesehen werden oder einem solchen die Möglichkeit eines Einspruchs eingeräumt werden. Schließlich kann ein Vertrag eine kollektive Ausübung verlangen, damit eine Übergangsfrist eingreift.[1340]

Überprüfungsrechte können für einen Übergangszeitraum den anderen Vertragsparteien oder einem Vertragsorgan in Form einer Vorabkontrolle oder einer regelmäßigen Kontrolle während der Dauer des Übergangszeitraums eingeräumt werden.[1341] Eine Vertragsbestimmung über einen Übergangszeitraum kann weiterhin eine ggf. regelmäßige Berichtspflicht vorsehen.[1342]

Ob Übergangsfristen reziprok die Pflichten der anderen Parteien verändern,[1343] hängt von der konkreten Ausgestaltung ab. Im Rahmen einer integralen Erfüllungsstruktur bestehen die Pflichten weiterhin voll gegenüber den übrigen Parteien. Ebenso ist grundsätzlich in einer bilateralen Erfüllungsstruktur die Partei, die keine Übergangsfrist geltend gemacht hat, vollständig verpflichtet. Eine reziproke Wirkung der Übergangsfrist ist möglich, wenn

---

1339 BGBl. 2009 II 502, 504. International: UNTS Vol. 2688, 39.

1340 Dazu genauer → Kapitel 2 C. II. 3.

1341 Dazu genauer → Kapitel 2 C. II. 6.

1342 Dazu genauer → Kapitel 2 C. II. 5. a) dd).

1343 Dazu genauer → Kapitel 2 C. II. 7.

für die Anwendung der Norm Voraussetzung ist, dass beide Parteien daran gebunden sind. Dies gilt beispielsweise regelmäßig im Rahmen von Streitschlichtungsklauseln. Besteht für eine Partei eine Übergangsfrist, bis sie sich der Streitschlichtungsklausel unterwerfen muss, kann auch sie kein Streitschlichtungsverfahren gegen eine andere Partei anstrengen. Ebenso ist eine reziproke Wirkung einer Übergangsfrist dann zulässig, wenn die andere Partei die Anwendung einer Norm unter den Vorbehalt der Gegenseitigkeit stellt.

F. Zusatzverträge

Die vertragliche Bindung kann erweitert werden, indem Zusatzverträge geschlossen werden. Dadurch entsteht ein Vertragsregime mit untereinander verknüpften Verträgen. Zusatzverträge sind von einem Änderungsvertrag abzugrenzen (I.). Der bereits bestehende Vertrag setzt den Rahmen für das generelle Vorgehen, Zusatzverträge zu schaffen (II.). Als besondere Formen von Zusatzverträgen existieren der Rahmenvertrags-Protokoll-Ansatz und die implementierende Vereinbarung (III.). Aufgrund des Zusammenwirkens der Verträge sind die Verhältnisse der Verträge besonders zu berücksichtigen (IV.).

I. Definition und Abgrenzung

Zusatzverträge werden häufig als Protokolle bezeichnet. Laut dem „Handbook on Final Clauses of Multilateral Treaties" der UN verbessert, ergänzt oder stellt ein Protokoll die Pflichten aus dem Hauptvertrag klar und ist nur für Parteien des Hauptvertrages geöffnet.[1344] Da dies indes nicht für jedes Protokoll zutrifft, ist der Begriff des Protokolls insofern nur ein Indiz und die jeweilige Vereinbarung im Einzelfall noch auszulegen.

Die Struktur eines Vertrages mit Zusatzverträgen, welche gemeinsam eine Problematik möglichst umfassend regeln, ist der Gegensatz zu dem sog. *Piecemeal*-Ansatz. Bei letzterem wird ein einzelnes Problem oder lediglich ein Aspekt einer internationalen Thematik in einem Vertrag behandelt, häufig ohne andere bereits in dem Bereich bestehende Verträge zu

---

1344 UN Handbook on Final Clauses of Multilateral Treaties, 2003, online verfügbar: https://treaties.un.org/Pages/Resource.aspx?path=Publication/FC/Page1_en.xml [28.07.2025], Glossary, 123.

berücksichtigen.[1345] Beispiele sind das *IAEO-Übereinkommen über die frühzeitige Benachrichtigung bei nuklearen Unfällen*[1346] sowie das *IAEO-Übereinkommen über Hilfeleistungen bei nuklearen Unfällen oder radiologischen Notfällen*[1347], die jeweils einen Aspekt von nuklearen Unfällen regeln.

Möchten die Parteien eines bestehenden Vertrages den Vertrag abändern, ergänzen oder vertiefen, stehen ihnen verschiedene rechtstechnische Möglichkeiten zur Verfügung. Durch ein förmliches Vertragsänderungsverfahren können Ergänzungen direkt in den Vertrag aufgenommen werden. Nachteilig ist dabei, dass Verträge teilweise festlegen, dass Änderungen einstimmig anzunehmen sind. Eine Vertragsänderung erfolgt auch durch einen weiteren Vertrag. Eine Vertragsänderung zielt darauf ab, den Text des Hauptvertrages zu ändern.[1348] Zusatzverträge ergänzen dagegen das Regelungsregime des Hauptvertrages, ohne dabei den Vertragstext des Hauptvertrages zu ändern. Diese Differenzierung ermöglicht allerdings keine trennscharfe Unterscheidung, denn der Übergang ist fließend. Ob eine Vereinbarung den Vertrag ändern soll oder ein Zusatzvertrag sein soll, ergibt sich aus der Intention der Parteien. Ein Hinweis für den Willen der Parteien ist, welches Verfahren sie bei der Verhandlung der weiteren Vereinbarung verwenden. Häufig enthalten Verträge Verfahrensregelungen für eine Vertragsänderung. Wenn die Parteien nicht diese oder die allgemeinen Regeln zur Änderung von Verträgen aus der WVK anwenden, weist dies darauf hin, dass keine Vertragsänderung beabsichtigt ist. Dieses Argument gilt in der gleichen Weise für die Frage, ob ein Zusatzvertrag eine *inter-se*-Vereinbarung nach Art. 41 WVK sein kann und damit den Vertrag nur zwischen einigen Parteien ändert. Zusatzverträge, insbesondere implementierende Vereinbarungen, können auch darauf abzielen, dass ihnen nur bestimmte Parteien des Ausgangsvertrages zustimmen (z. B. Staaten einer bestimmten Region). Für die Vereinbarung von Modifikationen *inter-se* ergeben sich entweder Voraussetzungen aus dem jeweiligen Hauptvertrag oder aus Art. 41 WVK. Insbesondere besteht eine Notifizierungspflicht gegenüber den anderen Parteien.[1349] Werden diese formalen Kriterien nicht eingehalten, deutet dies darauf hin, dass ein Zusatzvertrag und keine

1345 *Matz-Lück*, in: Goettingen Journal of International Law 2009 (Vol. 1), 439 (446).
1346 BGBl. 1989 II 434, 435. International: UNTS Vol. 1439, 275.
1347 BGBl. 1989 II 434, 441. International: IAEA, INFCIRC/335.
1348 *Villiger*, VCLT, Art. 39, Rn. 3.
1349 Dazu genauer → Kapitel 4 K. II. 2.

Vertragsänderung vorliegt. Für die implementierende Vereinbarung ergibt sich als weiteres Unterscheidungsmerkmal, dass einem jeden Vertrag über eine Vertragsänderung nur die Parteien des Hauptvertrages zustimmen können und nicht Völkerrechtssubjekte einzig dem Änderungsvertrag beitreten können.[1350] Ein Zusatzvertrag kann eine Vertragsänderung darstellen, aber nicht jeder Zusatzvertrag ist automatisch eine Vertragsänderung. Beispielsweise ändern Protokolle 2, 3, 5, 8, 9, 10, 11, 14 und 15 die EMRK, während das Zusatzprotokoll sowie die Protokolle 4, 6, 7, 12 und 13 Zusatzverträge sind. Letztere ändern nicht den Text der EMRK.

Ein Zusatzvertrag kann dieselbe Funktion erfüllen wie eine Vertragsänderung oder als Ersatz für eine Vertragsänderung dienen.[1351] Im Einzelfall ist festzustellen, ob es sich um eine Vertragsänderung oder einen Zusatzvertrag handelt.

II. Vorgehen

Zusatzverträge können in dem Forum des bereits bestehenden Vertrages verhandelt werden, somit häufig im Rahmen der Konferenz der Vertragsparteien. Da es sich bei einem Zusatzvertrag um einen völkerrechtlichen Vertrag i. S. d. Art. 2 Abs. 1 lit. a) WVK handelt, müssen die Voraussetzungen für die Zustimmung durch jede einzelne zukünftige Partei eingehalten werden. Die Parteien des Hauptvertrages können gleichwohl erleichterte Regeln beschließen wie beispielsweise ein *Tacit-Consent*-Verfahren mit der Möglichkeit des *Opting-Outs*.[1352] Zusatzverträge können bereits gleichzeitig mit dem Hauptvertrag ausgehandelt werden. Beispiele sind das *Übereinkommen von Barcelona für den Schutz des Mittelmeers*[1353], welches 1976 zusammen mit zwei Zusatzprotokollen ausgehandelt wurde[1354] und das *Übereinkommen über das Verbot oder die Beschränkung des Einsatzes bestimmter konventioneller Waffen,*

1350 *Kojima/Vereshchetin*, Implementation Agreements, in: Wolfrum (Hrsg.), MPEPIL, Rn. 9.

1351 *Klabbers*, Treaties, Amendment and Revision, in: Wolfrum (Hrsg.), MPEPIL, Rn. 12.

1352 Dazu genauer → Kapitel 4 K. II. 3.

1353 EG ABl. Nr. L 240/35 vom 19.09.1977.

1354 UNTS Vol. 1102, 27.

die übermäßige Leiden verursachen oder unterschiedslos wirken können[1355], zu dem von Beginn an drei Zusatzprotokollen existierten.

III. Besondere Formen der Zusatzverträge

Als besondere Formen der Zusatzverträge sind der Rahmenvertrags-Protokoll-Ansatz (1.) und die implementierende Vereinbarung (2.) zu unterscheiden.

1. Rahmenvertrags-Protokoll-Ansatzes

Das Konzept des Rahmenvertrags-Protokoll-Ansatzes beschreibt eine spezifische Form von Zusatzverträgen (a). Es existieren verschiedene Kategorien des Rahmenvertrags-Protokoll-Ansatzes (b). Die Anwendung des Rahmenvertrags-Protokoll-Ansatzes erfolgt in drei Schritten (c).

a) Definition und Abgrenzung

Wesentlich ist für den Rahmenvertrags-Protokoll-Ansatz (*Framework-Protocol-Approach*), dass zunächst ein Rahmenvertrag abgeschlossen wird, der lediglich generelle und nur breitangelegte Pflichten enthält. Anschließend werden ein oder mehrere dazugehörige Protokolle ausgehandelt, welche konkretere, strengere oder ergänzende Pflichten als der Rahmenvertrag enthalten.[1356]

Dem Begriff des Rahmenvertrags-Protokoll-Ansatzes kommt keine juristisch-technische Bedeutung zu. Es existiert kein festes Modell des Rahmenvertrags-Protokoll-Ansatzes, indes unterscheiden einige spezielle Merkmale den Rahmenvertrags-Protokoll-Ansatz von anderen Methoden der Schaffung von Verträgen.[1357] Ein Rahmenvertrag begründet eine zweistufige Methode neue Vertragsregime zu entwickeln.[1358] Zuerst einigen sich die Parteien auf einen generellen oder programmatischen Vertrag, den Rahmenvertrag,

---

[1355] BGBl. 1992 II 958. International: UNTS Vol. 1432, 137.

[1356] New Zealand Centre for Environmental Law, Multilateral Environmental Agreement Negotiator's Handbook, Pacific Region 2013, online verfügbar: https://portals.iucn.org/library/node/44714 [28.07.2025], 23; *Brunnée*, in: Aginam/Okafor (Hrsg.), Humanizing Our Global Order, 62 (64); *Matz-Lück*, in: Goettingen Journal of International Law 2009 (Vol. 1), 439 (440); *Romanin Jacur*, in: Brölmann/Radi (Hrsg.), Research Handbook on the Theory and Practice of International Lawmaking, 419 (422); *Subritzky*, in: Goettingen Journal of International Law 2019 (Vol. 9), 367 (376).

[1357] *Andrade*, in: Gonzaga Journal of International Law 2021 (Vol. 24), 157 (175); *Matz-Lück*, in: Goettingen Journal of International Law 2009 (Vol. 1), 439 (441).

[1358] *Bodansky*, The Art and Craft of International Environmental Law, 186.

welcher hauptsächlich generelle Pflichten in Form von Prinzipien und Zielvorgaben enthält.[1359] Die Bestimmungen des Rahmenvertrags werden bewusst vage gehalten.[1360] Die Parteien entscheiden bereits in dem Rahmenvertrag, dass sie spezifische Entscheidungen in die nachfolgenden Vereinbarungen delegieren.[1361] Die Arten der Entscheidungen, die die Parteien delegieren, können variieren. Beispielsweise delegiert das *Bonner Übereinkommen zur Erhaltung wandernder wild lebender Tierarten*[1362] die Entscheidung, welche Tierarten geschützt werden sollen und das *Übereinkommen von Barcelona für den Schutz des Mittelmeers*[1363] delegiert die Regeln zu verschiedenen Formen von Verschmutzungen. In einem zweiten Schritt einigen sich die Parteien auf ein detaillierteres Protokoll, in welchem konkretere Regelungen zu den allgemeinen Verpflichtungen aus dem Rahmenvertrag enthalten sind.[1364]

Der Unterschied zwischen implementierenden Vereinbarungen und Protokollen in einem Rahmenvertrag-Protokoll-Ansatz ist, dass die Protokolle nur für Parteien des Rahmenvertrages offen sind, während implementierenden Vereinbarungen Nicht-Parteien des Hauptvertrages beitreten können.[1365] Dass Protokolle lediglich für Parteien des Rahmenvertrages offen sind, zeigt z. B.[1366] Art. 15 Abs. 1 des *Übereinkommens von Barcelona für den Schutz des Mittelmeers*:

> „Die Vertragsparteien können auf einer diplomatischen Konferenz nach Artikel 4 Absatz 2 Zusatzprotokolle zu diesem Übereinkommen annehmen." [1367]

[1359] *Brunnée*, in: The Georgetown Environmental Law Review 2020 (Vol. 33), 113 (126); *Helfer*, in: University of Illinois Law Review 2008 (Vol. 2008), 71 (84); *Matz-Lück*, in: Goettingen Journal of International Law 2009 (Vol. 1), 439 (440); *Subritzky*, in: Goettingen Journal of International Law 2019 (Vol. 9), 367 (378); *Tietje*, in: German Yearbook of International Law 1999 (Vol. 42), 26 (36).

[1360] *Bowman*, in: Bowman/Kritsiotis, Conceptual and Contextual Perspectives on the Modern Law of Treaties, 392 (428); *Matz-Lück*, Framework Agreements, in: Wolfrum (Hrsg.), MPEPIL, Rn. 1.

[1361] *Brunnée*, in: Leiden Journal of International Law 2002 (Vol. 15), 1 (8); *Subritzky*, in: Goettingen Journal of International Law 2019 (Vol. 9), 367 (378).

[1362] BGBl. 1984 II 569, 571. International: UNTS Vol. 1651, 333, 334.

[1363] EG ABl. Nr. L 240/35 vom 19.09.1977.

[1364] *Matz-Lück*, in: Goettingen Journal of International Law 2009 (Vol. 1), 439 (440).

[1365] *Matz-Lück*, Framework Agreements, in: Wolfrum (Hrsg.), MPEPIL, Rn. 5.

[1366] Ein weiteres Beispiel ist Art. 32 des *Übereinkommens über die biologische Vielfalt* (BGBl. 1993 II 1741, 1742. International: UNTS Vol. 1760, 79).

[1367] EG ABl. Nr. L 240/35 vom 19.09.1977.

Zusammengefasst sind die wichtigsten Merkmale des Rahmenvertrags-Protokoll-Ansatzes:

1. die zweistufige Methode zuerst einen Rahmenvertrag und dann Protokolle zu schaffen,
2. die generellen und weiten Pflichten, die im Rahmenvertrag enthalten sind,
3. die Delegation von Entscheidungen über konkretere Pflichten in die Protokolle.

b) Verschiedene Kategorien des Rahmenvertrags-Protokoll-Ansatzes

Es sind drei verschiedene Kategorien des Rahmenvertrags-Protokoll-Ansatzes zu unterscheiden. Die erste Kategorie der Rahmenverträge regelt lediglich verfahrensrechtliche und institutionelle Aspekte und überlässt jegliche materielle Regulierung den nachfolgenden Vereinbarungen. In der zweiten Kategorie enthält der Rahmenvertrag bereits verfahrensrechtliche und materielle Regelungen, welche durch anschließende Protokolle weiter ausdifferenziert werden. Streng genommen begründet ein Rahmenvertrag lediglich generelle Verpflichtungen im Gegensatz zu spezifischen Pflichten. Allerdings existieren verschiedene Mischformen der Rahmenverträge, die bereits spezifische Pflichten enthalten.[1368] Es ist schwierig, die Grenze zu ziehen, wann ein traditioneller Rahmenvertrag vorliegt und wann eine Mischform. Denn diese Unterscheidung verlangt festzustellen, wann Verpflichtungen des Hauptvertrages noch so generell sind, dass sie als Rahmenvertrag einzuordnen sind und wann sie so spezifisch werden, dass sie diese Voraussetzung nicht mehr erfüllen. Da jedoch keine speziellen Regeln für den Rahmenvertrags-Protokoll-Ansatz existieren, ist eine trennscharfe Abgrenzung nicht erforderlich.

Die dritte Kategorie unterscheidet sich deutlich von den ersten beiden Kategorien, da hier ein völkerrechtlicher Vertrag als Rahmen für nationale

---

[1368] *Matz-Lück*, Framework Agreements, in: Wolfrum (Hrsg.), MPEPIL, Rn. 3; *Tietje*, in: German Yearbook of International Law 1999 (Vol. 42), 26 (37).

Regulierung fungiert.[1369] Dies ist vergleichbar zu den EU-Richtlinien, welche zwar das Ziel festlegen, den Mitgliedsstaaten allerdings einen gewissen Umsetzungsspielraum lassen.

c) Anwendung

Kennzeichen für die Schaffung eines Rahmenvertrags-Protokoll-Regimes ist die schrittweise Vorgehensweise. Den Verhandlungen über den generellen Rahmenvertrag (aa) folgen die Verhandlungen über Protokolle mit konkreteren Pflichten (bb).[1370] Der Rahmenvertrag und die nachfolgenden Vereinbarungen in Form von Protokollen sind Verträge und insofern gelten die Regeln der WVK. Die Verträge sind anschließend gleichzeitig anzuwenden (cc).

aa) Erster Schritt: Schaffung eines Rahmenvertrages

Als ersten Schritt schaffen die Völkerrechtssubjekte einen Rahmenvertrag mit generellen Pflichten. Die Qualifikation als Rahmenvertrag führt nicht zu besonderen rechtlichen Konsequenzen. Aufgrund der unterschiedlichen Kategorien des Rahmenvertrags-Protokoll-Ansatzes bestehen Schwierigkeiten festzustellen, ob ein Rahmenvertrag vorliegt oder nicht. In einigen Fällen ergibt sich der Charakter als Rahmenvertrag bereits aus dem Vertragstitel,[1371] so z. B. für das *Rahmenübereinkommen der Vereinten Nationen über Klimaänderungen*[1372], *Rahmenübereinkommen der WHO zur Eindämmung des Tabakgebrauchs*[1373] oder das *Rahmenübereinkommen zum Schutz nationaler Minderheiten*[1374]. Nicht jeder Rahmenvertrag enthält die Bezeichnung im Titel. Daher ist das entscheidende Merkmal, ob ein Vertrag ein Rahmenvertrag ist oder nicht, dass die Parteien die Entscheidungen über Fragen, die relevant für das Erreichen von Ziel und Zweck des Vertrages sind, in nachfolgende Vereinbarungen verschoben haben.[1375] Rechtliche Konsequenzen hat die Einordnung jedoch nicht.

1369 *Matz-Lück*, Framework Agreements, in: Wolfrum (Hrsg.), MPEPIL, Rn. 1.

1370 *Bodansky/van Asselt*, The Art and Craft of International Environmental Law, 267; *Helfer*, in: University of Illinois Law Review 2008 (Vol. 2008), 71 (84).

1371 *Matz-Lück*, Framework Agreements, in: Wolfrum (Hrsg.), MPEPIL, Rn. 2.

1372 BGBl. 1993 II 1783, 1784. International: UNTS Vol. 1771, 107.

1373 BGBl. 2004 II 1538, 1539. International: UNTS Vol. 2302, 166.

1374 BGBl. 1997 II 1406. International: CETS Nr. 157.

1375 *Matz-Lück*, Framework Agreements, in: Wolfrum (Hrsg.), MPEPIL, Rn. 3.

bb) Zweiter Schritt: Schaffung zusätzlicher Protokolle

Im zweiten Schritt einigen sich die Parteien des Rahmenvertrages auf zusätzliche Protokolle. Während die Völkerrechtssubjekte in den Verhandlungen über den Rahmenvertrag lediglich den wenigen Beschränkungen des generellen Völkerrechts unterliegen, werden die Verhandlungen über nachfolgende Vereinbarungen durch die Vorgaben aus dem Rahmenvertrag begrenzt. Für die Verhandlung des Rahmenvertrages können die Völkerrechtssubjekte wählen, wie sie diese durchführen wollen. Insbesondere legen sie auch fest, welche Abstimmungsmechanismen sie verwenden möchten. Regelmäßig enthält der Rahmenvertrag für die Verhandlung der nachfolgenden Vereinbarungen einige verfahrensrechtliche Bestimmungen.[1376] So kann festgelegt werden, ob Einstimmigkeit zur Annahme notwendig ist, ob ein anderes Quorum genügt oder ob das Konsensus-Verfahren gewählt wird.[1377] Eine Annahme nach dem Konsensusverfahren liegt dann vor, wenn niemand einen formellen Widerspruch erhebt, somit sind Enthaltungen möglich.[1378] Wenn ein Protokoll durch Mehrheitsentscheidung angenommen werden kann, bindet es trotzdem nur die Parteien, die dem Protokoll zustimmen. Ausnahmsweise muss diese Zustimmung nicht ausdrücklich erfolgen, wenn das *Tacit-Consent*-Verfahren mit der Möglichkeit des *Opting-Outs* genutzt wird.[1379] Schließlich können für Protokolle wie für andere Verträge eine Mindestanzahl an Ratifikationen oder Beitritten vorgesehen werden, bevor ein Protokoll in Kraft tritt.[1380] Teilweise sind der erste und zweite Schritt nicht getrennt. Möglich ist, dass die Verhandlungen zu dem Rahmenvertrag und den Protokollen gleichzeitig erfolgen.[1381]

Um zu vermeiden, dass Völkerrechtssubjekte lediglich dem weniger strengen Rahmenvertrag beitreten und keinem der Protokolle, kann der Rahmenvertrag für die Zustimmung die weitere Bedingung aufstellen, dass jedes Völkerrechtssubjekt eine Mindestanzahl an Protokollen zuzustimmen hat.

1376 *Tietje*, in: German Yearbook of International Law 1999 (Vol. 42), 26 (51).

1377 *Matz-Lück*, in: Goettingen Journal of International Law 2009 (Vol. 1), 439 (453 f.).

1378 Zu den Verfahren ausführlicher: *Boyle/Chinkin*, The Making of International Law, 157 f.; *Wolfrum/Pichon*, Consensus, in: Wolfrum (Hrsg.), MPEPIL, Rn. 1.

1379 Dazu genauer → Kapitel 4 K. II. 3.

1380 *Brunnée*, in: Wolfrum/Röben (Hrsg.), Developments of International Law in Treaty Making, 101 (107 f.).

1381 *Matz-Lück*, in: Goettingen Journal of International Law 2009 (Vol. 1), 439 (441).

Eine solche Bedingung ist in Art. 23 Abs. 1 des *Übereinkommens von Barcelona für den Schutz des Mittelmeers* enthalten:

> „Vertragspartei dieses Übereinkommens kann nur werden, wer gleichzeitig Vertragspartei mindestens eines der Protokolle wird. Vertragspartei eines der Protokolle kann nur werden, wer Vertragspartei dieses Übereinkommens ist oder dies gleichzeitig wird."[1382]

Dieses Vorgehen entspricht der *Pick-and-choose-* oder *à-la-carte-*Methode nach Art. 17 Abs. 2 WVK, wonach die Parteien aus verschiedenen Pflichten auswählen müssen.[1383] Art. 17 Abs. 2 WVK legt nicht ausdrücklich fest, ob sich die auszuwählenden Pflichten aus demselben Vertragstext ergeben müssen oder in einem anderen Vertrag niedergelegt sein können. Die einzige Voraussetzung des Art. 17 Abs. 2 WVK ist, dass für die wirksame Zustimmung die Auswahl erkennbar sein muss. Diese Bedingung ist zwangsläufig erfüllt, da nach außen deutlich wird, welchem der Protokolle das Völkerrechtssubjekt zustimmt.

cc) Dritter Schritt: Gleichzeitige Anwendung und Fortentwicklung des Vertragsregimes

Nachdem die Völkerrechtssubjekte den Rahmenvertrag und ein Protokoll geschaffen haben, unterscheidet sich die Anwendung nur in wenigen Aspekten zu der Anwendung eines jeden völkerrechtlichen Vertrages. Eine Besonderheit ist, dass die Bestimmungen der späteren Vereinbarungen im Lichte des Rahmenvertrags auszulegen sind. Als Kontext i. S. v. Art. 31 Abs. 3 lit. c) WVK kommt dem Rahmenvertrag daher eine herausgehobene Stellung bei der Auslegung zu.

Darüber hinaus ist der Prozess der Rechtssetzung in einem Rahmenvertrags-Protokoll-Regime im Gegensatz zu anderen Verträgen ein fortwährender Prozess, der nicht mit dem Abschluss der Vertragsverhandlungen für den ersten Vertrag endet. Durch den geschaffenen Rahmen können die Parteien später neben Thematiken, die von Anfang an für Protokolle vorgesehen waren, auch Probleme regeln, die zur Zeit des Abschlusses des

---

1382 EG ABl. Nr. L 240/35 vom 19.09.1977.

1383 Dazu genauer → Kapitel 4 A. II.

Rahmenvertrages noch nicht relevant waren. Ebenso kann die Auslegung und Anwendung der bestehenden Regelungen Bedarf zur weiteren Regelung aufzeigen.

Schließlich muss beachtet werden, dass unterschiedliche Parteien des Vertragsregimes sich an verschiedene Verträge gebunden haben und damit verschiedenen Pflichten unterliegen.[1384]

2. Implementierende Vereinbarung

Eine spezielle Form eines Zusatzvertrages ist die implementierende Vereinbarung. Für die implementierende Vereinbarung (engl: *implementing agreement / implementation agreement*, franz.: *traité de mise en œuvre*), die auch als Durchführungsvertrag bezeichnet wird, existiert keine offizielle Definition (a). Die implementierende Vereinbarung ist von dem Rahmenvertrags-Protokoll-Ansatz und von *inter-se*-Modifikationen abzugrenzen (b). Die Verknüpfung zu dem Hauptvertrag ist bei der Aushandlung einer implementierenden Vereinbarung zu beachten (c).

a) Definition

Eine implementierende Vereinbarung verfolgt den Zweck, die Effektivität des Originalvertrages zu steigern, indem sie die Umsetzung und Durchführung des Vertrages verbessert.[1385] Es besteht eine enge Verbindung zwischen dem Hauptvertrag und der implementierenden Vereinbarung, da die implementierende Vereinbarung regelmäßig auf den Originalvertrag Bezug nimmt und teilweise einzelne Bestimmungen für anwendbar erklärt. Allerdings eröffnet der Hauptvertrag zumeist nicht ausdrücklich die Möglichkeit, dass die Parteien eine implementierende Vereinbarung schaffen können. In diesem Aspekt unterscheidet sich eine implementierende Vereinbarung von einem Protokoll zu einem Rahmenvertrag, da der Rahmenvertrag ausdrücklich die späteren Protokolle ermöglicht und vorsieht. Eine implementierende Vereinbarung kann gleichzeitig mit dem Originalvertrag oder danach ausgehandelt werden. Beispielsweise wurde das *Durchführungsübereinkommen*

1384 Dazu genauer → Kapitel 4 F. IV.

1385 *Kojima/Vereshchetin*, Implementation Agreements, in: Wolfrum (Hrsg.), MPEPIL, Rn. 1.

zu Teil XI des UN-Seerechtsübereinkommens[1386] bereits ausgehandelt, bevor das *UN Seerechtsübereinkommen*[1387] in Kraft getreten war. Allerdings wurden sie nicht gleichzeitig ausgehandelt. Die Aushandlung des *Durchführungsübereinkommens* war später, jedoch vor Inkrafttreten des *Seerechtsübereinkommens*. Eine implementierende Vereinbarung dient dazu, die ursprünglichen Regeln zu präzisieren, sie in bestimmten Themenbereichen oder für Regionen anzupassen, oder weitere Mechanismen zur Kontrolle der Umsetzung oder der Streitbeilegung zu schaffen und dadurch jeweils die Umsetzung des Originalvertrages zu verbessern.[1388] Steht eine implementierende Vereinbarung nur für eine Region und damit für eine begrenzte Anzahl von Parteien des Hauptvertrages offen, können darin die Besonderheiten der jeweiligen Region berücksichtigt werden.[1389]

Eine implementierende Vereinbarung ist sowohl als nicht-bindende Vereinbarung möglich, die dann beispielsweise als *Code of Conduct* aufzählt, was eine *„good practice“* der Umsetzung ist.[1390] Für die vertragliche Bindung ist ein solches Instrument nur relevant, wenn die implementierende Vereinbarung selbst ein Vertrag i. S. d. Art. 2 Abs. 1 lit. a) WVK ist.

b) Abgrenzungen

Die implementierende Vereinbarung ist abzugrenzen von anderen Zusatzverträgen, von Protokollen innerhalb eines Rahmenvertrags-Protokoll-Ansatzes und von *inter-se*-Modifikationen.

Zu anderen Zusatzverträgen sind implementierende Vereinbarungen durch ihren Inhalt abzugrenzen. Der Fokus von implementierenden Vereinbarungen liegt darauf, die Umsetzung des Originalvertrages effektiver zu gestalten. Dazu werden häufig prozessuale Pflichten festgelegt oder materielle Bestimmungen, welche die Pflichten aus dem Originalvertrag präzisieren. Schwierig ist es eine klare Grenze zu ziehen, wann ein späterer Vertrag lediglich den Originalvertrag präzisiert, um die Umsetzung zu verbessern, und wann qualitativ Pflichten geschaffen werden, die über den Originalvertrag

---

1386 BGBl. 1994 II 2565, 2566, 3796. International: UNTS Vol. 1836, 3.

1387 BGBl. 1994 II 1798, 1799. International: UNTS Vol. 1833, 3.

1388 *Kojima/Vereshchetin*, Implementation Agreements, in: Wolfrum (Hrsg.), MPEPIL, Rn. 2.

1389 *Boyle*, in: International and Comparative Law Quarterly 2005 (Vol. 54), 563 (576).

1390 *Boyle*, in: International and Comparative Law Quarterly 2005 (Vol. 54), 563 (572).

hinausgehen. Da die Einordnung als implementierende Vereinbarung oder als sonstiger Zusatzvertrag keine Rechtsfolgen aus dem allgemeinen Völkervertragsrecht auslöst, ist es nicht erforderlich, eine strikte Abgrenzung vorzunehmen.

Von dem Rahmenvertrags-Protokoll-Ansatz unterscheiden sich implementierende Vereinbarungen in mehrfacher Hinsicht. Zunächst ist der Originalvertrag detaillierter und konkreter als ein Rahmenvertrag. Weiterhin sieht der Originalvertrag regelmäßig nicht in einer Norm vor, dass eine implementierende Vereinbarung geschaffen werden kann. Schließlich können den Protokollen nur Parteien des Rahmenvertrags beitreten, während eine implementierende Vereinbarung neben den Parteien des Hauptvertrages auch offen sein kann für Nicht-Parteien des Hauptvertrages.[1391] Inwiefern es praktikabel ist, dass ein Völkerrechtssubjekt Partei einer implementierenden Vereinbarung ist, wenn es nicht Partei des Hauptvertrages ist, hängt insbesondere davon ab, wie der durchzuführende Aspekt im Hauptvertrag geregelt ist. Das *UN-Seerechtsabkommen*[1392] enthält zu weit wandernden Arten Art. 64:

> „(1) Der Küstenstaat und andere Staaten, deren Angehörige in der Region die in Anlage I aufgeführten weit wanderden Arten befischen, arbeiten unmittelbar oder im Rahmen geeigneter internationaler Organisationen zusammen, um die Erhaltung dieser Art zu gewährleisten und ihre optimale Nutzung in der gesamten Region sowohl innerhalb als auch außerhalb der ausschließlichen Wirtschaftszone zu fördern. In Regionen, für die es keine geeignete internationale Organisation gibt, arbeiten der Küstenstaat und die anderen Staaten, deren Angehörige diese Arten in der Region befischen, bei der Errichtung einer solchen Organisation zusammen und beteiligen sich an ihrer Arbeit.
>
> (2) Absatz 1 gilt zusätzlich zu den anderen Bestimmungen dieses Teiles.“[1393]

Dieser Artikel enthält lediglich sehr generelle Pflichten. Völkerrechtssubjekte können die konkreteren Pflichten des *Abkommens zur Durchführung der Bestimmungen des Seerechtsübereinkommens der Vereinten Nationen über die Erhaltung und Bewirtschaftung von gebietsübergreifenden Fischbeständen und Beständen weit wandernder Fische* durchaus erfüllen ohne gleichzeitig an

[1391] *Matz-Lück*, Framework Agreements, in: Wolfrum (Hrsg.), MPEPIL, Rn. 5.
[1392] BGBl. 1994 II 1798, 1799. International: UNTS Vol. 1833, 3.
[1393] BGBl. 1994 II 1798, 1799. International: UNTS Vol. 1833, 3.

die generellen Pflichten des Art. 64 des *UN-Seerechtsabkommens*[1394] gebunden zu sein. Insofern ermöglicht Art. 37 des *Abkommens zur Durchführung der Bestimmungen des Seerechtsübereinkommens der Vereinten Nationen über die Erhaltung und Bewirtschaftung von gebietsübergreifenden Fischbeständen und Beständen weit wandernder Fische* in Bezug auf die Erhaltung und Bewirtschaftung gebietsübergreifender Fischbestände und weit wandernder Fischbestände die Möglichkeit des Beitritts auch jener Staaten, die nicht Partei des *UN-Seerechtsabkommens*[1395] sind:

> „Dieses Übereinkommen wird für alle Staaten und die anderen in Artikel 1 Absatz 2 Buchstabe b bezeichneten Rechtsträger zur Unterzeichnung aufgelegt und liegt vom 4. Dezember 1995 zwölf Monate lang am Sitz der Vereinten Nationen zur Unterzeichnung auf."[1396]

Dagegen umfasst Teil XI des *UN-Seerechtsübereinkommens*, dessen Umsetzung das *Durchführungsübereinkommen zu Teil XI des UN-Seerechtsübereinkommens* dient, knapp sechzig Artikel. Eine Implementierung durch ein Völkerrechtssubjekt, welches nicht Partei des *UN-Seerechtsübereinkommens* ist, ist insofern nicht möglich. Daher verlangt Art. 4 Abs. 2 des *Durchführungsübereinkommens zu Teil XI des UN-Seerechtsübereinkommens*, dass die Völkerrechtssubjekte entweder vor Zustimmung bereits Partei des *UN-Seerechtsübereinkommens*[1397] sind oder zumindest gleichzeitig mit der Zustimmung zu der implementierenden Vereinbarung dem *UN-Seerechtsabkommen*[1398] zustimmen:

> „Ein Staat oder Rechtsträger darf nicht seine Zustimmung bekunden, durch dieses Übereinkommen gebunden zu sein, wenn er nicht zuvor seine Zustimmung bekundet hat oder gleichzeitig bekundet, durch das Seerechtsübereinkommen gebunden zu sein."[1399]

Durch diese Methode verschwimmt die Abgrenzung zwischen implementierenden Vereinbarungen und Protokollen innerhalb eines Rahmenvertrages, da zwar weiterhin jedes Völkerrechtssubjekt beitreten kann, jedoch die

1394 BGBl. 1994 II 1798, 1799. International: UNTS Vol. 1833, 3.
1395 BGBl. 1994 II 1798, 1799. International: UNTS Vol. 1833, 3.
1396 BGBl. 2000 II 1022. International: UNTS Vol. 2167, 3.
1397 BGBl. 1994 II 1798, 1799. International: UNTS Vol. 1833, 3.
1398 BGBl. 1994 II 1798, 1799. International: UNTS Vol. 1833, 3.
1399 BGBl. 1994 II 2565, 2566, 3796. International: UNTS Vol. 1836, 3.

Bedingung besteht, auch Partei des Originalvertrages zu werden. Daher ist die Unterscheidung besser anhand der Rechtsqualität des Hauptvertrages zu treffen. Es ist festzustellen, ob einzig weit formulierte Leitlinien und nur einige, zumeist verfahrenstechnische Pflichten, festgelegt werden oder schon wesentlich detailliertere Regeln geschaffen werden.

Eine *inter-se*-Modifikation gem. 41 WVK[1400] wird häufig ebenfalls dazu genutzt, um den Originalvertrag zwischen den einzelnen Vertragsparteien besser umzusetzen. Eine *inter-se*-Modifikation steht als besondere Form der Vertragsänderung allerdings nur den Parteien des Hauptvertrages offen, während sich an eine implementierende Vereinbarung auch andere Völkerrechtssubjekte binden können.

c) Aushandlung und Zustimmung zu der implementierenden Vereinbarung

Die enge Verbindung zwischen dem Originalvertrag und der implementierenden Vereinbarung wirkt sich häufig auf die Anforderungen für das Quorum der Annahme der implementierenden Vereinbarung oder der Zustimmung zu den Verträgen aus. Dabei ist zu unterscheiden zwischen der Einigung auf einen ausgehandelten Vertrag, der Zustimmung zu der implementierenden Vereinbarung der bisherigen Parteien des Originalvertrages und der Wirkung der Zustimmung von Völkerrechtssubjekten, die erst nach Inkrafttreten der implementierenden Vereinbarung dem Originalvertrag zustimmen.

Enthält der Hauptvertrag Bestimmungen für den Abschluss einer implementierenden Vereinbarung, kann für die Aushandlung ein Konsensusverfahren oder ein anderes Verfahren mit Mehrheitsentscheidung vorgesehen werden. Eine Annahme nach dem Konsensusverfahren liegt dann vor, wenn niemand einen formellen Widerspruch erhebt, somit sind Enthaltungen möglich.[1401] Falls der Vertrag dies nicht festlegt, kann ein solches Verfahren weiterhin auf der Konferenz der Vertragsparteien bestimmt werden. Für die völkerrechtliche Bindung an die implementierende Vereinbarung ist es grundsätzlich erforderlich, dass alle Parteien des

---

[1400] Nach Art. 41 WVK können einzelne Vertragsparteien einen Vertrag zwischen sich verändern. Dazu genauer → Kapitel 4 K II.

[1401] Zu den Verfahren ausführlicher: *Boyle/Chinkin*, The Making of International Law, 157 f.; *Wolfrum/Pichon*, Consensus, in: Wolfrum (Hrsg.), MPEPIL, Rn. 1.

Hauptvertrages erneut ausdrücklich ihre Zustimmung zu dem späteren Vertrag erklären müssen. Eine andere Möglichkeit wählt ausnahmsweise Art. 5 Abs. 1 des *Durchführungsübereinkommens zu Teil XI des UN-Seerechtsübereinkommens*, welcher ein *Tacit-Consent*-Verfahren mit *Opting-Out*[1402] für die Parteien des *UN-Seerechtsübereinkommens* vorsieht:

> „Hat ein Staat oder Rechtsträger vor dem Zeitpunkt der Annahme dieses Übereinkommens eine Ratifikationsurkunde zu dem Seerechtsübereinkommen hinterlegt und das vorliegende Übereinkommen nach Artikel 4 Absatz 3 Buchstabe c unterzeichnet, so gilt seine Zustimmung, durch das Übereinkommen gebunden zu sein, 12 Monate nach Annahme des Übereinkommens als bekundet, sofern dieser Staat oder Rechtsträger dem Verwahrer nicht zu diesem Zeitpunkt schriftlich notifiziert, daß er von dem in diesem Artikel vorgesehenen vereinfachten Verfahren keinen Gebrauch macht.“[1403]

Für Völkerrechtssubjekte, die erst nach Inkrafttreten des *Durchführungsübereinkommens zu Teil XI dem UN-Seerechtsübereinkommen* zustimmen, legt Art. 4 Abs. 1 des *Durchführungsübereinkommens zu Teil XI* fest:

> „Nach der Annahme dieses Übereinkommens stellt jede Ratifikations- oder Beitrittsurkunde zum Seerechtsübereinkommen oder jede Urkunde der förmlichen Bestätigung des Seerechtsübereinkommens auch die Zustimmung dar, durch das vorliegende Übereinkommen gebunden zu sein.“[1404]

Dies verdeutlicht die enge Verbindung zwischen dem *UN-Seerechtsübereinkommen*[1405] und dem *Durchführungsabkommen*. Der spätere Vertrag führt damit zu einer Veränderung der Bedeutung der Zustimmung zu dem Hauptvertrag. Die Regeln für bisherige Parteien und zukünftige Parteien zielen beide darauf ab, dass ein einheitliches Rechtsregime geschaffen wird, in dem es möglichst wenig zu unterschiedlichen Rechten und Pflichten kommt. Gründe sind dafür insbesondere, dass das *Seerechtsübereinkommen* ein objektives Rechtsregime

---

1402 Dazu genauer → Kapitel 4 K II. 3.

1403 BGBl. 1994 II 2565, 2566, 3796. International: UNTS Vol. 1836, 3.

1404 BGBl. 1994 II 2565. International: UNTS Vol. 1836, 3.

1405 BGBl. 1994 II 1798, 1799. International: UNTS Vol. 1833, 3.

für die Meere schafft und dass die Integrität des Vertrages geschützt werden soll, der in weiten Teilen durch *Package Deals* ausgehandelt wurde.[1406]

IV. Verhältnisse innerhalb eines Vertragsregimes mit Zusatzverträgen

Bei der gleichzeitigen Anwendung von Hauptvertrag und Zusatzverträgen müssen zwei Aspekte besonders berücksichtigt werden. Zum einen darf die Anwendung der Bestimmungen der Zusatzverträge nicht den Regelungen des Hauptvertrages bzw. des Rahmenvertrages widersprechen. Zum anderen muss beachtet werden, dass unterschiedliche Parteien des Vertragsregimes sich an verschiedene Verträge gebunden haben und damit verschiedenen Pflichten unterliegen.

1. Das Verhältnis des Hauptvertrages zu den Zusatzverträgen

Bezogen auf das Verhältnis zweier Verträge regelt Art. 30 Abs. 2 WVK, dass ein Vertrag dann einem anderen Vertrag vorgeht, wenn ersterer dem früheren oder späteren Vertrag untergeordnet ist. Welcher Vertrag dem anderen untergeordnet ist, muss sich aus den Umständen des Einzelfalles ergeben. Häufig betont bereits die Präambel des Protokolls die Bedeutung des Hauptvertrages bzw. des Rahmenvertrages. So verweist die Präambel des *Montrealer Protokolls über Stoffe, die zu einem Abbau der Ozonschicht führen* auf das *Wiener Übereinkommen zum Schutz der Ozonschicht*[1407] als Rahmenvertrag:

> „Die Vertragsparteien dieses Protokolls, als Vertragsparteien des Wiener Übereinkommens zum Schutz der Ozonschicht, eingedenk ihrer Verpflichtung aufgrund des Übereinkommens, […]"[1408]

In dem Fall sind die Pflichten der Protokolle im Lichte des Hauptvertrages auszulegen und anzuwenden. Darüber hinaus können die Parteien Konfliktklauseln in die Verträge einfügen, welche die Beziehung zwischen dem Hauptvertrag bzw. Rahmenvertrag und den Protokollen regeln.[1409] Ein Beispiel[1410]

1406 *Boyle*, in: International and Comparative Law Quarterly 2005 (Vol. 54), 563 (566).

1407 BGBl. 1988 II, 901, 902. International: UNTS Vol. 1513, 293.

1408 BGBl. 1988 II, 1014, 2002 II, 921. International: UNTS 1522, 3.

1409 *Matz-Lück*, in: Goettingen Journal of International Law 2009 (Vol. 1), 439 (456).

1410 Eine entsprechende Regelung ist in Art. 4 des *UN-Durchführungsabkommens des Seerechtsübereinkommens der Vereinten Nationen in Bezug auf die Erhaltung und*

ist Art. 37 Abs. 4 des *Übereinkommens gegen die grenzüberschreitende organisierte Kriminalität*, welcher normiert:

> „Jedes Protokoll dieses Übereinkommens ist zusammen mit dem Übereinkommen unter Berücksichtigung des Zwecks des Protokolls auszulegen."[1411]

Damit wird der Vorrang des Hauptvertrages festgelegt und bei einer Kollision geht dieser vor. Den umgekehrten Fall regelt Art. 2 Abs. 1 des *Durchführungsübereinkommens zu Teil XI des UN-Seerechtsübereinkommens* als implementierende Vereinbarung:

> „Dieses Übereinkommen und Teil XI werden zusammen als eine Übereinkunft ausgelegt und angewendet. Im Fall eines Widerspruchs zwischen dem Übereinkommen und Teil XI ist das Übereinkommen maßgebend."[1412]

In der Situation einer Kollision ist damit die implementierende Vereinbarung vorrangig.[1413] Die Parteien können für das Verhältnis zwischen dem Hauptvertrag und dem Zusatzvertrag sowohl den Vorrang des Hauptvertrages als auch den Vorrang des Zusatzvertrages festlegen.

2. Das Verhältnis der Parteien der verschiedenen Verträge

Manche Parteien innerhalb eines Vertragsregimes mit Zusatzverträgen unterliegen nur den Pflichten aus dem Hauptvertrag, andere den Pflichten aus dem Hauptvertrag und allen Zusatzverträgen und noch andere nur aus bestimmten Zusatzverträgen. Der Haupt- oder der Zusatzvertrag kann spezielle Regelungen für diese Frage enthalten, ansonsten ist auf Art. 30 WVK als allgemeines Völkervertragsrecht zurückzugreifen. Nach Art. 30 Abs. 4 WVK gilt aufgrund des Verweises auf Art. 30 Abs. 3 WVK für die Konstellation, dass nicht alle Parteien des früheren Vertrages auch dem späteren Vertrag angehören, zwischen den Parteien beider Verträge vorrangig der spätere Vertrag. Gegenüber den Parteien, die nur dem Hauptvertrag zugestimmt haben,

Bewirtschaftung gebietsübergreifender Fischbestände und weit wandernder Fischbestände (BGBl. 2000 II 1022. International: UNTS Vol. 2167, 3) festgelegt.

1411 BGBl. 2005 II 954. International: UNTS Vol. 2225, 209.

1412 BGBl. 1994 II 2565. International: UNTS Vol. 1836, 3.

1413 *Anderson*, in: Zeitschrift für ausländisches öffentliches Recht und Völkerrecht 1995 (Vol. 55), 275 (281); *Sohn*, in: American Journal of International Law 1994 (Vol. 88), 696 (699).

findet ausschließlich dieser Anwendung. Zu ermitteln ist somit, welcher Zeitpunkt ausschlaggebend ist, um festzulegen, dass ein Vertrag der frühere und ein anderer der spätere ist. Mögliche Zeitpunkte sind die Annahme des Vertrages, das Datum des Inkrafttretens der Verträge, das Datum der vorläufigen Anwendung oder das Datum der individuellen Zustimmung einer jeden Partei.[1414] Die ILC hat sich für das Datum der Annahme des Vertrages entschieden, da dies einen neuen rechtssetzenden Willen der Völkerrechtssubjekte dokumentiert, einen Vertrag mit dem festgelegten Inhalt zu schaffen.[1415] Deshalb ist Art. 30 WVK für Zusatzverträge nur anzuwenden, wenn die Zusatzverträge zeitlich nach dem Hauptvertrag angenommen wurden und nicht, wenn dies gleichzeitig geschieht.

Als dispositives Recht können die Parteien von Art. 30 WVK abweichen. Sieht der Vertrag selbst für den Kollisionsfall den Vorrang des früheren Hauptvertrages vor, gilt dieser Vorrang abweichend von Art. 30 Abs. 3 WVK innerhalb des Verhältnisses der Parteien beider Verträge. Ausschlaggebend sind somit für das Verhältnis der Parteien, die beiden Verträgen zugestimmt haben, die Regelungen über das Verhältnis der Verträge in eben diesen.

Für die meisten Zusatzverträge ist ein Vorteil, dass zumindest alle Parteien ebenfalls dem Hauptvertrag bzw. dem Rahmenvertrag beigetreten sein müssen,[1416] sodass dieser eine gemeinsame Grundlage bildet. Für implementierende Vereinbarungen, denen Völkerrechtssubjekte beitreten können, die nicht Partei des Hauptvertrages sind, gilt dies allerdings nicht. Dadurch kann es zu besonders komplizierten Konstellationen einer überschneidenden Mitgliedschaft kommen. Sind beispielsweise die Völkerrechtssubjekte A, B und C Partei des Hauptvertrages und A, B und D Partei einer implementierenden Vereinbarung, entstehen verschiedene Rechtsverhältnisse. Zwischen A und B gelten der Hauptvertrag und die implementierende Vereinbarung. Zwischen A und C sowie zwischen B und C gilt nur der Hauptvertrag. Weiterhin gilt zwischen A und D und zwischen B und D nur die implementierende Vereinbarung. Zwischen C und D besteht dagegen keine vertragliche Beziehung. Innerhalb eines Vertragsregimes, in welchem die Verträge aufeinander abgestimmt sind, können Widersprüche zwischen den Verträgen vermieden

1414 *Von der Decken*, in: Dörr/Schmalenbach (Hrsg.), VCLT, Art. 30 Rn. 11.

1415 United Nations Conference on the Law of Treaties (UNCLOT) II, 253.

1416 *Matz-Lück*, in: Goettingen Journal of International Law 2009 (Vol. 1), 439 (451 f).

werden. Dennoch müssen alle Parteien in der Erfüllung darauf achten, an welche Verträge die anderen Parteien gebunden sind.

V. Vertragsgestaltungsmöglichkeiten

Die Technik, Zusatzverträge zu verwenden, räumt den Völkerrechtssubjekten einen größeren Spielraum in den Verhandlungen neuer Verträge ein. Außerdem erhöht es die Fähigkeit, innerhalb eines Vertragsregimes auf spätere Entwicklungen zu reagieren.[1417] Während für andere Verträge die Zustimmung zu dem Vertrag zunächst das Ende des Prozesses der Vertragsverhandlung ist, ist die Zustimmung zu einem Rahmenvertrag oder Hauptvertrag, der vorsieht, dass Zusatzverträge geschaffen werden, der Beginn für die Vertragsverhandlungen der späteren Vereinbarungen. Ein Rahmenvertrag erfüllt eine vergleichbare Funktion wie ein *pactum de negotiando*[1418], bei welchem sich die Völkerrechtssubjekte darauf einigen, später über einen Vertrag zu verhandeln. Damit einhergehen all die Schwierigkeiten, die in Vertragsverhandlungen auftreten können. Die Verhandlungen zu dem *Übereinkommen von Paris*[1419] als Nachfolgeprotokoll zum *Kyoto Protokoll*[1420] haben gezeigt, dass die Verhandlungen über die konkreten Pflichten in den nachfolgenden Vereinbarungen trotz des zweistufigen Verfahrens langwierig sein können.[1421]

Zusatzverträge bieten sich besonders in Teilgebieten des Völkerrechts an, in denen sich die Umstände schnell ändern können. Innerhalb des Umweltvölkerrechts werden Zusatzverträge genutzt, um das Vertragsregime an neue wissenschaftliche Erkenntnisse anzupassen.[1422] Die Verwendung von Zusatzprotokollen kann zu einem umfassenderen und in sich geschlossenem Vertragsregime führen, da die Parteien, wenn sie neue Protokolle schaffen, den Hauptvertrag und andere frühere Protokolle berücksichtigen müssen.[1423]

[1417] *Matz-Lück*, Framework Agreements, in: MPEPIL, Wolfrum (Hrsg.), Rn. 13; *Tietje*, in: German Yearbook of International Law 1999 (Vol. 42), 26 (38).

[1418] *Tietje*, in: German Yearbook of International Law 1999 (Vol. 42), 26 (47).

[1419] BGBl. 2016 II, 1082. International: UNTS Vol. 3156, 79.

[1420] BGBl. 2002 II 966, 967. International: UNTS Vol. 2303, 162.

[1421] *Depledge*, The Organization of Global Negotiations: Constructing the Climate Change Regime, 26.

[1422] *Brunnée*, in: Wolfrum/Röben (Hrsg.), Developments of International Law in Treaty Making, 101 (104 f.).

[1423] *Matz-Lück*, in: Goettingen Journal of International Law 2009 (Vol. 1), 439 (446).

Die Verwendung von Zusatzprotokollen kann unterschiedlich gestaltet werden, insbesondere können verschiedene Begrenzungen genutzt werden.

Materielle Begrenzungen[1424] erfolgen insbesondere dahingehend, wenn bestimmte Mindestvorgaben[1425] enthalten sind, wie vielen Protokollen eine Partei des Hauptvertrages zustimmen muss. Eine solche Bedingung ist in Art. 23 Abs. 1 des *Übereinkommen von Barcelona für den Schutz des Mittelmeers* enthalten:

> „Vertragspartei dieses Übereinkommens kann nur werden, wer gleichzeitig Vertragspartei mindestens eines der Protokolle wird. Vertragspartei eines der Protokolle kann nur werden, wer Vertragspartei dieses Übereinkommens ist oder dies gleichzeitig wird."[1426]

Der Hauptvertrag sollte Bestimmungen aufnehmen, nach welchem Verfahren ein Protokoll ausgehandelt und beschlossen wird. Weiterhin empfiehlt es sich, Regelungen aufzunehmen, die das Verhältnis zwischen Hauptvertrag und Protokoll sowie zwischen Völkerrechtssubjekten, die Parteien unterschiedlicher Verträge innerhalb des Vertragsregimes aus Hauptvertrag und Protokollen sind, festlegen. Dies kann auch umfassen, dass festgelegt wird, dass Vorbehalte und andere Erklärungen zum Hauptvertrag in dem gleichen Umfang für das Protokoll gelten wie z. B. in Art. 7 Abs. 2 des *Protokolls über die Rechtsstellung der Flüchtlinge*:

> „Die von Vertragsstaaten des Abkommens nach dessen Artikel 42 gemachten Vorbehalte finden, sofern sie nicht zurückgezogen werden, hinsichtlich ihrer Verpflichtungen aus diesem Protokoll Anwendung."[1427]

Die Berechtigung, sich an verschiedene Protokolle zu binden, kann begrenzt werden auf einzelne Parteien[1428] oder wie bei der implementierenden Vereinbarung für Nicht-Vertragsparteien geöffnet werden. Überprüfungs- oder regelmäßige Berichtspflichten[1429] sind überwiegend nicht zweckmäßig und

---

[1424] Dazu genauer → Kapitel 2 C. II. 1.
[1425] Dazu genauer → Kapitel 2 C. II. 1. b).
[1426] EG ABl. Nr. L 240/35 vom 19.09.1977.
[1427] BGBl. 1969 II 1293. International: UNTS Vol. 606, 267.
[1428] Dazu genauer → Kapitel 2 C. II. 2.
[1429] Dazu genauer → Kapitel 2 C. II. 5. a) dd).

nur denkbar, wenn innerhalb des Hauptvertrages darüber zu berichten ist, warum einem Protokoll noch nicht zugestimmt wurde.

Die weiteren Pflichten aus den Zusatzverträgen gelten jeweils nur gegenüber den übrigen Parteien dieser Zusatzverträge. Innerhalb einer bilateralen Erfüllungsstruktur wirkt sich die Individualisierung dadurch jeweils reziprok aus. Zusatzprotokolle können auch innerhalb einer integralen Erfüllungsstruktur verwendet werden.[1430] Die Pflichten aus dem Zusatzprotokoll sind dann nur gegenüber der Gesamtheit der Parteien dieses Protokolls zu erfüllen.

G. Bestimmung der territorialen Geltung

Die Bestimmung der territorialen Geltung, auch als *ratione loci* bezeichnet, ist ein wichtiger Aspekt, um zu bestimmen, wo der Vertrag anzuwenden ist. Dadurch kann die vertragliche Bindung in der Form reduziert oder erweitert werden, dass die Parteien bestimmen können, wie ein Vertrag territorial gilt.

1. Art. 29 WVK als Ausgangspunkt

Territorium meint jede Landfläche, die internen Gewässer, das Küstenmeer und den Luftraum, über die eine Partei Souveränität ausübt.[1431] Besonderheiten ergeben sich für Verträge, die ausdrücklich ein bestimmtes Gebiet regeln und nur für dieses gelten. Beispiele sind der *Vertrag über die Grundsätze zur Regelung der Tätigkeiten von Staaten bei der Erforschung und Nutzung des Weltraums einschließlich des Mondes und anderer Himmelskörper (Weltraumvertrag)*[1432] oder der *Antarktis-Vertrag*[1433]. Für diese Verträge ist zu unterscheiden zwischen dem Gebiet, in dem der Vertrag gilt, und dem Gebiet, auf welches die Normen anzuwenden sind.[1434] Außerdem gelten verschiedene Verträge auch extraterritorial. Eine extraterritoriale Geltung meint, dass ein Vertrag

---

1430 Dazu genauer → Kapitel 2 C. II. 7.

1431 ILC Yearbook 1964, Vol. II 213 Rn. 3; *Aust*, Treaties, Territorial Application, in: Wolfrum (Hrsg.), MPEPIL, Rn. 2; *Vordermayer*, in: Harvard International Law Journal 2018 (Vol. 59), 59 (66).

1432 BGBl. 1969 II 1967, 1968. International: UNTS Vol. 610, 205.

1433 BGBl. 1978 II 1517, 1518. International: UNTS Vol. 402, 71.

1434 *Von der Decken*, in: Dörr/Schmalenbach (Hrsg.), VCLT, Art. 29 Rn. 15.

eine Vertragspartei zur Einhaltung auch außerhalb des eigenen Hoheitsgebiets verpflichtet.[1435]

Für die Bestimmung, was der räumliche Anwendungsbereich eines Vertrages ist, dient Art. 29 WVK als Ausgangspunkt:

> „Sofern keine abweichende Absicht aus dem Vertrag hervorgeht oder anderweitig festgestellt ist, bindet ein Vertrag jede Vertragspartei hinsichtlich ihres gesamten Hoheitsgebiets."[1436]

Durch diese Regelung wird sichergestellt, dass für jeden Vertrag der räumliche Anwendungsbereich bestimmbar ist, unabhängig davon, ob der Vertrag eine Regelung dazu enthält oder die Parteien sich ansonsten dazu äußern. Gleichzeitig nennt Art. 29 WVK als zwei Möglichkeiten, wie die territoriale Geltung bestimmt werden kann, die Festlegung im Vertragstext oder anderweitige Feststellung der Parteiintention.

Weiterhin ergibt sich aus der Regelung, dass ein Vertrag auch bei sich veränderndem Staatsgebiet zu jeder Zeit grundsätzlich im gesamten Staatsgebiet gilt.[1437] Dies stellt ein Aspekt der Flexibilität in zeitlicher Hinsicht dar.[1438]

II. Arten der Festlegung der territorialen Geltung

Es sind verschiedene Arten zu unterscheiden, wie die Parteien die räumliche Geltung bestimmen können. Der Vertrag kann den räumlichen Anwendungsbereich ausdrücklich in einer Territorialklausel des Vertrages festlegen (1.). Weiterhin kann eine Partei den räumlichen Anwendungsbereich durch unilaterale Erklärung festlegen (2.).

1435 *Milanovic*, in: Tams/Tzanakopoulos/Zimmermann (Hrsg.), Research Handbook on the Law of Treaties, 186 (189).

1436 BGBl. 1985 II 927. Englische authentische Fassung, UNTS Vol. 1155, 331: „Unless a different intention appears from the treaty or it is otherwise established, a treaty is binding upon each party in respect to its entire territory.".

1437 *Von der Decken*, in: Dörr/Schmalenbach (Hrsg.), VCLT, Art. 29 Rn. 27 f.

1438 Haben die Rechte und Pflichten zu verschiedenen Zeitpunkten des Vertrages einen unterschiedlichen Inhalt, stellt dies als zeitlich-inhaltliche Flexibilität die vierte Facette von Flexibilität dar. Dazu genauer → Kapitel 1 A. IV.

1. Festlegung in einer Vertragsbestimmung

Eine Vertragsbestimmung kann einheitlich und abstrakt den räumlichen Anwendungsbereich eines Vertrages festlegen. Beispielsweise regeln Art. 1 und Art. 2 des *Abkommens über die internationale Zivilluftfahrt*:

> „Art. 1 Lufthoheit
>
> Die Vertragsstaaten erkennen an, daß jeder Staat über seinem Hoheitsgebiet volle und ausschließliche Lufthoheit besitzt.
>
> Art. 2 Hoheitsgebiet
>
> Im Sinne dieses Abkommens gelten als Gebiet eines Staates die der Staatshoheit, der Oberhoheit, dem Schutze oder der Mandatsgewalt dieses Staates unterstehenden Landgebiete und angrenzenden Hoheitsgewässer."[1439]

Weiterhin können die Vertragsparteien in einer Vertragsbestimmung festhalten, in welchen Gebieten der Vertrag gelten soll oder nicht gelten soll.[1440] Dies kann einheitlich für alle Parteien erfolgen wie z. B. in Art. 14 des *Europäischen Übereinkommens über die obligatorische Haftpflichtversicherung für Kraftfahrzeuge*:

> „Dieses Übereinkommen ist auf die überseeischen Hoheitsgebiete der Vertragsparteien nicht anzuwenden."[1441]

Darüber hinaus können ausdrücklich bestimmte Gebiete aufgezählt werden. Beispielsweise[1442] listet Art. 355 AEUV ausdrücklich neben den Staatsgebieten der EU-Mitgliedsstaaten die Überseegebiete auf, in denen die EU-Verträge gelten:

1439 BGBl. 1956 II 411. International: UNTS Vol. 15, 295.

1440 *Von der Decken*, in: Dörr/Schmalenbach (Hrsg.), VCLT, Art. 29 Rn. 9.

1441 CETS Nr. 29.

1442 Eine explizite Auflistung der Gebiete, in denen ein Vertrag nicht gelten soll, enthält Art. 23 des 1983 *Australia New Zealand Closer Economic Relations Trade Agreement*: „This Agreement shall not apply to the Cook Islands, Niue and Tokelau, nor to any Australian territory other than internal territories unless the Member States have exchanged notes agreeing the terms on which this Agreement shall so apply." Quelle: Australian Treaty Series 1983 No. 2.

> „Zusätzlich zu den Bestimmungen des Artikels 52 des Vertrags über die Europäische Union über den räumlichen Geltungsbereich der Verträge gelten folgende Bestimmungen:
>
> (1) Die Verträge gelten nach Artikel 349 für Guadeloupe, Französisch-Guayana, Martinique, Réunion, Saint Barthélemy, Saint Martin, die Azoren, Madeira und die Kanarischen Inseln."[1443]

Solche Vertragsbestimmungen führen dazu, dass für eine Partei der Vertrag in dem gesamten Hoheitsgebiet gilt, während für andere Parteien einzelne Hoheitsgebiete ausgenommen sind.

2. Festlegung durch unilaterale Erklärung

Die Festlegung des räumlichen Anwendungsbereichs eines Vertrages kann durch unilaterale Erklärung erfolgen, wenn der Vertrag eine Territorialklausel enthält (a) sowie aufgrund von Art. 29 WVK ebenfalls wenn der Vertrag dazu schweigt (b). Inwiefern eine solche unilaterale Erklärung als Vorbehalt einzuordnen ist, ist genau zu prüfen (c).

a) Unilaterale Erklärung zu einem Vertrag mit Territorialklausel

Eine Territorialklausel, die eine unilaterale Erklärung ermöglicht, kann unterschiedlich ausgestaltet sein. In der Vergangenheit handelte es sich dabei regelmäßig um eine Kolonialklausel, die festlegte, inwiefern der Vertrag auf Kolonien oder andere Gebiete, für die das Völkerrechtssubjekt verantwortlich ist, zu erstrecken ist.[1444] Typische Formulierung einer Kolonialklausel ist beispielsweise[1445] der Wortlaut, den auch der oben genannte Art. XII der *Konvention über die Verhütung und Bestrafung des Völkermordes* verwendet:

> „Eine Vertragschließende Partei kann jederzeit durch Mitteilung an den Generalsekretär der Vereinten Nationen die Anwendung dieser Konvention auf alle oder

---

[1443] Konsolidierte Fassung des Vertrages über die Arbeitsweise der Europäischen Union: EU ABl. Nr. C 326 vom 26.10.2012 S. 0001-0390.

[1444] *Bokor-Szego*, in: Acta Juridica 1962 (Vol. 4), 261 (265); *Liang*, in: American Journal of International Law 1951 (Vol. 45), 108 (108).

[1445] Weitere Beispiele sind: Art. 40 des *Abkommens über die Rechtsstellung der Flüchtlinge* (BGBl. 1953 II 559, 560. International: UNTS Vol. 189, 137) und Art. 48 Abs. 1 des *Internationalen Kaffee-Übereinkommens von 2001* (BGBl. 2002 II 2374. International: UNTS Vol. 2161, 308).

> eines der Gebiete erstrecken, für deren auswärtige Angelegenheiten diese Vertragschließende Partei verantwortlich ist."[1446]

Neben einer solchen optionalen Erstreckung können Kolonialklauseln den optionalen Ausschluss der Anwendung auf die Gebiete vorsehen oder sie können die automatische Anwendung auf die Gebiete festlegen.[1447] Kolonialklauseln, die heute noch in Verträgen existieren, werden verschiedentlich als unzeitgemäß[1448] oder als Aufrechterhaltung des Kolonialsystems[1449] beanstandet. Es kann zwar auch heute ein Interesse daran bestehen, dass für die Parteien Raum besteht, regionale und lokale Unterschiede zu berücksichtigen,[1450] es empfiehlt sich jedoch eine generelle Formulierung zu verwenden für eine derartige Territorialklausel anstatt der früher verwendeten Kolonialklauseln.

Territorialklauseln, die genereller formuliert sind, können den Parteien die freie Wahl lassen, welche Gebiete in den räumlichen Anwendungsbereich fallen sollen, oder sie kann erlauben, den räumlichen Anwendungsbereich zu beschränken oder zu erweitern. Die freie Wahl lässt beispielsweise[1451] Art. 5 Abs. 1 des *Protokolls Nr. 6 zur Konvention zum Schutze der Menschenrechte und Grundfreiheiten, über die Abschaffung der Todesstrafe*:

> „Jeder Staat kann bei der Unterzeichnung oder bei der Hinterlegung seiner Ratifikations-, Annahme- oder Genehmigungsurkunde einzelne oder mehrere Hoheitsgebiete bezeichnen, auf die dieses Protokoll Anwendung findet."[1452]

Häufig wird eine solche Regelung ergänzt um die Möglichkeit, später weitere Gebiete zu ergänzen, z. B. in Art. 5 Abs. 2 des *Protokolls Nr. 6 zur Konvention*

1446 BGBl. 1954 II 730. International: UNTS Vol. 78, 277.

1447 *Liang*, in: American Journal of International Law 1951 (Vol. 45), 108 (108).

1448 *Moor/Simpson*, in: British Yearbook of International Law 2006 (Vol. 76), 121 (186).

1449 So bereits in den Verhandlungen zur WVK Mr. Tunkin: ILC Yearbook 1966 Vol. I, 49, Rn. 35. Weiterführend zu der Debatte: *Elias*, The Modern Law of Treaties, 50-54.

1450 *Karagiannis*, in: Hollis (Hrsg.), The Oxford Guide to Treaties, 309 (316).

1451 Weitere Beispiele sind Art. 38 Abs. 1 des *Übereinkommens über Computerkriminalität* (CETS Nr. 185); Art. 86 der *Europäischen Ordnung der Sozialen Sicherheit (revidiert)* (CETS Nr. 139).

1452 CETS Nr. 114.

zum Schutze der Menschenrechte und Grundfreiheiten, über die Abschaffung der Todesstrafe:

> „Jeder Staat kann jederzeit danach durch eine an den Generalsekretär des Europarats gerichtete Erklärung die Anwendung dieses Protokolls auf jedes weitere in der Erklärung bezeichnete Hoheitsgebiet erstrecken. Das Protokoll tritt für dieses Hoheitsgebiet am ersten Tag des Monats in Kraft, der auf den Eingang der Erklärung beim Generalsekretär folgt."[1453]

Ein Vertrag kann Gebiete, die die Parteien aus dem räumlichen Anwendungsbereich ausnehmen können, weiterhin anhand von Kriterien festlegen. Ein Beispiel[1454] ist Art. 23 Abs. 1 des *ILO Übereinkommens Nr. 63 über Statistiken der Löhne und der Arbeitszeit in den hauptsächlichsten Zweigen des Bergbaus und der Industrie, einschließlich des Baugewerbes, und in der Landwirtschaft*:

> „Umfaßt das Gebiet eines Mitgliedes ausgedehnte Gegenden, in denen wegen der Schwierigkeiten, denen die Schaffung der erforderlichen Verwaltungsstellen begegnet, oder wegen der geringen Dichte der Bevölkerung oder des Standes der wirtschaftlichen Entwicklung die Zusammenstellung der Statistiken nach den Bestimmungen dieses Übereinkommens undurchführbar ist, so können diese Gegenden von der Durchführung dieses Übereinkommens ganz oder teilweise ausgenommen werden."[1455]

b) Unilaterale Erklärung bei schweigendem Vertrag

Enthält der Vertrag keine Vertragsklausel bezüglich der territorialen Geltung, greift Art. 29 WVK ein, sodass im Zweifelsfall das gesamte Hoheitsgebiet umfasst ist. Eine Abweichung ist nach Art. 29 WVK dann möglich, wenn *„a different intention appears from the treaty or it is otherwise established"*[1456]. Aus diesem Wortlaut ergibt sich nicht explizit, wessen Intention dabei

---

1453 CETS Nr. 114.

1454 Weitere Beispiele sind: Art. 29 des *ILO Übereinkommens Nr. 81 über die Arbeitsaufsicht in Gewerbe und Handel*; Art. 17 des *ILO Übereinkommens Nr. 95 über den Lohnschutz*; Art. 15 des *ILO Übereinkommens Nr. 96 über Büros für entgeltliche Arbeitsvermittlung (Neufassung vom Jahr 1949)*, Quelle jeweils: Normlex (Information System on International Labour Standards, https://normlex.ilo.org/).

1455 Normlex (Information System on International Labour Standards, https://normlex.ilo.org/).

1456 BGBl. 1985 II 927. Englische authentische Fassung, UNTS Vol. 1155, 331.

ausschlaggebend ist. Ist eine kollektive Intention erforderlich oder genügt es, wenn eine Partei ihre Intention unilateral etabliert? Die Staatenpraxis zumindest zeigt, dass Parteien immer wieder unilaterale Erklärungen zu einem Vertrag ohne Territorialklausel abgeben.[1457] Diese Erklärungen sind Grundlage einer bisher nicht gelösten Debatte.[1458] Für eine Auslegung, dass bereits die einseitige Absicht genügt,[1459] spricht die Einbeziehung des Kommentars zu den „ILC Draft Articles on the Law of Treaties“:

> „One Government proposed that a second paragraph should be added to the article providing specifically that a State, which is composed of distinct autonomous parts, should have the right to declare to which of the constituent parts of the State a treaty is to apply. Under this proposal the declaration was not to be considered a reservation but a limitation of the consent to certain parts only of the State. The Commission was of the opinion that such a provision, however formulated, might raise as many problems as it would solve. It further considered that the words „unless a different intention appears from the treaty or is otherwise established“ in the text now proposed give the necessary flexibility to the rule to cover all legitimate requirements in regard to the application of treaties to territory.“[1460]

Der UN Generalsekretär als Depositar widerspricht unilateralen Erklärungen in Bezug auf die territoriale Geltung ebenfalls nicht und führt dazu aus:

1457 Erklärung Neuseelands zur *Customs Convention on Containers* (International: UNTS Vol. 988, 43) vom 10.01.1975, UN Doc. C.N.368.1974.TREATIES-5 (Depositary Notification); Erklärung der Niederlande zum *Römischen Statut des Internationalen Strafgerichtshofs* (BGBl. 2000 II 1393. International: UNTS Vol. 2187, 3) vom 17.07.2001, UN Doc. C.N.681.2001.TREATIES-17 (Depositary Notification); Erklärung Großbritanniens zum *Römischen Statut des Internationalen Strafgerichtshofs* (BGBl. 2000 II 1393. International: UNTS Vol. 2187, 3) vom 26.03.2010, UN Doc. C.N.161.2010. TREATIES-1 (Depositary Notification).

1458 *Aust*, Treaties, Territorial Application, in: Wolfrum (Hrsg.), MPEPIL, Rn. 9-11; *Karagiannis*, in: Hollis (Hrsg.), The Oxford Guide to Treaties, 309 (313 f.); *Milanovic*, in: Tams/Tzanakopoulos/Zimmermann (Hrsg.), Research Handbook on the Law of Treaties, 186 (209-218); *Miltner*, in: Bowman/Kritsiotis (Hrsg.), Conceptual and Contextual Perspective on the Modern Law of Treaties, 468 (486-490).

1459 Statements von Neuseeland und Großbritannien in ILC 63. Session, 26.04.-03.06. and 04.07.-12.08.2011, UN Doc. A/CN.4/639/Add.1, Draft guideline 1.1.3; *Villinger*, VCLT, Art. 29 Rn. 4 f.

1460 ILC Draft Articles on the Law of Treaties with commentaries, in: ILC Yearbook 1966 Vol. II 213, Rn. 4.

> „In all of the above-mentioned circumstances, and as already indicated, the Secretary-General, as depositary, has felt that he was not to pass judgement on the admissibility of such declarations and he has duly circulated them (see annex XXV). This position would not appear inconsistent with the provisions of article 29 of the Vienna Convention on the Law of Treaties since it may be considered that the constant practice of certain States (which still comprise „non-metropolitan" Territories) in respect of territorial application and the general absence of objections to such practices have „established a different intention" within the meaning of article 29."[1461]

Andererseits nennt Art. 29 WVK nur einmal den Begriff der Intention und führt zwei Umstände auf, aus denen sich die Intention ergeben kann. Im Falle des Vertrages handelt es sich um eine kollektive Intention, sodass der Wortlaut von Art. 29 WVK dafürspricht, dass es sich auch in der Konstellation der anderweitigen Festlegung um eine kollektive Intention handeln muss.

Die praktische Relevanz der Frage, wessen Intention entscheidend ist, nimmt insofern ab, wenn man annimmt, dass sich die anderen Parteien konkludent mit einer unilateralen Erklärung einverstanden erklären, wenn sie auf die Erklärung schweigen, anstatt zu widersprechen.[1462] Vor dem Hintergrund dieser unterschiedlichen Ansichten können die vertragsgestaltenden Personen die Frage entweder bewusst offenlassen oder eine Vertragsbestimmung zur territorialen Geltung aufnehmen.

Nach Art. 29 WVK gilt der Vertrag grundsätzlich für das gesamte Hoheitsgebiet.[1463] Dies meint dabei alle Gebiete, über die der Staat Hoheitsgewalt ausübt und umfasst auch Überseegebiete, wenn sie nach Maßgabe des Verfassungsrechts dem Staatsgebiet zugeordnet sind.[1464] Somit ist es denklogisch, dass eine abweichende Absicht die territoriale Geltung nur begrenzen und nicht erweitern kann.[1465] Die Staatenpraxis weicht davon jedoch ab. Beispielsweise erweitert die Erklärung der Niederlande den räumlichen Anwendungsbereich des *Römischen Statuts des*

1461 Summary of Practice of the Secretary-General as the Depositar of Mulilateral Treaties, UN Doc. ST/LEG/7/Rev. 1 (1999), Rn. 285.

1462 Vgl. *Milanovic*, in: Tams/Tzanakopoulos/Zimmermann (Hrsg.), Research Handbook on the Law of Treaties, 186 (216, 218).

1463 *Villinger*, VCLT, Art. 29 Rn. 6.

1464 *Heintschel von Heinegg*, in: Ipsen (Begr.), Völkerrecht, § 15, Rn. 2.

1465 *Miltner*, in: Bowman/Kritsiotis (Hrsg.), Conceptual and Contextual Perspective on the Modern Law of Treaties, 468 (489 f.).

Internationalen Strafgerichtshofs[1466] auf Überseegebiete.[1467] Da dieser Vertrag keine Regelung zum räumlichen Anwendungsbereich trifft, ist Art. 29 WVK anzuwenden. Damit wäre anzunehmen, dass die Überseegebiete bereits von dem territorialen Anwendungsbereich umfasst sind. Eine Erweiterung ist weder notwendig noch möglich.[1468] Die anderen Parteien haben den Erklärungen nicht widersprochen. Rechtlich vereinbar mit Art. 29 WVK ist dies, wenn die Erklärungen als deklaratorisch anzusehen sind.

c) Rechtliche Einordnung einer unilateralen Erklärung zur territorialen Geltung

Eröffnet eine Vertragsbestimmung die Möglichkeit, den Anwendungsbereich zu konkretisieren, kann es sich nicht um einen Vorbehalt handeln, wenn die Geltung des gesamten Vertrages für ein Teilgebiet ausgeschlossen wird. Werden nur einzelne Bestimmungen ausgeschlossen, ist eine solche Einordnung dagegen möglich.

Der Entwurf der WVK ließ die Einordnung der Bestimmung der territorialen Geltung als Vorbehalt bewusst offen.[1469] In der anschließenden Praxis leitete der UN-Generalsekretär als Depositar Erklärungen zum räumlichen Anwendungsbereich häufig als Vorbehalte an die anderen Parteien weiter, während er die rechtliche Einordnung den Parteien überließ. Später nahm der Berichterstatter der ILC an, dass eine Bestimmung, die Teile des Gebietes ausschließt, als Vorbehalt einzuordnen sei.[1470] Die Literatur vertrat ebenfalls unterschiedliche Ansichten.[1471]

1466 BGBl. 2000 II 1393. International: UNTS Vol. 2187, 3.

1467 Erklärung durch die Niederlande vom 17.07.2001, UN Doc. C.N.681.2001.TREATIES-17 (Depositary Notification).

1468 *Miltner*, in: Bowman/Kritsiotis (Hrsg.), Conceptual and Contextual Perspective on the Modern Law of Treaties, 468 (489 f.).

1469 ILC Guide to Practice on Reservations to Treaties 2011, UN Doc. A/66/10/Add.1, Guideline 1.1.3 – Commentary, Rn. 6.

1470 Third Report on reservations to treaties by the Special Rapporteur on Reservations Mr. Allain Pellet, UN Doc. A/CN.4/491 and Add. 1-6, Rn. 182-190.

1471 Zu der Diskussion: *Åkermark*, in: International & Comparative Law Quartely 1999 (Vol. 48), 479 (507 f.); *Miltner*, in: Bowman/Kritsiotis (Hrsg.), Conceptual and Contextual Perspective on the Modern Law of Treaties, 468 (482-486).

Nach kontroversen Diskussionen innerhalb der ILC[1472] in Vorbereitung auf den „Guide to Practice on Reservations to Treaties", passte diese die Guideline 1.1.3 an. Sie lautet nun:

> „A unilateral statement by which a State purports to exclude the application of some provisions of a treaty, or of the treaty as a whole with respect to certain specific aspects, to a territory to which they would be applicable in the absence of such a statement constitutes a reservation."[1473]

Entscheidend ist, dass die Erklärung einzelne Bestimmungen eines Vertrages für die Geltung innerhalb eines Gebiets oder die Geltung des gesamten Vertrages nur bezogen auf einzelne Aspekte ausschließt. Der vollständige Ausschluss des Vertrages in einem Gebiet stellt nach der Definition in Art. 2 Abs. 1 lit. d) WVK keinen Vorbehalt dar.[1474]

Teilweise wird die Bestimmung des räumlichen Anwendungsbereiches eines Vertrages auch durch die Erweiterung statt der Beschränkung des Anwendungsbereiches vorgenommen. So formuliert Art. XII der *Konvention über die Verhütung und Bestrafung des Völkermordes*:

> „Eine Vertragsschließende Partei kann jederzeit durch Mitteilung an den Generalsekretär der Vereinten Nationen die Anwendung dieser Konvention auf alle oder eines der Gebiete erstrecken, für deren auswärtige Angelegenheiten diese Vertragschließende Partei verantwortlich ist."[1475]

Eine solche Erweiterung kann nicht durch einen Vorbehalt erklärt werden. Dafür spricht ferner, dass eine Erweiterung des räumlichen Anwendungsbereichs auch nach Unterzeichnung, Ratifikation, Annahme oder Genehmigung eines Vertrags oder bei dem Beitritt zu einem Vertrag zulässig ist.

1472 ILC, Summary record of the 2545th meeting, in: ILC Yearbook 1998 Vol. I, 183-189; ILC, Reservations to treaties – Comments and observations received from Governments, Addendum, UN Doc. A/CN.4/639/Add.1, 8-10.

1473 ILC Guide to Practice on Reservations to Treaties 2011, UN Doc. A/66/10/Add.1, Guideline 1.1.3.

1474 ILC Guide to Practice on Reservations to Treaties 2011, UN Doc. A/66/10/Add.1, Guideline 1.1.3 – Commentary, Rn. 9; *Miltner*, in: Bowman/Kritsiotis (Hrsg.), Conceptual and Contextual Perspective on the Modern Law of Treaties, 468 (485).

1475 BGBl. 1954 II 730. International: UNTS Vol. 78, 277.

III. Kündigungsmöglichkeit hinsichtlich eines erweiterten Gebiets

Einige Verträge enthalten spezielle Beendigungsmöglichkeiten für einen Teil des Hoheitsgebietes.[1476] Beispielsweise[1477] bestimmt Art. 58 Abs. 4 EMRK:

> „Die Konvention kann in Bezug auf jedes Hoheitsgebiet, auf das sie durch eine Erklärung nach Art. 56 anwendbar geworden ist, nach den Absätzen 1 bis 3 gekündigt werden."[1478]

In Bezug nehmen diese Normen jeweils die Erweiterungsmöglichkeiten durch die Kolonialklauseln oder andere Territorialklauseln in dem Vertrag. Es handelt sich um eine besondere Form der teilweisen Kündigung mit Wirkung *ratione loci*. Durch die teilweise Kündigung können die Parteien die zuvor vorgenommene Erweiterung jederzeit rückgängig machen.

IV. Klauseln zur Berücksichtigung eines föderalen Staatsaufbaus

Unter die Bestimmung der territorialen Geltung fallen auch Klauseln, die erforderlich sind aufgrund der politischen Unterteilung des staatlichen Hauptgebiets.[1479] Das Grundproblem für Bundesstaaten im Völkerrecht ist, dass völkerrechtlich der Gesamtstaat gebunden wird, nach der innerstaatlichen Rechtsordnung für die Umsetzung indes die Untereinheiten zuständig sein können. Erfolgt die Umsetzung nicht oder nicht ordnungsgemäß, haftet völkerrechtlich der Gesamtstaat.[1480] Dies ergibt sich bereits aus Art. 27 WVK. Die Kompetenzverteilung zwischen Gesamtstaat und Untereinheiten richtet sich nach innerstaatlichem Recht, auf welches sich ein Staat nicht berufen kann, wenn er einen Vertrag verletzt. Die WVK sieht für Bundesstaaten keine spezielle Regelung vor. Die Thematik kann daher in verschiedenen

---

[1476] *Khatniuk/Olefir/Ivashko/Malyshenko/Pobiianska*, in: Journal of Legal Ethical & Regulatory Issues 2020 (Vol. 23), 1 (3 f.).

[1477] Weitere Beispiele finden sich in Art. 44 Abs. 3 des *Abkommens über die Rechtsstellung der Flüchtlinge* (BGBl. 1953 II 559, 560. International: UNTS Vol. 189, 137) oder Artikel M Abs. 3 der *revidierten Sozialcharter* (CETS Nr. 163).

[1478] Neufassung der deutschen Übersetzung aus BGBl. 2010 II 1199. International: CETS Nr. 5.

[1479] *Aust*, Treaties, Territorial Application, in: Wolfrum (Hrsg.), MPEPIL, Rn. 19; *von der Decken*, in: Dörr/Schmalenbach (Hrsg.), VCLT, Art. 29, Rn. 12.

[1480] *Karagiannis*, in: Hollis (Hrsg.), The Oxford Guide to Treaties, 309 (315 f.); *Milanovic*, in: Tams/Tzanakopoulos/Zimmermann (Hrsg.), Research Handbook on the Law of Treaties, 186 (197).

Arten von Vertragsklauseln behandelt werden. Die Klauseln beziehen sich lediglich indirekt auf die Bestimmung des räumlichen Anwendungsbereichs eines Vertrages. Stattdessen behandeln sie vielmehr die Frage, wie eine föderale Struktur zu berücksichtigen ist. Da föderale Einheiten zwangsläufig ein bestimmtes Gebiet des Gesamtstaates umfassen, werden die Klauseln dennoch im Zusammenhang mit der territorialen Geltung behandelt.

Die erste Möglichkeit ist eine Föderalklausel (*federal state clause*). Eine derartige Klausel sieht für den Gesamtstaat die generelle Umsetzungspflicht vor und gleichzeitig weitere Pflichten für Bundesstaaten.[1481] Ein Beispiel[1482] ist Art. 41 des *Abkommens über die Rechtsstellung der Flüchtlinge*:

> „Im Falle eines Bundes oder Nichteinheitsstaates werden nachstehende Bestimmungen Anwendung finden:
>
> a) Soweit es sich um die Artikel dieses Abkommens handelt, für die der Bund die Gesetzgebung hat, werden die Verpflichtungen der Bundesregierung dieselben sein wie diejenigen der Unterzeichnerstaaten, die keine Bundesstaaten sind.
>
> b) Soweit es sich um die Artikel dieses Abkommens handelt, für die die einzelnen Länder, Provinzen oder Kantone, die auf Grund der Bundesverfassung zur Ergreifung gesetzgeberischer Maßnahmen nicht verpflichtet sind, die Gesetzgebung haben, wird die Bundesregierung sobald wie möglich diese Artikel den zuständigen Stellen der Länder, Provinzen oder Kantone befürwortend zur Kenntnis bringen.
>
> c) Ein Bundesstaat als Unterzeichner dieses Abkommens wird auf das ihm durch den Generalsekretär der Vereinten Nationen übermittelte Ersuchen eines anderen vertragschließenden Staates hinsichtlich einzelner Bestimmungen des Abkommens eine Darstellung der geltenden Gesetzgebung und ihrer Anwendung innerhalb des Bundes und seiner Glieder übermitteln, aus der hervorgeht, inwieweit diese Bestimmungen durch Gesetzgebung oder sonstige Maßnahmen wirksam geworden sind.“[1483]

[1481] *Bernier*, International legal aspects of federalism, 172; *Liang*, in: American Journal of International Law 1951 (Vol. 45), 108 (121); *Looper*, in: British Yearbook of International Law 1955-1956 (Vol. 32), 162 (164).

[1482] Ein weiteres Beispiel ist Art. 34 des *UNESCO Übereinkommens zum Schutz des Kultur- und Naturerbes der Welt* (BGBl. 1977 II 213. International: UNTS Vol. 1037, 151).

[1483] BGBl. 1953 II 560. International: UNTS Vol. 189, 137.

Diese Klauseln werden auch als föderale Jurisdiktionsklauseln (*federal jurisdictional clause*) bezeichnet, da der Bundesstaat nur zur Umsetzung jener Normen verpflichtet ist, die in seine Jurisdiktion fallen.[1484] Eine Erklärung zu einer Föderalklausel verändert nicht die räumliche Dimension des Anwendungsbereichs, sondern vielmehr den Anwendungsbereich *ratione materiae*.[1485]

Zweitens geben Gebietseinheitenklauseln (*territorial units clause*[1486]) den föderalen Staaten die Wahl, ob die Vertragspflichten auch für alle oder einzelne der unteren Einheiten des Staates gelten sollen.[1487] Ein Beispiel für eine Territorialklausel ist in Art. 93 Abs. 1 des *Übereinkommens der Vereinten Nationen über Verträge über den internationalen Warenkauf* enthalten:

> „(1) Ein Vertragsstaat, der zwei oder mehr Gebietseinheiten umfaßt, in denen nach seiner Verfassung auf die in diesem Übereinkommen geregelten Gegenstände unterschiedliche Rechtsordnungen angewendet werden, kann bei der Unterzeichnung, der Ratifikation, der Annahme, der Genehmigung oder dem Beitritt erklären, daß dieses Übereinkommen sich auf alle seine Gebietseinheiten oder nur auf eine oder mehrere derselben erstreckt; er kann seine Erklärung jederzeit durch eine neue Erklärung ändern.
>
> (2) Die Erklärungen sind dem Verwahrer zu notifizieren und haben ausdrücklich anzugeben, auf welche Gebietseinheiten das Übereinkommen sich erstreckt.
>
> (3) [...]
>
> (4) Gibt ein Vertragsstaat keine Erklärung nach Absatz 1 ab, so erstreckt sich das Übereinkommen auf alle Gebietseinheiten dieses Staates."[1488]

Gebietseinheitenklauseln ähneln in ihrer Formulierung und ihren Wahlmöglichkeiten mehr den Kolonialklauseln, denn sie erlauben eine Umsetzung

---

[1484] *Miltner*, in: Bowman/Kritsiotis (Hrsg.), Conceptual and Contextual Perspective on the Modern Law of Treaties, 468 (474).

[1485] *Miltner*, in: Bowman/Kritsiotis (Hrsg.), Conceptual and Contextual Perspective on the Modern Law of Treaties, 468 (475 f.).

[1486] *Miltner*, in: Bowman/Kritsiotis (Hrsg.), Conceptual and Contextual Perspective on the Modern Law of Treaties, 468 (476); *Burmester*, in: International and Comparative Law Quarterly 1985 (Vol. 34), 522 (525).

[1487] *Aust*, Treaties, Territorial Application, in: Wolfrum (Hrsg.), MPEPIL, Rn. 19-21; *Miltner*, in: Bowman/Kritsiotis (Hrsg.), Conceptual and Contextual Perspective on the Modern Law of Treaties, 468 (476 f.).

[1488] BGBl. 1989 II 586. International: UNTS Vol. 1489, 3.

nur in einzelnen Teilgebieten eines Staates.[1489] Dadurch beziehen sie sich auf die räumliche Dimension des Anwendungsbereichs und nicht auf die Dimension *ratione materiae* der Anwendung.[1490]

Während die vorher dargestellten Instrumente erlauben, die Besonderheiten föderaler Staaten zu berücksichtigen, gehen Anti-Föderalklauseln[1491] in die entgegengesetzte Richtung. Solche Klauseln bestimmen, dass Bundesstaaten dieselben Pflichten eingehen wie Zentralstaaten und der gesamte Vertrag für alle Teile des Bundesstaates gilt. So legt Art. 50 des *Internationalen Paktes über bürgerliche und politische Rechte* fest:

> „Die Bestimmungen dieses Paktes gelten ohne Einschränkung oder Ausnahme für alle Teile eines Bundesstaates."[1492]

Schließlich können föderale Staaten einen föderalen Vorbehalt abgeben. Dies hat Kanada für die Zustimmung zu dem *Übereinkommen über die Umweltverträglichkeitsprüfung im grenzüberschreitenden Rahmen* getan:

> „Inasmuch as under the Canadian constitutional system legislative jurisdiction in respect of environmental assessment is divided between the provinces and the federal government, the Government of Canada in ratifying this Convention, makes a reservation in respect of proposed activities (as defined in this Convention) that fall outside of federal legislative jurisdiction exercised in respect of environmental assessment."[1493]

Ein föderaler Vorbehalt bezweckt wie eine Föderalklausel nicht die Änderung des Anwendungsbereichs *ratione loci*, sondern vielmehr ändert sie die Anwendung *ratione materiae*. Föderale Vorbehalte können nur einzelne

---

1489 *Burmester*, in: International and Comparative Law Quarterly 1985 (Vol. 34), 522 (525); *Miltner*, in: Bowman/Kritsiotis (Hrsg.), Conceptual and Contextual Perspective on the Modern Law of Treaties, 468 (477).

1490 *Burmester*, in: International and Comparative Law Quarterly 1985 (Vol. 34), 522 (527); *Miltner*, in: Bowman/Kritsiotis (Hrsg.), Conceptual and Contextual Perspective on the Modern Law of Treaties, 468 (477).

1491 *Karagiannis*, in: Hollis (Hrsg.), The Oxford Guide to Treaties, 309 (320).

1492 BGBl. 1973 II 1534. International: UNTS Vol. 999, 171.

1493 BGBl. 2003 II 716.

Bestimmungen für die Gliedstaaten ausschließen oder verändern. Durch einen Vorbehalt kann nicht die Geltung eines gesamten Vertrages ausgeschlossen werden.[1494]

V. Vertragsgestaltungsmöglichkeiten

Die Bestimmung der territorialen Geltung ist den Parteien möglich, wenn eine Vertragsklausel dies vorsieht. Die Staatenpraxis zeigt, dass Staaten auch unilaterale Erklärungen zu Verträgen abgeben, die keine dementsprechende Vertragsbestimmung enthalten. Es bestehen unterschiedliche Ansichten, ob für eine abweichende Absicht nach Art. 29 WVK eine einzelne Absicht einer Partei oder die kollektive Absicht aller Parteien ausschlaggebend ist.[1495]

Enthält der Vertrag eine Vertragsklausel zur Bestimmung der territorialen Geltung, kann diese unterschiedlich gestaltet werden, insbesondere können die Ausgestaltungsmöglichkeiten der Parteien durch verschiedene Varianten begrenzt werden.

Ein Vertrag kann entweder eine Vertragsbestimmung enthalten, die die territoriale Anwendung abschließend festlegt oder die den Parteien ermöglicht, sie durch eine unilaterale Erklärung zu bestimmen. Dies gilt ebenso für Bestimmungen zur föderalen Staatsstruktur. Derartige Bestimmungen können entweder den föderalen Staaten eine Auswahl ermöglichen oder einheitlich festlegen, ob föderale Staaten dieselben Rechte und Pflichten wie andere Parteien eingehen oder Sonderregeln vorsehen.

Eine Vertragsbestimmung, die ohne weitere Erklärung die territoriale Geltung festlegt, kann abstrakt formuliert sein und z. B. Überseegebiete ausschließen oder kann konkrete Gebiete als inkludiert oder als ausgeschlossen aufzählen.

Klauseln, die eine unilaterale Erklärung ermöglichen, können als materielle Begrenzungen[1496] Voraussetzungen enthalten, ob eine Veränderung der territorialen Geltung möglich ist oder in welchem Umfang eine derartige Veränderung zulässig ist. Insbesondere können die Vertragsbestimmungen festlegen, wie das Gebiet zu bestimmen ist, welches ausgenommen oder hinzugefügt werden kann. Kolonialklauseln verwendeten dabei

1494 Dazu ausführlicher → Kapitel 4 F. II. 2. c).

1495 Dazu genauer → Kapitel 4 G. II. 2. b).

1496 Dazu genauer → Kapitel 2 C. II. 1.

regelmäßig die Formulierung „Gebiete, für deren auswärtige Angelegenheiten diese Vertragschließende Partei verantwortlich ist“[1497]. Die Gebiete können jedoch auch anders umschrieben und festgelegt werden. Ein Beispiel enthält Art. 23 Abs. 1 des *ILO Übereinkommens Nr. 63 über Statistiken der Löhne und der Arbeitszeit in den hauptsächlichsten Zweigen des Bergbaus und der Industrie, einschließlich des Baugewerbes, und in der Landwirtschaft*:

> „Umfaßt das Gebiet eines Mitgliedes ausgedehnte Gegenden, in denen wegen der Schwierigkeiten, denen die Schaffung der erforderlichen Verwaltungsstellen begegnet, oder wegen der geringen Dichte der Bevölkerung oder des Standes der wirtschaftlichen Entwicklung die Zusammenstellung der Statistiken nach den Bestimmungen dieses Übereinkommens undurchführbar ist, so können diese Gegenden von der Durchführung dieses Übereinkommens ganz oder teilweise ausgenommen werden.“[1498]

In welchem Umfang eine Veränderung möglich ist, legen Vertragsklauseln fest, indem Parteien entweder frei bestimmen, in welchen Gebieten der Vertrag gelten soll, oder Gebiete ausschließen oder hinzufügen können. Eine solche Auswahl können auch Klauseln vorsehen, die die föderale Struktur von Staaten berücksichtigen.

Eine weitere materielle Begrenzung kann sein, dass die territoriale Geltung oder Besonderheiten für föderale Staaten beschränkt werden auf einzelne Teile des Vertrages. Die Vereinbarkeit mit Ziel und Zweck[1499] kann als materielle Begrenzung für die Möglichkeiten der Bestimmung der territorialen Geltung oder die Klausel zur Berücksichtigung des föderalen Staatsaufbaus verwendet werden. Sind Erklärungen als Vorbehalt einzuordnen, müssen sie bereits aufgrund von Art. 19 lit. c) WVK mit Ziel und Zweck des Vertrages vereinbar sein.

Die Parteien können Verfahrensvorschriften[1500] in den Vertrag aufnehmen und der ausübenden Partei verfahrenstechnische Verpflichtungen

---

1497 Art. XII der *Konvention über die Verhütung und Bestrafung des Völkermordes* (BGBl. 1954 II 730. International: UNTS Vol. 78, 277).

1498 Normlex (Information System on International Labour Standards, https://normlex.ilo.org/).

1499 Dazu genauer → Kapitel 2 C. II. 1. a).

1500 Dazu genauer → Kapitel 2 C. II. 5.

auferlegen (z. B. Anhörungserfordernisse, Begründungspflichten oder Formerfordernisse).

Die Berechtigung, eine abweichende Festlegung des räumlichen Anwendungsbereichs vorzunehmen, kann begrenzt werden auf einzelne Parteien.[1501] Weiterhin kann als Voraussetzung auch in einer Vertragsklausel aufgenommen werden, dass für eine abweichende Festlegung des räumlichen Anwendungsbereichs die Zustimmung aller übrigen Vertragsparteien erforderlich ist.[1502] Dabei empfiehlt sich deutlich zu machen, ob es sich dabei um eine einstimmige Zustimmung handelt oder die Zustimmung einzelner Parteien genügt und welche Auswirkung dies hat. Als geringere Begrenzung kann den anderen Parteien ein Einspruchsrecht eingeräumt werden. Alternativ kann die Zustimmung eines Vertragsorgans als Voraussetzung vorgesehen werden oder einem solchen die Möglichkeit eines Einspruchs eingeräumt werden.

Überprüfungsrechte können für eine abweichende Festlegung des räumlichen Anwendungsbereichs oder für Ausnahmen für föderale Staaten den anderen Vertragsparteien oder einem Vertragsorgan in Form einer Vorabkontrolle oder einer regelmäßigen Kontrolle während der Verwendung des Flexibilitätsinstruments eingeräumt werden.[1503]

Eine Vertragsklausel für eine abweichende Festlegung des räumlichen Anwendungsbereichs oder für Ausnahmen für föderale Staaten kann zeitliche Einschränkungen[1504] vorsehen. Dies kann sich darauf beziehen, zu welchem Zeitpunkt eine Erklärung dahingehend erfolgen muss. Als weitere zeitliche Grenze kann eine Vertragsklausel vorsehen, wie lange insgesamt eine abweichende Festlegung des räumlichen Anwendungsbereichs oder für Ausnahmen für föderale Staaten genutzt werden kann.

Eine Vertragsbestimmung über eine abweichende Festlegung des räumlichen Anwendungsbereichs oder für Ausnahmen für föderale Staaten kann weiterhin eine ggf. regelmäßige Berichtspflicht[1505] vorsehen.

1501 Dazu genauer → Kapitel 2 C. II. 2.
1502 Dazu genauer → Kapitel 2 C. II. 3.
1503 Dazu genauer → Kapitel 2 C. II. 6.
1504 Dazu genauer → Kapitel 2 C. II. 4.
1505 Dazu genauer → Kapitel 2 C. II. 5. a) dd).

Die Veränderung der territorialen Dimension des Anwendungsbereichs wirkt sich nicht gegenseitig zwischen den Parteien aus. Dies gilt sowohl für eine bilaterale wie eine integrale Erfüllungsstruktur.[1506]

Der Vertrag kann schließlich ausdrücklich eine Kündigungsmöglichkeit[1507] hinsichtlich eines Gebietes vorsehen. Beispielsweise[1508] bestimmt Art. 58 Abs. 4 EMRK:

> „Die Konvention kann in Bezug auf jedes Hoheitsgebiet, auf das sie durch eine Erklärung nach Art. 56 anwendbar geworden ist, nach den Absätzen 1 bis 3 gekündigt werden."[1509]

H. Vorläufige Anwendung

Die vorläufige Anwendung ermöglicht den Anwendungsbereich eines Vertrages *ratione temporis* zeitlich nach vorne auszudehnen. Vorläufige Anwendung ist die Anwendung eines völkerrechtlichen Vertrages oder einzelner Bestimmungen vor Inkrafttreten des Vertrages.[1510] In der WVK führt Art. 25 WVK zur vorläufigen Anwendung aus:

> „(1) Ein Vertrag oder ein Teil eines Vertrags wird bis zu seinem Inkrafttreten vorläufig angewendet,
>
> a) wenn der Vertrag dies vorsieht oder
>
> b) wenn die Verhandlungsstaaten dies auf andere Weise vereinbart haben.
>
> (2) Sofern der Vertrag nichts anderes vorsieht oder die Verhandlungsstaaten nichts anderes vereinbart haben, endet die vorläufige Anwendung eines Vertrags oder eines Teiles eines Vertrags hinsichtlich eines Staates, wenn dieser den anderen Staaten,

---

1506 Dazu genauer → Kapitel 2 C. II. 7. b).

1507 Dazu genauer → Kapitel 2 C. II. 9.

1508 Weitere Beispiele finden sich in Art. 44 Abs. 3 des *Abkommens über die Rechtsstellung der Flüchtlinge* (BGBl. 1953 II 559, 560. International: UNTS Vol. 189, 137) oder Artikel M Abs. 3 der *revidierten Sozialcharter* (CETS Nr. 163).

1509 Neufassung der deutschen Übersetzung aus BGBl. 2010 II 1199. International: CETS Nr. 5.

1510 ILC Guide to Provisional Application of Treaties, with commentaries thereto 2021, UN Doc. A/76/10, General Commentary, Rn. 2; *Mathy*, in: Corten/Klein (Hrsg.), VCLT, Art. 25, Rn. 1.

zwischen denen der Vertrag vorläufig angewendet wird, seine Absicht notifiziert, nicht Vertragspartei zu werden."[1511]

Die vorläufige Anwendung eines spezifischen Vertrages oder einzelner Bestimmungen erfolgt dagegen nie auf der Grundlage von Art. 25 WVK sondern immer aufgrund einer Vereinbarung im Einzelfall.[1512]

I. Grundlage für die vorläufige Anwendung

Die Grundlage für die vorläufige Anwendung ist entweder der Vertrag, wenn dieser dazu Regeln enthält oder wenn die Verhandlungsstaaten dies auf andere Weise vereinbaren. In welcher anderen Weise sich die Parteien auf die vorläufige Anwendung einigen können, präzisiert inzwischen Guideline 4 des „ILC Guide to Provisional Application of Treaties", der zwar nicht rechtsverbindlich ist, jedoch als Orientierung dient:

> „In addition to the case where the treaty so provides, the provisional application of a treaty or a part of a treaty may be agreed between the States or international organizations concerned through:
>
> (a) a separate treaty; or
>
> (b) any other means or arrangements, including:
>
> (i) a resolution, decision or other act adopted by an international organization or at an intergovernmental conference, in accordance with the rules of such organization or conference, reflecting the agreement of the States or international organizations concerned;
>
> (ii) a declaration by a State or an international organization that is accepted by the other States or international organizations concerned."[1513]

Regeln die verhandelnden Völkerrechtssubjekte die vorläufige Anwendung in einem separaten Vertrag, entsteht die Pflicht zur vorläufigen Anwendung

---

1511 BGBl. 1985 II 927.

1512 Insofern wird Art. 25 WVK auch als „deklaratorisch" bezeichnet: *Stützel*, Innerstaatliche Gewaltenteilung und vorvertragliche Pflichten bei völkerrechtlichen Verträgen, 94.

1513 ILC Guide to Provisional Application of Treaties, with commentaries thereto 2021, UN Doc. A/76/10, Guideline 4.

lediglich für diejenigen, die sich an den Zusatzvertrag binden. Beispiele sind das *Protokoll von Genf über die Vorläufige Anwendung des Allgemeinen Zoll- und Handelsabkommens (GATT)*[1514] oder das *Protokoll zum Übereinkommen über ein Einheitliches Patentgericht betreffend die vorläufige Anwendung*[1515].

Die jeweilige Grundlage für die vorläufige Anwendung kann vorsehen, dass ein Vertrag durch alle verhandelnden Völkerrechtssubjekte vorläufig angewendet wird, dass der Vertrag grundsätzlich vorläufig angewendet wird, aber ein Völkerrechtssubjekt einen *Opt-Out* erklären kann, oder dass das jeweilige Völkerrechtssubjekt zusätzlich erklären muss, dass es den Vertrag oder Teile davon vorläufig anwenden möchte.[1516]

Die Möglichkeit eines *Opting-Outs* und *Opting-Ins* zur vorläufigen Anwendung sieht beispielsweise Art. 7 Abs. 1 des *Durchführungsübereinkommens zu Teil XI des UN-Seerechtsübereinkommens* vor:

> „Ist dieses Übereinkommen am 16. November 1994 nicht in Kraft getreten, so wird es bis zu seinem Inkrafttreten vorläufig angewendet
>
> a) von den Staaten, die in der Generalversammlung der Vereinten Nationen seiner Annahme zugestimmt haben; davon ausgenommen ist jeder Staat, der vor dem 16. November 1994 dem Verwahrer schriftlich notifiziert, daß er dieses Übereinkommen nicht vorläufig anwenden wird oder daß er einer solchen Anwendung nur nach einer späteren Unterzeichnung oder schriftlichen Notifikation zustimmen wird;
>
> b) von den Staaten und Rechtsträgern, die das Übereinkommen unterzeichnen; davon ausgenommen ist jeder Staat, der dem Verwahrer bei der Unterzeichnung schriftlich notifiziert, daß er das Übereinkommen nicht vorläufig anwenden wird;
>
> c) von den Staaten und Rechtsträgern, die der vorläufigen Anwendung dieses Übereinkommens durch schriftliche Notifikation an den Verwahrer zustimmen;
>
> d) von den Staaten, die diese Übereinkommen beitreten.“[1517]

[1514] BGBl. 1951 II 173. International: UNTS Vol. 55, 308.

[1515] BGBl. 2021 II 851, 916. International: https://www.unified-patent-court.org/en/court/legal-documents [28.07.2025].

[1516] *Azaria*, in: Hollis (Hrsg.), Oxford Guide to Treaties, 229 (235); *Mik*, in: Polish Review of International and European Law 2022 (Vol. 11), 25 (46).

[1517] BGBl. 1994 II 2565, 2566, 3796. International: UNTS Vol. 1836, 3.

Weiterhin kann die Rechtsgrundlage für die vorläufige Anwendung oder die unilaterale Erklärung entweder vorsehen, dass statt des gesamten Vertrages nur Teile vorläufig angewandt werden.[1518] Bereits aus dem Wortlaut von Art. 25 WVK ergibt sich, dass sich die vorläufige Anwendung auf den gesamten Vertrag beziehen kann oder lediglich auf einzelne Bestimmungen. Die Teile können durch eine positive Aufzählung aller vorläufig anzuwendenden Regelungen bzw. durch eine negative Aufzählung der nicht vorläufig anzuwendenden Regelungen benannt[1519] oder durch die Parteien nachträglich bestimmt werden.

Eine positive Aufzählung enthält z. B.[1520] Art. 22 des *Abkommens zwischen der Europäischen Union und der Schweizerischen Eidgenossenschaft zur Verknüpfung ihrer jeweiligen Systeme für den Handel mit Treibhausgasemissionen:*

> „Vor dem Inkrafttreten dieses Abkommens werden ab seiner Unterzeichnung die Artikel 11 bis 13 vorläufig angewendet."[1521]

Eine negative Aufzählung sieht Art. 19 Abs. 4 des *Übereinkommens zwischen der Europäischen Union und dem Königreich Norwegen über zusätzliche Regeln in Bezug auf das Instrument für die finanzielle Unterstützung für Außengrenzen und Visa im Rahmen des Fonds für die innere Sicherheit für den Zeitraum 2014 bis 2020*:

> „Unbeschadet etwaiger verfassungsmäßiger Erfordernisse wenden die Vertragsparteien das Übereinkommen mit Ausnahme von Artikel 5 ab dem ersten Tag nach seiner Unterzeichnung vorläufig an."[1522]

Eine nachträgliche Bestimmung erlaubt Art. 431 Abs. 3 des *Assoziierungsabkommens zwischen der Europäischen Union und der Europäischen Atomgemeinschaft und ihren Mitgliedstaaten einerseits und Georgien andererseits*:

1518 *De Santa Maria*, in: European Journal of International Law 2019 (Vol. 30), 721 (728); *Stützel*, Innerstaatliche Gewaltenteilung und vorvertragliche Pflichten bei völkerrechtlichen Verträgen, 109-111.

1519 *Chamon*, in: European Journal of International Law 2020 (Vol. 31), 883 (897).

1520 Ein weiteres Beispiel ist Art. 198 Abs. 3 des *Abkommens zur Gründung einer Assoziation zwischen der Europäischen Gemeinschaft und ihren Mitgliedstaaten einerseits und der Republik Chile andererseits*, EU ABl. L 352 vom 30.12.2002.

1521 EU ABl. L 322/3 vom 07.12.2017.

1522 EU ABl. L 75/9 vom 21.03.2017.

> „Ungeachtet des Absatzes 2 vereinbaren die Union und Georgien, die von der Union genannten Teile dieses Abkommens nach Absatz 4 und im Einklang mit ihren geltenden internen Verfahren und Rechtsvorschriften vorläufig anzuwenden."[1523]

Insbesondere kann es zu einer teilweisen vorläufigen Anwendung eines Vertrages aufgrund von Beschränkungsklauseln kommen, die innerstaatlichen Zustimmungserfordernissen Rechnung tragen.[1524]

II. Beginn der vorläufigen Anwendung

Den Beginn der vorläufigen Anwendung können die Parteien in dem Vertrag oder der anderweitigen Einigung festlegen. Dies konkretisiert nun auch Guideline 5 des *ILC Guide to Provisional Application of Treaties*:

> „The provisional application of a treaty or a part of a treaty takes effect on such date, and in accordance with such conditions and procedures, as the treaty provides or as is otherwise agreed."[1525]

Für den Beginn der vorläufigen Anwendung ist zwischen dem Beginn der vorläufigen Anwendung des Vertrages als solche und ab wann ein einzelnes Völkerrechtssubjekt den Vertrag vorläufig anwendet, zu unterscheiden. Inwiefern es sich dabei um unterschiedliche Zeitpunkte handelt, hängt von der konkreten Ausgestaltung der vorläufigen Anwendung ab. Entweder kann die vorläufige Anwendung für das einzelne Völkerrechtssubjekt automatisch nach dem festgelegten auslösenden Ereignis und ggf. weiteren Voraussetzungen eintreten oder dieses kann selbst beeinflussen, ob, wann und in welchem Umfang es den Vertrag vorläufig anwendet.[1526]

Häufig beginnt die vorläufige Anwendung als solche, wenn der Vertrag nach Art. 9 WVK angenommen wird. Die Annahme erfolgt regelmäßig durch

---

[1523] EU ABl. L 261/138 vom 30.08.2014.

[1524] Dazu genauer → Kapitel 4 H. V.

[1525] ILC Guide to Provisional Application of Treaties, with commentaries thereto 2021, UN Doc. A/76/10, Guideline 5.

[1526] *Stützel*, Innerstaatliche Gewaltenteilung und vorvertragliche Pflichten bei völkerrechtlichen Verträgen, 96, 99 f.

Unterzeichnung.[1527] Ein Beispiel ist Art. 17 des *Agreements on Collective Forces of Rapid Response of the Collective Security Treaty Organization*:

> „This Agreement shall provisionally apply as of the date of signature, unless it contravenes the national laws of the Parties, and shall enter into force on the date of receipt by the depositary of the fourth notification of the completion of the internal procedures necessary for its entry into force by the Parties that have signed it."[1528]

Für den Beginn der vorläufigen Anwendung können die Parteien ebenso ein bestimmtes Datum auswählen. Beispielsweise bestimmt Art. 68 Abs. 1 des *Übereinkommens über ein internationales Energieprogramm*:

> „Ungeachtet des Artikels 67 wird dieses Übereinkommen von allen Unterzeichnerstaaten, soweit dies möglich und mit ihren Rechtsvorschriften nicht unvereinbar ist, vom 18. November 1974 im Anschluß an die erste Sitzung des Verwaltungsrats an vorläufig angewendet."[1529]

Eine weitere Möglichkeit ist, dass die vorläufige Anwendung innerhalb einer Frist nach Eintritt eines bestimmten Ereignisses beginnt. Ein Beispiel ist Art. 198 Abs. 3 des *Abkommens zur Gründung einer Assoziation zwischen der Europäischen Gemeinschaft und ihren Mitgliedstaaten einerseits und der Republik Chile andererseits*:

> „Ungeachtet des Absatzes 1 kommen die Gemeinschaft und Chile überein, die Artikel 3 bis 11, Artikel 18, die Artikel 24 bis 27, die Artikel 48 bis 54, Artikel 55 Buchstaben a), b), f), h) und i), die Artikel 56 bis 93, die Artikel 136 bis 162 und die Artikel 172 bis 206 ab dem ersten Tag des Monats anzuwenden, der auf den Tag folgt, an dem die Gemeinschaft und Chile einander den Abschluss der hierfür erforderlichen Verfahren notifiziert haben."[1530]

Wenn die vorläufige Anwendung nicht automatisch eintritt, kann ein Vertrag eine vorläufige Anwendung durch unilaterale Erklärung ermöglichen.

1527 *Kempen/Schiffbauer*, in: Zeitschrift für ausländisches öffentliches Recht und Völkerrecht 2017 (Vol. 77), 95 (101); *Lefeber*, in: Klabbers/Lefeber (Hrsg.), Essays on the Law of Treaties, 81 (85 f.).

1528 UNTS Vol. 2898, 277.

1529 BGBl. 1975 II 701, 702. International: UNTS Vol. 1040, 271.

1530 EU ABl. vom 30.12.2002, L 352.

Dies sieht beispielsweise[1531] Art. 13 des *Übereinkommens über die frühzeitige Benachrichtigung bei nuklearen Unfällen* vor:

> „Ein Staat kann bei der Unterzeichnung oder zu einem späteren Zeitpunkt, bevor dieses Übereinkommen für ihn in Kraft tritt, erklären, daß er das Übereinkommen vorläufig anwenden wird."[1532]

III. Rechtswirkungen der vorläufigen Anwendung

Offen gelassen werden kann für die Rechtswirkungen die dogmatische Einordnung der vorläufigen Anwendung.[1533] Vertreten wird insofern, dass es sich entweder um einen eigenen, begleitenden Vertrag handelt[1534] oder die Geltung aufgrund von Art. 24 Abs. 4 WVK[1535] bereits vor Inkrafttreten zustande kommt[1536].

Davon unabhängig sind die zwei Aspekte der Rechtswirkungen der vorläufigen Anwendung: die Rechtswirkung des begleitenden Vertrages zur

---

1531 Ein weiteres Beispiel ist Art. 15 des *Übereinkommens über Hilfeleistung bei nuklearen Unfällen oder radiologischen Notfällen* (BGBl. 1989 II 434, 441. International: IAEA, INFCIRC/335).

1532 BGBl. 1989 II 434, 435. International: UNTS Vol. 1439, 275.

1533 Generell zu der dogmatischen Einordnung: *Azaria*, in: Hollis (Hrsg.), Oxford Guide to Treaties, 229 (234); *Stützel*, Innerstaatliche Gewaltenteilung und vorvertragliche Pflichten bei völkerrechtlichen Verträgen, 102-105.

1534 ILC Yearbook 1965 Vol. I, UN Doc. A/CN.4/SER.A/1965, S. 109, Rn. 4; *Kempen/Schiffbauer*, in: Zeitschrift für ausländisches öffentliches Recht und Völkerrecht 2017 (Vol. 77), 95 (104 f.); *Pritzkow*, Das völkerrechtliche Verhältnis zwischen der EU und Russland im Energiesektor, 66.

1535 BGBl. 1985 II 927: „Vertragsbestimmungen über die Festlegung des authentischen Textes, die Zustimmung von Staaten, durch den Vertrag gebunden zu sein, die Art und den Zeitpunkt seines Inkrafttretens sowie über Vorbehalte, die Aufgaben des Verwahrers und sonstige sich notwendigerweise vor dem Inkrafttreten ergebende Fragen gelten von dem Zeitpunkt an, zu dem sein Text angenommen wird." Englische authentische Fassung, UNTS Vol. 1155, 331: „The provisions of a treaty regulating the authentication of its text, the establishment of the consent of States to be bound by the treaty, the manner or date of its entry into force, reservations, the functions of the depositary and other matters arising necessarily before the entry into force of the treaty apply from the time of the adoption of its text.".

1536 *Krenzler*, Die vorläufige Anwendung völkerrechtlicher Verträge, 40 f.

vorläufigen Anwendung und die Rechtswirkung der Regelungen des Vertrages, der vorläufig angewendet wird.[1537]

Zunächst war umstritten, ob die vorläufige Anwendung bindende Wirkung hat oder ob es sich um eine bloße Absichtserklärung handelt.[1538] Inzwischen nimmt die ganz überwiegende Meinung an, dass die vorläufige Anwendung Bindungswirkung hat.[1539] Daher gilt bereits der Grundsatz *pacta sunt servanda* und ein Verstoß gegen Verpflichtungen führt zu einer völkerrechtlichen Verantwortlichkeit.[1540] Die Bindungswirkung wurde zuletzt auch in den Schiedsverfahren *Kardossopoulos v. Georgia* sowie *Yukos* festgestellt.[1541] Guideline 6 des „ILC Guide to Provisional Application of Treaties" formuliert inzwischen insofern ebenfalls:

> „The provisional application of a treaty or a part of a treaty produces a legally binding obligation to apply the treaty or a part thereof between the States or international organizations concerned, except to the extent that the treaty provides otherwise or it is otherwise agreed. Such treaty or part of a treaty that is being applied provisionally must be performed in good faith."[1542]

IV. Beendigung der vorläufigen Anwendung

Die vorläufige Anwendung ist leichter zu beenden als ein in Kraft getretener Vertrag. Bereits Art. 25 Abs. 2 WVK nennt verschiedene Konstellationen, in

---

1537 ILC Guide to Provisional Application of Treaties, with commentaries thereto 2021, UN Doc. A/76/10, Guideline 6, Rn. 1.

1538 Zur Darstellung der verschiedenen Ansichten siehe *Montag*, Völkerrechtliche Verträge mit vorläufigen Wirkungen, 39-62; *Stützel*, Innerstaatliche Gewaltenteilung und vorvertragliche Pflichten bei völkerrechtlichen Verträgen, 105-109.

1539 *Montag*, Völkerrechtliche Verträge mit vorläufigen Wirkungen, 61 f.; *Kleinlein*, in: JZ 2017 (Vol. 72), 377 (379); *Krieger*, in: Dörr/Schmalenbach (Hrsg.), VCLT, Art. 25, Rn. 30.

1540 *Kleinlein*, in: JZ 2017 (Vol. 72), 377 (379); *Krieger*, in: Dörr/Schmalenbach (Hrsg.), VCLT, Art. 25, Rn. 32.

1541 ICSID *Kardossopoulos v Georgia*, Case No. ARB/5/18, Decision on Jurisdiction from 06.07.2010, Rn. 209; PCA, *Yukos Universal Limited (Isle of Man) v. The Russian Federation*, PCA Case No. AA 227, Rn. 382.

1542 ILC Guide to Provisional Application of Treaties, with commentaries thereto 2021, UN Doc. A/76/10, Guideline 6.

denen die vorläufige Anwendung endet. Darüber hinaus können die Völkerrechtssubjekte weitere abweichende Regelungen treffen.

Wenn der Vertrag in Kraft tritt, endet die vorläufige Anwendung. Trotz Inkrafttretens wenden einzelne Völkerrechtssubjekte den Vertrag weiterhin vorläufig an, wenn er für sie noch nicht in Kraft getreten ist.[1543] Außerdem kann nach Art. 25 Abs. 2 WVK die vorläufige Anwendung jederzeit einseitig beendet werden, wenn das Völkerrechtssubjekt zum Ausdruck bringt, dass es in Zukunft nicht beabsichtigt, Vertragspartei zu werden. Die vorläufige Anwendung endet dadurch jeweils *ex nunc*.[1544]

Die Parteien können Abweichendes vereinbaren. Zunächst können sie die einseitige Beendigungsmöglichkeit ausschließen.[1545] Weiterhin können die Parteien bereits ein Enddatum oder ein Ereignis, welches die vorläufige Anwendung beendet, festlegen. Ein Enddatum, welches zu einer Befristung der vorläufigen Anwendung führt, sieht z. B. Art. 7 Abs. 3 des *Durchführungsübereinkommens zu Teil XI des UN-Seerechtsübereinkommens* vor:

> „Die vorläufige Anwendung endet mit dem Inkrafttreten dieses Übereinkommens. In jedem Fall endet sie am 16. November 1998, sofern bis zu diesem Zeitpunkt das Erfordernis in Artikel 6 Absatz 1 nicht erfüllt ist, daß mindestens sieben der unter Nummer 1 Buchstabe a der Resolution II genannten Staaten (von denen mindestens fünf entwickelte Staaten sein müssen) ihre Zustimmung bekundet haben, durch das Übereinkommen gebunden zu sein."[1546]

Außerdem kann der Vertrag die Beendigungsmöglichkeit im Vergleich zu Art. 25 Abs. 2 WVK ausweiten und eine Beendigung unabhängig von der Absicht, nicht Vertragspartei zu werden, ermöglichen. Ein Beispiel[1547] ist Art. 41 Abs. 2 des *Abkommens zur Durchführung der Bestimmungen des Seerechtsübereinkommens der Vereinten Nationen über die Erhaltung und*

[1543] *Krieger*, in: Dörr/Schmalenbach (Hrsg.), VCLT, Art. 25, Rn. 26; *Tino*, in: Pascale/Tonolo, The Vienna Convention on the Law of Treaties, 67 (75).

[1544] *Kempen/Schiffbauer*, in: Zeitschrift für ausländisches öffentliches Recht und Völkerrecht 2017 (Vol. 77), 95 (102); *Kleinlein*, in: JZ 2017 (Vol. 72), 377 (381).

[1545] *Simonsick*, in: Nordic Journal of International Law 2019 (Vol. 88), 180 (210).

[1546] BGBl. 1994 II 2565, 2566, 3796. International: UNTS Vol. 1836, 3.

[1547] Ein weiteres Beispiel ist Art. 30.7 Abs. 3 lit. c) des *Umfassenden Wirtschafts- und Handelsabkommens EU-Kanada (CETA)* (EU ABl. vom 14.01.2017, L 11/94).

Bewirtschaftung von gebietsübergreifenden Fischbeständen und Beständen weit wandernder Fische:

„Die vorläufige Anwendung durch einen Staat oder Rechtsträger endet mit dem Inkrafttreten dieses Übereinkommens für diesen Staat oder Rechtsträger oder sobald dieser Staat oder Rechtsträger dem Verwahrer seine Absicht schriftlich notifiziert, die vorläufige Anwendung zu beenden."[1548]

Um einen Übergang zu erleichtern, kann die Beendigung der vorläufigen Anwendung erst nach einer Frist wirksam werden. Mehrere Varianten zu abweichenden Regelungen für die Beendigung der vorläufigen Anwendung enthält Art. 68 Abs. 2 des *Übereinkommens über ein internationales Energieprogramm*:

„Die vorläufige Anwendung dieses Übereinkommens dauert an

- bis zum Inkrafttreten des Übereinkommens für den betreffenden Staat nach Artikel 67,
- bis 60 Tage nach Eingang einer Notifikation bei der Regierung des Königreichs Belgien, daß der betreffende Staat nicht zustimmen wird, durch das Übereinkommen gebunden zu sein, oder
- bis zum Ablauf der in Artikel 67 genannten Frist für die Notifikation der Zustimmung durch den betreffenden Staat."[1549]

Schließlich können die Völkerrechtssubjekte eine *Sunset*-Klausel aufnehmen, aufgrund derer trotz Beendigung der vorläufigen Anwendung bestimmte Wirkungen fortgelten.[1550] Ein Beispiel ist Art. 45 Abs. 3 lit. b) und c) des *Vertrages über die Energiecharta*:

„b) Beendet ein Unterzeichner die vorläufige Anwendung nach Buchstabe a, so bleibt seine Verpflichtung aus Absatz 1, die Teile III und V in Bezug auf Investitionen anzuwenden, die Investoren anderer Unterzeichner in seinem Gebiet während der vorläufigen Anwendung des Vertrags vorgenommen haben, dennoch bestehen,

---

1548 BGBl. 2000 II 1022. International: UNTS Vol. 2167, 3.

1549 BGBl. 1975 II 701, 702. International: UNTS Vol. 1040, 271.

1550 *Azaria*, in: Hollis (Hrsg.), Oxford Guide to Treaties, 229 (252).

und zwar für die Dauer von 20 Jahren nach dem Tag des Wirksamwerdens der Beendigung, sofern in Buchstabe c nichts anderes vorgesehen ist.

c) Buchstabe b findet keine Anwendung auf einen Unterzeichner, der in Anlage PA aufgeführt ist. Ein Unterzeichner kann aus der Liste der Anlage PA gestrichen werden; die Streichung wird mit der Übergabe seines entsprechenden Antrags an den Verwahrer wirksam."[1551]

V. Das Verhältnis der vorläufigen Anwendung zu nationalem Recht

Schwierigkeiten mit der vorläufigen Anwendung können im nationalen Recht entstehen. In einem dualistischen System erfolgt die Inkorporation von Völkervertragsrecht durch einen innerstaatlichen Rechtsakt. In demokratischen Staaten ist dafür regelmäßig die Zustimmung des Parlaments erforderlich.[1552] Wenn ein Vertrag durch Handlungen der Exekutive für vorläufig anwendbar erklärt wird, droht die Zustimmung des Parlaments zu einer reinen Formalität zu werden.[1553] Völkerrechtlich ist die Erklärung der vorläufigen Anwendung ohne Parlamentsbeteiligung möglich, je nach nationalem Recht allerdings unzulässig. So ist auch in Deutschland nach heute überwiegender Ansicht die vorläufige Anwendung eines Vertrages nicht verfassungskonform, wenn nicht zuvor die Gesetzgebungskörperschaften beteiligt wurden.[1554]

Es bestehen verschiedene Möglichkeiten, um die parlamentarische Beteiligung und Legitimation zu sichern. Da es sich bei der Sicherung der parlamentarischen Beteiligung um ein Problem handelt, welches im Zusammenspiel zwischen den nationalen Rechtsordnungen und dem Völkerrecht entsteht, soll hier ausschließlich darauf eingegangen werden, wie

---

1551 BGBl. 1997 II 4, 5. International: UNTS Vol. 2080, 95.

1552 *Kleinlein*, in: JZ 2017 (Vol. 72), 377 (378); *Stützel*, Innerstaatliche Gewaltenteilung und vorvertragliche Pflichten bei völkerrechtlichen Verträgen, 126-129.

1553 *Verdross/Simma*, Universelles Völkerrecht, § 718.

1554 Auswärtiges Amt, Richtlinien für die Behandlung völkerrechtlicher Verträge, § 12, 33; *Kempen/Schiffbauer*, in: Zeitschrift für ausländisches öffentliches Recht und Völkerrecht 2017 (Vol. 77), 95 (109-113); *Kempen/Schiffbauer*, in: Huber/Voßkuhle (Hrsg.), GG Kommentar, Art. 59 Rn. 114; *Nettesheim*, in: Dürig (Begr.)/Herzog/Scholz (Hrsg.), GG Kommentar, 90. EL (2020), Art. 59 Rn. 146; a. A. *Montag*, Völkerrechtliche Verträge mit vorläufigen Wirkungen, 200-218.

auf der Ebene des völkerrechtlichen Vertrages zur Lösung des Problems beigetragen werden kann.[1555]

Eine Sicherungsmöglichkeit ist der Umstand, dass wenn das Parlament die Zustimmung zu dem Vertrag ablehnt, dass der jeweilige Staat Vertragspartei wird, die Voraussetzungen der Beendigung der vorläufigen Anwendung nach Art. 25 Abs. 2 WVK vorliegen dürften. Darüber hinaus enthalten Verträge teilweise eine weitere Möglichkeit der Beendigung der vorläufigen Anwendung unabhängig von der zusätzlichen Voraussetzung, nicht Vertragspartei werden zu wollen.[1556] Somit liegt die endgültige Entscheidung weiterhin bei dem Parlament.[1557] Da die Kündigung *ex nunc* wirkt, können die Folgen der vorläufigen Anwendung nicht vollständig rückgängig gemacht werden[1558] und der Schutz der Rechte des Parlaments nur unzureichend gewährt werden. Für gemischte Abkommen der EU hat das BVerfG für das *umfassende Wirtschafts- und Handelsabkommen EU-Kanada (CETA)* entschieden, dass die vorläufige Anwendung selbst derjenigen Vertragsteile, die in die Kompetenz der Union fallen, einseitig durch Deutschland kündbar seien.[1559]

Die Beteiligung des Parlaments kann weiterhin durch sogenannte Beschränkungsklauseln („*(domestic) limitation clauses*“[1560]) gesichert werden. Diese Klauseln beschränken den Umfang der vorläufigen Anwendung mit

---

1555 Es wird verwiesen auf die ausführliche Behandlung in *Stützel*, Innerstaatliche Gewaltenteilung und vorvertragliche Pflichten bei völkerrechtlichen Verträgen, 124-216.

1556 Beispiele sind Art. 30.7 Abs. 3 lit. c) des *Umfassenden Wirtschafts- und Handelsabkommens EU-Kanada (CETA)* (EU ABl. vom 14.01.2017, L 11/94) und Art. 41 Abs. 2 des *Abkommens zur Durchführung der Bestimmungen des Seerechtsübereinkommens der Vereinten Nationen über die Erhaltung und Bewirtschaftung von gebietsübergreifenden Fischbeständen und Beständen weit wandernder Fische* (BGBl. 2000 II 1022. International: UNTS Vol. 2167, 3).

1557 *Kleinlein*, in: JZ 2017 (Vol. 72), 377 (382); *Montag*, Völkerrechtliche Verträge mit vorläufigen Wirkungen, 217; *Stützel*, Innerstaatliche Gewaltenteilung und vorvertragliche Pflichten bei völkerrechtlichen Verträgen, 183 f.

1558 *Kleinlein*, in: JZ 2017 (Vol. 72), 377 (381).

1559 BVerfG, Az. 2 BvR 1368/16 u. a., Urteil vom 13.10.2016 = NJW 2016, 3583, Rn. 72; BVerfG, Az. 2 BvR 1368/16, Beschluss des Zweiten Senats vom 09.02.2022, Rn. 126. In der Literatur wird diskutiert, ob dies unionsrechtlich zulässig ist: *Kleinlein*, in: JZ 2017 (Vol. 72), 377 (382); vgl. *Kempen/Schiffbauer*, in: Zeitschrift für ausländisches öffentliches Recht und Völkerrecht 2017 (Vol. 77), 95 (111).

1560 *Ishikawa*, in: ICSID Review 2016 (Vol. 31), 270 (278).

Hinweis auf das innerstaatliche Recht.[1561] Beispielsweise[1562] formuliert Art. 45 Abs. 1 des *Vertrages über die Energiecharta*:

> „Jeder Unterzeichner ist damit einverstanden, diesen Vertrag bis zum Inkrafttreten für den Unterzeichner nach Artikel 44 in dem Maße vorläufig anzuwenden, in dem die vorläufige Anwendung nicht mit seiner Verfassung und seinen Gesetzen und sonstigen Rechtsvorschriften unvereinbar ist."[1563]

Zwar untersagt Art. 27 WVK es Parteien, sich auf innerstaatliches Recht zu berufen, wenn sie ihre Vertragspflichten nicht erfüllen. Spezifisch für die vorläufige Anwendung nennt dies auch Guideline 10 des „ILC Guide to Provisional Application of Treaties".[1564] Die Beschränkungsklauseln widersprechen dem nicht, da sich die Partei durch den Verweis des Vertrages auf das innerstaatliche Recht direkt auf Völkerrecht beruft[1565] und deshalb Art. 27 WVK nicht anwendbar ist[1566]. Daher schließt auch Guideline 12 des „ILC Guide to Provisional Application of Treaties" die Möglichkeit solcher Beschränkungsklauseln ausdrücklich nicht aus.[1567]

Trotz ihrer Zulässigkeit und Gebräuchlichkeit der Beschränkungsklauseln sind verschiedene Fragen weiterhin offen. Zunächst ist umstritten, worauf

---

1561 *Kleinlein*, in: JZ 2017 (Vol. 72), 377 (382); *Quast Mertsch*, in: Fitzmaurice/Merkouris (Hrsg.), The Interpretation and Application of the European Convention of Human Rights, 33 (57-62); *Stützel*, Innerstaatliche Gewaltenteilung und vorvertragliche Pflichten bei völkerrechtlichen Verträgen, 110 f., 185-207.

1562 Weitere Beispiele sind Art. 7 Abs. 2 des *Durchführungsübereinkommens zu Teil XI des UN-Seerechtsübereinkommens* (BGBl. 1994 II 2565, 2566, 3796. International: UNTS Vol. 1836, 3) und Art. 1 lit. b) des *Protokolls über die vorläufige Anwendung des GATT* (BGBl. 1951 II 173. International: UNTS Vol. 55, 308).

1563 BGBl. 1997 II 4, 5. International: UNTS Vol. 2080, 95.

1564 ILC Guide to Provisional Application of Treaties, with commentaries thereto 2021, UN Doc. A/76/10, Guideline 10.

1565 *Kleinlein*, in: JZ 2017 (Vol. 72), 377 (383).

1566 *Schmalenbach*, in: Dörr/Schmalenbach (Hrsg.), VCLT, Art. 27 Rn. 21.

1567 ILC Guide to Provisional Application of Treaties, with commentaries thereto 2021, UN Doc. A/76/10, Guideline 12: „The present draft guidelines are without prejudice to the right of States or international organizations to agree in the treaty itself or otherwise to the provisional application of the treaty or a part of the treaty with limitations deriving from the internal law of States or from the rules of international organizations."

sich die Unvereinbarkeit mit innerstaatlichem Recht beziehen muss.[1568] Der „alles-oder-nichts“-Ansatz („*all or nothing approach*“) stellt dabei auf die generelle Zulässigkeit der vorläufigen Anwendung in einem Staat ab.[1569] Dagegen betrachtet der „Stück-für-Stück“-Ansatz („*piecemeal approach*“) jede einzelne Norm des Vertrages, der vorläufig angewendet werden soll, und nimmt an, dass die Beschränkungsklausel dazu führt, dass der Vertrag nur so weit vorläufig angewendet werden könne, wie er im Einklang mit innerstaatlichem Recht stehe.[1570] Diskutiert wurden diese beiden Ansätze insbesondere im Rahmen des *Yukos*-Rechtsstreits in Bezug auf Art. 45 des *Vertrages über die Energiecharta*[1571], der inzwischen aus einer Vielzahl an Entscheidungen durch internationale wie nationale Gerichte besteht.[1572] Die Frage, worauf sich die Unvereinbarkeit mit innerstaatlichem Recht beziehen muss, ist nicht leicht zu beantworten. Auf die Beantwortung der Frage kann im Rahmen dieser Arbeit nicht vertieft eingegangen werden, sodass auf die dazu bestehenden Urteile und Literatur verwiesen wird. Entscheidend ist vorliegend, dass die verhandelnden Völkerrechtssubjekte diese Frage durch die Formulierung der jeweiligen Beschränkungsklausel beeinflussen können. Relevant ist dabei beispielsweise, ob ausschließlich auf

---

1568 Generell zu dem Streit: *Ishikawa*, in: ICSID Review 2016 (Vol. 31), 270 (278-280); *Pritzkow*, Das völkerrechtliche Verhältnis zwischen der EU und Russland im Energiesektor, 62-64; *Stützel*, Innerstaatliche Gewaltenteilung und vorvertragliche Pflichten bei völkerrechtlichen Verträgen, 186-193.

1569 PCA, *Yukos Universal Limited (Isle of Man) v. The Russian Federation*, PCA Case No. AA 227, Rn. 290-329.

1570 Rechtbank Den Haag, *The Russian Federation v Veteran Petroleum Limited, Yukos Universal Limited and Hulley Enterprises Limited*, Urteil v. 20.04.2016, C/09/477 160/HA ZA 15 – 1, Rn. 5.6-5.23; *Pritzkow*, Das völkerrechtliche Verhältnis zwischen der EU und Russland im Energiesektor, 62-64.

1571 BGBl. 1997 II 4, 5. International: UNTS Vol. 2080, 95.

1572 Zu nennen sind insbesondere: PCA, *Yukos Universal Limited (Isle of Man) v. The Russian Federation*, PCA Case No. AA 227; Rechtbank Den Haag, *The Russian Federation v Veteran Petroleum Limited, Yukos Universal Limited and Hulley Enterprises Limited*, Urteil v. 20.04.2016, C/09/477 160/HA ZA 15 – 1; Berufungsgericht Den Haag, Urteil v. 18.02.2018, *The Russian Federation v Veteran Petroleum Limited, Yukos Universal Limited and Hulley Enterprises Limited*, C/09/477 160/HA ZA 15 – 1; Supreme Court of the Netherlands, Urteil v. 05.11.2021, *The Russian Federation v Veteran Petroleum Limited, Yukos Universal Limited and Hulley Enterprises Limited*, C/09/477 160/HA ZA 15 – 1. Die verschiedenen Entscheidungen finden sich unter https://www.italaw.com/cases/1175 [28.07.2025]. Zu dem Rechtsstreit: *Krimmer*, in: Juridica International 2020 (Vol. 29), 86.

die Verfassung oder einfaches Recht verwiesen wird, mit dem die vorläufige Anwendung vereinbar sein muss. Da die grundsätzliche Zulässigkeit der vorläufigen Anwendung regelmäßig eine Frage des Verfassungsrechts sein dürfte, ist der „alles-oder-nichts"-Ansatz bei ausschließlichem Verweis auf einfaches Recht nicht anwendbar.[1573] Das Problem wird ebenfalls umgangen durch eine Vertragsgestaltung, die in einigen neueren Freihandelsabkommen genutzt wird wie z. B. in Art. 30.7 Abs. 3 lit. b) des *Umfassenden Wirtschafts- und Handelsabkommens EU-Kanada (CETA)*:

> „b) Beabsichtigt eine Partei, eine Bestimmung dieses Abkommens von der vorläufigen Anwendung auszunehmen, so notifiziert sie der anderen Vertragspartei zunächst, welche Bestimmungen sie nicht vorläufig anwenden wird, und bietet unverzügliche Konsultationen an. Innerhalb von 30 Tagen nach der Notifikation kann die andere Vertragspartei entweder widersprechen, was dazu führt, dass dieses Abkommen nicht vorläufig angewendet wird, oder sie kann ihrerseits notifizieren, welche gleichwertigen Bestimmungen dieses Abkommens sie gegebenenfalls nicht vorläufig anzuwenden gedenkt. Widerspricht die andere Vertragspartei innerhalb von 30 Tagen nach der zweiten Notifikation, so wird dieses Abkommens nicht vorläufig angewendet.
>
> Die Bestimmungen, die nicht Gegenstand einer Notifikation sind, werden von dieser Vertragspartei ab dem ersten Tag des Monats vorläufig angewendet, der auf die spätere Notifikation folgt, oder ab dem Tag, auf den sich die Vertragsparteien verständigt haben, vorausgesetzt, dass die Vertragsparteien Notifikationen nach Buchstabe a ausgetauscht haben."[1574]

Zu notifizieren, welche Bestimmungen nicht vorläufig angewendet werden sollen, fördert die Transparenz für alle Völkerrechtssubjekte. Bei einem generellen Verweis auf die Vereinbarkeit mit innerstaatlichem Recht ist dies für andere Völkerrechtssubjekte nur schwer zu erkennen.[1575]

Diese Variante einer Beschränkungsklausel thematisiert außerdem den Aspekt, ob die Begrenzung der vorläufigen Anwendung reziprok wirkt.[1576] Da Art. 30.7 Abs. 3 lit. b) des *Umfassenden Wirtschafts- und Handelsabkommens EU-Kanada (CETA)* der empfangenden Partei die Möglichkeit einräumt,

---

1573 *Stützel*, Innerstaatliche Gewaltenteilung und vorvertragliche Pflichten bei völkerrechtlichen Verträgen, 190.

1574 EU ABl. vom 14.01.2017, L 11/94.

1575 Vgl. *Azaria*, in: Hollis (Hrsg.), Oxford Guide to Treaties, 229 (247).

1576 Dazu genauer → Kapitel 2 C. II. 7.

gleichwertige Bestimmungen zu benennen, die nicht vorläufig angewandt werden sollen, ist davon auszugehen, dass ansonsten keine Reziprozität gegeben ist. Für andere Beschränkungsklauseln kann dies dagegen diskutiert werden.[1577] Relevant ist dies nur innerhalb einer bilateralen Erfüllungsstruktur[1578], da in einer integralen Erfüllungsstruktur alle Völkerrechtssubjekte, die den Vertrag vorläufig anwenden, gegenüber der Gesamtheit der anderen verpflichtet sind. In einer bilateralen Erfüllungsstruktur ist dagegen eine reziproke Wirkung denkbar. Da es an einer vergleichbaren Regelung wie Art. 21 Abs. 1 lit. a) WVK im allgemeinen Völkervertragsrecht fehlt, ist eine generelle reziproke Wirkung abzulehnen. Sie kann jedoch in einer Vertragsklausel vorgesehen werden.

VI. Vertragsgestaltungsmöglichkeiten

Die Erwägungsgründe für die vorläufige Anwendung eines Vertrages als ein altes Instrument des Völkervertragsrechts haben sich über die Zeit gewandelt. So wurden die *Verträge des Westfälischen Friedens* von Osnabrück und Münster von 1648 bereits vorläufig angewandt.[1579] Frühere Verträge sollten bereits in der Zeit vorläufig angewandt werden, in der der Vertrag aufgrund der notwendigen Kommunikation über weite Strecken noch nicht in Kraft treten konnte.[1580] Heutzutage ist die vorläufige Anwendung besonders relevant, wenn für die Thematik des Vertrages schnellstmöglich eine Regelung auf internationaler Ebene erforderlich ist, aber das Inkrafttreten durch innerstaatliche Zustimmungsverfahren und die erforderliche Mindestanzahl an Ratifikationen verzögert wird.[1581] So wurde das 14. Zusatzprotokoll zur EMRK

1577 Siehe zu dieser Frage: *Pritzkow*, Das völkerrechtliche Verhältnis zwischen der EU und Russland im Energiesektor, 79-81; *Stützel*, Innerstaatliche Gewaltenteilung und vorvertragliche Pflichten bei völkerrechtlichen Verträgen, 197-199.

1578 Dazu genauer → Kapitel 2 C. II. 7. b).

1579 Friedensvertrag zwischen Schweden und dem Heiligen Römischen Reich (unterzeichnet in Osnabrück am 24.10.1648), Art. XVI § 1 und Friedensvertrag zwischen Frankreich und dem Heiligen Römischen Reich (unterzeichnet in Münster am 24.10.1648), § 98 (1). Für die deutsche Übersetzung siehe *Müller*, Instrumenta pacis Westphalicae, 147-149, 166.

1580 *Kleinlein*, in: JZ 2017 (Vol. 72), 377 (378); *Kempen/Schiffbauer*, in: Zeitschrift für ausländisches öffentliches Recht und Völkerrecht 2017 (Vol. 77), 95 (99).

1581 *Hafner*, in: Austrian Review of International and European Law 2019(Vol. 24), 67 (72 f.); *Krieger*, in: Dörr/Schmalenbach (Hrsg.), VCLT, Art. 25, Rn. 1; *Lefeber*, in:

vorläufig angewandt, da dieses nur nach Zustimmung aller Parteien in Kraft treten konnte und Russland lange Zeit nicht zugestimmt hat.[1582] Die vorläufige Anwendung kann weiterhin als vertrauensbildende Maßnahme dienen.[1583]

Zu einer Abweichung von Rechten und Pflichten der verschiedenen Völkerrechtssubjekte kommt es bei der vorläufigen Anwendung, wenn nicht alle verhandelnden Völkerrechtssubjekte den Vertrag vorläufig anwenden,[1584] wenn der Umfang der vorläufigen Anwendung des Vertrages sich unterscheidet oder wenn die vorläufige Anwendung nicht einheitlich beendet wird. In der letzten Konstellation wenden manche Völkerrechtssubjekte den Vertrag noch vorläufig an und andere endgültig.

Eine vorläufige Anwendung kann unterschiedlich gestaltet werden, insbesondere kann es durch verschiedene Varianten begrenzt werden. Der „ILC Guide to Provisional Application of Treaties“ enthält in einem Annex verschiedene Varianten, wie Vertragsklauseln zur vorläufigen Anwendung ausgestaltet werden können.[1585]

Die vorläufige Anwendung kann sich automatisch aus dem Vertrag ergeben, sodass die betroffenen Völkerrechtssubjekte nicht weitergehend handeln müssen, oder einzelne Parteien können eine unilaterale Erklärung abgeben, um die vorläufige Anwendung zu erklären.

Materielle Begrenzungen[1586] können Voraussetzungen sein, ob eine vorläufige Anwendung möglich ist, sie können festlegen, wie weitgehend die Völkerrechtssubjekte auswählen können und welche Bestimmungen eines Vertrages sie vorläufig anwenden werden. Vertragsbestimmungen können eine Auswahl zulassen, indem ein Vertrag grundsätzlich vorläufig angewendet wird, aber ein Völkerrechtssubjekt einen *Opt-Out* erklären kann, oder dass

---

Klabbers/Lefeber (Hrsg.), Essays on the Law of Treaties, 81 (82 f.); *Stützel*, Innerstaatliche Gewaltenteilung und vorvertragliche Pflichten bei völkerrechtlichen Verträgen, 89 f.

1582 *Quast Mertsch*, in: Fitzmaurice/Merkouris (Hrsg.), The Interpretation and Application of the European Convention of Human Rights, 33; *Kleinlein*, in: JZ 2017 (Vol. 72), 377 (381).

1583 *Brölmann/den Dekker*, Treaties, Provisional Application, in: Wolfrum (Hrsg.), MPEPIL, Rn. 3; *Krieger*, in: Dörr/Schmalenbach (Hrsg.), VCLT, Art. 25, Rn. 5.

1584 *Mik*, in: Polish Review of International and European Law 2022 (Vol. 11), 25 (46).

1585 ILC Guide to Provisional Application of Treaties, with commentaries thereto 2021, UN Doc. A/76/10.

1586 Dazu genauer → Kapitel 2 C. II. 1.

das jeweilige Völkerrechtssubjekt zusätzlich erklären muss, dass es den Vertrag oder Teile davon vorläufig anwenden möchte.[1587] Außerdem kann eine Beschränkungsklausel begrenzen, ob oder in welchem Umfang ein Vertrag vorläufig angewendet wird.[1588]

Während der Entwurf 2018 des „ILC Guide to Provisional Application of Treaties" in Guideline 7 das Vorbehaltsregime *mutatis mutandis* auf die vorläufige Anwendung für anwendbar erklärt hat,[1589] trifft der finale Guide dazu keine Aussage[1590] und verweist im Kommentar auf fehlende Staatenpraxis[1591]. Für die Möglichkeit, Vorbehalte zu erklären, spricht, dass wenn bereits zum endgültig verbindlichen Vertrag Vorbehalte erklärt werden können, dies als *majore ad minus* ebenso für die vorläufige Anwendung möglich sein sollte. Dementsprechend sind die Vorbehalte nur in einem Umfang zulässig, wie sie es auch sind, wenn der Vertrag in Kraft getreten ist, sodass entweder das Vorbehaltsregime der WVK oder die vertragliche Vorbehaltsklausel gilt. Vorbehalte können dabei den gleichen Effekt wie die zuvor genannten Beschränkungsklauseln erreichen.

Die Parteien können Verfahrensvorschriften[1592] in den Vertrag aufnehmen und der ausübenden Partei verfahrenstechnische Verpflichtungen auferlegen

---

1587 *Azaria*, in: Hollis (Hrsg.), Oxford Guide to Treaties, 229 (235); *Mik*, in: Polish Review of International and European Law 2022 (Vol. 11), 25 (46).

1588 Dazu genauer inklusive Beispielen → Kapitel 4 H. V.

1589 ILC Guide to Provisional Application of Treaties, Report of the 70th Session of the ILC 2018, UN Doc. A/73/10, Guideline 7:
„1. In accordance with the relevant rules of the Vienna Convention on the Law of Treaties, applied mutatis mutandis, a State may, when agreeing to the provisional application of a treaty or a part of a treaty, formulate a reservation purporting to exclude or modify the legal effect produced by the provisional application of certain provisions of that treaty.
2. In accordance with the relevant rules of international law, an international organization may, when agreeing to the provisional application of a treaty or a part of a treaty, formulate a reservation purporting to exclude or modify the legal effect produced by the provisional application of certain provisions of that treaty."

1590 ILC Guide to Provisional Application of Treaties, with commentaries thereto 2021, UN Doc. A/76/10, Guideline 7: „The present draft guidelines are without prejudice to any question concerning reservations relating to the provisional application of a treaty or a part of a treaty."

1591 ILC Guide to Provisional Application of Treaties, with commentaries thereto 2021, UN Doc. A/76/10, Guideline 7, Rn. 3.

1592 Dazu genauer → Kapitel 2 C. II. 5.

(z. B. Anhörungserfordernisse, Begründungspflichten oder Formerfordernisse). Weiterhin wird die vorläufige Anwendung durch Regelungen zu Beginn und Beendigung[1593] ausgestaltet. Für den Beginn der vorläufigen Anwendung können die Parteien ein bestimmtes Datum oder ein Ereignis auswählen. Neben der Beendigung durch Inkrafttreten des Vertrages, kann die vorläufige Anwendung ebenfalls durch den Eintritt eines Datums oder anderen Ereignisses sowie einseitige Erklärung beendet werden. Durch eine *Sunset*-Klausel kann vorgesehen werden, dass sich die Wirkung der vorläufigen Anwendung trotz Beendigung für eine gewisse Dauer noch fortsetzt.[1594]

Die Berechtigung, einen Vertrag vorläufig anzuwenden, kann begrenzt werden auf einzelne Völkerrechtssubjekte.[1595] Eine Begrenzung kann insbesondere erfolgen, indem lediglich jene Völkerrechtssubjekte den Vertrag vorläufig anwenden, die bereits einen Schritt im Vertragsschlussverfahren wie die Unterzeichnung vorgenommen haben. Eine weitere Möglichkeit ist es, eine Ratifikationsabsicht wie in Art. 38 des *Internationalen Tropenholz-Übereinkommens* zu verlangen:

> „Eine Unterzeichnerregierung, die dieses Übereinkommen ratifizieren, annehmen oder genehmigen will, oder eine Regierung, für die der Rat Beitrittsbedingungen festgelegt hat, die jedoch ihre Urkunde noch nicht hinterlegen konnte, kann dem Verwahrer jederzeit notifizieren, dass sie dieses Übereinkommen in Übereinstimmung mit ihren Gesetzen und sonstigen Vorschriften von seinem Inkrafttreten

---

1593 Dazu genauer → Kapitel 2 C. II. 9.

1594 Ein Beispiel ist Art. 45 Abs. 3 lit. b) und c) des *Vertrages über die Energiecharta* (BGBl. 1997 II 4, 5. International: UNTS Vol. 2080, 95):
„b) Beendet ein Unterzeichner die vorläufige Anwendung nach Buchstabe a, so bleibt seine Verpflichtung aus Absatz 1, die Teile III und V in Bezug auf Investitionen anzuwenden, die Investoren anderer Unterzeichner in seinem Gebiet während der vorläufigen Anwendung des Vertrags vorgenommen haben, dennoch bestehen, und zwar für die Dauer von 20 Jahren nach dem Tag des Wirksamwerdens der Beendigung, sofern in Buchstabe c nichts anderes vorgesehen ist.
c) Buchstabe b keine Anwendung auf einen Unterzeichner, der in Anlage PA aufgeführt ist. Ein Unterzeichner kann aus der Liste der Anlage PA gestrichen werden; die Streichung wird mit der Übergabe seines entsprechenden Antrags an den Verwahrer wirksam.“.

1595 Dazu genauer → Kapitel 2 C. II. 2.

> nach Artikel 39 an oder, wenn es bereits in Kraft ist, von einem bestimmten Tag an vorläufig anwenden wird."[1596]

Die vorläufige Anwendung ist sowohl im Rahmen einer bilateralen als auch einer integralen Erfüllungsstruktur möglich. Hinsichtlich der reziproken Wirkung[1597] im Rahmen der vorläufigen Anwendung sind drei Situation zu unterscheiden:

Erstens in der Situation, dass der Vertrag noch nicht endgültig in Kraft getreten ist und somit nur einzelne Völkerrechtssubjekte ihn in einem einheitlichen Umfang vorläufig anwenden, besteht Reziprozität abhängig von der jeweiligen Erfüllungsstruktur in demselben Umfang wie während der endgültigen Anwendung.

Zweitens kommt eine reziproke Wirkung insofern in Betracht, wenn ein Völkerrechtssubjekt die vorläufige Anwendung aufgrund einer Beschränkungsklausel eingrenzt. Die von einem Völkerrechtssubjekte erklärte Beschränkung der vorläufigen Anwendung kann reziprok auch die Pflichten des anderen vorläufig anwendenden Völkerrechtssubjektes verändern. In einer bilateralen Erfüllungsstruktur ist insofern eine reziproke Wirkung möglich. Dagegen sind die Völkerrechtssubjekte in einer integralen Erfüllungsstruktur den weiteren vorläufig anwendenden Völkerrechtssubjekten zur Erfüllung verpflichtet. Denkbar ist insofern nur, dass das Völkerrechtssubjekt, welches die Beschränkungsklausel nutzt, nicht das Recht hat, das davon umfasste Recht geltend zu machen. Da es an einer vergleichbaren Regelung wie Art. 21 Abs. 1 lit. a) WVK im allgemeinen Völkervertragsrecht fehlt, ist eine generell reziproke Wirkung abzulehnen. Sie kann jedoch in einer Vertragsklausel vorgesehen werden. Eine besondere Form der Reziprozität ist gegeben, wenn die andere Partei gleichwertige Vertragsbestimmungen nennen kann, die sie im Gegenzug von der vorläufigen Anwendung ausschließt wie in Art. 30.7 Abs. 3 lit. b) des *Umfassenden Wirtschafts- und Handelsabkommens EU-Kanada (CETA)*[1598].

Drittens stellt sich die Frage nach einer reziproken Wirkung dann, wenn einige Völkerrechtssubjekte bereits endgültig an den Vertrag gebunden sind, während andere ihn vorläufig anwenden und die vorläufige Anwendung

---

[1596] BGBl. 2009 II 231, 232. International: UNTS Vol. 2797, 75.

[1597] Dazu genauer → Kapitel 2 C. II. 7.

[1598] EU ABl. vom 14.01.2017, L 11/94.

nicht den gesamten Vertrag umfasst. In dieser Konstellation ist genau wie zuvor im Rahmen einer bilateralen Erfüllungsstruktur eine reziproke Wirkung möglich. Für eine integrale Erfüllungsstruktur ist denkbar, dass das den Vertrag vorläufig anwendende Völkerrechtssubjekt kein Recht hat, jene Rechte geltend zu machen, an die es noch nicht gebunden ist. *Pritzkow* bejaht in dieser Konstellation die reziproke Wirkung mit einem Vergleich zu dem Vorbehaltsregime und der Erwägung, dass ansonsten denjenigen Völkerrechtssubjekten, die einen Vertrag vorläufig anwenden, das Eigeninteresse fehlen würde, sich endgültig an den Vertrag zu binden.[1599] Allerdings berücksichtigt der Vergleich nicht, dass für Vorbehalte die reziproke Wirkung in Art. 21 Abs. 1 lit. a) WVK explizit geregelt ist. Eine generelle Übertragung ist somit abzulehnen. Eine reziproke Wirkung kann jedoch in eine Vertragsbestimmung aufgenommen werden.

I. Suspendierung

Die Suspendierung führt zur Freistellung von der Rechtseinhaltungspflicht für das erklärende Völkerrechtssubjekt. Die Suspendierung ist eine Rechtsfolge (I.), die aufgrund einer Vielzahl von Suspendierungstatbeständen des Völkervertragsrechts eintritt (II.). Die sich bereits aus allgemeinem Völkerrecht ergebenden Suspendierungstatbestände bilden die Grundlage für die Aufnahme und Vertragsgestaltung konkreter Suspendierungsklauseln in einem Vertrag (III.).

I. Rechtsfolge: Suspendierung

Für alle Suspendierungstatbestände des Völkervertragsrechts ergibt sich die Rechtsfolge aus Art. 72 WVK, sofern der Vertrag nichts anderes regelt oder die Parteien etwas anderes vereinbaren. Art. 72 Abs. 1 WVK formuliert für die Rechtsfolge der Suspendierung:

> „a) Sie befreit die Vertragsparteien, zwischen denen der Vertrag suspendiert ist, in ihren gegenseitigen Beziehungen während der Suspendierung von der Verpflichtung, den Vertrag zu erfüllen;

[1599] *Pritzkow*, Das völkerrechtliche Verhältnis zwischen der EU und Russland im Energiesektor, 79-81.

b) sie berührt anderweitig die durch den Vertrag zwischen den Vertragsparteien begründeten Rechtsbeziehungen nicht.“[1600]

Die Suspendierung bewirkt eine zeitweise Entlassung aus den suspendierten Pflichten.[1601] Die zugrundeliegende Vertragsbeziehung und die durch den Vertrag begründeten Rechtsbeziehungen bleiben dagegen bestehen.[1602]

Von der Pflicht zur Erfüllung befreit die Suspendierung *ex nunc*, sodass die zuvor begründeten und erfüllten Rechte und Pflichten davon unberührt bleiben.[1603] Aus dem Wortlaut von Art. 72 Abs. 1 lit. a) WVK ergibt sich, dass eine Suspendierung *ratione personae* auch nur gegenüber einzelnen Vertragsparteien zulässig ist.[1604] Eine solche Suspendierung nur zwischen einzelnen Vertragsparteien ist innerhalb einer integralen Erfüllungsstruktur[1605] nicht möglich. Art. 72 WVK regelt nicht die Zulässigkeit einer teilweisen Suspendierung *ratione materiae*, somit einzelner Vertragsbestimmungen. Dafür ist auf Art. 44 und Art. 60 WVK zurückzugreifen.

1600 BGBl. 1985 II 927. Englische authentische Fassung, UNTS Vol. 1155, 331: „a) releases the parties between which the operation of the treaty is suspended from the obligation to perform the treaty in their mutual relations during the period of the suspension; b) does not otherwise affect the legal relations between the parties established by the treaty.“.

1601 *Cameron*, Treaties, Suspension, in: Wolfrum (Hrsg.), MPEPIL, Rn. 1; *Binder*, Die Grenzen der Vertragstreue, 251; *Giegerich*, in Dörr/Schmalenbach (Hrsg.), VCLT, Art. 57 Rn. 1.

1602 Final Draft, Commentary to Art 68 [aktuell Art. 72], in: ILC Yearbook 1966 II 267, Rn. 3; UN Handbook on Final Clauses of multilateral Treaties, 2003, online verfügbar: https://treaties.un.org/Pages/Resource.aspx?path=Publication/FC/Page1_en.xml [28.07.2025], 108; *Binder*, Die Grenzen der Vertragstreue, 252; *Gomaa*, Suspension or Termination, 135; *Dahm/Delbrück/Wolfrum*, Völkerrecht Bd. I/3 Formen des völkerrechtlichen Handelns, 760; *Couvreur/Berdud*, in: Corten/Klein (Hrsg.), VCLT, Art. 72, Rn. 11; *Villiger*, VCLT, Art. 72, Rn. 3.

1603 *Couvreur/Berdud*, in: Corten/Klein (Hrsg.), VCLT, Art. 72, Rn. 26; *Villiger*, VCLT, Art. 72, Rn. 9.

1604 *Couvreur/Berdud*, in: Corten/Klein (Hrsg.), VCLT, Art. 72, Rn. 15.

1605 Dazu genauer → Kapitel 2 C. II. 7. b).

Bei der Suspendierung steht der temporäre Charakter im Vordergrund, da nach der Suspendierung die Vertragserfüllung fortgesetzt werden soll.[1606] Dies kommt in Art. 72 Abs. 2 WVK zum Ausdruck:

> „Während der Suspendierung haben sich die Vertragsparteien aller Handlungen zu enthalten, die der Wiederanwendung des Vertrages entgegenstehen könnten."[1607]

Die Verpflichtung aus Art. 72 Abs. 2 WVK ist Ausdruck des Grundsatzes *pacta sunt servanda* und der Erfüllung des Vertrages in Treu und Glauben.[1608] Die Suspendierung endet, sobald der Suspendierungsgrund wegfällt.[1609] Nach Beendigung der Suspendierung finden die Vertragsbestimmungen *ipso iure* und ohne eine weitere Handlung der Parteien wieder Anwendung. Eine Erklärung erfolgt dennoch regelmäßig aus Gründen der Rechtsklarheit.[1610]

II. Differenzierung der Suspendierungstatbestände nach den Zielrichtungen

Das Völkervertragsrecht nennt verschiedene Suspendierungstatbestände. Zum einen sind einzelne Suspendierungstatbestände im allgemeinen Völkervertragsrecht geregelt, wie z. B. in Art. 58 Abs. 1 lit. b) oder Art. 60 Abs. 2 WVK. Auf diese können die Parteien eines völkerrechtlichen Vertrages ohne weitere Regelung in einem konkreten Vertrag zurückgreifen. Zum anderen nennen Bestimmungen des allgemeinen Völkervertragsrechts die Möglichkeiten zur Suspendierung nach Maßgabe der Vertragsbestimmungen sowie im Einvernehmen der Parteien. Die Völkerrechtssubjekte müssen dafür in dem konkreten Vertrag Regelungen treffen oder sich im Nachhinein einigen. Da sich diese

---

1606 Statement von *Rosenne*, in: ILC Yearbook 1966 I/2, 29, Rn. 47; *Binder*, Die Grenzen der Vertragstreue, 252; *Villiger*, VCLT, Art. 72, Rn. 11.

1607 BGBl. 1985 II 927. Englische authentische Fassung, UNTS Vol. 1155, 331: „During the period of the suspension the parties shall refrain from acts tending to obstruct the resumption of the operation of the treaty.".

1608 *Couvreur/Berdud*, in: Corten/Klein (Hrsg.), VCLT, Art. 72, Rn. 3; *Villiger*, VCLT, Art. 72, Rn. 11.

1609 Statement von *Humphrey Waldock*, in: ILC Yearbook 1966 I/2, 31, Rn. 78.

1610 *Dahm/Delbrück/Wolfrum*, Völkerrecht Bd. I/3 Formen des völkerrechtlichen Handelns, 760.

Möglichkeiten bereits aus der Vertragsfreiheit der Parteien ergibt, sind die Bestimmungen in der WVK deklaratorisch.

Nach der Zielrichtung der Suspendierung sind zwei Konstellationen zu unterscheiden: Einerseits kann eine Partei oder können mehrere Parteien einen Vertrag oder einzelne Bestimmungen zu ihren Gunsten suspendieren, um die jeweiligen Pflichten zeitweise nicht erfüllen zu müssen (1.). Andererseits können Parteien die Suspendierung von Rechten einer anderen Partei als Reaktion auf das vertragsverletzende Verhalten letzterer Partei nutzen (2.). In beiden Konstellationen verletzt eine Partei den Vertrag, wenn die Voraussetzungen für die Suspendierung nicht erfüllt sind und die Partei die Erfüllung der Vertragspflichten dennoch aussetzt.

1. Suspendierungstatbestände zu Gunsten einer Partei

Eine Suspendierung zu Gunsten einer Partei kann erstens erfolgen aufgrund einer unilateralen Erklärung einer einzelnen Partei (a). In dem Fall nutzt die Suspendierungsklausel eine Partei, die selbst Schwierigkeiten hat, den Vertrag zu erfüllen, und deshalb ihre eigenen Pflichten suspendiert. Zweitens können Parteien kollektiv handeln, um einen Vertrag oder Teile eines solchen zu suspendieren (b).

a) Suspendierung durch unilaterale Erklärung

Eine einzelne Partei kann durch unilaterale Erklärung einen Vertrag oder einzelne Bestimmungen suspendieren. In diesen Fällen nutzt eine einzelne Partei die Suspendierung dazu, um in außergewöhnlichen Situationen reagieren zu können und dabei die suspendierten Regelungen nicht einhalten zu müssen. Die WVK sieht dies in Art. 61–63 vor (aa). Daneben enthalten viele Verträge spezielle Suspendierungsklauseln (bb).

aa) Suspendierungstatbestände der Art. 61–63 WVK

Die Suspendierungstatbestände der Art. 61–63 WVK bieten den Parteien jeweils eine Reaktionsmöglichkeit auf unterschiedliche nachträgliche Änderungen. Diese sind die nachträgliche Unmöglichkeit der Erfüllung, die grundlegende Änderung der Umstände und der Abbruch der diplomatischen Beziehungen.

(1) Nachträgliche Unmöglichkeit der Erfüllung, Art. 61 WVK

Eine Partei kann wegen einer nachträglichen Unmöglichkeit der Erfüllung aufgrund des endgültigen Verschwindens oder der Vernichtung eines zur Ausführung des Vertrags unerlässlichen Gegenstands den Vertrag beenden oder, wenn die Unmöglichkeit nur vorübergehend ist, darf sie den Vertrag nur suspendieren. Voraussetzungen sind daher der Untergang eines für die Durchführung des Vertrags unerlässlichen Gegenstands, die Unmöglichkeit der Vertragserfüllung und das Nichtvorliegen des Ausschlusses einer Berufung auf die nachträgliche Unmöglichkeit gem. Art. 61 Abs. 2 WVK.

Ein für den Vertrag unerlässlicher Gegenstand („*object*") meint zunächst einen physischen Gegenstand. Dagegen ist nicht der Vertragsgegenstand oder Ziel und Zweck des Vertrages gemeint.[1611] Die ILC nannte als Beispiele den Untergang einer Insel, das Austrocknen eines Flusses oder die Zerstörung eines Damms oder einer Wasserkraftanlage.[1612] Ein Gegenstand ist für die Vertragserfüllung unerlässlich, wenn er die Erfüllung nicht nur fördert, sondern wenn er absolut notwendig ist für die Erfüllung.[1613] Der Untergang des zur Vertragserfüllung unerlässlichen Gegenstandes muss die Vertragserfüllung unmöglich werden lassen. Es genügt insofern nicht, dass die Erfüllung nur erschwert ist.[1614] Für die vorübergehende Unmöglichkeit beschränkt Art. 61 Abs. 1 S. 2 WVK die Reaktionsmöglichkeiten auf die Suspendierung. Eine vorübergehende Unmöglichkeit liegt unter anderem vor, wenn ein Gegenstand durch Handlungen einer Partei wieder hergestellt werden kann.[1615]

(2) Grundlegende Änderung der Umstände, Art. 62 WVK

Art. 62 WVK[1616] ermöglicht den Vertragsparteien, einen Vertrag zu beenden oder zu suspendieren, wenn sich nachträglich grundlegende Änderungen der Umstände ergeben. Die einzelnen Voraussetzungen der grundlegenden

---

1611 *Binder*, Die Grenzen der Vertragstreue, 190 f.

1612 Final Draft, Commentary to Art 58 [aktuell Art. 61], in: YBILC 1966 II 256, Rn. 2.

1613 *Binder*, Die Grenzen der Vertragstreue, 193; *Villiger*, VCLT, Art. 61, Rn. 5.

1614 *Binder*, Die Grenzen der Vertragstreue, 194.

1615 United Nations Conference on the Law of Treaties (UNCLOT) I, 479, Rn. 32; *Binder*, Die Grenzen der Vertragstreue, 207; *Giegerich*, in: Dörr/Schmalenbach (Hrsg.), VCLT, Art. 61 Rn. 23.

1616 BGBl. 1985 II 927: „(1) Eine grundlegende Änderung der beim Vertragsabschluß gegebenen Umstände, die von den Vertragsparteien nicht vorausgesehen wurde,

Änderung der Umstände nach Art. 62 WVK, auch als *clausula rebus sic stantibus* bezeichnet, sind aufgrund fehlender Staatenpraxis und gerichtlicher Urteile teilweise umstritten und nicht vollständig geklärt. Vorliegend wird nur ein Überblick gegeben.[1617] Voraussetzungen der grundlegenden Änderung der Umstände nach Art. 62 WVK sind: Die betroffenen Umstände müssen bereits bei Abschluss des Vertrages bestanden haben (1.), die Änderung wurde von den Parteien nicht vorhergesehen (2.), die Veränderung der Umstände ist fundamental (3.), die Existenz der betroffenen Umstände war wesentliche Grundlage für die Zustimmung der Parteien zu dem Vertrag (4.) und die Änderung verändert tiefgreifend den Umfang der Pflichten, um den Vertrag weiterhin zu erfüllen (5.).[1618] Die Voraussetzungen sind sehr eng gefasst und

---

kann nicht als Grund für die Beendigung des Vertrags oder den Rücktritt von ihm geltend gemacht werden, es sei denn
a) das Vorhandensein jener Umstände bildete eine wesentliche Grundlage für die Zustimmung der Vertragsparteien, durch den Vertrag gebunden zu sein, und
b) die Änderung der Umstände würde das Ausmaß der auf Grund des Vertrags noch zu erfüllenden Verpflichtungen tiefgreifend umgestalten.
(2) Eine grundlegende Änderung der Umstände kann nicht als Grund für die Beendigung des Vertrags oder den Rücktritt von ihm geltend gemacht werden,
a) wenn der Vertrag eine Grenze festlegt oder
b) wenn die Vertragspartei, welche die grundlegende Änderung der Umstände geltend macht, diese durch Verletzung einer Vertragsverpflichtung oder einer sonstigen, gegenüber einer anderen Vertragspartei bestehenden internationalen Verpflichtung selbst herbeigeführt hat.
(3) Kann eine Vertragspartei nach Absatz 1 oder 2 eine grundlegende Änderung der Umstände als Grund für die Beendigung des Vertrags oder den Rücktritt von ihm geltend machen, so kann sie die Änderung auch als Grund für die Suspendierung des Vertrags geltend machen." International: UNTS Vol. 1155, 331.

1617 Für eine weitergehende Auseinandersetzung wird verwiesen auf: *Blaser*, Die clausula rebus sic stantibus im Völkerrecht; *Binder*, Die Grenzen der Vertragstreue, 114-182; *Fitzmaurice*, in: Hollis (Hrsg.), Oxford Guide to Treaties, 595; *Feist*, Kündigung, Rücktritt und Suspendierung von multilateralen Verträgen, 165-190; *Giegerich*, in: Dörr/Schmalenbach (Hrsg.), VCLT, Art. 62; *Heintschel von Heinegg*, Treaties, Fundamental Change of Circumstances, in: Wolfrum (Hrsg.), MPEPIL; *Rohls*, Die Voraussetzungen der Clausula Rebus Sic Stantibus im Völkerrecht; *Vagts*, in: Columbia Journal of Transnational Law 2005 (Vol. 43), 459; *Shaw/Fournet*, in: Corten/Klein (Hrsg.), VCLT, Art. 61; *Villiger*, VCLT, Art. 62.

1618 *Binder*, Die Grenzen der Vertragstreue, 133; *Blaser*, Die clausula rebus sic stantibus im Völkerrecht, 338-380; *Heintschel von Heinegg*, Treaties, Fundamental Change of

aufgrund der negativen Formulierung in Art. 62 WVK gehen andere Beendigungs- oder Suspendierungsgründe dem Art. 62 WVK vor.[1619]

Ausdrücklich nennt Art. 61 WVK als Rechtsfolge die Beendigung und die Suspendierung. Betrifft die Umstandsänderung nur einzelne Parteien, können diese zwischen sich den Vertrag oder einzelne Bestimmungen suspendieren.[1620]

(3) Suspendierung nach dem Abbruch der diplomatischen oder konsularischen Beziehungen gem. Art. 63 WVK

Art. 63 WVK[1621] bestimmt, dass im Regelfall der Abbruch der diplomatischen oder konsularischen Beziehungen zwischen zwei Parteien kein Grund für die Beendigung oder Suspendierung eines Vertrages ist. Nur wenn die konsularischen oder diplomatischen Beziehungen für die Anwendung des Vertrages unerlässlich sind, berechtigt der Abbruch dieser Beziehungen dazu, einen Vertrag zu beenden oder zu suspendieren. Unerlässlich sind die konsularischen oder diplomatischen Beziehungen dann, wenn eine direkte und kausale Beziehung zwischen den konsularischen oder diplomatischen Beziehungen und dem Vertrag besteht[1622] und für die Anwendung des Vertrages absolut erforderlich ist.[1623] Für multilaterale Verträge sind die konsularischen oder diplomatischen Beziehungen nur sehr selten unerlässlich für die Anwendung eines Vertrages.[1624] Ein Beispiel für einen multilateralen Vertrag, für den dies denkbar ist, ist das *Wiener Übereinkommen über diplomatische Beziehungen*[1625]. Die Rechtsfolge nennt Art. 63 WVK nicht explizit,

---

Circumstances, in: Wolfrum (Hrsg.), MPEPIL, Rn. 1; *Fitzmaurice*, in: Hollis (Hrsg.), Oxford Guide to Treaties, 595 (604).

1619 *Binder*, Die Grenzen der Vertragstreue, 132; *Heintschel von Heinegg*, Treaties, Fundamental Change of Circumstances, in: Wolfrum (Hrsg.), MPEPIL, Rn. 29.

1620 *Giegerich*, in Dörr/Schmalenbach (Hrsg.), VCLT, Art. 62 Rn. 101.

1621 BGBl. 1985 II 927: „Der Abbruch der diplomatischen oder konsularischen Beziehungen zwischen Parteien eines Vertrags lässt die zwischen ihnen durch den Vertrag begründeten Rechtsbeziehungen unberührt, es sei denn, das Bestehen diplomatischer oder konsularischer Beziehungen ist für die Anwendung des Vertrags unerläßlich." International: UNTS Vol. 1155, 331.

1622 *Villiger*, VCLT, Art. 63, Rn. 7.

1623 *Giegerich*, in Dörr/Schmalenbach (Hrsg.), VCLT, Art. 63 Rn. 34.

1624 Statement von *Humphrey Waldock*, in: ILC Yearbook 1964 Vol. I, 159, Rn. 15; *Villiger*, VCLT, Art. 63, Rn. 6.

1625 BGBl. 1964 II, 958. International: UNTS Vol. 500, 95.

jedoch ist aus der systematischen Stellung zu erkennen, dass sowohl eine Beendigung als auch eine Suspendierung zulässig ist.

bb) Suspendierungstatbestände aufgrund spezifischer Vertragsbestimmungen

Die Möglichkeit spezifischer Vertragsbestimmungen zu einer Suspendierungsmöglichkeit nennt Art. 57 lit. a) WVK ausdrücklich. In der Literatur werden die bereits existierenden vertraglichen Suspendierungsklauseln ausführlich behandelt, sodass insbesondere für eine vertiefte Darstellung der Voraussetzungen dieser Suspendierungsklauseln darauf verwiesen wird.[1626]

(1) Bezeichnung und unterschiedliche Arten von Suspendierungsklauseln

Für vertragliche Suspendierungsklauseln werden zahlreiche unterschiedliche Bezeichnungen verwendet.[1627] Sie werden als Notstandsklauseln,[1628] Derogationsklauseln[1629], Ausweichklauseln[1630], Schutzklauseln[1631], „*escape clauses*“[1632],

---

[1626] *Ashauer*, in: Archiv des Völkerrechts 2007 (Vol. 45), 400; *Binder*, Die Grenzen der Vertragstreue im Völkerrecht, 570-595; *Buergenthal*, in: Henkin (Hrsg.), The International Bill of Rights, 72; *Criddle* (Hrsg.), Human Rights in Emergencies; *Croquet*, in: Columbia Journal of European Law 2011 (Vol. 17), 307; *Higgins*, in: British Yearbook of International Law 1976-1977 (Vol. 48), 281; *Koremenos*, The Continent of International Law, 125-140; *Künzli*, Zwischen Rigidität und Flexibilität, 364-378; *Krieger*, in: Dörr/Grote/Marauhn (Hrsg.), EMRK/GG: Konkordanzkommentar zum europäischen und deutschen Grundrechtsschutz, Kapitel 8; *Weber*, Notstandskontrolle. Eine empirische Untersuchung der Staatenpraxis zur Nutzung vertraglicher Suspendierungsklauseln: *Hafner-Burton/Helfer/Fariss*, in: International Organizations 2011 (Vol. 65), 673.

[1627] *Voelcker*, Schutzklauseln als Grenzpunkte internationaler Integration, 23 f.

[1628] *Weber*, Notstandskontrolle, 34-42.

[1629] *Künzli*, Zwischen Rigidität und Flexibilität, 364; *Neuman*, in: Criddle (Hrsg.), Human Rights in Emergencies, 15 (15).

[1630] *Dahm/Delbrück/Wolfrum*, Völkerrecht Bd. I/3 Formen des völkerrechtlichen Handelns, 761.

[1631] *Voelcker*, Schutzklauseln als Grenzpunkte internationaler Integration, 19.

[1632] ILC Guide to Practice on Reservations to Treaties 2011, UN Doc. A/66/10/Add.1, Guideline 1.7.1 – Commentary, Rn. 6; *Rosendorff/Milner*, in: International Organizations 2001 (Vol. 55), 829 (830); *Helfer*, in: Dunoff/Pollack (Hrsg.), Interdisciplinary Perspectives on International Law and International Relations, 175 (186); *Park*, in: North Carolina Journal of International Law 2018 (Vol. XLIII), 83 (97).

„security exception clauses“[1633] und im Kontext von Handelsverträgen als *„safeguard provision“*[1634] oder auch als *„waiver“*[1635] benannt. Weiterhin werden einzelne Bezeichnungen daneben auch für andere Vertragsklauseln verwendet, die sich nicht auf eine Suspendierung beschränken. *„Escape clauses“* werden teilweise weitergehender gefasst, wenn Autoren darunter auch sonstige Ausnahmeregelungen erfassen, die allerdings nicht eine Suspendierung vorsehen.[1636] Da alle eine Suspendierung der Rechte und Pflichten zur Folge haben, ist die Bezeichnung als vertragliche Suspendierungsklausel am treffendsten.

(2) Materielle Voraussetzungen für vertragliche Suspendierungsklauseln

Jede vertragliche Suspendierungsklausel zur unilateralen Anwendung kann unterschiedliche Voraussetzungen für die Suspendierung von Rechten und Pflichten aus einem Vertrag vorsehen. Dennoch zeigt die Vertragspraxis, dass die Klauseln abhängig von dem jeweiligen Themengebiet der Verträge ähnliche Voraussetzungen enthalten, sodass in diesem und dem nächsten Abschnitt die typischen Voraussetzungen für die Suspendierung im Bereich der Menschenrechtsverträge sowie der Handelsverträge überblicksartig dargestellt werden.[1637]

1633 *Sabanogullari*, General Exception Clauses in International Investment Law, 42.

1634 WTO World Trade Report 2009, Trade Policy Commitments and Contingency Measures, online verfügbar: https://www.wto.org/english/res_e/booksp_e/anrep_e/world_trade_report09_e.pdf [28.07.2025], 47; *Hoekman/Kostecki*, The Political Economy of the World Trading System, 303; *Mueller*, in: Journal of World Trade 2003 (Vol. 37), 1119 (1123).

1635 Fifth Report on reservations to treaties by the Special Rapporteur Mr. Allain Pellet, UN Doc. A/CN.4/508/Add.1 (2000), Rn. 138; *Feichtner*, Waiver, in: Wolfrum (Hrsg.), MPEPIL, Rn. 1.

1636 *Delmas-Marty*, in: Delmas-Marty (Hrsg), The European Convention for the Protection of Human Rights, 1 (1).

1637 Zur ausführlicheren Behandlung der Voraussetzungen siehe: Human Rights Committee, General Comment Nr. 29, States of Emergency (Article 4), CCPR/C/21/Rev.1/Add.11, Rn. 2-17; *Ashauer*, in: Archiv des Völkerrechts 2007 (Vol. 45), 400 (412-423); *Buergenthal*, in: Henkin, The International Bill of Rights, 72 (78-86); *Criddle*, in: Netherlands Yearbook of International Law 2014 (Vol. 45), 197 (201-206); *Croquet*, in: Columbia Journal of European Law 2011 (Vol. 17), 307 (338-349); *Gittleman*, in: Virginia Journal of International Law 1982 (Vol. 22), 667 (704-709); *Higgins*, in: British Yearbook of International Law 1976-1977 (Vol. 48), 281 (289-306); *Künzli*,

Die vertraglichen Suspendierungsklauseln in Menschenrechtsverträgen wurden in der Vergangenheit durch die Parteien verschiedentlich genutzt. Zuletzt nahmen verschiedene Völkerrechtssubjekte sie insbesondere während der Covid-19 Pandemie in Anspruch.[1638] Die vertragliche Suspendierungsklauseln in anderen Menschenrechtsverträgen[1639] lauten jeweils ähnlich wie Art. 15 EMRK:

> „(1) Wird das Leben der Nation durch Krieg oder einen anderen öffentlichen Notstand bedroht, so kann jede Hohe Vertragspartei Maßnahmen treffen, die von den in dieser Konvention vorgesehenen Verpflichtungen abweichen, jedoch nur, soweit es die Lage unbedingt erfordert und wenn die Maßnahmen nicht im Widerspruch zu den sonstigen völkerrechtlichen Verpflichtungen der Vertragspartei stehen.
>
> (2) Aufgrund des Absatzes 1 darf von Artikel 2 nur bei Todesfällen infolge rechtmäßiger Kriegshandlungen und von Artikel 3, Artikel 4 Absatz 1 und Artikel 7 in keinem Fall abgewichen werden.
>
> (3) Jede Hohe Vertragspartei, die dieses Recht auf Abweichung ausübt, unterrichtet den Generalsekretär des Europarats umfassend über die getroffenen Maßnahmen und deren Gründe. Sie unterrichtet den Generalsekretär des Europarats auch über den Zeitpunkt, zu dem diese Maßnahmen außer Kraft getreten sind und die Konvention wieder volle Anwendung findet."[1640]

Für eine Suspendierung eines Konventionsrechts müssen nach Art. 15 EMRK folgende materielle Voraussetzungen erfüllt sein: Es muss ein gegenwärtiger

---

Zwischen Rigidität und Flexibilität, 364-378; *Norris/Reiton*, in: American University Law Review 1980 (Vol. 30), 189; *Schreuer*, in: The Yale Journal of World Public Order 1982 (Vol. 9), 113 (116-131); *Voelcker*, Schutzklauseln als Grenzpunkte internationaler Integration; *Weber*, Notstandskontrolle, 50-101, 261-275.

1638 *Helfer*, in: American Journal of International Law 2021 (Vol. 115), 20; *Lebret*, in: Journal of Law and the Biosciences 2020 (Vol. 7), 1 (3 f.).

1639 Art. 4 *Internationaler Pakt über bürgerliche und politische Rechte* (BGBl. 1973 II 1533, 1534. International: UNTS Vol. 999, 171); Art. 27 *Amerikanische Menschenrechtskonvention* (UNTS Vol. 1144, 123); Art. F der *revidierten europäischen Sozialcharta* (CETS Nr. 163), Art. 4 der *Arabischen Charta der Menschenrechte* (Englische Übersetzung: *Al-Midani/Cabanettes*, in: Boston University International Law Journal 2006 (Vol. 24), 147); Art. 9 Abs. 1 des *Übereinkommens über die Beteiligung von Ausländern am kommunalen öffentlichen Leben* (CETS Nr. 144).

1640 Neufassung der deutschen Übersetzung aus BGBl. 2010 II 1199. International: CETS Nr. 5.

oder unmittelbar bevorstehender öffentlicher Notstand bestehen (1.), die Maßnahme muss aufgrund der Umstände erforderlich sein (2.), es darf nicht eine nicht-derogierbare Pflicht suspendiert werden (3.) und die Partei darf nicht gegen andere internationale Pflichten verstoßen (4.).[1641] Als weiteres Beispiel legt Art. 4 Abs. 1 des *Internationalen Paktes über bürgerliche und politische Rechte*[1642] darüber hinaus fest, dass die Suspendierung nicht-diskriminierend sein muss. Der EGMR hat das Verbot der Diskriminierung durch eine Suspendierung als ungeschriebene Voraussetzung aufgenommen.[1643]

Art. 4 des *Internationaler Paktes über bürgerliche und politische Rechte*[1644] und Art. 4 der *Arabischen Charta der Menschenrechte* umschreiben den Notstand ebenfalls mit „*[a] public emergency which threatens the life of the nation*"[1645], während Art. 27 der *Amerikanischen Menschenrechtskonvention* die Formulierung wählt „*[i]n time of war, public danger, or other emergency that threatens the independence or security of a State Party*"[1646]. Die Verträge definieren die Begriffe in der Umschreibung des Notstands nicht weitergehend, weshalb die Konkretisierung durch die Parteien und Vertragsorgane erfolgen muss. Die Voraussetzungen für einen Notstand hat die EKMR im *Griechenland-Fall* wie folgt konkretisiert:

> „(1) It must be actual or imminent.
>
> (2) Its effects must involve the whole nation.
>
> (3) The continuance of the organised life of the community must be threatened.
>
> (4) The crisis or danger must be exceptional, in that the normal measures or restrictions, permitted by the Convention for the maintenance of public safety, health and order, are plainly inadequate."[1647]

1641 *Croquet*, in: Columbia Journal of European Law 2011 (Vol. 17), 307 (339); *Voelcker*, Schutzklauseln als Grenzpunkte internationaler Integration, 104 f.; *Weber*, Notstandskontrolle, 38, 52.

1642 BGBl. 1973 II 1534. International: UNTS Vol. 999, 171.

1643 EGMR, Nr. 3455/05 – *A u. a. v. Vereinigtes Königreich*, Rn. 190 (GK).

1644 BGBl. 1973 II 1534. International: UNTS Vol. 999, 171.

1645 Englische Übersetzung: *Al-Midani/Cabanettes*, in: Boston University International Law Journal 2006 (Vol. 24), 2006, 147.

1646 UNTS Vol. 1144, 123.

1647 EKMR, Nr. 3321/67 – *Dänemark, Norwegen, Schweden und die Niederlande v. Griechenland („Griechenland Fall")*, Rn. 153.

In seiner Rechtsprechung bezieht sich der EGMR allerdings zumeist nicht auf den *Griechenland-Fall*, sondern die spätere Entscheidung im Fall *Lawless*[1648]:

> „Whereas, in the general context of Article 15 of the Convention, the natural and customary meaning of the words "other public emergency threatening the life of the nation" is sufficiently clear; whereas they refer to an exceptional situation of crisis or emergency which affects the whole population and constitutes a threat to the organised life of the community of which the State is composed;"[1649]

Die Suspendierung darf nur in dem Umfang erfolgen, „soweit es die Lage unbedingt erfordert". Die Eingriffsintensität sowie die räumliche und zeitliche Ausdehnung der Notstandsmaßnahmen müssen strikt begrenzt werden auf den notwendigen Umfang, um vertragsgemäß auf die Ausnahmesituation zu reagieren.[1650] Die Suspendierung aufgrund der Derogationsklausel muss *ultima ratio* sein.[1651] Daraus folgt als Konsequenz, dass eine vertragliche Pflicht häufig nur teilweise suspendiert wird. Beispielsweise wird nicht die Meinungsfreiheit vollständig ausgesetzt, sondern nur soweit dies zur Überwindung des Notstandes erforderlich ist.

In der Beurteilung, ob diese Voraussetzungen vorliegen, räumt der EGMR den Parteien einen weiten Beurteilungsspielraum[1652] ein. Die nationalen Stellen sind in der besseren Position, um festzustellen, ob die Anforderungen des Art. 15 EMRK vorliegen.[1653] Gleichzeitig besteht eine europäische

---

1648 So bezieht sich der EGMR in den Entscheidungen EGMR, Nr. 14553/89 u. 14554/89 – *Brannigan and McBride v. Vereinigtes Königreich*, Rn. 47 (Pl.) und EGMR, Nr. 34482/97 – *Aksoy v. Türkei*, Rn. 70 auf die Entscheidung *Lawless* und nicht den Griechenland-Fall.

1649 EGMR, Nr. 332/57 – *Lawless v. Irland (Nr. 3)*, Rn. 28.

1650 *Ashauer*, in: Archiv des Völkerrechts 2007 (Vol. 45), 400 (417 f.); *Künzli*, Zwischen Rigidität und Flexibilität, 369; *Binder*, Die Grenzen der Vertragstreue, 573; *Schreuer*, in: The Yale Journal of World Public Order 1982 (Vol. 9), 113 (126).

1651 *Ashauer*, in: Archiv des Völkerrechts 2007 (Vol. 45), 400 (422).

1652 Ausführlicher zum Beurteilungsspielraum innerhalb des Art. 15 EMRK: *Weber*, Notstandskontrolle, 101-175; *Krieger*, in: Dörr/Grote/Marauhn, EMRK/GG: Konkordanzkommentar zum europäischen und deutschen Grundrechtsschutz, Kapitel 8, Rn. 7-15. Zur Kritik zu dem weiten Beurteilungsspielraum: *Ashauer*, in: Archiv des Völkerrechts 2007 (Vol. 45), 400 (419-421). Im Übrigen wird verwiesen auf → Kapitel 6.

1653 EGMR, Nr. 5493/72 – *Handyside v. Vereinigtes Königreich*, Rn. 48 f. (Pl.); Nr. 5310/71 – *Irland v. Vereinigtes Königreich*, Rn. 207.

Kontrolle durch den EGMR.[1654] Der EGMR kontrolliert, dass die Grenzen des Beurteilungsspielraums nicht überschritten werden.

Suspendierungsklauseln in Menschenrechtsverträgen nennen jeweils verschiedene Rechte, die nicht-derogierbar sind. Entweder sind diese Rechte besonders bedeutsam oder eine Suspendierung eines solchen Rechts ist in keiner Notstandssituation geeignet diese zu überwinden.[1655] Weiterhin ist eine Suspendierung nicht zulässig, wenn sich die Pflicht noch aus anderen Verträgen ohne Suspendierungsklausel oder Gewohnheitsrecht mit *ius cogens* Status ergibt.

Handelsverträge und insbesondere das GATT/WTO-Regime sehen verschiedene umfassende Regeln für den Handel ihrer Parteien vor. Innerhalb eines solchen komplexen und engen Systems berücksichtigen Suspendierungsklauseln Umstände, in denen Parteien von den Pflichten abrücken möchten.[1656] Art. XIX Abs. 1 lit. a) GATT 1994 lautet:

> „Wenn infolge einer unvorhergesehenen Entwicklung der Umstände oder infolge der Verpflichtungen (einschliesslich der Zollzugeständnisse), die ein Vertragspartner auf Grund des vorliegenden Abkommens übernommen hat, der Fall eintritt, dass ein Erzeugnis in das Gebiet dieses Vertragspartners in derart gesteigerten Mengen und unter solchen Umständen eingeführt wird, dass die hierdurch geschaffene Lage für die im Gebiet dieses Vertragspartners ansässigen Produzenten gleichartiger oder unmittelbar konkurrierender Erzeugnisse ernstlichen Schaden verursacht oder zu verursachen droht, so steht es diesem Vertragspartner frei, in dem Masse und während des Zeitraumes, die zur Verhütung oder zur Behebung dieses Schadens notwendig sind, seine hinsichtlich dieses Erzeugnisses übernommene Verpflichtung vorübergehend ganz oder teilweise ausser Kraft zu setzen oder das betreffende Zugeständnis zurückzunehmen oder zu ändern."[1657]

Voraussetzung des Art. XIX GATT 1994[1658] ist, dass unvorhergesehen die Produktimporte ansteigen, wodurch inländischen Erzeugern konkurrierender Produkte ernsthafte Schäden drohen und dadurch eine wirtschaftliche

---

1654 EGMR, Nr. 5493/72 – *Handyside v. Vereinigtes Königreich*, Rn. 49 (Pl.).

1655 *Künzli*, Zwischen Rigidität und Flexibilität, 374.

1656 *Binder*, Die Grenzen der Vertragstreue, 583.

1657 EU ABl. L 336/11 vom 23.12.1994.

1658 EU ABl. L 336/11. Zur Staatenpraxis und Entwicklung der Geltendmachung von Art. XIX GATT siehe *Pelc*, in: International Studies Quarterly 2009 (Vol. 53), 349 (357-364).

Notsituation entsteht.[1659] Im Rahmen der WTO wird die Suspendierungsklausel aus Art. XIX GATT 1994[1660] konkretisiert durch das *WTO-Übereinkommen über Schutzmaßnahmen (Safeguards Agreement)*[1661]. Als materielle Voraussetzung enthält dieses Übereinkommen in Art. 8 Abs. 1 die Verpflichtung anzustreben, dass die Zugeständnisse und sonstigen Verpflichtungen zwischen den Parteien im Ganzen aufrechterhalten werden sollen:

> „Ein Mitglied, das die Anwendung oder die Verlängerung einer Schutzmaßnahme beabsichtigt, bemüht sich gemäß Artikel 12 Absatz 3, einen Umfang an Zugeständnissen und sonstigen Verpflichtungen aufrechtzuerhalten, der im wesentlichen dem entspricht, der gemäß dem GATT 1994 zwischen ihm selbst und den Ausfuhrmitgliedern besteht, die von einer solchen Maßnahme betroffen wären. Um dieses Ziel zu erreichen, können sich die betreffenden Mitglieder über angemessene Handelskompensationen für die negativen Auswirkungen der Maßnahme auf ihren Handel einigen.“[1662]

Somit ist insbesondere eine Entschädigungszahlung eine mögliche Ausgleichsmethode für die Suspendierung von Handelserleichterungen.

Andere Handelsverträge enthalten weiter formulierte Suspendierungsbestimmungen als das GATT, z. B. Art. 112 des *Abkommens über den Europäischen Wirtschaftsraum*:

> „(1) Treten ernstliche wirtschaftliche, gesellschaftliche oder ökologische Schwierigkeiten sektoraler oder regionaler Natur auf und ist damit zu rechnen, daß sie anhalten, so kann eine Vertragspartei gemäß den Voraussetzungen und Verfahren des Artikels 113 einseitig geeignete Maßnahmen treffen.
>
> (2) Diese Schutzmaßnahmen sind in ihrem Anwendungsbereich und ihrer Dauer auf das für die Behebung der Schwierigkeiten unbedingt erforderliche Maß zu beschränken. Es sind vorzugsweise Maßnahmen zu wählen, die das Funktionieren dieses Abkommens so wenig wie möglich stören.
>
> (3) Die Schutzmaßnahmen gelten gegenüber allen Vertragsparteien.“[1663]

1659 Ausführlicher zu den Voraussetzungen: WTO World Trade Report 2009, Trade Policy Commitments and Contingency Measures, online verfügbar: https://www.wto.org/english/res_e/booksp_e/anrep_e/world_trade_report09_e.pdf [28.07.2025], 52-59.

1660 EU ABl. vom 23.12.1994, L 336/11.

1661 EU ABl. vom 23.12.1994, L 336/184.

1662 EU ABl. vom 23.12.1994, L 336/184.

1663 EU ABl. vom 03.01.1994, L 1/3.

Derartige Klauseln weisen eine größere Ähnlichkeit mit Suspendierungsklauseln in Menschenrechtsverträgen auf, indem sie nicht vornehmlich auf eine gesteigerte Menge an Importen abstellen, sondern auf sehr generell genannte Schwierigkeiten.

(3) Verfahrensvorschriften für vertragliche Suspendierungsklauseln

Über die materiellen Voraussetzungen hinaus nennen vertragliche Suspendierungsklauseln verschiedene Verfahrensvorschriften. Die wichtigste formelle Voraussetzung ist, dass die suspendierende Partei den anderen Parteien die Suspendierung notifiziert. Diese Verfahrensvorschrift dient dazu, dass die anderen Parteien oder ein Vertragsorgan überprüfen können, ob die materiellen Voraussetzungen der Suspendierungsklausel vorliegen.[1664]

Im Rahmen der WTO wird die Suspendierungsklausel aus Art. XIX GATT 1994[1665] in dem *WTO-Übereinkommen über Schutzmaßnahmen (Safeguards Agreement)*[1666] konkretisiert. Dieses enthält als eine Verfahrensregel in Art. 3 die Pflicht eines Investigationsverfahrens vor Anwendung von Schutzmaßnahmen:

> „(1) Ein Mitglied darf eine Schutzmaßnahme nur aufgrund einer Untersuchung anwenden, die seine zuständigen Behörden nach zuvor festgelegten und gemäß Artikel X des GATT 1994 veröffentlichten Verfahren durchgeführt haben. Diese Untersuchung umfaßt die Veröffentlichung einer entsprechenden Mitteilung an alle interessierten Parteien und öffentliche Anhörung oder andere geeignete Mittel, die es den Einführern, Ausführern und sonstigen interessierten Parteien ermöglichen, Beweise vorzulegen und ihre Standpunkte zu vertreten, einschließlich der Gelegenheit, auf die Bemerkungen der anderen Parteien zu antworten und ihren Standpunkt unter anderem zu der Frage darzulegen, ob die Anwendung einer Schutzmaßnahme im öffentlichen Interesse liegt. Die zuständigen Behörden veröffentlichen einen Bericht mit ihren Feststellungen und ihren mit Gründen versehenen Schlußfolgerungen zu allen relevanten Sach- und Rechtsfragen.
>
> […]“[1667]

1664 *Künzli*, Zwischen Rigidität und Flexibilität, 377.
1665 EU ABl. L 336/184 vom 23.12.1994.
1666 EU ABl. L 336/184 vom 23.12.1994.
1667 EU ABl. L 336/184 vom 23.12.1994.

Ein formelles Verfahren für Konsultationen mit den anderen Parteien enthält Art. 113 des *Abkommens über den Europäischen Wirtschaftsraum*:

> „(1) Eine Vertragspartei, die Schutzmaßnahmen nach Artikel 112 in Erwägung zieht, teilt dies über den Gemeinsamen EWR-Ausschuß unverzüglich den anderen Vertragsparteien mit und stellt alle sachdienlichen Informationen zur Verfügung.
>
> (2) Die Vertragsparteien nehmen unverzüglich Konsultationen im Gemeinsamen EWR-Ausschuß auf, um eine allseits annehmbare Lösung zu finden.
>
> (3) Die betreffende Vertragspartei darf Schutzmaßnahmen erst nach Ablauf eines Monats nach dem Zeitpunkt der Bekanntgabe nach Absatz 1 treffen, es sei denn, das Konsultationsverfahren nach Absatz 2 wurde vor Ablauf der genannten Frist abgeschlossen. Schließen außergewöhnliche Umstände, die ein sofortiges Eingreifen erfordern, eine vorherige Prüfung aus, so darf die betreffende Vertragspartei unverzüglich die für die Behebung der Schwierigkeiten unbedingt erforderlichen Schutzmaßnahmen treffen.
>
> In der Gemeinschaft werden die Schutzmaßnahmen von der EG-Kommission getroffen.
>
> (4) Die betreffende Vertragspartei teilt diese Maßnahmen unverzüglich dem Gemeinsamen EWR-Ausschuß mit und stellt alle sachdienlichen Informationen zur Verfügung.
>
> (5) Über die getroffenen Schutzmaßnahmen finden im Gemeinsamen EWR-Ausschuß vom Zeitpunkt ihrer Einführung an alle drei Monate Konsultationen mit dem Ziel statt, diese Maßnahmen vor dem vorgesehenen Ablauf ihrer Geltungsdauer aufzuheben oder ihren Anwendungsbereich zu beschränken.
>
> Jede Vertragspartei kann jederzeit beim Gemeinsamen EWR-Ausschuß die Überprüfung dieser Maßnahmen beantragen.“[1668]

(4) Dauer der Suspendierung

Nach den überwiegenden Suspendierungsklauseln ist die Suspendierung eine Maßnahme für außergewöhnliche Umstände, sodass implizit oder explizit die Dauer der Suspendierung abhängig von dem Fortbestehen der Voraussetzungen ist. Zur Dauer der Suspendierung kann der jeweilige Vertrag außerdem

---

1668 EU ABl. L 1/3 vom 03.01.1994.

ausführlichere Regelungen aufnehmen. Beispielsweise sieht das *WTO-Übereinkommen über Schutzmaßnahmen (Safeguards Agreement)* in Art. 7 vor:

> „(1) Ein Mitglied darf Schutzmaßnahmen nur so lange anwenden, wie dies zur Verhinderung oder Beseitigung eines ernsthaften Schadens oder zur Erleichterung der Anpassung erforderlich ist. Die Geltungsdauer darf vier Jahre nicht übersteigen, außer wenn sie gemäß Absatz 2 verlängert wird.
>
> (2) Die Geltungsdauer nach Absatz 1 kann verlängert werden, sofern die zuständigen Behörden des Einfuhrmitglieds gemäß den Verfahren nach Artikel 2, 3, 4 und 5 festgestellt haben, daß die Schutzmaßnahme weiterhin zur Verhinderung oder Beseitigung des ernsthaften Schadens erforderlich ist und daß der Wirtschaftszweig nachweislich Anpassungen durchführt, und sofern die einschlägigen Bestimmungen der Artikel 8 und. 12 eingehalten werden.
>
> (3) Die gesamte Geltungsdauer einer Schutzmaßnahme einschließlich der Geltungsdauer einer vorläufigen Maßnahme, der ursprünglichen Geltungsdauer und ihrer Verlängerung darf acht Jahre nicht übersteigen.
>
> […]“[1669]

Eine Geltungsdauer festzulegen, verringert den Anreiz für eine Partei, dass sie eine Suspendierung länger aufrechterhält, als es erforderlich ist, um die durch die Suspendierung geschützten Interessen zu wahren.

b) Suspendierung durch kollektive Handlung

Neben der unilateralen Anwendung kann ein Vertrag ebenfalls ganz oder teilweise durch eine kollektive Entscheidung von allen oder mehreren Parteien suspendiert werden. Art. 57 lit. b) WVK nennt dort die spätere Vereinbarung (aa) und Art. 58 WVK die *inter-se* Suspendierung zwischen einzelnen Parteien (bb). Schließlich können Vertragsklauseln einem Kollektiv an Parteien die Entscheidung über die Suspendierung von Pflichten einer einzelnen Partei einräumen (cc).

aa) Suspendierung durch spätere Vereinbarung, Art. 57 lit. b) WVK

Art. 57 lit. b) WVK erlaubt einen Vertrag „jederzeit durch Einvernehmen zwischen allen Vertragsparteien nach Konsultierung der anderen

[1669] EU ABl. L 336/184 vom 23.12.1994.

Vertragsstaaten“[1670] zu suspendieren. Die spätere Vereinbarung muss weder in der Form eines Vertrages i. S. d. Art. 2 Abs. 1 lit. a) WVK[1671] noch ausdrücklich[1672] erfolgen. Eine solche Suspendierung durch spätere Vereinbarung ist sowohl möglich für einen Vertrag, der eine Klausel i. S. v. Art. 57 lit. a) WVK enthält, als auch für einen Vertrag ohne eine Klausel.[1673] Neben dem Einvernehmen der Vertragsparteien sind die anderen Völkerrechtssubjekte zu konsultieren, die i. S. d. Art. 2 Abs. 1 lit. f) WVK dem Vertrag zugestimmt haben, aber für die der Vertrag (noch) nicht in Kraft getreten ist.

Die Parteien können den Vertrag absolut zwischen allen Parteien oder relativ nur gegenüber einer einzelnen Partei suspendieren.[1674] Da die Partei, gegenüber der suspendiert wird, zustimmen muss, kann die Suspendierung nach Art. 57 lit. b) WVK anders als eine Suspendierung nach Art. 60 Abs. 2 WVK nicht als Sanktionsmöglichkeit genutzt werden.

bb) Suspendierung durch inter-se-*Vereinbarung*

Art. 58 WVK erlaubt zwei oder mehr Parteien eines multilateralen Vertrages diesen einzig zwischen ihnen zu suspendieren. Die Regelungen zur *inter-se*-Suspendierung ähneln den Bestimmungen in Art. 41 WVK zur *inter-se*-Modifikation.[1675] Genau wie im Rahmen der *inter-se*-Modifikation sind drei Situationen zu unterscheiden: Ein Vertrag kann eine *inter-se*-Suspendierung untersagen, er kann sie regeln oder er kann dazu schweigen mit der Folge, dass die Voraussetzungen des Art. 58 Abs. 1 lit. b) WVK anzuwenden sind.

1670 BGBl. 1985 II 927. Englische authentische Fassung, UNTS Vol. 1155, 331: „at any time by consent of all the parties after consulation with the other contracting parties.“.

1671 *Vinaixa*, in: Corten/Klein (Hrsg.), VCLT, Art. 57, Rn. 43.

1672 *Giegerich*, in Dörr/Schmalenbach (Hrsg.), VCLT, Art. 57, Rn. 19; *Dahm/Delbrück/Wolfrum*, Völkerrecht Bd. I/3 Formen des völkerrechtlichen Handelns, 761.

1673 Kommentar zum Draft Art. 54, ILC Yearbook 1966 Vol. II 251, Rn. 1; *Vinaixa*, in: Corten/Klein (Hrsg.), VCLT, Art. 57, Rn. 39. a. A.: *Ruda*, in: Bello/Ajibola (Hrsg.), Essays in Honour of Jugde T. O. Elias, Vol. I., 93 (114).

1674 Kommentar zum Draft Art. 54, ILC Yearbook 1966 Vol. II 251, Rn. 1; *Vinaixa*, in: Corten/Klein (Hrsg.), VCLT, Art. 57, Rn. 41.

1675 Siehe → Kapitel 4 K. II.

Ein Beispiel einer vertraglichen Erlaubnis für eine *inter-se*-Suspendierung sind Art. 311 Abs. 3 und 4 der *UN-Seerechtskonvention*:

> „(3) Zwei oder mehr Vertragsstaaten können Übereinkünfte schließen, welche die Anwendung von Bestimmungen dieses Übereinkommens modifizieren oder suspendieren und nur auf die Beziehungen zwischen ihnen Anwendung finden; diese Übereinkünfte dürfen sich jedoch nicht auf eine Bestimmung beziehen, von der abzuweichen mit der Verwirklichung von Ziel und Zweck des Übereinkommens unvereinbar ist; die Übereinkünfte dürfen ferner die Anwendung der in dem Übereinkommen enthaltenen wesentlichen Grundsätze nicht beeinträchtigen; die Bestimmungen der Übereinkünfte dürfen die anderen Vertragsstaaten in dem Genuß ihrer Rechte oder in der Erfüllung ihrer Pflichten aus dem Übereinkommen nicht beeinträchtigen.
>
> (4) Vertragsstaaten, die eine Übereinkunft nach Absatz 3 schließen wollen, notifizieren den anderen Vertragsstaaten über den Verwahrer dieses Übereinkommens ihre Absicht, die Übereinkunft zu schließen, sowie die darin vorgesehene Modifikation oder Suspendierung.“[1676]

Diese Voraussetzungen ähneln den Voraussetzungen aus Art. 58 Abs. 1 lit. b) WVK für die Situation, dass der Vertrag zu einer *inter-se*-Suspendierung schweigt. Anders als für die anderen Suspendierungsmöglichkeiten aus der WVK nennt Art. 58 WVK keine positiven Suspendierungsgründe, die vorliegen müssen, sondern nur negative Voraussetzungen, gegen welche eine *inter-se*-Suspendierung nicht verstoßen darf. Eine *inter-se*-Suspendierung ist zulässig, wenn sie nicht durch den Vertrag verboten ist, wenn sie die anderen Parteien nicht im Genuss ihrer Rechte auf Grund des Vertrages oder in der Erfüllung ihrer Pflichten beeinträchtigt, Abs. 1 lit. b) i), und wenn sie sich nicht auf eine Bestimmung bezieht, von der abzuweichen mit der vollen Verwirklichung von Ziel und Zweck des Vertrages unvereinbar ist, Abs. 1 lit. b) ii). Die zweite Voraussetzung hat zur Folge, dass eine *inter-se*-Suspendierung zwischen zwei Parteien einzig für Verträge mit bilateraler Erfüllungsstruktur zulässig ist.[1677] Innerhalb einer integralen Erfüllungsstruktur beeinträchtigt eine *inter-se*-Suspendierung zwangsläufig die Rechte der anderen Parteien. Darin unterscheidet sie sich von der *inter-se*-Modifikation.

1676 BGBl. 1994 II 1798, 1799. International: UNTS Vol. 1833, 3.

1677 *Giegerich*, in Dörr/Schmalenbach (Hrsg.), VCLT, Art. 58, Rn. 34; *Lanfranch*, in: Corten/Klein (Hrsg.), VCLT, Art. 58, Rn. 19.

Während es zumindest denkbar ist, dass eine *inter-se*-Modifikation strengere Pflichten für die Parteien der *inter-se*-Vereinbarung vorsehen, die gleichzeitig mit den Pflichten gegenüber den anderen Parteien erfüllt werden können, ist dies bei einer *inter-se*-Suspendierung nicht möglich. Folglich ist einer *inter-se*-Suspendierung innerhalb einer integralen Erfüllungsstruktur unzulässig.[1678] Die Voraussetzung, dass die *inter-se*-Suspendierung mit Ziel und Zweck des Vertrages[1679] vereinbar sein muss, weist dieselben Schwierigkeiten wie im Rahmen von Art. 19 lit. c) WVK und Art. 41 Abs. 1 lit. b) WVK auf.[1680] In Ermangelung einer objektiven Instanz in vielen Verträgen ist es jeder Partei überlassen festzustellen, was Ziel und Zweck des Vertrages ist.

Art. 58 WVK regelt nicht den persönlichen oder sachlichen Bereich der Suspendierung und nicht die Dauer der Suspendierung.[1681] Trotz der Formulierung in Art. 58 WVK „Suspendierung einzelner Vertragsbestimmungen" ist davon auszugehen, dass die Parteien nach Art. 58 WVK auch den gesamten Vertrag durch eine *inter-se*-Vereinbarung suspendieren können.[1682] Ausschlaggebend ist insofern zum einen die Überschrift der Norm, welche die Suspendierung nicht auf einzelne Bestimmungen beschränkt.[1683] Zum anderen wurde das Problem während der Verhandlungen zu dem *Wiener Übereinkommen über das Recht der Verträge zwischen Staaten und internationalen Organisationen oder zwischen internationalen Organisationen*[1684] diskutiert und bewusst entschieden, die Formulierung nicht zu ändern.[1685]

Dass die Suspendierung nach Art. 58 WVK zeitlich begrenzt sein soll, betont die Norm dadurch, dass anders als in Art. 57 WVK bestimmt wird, dass die Suspendierung „zeitweilig" ist. Zum Schutz der übrigen Parteien muss daher von vornherein erkennbar sein, wie die Suspendierung zeitlich begrenzt ist.[1686] Ob für die Beendigung der *inter-se*-Suspendierung erneut

---

1678 *Lanfranch*, in: Corten/Klein (Hrsg.), VCLT, Art. 58, Rn. 20.

1679 Dazu genauer → Kapitel 2 C. II. 1. a).

1680 Siehe zu Ziel und Zweck des Vertrages als Begrenzung → Kapitel 2 C. II. 1. a).

1681 *Giegerich*, in Dörr/Schmalenbach (Hrsg.), VCLT, Art. 58, Rn. 32.

1682 *Giegerich*, in Dörr/Schmalenbach (Hrsg.), VCLT, Art. 58, Rn. 26 f.; *Lanfranch*, in: Corten/Klein (Hrsg.), VCLT, Art. 58, Rn. 11 f.; *Villiger*, VCLT, Art. 58, Rn. 5.

1683 *Giegerich*, in Dörr/Schmalenbach (Hrsg.), VCLT, Art. 58, Rn. 26 f.

1684 BGBl. 1990 II 1414, 1415. International: UN Doc. A/CONF.129/15.

1685 ILC Yearbook 1958, Vol. II Part 2, Art. 58 Rn. 1 f.

1686 *Giegerich*, in Dörr/Schmalenbach (Hrsg.), VCLT, Art. 58, Rn. 18.

eine Vereinbarung zwischen den Parteien erforderlich ist, hängt von der ursprünglichen Vereinbarung ab.[1687]

Weiterhin müssen die formalen Voraussetzungen des Art. 58 WVK eingehalten werden. Art. 58 Abs. 2 WVK bestimmt, dass die Parteien, die eine *inter-se*-Suspendierung beabsichtigen, dies den anderen Parteien mitzuteilen haben. Die Benachrichtigungspflicht dient dazu, den anderen Parteien zu ermöglichen, dass sie überprüfen können, ob die Voraussetzungen für die *inter-se*-Suspendierung eingehalten wurden. Allerdings steht ihnen kein Widerspruchsrecht gegen die *inter-se*-Suspendierung zu.[1688]

Durch die *inter-se*-Suspendierung sind zwischen den Parteien der *inter-se*-Vereinbarung die suspendierten Normen nicht anwendbar, allerdings sind sie gegenüber den übrigen Parteien an die Pflichten gebunden. Es entsteht eine Situation wie sie in Art. 30 Abs. 4 WVK beschrieben ist.[1689]

cc) Suspendierungsklauseln zur kollektiven Anwendung

Suspendierungsklauseln, die kollektiv durch die Parteien zugunsten einer Partei angewendet werden, werden teilweise als *waiver* bezeichnet.[1690] Der Unterschied zu der Suspendierung durch andere Parteien als Reaktionsmöglichkeit[1691] ist die Intention der handelnden Vertragsparteien, die einzelne Partei zu ihren Gunsten zeitweise von ihren Pflichten zu befreien. Ein Beispiel[1692] für eine kollektive Suspendierungsmöglichkeit zugunsten einer Partei enthält Art. IX Abs. 3 des *WTO-Übereinkommens*:

> „Unter außergewöhnlichen Umständen kann die Ministerkonferenz beschließen, ein Mitglied von einer Verpflichtung aus diesem Übereinkommen oder einem der

---

[1687] *Giegerich*, in Dörr/Schmalenbach (Hrsg.), VCLT, Art. 58, Rn. 36; *Lanfranch*, in: Corten/Klein (Hrsg.), VCLT, Art. 58, Rn. 38.

[1688] *Lanfranch*, in: Corten/Klein (Hrsg.), VCLT, Art. 58, Rn. 27.

[1689] *Lanfranch*, in: Corten/Klein (Hrsg.), VCLT, Art. 58, Rn. 35. Im Übrigen wird auf → Kapitel 4 F. IV. verwiesen.

[1690] *Bilder*, Managing the Risks of International Agreement, 99 f.; *Feichtner*, The Law and Politics of WTO Waivers; *Mitchell/Taubman/Samlidis*, in: Fordham Intellectual Property, Media & Entertainment Law Journal 2022 (Vol. 33), 100 (129 f.); *Ranjan/Gour*, in: Asian Journal of International Law 2023 (Vol. 13), 10 (18 f.).

[1691] Dazu genauer → Kapitel 4 I. II. 2.

[1692] Weitere Beispiele sind Art. 60 des *Internationalen Kaffee-Übereinkommens* (BGBl. 2002 II 2374. International: UNTS Vol. 2161, 308) und Art. XXIII des *Übereinkommens über den Internationalen Währungsfonds* (BGBl. 1978 II 13, 15. International: UNTS Vol. 2, 39).

> Multilateralen Handelsübereinkommen zu entbinden; jedoch muß ein derartiger Beschluß von drei Vierteln der Mitglieder gefaßt werden, sofern in diesem Absatz nichts anderes vorgesehen ist.
>
> a) Ein Antrag auf Ausnahmegenehmigung betreffend dieses Übereinkommen wird der Ministerkonferenz zur Prüfung gemäß der Praxis der Beschlußfassung durch Konsens vorgelegt. Die Ministerkonferenz setzt für die Prüfung des Antrags eine Frist von längstens 90 Tagen. Wird ein Konsens während dieser Frist nicht erzielt, so wird ein Beschluß zur Gewährung einer Ausnahmegenehmigung von drei Vierteln der Mitglieder gefaßt.
>
> b) Ein Antrag auf Ausnahmegenehmigung betreffend die Multilateralen Handelsübereinkommen der Anlagen 1A, 1B oder 1C und deren Anlagen wird zunächst dem Rat für den Handel mit Waren, dem Rat für den Handel mit Dienstleistungen beziehungsweise dem Rat für TRIPS zur Prüfung innerhalb einer Frist von längstens 90 Tagen vorgelegt. Mit Ablauf dieser Frist legt der zuständige Rat der Ministerkonferenz einen Bericht vor."[1693]

Ähnlich wie bei den Suspendierungsklauseln durch unilaterale Erklärung sind außergewöhnliche Umstände die Tatbestandsvoraussetzung für die Suspendierung. Diese Voraussetzung wurde bisher nicht weitergehend konkretisiert.[1694] Als formale Voraussetzungen legt Art. IX Abs. 3 *WTO-Übereinkommen* bereits fest, welches Quorum über einen Antrag einer Partei entscheidet und wie das Verfahren ist. Art. IX Abs. 4 *WTO-Übereinkommen* regelt weitere formelle Voraussetzungen:

> „Ein Beschluß der Ministerkonferenz zur Gewährung einer Ausnahmegenehmigung nennt die den Beschluß rechtfertigenden außergewöhnlichen Umstände, die Bedingungen für die Anwendung der Ausnahmegenehmigung sowie das Ablaufdatum der Ausnahmegenehmigung. Jede Ausnahmegenehmigung, die für einen längeren Zeitraum als ein Jahr gewährt wird, wird von der Ministerkonferenz spätestens ein Jahr nach der Gewährung und in der Folge alljährlich bis zum Ablauf der Ausnahmegenehmigung überprüft. Bei jeder Überprüfung untersucht die Ministerkonferenz, ob die die Ausnahmegenehmigung rechtfertigenden außergewöhnlichen Umstände weiterhin bestehen und ob die mit der Ausnahmegenehmigung verbundenen Bedingungen eingehalten wurden. Auf der Grundlage der jährlichen Überprüfung kann die Ministerkonferenz die Ausnahmegenehmigung verlängern, abändern oder aufheben."[1695]

1693 EU ABl. vom 23.12.1994, L 336/3.

1694 *Feichtner*, in: European Journal of International Law 2009 (Vol. 20), 615 (619).

1695 EU ABl. L 336/3 vom 23.12.1994.

Trotz des Wortlautes „ein Mitglied von einer Verpflichtung […] zu entbinden" ist es möglich, dass durch eine Entscheidung mehrere Parteien von ihrer Verpflichtung befreit werden.[1696]

Neben der Vertragsbestimmung, die die Suspendierung erlaubt, können die Parteien oder das Vertragsorgan darüber hinaus in der konkreten Entscheidung weitere Voraussetzungen aufstellen. 2022 hat die WTO Ministerkonferenz beispielsweise basierend auf Art. 31 des *WTO Übereinkommens über handelsbezogene Aspekte der Rechte des geistigen Eigentums*[1697] einen *Waiver* in Bezug auf die Covid-19 Impfstoffe beschlossen.[1698] Nach dieser Entscheidung dürfen nur Entwicklungsstaaten ihre Pflichten auf Grund des *Waivers* suspendieren.

2. Suspendierungstatbestände durch andere Parteien als Reaktionsmöglichkeit

Anstatt zugunsten einer oder mehrerer Parteien können die anderen Parteien eine Suspendierung auch in bestimmten Situationen als Reaktionsmöglichkeit nutzen. Das allgemeine Völkervertragsrecht regelt dies in Art. 60 WVK (a). Daneben können spezifische Vertragsklauseln die Suspendierung als Reaktionsmöglichkeit aufnehmen (b). Neben dem Vertragsvölkerrecht existieren auch innerhalb des Rechts der Staatenverantwortung Suspendierungstatbestände. Auf diese wird im Folgenden aufgrund des Fokus dieser Arbeit auf das Völkervertragsrecht nicht ausführlich eingegangen.

a) Suspendierung aufgrund einer erheblichen Vertragsverletzung, Art. 60 WVK

Art. 60 WVK sieht als Reaktionsmöglichkeiten auf eine erhebliche Vertragsverletzung durch eine Vertragspartei Beendigungs- sowie Suspendierungsoptionen vor. Art. 60 WVK regelt die Voraussetzungen für eine Suspendierung aufgrund einer erheblichen Vertragsverletzung (aa) sowie die verschiedenen Reaktionsmöglichkeiten (bb). In der Anwendung kann das Verhältnis von Art. 60 WVK zu dem Recht der Staatenverantwortung sich auswirken (cc).

[1696] *Feichtner*, The Law and Politics of WTO Waivers, 124.

[1697] BGBl. 1994 II 1438, 1730. International: UNTS Vol. 1869, 299.

[1698] WTO Ministerial Conference, Ministerial Decision on the TRIPS Agreement vom 22.06.2022, WT/MIN(22)/30 WT/L/1141.

aa) Voraussetzung für eine Suspendierung

Voraussetzung für eine Suspendierung nach Art. 60 WVK ist, dass eine erhebliche Vertragsverletzung vorliegt und kein Ausschlussgrund nach Art. 60 Abs. 5 WVK gegeben ist.

Bevor die Parteien über eine Reaktion entscheiden, muss zunächst festgestellt werden, dass eine Vertragsverletzung vorliegt. Anders als aus dem Titel von Art. 60 WVK „Beendigung oder Suspendierung eines Vertrags infolge Vertragsverletzung“ erkennbar, beschränkt sich die Norm auf erhebliche Vertragsverletzungen. Für nicht erhebliche Vertragsverletzungen enthält das Völkervertragsrecht keine Reaktionsmöglichkeiten. Allerdings steht den Parteien der Rückgriff auf das Recht der Staatenverantwortlichkeit offen.[1699]

Die erhebliche Vertragsverletzung wird in Art. 60 Abs. 3 WVK definiert:

> „Eine erhebliche Verletzung im Sinne dieses Artikels liegt
>
> a) in einer nach diesem Übereinkommen nicht zulässigen Ablehnung des Vertrags oder
>
> b) in der Verletzung einer für die Erreichung des Vertragsziels oder des Vertragszwecks wesentlichen Bestimmung.“[1700]

Aus den Verhandlungen zu Art. 60 WVK ergibt sich, dass eine nicht zulässige Ablehnung des Vertrages i. S. v. Art. 60 Abs. 3 lit. a) WVK alle Mittel umfassen soll, durch die eine Partei darauf abzielt, sich von den Pflichten aus dem Vertrag zu befreien.[1701] Nicht zulässig ist dies, wenn sich die Partei nicht auf einen anerkannten Grund wie die Ungültigkeitsgründe nach Art. 46–56 WVK, Beendigungsgründe oder Suspendierungsgründe berufen kann.[1702] Neben der WVK können sich zulässige Gründe ebenso aus dem übrigen Völkerrecht

---

1699 *Giegerich*, in: Dörr/Schmalenbach (Hrsg.), VCLT, Art. 60, Rn. 23; *Gomaa*, Suspension or Termination, 62.

1700 BGBl. 1985 II 927. Englische authentische Fassung, UNTS Vol. 1155, 331: „A material breach of a treaty, for the purposes of this article, consists in:
(a) a repudiation of the treaty not sanctioned by the present convention; or
(b) the violation of a provision essential to the accomplishment of the object or purpose of the treaty.“.

1701 United Nations Conference on the Law of Treaties (UNCLOT) II 115, Rn. 73.

1702 *Simma/Tams*, in: Corten/Klein (Hrsg.), VCLT, Art. 60, Rn. 16.

ergeben, beispielsweise einer nach Kapitel 7 der *UN-Charta*[1703] bindenden Resolution des Sicherheitsrates, welche zu einer Vertragsverletzung führt.[1704]

Für eine erhebliche Vertragsverletzung nach Art. 60 Abs. 3 lit. b) WVK ist entscheidend festzustellen, was eine für die Erreichung des Vertragsziels wesentliche Bestimmung ist. Die ILC hat in den Verhandlungen zur WVK beschlossen, dass es sich nicht um eine zentrale Bestimmung handeln muss, sondern auch unterstützende Normen wesentlich für die Erreichung des Vertragsziels sein können.[1705] Eine Norm ist wesentlich, wenn sie von zentraler Bedeutung für die zukünftige Erfüllung des Vertrages ist, somit ohne sie eine zukünftige Erfüllung des Vertrages nicht sinnvoll möglich ist oder nicht im Interesse der Parteien liegt.[1706] Dagegen wird nicht auf die Schwere der Verletzung abgestellt, sondern nur auf die Bedeutung der Norm.[1707] Wie in Variante lit. a) liegt eine Vertragsverletzung nur vor, wenn der Verstoß gegen eine Vertragsnorm nicht aus einem anderen Grund zulässig ist.[1708]

Weiterhin dürfen die Abs. 1–3 des Art. 60 WVK nicht aufgrund von Abs. 5 ausgeschlossen sein. Art. 60 Abs. 5 WVK greift ein, wenn zwei Voraussetzungen erfüllt sind: die Bestimmungen müssen sich auf den Schutz der menschlichen Person beziehen und der Vertrag muss humanitären Charakter haben. Obwohl der Wortlaut von einem humanitären Charakter spricht, umfasst dies ebenfalls Menschenrechtsverträge, da ausschlaggebend ist, dass ein Unbeteiligter geschützt werden soll.[1709]

1703 BGBl. 1973 II 431; 1974 II 770; 1980 II 1253. International: Yearbook of the United Nations 1969, 953.

1704 *Giegerich*, in: Dörr/Schmalenbach (Hrsg.), VCLT, Art. 60, Rn. 26-28.

1705 Second Report of the Special Rapporteur on Reservations, Mr. Humphrey Waldock, UN Doc. A/CN.4/156 and Add.1-3, 75.

1706 *Gomaa*, Suspension and Termination, 31; *Simma/Tams* in: Corten/Klein (Hrsg.), VCLT, Art. 60, Rn. 21.

1707 *Simma/Tams* in: Corten/Klein (Hrsg.), VCLT, Art. 60, Rn. 18. a. A.: *Xiouri*, The Breach of a Treaty, 97-100.

1708 *Giegerich*, in: Dörr/Schmalenbach (Hrsg.), VCLT, Art. 60, Rn. 31.

1709 *Capotorti*, in: Recueil des Cours 1971 (Vol. 134), 417 (554); *Feist*, Kündigung, Rücktritt und Suspendierung von multilateralen Verträgen, 158-161; *Simma/Tams* in: Corten/Klein (Hrsg.), VCLT, Art. 60, Rn. 44.

bb) Reaktionsmöglichkeiten auf eine erhebliche Vertragsverletzung

Art. 60 Abs. 2 WVK nennt drei verschiedene Arten der Suspendierung als Reaktionsmöglichkeiten auf eine erhebliche Vertragsverletzung. Die erste Variante ist eine kollektive Handlungsmöglichkeit der anderen Parteien und die zwei anderen sind individuelle Handlungsoptionen.

(1) Kollektive Suspendierung durch die restlichen Parteien

Die restlichen Parteien können einen Vertrag nicht nur gegenüber der vertragsbrüchigen Partei oder zwischen allen Parteien beenden, sondern ebenfalls gem. Art. 60 Abs. 2 lit. a) WVK zwischen allen Parteien oder nur gegenüber der vertragsbrüchigen Partei suspendieren. Dafür müssen die übrigen Parteien „einvernehmlich" handeln. Der englische Wortlaut ist deutlicher und verlangt ein „*unanimous agreement*". Die Vereinbarung ist nicht nur durch einen Vertrag i. S. d. Art. 2 Abs. 1 lit. a) WVK möglich, sondern auch als informelle Vereinbarung.[1710] Nicht ausdrücklich geregelt ist, ob eine stillschweigende Zustimmung genügt und ob Enthaltungen die Einstimmigkeit beeinträchtigen. Zur Lösung ist der Zweck, welcher mit der Einstimmigkeit verfolgt wird, zu berücksichtigen. Die Einstimmigkeit dient dem Schutz derjenigen Partei, die einer erheblichen Vertragsverletzung beschuldigt wird. Daher ist es erforderlich, dass alle übrigen Parteien positiv davon überzeugt sind, dass eine erhebliche Vertragsverletzung vorliegt, und sich keine Partei enthält.[1711]

(2) Individuelle Suspendierung durch eine besonders betroffene Partei

Eine von der erheblichen Vertragsverletzung besonders betroffene Partei kann gem. Art. 60 Abs. 2 lit. b) WVK den Vertrag ganz oder teilweise gegenüber der vertragsbrüchigen Partei suspendieren. Aus Art. 60 Abs. 2 lit. b) WVK ergibt sich nicht, wann eine Partei besonders betroffen ist. Um besonders betroffen zu sein, muss eine Partei ein besonderes Interesse an der Erfüllung

---

1710 *Simma/Tams* in: Corten/Klein (Hrsg.), VCLT, Art. 60, Rn. 28.

1711 *Giegerich*, in: Dörr/Schmalenbach (Hrsg.), VCLT, Art. 60, Rn. 53; *Simma/Tams* in: Corten/Klein (Hrsg.), Art. 60, Rn. 28.

der verletzten Pflichten haben. Das generelle Interesse an der Einhaltung der Vertragspflichten genügt nicht.[1712] Dies ist der Fall für einen Vertrag mit bilateraler Erfüllungsstruktur, wenn sich die Vertragsverletzung in dem Verhältnis zweier Parteien auswirkt.[1713] Innerhalb einer integralen Erfüllungsstruktur ist dagegen zumeist keine Partei besonders betroffen, sondern alle Parteien in demselben Ausmaß.[1714] Eine besondere Betroffenheit kann in einer integralen Erfüllungsstruktur dann vorliegen, wenn der Vertrag gleichgerichtetes Verhalten von den Parteien verlangt und eine Partei durch die Vertragsverletzung einen Schaden erleidet.[1715] Missachtet beispielsweise eine Partei die Menschenrechte eines Staatsangehörigen einer anderen Vertragspartei, so ist letztere im Vergleich zu allen anderen Parteien besonders betroffen. Bei den meisten integral zu erfüllenden Verträgen fehlt es dagegen bei einer erheblichen Vertragsverletzung an einer besonderen Betroffenheit, sodass die Voraussetzungen des Art. 60 Abs. 2 lit. b) WVK nicht erfüllt sind. Dieser Schwierigkeit begegnet Art. 60 Abs. 2 lit. c) WVK, indem diese eine individuelle Suspendierung für Verträge mit integraler Erfüllungsstruktur unabhängig von einer besonderen Betroffenheit vorsieht, sondern vielmehr verlangt, dass durch die erhebliche Vertragsverletzung die Lage jeder Partei grundlegend geändert wird.

(3) Individuelle Suspendierung durch jede Partei bei grundlegender Änderung der Position durch die Vertragsverletzung

Eine weitere individuelle Reaktionsmöglichkeit schafft Art. 60 Abs. 2 lit. c) WVK, wenn sich für jede Vertragspartei die Lage hinsichtlich der weiteren Erfüllung des Vertrages aufgrund der erheblichen Vertragsverletzung grundlegend ändert. Unter diesen Tatbestand fallen Vertragsverletzungen

---

1712 *Simma/Tams* in: Corten/Klein (Hrsg.), VCLT, Art. 60, Rn. 35; *Villiger*, VCLT, Art. 60, Rn. 19; *Simma/Tams*, in: Hollis (Hrsg.), The Oxford Guide to Treaties, 568 (580 f.).

1713 *Simma/Tams*, in: Hollis (Hrsg.), Oxford Guide to Treaties, 568 (581).

1714 *Feist*, Kündigung, Rücktritt und Suspendierung von multilateralen Verträgen, 154; *Giegerich*, in: Dörr/Schmalenbach (Hrsg.), VCLT, Art. 60, Rn. 61 f.

1715 *Simma/Tams* in: Corten/Klein (Hrsg.), VCLT, Art. 60, Rn. 37; *Tams*, in: Bowman/Kritsiotis (Hrsg.), Conceptual and Contextual Perspective on the Modern Law of Treaties, 440 (450).

integraler Verträge.[1716] Da sich eine Vertragsverletzung innerhalb eines integralen Vertrages für alle Parteien auswirkt, sind alle Parteien berechtigt, auf die Vertragsverletzung zu reagieren. Die ILC nannte als Beispiel Abrüstungsverträge, da dort eine Vertragsverletzung das gesamte Vertragsregime zwischen allen Parteien beeinträchtigt.[1717] Die grundlegende Änderung der Position durch die Vertragsverletzung entsteht aufgrund der integralen Erfüllungsstruktur. Es ist nicht erforderlich, dass eine schwerwiegendere erhebliche Vertragsverletzung als für Art. 60 Abs. 2 lit. a) und lit. b) WVK vorliegt.[1718] Als Rechtsfolge erlaubt Art. 60 Abs. 2 lit. c) WVK die Suspendierung des gesamten Vertrages oder eines Teiles in Bezug auf die geltend machende Partei. Dadurch muss diese weder gegenüber der vertragsbrüchigen noch den anderen Parteien die suspendierte(n) Pflicht(en) erfüllen. Es entsteht nicht die Situation, dass die Nichterfüllung gegenüber der vertragsbrüchigen Partei selbst eine Vertragsverletzung gegenüber den weiteren Parteien darstellt.

cc) Das Verhältnis von Art. 60 WVK zum Recht der Staatenverantwortlichkeit

Völkerrechtssubjekte können völkerrechtliche Pflichten auch als Gegenmaßnahme im Sinne des Rechts der Staatenverantwortlichkeit suspendieren. Die aufgrund der Gegenmaßnahme suspendierten Pflichten können aus einem Vertrag stammen. Für das Verhältnis des Vertragsrechts und des Rechts der Staatenverantwortlichkeit widersprechen sich Art. 42 Abs. 2 WVK und Art. 73 WVK teilweise. Art. 42 Abs. 2 WVK lautet:

> „Die Beendigung eines Vertrags, seine Kündigung oder der Rücktritt einer Vertragspartei kann nur in Anwendung der Bestimmungen des Vertrags oder dieses Übereinkommens erfolgen. Das gleiche gilt für die Suspendierung eines Vertrags."[1719]

1716 *Giegerich*, in: Dörr/Schmalenbach (Hrsg.), VCLT, Art. 60, Rn. 61; *Simma/Tams* in: Corten/Klein (Hrsg.), VCLT, Art. 60, Rn. 38.

1717 Final Draft, Commentary to Art 57 [aktuell Art. 60], in: ILC Yearbook 1966 II 255, Rn. 8.

1718 *Simma/Tams*, in: Corten/Klein (Hrsg.), VCLT, Art. 60, Rn. 39.

1719 BGBl. 1985 II 927. Englische authentische Fassung, UNTS Vol. 1155, 331: „The termination of a treaty, its denunciation or the withdrawal of a party, may take place only as a result of the application of the provisions of the treaty or of the present convention. The same rule applies to suspension of the operation of a treaty.".

Art. 73 WVK bestimmt gleichzeitig:

> „Dieses Übereinkommen läßt Fragen unberührt, die sich hinsichtlich eines Vertrags aus der Nachfolge von Staaten, aus der völkerrechtlichen Verantwortlichkeit eines Staates oder aus dem Ausbruch von Feindseligkeiten zwischen Staaten ergeben können."[1720]

Art. 42 Abs. 2 WVK deutet auf die abschließende Regelung der Suspendierung von Vertragspflichten auf Grundlage der WVK hin, indes spricht Art. 73 WVK gegen eine solche abschließende Regelung. Relevant ist dies insbesondere für zwei Aspekte. Erstens während Art. 60 WVK die Beendigung oder Suspendierung nur als Reaktion auf eine erhebliche Vertragsverletzung vorsieht, besteht diese Beschränkung für Gegenmaßnahmen nicht. Dadurch könnte die Voraussetzung des Art. 60 WVK durch das Recht der Staatenverantwortlichkeit unterlaufen werden. Zweitens enthält nur die WVK in Art. 65–68 ausführliche Verfahrensregelungen.

Formal löst sich der Widerspruch auf, wenn man die Wirkweise der Suspendierung nach dem Völkervertragsrecht und nach dem Recht der Staatenverantwortlichkeit vergleicht. Eine Suspendierung auf Grundlage des Völkervertragsrechts bewirkt eine zeitweise Entlassung aus den suspendierten Pflichten auf Primärebene.[1721] Durch die Suspendierung kommt es nicht zu einem Vertragsverstoß durch die nach Art. 60 WVK reagierende Partei. Das Recht der Staatenverantwortlichkeit rechtfertigt dagegen mit der Gegenmaßnahme einen Verstoß gegen eine völkerrechtliche Pflicht auf Sekundärebene.[1722] Insofern ist formal anzunehmen, dass entsprechend Art. 42 Abs. 2 WVK die zeitweise Aussetzung der Pflicht auf Primärebene nur aufgrund des Vertragsrechts erfolgen kann, während durch das Recht

---

1720 BGBl. 1985 II 927. Englische authentische Fassung, UNTS Vol. 1155, 331: „The provisions of the present Convention shall not prejudge any question that may arise in regard to a treaty from a succession of States or from the international responsibility of a State or from the outbreak of hostilities between States.".

1721 *Binder*, Die Grenzen der Vertragstreue, 251; *Cameron*, Treaties, Suspension, in: Wolfrum (Hrsg.), MPEPIL, Rn. 1; *Giegerich*, in Dörr/Schmalenbach (Hrsg.), VCLT, Art. 57, Rn. 1.

1722 Third Report on State Responsibility by Mr. Crawford, Special Rapporteur, UN Doc A/CN 4/507/Add.3 (1999), Rn. 324.

der Staatenverantwortlichkeit der Verstoß gegen eine Vertragspflicht als Reaktion auf jegliche Vertragsverletzung gerechtfertigt werden kann – ohne, dass diese ausgesetzt wird. Dementsprechend kommt Art. 73 WVK zur Geltung. Internationale Gerichte haben eine solche parallele Anwendung anerkannt.[1723] Trotz dieser formalen Unterscheidung führen in der praktischen Anwendung allerdings beide Ansätze zu demselben Ergebnis, sodass die Gefahr des Umgehens des Art. 60 WVK droht.[1724] Im Ergebnis bleibt das Verhältnis von Art. 60 WVK und dem Recht der Staatenverantwortlichkeit teilweise weiterhin ungeklärt.[1725]

b) *Vertragliche Suspendierungsklauseln*

Die aushandelnden Völkerrechtssubjekte können in einem Vertrag über Art. 60 WVK hinausgehende oder spezifischere Suspendierungsmöglichkeiten aufnehmen, um als Reaktionsmöglichkeit die Rechte einer Partei zu suspendieren. Ein Beispiel dafür ist Art. 5 der *UN-Charta*:

> „Einem Mitglied der Vereinten Nationen, gegen das der Sicherheitsrat Vorbeugungs- oder Zwangsmaßnahmen getroffen hat, kann die Generalversammlung auf Empfehlung des Sicherheitsrats die Ausübung der Rechte und Vorrechte aus seiner Mitgliedschaft zeitweilig entziehen. Der Sicherheitsrat kann die Ausübung dieser Rechte und Vorrechte wieder zulassen."[1726]

Eine solche Suspendierungsklausel ähnelt der Sanktionsmöglichkeit, die Art. 60 Abs. 2 WVK den Parteien als Reaktion auf eine erhebliche

---

1723 Arbitration Tribunal, *Rainbow Warrior Arbitration (New Zealand v. France)*, Entscheidung v. 30.04.1990, Reports of International Arbitral Awards, Vol. XX, 215 (251 f., Rn. 75); IGH, *Gabčíkovo-Nagymaros Project* (Hungary v Slovakia), Urteil v. 25.09.1997, ICJ Rep. 1997, 7, Rn. 47.

1724 Zu den Vorteilen der Gegenmaßnahme gegenüber Art. 60 WVK: *Xiouri*, in: Queen Mary Journal 2015 (Vol. 6), 63 (72 f.).

1725 Ausführlicher zu dem Verhältnis: *Bowett*, in: Bardonnet u. a. (Hrsg.), Melanges Virally, 139; *Greig*, in: Virginia Journal of International Law 1993-1994 (Vol. 34), 295 (356-360, 369-382); *Sicilianos*, in: European Journal of International Law 1993 (Vol. 4), 341; *Verhoeven*, in: Crawford/Pellet/Olleson (Hrsg.), The Law of International Responsibility, Kap. 11, 105; *Xiouri*, in: Queen Mary Journal 2015 (Vol. 6), 63.

1726 BGBl. 1973 II 431; 1974 II 770; 1980 II 1253. International: Yearbook of the United Nations 1969, 953.

Vertragsverletzung einräumt. Ein weiteres Beispiel[1727] ist Art. 8 der *Satzung des Europarates*:

> „Jedem Mitglied des Europarats, das sich eines schweren Verstoßes gegen die Bestimmungen des Artikels 3 schuldig macht, kann sein Recht auf Vertretung vorläufig abgesprochen und es kann vom Minister-Komitee aufgefordert werden, gemäß den Bestimmungen des Artikels 7 auszutreten. Wird dieser Aufforderung nicht Folge geleistet, so kann das Minister-Komitee beschließen, daß das betreffende Mitglied, von einem durch das Komitee selbst bestimmten Zeitpunkt ab, dem Europarat nicht mehr angehört."[1728]

Als Reaktion wird somit hier ein spezifisches Recht einer Partei eingeschränkt. Das Verfahren wird weiter konkretisiert in Art. 26 und 27 der *Rules of Procedure of the Committee of Ministers*:

> „Article 26
>
> All consideration of the suspension of a member must begin by a proposal for suspension put forward by at least one representative. The proposal must have been included in the agenda of the session at which it is discussed. The member concerned shall receive through the Secretary General a notification of the decision reached in its case. This notification shall set out the legal and financial consequences of the decision.
>
> Article 27
>
> The procedure specified in the preceding article shall be followed in the event of a decision that a member who has been suspended shall cease to be a member or cease to be suspended."[1729]

1727 Ein weiteres Beispiel ist Art. 88 des *Abkommens über die internationale Zivilluftfahrt* (BGBl. 1956 II 411. International: UNTS Vol. 15, 295): „Wird festgestellt, daß ein Vertragsstaat die Bestimmungen dieses Kapitels nicht einhält, so hebt die Versammlung sein Stimmreicht in der Versammlung und im Rat zeitweilig auf.".

1728 CETS Nr. 1. Zu dieser Regelung ausführlich: *Dzehtsiarou/Coffey*, in: International Comparative Law Quarterly 2019 (Vol. 68), 443.

1729 Text adopted by the Committee of Ministers at its 9th Session (August 1951) with amendments adopted at its 10th Session (March 1952), 16th Session (July 1955) and 23rd Session (December 1958); and the 73rd (June 1959), 133rd (July 1964), 934th (July 2005) and 1388th (November 2020) meetings of the Ministers' Deputies.

Die Verfahrensregeln für die Suspendierung als Reaktion auf ein Verhalten einer Partei dienen insbesondere dem Schutz dieser Partei.

III. Vertragsgestaltungsmöglichkeiten

Für die Aufnahme einer Suspendierungsklausel in einen Vertrag sprechen verschiedene Erwägungsgründe. Die Erwägungsgründe sind unterschiedlich je nachdem, ob eine Suspendierungsklausel zugunsten einer oder mehrerer Parteien verwendet werden oder als Sanktionsmöglichkeit. Der wichtigste Erwägungsgrund für eine Suspendierungsklausel zugunsten einer oder mehrerer Parteien in einem Vertrag ist es, in den Vertrag Reaktionsmöglichkeiten auf Ausnahmesituation aufzunehmen.[1730] Suspendierungsklauseln lenken die zeitweise Nicht-Einhaltung des Vertrages in zuvor festgelegte Bahnen. In einer Notsituation wären Parteien auch ohne eine Suspendierungsklausel dazu geneigt, die Pflichten nicht einzuhalten und damit einen Vertragsbruch zu begehen. Suspendierungsklauseln schaffen einen Rahmen, der sicherstellen soll, dass die Pflichten nur soweit und solange wie erforderlich suspendiert werden.[1731] Eine temporäre Suspendierung ist ein milderes Mittel als eine Kündigung des Vertrages oder als ein Vertragsbruch.[1732] Erfolgt eine Nichteinhaltung nach einer erklärten Suspendierung, handelt es sich *de jure* nicht um eine Vertragsverletzung. Somit sind die Sanktionen für eine Vertragsverletzung nicht zulässig.[1733] Darüber hinaus dient eine Suspendierungsklausel dazu, Vorbehalte zu reduzieren, die Völkerrechtssubjekte möglicherweise ohne eine solche Klausel erklären würden, um sich ausreichenden Handlungsspielraum zu sichern.[1734] *Giegerich* bezeichnet Suspendierungsklauseln daher als „vorbehaltsvermeidende Maßnahme“[1735].

Weiterhin sollen Suspendierungsklauseln *ex ante* vor einem Ausnahmezustand dazu führen, dass mehr Völkerrechtssubjekte einem Vertrag

---

[1730] *Künzli*, Zwischen Rigidität und Flexibilität, 362; *Pelc*, in: International Studies Quarterly 2009 (Vol. 53), 349 (349).

[1731] *Weber*, Notstandskontrolle, 36.

[1732] *Neuman*, in: Criddle (Hrsg.), Human Rights in Emergencies, 15 (28 f.); *Schreuer*, in: The Yale Journal of World Public Order 1982 (Vol. 9), 113 (115 f.); *Weber*, Notstandskontrolle, 42.

[1733] *Pelc*, in: International Studies Quarterly 2009 (Vol. 53), 349 (351).

[1734] *Weber*, Notstandskontrolle, 276.

[1735] *Giegerich*, in: Zeitschrift für ausländisches öffentliches Recht und Völkerrecht 1995 (Vol. 55), 713 (739).

zustimmen, da die Völkerrechtssubjekte wissen, dass sie in Notsituationen ihre Verpflichtungen suspendieren können.[1736] Dadurch können Völkerrechtssubjekte der Unsicherheit im Rahmen der Aushandlung eines Vertrages begegnen.[1737]

Die Suspendierungsmöglichkeit als Sanktion setzt Aspekte der Theorie des rationalen Handelns in das Völkervertragsrecht um und erlaubt in Verträgen als wiederholte Gefangenendilemmata die Strategie *Tit-For-Tat*[1738] anzuwenden.[1739]

Der zuvor festgestellte Vorteil, dass Suspendierung die Nichteinhaltung von Vertragsbestimmungen in zulässige Bahnen lenkt, gilt nur, wenn Suspendierungsklauseln nicht durch Parteien missbraucht werden, um unliebsame Pflichten einzuschränken. Um dies zu verhindern, kann eine Suspendierungsklausel unterschiedlich gestaltet werden, insbesondere kann sie durch verschiedene Varianten begrenzt werden. Im Rahmen ihrer Parteiautonomie können die Parteien für einen Vertrag die Suspendierung vollständig ausschließen.[1740]

Materielle Begrenzungen[1741] umfassen insbesondere Voraussetzungen, die bestimmen, ob eine Suspendierung möglich ist. Weiterhin können sie festlegen, wie weitgehend die Völkerrechtssubjekte auswählen können, welche Bestimmungen eines Vertrages sie suspendieren. Nur manche Suspendierungsklauseln erlauben es, den gesamten Vertrag zu suspendieren.[1742] Viel-

---

1736 *Weber*, Notstandskontrolle, 39; *Helfer*, in: Dunoff/Pollack (Hrsg.), Interdisciplinary Perspectives on International Law and International Relations, 175 (180 f., 186); *Rosendorff/Milner*, in: International Organizations 2001 (Vol. 55), 829 (832).

1737 *Rosendorff/Milner*, in: International Organizations 2001 (Vol. 55), 829 (831); *Hafner-Burton/Helfer/Fariss*, in: International Organizations 2011 (Vol. 65), 673 (674).

1738 *Tit-for-Tat* ist in der Spieltheorie eine Strategie für wiederholte Gefangenendilemmata: Ein Spieler wählt immer das Verhalten, welches der andere Spieler in der Runde zuvor verwendet hat. Dazu genauer → Kapitel 2 B. IV.

1739 *Setear*, in: Virginia Law Review 1997 (Vol. 83), 1 (30 f.).

1740 *Villiger*, VCLT, Art. 72, Rn. 8.

1741 Dazu genauer → Kapitel 2 C. II. 1.

1742 Ein Beispiel ist Art. 25 Abs. 1 des *Freiwilligen Partnerschaftsabkommens zwischen der Europäischen Gemeinschaft und der Republik Ghana über Rechtsdurchsetzung, Politikgestaltung und Handel im Forstsektor sowie über die Einfuhr von Holzprodukten in die Gemeinschaft* (EU ABl. L /70/3 vom 19.03.2010): „Jede Vertragspartei kann die Anwendung dieses Abkommens aussetzen. Die Entscheidung über die Aussetzung und die Begründung hierfür werden der anderen Vertragspartei schriftlich notifiziert.".

mehr lassen viele Klauseln nur die Suspendierung einzelner Normen zu.[1743] Vertragsbestimmungen können entweder ausdrücklich aufzählen, welche Bestimmungen suspendiert werden können oder umgekehrt welche nicht. Ein Beispiel[1744] ist Art. 15 Abs. 2 EMRK:

> „Aufgrund des Absatzes 1 darf von Artikel 2 nur bei Todesfällen infolge rechtmäßiger Kriegshandlungen und von Artikel 3, Artikel 4 Absatz 1 und Artikel 7 in keinem Fall abgewichen werden."[1745]

Eine solche inhaltliche Beschränkung sehen teilweise auch Suspendierungsklauseln vor, die als Reaktionsmöglichkeit der anderen Parteien verwendet werden. Beispielsweise erlaubt Art. 88 des *Abkommens über die internationale Zivilluftfahrt*[1746] spezifisch das Stimmrecht einzuschränken.

Manche Suspendierungsklauseln z. B. in Art. 8 Abs. 1 des *WTO-Übereinkommens über Schutzmaßnahmen (Safeguards Agreement)*[1747] ermöglichen, dass die suspendierende Partei den anderen betroffenen Parteien eine Kompensation zahlt.[1748] Dadurch wird der Anreiz für die Parteien reduziert, leichtfertig ihre Pflichten zu suspendieren. Insbesondere gilt dies für Verträge, welche die Konstellation eines Gefangenendilemmas darstellen. In derartigen Konstellationen kann eine Partei kurzfristig durch das Defektieren des Vertrages einen Vorteil erlangen.[1749] Ein solcher Vorteil wird beseitigt oder reduziert, wenn für die Nicht-Einhaltung Kosten entstehen.

1743 *Von der Decken*, in: Dörr/Schmalenbach (Hrsg.), VCLT, Art. 42, Rn. 28.

1744 Ein weiteres Beispiel ist: Art. 4 Abs. 2 der *Arabischen Charta der Menschenrechte* (Englische Übersetzung: *Al-Midani/Cabanettes*, in: Boston University International Law Journal 2006 (Vol. 24), 147).

1745 Neufassung der deutschen Übersetzung aus BGBl. 2010 II 1199. International: CETS Nr. 5.

1746 „Wird festgestellt, daß ein Vertragsstaat die Bestimmungen dieses Kapitels nicht einhält, so hebt die Versammlung sein Stimmreicht in der Versammlung und im Rat zeitweilig auf." (BGBl. 1956 II 411. International: UNTS Vol. 15, 295).

1747 EU ABl. vom 23.12.1994, L 336/184.

1748 *Helfer*, in: Dunoff/Pollack (Hrsg.), Interdisciplinary Perspectives on International Law and International Relations, 175 (186 f.); *Rosendorff/Milner*, in: International Organizations 2001 (Vol. 55), 829 (831 f.). Dazu genauer → Kapitel 2 C. II. 8.

1749 Ausführlicher zu der Frage eines völkerrechtlichen Vertrages als Gefangenendilemma → Kapitel 2 A. II. 4. a).

Andere materielle Begrenzungen, wie die Vereinbarkeit mit Ziel und Zweck des Vertrages[1750] oder die Sicherstellung von Mindeststandards[1751], sind für Klauseln, die eine Suspendierung durch unilaterale Erklärung ermöglichen, nicht üblich, wären allerdings denkbar. Vertragsbestimmungen, die eine *inter-se* Suspendierung zulassen, enthalten dagegen häufiger die Vereinbarkeit mit Ziel und Zweck als materielle Voraussetzung für die Suspendierung.

Die Parteien können Verfahrensvorschriften[1752] in den Vertrag aufnehmen und der ausübenden Partei verfahrenstechnische Verpflichtungen auferlegen (z. B. Anhörungserfordernisse, Begründungspflichten oder Formerfordernisse). Für Suspendierungsklauseln zur kollektiven Anwendung ist insbesondere zu regeln, ob die Partei, zu deren Gunsten eine Pflicht suspendiert wird, dies beantragen kann oder muss. Die Frage des Initiativrechts kann ebenfalls in Klauseln mit einer Suspendierung als Reaktion aufgenommen werden. Weiterhin kann geregelt werden, welches Vertragsorgan mit welchem Quorum darüber entscheidet. Außerdem kann das weitere Verfahren inklusive Fristen geregelt werden, wie z. B. in Art. IX Abs. 3 und 4 *WTO-Übereinkommen*[1753]. Weitere Voraussetzungen kann die kollektive Entscheidung zur Suspendierung aufstellen, wie beispielsweise im Rahmen des *Waivers* in Bezug auf Patentrechte der Covid-19 Impfstoffe[1754]. Regelmäßig sehen Suspendierungsklauseln als weitere Verfahrensvorschrift eine Notifizierungspflicht vor. Eine Notifizierung schafft eine Öffentlichkeit der Suspendierung, sodass innerstaatlich die Gesellschaft und international die anderen Vertragsparteien, die Einhaltung überwachen können.[1755] Ein Beispiel für eine Pflicht zur Notifizierung ist Art. F Abs. 2 der *revidierten Europäischen Sozialcharta*:

> „Jede Vertragspartei, die von diesem Recht auf Abweichung Gebrauch gemacht hat, hält den Generalsekretär des Europarats innerhalb einer angemessenen Frist umfassend über die getroffenen Maßnahmen und die Gründe dafür auf dem laufenden. Sie unterrichtet den Generalsekretär auch von dem Zeitpunkt, zu dem diese

---

1750 Dazu genauer → Kapitel 2 C. II. 1. a).
1751 Dazu genauer → Kapitel 2 C. II. 1. b).
1752 Dazu genauer → Kapitel 2 C. II. 5.
1753 EU ABl. L 336/3 vom 23.12.1994.
1754 WTO Ministerial Conference, Ministerial Decision on the TRIPS Agreement vom 22.06.2022, WT/MIN(22)/30 WT/L/1141.
1755 *Weber*, Notstandskontrolle, 42.

> Maßnahmen aufgehoben wurden und die von ihr angenommenen Bestimmungen dieser Charta wieder in vollem Umfang angewandt werden.“[1756]

Statt einer Notifizierung kann eine Suspendierungsklausel die Bekanntmachung der geplanten Suspendierung vorsehen wie z. B. Art. 25 Abs. 3 des *UN-Seerechtsübereinkommens*:

> „Der Küstenstaat kann, ohne fremde Schiffe zu diskriminieren, in bestimmten Gebieten seines Küstenmeers die friedliche Durchfahrt fremder Schiffe vorübergehend aussetzen, sofern dies für den Schutz seiner Sicherheit, einschließlich Waffenübungen, unerläßlich ist. Eine solche Aussetzung wird erst nach ordnungsgemäßer Bekanntmachung wirksam.“[1757]

Eine Notifizierungspflicht kann vorsehen, wie lange vor der Suspendierung eine Benachrichtigung erfolgen soll. Da die Suspendierung häufig für Krisensituationen vorgesehen sind, dürften strikte Fristen in der Praxis selten sein und vielmehr vage Formulierungen verwendet werden wie z. B. in Art. XIX Abs. 2 des GATT:

> „Bevor ein Vertragspartner auf Grund der Bestimmungen der Ziffer 1 dieses Artikels Massnahmen trifft, soll er die Vertragspartner hiervon schriftlich und möglichst lange vorher benachrichtigen.“[1758]

Die Notifizierungspflichten regeln allerdings nicht, welche Sanktionen möglich sind, wenn eine Partei zu spät über eine Suspendierung informiert.[1759] Die aushandelnden Völkerrechtssubjekte können außerdem vorsehen, dass die jeweilige Partei weitergehende Informationen zur Verfügung stellen soll. Ein Beispiel für eine Formulierung einer generellen Berichtspflicht, die nicht beschränkt auf Suspendierungen ist, ist Art. 40 Abs. 1 lit. b) des *Internationalen Paktes über bürgerliche und politische Rechte*:

> „Die Vertragsstaaten verpflichten sich, über die Maßnahmen, die sie zur Verwirklichung der in diesem Pakt anerkannten Rechte getroffen haben, und über die dabei erzielten Fortschritte Berichte vorzulegen, und zwar

---

[1756] CETS Nr. 163.

[1757] BGBl. 1994 II 1798, 1799. International: UNTS Vol. 1833, 3.

[1758] EU ABl. vom 23.12.1994, L 336/11.

[1759] *Helfer*, in: American Journal of International Law 2021 (Vol. 115), 20 (37).

a) innerhalb eines Jahres nach Inkrafttreten dieses Paktes für den betreffenden Vertragsstaat,

b) danach jeweils auf Aufforderung des Ausschusses.“[1760]

Überprüfungsrechte können für eine Suspendierung den anderen Vertragsparteien oder einem Vertragsorgan in Form einer Vorabkontrolle oder einer regelmäßigen Kontrolle während der Dauer der Suspendierung eingeräumt werden.[1761] Diese Überprüfungsrechte können umfassen, dass die anderen Vertragsparteien oder ein Vertragsorgan weitere Informationen von der suspendierenden Partei verlangen kann.[1762] Die Informationslage der anderen Parteien oder eines Vertragsorgans können darüber hinaus verbessert werden, wenn die Suspendierungsklausel vorgibt, dass die ergriffenen Maßnahmen zu benennen und zu beschreiben sind oder die Lage, die die Tatbestandsvoraussetzungen der Suspendierungsklausel erfüllen soll, genau beschrieben werden soll.[1763] Dies dient dazu, einen Missbrauch von Suspendierungsmöglichkeiten zu verhindern.[1764]

Eine Suspendierungsklausel kann zeitliche Einschränkungen vorsehen.[1765] Insbesondere kann ein Vertrag Regeln aufnehmen, wie lang eine Partei den Vertrag oder einzelne Bestimmungen suspendieren kann. Dies kann eine maximale Höchstgrenze sein oder eine erneute Begründung, um die Suspendierung aufrecht zu erhalten. Ein Beispiel ist Art. 7 des *WTO-Übereinkommens über Schutzmaßnahmen (Safeguards Agreement)*:

„(1) Ein Mitglied darf Schutzmaßnahmen nur so lange anwenden, wie dies zur Verhinderung oder Beseitigung eines ernsthaften Schadens oder zur Erleichterung der Anpassung erforderlich ist. Die Geltungsdauer darf vier Jahre nicht übersteigen, außer wenn sie gemäß Absatz 2 verlängert wird.

(2) Die Geltungsdauer nach Absatz 1 kann verlängert werden, sofern die zuständigen Behörden des Einfuhrmitglieds gemäß den Verfahren nach Artikel 2, 3, 4 und 5 festgestellt haben, daß die Schutzmaßnahme weiterhin zur Verhinderung oder

---

1760 BGBl. 1973 II 1534. International: UNTS Vol. 999, 171.

1761 Dazu genauer → Kapitel 2 C. II. 6.

1762 *Helfer*, in: American Journal of International Law 2021 (Vol. 115), 20 (35).

1763 *Helfer*, in: American Journal of International Law 2021 (Vol. 115), 20 (36).

1764 *Helfer*, in: Dunoff/Pollack (Hrsg.), Interdisciplinary Perspectives on International Law and International Relations, 175 (186 f.).

1765 Dazu genauer → Kapitel 2 C. II. 4.

> Beseitigung des ernsthaften Schadens erforderlich ist und daß der Wirtschaftszweig nachweislich Anpassungen durchführt, und sofern die einschlägigen Bestimmungen der Artikel 8 und 12 eingehalten werden.
>
> (3) Die gesamte Geltungsdauer einer Schutzmaßnahme einschließlich der Geltungsdauer einer vorläufigen Maßnahme, der ursprünglichen Geltungsdauer und ihrer Verlängerung darf acht Jahre nicht übersteigen.
>
> [...]"[1766]

Eine weitere Möglichkeit ist, dass sich eine zeitliche Begrenzung nicht aus dem völkerrechtlichen Vertrag, sondern aus nationalem Recht ergibt.[1767]

Neben einer zeitlichen Begrenzung kann der Vertrag Regelungen zur Beendigung der Suspendierung aufnehmen.[1768] Weiterhin kann die Verpflichtung aufgenommen werden, regelmäßig zu überprüfen, ob die Partei die Suspendierung beenden kann. Ein Beispiel enthält Art. 113 Abs. 5 des *Abkommens über den Europäischen Wirtschaftsraum*:

> „Über die getroffenen Schutzmaßnahmen finden im Gemeinsamen EWR-Ausschuß vom Zeitpunkt ihrer Einführung an alle drei Monate Konsultationen mit dem Ziel statt, diese Maßnahmen vor dem vorgesehenen Ablauf ihrer Geltungsdauer aufzuheben oder ihren Anwendungsbereich zu beschränken.
>
> Jede Vertragspartei kann jederzeit beim Gemeinsamen EWR-Ausschuß die Überprüfung dieser Maßnahmen beantragen."[1769]

Die Berechtigung, einen Vertrag oder Teile davon zu suspendieren, kann begrenzt werden auf einzelne Völkerrechtssubjekte.[1770] Für die Suspendierung durch kollektive Entscheidung ist insbesondere zu regeln, welche Parteien oder welches Vertragsorgan mit welchem Quorum entscheidet.

Art. 72 Abs. 1 lit. a) WVK sieht eine gegenseitige Wirkung der Suspendierung vor („Sie befreit die Vertragsparteien, *zwischen* denen der Vertrag

---

[1766] EU ABl. L 336/184 vom 23.12.1994.
[1767] *Helfer*, in: American Journal of International Law 2021 (Vol. 115), 20 (36 f.).
[1768] Dazu genauer → Kapitel 2 C. II. 9.
[1769] EU ABl. L 1/3 vom 03.01.1994.
[1770] Dazu genauer → Kapitel 2 C. II. 2.

suspendiert ist, [...]" [Hervorhebung durch Verfasserin])[1771]. Für die reziproke Wirkung einer Suspendierung ist zu berücksichtigen, welche Erfüllungsstruktur ein Vertrag aufweist.[1772] Unproblematisch kann eine reziproke Wirkung in einer bilateralen Erfüllungsstruktur vorliegen. Eine Suspendierungsklausel in einem Vertrag mit bilateraler Erfüllungsstruktur kann festlegen, ob eine Suspendierung reziprok wirkt. Beispielsweise sieht Art. 7 Abs. 2 des *Europäisches Übereinkommen über die Regelung des Personenverkehrs* zwischen den Mitgliedstaaten des Europarats eine Gegenseitigkeit vor:

> „(1) Jede Vertragspartei behält sich die Möglichkeit vor, aus Gründen der öffentlichen Ordnung, der öffentlichen Sicherheit oder der Volksgesundheit die Anwendung dieses Übereinkommens aufzuschieben oder gegenüber allen oder einzelnen anderen Parteien zeitweise auszusetzen; Artikel 5 bleibt unberührt. Diese Maßnahme wird unverzüglich dem Generalsekretär des Europarates notifiziert; dieser setzt die anderen Parteien davon in Kenntnis. Das gleiche gilt von ihrer Aufhebung.
>
> (2) Eine Vertragspartei, die von einer der in Absatz 1 vorgesehenen Möglichkeiten Gebrauch macht, kann die Anwendung dieses Übereinkommens durch eine andere Partei nur insoweit verlangen, als sie selbst es gegenüber dieser Partei anwendet."[1773]

In Verträgen mit integraler Erfüllungsstruktur ist eine solche gegenseitige Wirkung möglich, wenn für alle Parteien einzelne Pflichten suspendiert werden. Dies wird regelmäßig nicht die Situation einer Suspendierungsklausel sein. Suspendiert lediglich eine Partei oder suspendieren die anderen Parteien gegenüber einer anderen Partei innerhalb einer integralen Erfüllungsstruktur, sind die übrigen Parteien zur Erfüllung der betreffenden Pflicht gegenüber den restlichen Parteien verpflichtet. Inwiefern die Partei, dessen Rechte oder Pflichten suspendiert sind, weiterhin die Einhaltung durch die anderen Parteien verlangen und durchsetzen kann, ist abhängig von der konkreten Ausgestaltung im Einzelfall. Eine EMRK-Partei, die nach Art. 15 EMRK zulässigerweise die Versammlungsfreiheit beschränkt hat, kann beispielsweise weiterhin eine Staatenbeschwerde gegen eine andere Partei wegen Verletzung der Versammlungsfreiheit einlegen. Anders als bei einem *Opting-Out* ist die suspendierende

---

1771 BGBl. 1985 II 927. Englische authentische Fassung, UNTS Vol. 1155, 331: „a) releases the parties between which the operation of the treaty is suspended [...]".

1772 Dazu genauer → Kapitel 2 C. II. 7.

1773 CETS Nr. 25.

Partei weiterhin an den Vertrag oder die Vertragsbestimmung gebunden. Sie ist nur zeitweise befreit von der Pflicht, den Vertrag oder die Bestimmung zu erfüllen. Die Parteien können dies im Vertrag abweichend regeln und der suspendierenden Partei während der Suspendierung das Recht zu Durchsetzung entziehen.

Eine *inter-se*-Suspendierung ist nach den Voraussetzungen von Art. 58 WVK innerhalb einer integralen Erfüllungsstruktur[1774] nicht möglich. Eine vertragliche Regelung zur *inter-se* Suspendierung könnte auf die Voraussetzung verzichten, dass die *inter-se*-Suspendierung die anderen Parteien nicht beeinträchtigen darf.

J. Trennungsklauseln

Trennungsklauseln („*disconnection clauses*") schließen die Anwendbarkeit von Teilen eines multilateralen Vertrages zugunsten anderer internationaler Regelungen aus und ersetzen damit diesen Teil des multilateralen Vertrages durch andere Bestimmungen.[1775] Die Regelungen wurden auch als Ausnahmen („*exceptions*") bezeichnet.[1776] Der Begriff der Ausnahme verdeutlicht allerdings den Mechanismus dieses Instruments (I.) nicht ausreichend. Je nach Art der Trennungsklausel (II.) gilt der Vorrang als Rechtsfolge für unterschiedliche andere vertragliche Regeln (III.). Die verhandelnden Völkerrechtssubjekte können aus verschiedenen Vertragsgestaltungsmöglichkeiten auswählen (IV.).

I. Mechanismus der Trennungsklauseln

Trennungsklauseln sind Regeln zur Vermeidung von Normkollisionen[1777] und legen abweichend von Art. 30 Abs. 1 WVK fest, welche Regelungen mehrerer

---

1774 Dazu genauer → Kapitel 2 C. II. 7. b).

1775 ILC Guide to Practice on Reservations to Treaties 2011, UN Doc. A/66/10/Add.1, Guideline 1.7.1 – Commentary, Rn. 17; ILC Report on the Fragmentation of International Law: Difficulties arising from the Diversification and Expansion of International Law 2006, UN Doc. A/CN.4/L.682, Rn. 291; Committee of Legal Advisers on Public International Law, 1044. Meeting am 10.12.2008, CM(2008)164, Rn. 10; *Klabbers*, in: International Organizations Law Review 2007 (Vol. 4), 57 (70); *Ličková*, in: European Journal of International Law 2008 (Vol. 19), 463 (485).

1776 *Gormley*, in: Fordham Law Review 1971 (Vol. 39), 413 (418).

1777 ILC Report on the Fragmentation of International Law: Difficulties arising from the Diversification and Expansion of International Law 2006, UN Doc. A/CN.4/L.682,

Verträge vorrangig sein sollen. Trennungsklauseln werden sehr häufig für die EU-Mitglieder zugunsten des Unionsrechts verwendet.[1778] Dort drohen solche Normkonflikte insbesondere, da das Unionsrecht ein Rechtssystem ist, welches eine höhere Regelungsdichte als andere völkerrechtliche Verträge aufweist.[1779] Für das Unionsrecht kommt hinzu, dass die EU-Mitgliedsstaaten eine völkerrechtliche Verantwortlichkeit vermeiden möchten für Handlungen oder Unterlassungen, auf welche ihr Einfluss begrenzt ist. Die Situation ist vergleichbar mit föderalen Staaten, wenn der Gesamtstaat völkerrechtlich verantwortlich ist für das Handeln der Gliedstaaten.[1780] Trennungsklauseln zugunsten des Unionsrechts werden sowohl in Verträgen verwendet, in denen ausschließlich die EU-Mitgliedsstaaten Parteien sind, als auch in gemischten Abkommen oder solchen Abkommen, die in die ausschließliche Kompetenz der EU fallen.[1781]

Ein Beispiel für eine Trennungsklausel enthält Art. 52 des *Übereinkommens des Europarats über Geldwäsche sowie Ermittlung, Beschlagnahme und Einziehung von Erträgen aus Straftaten und über die Finanzierung des Terrorismus*:

> „(3) Haben zwei oder mehr Vertragsparteien bereits eine Vereinbarung oder einen Vertrag über einen Gegenstand geschlossen, der in diesem Übereinkommen geregelt ist, oder haben sie ihre Beziehungen hinsichtlich dieses Gegenstands anderweitig geregelt, so sind sie berechtigt, anstelle des Übereinkommens die Vereinbarung, den Vertrag oder die Regelung anzuwenden, wenn dies die internationale Zusammenarbeit erleichtert.
>
> (4) Unbeschadet des Ziels und Zwecks dieses Übereinkommens und seiner uneingeschränkten Anwendung gegenüber anderen Vertragsparteien wenden Vertragsparteien, die Mitglieder der Europäischen Union sind, in ihren Beziehungen unter

---

Rn. 292; *Ličková*, in: European Journal of International Law 2008 (Vol. 19), 463 (469).

1778 ILC Guide to Practice on Reservations to Treaties 2011, UN Doc. A/66/10/Add.1, Guideline 1.7.1 – Commentary, Rn. 17; *Ličková*, in: European Journal of International Law 2008 (Vol. 19), 463 (485).

1779 *Ličková*, in: European Journal of International Law 2008, (Vol. 19), 463 (486).

1780 *Ličková*, in: European Journal of International Law 2008 (Vol. 19), 463 (488). Dazu genauer → Kapitel 4 G. IV.

1781 *Ličková*, in: European Journal of International Law 2008 (Vol. 19), 463 (488); *Economides/Kolliopoulos*, in: Revue Générale de Droit International Public 2006 (Vol. 110), 273 (273).

einander die Vorschriften der Gemeinschaft und der Europäischen Union an, soweit es für die betreffende Frage Vorschriften der Gemeinschaft oder der Europäischen Union gibt und diese auf den konkreten Fall anwendbar sind.“[1782]

Der Vorrang des anderen Vertrages ergibt sich direkt aus dem Vertrag, sodass keine unilaterale Erklärung notwendig ist, um diesen Vorrang hervorzurufen.

Völkerrechtlich zulässig ist eine Trennungsklausel aufgrund der Zustimmung der Parteien bei Aufnahme in den Vertragstext.[1783] Daher greift auch die Kritik zu kurz, die in einer Trennungsklausel einen Verstoß gegen *pacta sunt servanda* sieht[1784]. Wenn die Parteien von vornherein eine solche Trennungsklausel aufgenommen haben, handelt es sich um eine Ausgestaltung von *pacta sunt servanda* und keinen Verstoß. Es wird argumentiert, dass die Zustimmung der anderen Parteien nicht ausreichend sei – insbesondere im Falle des Unionsrechts –, da sie aufgrund der Komplexität des Unionsrechts nicht einschätzen können, welchen Umfang der Vorrang haben wird.[1785] Dies kann indes ebenso für föderale Klauseln[1786] gelten, denn auch dort richtet sich die mögliche Ausnahme für die Umsetzung des völkerrechtlichen Vertrages nach der Verteilung der Kompetenzen in der innerstaatlichen Rechtsordnung. Die mutmaßlich mangelhafte Möglichkeit, die Einschränkung einschätzen zu können, führt zumindest nicht dazu, dass die Zustimmung zu einer Trennungsklausel für ihre Zulässigkeit nicht ausreicht.

1782 CETS Nr. 198. Englischer Titel: *Council of Europe Convention on Laundering, Search, Seizure and Confiscation of the Proceeds from Crime and on the Financing of Terrorism.*

1783 ILC Report on the Fragmentation of International Law: Difficulties arising from the Diversification and Expansion of International Law, 2006, UN Doc. A/CN.4/L.682, Rn. 293 f.

1784 *Economides/Kolliopoulos*, in: Revue Générale de Droit International Public 2006 (Vol. 110), 273 (299). Zu *pacta sunt servanda* genauer → Kapitel 2 C. I. 2.

1785 ILC Report on the Fragmentation of International Law: Difficulties arising from the Diversification and Expansion of International Law, 2006, UN Doc. A/CN.4/L.682, Rn. 294.

1786 In Föderalklauseln können die Besonderheiten föderaler Staaten berücksichtigt werden. Föderalklauseln können Ausnahmen für föderale Staaten schaffen oder klarstellen, dass sich das Pflichtenprogramm gegenüber nicht-föderalen Staaten nicht verändert. Dazu genauer → Kapitel 4 G. IV.

Trennungsklauseln sind keine vertragliche Möglichkeit einer *inter-se* Suspendierung gem. Art. 58 WVK.[1787] Trennungsklauseln sind regelmäßig als dauerhafte Abweichung von dem Vertrag angelegt. Suspendierungen sind zwar für unbestimmte Zeiträume möglich, jedoch muss es sich zwangsläufig um einen endlichen Zeitraum handeln.[1788]

II. Arten der Trennungsklauseln

Eine Trennungsklausel kann dabei auf unterschiedliche Arten ausgestaltet sein. Der Vorrang kann zunächst allen Regeln, die innerhalb einer bestimmten internationalen Organisation geschaffen werden, gewährt werden. Häufig erfolgt dies zugunsten der EU.[1789] Ein anderes Beispiel sind Verträge, die durch die Internationale Arbeitskonferenz der ILO ausgehandelt wurden. Dies erfolgt z. B. in Art. 6 Abs. 1 und 2 des *Europäischen Abkommen über Soziale Sicherheit*:

> „(1) Dieses Abkommen berührt nicht die Verpflichtungen, die sich aus den von der Internationalen Arbeitskonferenz angenommenen Übereinkommen ergeben.
>
> (2) Dieses Abkommen berührt nicht die Bestimmungen über Soziale Sicherheit im Vertrag vom 25. März 1957 zur Gründung der Europäischen Wirtschaftsgemeinschaft, die in diesem Vertrag vorgesehenen Assoziierungsabkommen und die Maßnahmen zur Durchführung dieser Bestimmungen."[1790]

Anstatt eine konkrete internationalen Organisation zu benennen, kann die Trennungsklausel die Art der Organisation umschreiben wie z. B. Art. 13 Abs. 3 der *Convention on Stolen or Illegally Exported Cultural Objects (UNIDROIT)*:

> „In their relations with each other, Contracting states which are members of organisations of economic integration or regional bodies may declare that they will apply the internal rules of these organisations or bodies and will not therefore apply as

---

1787 Zur *inter-se*-Suspendierung genauer → Kapitel 4 I. II. 1. b) bb).

1788 *Giegerich*, in: Dörr/Schmalenbach (Hrsg.), VCLT, Art. 57 Rn. 9.

1789 Bezogen auf die EU: *De Santa Maria*, in: European Journal of International Law 2019 (Vol. 30), 721 (743-746).

1790 CETS Nr. 78.

> between these states the provisions of this Convention the scope of application of which coincides with that of those rules."[1791]

Diese Trennungsklausel ist außerdem ein Beispiel dafür, dass, statt einen automatischen Vorrang für andere Regelungen einzuräumen, eine Trennungsklausel den Parteien eine Wahl lassen kann.

Der multilaterale Vertrag, der die Trennungsklausel enthält, und die Regeln, die innerhalb der Organisation abgeschlossen wurden, müssen dieselbe Materie regeln, damit sie kollidieren können. Die thematische Eingrenzung kann auch das Hauptkriterium für eine Trennungsklausel sein. So kann eine Trennungsklausel sehr weitgehend festlegen, dass alle Verträge zu einem bestimmten Thema dem Vertrag mit Trennungsklausel vorgehen sollen. Ein Beispiel ist Art. 39 Abs. 3 des *Übereinkommens über Geldwäsche sowie Ermittlung, Beschlagnahme und Einziehung von Erträgen aus Straftaten*:

> „Haben zwei oder mehr Vertragsparteien bereits eine Vereinbarung oder einen Vertrag über einen Gegenstand geschlossen, der in diesem Übereinkommen geregelt ist, oder haben sie ihre Beziehungen hinsichtlich dieses Gegenstands anderweitig geregelt, so sind sie berechtigt, anstelle dieses Übereinkommens die Vereinbarung, den Vertrag oder die Regelung anzuwenden, wenn dies die internationale Zusammenarbeit erleichtert."[1792]

Weiterhin kann sich eine Trennungsklausel auf bestimmte andere Verträge beziehen und diese auflisten. Ein Beispiel[1793] ist Art. 42 des *Übereinkommens des Europarats zum Schutz von Kindern vor sexueller Ausbeutung und sexuellem Missbrauch*:

> „Dieses Übereinkommen lässt die Rechte und Pflichten aus dem Übereinkommen der Vereinten Nationen über die Rechte des Kindes und dem Fakultativprotokoll zu jenem Übereinkommen betreffend den Verkauf von Kindern, die

1791 UNTS Vol. 2421, 457.

1792 CETS Nr. 141.

1793 Ein weiteres Beispiel ist Art. XI.4 des *Übereinkommens über die Anerkennung von Qualifikationen im Hochschulbereich in der europäischen Region* (BGBl. 2007 II 712, 713. International: CETS Nr. 165).

> Kinderprostitution und die Kinderpornographie unberührt; es soll den darin vorgesehenen Schutz verstärken und die darin enthaltenen Standards fortentwickeln und ergänzen.“[1794]

Schließlich ist zu unterscheiden, auf welche Teile des Vertrages, der die Trennungsklausel enthält, sich der Vorrang bezieht.[1795] Generelle Trennungsklauseln umfassen den gesamten Vertrag, wogegen qualifizierte Trennungsklauseln lediglich einen Teil des Vertrages betreffen.[1796] Eine generelle Trennungsklausel sieht z. B. Art. 27 Abs. 1 des *Europäisches Übereinkommen über das grenzüberschreitende Fernsehen* vor:

> „In ihren gegenseitigen Beziehungen wenden die Vertragsparteien, die Mitglieder der Europäischen Gemeinschaft sind, Gemeinschaftsvorschriften an und wenden daher die sich aus diesem Übereinkommen ergebenden Bestimmungen nur insoweit an, als es zu einem bestimmten Regelungsgegenstand keine Gemeinschaftsvorschrift gibt.“[1797]

Eine qualifizierte Trennungsklausel enthält Art. 20 Abs. 2 des *Protocol on Civil Liability and Compensation for Damage Caused by the Transboundary Effects of Industrial Accidents on Transboundary Waters*:

> „In their mutual relations, Parties which are members of the European Community shall apply the relevant Community rules instead of articles 15 and 18.“[1798]

III. Rechtsfolge einer Trennungsklausel

Enthält ein Vertrag eine Trennungsklausel, weichen die Parteien automatisch von dem multilateralen Vertrag zugunsten der anderen Bestimmungen ab. Eine weitere Mitteilung an die übrigen Parteien ist regelmäßig nicht

---

1794 BGBl. 2015 II 26, 27. International: CETS Nr. 201.

1795 Committee of Legal Advisers on Public International Law, 1044. Meeting am 10.12.2008, CM(2008)164, Rn. 10.

1796 ILC Report on the Fragmentation of International Law: Difficulties arising from the Diversification and Expansion of International Law, 2006, UN Doc. A/CN.4/L.682, Rn. 290.

1797 BGBl. 1994 II 638, 639. International: CETS Nr. 132.

1798 UN Doc. ECE/MP.WAT/11-ECE/CP.TEIA/9. UN Treaty Collection Multilateral Treaties, Chap. XXVII.16.

erforderlich. Nur ausnahmsweise sehen Trennungsklauseln eine weitere Mitteilung an die anderen Parteien vor.[1799] Alternativ kann der Vorrang eines anderen Vertrages durch Vereinbarung zwischen den betroffenen Parteien festgelegt werden. Letzteres sieht z. B. Art. 30 Abs. 3 des *Übereinkommens über den unerlaubten Verkehr auf See zur Durchführung des Artikels 17 des Übereinkommens der Vereinten Nationen gegen den unerlaubten Verkehr mit Suchtstoffen und psychotropen Stoffen* vor:

> „Haben zwei oder mehr Vertragsparteien bereits ein Übereinkommen oder einen Vertrag über einen in diesem Übereinkommen behandelten Gegenstand geschlossen oder haben sie ihre Beziehungen in bezug auf diesen Gegenstand auf andere Weise festgelegt, so können sie vereinbaren, anstelle dieses Übereinkommens ein solches Übereinkommen oder einen solchen Vertrag anzuwenden oder ihre Beziehungen entsprechend zu gestalten, wenn dies die internationale Zusammenarbeit erleichtert."[1800]

Die Rechtsfolge einer Trennungsklausel ist jeweils, dass zwischen denjenigen Parteien, die sowohl Partei des Vertrages mit Trennungsklausel (Vertrag A) als auch des anderen Vertragsregimes (Vertrag B) sind, die Regelungen von Vertrag A zugunsten der Bestimmungen von Vertrag B zurücktreten. Sie werden nicht angewendet. Zwischen denjenigen Völkerrechtssubjekten, die nur an Vertrag A gebunden sind, und denjenigen Völkerrechtssubjekten, die Partei beider Verträge sind, gelten nur die Regelungen des Vertrags A.[1801]

Eine unbeschränkte Trennungsklausel greift dabei sowohl für bereits zuvor bestehende Regelungen als auch für noch in der Zukunft entstehende Bestimmungen. Wenn beispielsweise die EU neue Regelungen in einem Bereich

---

1799 Z. B.: Art. 13 Abs. 3 des *UNIDROIT Convention on Stolen or Illegally Exported Cultural Objects* (UNTS Vol. 2421, 457):
„In their relations with each other, Contracting states which are members of organisations of economic integration or regional bodies may declare that they will apply the internal rules of these organisations or bodies and will not therefore apply as between these states the provisions of this Convention the scope of application of which coincides with that of those rules.".

1800 BGBl. 1998 II 2233, 2234. International: CETS Nr. 156.

1801 *Economides/Kolliopoulos*, in: Revue Générale de Droit International Public 2006 (Vol. 110), 273 (273).

schafft, fallen diese ebenso unter eine schon bestehende Trennungsklausel und haben damit Vorrang vor einem älteren völkerrechtlichen Vertrag.[1802]

IV. Vertragsgestaltungsmöglichkeiten

Trennungsklauseln dienen insbesondere dazu, Konkurrenzverhältnisse zwischen verschiedenen internationalen Rechtsregimen aufzulösen. Trennungsklauseln können unterschiedlich gestaltet werden, insbesondere kann es durch verschiedene Varianten begrenzt werden. Eine Sammlung an Trennungsklauseln hat das *Committee of Legal Advisers on Public International Law* zusammengetragen.[1803]

Die inhaltliche Ausgestaltung einer Trennungsklausel stellt eine wesentliche materielle Begrenzung[1804] des Instruments dar, weil dadurch festgelegt wird, welche andere internationalen Regelungen oder Teile dieser Vorrang erhalten sollen. Zunächst legt die Trennungsklausel fest, ob sich die Möglichkeit der Kollision und des Vorrangs auf den gesamten Vertrag bezieht oder nur einen Teil. Überwiegend nehmen Trennungsklauseln keine Einschränkung vor, sodass sich der Vorrang auf den gesamten Vertrag bezieht. Eine qualifizierte Trennungsklausel bezieht sich nur auf einen Teil des Vertrages. Ein Beispiel ist Art. 20 Abs. 2 des *Protocol on Civil Liability and Compensation for Damage Caused by the Transboundary Effects of Industrial Accidents on Transboundary Waters*:

> „In their mutual relations, Parties which are members of the European Community shall apply the relevant Community rules instead of articles 15 and 18."[1805]

Weiterhin muss die Trennungsklausel die Regeln bestimmen, die Vorrang erhalten sollen. Drei Methoden sind üblich: Erstens können die Verträge ausdrücklich aufgezählt werden. Zweitens werden Regelungen einer internationalen Organisation Vorrang eingeräumt. Dabei kann eine bestimmte internationale Organisation explizit genannt werden oder die Art der Organisation kann abstrakt umschrieben werden. Für letzteres ist Art. 13 Abs. 3

1802 *Economides/Kolliopoulos*, in: Revue Générale de Droit International Public 2006 (Vol. 110), 273 (275).

1803 Committee of Legal Advisers on Public International Law, 1044. Meeting am 10.12.2008, CM(2008)164.

1804 Dazu genauer → Kapitel 2 C. II. 1.

1805 https://unece.org/DAM/env/civil-liability/documents/protocol_e.pdf [28.07.2025].

der *Convention on Stolen or Illegally Exported Cultural Objects (UNIDROIT)* ein Beispiel:

> „In their relations with each other, Contracting states which are members of organisations of economic integration or regional bodies may declare that they will apply the internal rules of these organisations or bodies and will not therefore apply as between these states the provisions of this Convention the scope of application of which coincides with that of those rules."[1806]

Drittens können die kollidierenden Verträge inhaltlich bestimmt werden. Ein Beispiel ist Art. 39 Abs. 3 des *Übereinkommens über Geldwäsche sowie Ermittlung, Beschlagnahme und Einziehung von Erträgen aus Straftaten*:

> „Haben zwei oder mehr Vertragsparteien bereits eine Vereinbarung oder einen Vertrag über einen Gegenstand geschlossen, der in diesem Übereinkommen geregelt ist, oder haben sie ihre Beziehungen hinsichtlich dieses Gegenstands anderweitig geregelt, so sind sie berechtigt, anstelle dieses Übereinkommens die Vereinbarung, den Vertrag oder die Regelung anzuwenden, wenn dies die internationale Zusammenarbeit erleichtert."[1807]

Der Umfang des Vorrangs aufgrund der Trennungsklausel kann insbesondere für die Konstellation, dass der vorrangige Vertrag keine Regelung zu einem spezifischen Aspekt enthält, reduziert werden. Beispielsweise[1808] formuliert Art. 21 des *Europäischen Übereinkommens zum Schutze des audio-visuellen Erbes*:

> „In ihren gegenseitigen Beziehungen wenden diejenigen Vertragsparteien, die Mitglieder der Europäischen Gemeinschaft sind, Gemeinschaftsvorschriften und somit nicht die Vorschriften aus diesem Übereinkommen an, es sei denn, der betreffende Gegenstand ist nicht durch eine Gemeinschaftsvorschrift geregelt."[1809]

Um zu verhindern, dass die Bestimmungen aus dem multilateralen Vertrag mit Trennungsklausel durch jede andere Regelung ersetzt werden kann, kann eine

---

1806 UNTS Vol. 2421, 457.

1807 CETS Nr. 141.

1808 Weitere Beispiele sind: Art. 1 des *Protokolls zum Übereinkommen über Insidergeschäfte* (ETS Nr. 133) und Art. 38 Abs. 2 des *Europäischen Übereinkommens über bestimmte internationale Aspekte des Konkurses* (CETS Nr. 136).

1809 BGBl. 2013 II 1146, 1147. International: CETS Nr. 183.

Trennungsklausel einen Mindeststandard einfügen.[1810] Möglich ist ähnlich wie bei Vorbehalten die Vereinbarkeit mit Ziel und Zweck des Vertrages[1811] als Bedingung des Vorrangs zu ergänzen. So sieht das *Übereinkommen über Computerkriminalität* in Art. 39 Abs. 2 vor:

> „Haben zwei oder mehr Vertragsparteien bereits eine Übereinkunft oder einen Vertrag über Fragen geschlossen, die in diesem Übereinkommen geregelt sind, oder haben sie ihre Beziehungen in diesen Fragen anderweitig geregelt oder sollten sie dies in Zukunft tun, so sind sie auch berechtigt, die Übereinkunft oder den Vertrag oder die entsprechenden Regelungen anzuwenden. Regeln Vertragsparteien ihre Beziehungen in den in diesem Übereinkommen geregelten Fragen jedoch anders als hierin vorgesehen, so tun sie dies in einer Weise, die zu den Zielen und Grundsätzen des Übereinkommens nicht in Widerspruch steht."[1812]

Verfahrenstechnische Verpflichtungen[1813] wie z. B. Anhörungserfordernisse, Begründungspflichten oder Formerfordernisse, sind insbesondere denkbar für Konstellationen, in denen der Vorrang nicht automatisch wirkt, sondern es einer unilateralen Erklärung der Parteien bedarf. Eine derartige unilaterale Erklärung, jedoch ohne weitere Verfahrensvoraussetzungen erfordert der zuvor zitierte Art. 13 Abs. 3 der *Convention on Stolen or Illegally Exported Cultural Objects (UNIDROIT).*

Die Berechtigung, die Trennungsklausel zu nutzen,[1814] ist häufig faktisch begrenzt, wenn das ausschlaggebende Kriterium die Mitgliedschaft in einer internationalen Organisation oder die Bindung an einen konkreten anderen Vertrag ist. Theoretisch könnte darüber hinaus noch eine Begrenzung auf konkrete Parteien erfolgen. Zustimmungserfordernisse oder Einspruchsrechte[1815] wären für Trennungsklauseln, die nicht automatisch wirken, denkbar.

[1810] ILC Report on the Fragmentation of International Law: Difficulties arising from the Diversification and Expansion of International Law, 2006, UN Doc. A/CN.4/L.682, Rn. 290. Dazu genauer → Kapitel 2 C. II. 1. b).

[1811] Dazu genauer → Kapitel 2 C. II. 1. a).

[1812] BGBl. 2008 II 1242, 1243. International: CETS Nr. 185.

[1813] Dazu genauer → Kapitel 2 C. II. 5.

[1814] Dazu genauer → Kapitel 2 C. II. 2.

[1815] Dazu genauer → Kapitel 2 C. II. 3.

Durch regelmäßige Berichtspflichten[1816] oder Überprüfungsrechte[1817] könnte den anderen Parteien eine Möglichkeit eingeräumt werden, dass sie überprüfen, ob die vorrangigen Regelungen ein vergleichbares Niveau erfüllen, wie die Regelungen des zurücktretenden Vertrages.

Zeitliche Vorgaben[1818] könnte eine Trennungsklausel insbesondere enthalten, wenn sie eine unilaterale Erklärung erfordert. Denkbar ist ein Vorrang für andere Regelungen als eine Art Übergangszeitraum für einen bestimmten Zeitraum.

Die Anwendung des Vertrages wird durch eine Trennungsklausel ausschließlich zwischen den Parteien verändert, die alle Parteien des anderen Vertrages sind. Die Rechtsbeziehung zwischen diesen Parteien und den restlichen Parteien richtet sich weiterhin nach dem Vertrag, der die Trennungsklausel enthält. Dies ist problemlos möglich in einem Vertrag mit bilateraler Erfüllungsstruktur[1819]. In Verträgen mit integraler Erfüllungsstruktur[1820] kann eine Partei nicht gegenüber einem Teil der Parteien in der einen Form den Vertrag erfüllen und gegenüber den restlichen Parteien in einer anderen Form. Somit verletzt eine Partei ihre Pflichten innerhalb eines Vertrages mit integraler Erfüllungsstruktur bei einer Trennungsklausel nur dann nicht, wenn die unterschiedlichen Pflichten gleichzeitig erfüllt werden können, weil eine Pflicht strenger ist als die andere.

K. Abweichung von gleichförmigen Rechten und Pflichten nach Vertragsänderungen

Mechanismen zur Vertragsänderung verfolgen vornehmlich das Ziel, dass Parteien über die Vertragsdauer ihre Rechte und Pflichten verändern können und fallen daher unter die vierte Facette von Flexibilität.[1821] Da Vertragsänderungsmechanismen überwiegend derart ausgestaltet sind, dass Parteien

1816 Dazu genauer → Kapitel 2 C. II. 5. a) dd).

1817 Dazu genauer → Kapitel 2 C. II. 6.

1818 Dazu genauer → Kapitel 2 C. II. 4.

1819 Dazu genauer → Kapitel 2 C. II. 7. b).

1820 Dazu genauer → Kapitel 2 C. II. 7. b).

1821 Haben die Rechte und Pflichten zu verschiedenen Zeitpunkten des Vertrages einen unterschiedlichen Inhalt, stellt dies als zeitlich-inhaltliche Flexibilität die vierte Facette von Flexibilität dar. Dazu genauer → Kapitel 1 A. IV.

entweder zustimmen müssen oder zumindest nicht widersprechen dürfen, um an die geänderten Regeln gebunden zu sein, entsteht entweder vorübergehend oder längerfristig ein Zustand, in dem manche Parteien an die ursprünglichen Regeln gebunden sind und manche bereits an die geänderten Regeln.[1822] Im Falle mehrerer aufeinanderfolgender Änderungen erweitert sich diese Teilung von Rechten und Pflichten sowie die Gruppierung von Parteien innerhalb eines Vertrages. Abweichende Rechte und Pflichten sind somit zumeist lediglich eine Nebenfolge und nicht das vornehmlich verfolgte Ziel. Die folgende Darstellung fokussiert aufgrund des Themas der Arbeit in Bezug auf Alternativen zu Vorbehalten, wann und wie es durch Vertragsänderungen zu einem Abweichen von Rechten und Pflichten kommt. Nicht ausführlicher dargestellt werden die vertraglichen Gestaltungsmöglichkeiten für das Vertragsänderungsverfahren im Allgemeinen.[1823]

I. Begrifflichkeiten

Bei den Begrifflichkeiten ist zwischen der Vertragsänderung („*amendmemt*") und der Vertragsmodifikation („*modification*") zu unterscheiden. Die Vertragsänderung ist eine Vereinbarung zwischen den Vertragsparteien, die Vertragsbestimmungen im Verhältnis zu allen Parteien zu ändern. Eine solche Vertragsänderung bedeutet jeweils Änderungen im Originalvertragstext.[1824] Bei der Vertragsmodifikation erfolgt eine Veränderung des Vertrages nur unter einzelnen Parteien (*inter-se*), während der Vertrag zwischen den modifizierenden Parteien und den anderen Parteien unverändert bleibt.[1825] Darüber hinaus wird von der Vertragsänderung teilweise die Vertragsrevision

---

1822 *Brunnée*, in: Hollis (Hrsg.), The Oxford Guide to Treaties, 336 (340).

1823 Für die Darstellung wird stattdessen verwiesen auf: *Ardault/Dormoy*, in: Corten/Klein (Hrsg.), VCLT, Art. 39; *Brunnée*, in: Hollis (Hrsg.), The Oxford Guide to Treaties, 336; *Dahm/Delbrück/Wolfrum*, Völkerrecht Bd. I/3 Formen des völkerrechtlichen Handelns, 661-679; *Heintschel von Heinegg*, in: Ipsen (Begr.), Völkerrecht, § 16; *Klabbers*, Treaties, Amendment and Revision, in: Wolfrum (Hrsg.), MPEPIL; *Sands*, in: Corten/Klein (Hrsg.), VCLT, Art. 39; *Rigaux/Simon*, in: Corten/Klein (Hrsg.), VCLT, Art. 41; *Villiger*, VCLT, Art. 39-41; *von der Decken*, in: Dörr/Schmalenbach (Hrsg.), VCLT, Art. 39-41.

1824 *Von der Decken*, in: Dörr/Schmalenbach (Hrsg.), VCLT, Art. 39 Rn. 8; *Villiger*, VCLT, Art. 39, Rn. 3.

1825 *Dahm/Delbrück/Wolfrum*, Völkerrecht Bd. I/3 Formen des völkerrechtlichen Handelns, 662; *Brunnée*, in: Hollis (Hrsg.), The Oxford Guide to Treaties, 336 (336).

unterschieden. Bei der Vertragsrevision wird der Vertrag als Ganzes überarbeitet, bei der Vertragsänderung lediglich einzelne Bestimmungen.[1826] In der Praxis, insbesondere in Vertragsklauseln, werden diese Unterscheidungen nicht immer konsequent verwendet.[1827]

II. Vorgehen für eine Vertragsänderung

Vertragsänderungen erfolgen mehrstufig: Wenn eine Vertragsänderung zulässig ist (1.), werden die Änderungen zunächst ausgehandelt und verabschiedet (2.), anschließend muss jede Partei die Änderungen noch separat akzeptieren, um an sie gebunden zu sein (3.). Eine gesonderte dritte Stufe kann das Inkrafttreten der Vertragsänderung sein (4.).

1. Zulässigkeit einer Vertragsänderung

Vertragsänderungen sind zumeist zu jeder Zeit und ohne Erfüllung besonderer Voraussetzungen zulässig. Vertraglich kann ein Zeitraum festgelegt werden, innerhalb dessen keine Vertragsänderung zulässig sein soll.

Strengere Voraussetzungen gelten für eine *inter-se*-Modifikation nach Art. 41 WVK. Ein Vertrag kann eine *inter-se*-Modifikation verbieten, sie ausdrücklich erlauben oder zu der Frage schweigen.

Verbietet ein Vertrag eine Modifikation zwischen einzelnen Parteien, ist eine solche Vertragsänderung unzulässig und Art. 41 WVK findet keine Anwendung.[1828] Statt eines vollständigen Verbots kann ein Vertrag eine Modifikation in Bezug auf bestimmte Abschnitte oder Regelungen des Vertrages untersagen. Ein Beispiel ist Art. 311 Abs. 6 der *UN-Seerechtskonvention*:

> „Die Vertragsstaaten kommen überein, daß der in Artikel 136 niedergelegte wesentliche Grundsatz über das gemeinsame Erbe der Menschheit nicht geändert werden darf und daß sie nicht Vertragspartei einer Übereinkunft werden, die von diesem Grundsatz abweicht."[1829]

[1826] UN Handbook on Final Clauses of multilateral Treaties, 2003, online verfügbar: https://treaties.un.org/Pages/Resource.aspx?path=Publication/FC/Page1_en.xml [28.07.2025], 106; *Dahm/Delbrück/Wolfrum*, Völkerrecht Bd. I/3 Formen des völkerrechtlichen Handelns, 662.

[1827] *Sands*, in: Corten/Klein (Hrsg.), VCLT, Art. 39, Rn. 20.

[1828] *Von der Decken*, in: Dörr/Schmalenbach (Hrsg.), VCLT, Art. 41 Rn. 9.

[1829] BGBl. 1994 II 1799. International: UNTS Vol. 1833, 3.

Erlaubt ein Vertrag eine Modifikation, ist die *inter-se*-Vereinbarung unter den im Vertrag festgelegten Voraussetzungen zulässig.

Nur wenn der Vertrag zu Modifikationen durch eine *inter-se*-Vereinbarung schweigt, kommt Art. 41 Abs. 1 lit. b) WVK zur Anwendung. Nach Art. 41 Abs. 1 lit. b) WVK darf die Modifikation nicht beeinträchtigen, dass die anderen Parteien ihre Rechte aus dem ursprünglichen Vertrag nutzen und dass die Parteien der *inter-se*-Modifikation ihre Pflichten aus dem ursprünglichen Vertrag erfüllen können.[1830] Die Parteien der *inter-se*-Vereinbarung müssen den Originalvertrag weiterhin so erfüllen, als würde es die *inter-se*-Vereinbarung nicht geben.[1831] Zweitens darf sich die *inter-se*-Vereinbarung „nicht auf eine Bestimmung bezieh[en], von der abzuweichen mit der vollen Verwirklichung von Ziel und Zweck des gesamten Vertrags unvereinbar ist."[1832] Art. 41 Abs. 1 lit. b) WVK meint ausdrücklich Ziel und Zweck des gesamten Vertrages, sodass Modifikationen von untergeordneten Aspekten des Vertrages zulässig sind.[1833] Ebenso wie für Vorbehalte ist es erforderlich, dass festgestellt werden muss, ob eine *inter-se*-Vereinbarung gegen Ziel und Zweck[1834] des Originalvertrages verstößt. In Ermangelung objektiver Überprüfungsinstanzen in den meisten Verträgen liegt dies im Ermessen der Parteien.[1835]

Einen Anhaltspunkt dafür, ob die Voraussetzungen erfüllt werden können, bietet die Erfüllungsstruktur[1836] des Originalvertrages. In einem Vertrag mit bilateraler Erfüllungsstruktur berührt die *inter-se*-Vereinbarung immer nur die Verhältnisse zwischen den Parteien der *inter-se*-Vereinbarung, während gegenüber den Parteien des Originalvertrages die Regelungen des ursprünglichen

1830 *Villiger*, VCLT, Art. 41, Rn. 8.

1831 ILC Report on the Fragmentation of International Law: Difficulties arising from the Diversification and Expansion of International Law, 2006, UN Doc. A/CN.4/L.682, Rn. 305.

1832 BGBl. 1985 II 927. Englische authentische Fassung, UNTS Vol. 1155, 331: „does not relate to a provision, derogation from which is incompatible with the effective execution of the object and purpose of the treaty as a whole.".

1833 *Von der Decken*, in: Dörr/Schmalenbach (Hrsg.), VCLT, Art. 41 Rn. 17; *Villiger*, VCLT, Art. 41, Rn. 9.

1834 Dazu genauer → Kapitel 2 C. II. 1. a).

1835 ILC Report on the Fragmentation of International Law: Difficulties arising from the Diversification and Expansion of International Law, 2006, UN Doc. A/CN.4/L.682, Rn. 313.

1836 Dazu genauer → Kapitel 2 C. II. 7. b).

Vertrages angewendet werden.[1837] Daher kann die *inter-se*-Vereinbarung nicht die Rechte der anderen Parteien beeinträchtigen. Anders ist dies dagegen in einem Vertrag mit integraler Erfüllungsstruktur. In einem solchen Vertrag wirkt jede Handlung als Erfüllung der Vertragspflichten gegenüber jeder Partei. Die erste Voraussetzung des Art. 41 Abs. 1 lit. b) WVK ist in dem Fall zumeist nur erfüllt, wenn die *inter-se*-Vereinbarung höhere Standards setzt. Eine Abweichung ist in einer integralen Erfüllungsstruktur eine Abweichung gegenüber allen Parteien.[1838]

Das Gegenteil eines ausdrücklichen Verbots ist die ausdrückliche Erlaubnis in einer Vertragsbestimmung, dass Modifikationen in *inter-se*-Vereinbarungen vorgenommen werden dürfen. Eine Modifikationsklausel kann entweder schlicht den Abschluss einer *inter-se*-Vereinbarung erlauben oder weitere Voraussetzungen aufstellen. Eine Modifikationsklausel kann z. B. Vorgaben für den Inhalt möglicher Modifikationen machen.

Eine Modifikation ist unzulässig, wenn sie nicht unter die jeweilige Klausel subsumiert werden kann, da daneben ein Rückgriff auf Art. 41 Abs. 1 lit. b) WVK nicht möglich ist.[1839] Eine Modifikationsklausel, die bestimmte *inter-se*-Vereinbarungen erlaubt, enthält das implizite Verbot für alle anderen Modifikationen.[1840] Neben den Voraussetzungen für eine Modifikation kann eine Vertragsklausel weitere Rechtsfolgen für den Abschluss einer *inter-se*-Vereinbarung vorsehen. So können sie eine Hierarchie zwischen dem ursprünglichen Vertrag und der *inter-se*-Vereinbarung schaffen.[1841] Ein Beispiel für verschiedene Modifikationsklauseln enthält das *UN-Seerechtsübereinkommen*. So lauten Art. 311 Abs. 3 und 4:

[1837] ILC Report on the Fragmentation of International Law: Difficulties arising from the Diversification and Expansion of International Law, 2006, UN Doc. A/CN.4/L.682, Rn. 310.

[1838] ILC Report on the Fragmentation of International Law: Difficulties arising from the Diversification and Expansion of International Law, 2006, UN Doc. A/CN.4/L.682, Rn. 311; *Pauwelyn*, in: European Journal of International Law 2003 (Vol. 14), 907 (914); *Rigaux/Simon*, in: Corten/Klein (Hrsg.), VCLT, Art. 41, Rn. 37.

[1839] *Von der Decken*, in: Dörr/Schmalenbach (Hrsg.), VCLT, Art. 41 Rn. 12.

[1840] *Von der Decken*, in: Dörr/Schmalenbach (Hrsg.), VCLT, Art. 41 Rn. 13.

[1841] ILC Report on the Fragmentation of International Law: Difficulties arising from the Diversification and Expansion of International Law, 2006, UN Doc. A/CN.4/L.682, Rn. 314.

„(3) Zwei oder mehr Vertragsstaaten können Übereinkünfte schließen, welche die Anwendung von Bestimmungen dieses Übereinkommens modifizieren oder suspendieren und nur auf die Beziehungen zwischen ihnen Anwendung finden; diese Übereinkünfte dürfen sich jedoch nicht auf eine Bestimmung beziehen, von der abzuweichen mit der Verwirklichung von Ziel und Zweck des Übereinkommens unvereinbar ist; die Übereinkünfte dürfen ferner die Anwendung der in dem Übereinkommen enthaltenen wesentlichen Grundsätze nicht beeinträchtigen; die Bestimmungen der Übereinkünfte dürfen die anderen Vertragsstaaten in dem Genuß ihrer Rechte oder in der Erfüllung ihrer Pflichten aus dem Übereinkommen nicht beeinträchtigen.

(4) Vertragsstaaten, die eine Übereinkunft nach Absatz 3 schließen wollen, notifizieren den anderen Vertragsstaaten über den Verwahrer dieses Übereinkommens ihre Absicht, die Übereinkunft zu schließen, sowie die darin vorgesehene Modifikation oder Suspendierung.“[1842]

Statt einer ausdrücklichen Erlaubnis, bestimmen z. B. Art. 1 Abs. 4 und Art. 3 Abs. 3 des *Haager Übereinkommens über den Zivilprozess*:

„Art. 1

[…]

(4) Die vorstehenden Bestimmungen hindern nicht, daß zwei Vertragsstaaten vereinbaren, den unmittelbaren Verkehr zwischen ihren Behörden zuzulassen.

Art. 3

[…]

(3) Vorbehaltlich anderweitiger Vereinbarung ist die in Absatz 2 vorgesehene Übersetzung von dem diplomatischen oder konsularischen Vertreter des ersuchenden Staates oder von einem beeidigten Übersetzer des ersuchten Staates zu beglaubigen.“[1843]

Basierend auf Art. 1 Abs. 4, Art. 3 Abs. 3, Art. 9 Abs. 4 und Art. 10 des *Haager Übereinkommens über den Zivilprozess*[1844] schlossen Spanien und Rumänien

[1842] BGBl. 1994 II 1798, 1799. International: UNTS Vol. 1833, 3.
[1843] BGBl. 1958 II 576, 577. International: UNTS Vol. 286, 265.
[1844] BGBl. 1958 II 576, 577. International: UNTS Vol. 286, 265.

1997 ein Zusatzabkommen ab[1845], das Modifikationen zwischen den beiden Staaten enthält.

Art. 41 WVK regelt nicht die Rechtsfolge, wenn eine *inter-se*-Vereinbarung gegen die Voraussetzungen von Art. 41 WVK verstößt.[1846] Aus den allgemeinen Regeln des Völkervertragsrechts ergibt sich keine automatische Unwirksamkeit der *inter-se*-Vereinbarung. Stattdessen ist der jeweilige Originalvertrag auszulegen, um zu ermitteln, welche Rechtsfolge eine unzulässige *inter-se*-Vereinbarung haben soll.[1847] Eine unzulässige *inter-se*-Vereinbarung stellt eine Vertragsverletzung gegenüber den anderen Parteien dar, sodass die Parteien auf die Reaktionsmöglichkeiten für Vertragsverletzungen zurückgreifen können.[1848]

2. Aushandlung und Verfahren einer Vertragsänderung

Die Aushandlung und das Verfahren einer Vertragsänderung hängt von der Art der Vertragsänderung ab und kann in den Vertragsbestimmungen ausführlich geregelt werden.

Eine Vertragsänderung ist bereits vor Inkrafttreten eines Vertrages möglich.[1849] Beispiele sind das *Protokoll*[1850] von 1958, welches das *Olivenöl-Übereinkommen*[1851] änderte, und das *Durchführungsübereinkommen zu Teil XI des UN-Seerechtsübereinkommens*.[1852]

Art. 40 Abs. 2 WVK legt fest, dass ein Vorschlag zur Vertragsänderung allen Parteien notifiziert werden muss, ohne zu bestimmen, wer eine

---

1845 UNTS 2062, 181.

1846 ILC Report on the Fragmentation of International Law: Difficulties arising from the Diversification and Expansion of International Law, 2006, UN Doc. A/CN.4/L.682, Rn. 319.

1847 ILC Report on the Fragmentation of International Law: Difficulties arising from the Diversification and Expansion of International Law, 2006, UN Doc. A/CN.4/L.682, Rn. 319.

1848 ILC Report on the Fragmentation of International Law: Difficulties arising from the Diversification and Expansion of International Law, 2006, UN Doc. A/CN.4/L.682, Rn. 319; *Mus*, in: Netherlands International Law Review 1998 (Vol. 45), 208 (225 f.).

1849 *Henrich*, Vertragsgewohnheitsrecht und Parlamentsbeteiligung, 16.

1850 BGBl. II 1973, 1309, 1340. International: UNTS Vol. 336, 177.

1851 BGBl. II 1973, 1309, 1311. International: UNTS Vol. 336, 177.

1852 Zu dem *Durchführungsabkommen zu Teil XI des UN-Seerechtsübereinkommens*: *Brunnée*, in: Hollis (Hrsg.), The Oxford Guide to Treaties, 336 (352 f.).

Vertragsänderung initiieren kann. Neben den Vertragsparteien sind denkbar Vertragsorgane oder Vertragsstaaten i. S. v. Art. 2 lit. f) WVK, somit ein Völkerrechtssubjekt, das dem Vertrag zugestimmt hat, für den er jedoch noch nicht in Kraft getreten ist.[1853] Die Ermächtigung für ein Vertragsorgan Änderungen oder Ergänzungen für einen Vertrag vorzuschlagen, wird auch als „*enabling clause*" bezeichnet.[1854]

Im Rahmen des *Tacit-Consent*-Verfahrens ist es der erste Schritt, dass die Vertragsänderung innerhalb eines Vertragsorgans oder der Versammlung der Vertragsparteien ausgehandelt wird. Das *Tacit-Consent*-Verfahren mit der Möglichkeit des *Opting-Out* hat sich aus der Situation entwickelt, dass die klassischen Methoden der Zustimmung einer Vertragsänderung in Form von Ratifikation, Annahme, Genehmigung oder Beitritt sehr zeitaufwendig sind. Weder die WVK noch andere Verträge enthalten eine Definition des *Tacit-Consent*-Verfahrens mit der Möglichkeit des *Opting-Out*. Die Merkmale des Verfahrens sind: Ein Vertragsorgan, etwa die Versammlung der Vertragsparteien oder eine Expertenkommission, arbeitet die Vertragsänderung aus und beschließt über sie (1.). Der Beschluss muss nicht einstimmig erfolgen, sondern es genügt eine Mehrheit (2.). Die Vertragsänderung bindet nach dem Beschluss automatisch alle Parteien, sodass eine spätere individuelle Zustimmung nicht erforderlich ist (3.). Schließlich hat jede Partei die Möglichkeit, innerhalb einer Frist der Änderung zu widersprechen, mit der Folge, dass für diese Partei keine Bindung an die geänderten Bestimmungen eintritt (4.).[1855] Ein Beispiel[1856] ist Art. XV des *Übereinkommens über den internationalen*

1853 *Von der Decken*, in: Dörr/Schmalenbach (Hrsg.), VCLT Art. 40 Rn. 11.

1854 *Loibl*, in: Craven/Fitzmaurice (Hrsg.), Interrogating the treaty, 103 (109-113); *Fitzmaurice, M.*, in: Nordic Journal of International Law 2005 (Vol. 74), 483 (497-500).

1855 *Barrett/Beckman*, Handbook on Good Treaty Practice, 324; *Brunnée*, in: Hollis (Hrsg.), The Oxford Guide to Treaties, 336 (345); *Fitzmaurice*, in: Austrian Review of International & European Law 1997 (Vol. 2), 275 (283 f.); *König*, Tacit Consent/Opting Out Procedure, in: Wolfrum (Hrsg.), MPEPIL, Rn. 1; *Pergantis*, The Paradigm of State Consent in the Law of Treaties, 118.

1856 Weitere Beispiele sind: Art. 52 des *Übereinkommens über die Zwischenstaatliche Beratende Schifffahrts-Organisation* (BGBl. II 1965, 313, 320. International: UNTS Vol. 289, 3) und Art. 16 Abs. 3 des *UN-Klimarahmenabkommen* (BGBl. 1993 II 1783, 1784. International: UNTS Vol. 1771, 107).

Handel mit gefährdeten Arten freilebender Tiere und Pflanzen (Washingtoner Artenschutzübereinkommen):

> „(1) Für Änderungen der Anhänge I und II auf Tagungen der Konferenz der Vertragsparteien gelten folgende Bestimmungen:
>
> a) Jede Vertragspartei kann eine Änderung des Anhangs I oder II zur Beratung auf der nächsten Tagung vorschlagen. Der Wortlaut der vorgeschlagenen Änderung ist dem Sekretariat mindestens 150 Tage vor der Tagung mitzuteilen. Das Sekretariat konsuliert nach Absatz 2 Buchstaben b und c die anderen Vertragsparteien und die interessierten Gremien bezüglich der Änderung und teilt die Antwort allen Vertragsparteien spätestens 30 Tage vor der Tagung mit.
>
> b) Änderungen bedürfen zu ihrer Annahme einer Zweidrittelmehrheit der anwesenden und abstimmenden Vertragsparteien. In diesem Sinne bedeutet „anwesende und abstimmende Vertragsparteien" die Vertragsparteien, die anwesend sind und eine Ja-Stimme oder eine Nein-Stimme abgeben. Vertragsparteien, die sich der Stimme enthalten, werden den für die Annahme einer Änderung erforderlichen zwei Dritteln nicht zugerechnet.
>
> c) Die auf einer Tagung angenommen Änderungen treten 90 Tage nach dieser Tagung für alle Vertragsparteien mit Ausnahme derjenigen, die einen Vorbehalt nach Absatz 3 machen, in Kraft."[1857]

In einem kleineren Kreis wird dagegen eine *inter-se*-Modifikation i. S. v. Art. 41 WVK ausgehandelt. Im Verfahren müssen die zukünftigen Parteien der *inter-se*-Vereinbarung die anderen Parteien von der Absicht, eine solche Vereinbarung abzuschließen, benachrichtigen. Die Notifizierung richtet sich nach Art. 77, 78 WVK. Die Notifizierung muss erfolgen, sobald in den Verhandlungen ein Konsens erreicht wurde und keine relevanten Hindernisse zum Inkrafttreten der *inter-se*-Modifikation mehr vorliegen, somit zu einem fortgeschrittenen Zeitpunkt im Verfahren.[1858] Enthält eine spezielle Modifikationsklausel keine Regelung zur Notifizierung, ist Art. 41 Abs. 2 WVK anzuwenden.[1859] Zweck der Notifikation ist, dass die anderen Parteien Zeit haben, auf die *inter-se*-Vereinbarung zu reagieren und zu überprüfen, ob die *inter-se*-Vereinbarung in Einklang mit dem Originalvertrag steht und ob die Rechte der anderen

---

1857 BGBl. 1975 II 773. International: UNTS Vol. 933, 243.

1858 *Boister/Jelsma*, in: International Community Law Review 2018 (Vol. 20), 456 (488).

1859 *Von der Decken*, in: Dörr/Schmalenbach (Hrsg.), VCLT, Art. 41 Rn. 19.

Parteien gewahrt werden.[1860] Aus diesen Zwecken ergeben sich sowohl Zeitpunkt als auch Inhalt der Notifikation. Inhalt der Notifikation sind die Absicht, eine *inter-se*-Vereinbarung abzuschließen, und der beabsichtigte Inhalt.[1861] Die anderen Parteien müssen zu dem Zeitpunkt informiert werden, zu dem die Einigung für die *inter-se*-Vereinbarung erreicht ist und keine wesentlichen Zwischenschritte bis zum Abschluss notwendig sind.[1862]

3. Bindung der einzelnen Partei an eine Vertragsänderung

Aufgrund des Konsensprinzips[1863] muss sich grundsätzlich in einem zweiten Schritt jede Partei an die Vertragsänderung binden. Von diesem Grundsatz können die Parteien abweichen. Sie können in einem Vertrag festlegen, dass eine Vertragsänderung durch eine Mehrheitsentscheidung der Versammlung der Vertragsparteien automatisch alle Parteien bindet wie z. B. in Art. 17 Abs. 3 des *Übereinkommens zur Errichtung der Weltorganisation für geistiges Eigentum*:

> „Jede Änderung tritt einen Monat nach dem Zeitpunkt in Kraft, zu dem die schriftlichen Notifikationen der verfassungsmäßig zustande gekommenen Annahme des Änderungsvorschlags von drei Vierteln der Mitgliedstaaten der Organisation, die im Zeitpunkt der Beschlussfassung der Konferenz über die Änderung nach Absatz 2 stimmberechtigt waren, beim Generaldirektor eingegangen sind. Jeder auf diese Weise angenommene Änderung bindet alle Staaten, die im Zeitpunkt des Inkrafttretens der Änderung Mitglied der Organisation sind oder später Mitglied werden; jedoch bindet eine Änderung, die die finanziellen Verpflichtungen der Mitgliedstaaten erweitert, nur die Staaten, die die Annahme dieser Änderung notifiziert haben."[1864]

Weiterhin können die Parteien mit dem *Tacit-Consent*-Verfahren davon abweichen, dass jede Partei ausdrücklich einer Vertragsänderung zustimmen muss. Eine Vertragsänderung unter dem *Tacit-Consent*-Verfahren mit der

---

1860 ILC Report on the Fragmentation of International Law: Difficulties arising from the Diversification and Expansion of International Law, 2006, UN Doc. A/CN.4/L.682, Rn. 316; *von der Decken*, in: Dörr/Schmalenbach (Hrsg.), VCLT, Art. 41 Rn. 21.

1861 *Villiger*, VCLT, Art. 41, Rn. 11; *von der Decken*, in: Dörr/Schmalenbach (Hrsg.), VCLT, Art. 41 Rn. 22.

1862 *Von der Decken*, in: Dörr/Schmalenbach (Hrsg.), VCLT, Art. 41 Rn. 21.

1863 Dazu genauer → Kapitel 2 C. I. 1.

1864 BGBl. 1970 II 293, 295. International: UNTS Vol. 828, 3.

Möglichkeit des *Opting-Out* verzichtet für das Inkrafttreten einer Vertragsänderung auf die ausdrückliche Zustimmung aller Parteien.[1865] Beispielsweise für Verträge, die technische Standards regeln, die sich schneller entwickeln und häufiger aktualisiert werden müssen, bietet sich ein solches Vertragsänderungsverfahren an.[1866] Durch das *Tacit-Consent*-Verfahren mit *Opting-Out* (auch teilweise als *Contracting-Out* bezeichnet[1867]) wurde der traditionelle Modus, wie sich Parteien an eine Vertragsänderung binden, geändert.[1868] Das *Tacit-Consent*-Verfahren wird auch für die Annahme von Protokollen, anderen nachfolgenden Vereinbarungen oder insbesondere Annexen verwendet. So regelt Art. 16 Abs. 3 des *UN-Klimarahmenabkommenens*, dass Annexe in einem *Tacit-Consent*-Verfahren mit der Möglichkeit des *Opting-Out* beschlossen und geändert werden:

> „Eine Anlage, die nach Absatz 2 beschlossen worden ist, tritt für alle Vertragsparteien des Übereinkommens sechs Monate nach dem Zeitpunkt in Kraft, zu dem der Verwahrer diesen Vertragsparteien mitgeteilt hat, daß die Anlage beschlossen worden ist; ausgenommen sind die Vertragsparteien, die dem Verwahrer innerhalb dieses Zeitraums schriftlich notifiziert haben, daß sie die Anlage nicht annehmen. Für Vertragsparteien, die ihre Notifikation über die Nichtannahme zurücknehmen, tritt die Anlage am neunzigsten Tag nach dem Zeitpunkt in Kraft, zu dem die Rücknahmenotifikation beim Verwahrer eingeht."[1869]

Ein Vertrag enthält selbst dann ein *Tacit-Consent*-Verfahren, wenn die Möglichkeit des *Opting-Outs* nicht im Rahmen des Vertragsänderungsverfahrens genannt wird, jedoch der Vertrag generell die Möglichkeit des *Opting-Outs* i. S. d. Art. 17 WVK[1870] vorsieht. Beispielsweise legt Art. 90 lit. a) des *Abkommens*

1865 *Schenker*, Practice Guide to Treaties der Schweiz, Edition 2015, 43 Rn. 188.

1866 *König*, Tacit Consent/Opting Out Procedure, in: Wolfrum (Hrsg.), MPEPIL, Rn. 3; *Schenker*, Practice Guide to Treaties der Schweiz, Edition 2015, 43 Rn. 188.

1867 *Simma*, in: Recueil des Cours 1994 IV (Vol. 248), 219 (329); *Schenker*, Practice Guide to Treaties der Schweiz, Edition 2015, 43 Rn. 188.

1868 *König*, Tacit Consent/Opting Out Procedure, in: Wolfrum (Hrsg.), MPEPIL, Rn. 19.

1869 BGBl. 1993 II 1783, 1784. International: UNTS Vol. 1771, 107.

1870 *Opting-Out* wird definiert als Vertragsbestimmung, durch welche ein Völkerrechtssubjekt an die dort enthaltenen Regeln automatisch gebunden ist, außer es äußert den Willen an diesen Teil eines Vertrages nicht gebunden zu sein. Dazu näher → Kapitel 4 A. I.

über die internationale Zivilluftfahrt[1871] fest, dass Annexe durch eine Zweidrittel-Mehrheit beschlossen oder geändert werden und nach Art. 38 desselben Abkommens können Parteien ein *Opt-Out* erklären. Parteien, die nicht an geänderte Bestimmungen gebunden sein möchten, können somit die generelle *Opting-Out*-Klausel nutzen, um die Bindung zu verhindern.

4. Inkrafttreten einer Vertragsänderung

Die Parteien können Voraussetzungen für das Inkrafttreten einer Vertragsänderung festlegen.[1872] Dies kann eine Mindestanzahl an vertraglichen Bindungen an die Vertragsänderung sein[1873] wie z. B. in Art. 26 Abs. 4 des *Internationalen Übereinkommen zur Bekämpfung nuklearterroristischer Handlungen*:

> „Die nach Absatz 3 beschlossene Änderung tritt für jeden Vertragsstaat, der seine Ratifikations-, Annahme-, Beitritts- oder Genehmigungsurkunde zu der Änderung hinterlegt, am dreißigsten Tag nach dem Zeitpunkt in Kraft, an dem zwei Drittel der Vertragsstaaten ihre entsprechende Urkunde hinterlegt haben. Danach tritt die Änderung für jeden Vertragsstaat am dreißigsten Tag nach dem Zeitpunkt in Kraft, an dem er seine entsprechende Urkunde hinterlegt."[1874]

Um zu vermeiden, dass an den geänderten Vertrag nur sehr wenige Parteien gebunden sind, kann in der ändernden Vereinbarung festgelegt werden, wie viele Zustimmungen erforderlich sind, damit die Änderung in Kraft tritt.[1875]

Weiterhin kann ein Zeitraum bis zum Inkrafttreten einer Vertragsänderung vorgesehen werden. Ein Beispiel ist Art. 39 Abs. 4 des *Übereinkommens der Vereinten Nationen gegen die grenzüberschreitende organisierte Kriminalität*:

> „Eine nach Absatz 1 beschlossene Änderung tritt für einen Vertragsstaat neunzig Tage nach der Hinterlegung einer Ratifikations-, Annahme- oder Genehmigungsurkunde zu der Änderung beim Generalsekretär der Vereinten Nationen in Kraft."[1876]

1871 BGBl. 1956 II, 411. International: UNTS Vol. 15, 295.
1872 *Fitzmaurice/Merkouris*, Treaties in Motion, 254.
1873 *Fitzmaurice/Merkouris*, Treaties in Motion, 254.
1874 BGBl. 2007 II 1586, 1587. International: UNTS Vol. 2445, 89.
1875 *Klabbers*, Treaties, Amendment and Revision, in: Wolfrum (Hrsg.), MPEPIL, Rn. 6.
1876 BGBl. 2005 II 954, 956. International: UNTS Vol. 2225, 209.

Beide Aspekte enthält Art. 28 Abs. 3 des *Agreements on the Establishment of the ITER International Fusion Energy Organization for the Joint Implementation of the ITER Project*:

> „Amendments are subject to ratification, acceptance or approval in accordance with the procedures of each Party and shall enter into force 30 days after the deposit of the instruments of ratification, acceptance or approval by all Parties."[1877]

III. Vertragszustand, in dem nur ein Teil der Parteien an eine Vertragsänderung gebunden ist

Da Vertragsänderungsmechanismen überwiegend derart ausgestaltet sind, dass Parteien entweder zustimmen müssen oder zumindest nicht widersprechen dürfen, um an die geänderten Regeln gebunden zu sein, entsteht entweder vorübergehend oder längerfristig ein Zustand, in dem manche Parteien an die ursprünglichen Regeln gebunden sind und manche bereits an die geänderten. Enthält der Vertrag keine speziellen Bestimmungen, gelten die Regelungen der WVK.

1. Regelung nach der WVK

Die Rechtsfolge einer nicht automatisch bindenden Vertragsänderung nach Art. 40 WVK, einer Vertragsänderung unter dem *Tacit-Consent*-Verfahren und einer Vertragsänderung zwischen einzelnen Vertragsparteien nach Art. 41 WVK ist im Ergebnis dieselbe. In allen Fällen entstehen zwei Vertragsgruppen, dessen Verhältnis untereinander sich nach Art. 30 Abs. 4 WVK bestimmt. Für Vertragsänderungen nach Art. 40 WVK stellt dies Art. 40 Abs. 4 WVK klar, der auf Art. 30 Abs. 4 WVK verweist. Somit gelten zwischen den Parteien zu dem geänderten Vertrag und den Parteien, die nur an den Originalvertrag gebunden sind, die Bestimmungen des Originalvertrages.[1878] Für das Verhältnis zwischen den beiden Gruppen von Vertragsparteien verweist Art. 40 Abs. 4 WVK auf Art. 30 Abs. 4 lit. b) WVK und damit auf die Regeln über Konflikte zwischen Verträgen.

1877 EU ABl. L 358/62 vom 16.12.2006.

1878 *Dahm/Delbrück/Wolfrum*, Völkerrecht Bd. I/3 Formen des völkerrechtlichen Handelns, 666; *von der Decken*, in: Dörr/Schmalenbach (Hrsg.), VCLT, Art. 40 Rn. 19.

Das *Tacit-Consent*-Verfahren ist eine besondere Form der Zustimmung zu einer Vertragsänderung, sodass ebenfalls Art. 40 Abs. 4 i. V. m. Art. 30 Abs. 4 WVK anzuwenden ist. Das Verhältnis der Parteien wird in Art. 41 WVK nicht geregelt, jedoch ist in den Fällen des Art. 41 WVK jeweils Art. 30 Abs. 4 WVK anwendbar.[1879]

Weiterhin räumt Art. 40 Abs. 5 WVK den einem Vertrag neu beitretenden Parteien die Wahlmöglichkeit ein, ob sie dem Originalvertrag oder dem geänderten Vertrag beitreten wollen.[1880] Für den Fall, dass sie nichts dazu erklären, bestimmt Art. 40 Abs. 5 WVK, dass sie dem geänderten Vertrag beitreten und lediglich im Verhältnis zu den Parteien, die der Vertragsänderung (noch) nicht zugestimmt haben, der ursprüngliche Vertrag gilt. Dafür wird die neue Partei auch als Partei zum ursprünglichen Vertrag betrachtet.[1881] Innerhalb desselben Vertrages entstehen folglich unterschiedliche Rechtsregime.[1882]

In der Konstellation des Art. 41 WVK gelten zwei Besonderheiten bei der Anwendung des Art. 30 Abs. 4 WVK. Zum einen sind im Rahmen von Art. 41 WVK die Parteien der neueren Vereinbarung notwendigerweise eine Teilgruppe der ursprünglichen Vertragsparteien. In der Konstellation des Art. 30 Abs. 4 WVK müssen die Parteien des neueren Vertrages nicht identisch mit den Parteien des älteren Vertrages sein.[1883] Zum anderen ist im Rahmen von Art. 41 WVK immer der spätere Vertrag die Vereinbarung mit der kleineren Gruppe von Parteien. Damit liegt bei Art. 41 WVK immer die Konstellation einer sinkenden Teilnehmerzahl vor, bei Art. 30 Abs. 4 WVK ist auch die Situation einer steigenden Teilnehmerzahl möglich. Die Regeln des Art. 30 Abs. 4 WVK sind daher sowohl für die Konstellation der steigenden wie sinkenden Teilnehmerzahl geschaffen. Im Ergebnis fallen damit nicht alle Fälle des Art. 30 Abs. 4 WVK unter Art. 41 WVK, aber alle Fälle des Art. 41 WVK unter Art. 30 Abs. 4 WVK.[1884] Das Verhältnis zwischen den beiden Normen regelt Art. 30 Abs. 5 WVK, wonach Art. 30 Abs. 4 WVK unbeschadet des Art. 41 WVK gilt. Art. 41 WVK geht demgemäß dem Art. 30 Abs. 4 WVK

[1879] *Von der Decken*, in: Dörr/Schmalenbach (Hrsg.), VCLT, Art. 41 Rn. 4.

[1880] *Von der Decken*, in: Dörr/Schmalenbach (Hrsg.), VCLT Art. 40 Rn. 21.

[1881] *Villiger*, VCLT, Art. 40 Rn. 11.

[1882] *Von der Decken*, in: Dörr/Schmalenbach (Hrsg.), VCLT Art. 40 Rn. 19.

[1883] *Rigaux/Simon*, in: Corten/Klein (Hrsg.), VCLT, Art. 41 Rn. 3.

[1884] *Von der Decken*, in: Dörr/Schmalenbach (Hrsg.), VCLT, Art. 41 Rn. 4.

vor.[1885] Die Zulässigkeit einer *inter-se*-Vereinbarung richtet sich einzig nach Art. 41 WVK. Liegen dessen Voraussetzungen nicht vor, ist ein Rückgriff auf Art. 30 Abs. 4 WVK nicht möglich.

Die Regelung des Art. 30 Abs. 4 WVK weist aus unterschiedlichen Gründen in der Praxis Probleme auf. Voraussetzung für die Umsetzung nach Art. 30 Abs. 4 lit. b) WVK ist, dass der jeweilige Vertrag mit der Vertragsänderung in bilaterale Bündel aufgeteilt werden kann, wofür der multilaterale Vertrag zerlegbar sein muss.[1886] Die Struktur des Vertrages muss es den Parteien des geänderten Vertrages ermöglichen, dass gegenüber den Parteien des Originalvertrages die ursprünglichen Pflichten umzusetzen sind und gegenüber den anderen Parteien des geänderten Vertrages die neuen Pflichten. Insbesondere in Verträgen, die ein gegenseitig abhängiges Regime schaffen und eine integrale Erfüllungsstruktur[1887] aufweisen, ist eine solche Aufteilung in bilaterale Verhältnisse zumeist nicht möglich.[1888] Beispiele hierfür sind Verträge des internationalen Menschenrechtsschutzes oder des Umweltvölkerrechts. Das Gleiche gilt für Änderungen an einem Vertrag, der eine internationale Organisation kreiert, und die Änderung neue Rechte, Kompetenzen oder Organe vorsieht.[1889] So nennt das *UN Handbook on Final Clauses of Multilateral Treaties* das Beispiel der Änderung von Art. 43 Abs. 2 der *UN Kinderrechtskonvention*. Danach wurde die Anzahl der Experten im Ausschuss für die Rechte des Kindes von zehn auf achtzehn erhöht. Diese Änderung trat gem. Art. 50 Abs. 3 der *UN Kinderrechtskonvention* nur für jene Parteien in Kraft, die zugestimmt hatten. Die daraus entstehende Situation, dass für einige Parteien der Ausschuss aus zehn und für andere aus achtzehn Mitgliedern besteht, führt zu unlösbaren Schwierigkeiten.[1890] Um solche Probleme zu verhindern, ist es sinnvoll, dass ein Vertrag verschiedene Änderungsverfahren für unterschiedliche Normen

---

1885 *Von der Decken*, in: Dörr/Schmalenbach (Hrsg.), VCLT, Art. 41 Rn. 4.

1886 *Klabbers*, Treaties, Amendment and Revision, in: Wolfrum (Hrsg.), MPEPIL, Rn. 8; *von der Decken*, in: Dörr/Schmalenbach (Hrsg.), VCLT, Art. 40 Rn. 20.

1887 Dazu genauer → Kapitel 2 C. II. 7. b).

1888 *Klabbers*, Treaties, Amendment and Revision, in: Wolfrum (Hrsg.), MPEPIL, Rn. 8; *von der Decken*, in: Dörr/Schmalenbach (Hrsg.), VCLT, Art. 40 Rn. 20.

1889 *Klabbers*, Treaties, Amendment and Revision, in: Wolfrum (Hrsg.), MPEPIL, Rn. 8; *von der Decken*, in: Dörr/Schmalenbach (Hrsg.), VCLT, Art. 40 Rn. 20.

1890 UN Handbook on Final Clauses of Multilateral Treaties, 2003, online verfügbar: https://treaties.un.org/Pages/Resource.aspx?path=Publication/FC/Page1_en.xml [28.07.2025], 70.

vorsieht. Ist eine uneinheitliche Regelung nicht praktikabel, dann darf die Vertragsänderung erst in Kraft treten, wenn entweder alle Parteien zugestimmt haben oder ein Mehrheitsbeschluss ohne *Opting-Out*-Möglichkeit für alle Parteien bindend ist.

2. Spezifische Bestimmungen in Verträgen

Einige Verträge regeln den Vertragszustand nach einem Änderungsverfahren abweichend von den Bestimmungen der WVK. Beispielsweise enthalten Klauseln teilweise eine vergleichbare Regelung wie Art. 40 Abs. 4 WVK. So lauten Art. 51 Abs. 3 des *Internationalen Pakts über bürgerliche und politische Rechte*[1891], Art. 11 Abs. 3 des *Fakultativprotokolls zum Internationalen Pakts über bürgerliche und politische Rechte*[1892], Art. 29 Abs. 3 des *Internationalen Paktes über wirtschaftliche, soziale und kulturelle Rechte*[1893] und Art. 29 Abs. 3 des *Übereinkommens gegen Folter und andere grausame, unmenschliche oder erniedrigende Behandlung oder Strafe* jeweils:

> „Treten die Änderungen in Kraft, so sind sie für die Vertragsstaaten, die sie angenommen haben, verbindlich, während für die anderen Vertragsstaaten weiterhin die Bestimmungen dieses Paktes und alle früher von ihnen angenommenen Änderungen gelten."[1894]

Eine andere Möglichkeit ist, dass eine durch die Mehrheit angenommene Vertragsänderung den bisherigen Vertrag durch einen neuen ersetzt, und die Parteien, die die Änderungen nicht annehmen, automatisch aus dem Vertrag ausscheiden.[1895]

IV. Vertragsgestaltungsmöglichkeiten

Mechanismen zur Vertragsänderung verfolgen vornehmlich das Ziel, dass Parteien über die Vertragsdauer ihre Rechte und Pflichten verändern können und fallen daher unter die vierte Facette von Flexibilität.[1896] Da

---

1891 BGBl. 1973 II 1533, 1534. International: UNTS Vol. 999, 171.

1892 BGBl. 1992 II 1246, 1247. International: UNTS Vol. 999, 171, 302.

1893 BGBl. 1973 II 1569, 1570. International: UNTS Vol. 993, 3.

1894 BGBl. 1990 II 246. International: UNTS Vol. 1465, 85.

1895 *Klabbers*, Treaties, Amendment and Revision, in: Wolfrum (Hrsg.), MPEPIL, Rn. 10.

1896 Haben die Rechte und Pflichten zu verschiedenen Zeitpunkten des Vertrages einen unterschiedlichen Inhalt, stellt dies als zeitlich-inhaltliche Flexibilität die vierte Facette von Flexibilität dar. Dazu ausführlicher → Kapitel 2 A. IV.

Vertragsänderungsmechanismen überwiegend derart ausgestaltet sind, dass Parteien entweder zustimmen müssen oder zumindest nicht widersprechen dürfen, um an die geänderten Regeln gebunden zu sein, entsteht entweder vorübergehend oder längerfristig ein Zustand, in dem manche Parteien an die ursprünglichen Regeln gebunden sind und manche bereits an die geänderten. Dabei handelt es sich überwiegend um eine Nebenfolge. Als Alternative zu Vorbehalten nennt jedoch Guideline 1.7.1 des „ILC Guide to Practice on Reservations to Treaties" die *inter-se*-Modifikation:

> „In order to achieve results comparable to those effected by reservations, States or international organizations may also have recourse to alternative procedures, such as:
>
> - the insertion in the treaty of a clause purporting to limit its scope or application;
> - the conclusion of an agreement, under a specific provision of a treaty, by which two or more States or international organizations purport to exclude or modify the legal effects of certain provisions of the treaty as between themselves."[1897]

Ein Verfahren zur Vertragsänderung kann unterschiedlich gestaltet werden, insbesondere kann es durch verschiedene Varianten begrenzt werden.

Materielle Begrenzungen[1898] können Voraussetzungen sein, wann eine Vertragsänderung zulässig ist. Insbesondere für *inter-se*-Modifikationen ist der Interessenkonflikt zwischen den einzelnen Gruppen von Parteien zu berücksichtigen, sodass als materielle Begrenzung die Vereinbarkeit mit Ziel und Zweck des Vertrages[1899], die Sicherstellung von Mindeststandards[1900] oder die Wahrung der Rechte der anderen Parteien möglich sind.

Die Berechtigung, eine Vertragsänderung vorzuschlagen,[1901] steht grundsätzlich allen Vertragsparteien zu und kann erweitert werden auf Vertragsorgane. Eine Vertragsänderung kann erst nach dem Ablauf eines gewissen Zeitraums zulässig sein.

1897 ILC Guide to Practice on Reservations to Treaties 2011, UN Doc. A/66/10/Add.1, Guideline 1.7.1.

1898 Dazu genauer → Kapitel 2 C. II. 1.

1899 Dazu genauer → Kapitel 2 C. II. 1. a).

1900 Dazu genauer → Kapitel 2 C. II. 1. b).

1901 Dazu genauer → Kapitel 2 C. II. 2.

Die Parteien können Verfahrensvorschriften in den Vertrag aufnehmen und der ausübenden Partei verfahrenstechnische Verpflichtungen auferlegen (z. B. Anhörungserfordernisse, Begründungspflichten oder Formerfordernisse).[1902] Weiterhin kann die Vertragsklausel festlegen, mit welchem Quorum eine Vertragsänderung angenommen wird und ob jede Partei sich durch eine ausdrückliche Erklärung an den geänderten Vertrag binden muss oder im Rahmen eines *Tacit-Consent*-Verfahrens das Fehlen eines Widerspruchs bis zu einem festgelegten Zeitpunkt genügt. Für eine *inter-se*-Modifikation ist denkbar, dass neben der Verpflichtung zur Notifizierung der geplanten Vereinbarung den übrigen Vertragsparteien ein Einspruchsrecht eingeräumt wird. Alternativ kann der Einspruch einem Vertragsorgan zustehen.

In allen Fällen der Vertragsänderungen, die nicht automatisch alle Parteien bindet, entstehen zwei Vertragsgruppen, dessen Verhältnis untereinander sich nach Art. 30 Abs. 4 WVK bestimmt. Für Vertragsänderungen nach Art. 40 WVK stellt dies Art. 40 Abs. 4 WVK klar, der auf Art. 30 Abs. 4 WVK verweist. Ein Vertrag kann dies vergleichbar in einer Bestimmung regeln.

Die Rechtsfolge des Art. 30 Abs. 4 WVK ist umsetzbar in einer bilateralen Erfüllungsstruktur[1903]. In einer integralen Erfüllungsstruktur kommt es darauf an, in welcher Art die Pflichten geändert werden. Können sowohl die Pflichten des ursprünglichen wie die Pflichten des Änderungsvertrages gleichzeitig erfüllt werden, kann Art. 30 Abs. 4 WVK auch dort angewendet werden. Dies ist dann der Fall, wenn die Änderung strengere Pflichten schafft, sodass die Parteien des Änderungsvertrages gleichzeitig den ursprünglichen Pflichten nachkommen. Alternativ ist dies möglich, wenn die Änderung neue Pflichten schafft, die sich nicht mit den ursprünglichen Pflichten überschneiden. In beiden Situationen werden die neueren Pflichten gegenüber der Gesamtheit der Parteien des Änderungsvertrages geschuldet. Da sich nach Art. 30 Abs. 4 WVK die jeweiligen Parteien nur auf die Form des Vertrages berufen können, dem sie beide angehören, wirkt sich die Vertragsänderung nur gegenüber den Parteien reziprok aus, die dieser ebenfalls zugestimmt haben. Gegenüber den nicht-zustimmenden Parteien hat die Änderung keine Auswirkung.

1902 Dazu genauer → Kapitel 2 C. II. 5.

1903 Dazu genauer → Kapitel 2 C. II. 7. b).

L. Teilweise Beendigung eines Vertrages

Das Instrument der Beendigung bezieht sich nicht zwangsläufig auf sämtliche Normen des Vertrages oder beendet den multilateralen Vertrag gegenüber allen Parteien. Art. 44 (I.) und Art. 60 WVK (II.) ermöglichen, einen Vertrag lediglich hinsichtlich einzelner Bestimmungen zu beenden. Darüber hinaus kann nach Art. 60 WVK eine Beendigung gegenüber einzelnen Vertragsparteien erfolgen. Der multilaterale Vertrag ist jeweils weiterhin in Kraft, es ändert sich indes die Vertragsbindung oder der Anwendungsbereich in personeller Hinsicht. Vorliegend soll keine vollständige Darstellung über Kündigungsmöglichkeiten eines Vertrages erfolgen.[1904] Statt einer detaillierten Beschreibung der verschiedenen Kündigungsgründe wird nur erläutert, unter welchen Voraussetzungen eine teilweise Beendigung möglich ist.

I. Teilweise Beendigung gem. Art. 44 WVK

Art. 44 WVK schafft die Möglichkeit, einen Vertrag nur teilweise zu beenden, wenn sich der Grund für die Beendigung auf einzelne Bestimmungen beschränkt und die weiteren Voraussetzungen der Norm vorliegen. Darüber hinaus bezieht sich Art. 44 WVK auf die teilweise Ungültigkeit eines Vertrages und die teilweise Suspendierung:

> „(1) Das in einem Vertrag vorgesehene oder sich aus Artikel 56 ergebende Recht einer Vertragspartei, zu kündigen, zurückzutreten oder den Vertrag zu suspendieren, kann nur hinsichtlich des gesamten Vertrags ausgeübt werden, sofern der Vertrag nichts anderes vorsieht oder die Vertragsparteien nichts anderes vereinbaren.
>
> (2) Ein in diesem Übereinkommen anerkannter Grund dafür, einen Vertrag als ungültig zu erklären, ihn zu beenden, von ihm zurückzutreten oder ihn zu suspendieren, kann nur hinsichtlich des gesamten Vertrags geltend gemacht werden, sofern in den folgenden Absätzen oder in Artikel 60 nichts anderes vorgesehen ist.
>
> (3) Trifft der Grund nur auf einzelne Bestimmungen zu, so kann er hinsichtlich dieser allein geltend gemacht werden,

---

1904 Solche Darstellungen wurden bereits an anderer Stelle vorgenommen: *Aust*, Treaties, Termination, in: Wolfrum (Hrsg.), MPEPIL; *Barrett/Beckman*, Handbook on Good Treaty Practice, 332-386; *Dahm/Delbrück/Wolfrum*, Völkerrecht Bd. I/3 Formen des völkerrechtlichen Handelns, 716-760; *Feist*, Kündigung, Rücktritt und Suspendierung von multilateralen Verträgen; *Giegerich*, in: Dörr/Schmalenbach (Hrsg.), VCLT, Art. 54-Art. 64; *Helfer*, in: Hollis (Hrsg.), The Oxford Guide to Treaties, 624-640.

a) wenn diese Bestimmungen von den übrigen Vertragsbestimmungen getrennt angewendet werden können;

b) wenn aus dem Vertrag hervorgeht oder anderweitig feststeht, daß die Annahme dieser Bestimmungen keine wesentliche Grundlage für die Zustimmung der anderen Vertragspartei oder Vertragsparteien war, durch den gesamten Vertrag gebunden zu sein, und

c) wenn die Weiteranwendung der übrigen Vertragsbestimmungen nicht unbillig ist.

(4) In den Fällen der Artikel 49 und 50 kann ein Staat, der berechtigt ist, Betrug oder Bestechung geltend zu machen, dies entweder hinsichtlich des gesamten Vertrags oder, vorbehaltlich des Absatzes 3, nur hinsichtlich einzelner Bestimmungen tun.

(5) In den Fällen der Artikel 51, 52 und 53 ist die Abtrennung einzelner Vertragsbestimmungen unzulässig."[1905]

Somit unterscheidet Art. 44 WVK danach, ob sich der Beendigungsgrund aus dem Vertrag selbst oder aus Art. 56 WVK ergibt (Abs. 1) oder aus der WVK (Abs. 2–5).

1905 BGBl. 1985 II 927. Englische authentische Fassung, UNTS Vol. 1155, 331:
„(1) A right of a party, providing for in a treaty or arising under article 56, to denounce, withdraw from or suspend the operation of the treaty may be exercised only with respect to the whole treaty unless the treaty otherwise provides or the parties otherwise agree.
(2) A ground for invalidating, terminating, withdrawing from or suspending the operation of a treaty recognised in the present Convention may be invoked only with respect to the whole treaty accept as provided in the following paragraphs or in article 60.
(3) If the ground relates solely to particular clauses, it may be invoked only with respect to those clauses where:
(a) the set clauses are separable from the remainder of the treaty with regard to their application;
(b) it appears from the treaty or is otherwise established that acceptance of those clauses was not an essential basis of the consent of the other party or parties to be bound by the treaty as a whole; and
(c) continued performance off the remainder of the treaty would not be unjust.
(4) In cases falling under articles 49 and 50 the state entitled to invoke the fraud or corruption may do so with respect either to the whole treaty or, subject to paragraph 3, to the particular clauses alone.
(5) In cases falling under articles 51, 52 and 53, no separation of the provisions of the treaty is permitted."

1. Art. 44 Abs. 1 WVK für einen Beendigungsgrund aus dem Vertrag oder aus Art. 56 WVK

Nach Art. 44 Abs. 1 WVK ist eine Kündigung aufgrund eines vertraglichen Kündigungsrechts oder nach Art. 56 WVK[1906] für den gesamten Vertrag auszuüben. Davon kann die Partei nur abweichen, wenn sich aus dem Vertrag oder durch die Vereinbarung der Parteien etwas anderes ergibt. Beispielsweise bestimmt Art. 45 Abs. 4 des *Revised General Act for the Pacific Settlement of International Disputes*:

> „A denunciation may be partial only, or may consist in notification of reservations not previously made."[1907]

Weiterhin kann der Vertrag beschränken, welcher Teil eines Vertrages einzeln beendet werden kann. Beispielsweise legt Art. 31 Abs. 1 des *Europäischen Übereinkommens über die Staatsangehörigkeit* fest:

> „Jeder Vertragsstaat kann jederzeit das gesamte Übereinkommen oder nur Kapitel VII durch eine an den Generalsekretär des Europarats gerichtete Notifikation kündigen."[1908]

Eine andere spezielle Form der teilweisen Beendigung ist die Kündigung eines Vertrages nur hinsichtlich eines Teiles des territorialen Anwendungsgebiets.[1909] Dies ermöglicht z. B. Art. 58 Abs. 4 EMRK:

1906 „(1) Ein Vertrag, der keine Bestimmung über seine Beendigung enthält und eine Kündigung oder einen Rücktritt nicht vorsieht, unterliegt weder der Kündigung noch dem Rücktritt, sofern
a) nicht feststeht, daß die Vertragsparteien die Möglichkeit einer Kündigung oder eines Rücktritts zuzulassen beabsichtigen, oder
b) ein Kündigungs- oder Rücktrittsrecht sich nicht aus der Natur des Vertrages herleiten läßt.
(2) Eine Vertragspartei hat ihre Absicht, nach Absatz 1 einen Vertrag zu kündigen oder von einem Vertrag zurückzutreten, mindestens zwölf Monate im voraus zu notifizieren." (BGBl. 1985 II 927. International: UNTS Vol. 1155, 331).

1907 UNTS Vol. 71, 101.

1908 BGBl. 2004 II 579. International: CETS Nr. 166.

1909 Zu der Bestimmung der territorialen Geltung → Kapitel 4 G.

„Die Konvention kann in Bezug auf jedes Hoheitsgebiet, auf das sie durch eine Erklärung nach Artikel 56 anwendbar geworden ist, nach den Absätzen 1 bis 3 gekündigt werden.“[1910]

Enthält ein Vertrag keine spezielle Norm, ist auf Art. 56 WVK zurückzugreifen. Dieser stellt für ein Kündigungsrecht eines Vertrages auf die Absicht der Parteien oder die Natur des Vertrages ab. Eine teilweise Beendigung ist dabei möglich, wenn die Parteien sich darauf einigen. Art. 44 Abs. 1 WVK verwendet bewusst „vereinbaren“ (engl.: *„agree“* / franz.: *„conviennent“*) mit der Folge, dass jegliche Vereinbarung ausreicht. Die Voraussetzungen der Definition eines Vertrages nach Art. 2 Abs. 1 lit. a) WVK müssen daher nicht erfüllt sein. Die Parteien können auch durch Schweigen – *acquiescence* – eine solche Vereinbarung treffen.[1911] Art. 44 Abs. 1 WVK räumt ein Recht ein, teilweise den Vertrag zu beenden oder zu suspendieren, wenn die Voraussetzungen für die Teilbarkeit vorliegen.

2. Art. 44 Abs. 2–5 WVK für einen Beendigungsgrund aus der WVK

Art. 44 Abs. 2 WVK regelt die teilweise Beendigung für Fälle, wenn ein Vertrag auf Grundlage der WVK für ungültig erklärt, beendet oder suspendiert wird. Die Norm bestimmt, dass im Grundsatz ein Ungültigkeits-, Beendigungs- oder Suspendierungsgrund nur hinsichtlich des gesamten Vertrages geltend gemacht werden kann, sofern sich nicht aus Art. 44 Abs. 3–5 WVK oder Art. 60 WVK etwas anderes ergibt. Der Regelfall ist die Beendigung oder Suspendierung des gesamten Vertrages. Es müssen weitere Voraussetzungen erfüllt sein, damit eine teilweise Beendigung oder Suspendierung möglich ist. Dadurch stärkt die WVK den Schutz der Integrität des Vertrages.[1912] Von dem Grundsatz der Beendigung des gesamten Vertrages ergeben sich zwei Ausnahmen: Bei Vorliegen der Voraussetzungen von Art. 44 Abs. 3–5 WVK oder Art. 60 WVK.

Da Art. 44 Abs. 3 WVK als Ausnahme in Abs. 2 genannt ist, enthält er Voraussetzungen, wann in Fällen, die unter Abs. 2 fallen, eine teilweise Ungültigkeit, Beendigung oder Suspendierung möglich ist.[1913] Die vier in

---

1910 Neufassung der deutschen Übersetzung aus BGBl. 2010 II 1199.

1911 *Falkowska/Bedjaoui/Leidgens*, in: Corten/Klein (Hrsg.), VCLT, Art. 44, Rn. 18.

1912 *Villiger*, VCLT, Art. 44, Rn. 10. Zur Integrität des Vertrages genauer → Kapitel 2 C. 3.

1913 *Von der Decken*, in: Dörr/Schmalenbach (Hrsg.), VCLT, Art. 44, Rn. 15.

Abs. 3 genannten Voraussetzungen müssen kumulativ vorliegen, um eine Trennbarkeit zu ermöglichen. Die vier Voraussetzungen unterteilen sich in zwei objektive Voraussetzungen und zwei subjektive.

a) Objektive Voraussetzungen der Trennbarkeit

Zunächst muss sich der anerkannte Beendigungsgrund nur auf einzelne Bestimmungen des Vertrages beziehen. Dabei wählt Abs. 3 bewusst die Beschreibung „einzelne Bestimmungen“ (engl: *„particular clauses“* / franz.: *„certaines clauses déterminées“*). Davon umfasst sind sowohl eine einzelne Vertragsnorm als auch mehrere Vertragsnormen.[1914] Ob sich ein Beendigungsgrund nur auf einzelne Bestimmungen bezieht, ergibt sich aus den jeweiligen Umständen.[1915]

Weiterhin müssen die Normen, die von dem Beendigungs-, Ungültigkeits- oder Suspendierungsgrund betroffen sind, getrennt von den restlichen Vertragsnormen anwendbar sein. Diese Voraussetzung, die auch als materielle Teilbarkeit bezeichnet wird, ist erfüllt, wenn es sich um ein unabhängiges und in sich geschlossenes Regime handelt.[1916] Die Voraussetzung liegt insbesondere vor, wenn es sich um ein *self-contained* Regime zu einer speziellen Thematik handelt, welches nur eine geringe Verknüpfung mit dem Rest des Vertrages aufweist.[1917] Entscheidend ist nicht die Bedeutung der Bestimmungen innerhalb des Vertrages, sondern ob eine Anwendung des restlichen Vertrages ohne sie weiterhin sinnvoll erscheint.[1918] Die Bedeutung einer Norm innerhalb eines Vertrages kann sich im Verlauf der Zeit verändern.[1919] Werden in einem Vertrag verschiedene heterogene Thematiken geregelt, die in verschiedenen Verträgen enthalten sein könnten, sind die Bestimmungen materiell teilbar.[1920]

1914 *Falkowska/Bedjaoui/Leidgens*, in: Corten/Klein (Hrsg.), VCLT, Art. 44, Rn. 23; *Villiger*, VCLT, Art. 44, Rn. 14.

1915 *Von der Decken*, in: Dörr/Schmalenbach (Hrsg.), VCLT, Art. 44, Rn. 16.

1916 *Von der Decken*, in: Dörr/Schmalenbach (Hrsg.), VCLT, Art. 44, Rn. 17; *Villiger*, VCLT, Art. 44, Rn. 15.

1917 *Villiger*, VCLT, Art. 44, Rn. 15.

1918 *Falkowska/Bedjaoui/Leidgens*, in: Corten/Klein (Hrsg.), VCLT, Art. 44, Rn. 24.

1919 United Nations Conference on the Law of Treaties (UNCLOT) Vol. I, Summary Records of the plenary meetings, 41st meeting, 230, Rn. 19.

1920 *Falkowska/Bedjaoui/Leidgens*, in: Corten/Klein (Hrsg.), VCLT, Art. 44, Rn. 25; *von der Decken*, in: Dörr/Schmalenbach (Hrsg.), VCLT, Art. 44, Rn. 17.

b) Subjektive Voraussetzungen der Trennbarkeit

Als dritte Voraussetzung muss aus dem Vertrag oder anderweitig hervorgehen, dass die Annahme der betroffenen Normen nicht wesentliche Grundlage für die Zustimmung einer anderen Partei zu dem Vertrag war. Diese Voraussetzung wird auch als beabsichtigte Trennbarkeit („*intentional separability*") bezeichnet[1921] und dient dem Schutz der Balance der Interessen, auf die sich die Parteien in den Verhandlungen geeinigt haben. Ob dieses subjektive Element erfüllt ist, ist schwierig festzustellen.[1922] Nach der Konkretisierung der ILC ist diese Voraussetzung insbesondere dadurch zu ermitteln, indem man die materielle Regelung interpretiert, die Beziehung zu anderen Bestimmungen untersucht, die *travaux préparatoires* und die Umstände des Abschlusses des Vertrages berücksichtigt.[1923]

Schließlich darf die Weiteranwendung der übrigen Bestimmungen nicht unbillig sein. Während die dritte Voraussetzung die Interessen der Parteien aus dem Zeitpunkt der Vertragsverhandlung berücksichtigt, bezieht die letzte Voraussetzung als Sicherheitsklausel[1924] die Interessen im Zeitpunkt der Beendigung ein.[1925] Erforderlich ist dafür eine Abwägung zwischen den Interessen der einzelnen Parteien.[1926]

Für das Vorliegen der subjektiven Voraussetzungen genügt es, dass sie nur bei einer Partei gegeben sind. Dies liegt vor, wenn die fraglichen Bestimmungen beispielsweise nur für eine Partei wesentliche Grundlage für den Abschluss des Vertrages waren oder die Weiteranwendung der übrigen Bestimmungen nur für eine Partei unbillig ist. Die Balance eines multilateralen Vertrages ist bereits beeinträchtigt, wenn nur eine einzelne Partei von der Unbilligkeit betroffen ist oder wenn nur für eine Partei die Bestimmungen wesentlich für die Zustimmung zu dem Vertrag war.[1927] Daraus folgt dann für alle Parteien, dass eine Teilbarkeit nach Art. 44 WVK nicht zulässig ist.

1921 *Reuter*, Introduction to the Law of Treaties, 169, Rn. 244.

1922 *Falkowska/Bedjaoui/Leidgens*, in: Corten/Klein (Hrsg.), VCLT, Art. 44, Rn. 26; *von der Decken*, in: Dörr/Schmalenbach (Hrsg.), VCLT, Art. 44, Rn. 18.

1923 ILC Draft Articles on the Law of Treaties with commentaries, in: ILC Yearbook 1966 Vol. II 238, Rn. 5.

1924 *Falkowska/Bedjaoui/Leidgens*, in: Corten/Klein (Hrsg.), VCLT, Art. 44, Rn. 27.

1925 *Falkowska/Bedjaoui/Leidgens*, in: Corten/Klein (Hrsg.), VCLT, Art. 44, Rn. 27.

1926 *Von der Decken*, in: Dörr/Schmalenbach (Hrsg.), VCLT, Art. 44, Rn. 19.

1927 *Von der Decken*, in: Dörr/Schmalenbach (Hrsg.), VCLT, Art. 44, Rn. 20.

c) *Rechtsfolge des Art. 44 Abs. 3 WVK*

Liegen die vier Voraussetzungen von Art. 44 Abs. 3 WVK vor, ist die Teilbarkeit der Bestimmungen zwingend,[1928] sodass der Grund für die Ungültigkeit, Beendigung oder Suspendierung nur für die einzelnen Bestimmungen geltend zu machen sind und der Rest des Vertrages vollständig in Kraft bleibt. Jede Partei, die die Ungültigkeit geltend macht, die kündigt oder suspendiert, ist berechtigt sich auf die Teilbarkeit zu berufen.[1929]

Art. 44 Abs. 4 und 5 WVK enthalten Ausnahmen zu den Abs. 2, 3. In der Konstellation des Art. 44 Abs. 4 WVK ist die Trennbarkeit der Bestimmungen fakultativ in das Ermessen des Opfers von Betrug oder Bestechung gestellt.[1930] Art. 44 Abs. 5 WVK ist ebenfalls eine Ausnahme zu Abs. 3 und schließt für die Fälle der Art. 51 WVK (Zwang gegen einen Staatsvertreter), Art. 52 WVK (Zwang gegen einen Staat durch Androhung oder Anwendung von Gewalt) und Art. 53 WVK (Verträge in Widerspruch zu ius cogens) die Teilbarkeit aus.

II. Teilweise Kündigung nach Art. 60 WVK aufgrund einer Vertragsverletzung

Art. 60 WVK ermöglicht eine Beendigung oder Suspendierung (I.) eines Vertrages als Reaktion auf eine Vertragsverletzung durch eine andere Partei. Als Form der negativen Reziprozität räumt es der vertragstreuen Partei das Recht ein, die Erfüllung ihrer Vertragspflichten gegenüber der vertragsbrüchigen Partei zu verweigern.[1931] Der vertragstreuen Partei soll nicht zugemutet werden, dass die vertragsbrüchige Partei die Vorteile des Vertrages genießt, während sie ihre Pflichten nicht erfüllt.[1932]

1928 ILC Draft Articles on the Law of Treaties with commentaries, in: ILC Yearbook 1966 Vol. II 238, Rn. 5; *Falkowska/Bedjaoui/Leidgens*, in: Corten/Klein (Hrsg.), VCLT, Art. 44, Rn. 20; *von der Decken*, in: Dörr/Schmalenbach (Hrsg.), VCLT, Art. 44, Rn. 15.

1929 *Villiger*, VCLT, Art. 44, Rn. 13.

1930 *Falkowska/Bedjaoui/Leidgens*, in: Corten/Klein (Hrsg.), VCLT, Art. 44, Rn. 30; *von der Decken*, in: Dörr/Schmalenbach (Hrsg.), VCLT, Art. 44, Rn. 21 f.

1931 *Simma/Tams* in: Corten/Klein (Hrsg.), VCLT, Art. 60, Rn. 3.

1932 *Feist*, Kündigung, Rücktritt und Suspendierung von multilateralen Verträgen, 134.

1. Voraussetzungen

Art. 60 Abs. 2 lit. a) WVK bestimmt, dass eine erhebliche Verletzung eines multilateralen Vertrages[1933] die anderen Parteien berechtigt, den Vertrag einvernehmlich entweder im Verhältnis zwischen ihnen und der vertragsbrüchigen Partei oder zwischen allen Vertragsparteien ganz oder teilweise zu suspendieren oder zu beenden.

Aus dem Grundsatz der Verhältnismäßigkeit und zum Schutz der Stabilität des Vertrages ergibt sich eine weitere Beschränkung, wie die Parteien die Rechte aus Art. 60 WVK ausüben können.[1934] Quantitative Verhältnismäßigkeit verlangt, dass die Reaktion in der Intensität in einem angemessenen Verhältnis zu dem Vertragsbruch steht. Zwar wurde argumentiert, dass eine quantitative Verhältnismäßigkeit in Art. 60 WVK bereits inkorporiert sei,[1935] da nur eine Reaktion auf erhebliche Vertragsverletzungen erlaubt sei. Es entspricht dennoch der Praxis, dass eine Beendigung unverhältnismäßig ist, wenn stattdessen eine Suspendierung genügen würde.[1936] Nach einer qualitativen Verhältnismäßigkeit müsste sich die Reaktion auf diejenigen Bestimmungen beschränken, die verletzt wurden. Aus Art. 60 WVK ergibt sich eine solche Beschränkung nicht.[1937] Darüber hinaus würde damit die Beendigung als Reaktion auf eine Vertragsverletzung faktisch ausgeschlossen, da nur in Ausnahmefällen sich die Vertragsverletzung auf den gesamten Vertrag beziehen wird.

2. Reaktionsmöglichkeit durch Beendigung von Vertragsteilen

Erfolgt eine erhebliche Vertragsverletzung in einem multilateralen Vertrag durch eine Partei, können die anderen Parteien als kollektive Maßnahme nach Art. 60 Abs. 2 lit. a) WVK den Vertrag entweder nur gegenüber der anderen Partei oder zwischen allen Parteien beenden. Der Wortlaut des Art. 60 Abs. 2 lit. a) WVK „berechtigt die anderen Vertragsparteien, einvernehmlich den

---

1933 Zur erheblichen Vertragsverletzung → Kapitel 4 I. II. 2. a) aa).

1934 *Giegerich*, in: Dörr/Schmalenbach (Hrsg.), VCLT, Art. 60, Rn. 50; *Simma/Tams* in: Corten/Klein (Hrsg.), VCLT, Art. 60, Rn. 63.

1935 *Gomaa*, Suspension or Termination, 120 f.; *Sicilianos*, in: European Journal of International Law 1993 (Vol. 4), 341 (358).

1936 *Simma/Tams*, in: Corten/Klein (Hrsg.), VCLT, Art. 60, Rn. 64 f.

1937 *Simma/Tams*, in: Corten/Klein (Hrsg.), VCLT, Art. 60, Rn. 66.

Vertrag ganz oder teilweise zu suspendieren oder ihn zu beenden“[1938] lässt vermuten, dass die übrigen Parteien nur den gesamten Vertrag beenden können, während sich die Suspendierung auf den ganzen Vertrag oder Teile des Vertrages beziehen kann. Dies wird in der Literatur daher auch teilweise angenommen.[1939] Andere beziehen dagegen die Entstehungsgeschichte mit ein und nehmen an, dass auch im Rahmen von Art. 60 Abs. 2 lit. a) WVK der Vertrag nur hinsichtlich einiger Bestimmungen beendet werden könne.[1940] In den Verhandlungen des *Committee of the Whole* hatte der Vertreter Israels geäußert, dass in dieser Formulierung die Möglichkeit enthalten sei, den Vertrag teilweise zu beenden.[1941] Auf Nachfragen des Präsidenten der Konferenz erhob niemand Widerspruch dagegen, sodass eine informelle Einigung darauf vorlag, dass eine teilweise Beendigung möglich sein soll.[1942] Systematisch ist zu berücksichtigen, dass Art. 44 WVK ausdrücklich Art. 60 WVK als Möglichkeit einer Teilbarkeit nennt, welche nicht die Voraussetzungen des Art. 44 WVK erfüllen muss.[1943] Trotz des unglücklichen Wortlautes ist davon auszugehen, dass eine teilweise Beendigung nach Art. 60 Abs. 2 lit. a) i) WVK möglich ist.

In den Ausarbeitungen der WVK schlug *Fitzmaurice* vor, für die Reaktionen auf eine Vertragsverletzung nach der Erfüllungsstruktur und den Arten der Verträge zu differenzieren.[1944] Diese Unterscheidung hat *Waldock* als nachfolgender Berichterstatter abgelehnt und sie wurde später in der Form nicht

---

1938 Englischer Wortlaut: „The other parties by unanimous agreement to suspend the operation of the treaty in whole or in part or to terminate it either.“ Französischer Wortlaut: „Les autres parties, agissant par accord unanime, à suspender l'application du traité en totalité ou en partie ou à mettre fin à celui-ci.“ (UNTS Vol. 1155, 331).

1939 *Villiger*, VCLT, Art. 60, Rn. 11.

1940 *Gomaa*, Suspension or Termination, 102; *Simma/Tams*, in: Corten/Klein (Hrsg.), VCLT, Art. 60, Rn. 55, insbesondere Fn. 119.

1941 United Nations Conference on the Law of Treaties, Second Session, Vienna, 09.04.-22.05.1969, Summary Records of the plenary meetings and the meetings of the Committee of the Whole, UN Doc. A/CONF.39/11/Add.1, 167 f., Rn. 30 f.

1942 United Nations Conference on the Law of Treaties, Second Session, Vienna, 09.04.-22.05.1969, Summary Records of the plenary meetings and the meetings of the Committee of the Whole, UN Doc. A/CONF.39/11/Add.1, 168, Rn. 32.

1943 *Simma/Tams*, in: Corten/Klein (Hrsg.), VCLT, Art. 60, Rn. 56.

1944 Second Report of the Special Rapporteur Mr. Fitzmaurice on the Law of Treaties, A/CN.4/107, ILC Yearbook 1957, Vol. II S. 16 (31, 53 f.).

in Art. 60 WVK aufgenommen.[1945] Sowohl im Rahmen einer bilateralen wie auch einer integralen Erfüllungsstruktur können die Parteien einen Teil des Vertrages gegenüber einer einzelnen Partei beenden. Der Anwendungsbereich verringert sich durch die teilweise Beendigung in der Dimension *ratione personae* für die übrigen Parteien und ihre Erfüllung beschränkt sich auf die noch im Vertrag vorhandenen Parteien.[1946] Zwar verändern sich die Pflichten der anderen Parteien inhaltlich nicht, da sie weiterhin ihre Pflichten nur gegenüber der Gesamtheit der anderen Parteien erfüllen können. Die bezogen auf einen Aspekt ausgeschlossene Partei kann möglicherweise faktisch weiterhin von der Erfüllung durch die anderen Parteien profitieren. Doch dies ist nicht ausschlaggebend. Denn der ursprünglich vertragsbrüchigen Partei steht kein Recht zu, die Erfüllung zu verlangen. Damit entspricht ihre Position bezogen auf die Pflichten aus den gekündigten Normen der einer Nicht-Partei. Diese Situation ist vergleichbar mit dem Vorbehalt oder dem *Opting-Out*[1947]. Der Vorbehalt ermöglicht eine Beschränkung der Vertragsbindung nur vor Inkrafttreten des Vertrages für die erklärende Partei. Anstatt eine teilweise Beendigung nach Art. 44 WVK vorzunehmen, könnte eine Partei den Vertrag ebenso vollständig beenden und anschließend unter Erklärung eines Vorbehalts erneut beitreten.[1948] Das Ergebnis ist in beiden Fällen, dass die Vertragsbindungsreichweite für die Partei geringer ist.

III. Vertragsgestaltungsmöglichkeiten

Ein Verfahren zur Vertragsbeendigung kann unterschiedlich gestaltet werden. Für diese Ausgestaltung wird auf die Sammlung von Vertragsklauseln

---

1945 Second Report of the Special Rapporteur Mr. Humphrey Waldock on the Law of Treaties, A/CN.4/156 and Add.1-3, ILC Yearbook 1963, Vol. II, 76 f. Eine Darstellung der Behandlung in den verschiedenen Entwürfen enthält *Feist*, Kündigung, Rücktritt und Suspendierung von multilateralen Verträgen, 146-156.

1946 *Giegerich*, in: Dörr/Schmalenbach (Hrsg.), VCLT, Art. 54, Rn. 22.

1947 *Opting-Out* wird definiert als Vertragsbestimmung, durch welche ein Völkerrechtssubjekt an die dort enthaltenen Regeln automatisch gebunden ist, außer es äußert den Willen an diesen Teil eines Vertrages nicht gebunden zu sein. Dazu näher → Kapitel 4 A. I.

1948 *Giegerich*, in: Dörr/Schmalenbach (Hrsg.), VCLT, Art. 54, Rn. 24.

verwiesen.[1949] Vorliegend beschränkt sich die Darstellung darauf, wie ein Vertrag eine teilweise Beendigung ermöglichen kann.

Hintergrund für die Vertragsgestaltung bezogen auf eine teilweise Beendigung ist die Regelung in Art. 44 Abs. 1 WVK, wonach ein vertraglicher Beendigungsgrund sowie eine Beendigung nach Art. 56 WVK nur für den gesamten Vertrag möglich ist, wenn nicht der Vertrag etwas anderes bestimmt. Nehmen aushandelnde Völkerrechtssubjekte eine Bestimmung zur Beendigung des Vertrages auf und enthält diese keine Regelung zur teilweisen Beendigung, kann eine Partei einen Vertrag für sich nur vollständig beenden. Eine teilweise Beendigung ist dann lediglich nach einer erheblichen Vertragsverletzung gem. Art. 60 WVK möglich.

Materielle Begrenzungen[1950] für eine teilweise Beendigung können sein, dass diese nur für bestimmte Regelungen oder Teile des Vertrages zulässig ist. Ein Beispiel ist Art. 31 Abs. 1 des *Europäischen Übereinkommens über die Staatsangehörigkeit*:

> „Jeder Vertragsstaat kann jederzeit das gesamte Übereinkommen oder nur Kapitel VII durch eine an den Generalsekretär des Europarats gerichtete Notifikation kündigen."[1951]

Eine andere spezielle Form der teilweisen Beendigung ist die Kündigung eines Vertrages nur hinsichtlich eines Teiles des territorialen Anwendungsgebiets.[1952] Dies ermöglicht z. B. Art. 58 Abs. 4 EMRK:

> „Die Konvention kann in Bezug auf jedes Hoheitsgebiet, auf das sie durch eine Erklärung nach Artikel 56 anwendbar geworden ist, nach den Absätzen 1 bis 3 gekündigt werden."[1953]

Eine Vertragsklausel kann vergleichbare Voraussetzungen wie Art. 44 Abs. 3 WVK hinsichtlich der Teilbarkeit eines Vertrages enthalten. Eine weitere materielle Begrenzung enthält Art. 60 Abs. 5 WVK, der von der teilweisen Beendigung nach Art. 60 Abs. 2 lit. a) WVK Verträge ausnimmt,

---

1949 Hollis (Hrsg.), The Oxford Guide to Treaties, 762-767.

1950 Dazu genauer → Kapitel 2 C. II. 1.

1951 BGBl. 2004 II 579. International: CETS Nr. 166.

1952 Dazu ausführlicher in Kapitel 4 G. zu Instrumenten zur Bestimmung der territorialen Geltung.

1953 Neufassung der deutschen Übersetzung aus BGBl. 2010 II 1199.

die einen humanitären Charakter haben und dem Schutz der menschlichen Person dienen.

Die Parteien können Verfahrensvorschriften in den Vertrag aufnehmen und der ausübenden Partei verfahrenstechnische Verpflichtungen auferlegen (z. B. Anhörungserfordernisse, Begründungspflichten oder Formerfordernisse).[1954]

Die Berechtigung, einen Vertrag lediglich teilweise zu beenden, kann begrenzt werden auf einzelne Parteien.[1955] Weiterhin kann als Voraussetzung auch in einer Vertragsklausel aufgenommen werden, dass für eine teilweise Beendigung die Zustimmung aller übrigen Vertragsparteien erforderlich ist, da anders als bei einer vollständigen Beendigung das Völkerrechtssubjekt weiterhin Vertragspartei bleibt. Alternativ kann die Zustimmung eines Vertragsorgans als Voraussetzung vorgesehen werden oder einem solchen die Möglichkeit eines Einspruchs eingeräumt werden.

Im Rahmen einer bilateralen Erfüllungsstruktur[1956] ist jegliche teilweise Kündigung einzelner Bestimmungen möglich. Für die Partei verringert sich der Umfang der Vertragspflichten. Dies ist ebenso in einer integralen Erfüllungsstruktur zulässig. Zwar sind die übrigen Parteien weiterhin an die Pflichten gebunden und müssen sie gegenüber der Gesamtheit der Parteien erfüllen, jedoch kann sich die teilweise kündigende Partei darauf nicht mehr berufen. Reziprok verringert sich für die anderen Parteien die personelle Dimension des Anwendungsbereichs. Sie sind weiterhin an die Normen gebunden, jedoch nicht gegenüber der vertragsbrüchigen Partei.

M. Flexibilitätsinstrumente bezogen auf den Anwendungsbereich *ratione personae*

Der Prozess der Vertragsverhandlung und der individuellen Zustimmung einer zukünftigen Vertragspartei zu einem Vertrag bietet einer einzelnen Partei nur sehr begrenzt die Möglichkeit, Einfluss darauf zu nehmen, gegenüber welchen anderen Völkerrechtssubjekten eine Bindung innerhalb eines multilateralen Vertrages entsteht. Kollektiv können verhandelnde Akteure beschließen, wem der Beitritt zu einem multilateralen Vertrag offenstehen

---

1954 Dazu genauer → Kapitel 2 C. II. 5.
1955 Dazu genauer → Kapitel 2 C. II. 2.
1956 Dazu genauer → Kapitel 2 C. II. 7. b).

soll. Ein einzelnes Völkerrechtssubjekt hat zwei Möglichkeiten, die Dimension des Anwendungsbereichs des Vertrages *ratione personae* zu verändern. Dies erfolgt entweder durch eine einseitige Erklärung ohne eine Vertragsbestimmung (I.) oder aufgrund einer solchen (II.).

I. Veränderung der Dimension *ratione personae* durch unilaterale Erklärung ohne Vertragsbestimmung

Teilweise erklären Völkerrechtssubjekte, wenn sie sich an einen Vertrag binden, dass dies nicht die Anerkennung eines Staates darstelle, welcher ebenfalls an den Vertrag gebunden ist. Weiterhin äußern sie zuweilen, dass keine vertraglichen Beziehungen zwischen ihnen und dem nicht-anerkannten Staat entstehen soll. Dabei sind zwei Arten der Nicht-Anerkennungsklärung zu einem Vertrag zu unterscheiden. Einmal können solche Erklärungen bezwecken, dass die gemeinsame Teilnahme an einem Vertrag, keine Anerkennung eines Staates bedeutet.[1957] Da die gemeinsame Teilnahme an einem multilateralen Vertrag nach überwiegender Ansicht nicht als gegenseitige Anerkennung ausgelegt wird[1958], erzeugt eine solche Erklärung der Nicht-Anerkennung keine weitergehenden Rechtswirkungen.[1959]

Die andere Art der Nicht-Anerkennungserklärungen sind Erklärungen, die zusätzlich festlegen, dass keine Vertragsbeziehungen zwischen ihnen und der nicht-anerkannten Partei entstehen sollen.[1960] Beispielsweise erklärte der

---

[1957] Committee on the Elimination of Racial Discrimination, Inter-State communication submitted by the State of Palestine against Israel, Entscheidung vom 12.12.2019, Doc. CERD/C/100/5, Rn. 3.13; ILC Guide to Practice on Reservations to Treaties 2011, UN Doc. A/66/10/Add.1, Guideline 1.5.1 – Commentary, Rn. 2; *Kühner*, Vorbehalte zu multilateralen völkerrechtlichen Verträgen, 45.

[1958] *Alexy*, in: Zeitschrift für ausländisches öffentliches Recht und Völkerrecht 1966 (Vol. 32), 495 (512); *Hudson*, in: American Journal of International Law 1929 (Vol. 23), 126 (128); *Lauterpacht*, Recognition in International Law, 374; a. A.: *Bot*, Nonrecognition and treaty relations, 31.

[1959] ILC Guide to Practice on Reservations to Treaties 2011, UN Doc. A/66/10/Add.1, Guideline 1.5.1 – Commentary, Rn. 4; *Lauterpacht*, Recognition in International Law, 374; *Kühner*, Vorbehalte zu multilateralen völkerrechtlichen Verträgen, 46.

[1960] Committee on the Elimination of Racial Discrimination, Inter-State communication submitted by the State of Palestine against Israel, Entscheidung vom 12.12.2019, Doc. CERD/C/100/5, Rn. 3.13; ILC Guide to Practice on Reservations to Treaties 2011, UN Doc. A/66/10/Add.1, Guideline 1.5.1 – Commentary, Rn. 2; *Kühner*, Vorbehalte zu multilateralen völkerrechtlichen Verträgen, 45.

Sudan bei Zustimmung zu dem *Wiener Übereinkommen über diplomatische Beziehungen*[1961]:

> „The Government of the Democratic Republic of the Sudan understands that its ratification of the Vienna Convention on Diplomatic Relations of 1961 does not imply whatsoever recognition of Israel or entering with it into relations governed by the said Convention."[1962]

Solche Erklärungen bezwecken Rechtswirkungen innerhalb des Vertrages. Deshalb können sie nicht als Rechtsverwahrungen angesehen werden, die einzig Rechtsveränderungen außerhalb des Vertrages verhindern sollen.

Die Staatenpraxis ist uneinheitlich, da Völkerrechtssubjekte derartige Erklärungen teilweise als Vorbehalte der Nicht-Anerkennung bezeichnen.[1963] Der „ILC Guide to Practice on Reservations to Treaties" enthält dazu Guideline 1.5.1:

> „A unilateral statement by which a State indicates that its participation in a treaty does not imply recognition of an entity which it does not recognize is outside the scope of the present Guide to Practice even if it purports to exclude the application of the treaty between the declaring State and the non-recognized entity."[1964]

1961 BGBl. 1964 II, 958. International: UNTS Vol. 500, 95.

1962 Erklärung durch Sudan vom 10.06.1981, UN Doc. CN 122.1981.TREATIES-3 (Depositary Notification). Vergleichbare Erklärungen gaben zu dem Vertrag ab: Bahrain (UN Doc. C.N.178.1971.TREATIES-10, Depositary Notification), Kuwait (UN Doc. C.N.137.1969.TREATIES-4, Depositary Notification), Libyen (UN Doc. C.N.41.1971. TREATIES-4, Depositary Notification), Oman (UN Doc. C.N.97.1974.TREATIES-1, Depositary Notification), Katar (UN Doc. C.N.150.1986.TREATIES-2, Depositary Notification), Saudi-Arabien (UN Doc. C.N.35.1981.TREATIES-1, Depositary Notification), Syrien (UN Doc. C.N.52.1979.TREATIES-1, Depositary Notification) und die Vereinigten Arabischen Emirate (UN Doc. C.N.60.1977.TREATIES-5, Depositary Notification).

1963 *Frowein*, Das de facto-Regime im Völkerrecht, 117; *Lauterpacht*, Recognition in International Law, 374. Siehe im Rahmen des *Wiener Übereinkommens über diplomatische Beziehungen* (BGBl. 1964 II, 958. International: UNTS Vol. 500, 95) die Erklärungen von Bahrain (UN Doc. C.N.178.1971.TREATIES-10, Depositary Notification), Libyen (UN Doc. C.N.41.1971.TREATIES-4, Depositary Notification), Katar (UN Doc. C.N.150.1986.TREATIES-2, Depositary Notification), Saudi-Arabien (UN Doc. C.N.35.1981.TREATIES-1, Depositary Notification) und Syrien (UN Doc. C.N.52.1979.TREATIES-1, Depositary Notification).

1964 ILC Guide to Practice on Reservations to Treaties 2011, UN Doc. A/66/10/Add.1, Guideline 1.5.1.

In dem anschließenden Kommentar wird klargestellt, dass es außerhalb des Anwendungsbereichs des Guides liegt, da es sich nicht um einen Vorbehalt handelt.[1965] Eine Einordnung als Vorbehalt ist abzulehnen, da die Erklärungen nicht die Rechtswirkungen einzelner Vertragsbestimmungen modifizieren, sondern sie schließen die Geltung des gesamten Vertrages gegenüber einer Partei aus.[1966] Der Ausschluss der Geltung des gesamten Vertrages ist nicht vereinbar mit der Definition eines Vorbehalts nach Art. 2 Abs. 1 lit. d) WVK.[1967] Werden nur einzelne Bestimmungen zwischen den Parteien ausgeschlossen, kann es sich dagegen um einen Vorbehalt handeln. Dies gilt für die Erklärung Sudans zur *Convention on Transit Trade of Land-locked States*[1968]:

> „The Government of the Republic of the Sudan will not consider itself bound by the third sentence of article 2, paragraph 1, of the Convention in respect of the passage across its territory of goods destined to or coming from South Africa or Portugal or goods the ownership of which could be claimed by South Africa or Portugal. The reservation is made in accordance with the spirit of Security Council resolution S/5773, in which the Security Council condemned the apartheid Policies of the Government of the Republic of South Africa, resolution A/AC.109/124 in which the Special Committee condemned the colonial policy of Portugal and its persistent refusal to carry out the resolutions of the General Assembly, the Security Council and the Special Committee, and resolution CM/Res.6 (1) of the Council of Ministers of the Organization of African Unity. The reservations will remain in force pending the ending of the prevailing situation in South Africa and the Portuguese colonies."[1969]

[1965] ILC Guide to Practice on Reservations to Treaties 2011, UN Doc. A/66/10/Add.1, Guideline 1.5.1, Rn. 4.

[1966] *Gaja*, in: Leiden Journal of International Law 2022 (Vol. 35), 155 (156 f.); *Horn*, Reservations and Interpretative Declarations, 109.

[1967] So für den territorialen Anwendungsbereich: ILC Guide to Practice on Reservations to Treaties 2011, UN Doc. A/66/10/Add.1, Guideline 1.1.3 – Commentary, Rn. 9; *Miltner*, in: Bowman/Kritsiotis (Hrsg.), Conceptual and Contextual Perspective on the Modern Law of Treaties, 468 (485).

[1968] UNTS Vol. 597, 3.

[1969] Erklärung Sudans, UN Treaty Collection Multilateral Treaties, Chap. X.3, https://treaties.un.org/Pages/ViewDetails.aspx?src=TREATY&mtdsg_no=X-3&chapter=10&clang=_en#3 [28.07.2025].

Da nur die Anwendung einzelner Bestimmungen zwischen den Parteien ausgeschlossen wird, ist diese Erklärung als Vorbehalt einzuordnen.

Bezieht sich die Erklärung auf die Anwendung des gesamten Vertrages zwischen den zwei Parteien, handelt es sich um eine sonstige unilaterale Erklärung. Die WVK regelt nicht, welche übrigen unilateralen Erklärungen im Zusammenhang mit einem Vertrag abgegeben werden können. Bereits die häufigen interpretativen Erklärungen erwähnt die WVK nicht. Solange keine völkerrechtliche Regel existiert, die Erklärungen untersagt, welche die Geltung eines Vertrages zwischen zwei Parteien ausschließt, sind sie nach der *Lotus*-Doktrin[1970] zulässig und erzeugen die beabsichtigte Wirkung. Dies entspricht auch der Staatenpraxis.[1971]

Eine unilaterale Erklärung, welche die Geltung des Vertrages zwischen zwei Parteien ausschließt, ist ebenfalls ohne die Nicht-Anerkennung der anderen Parteien möglich. Wollen beispielsweise zwei Staaten aus politischen Gründen einen Vertrag nicht zwischen sich erfüllen, während keine Zweifel daran bestehen, dass sie anerkannte Staaten sind, können sie eine unilaterale Erklärung abgeben, dass der Vertrag zwischen ihnen nicht gilt.

II. Veränderung der Dimension *ratione personae* aufgrund einer Vertragsbestimmung: Bilateralisierung

Das als Bilateralisierung bezeichnete Flexibilitätsinstrument ermöglicht einer Vertragspartei auszuwählen, gegenüber welchen anderen Parteien die Bindung eines multilateralen Vertrages eintritt.[1972] Die Anwendung eines Vertrages, der einen Bilateralisierungsansatz wählt, hängt innerhalb des bilateralen Verhältnisses zweier Parteien von einer weiteren Vereinbarung oder Erklärung ab.[1973] In dem Fall wird zunächst ein multilateraler Vertrag geschlossen, anschließend wählt jede Partei diejenigen Parteien aus,

---

1970 StIGH, *The Case of the SS Lotus (France v Turkey) (Judgment)*, PCIJ Rep Series A No 10, 18; *Bogdandy/Rau*, Lotus, The, in: Wolfrum (Hrsg.), MPEPIL.

1971 ILC Guide to Practice on Reservations to Treaties 2011, UN Doc. A/66/10/Add.1, Guideline 1.5.1. Rn. 5; Inter-State communication submitted by the State of Palestine against Israel, Doc. CERD/C/100/5, Rn. 3.13, 3.16; *Gaja*, in: Leiden Journal of International Law 2022 (Vol. 35), 155 (159).

1972 Fifth Report on reservations to treaties by the Special Rapporteur Mr. Allain Pellet, UN Doc. A/CN.4/508/Add.1 (2000), Rn. 120 f.; *Jenard*, in: Belgian Review of International Law 1966 (Vol. 2), 386 (387).

1973 *Majoros*, in: öst. Zeitschrift für Rechtsvergleichung 1973 (Vol. 14), 4 (6).

gegenüber denen sie an die Pflichten aus dem multilateralen Vertrag gebunden sein möchte und schließt mit diesen weitere bilaterale Vereinbarungen ab oder gibt entsprechende unilaterale Erklärungen ab.[1974] Umgekehrt können zwei Parteien durch eine weitere Vereinbarung die Anwendung von Vertragsnormen zwischen sich ausschließen.

1. Bilateralisierung strictu sensu: Wirkung ratione personae

Die Rechtswirkung der Bilateralisierung *strictu sensu* beschränkt sich darauf, die Anwendung von Vertragsnormen in einem bilateralen Verhältnis entweder auszulösen oder auszuschließen, ohne eine inhaltliche Änderung zu bewirken. Eine Bilateralisierung *strictu sensu* beeinflusst ausschließlich die Dimension *ratione personae* des Anwendungsbereichs und verändert nicht den materiellen Gehalt des Vertrages, somit den Anwendungsbereich *ratione materiae*.[1975]

Die Bilateralisierung kann entweder so ausgestaltet sein, dass jede Partei zusätzlich eine Vereinbarung mit jeder anderen Partei schließen muss, gegenüber der der multilaterale Vertrag gelten soll. Zumeist ist die Bilateralisierung jedoch als Einspruchsmöglichkeit der ursprünglichen Parteien gegen die Bindung gegenüber einer neuen Partei ausgestaltet. Ein Beispiel[1976] ist Art. 54 des *Übereinkommens über den internationalen Schutz von Erwachsenen*:

[1974] *Majoros*, in: öst. Zeitschrift für Rechtsvergleichung 1973 (Vol. 14), 4 (7, 15).

[1975] Fifth Report on reservations to treaties by the Special Rapporteur Mr. Allain Pellet, UN Doc. A/CN.4/508/Add.1 (2000), Rn. 128; *Jenard*, in: Belgian Review of International Law 1966 (Vol. 2), 386 (392); *Majoros*, in: öst. Zeitschrift für Rechtsvergleichung 1973 (Vol. 14), 4 (15).

[1976] Weitere Beispiele sind: Art. 12 Abs. 4 des *Haager Übereinkommens zur Befreiung ausländischer öffentlicher Urkunden von der Legalisation* (BGBl. 1965 II 875, 876. International: UNTS Vol. 527, 189); Art. 44 Abs. 3 des *Übereinkommens über den Schutz von Kindern und die Zusammenarbeit auf dem Gebiet der internationalen Adoption* (BGBl. 2001 II 1034, 1035. International: https://www.hcch.net/en/instruments/conventions/full-text/?cid=69 [28.07.2025]; Art. 58 Abs. 3 des *Haager Übereinkommen über die Zuständigkeit, das anzuwendende Recht, die Anerkennung, Vollstreckung und Zusammenarbeit auf dem Gebiet der elterlichen Verantwortung und der Maßnahmen zum Schutz von Kindern* (BGBl. 2009 II 602, 603. International: https://www.hcch.net/en/instruments/conventions/full-text/?cid=70 [28.07.2025]; Art. 13 Abs. 4 der *Convention concerning the recognition of the legal personality of foreign companies, associations and institutions* (International: https://www.hcch.net/en/instruments/conventions/full-text/?cid=36 [28.07.2025]; Art. 12 Abs. 3 der *Convention Abolishing*

„(1) Jeder andere Staat kann diesem Übereinkommen beitreten, sobald es nach Artikel 57 Absatz 1 in Kraft getreten ist.

(2) Die Beitrittsurkunde wird beim Verwahrer hinterlegt.

(3) Der Beitritt wirkt nur im Verhältnis zwischen dem beitretenden Staat und den Vertragsstaaten, die innerhalb von sechs Monaten nach Eingang der in Artikel 59 Buchstabe b vorgesehenen Notifikation keinen Einspruch gegen den Beitritt erhoben haben. Nach dem Beitritt kann ein solcher Einspruch auch von jedem Staat in dem Zeitpunkt erhoben werden, in dem er dieses Übereinkommen ratifiziert, annimmt oder genehmigt. Die Einsprüche werden dem Verwahrer notifiziert.“[1977]

Hängt der Beitritt nicht von der Zustimmung ab, kann jede Partei entscheiden, ob sie gegenüber der neuen Partei gebunden sein möchte oder nicht.[1978]

Statt einer konkreten Frist kann der Zeitpunkt, bis wann die anderen Parteien einen Einspruch erheben können, anders bestimmt werden. Ein Beispiel ist Art. 37 Abs. 3 des *Europäischen Übereinkommens über Staatenimmunität*:

„Notifiziert jedoch ein Staat, der dem Übereinkommen bereits beigetreten ist, dem Generalsekretär des Europarats einen Einspruch gegen den Beitritt eines anderen Nichtmitgliedstaats, bevor dieser Beitritt wirksam geworden ist, so ist das Übereinkommen auf die Beziehungen zwischen beiden Staaten nicht anzuwenden.“[1979]

Das Einspruchsrecht kann für alle Parteien und nicht nur für die ursprünglichen gelten. Ein Beispiel für eine Bilateralisierung durch eine einseitige Erklärung ist Art. XIII Abs. 1 des *WTO-Vertrages*:

„Dieses Übereinkommen und die Multilateralen Handelsübereinkommen der Anlagen 1 und 2 finden zwischen zwei Mitgliedern keine Anwendung, wenn eines

---

the Requirement of Legalisation for Foreign Public Documents (International: https://www.hcch.net/en/instruments/conventions/full-text/?cid=41 [28.07.2025]; Art. 42 Abs. 4 der *Convention Concerning the International Administration of the Estates of Deceased Persons* (International: https://www.hcch.net/en/instruments/conventions/full-text/?cid=83 [28.07.2025].

1977 BGBl. 2007 II 323, 324. International: https://www.hcch.net/en/instruments/conventions/full-text/?cid=71 [28.07.2025].

1978 Fifth Report on reservations to treaties by the Special Rapporteur Mr. Allain Pellet, UN Doc. A/CN.4/508/Add.1 (2000), Rn. 121; *Jenard*, in: Belgian Review of International Law 1966 (Vol. 2), 386 (389).

1979 CETS Nr. 74.

> der beiden Mitglieder zu dem Zeitpunkt, zu dem eines von ihnen Mitglied wird, der Anwendung seine Zustimmung versagt.
>
> [...]“[1980]

Ein Beispiel für die Auslösung der Anwendung der Vertragsnormen durch eine weitere Vereinbarung sind Art. 21 und Art. 22 der *Convention on the Recognition and Enforcement of Foreign Judgements in Civil and Commercial Matters*:

> „Art. 21
>
> Decisions rendered in a Contracting State shall not be recognised or enforced in another Contracting State in accordance with the provisions of the preceding Articles unless the two States, being Parties to this Convention, have concluded a Supplementary Agreement to this effect.
>
> Art. 22
>
> (1) This Convention shall not apply to decisions rendered before the entry into force of the Supplementary Agreement provided for in Article 21 unless that Agreement otherwise provides.
>
> [...]”[1981]

Neben dem Inkraftsetzen eines multilateralen Vertrages zwischen zwei Parteien durch weitere Vereinbarung wird auch der Ausschluss der Geltung des Abkommens innerhalb eines bilateralen Verhältnisses zwischen zwei Parteien unter die Bilateralisierung gefasst. Beispielsweise[1982] sieht Art. 94 Abs. 1 des *Übereinkommens der Vereinten Nationen über Verträge über den internationalen Warenkauf* vor:

> „Zwei oder mehr Vertragsstaaten, welche gleiche oder einander sehr nahekommende Rechtsvorschriften für Gegenstände haben, die in diesem Übereinkommen geregelt werden, können jederzeit erklären, daß das Übereinkommen auf

---

1980 EU ABl. vom 23.12.1994, L 336/3.

1981 UNTS Vol. 1144, 249.

1982 Ein weiteres Beispiel ist Art. 34 der *Convention on the Limitation Period in the International Sale of Goods* (UNTS Vol. 1511, 3).

> Kaufverträge und ihren Abschluß keine Anwendung findet, wenn die Parteien ihre Niederlassung in diesen Staaten haben. Solche Erklärungen können als gemeinsame oder als aufeinander bezogene einseitige Erklärungen abgegeben werden."[1983]

Da Suspendierungen zwar für unbestimmte Zeiträume möglich sind, jedoch es sich zwangsläufig um einen endlichen Zeitraum handeln muss,[1984] handelt es sich dabei nicht um eine *inter-se*-Suspendierung nach Art. 58 WVK[1985].

2. Bilateralisierung im weiteren Sinne: Wirkung *ratione personae* und *ratione materiae*

Bei Bilateralisierung im weiteren Sinne werden nicht nur die Vertragspartner gewählt, sondern auch für dieses bilaterale Verhältnis inhaltliche Änderungen oder Ergänzungen des multilateralen Vertrages vorgenommen.[1986] Ein Beispiel[1987] für eine solche Bilateralisierung im weiteren Sinne ist Art. 26 des *Europäischen Abkommen über soziale Sicherheit*:

> „(1) Die Anwendung der Artikel 20, 21, 23 und 24 hängt von zwei- oder mehrseitigen Vereinbarungen zwischen Vertragsstaaten ab, die auch entsprechende Sonderregelungen enthalten können.
>
> (2) Die Vereinbarungen nach Absatz 1 bestimmen insbesondere:
>
> a. die Personengruppen, für welche die Artikel 20, 21, 23 und 24 gelten;
>
> b. die Dauer der Gewährung von Sachleistungen durch den Träger eines Vertragsstaates zu Lasten des Trägers eines anderen;
>
> c. die besonderen Voraussetzungen für die Gewährung von Körperersatzstücken, größeren Hilfsmitteln und anderen Sachleistungen von erheblicher Bedeutung;

[1983] BGBl. 1989 II 586, 588. International: UNTS Vol. 1489, 3.

[1984] *Giegerich*, in Dörr/Schmalenbach (Hrsg.), VCLT, Art. 57 Rn. 9.

[1985] Genauer zur *inter-se*-Suspendierung → Kapitel 4 I. II. 1. b) bb).

[1986] Fifth Report on reservations to treaties by the Special Rapporteur Mr. Allain Pellet, UN Doc. A/CN.4/508/Add.1 (2000), Rn. 123; *Jenard*, in: Belgian Review of International Law 1966 (Vol. 2), 386 (392).

[1987] Weitere Beispiele sind Art. 56 und 58 des *Haager Übereinkommens über die Zustellung gerichtlicher und außergerichtlicher Schriftstücke im Ausland in Zivil- und Handelssachen* (BGBl. 1977 II 1452, 1453. International: UNTS Vol. 658, 163); Art. 21 und Art. 22 der *Convention on the Recognition and Enforcement of Foreign Judgements in Civil and Commercial Matters* (UNTS Vol. 1144, 249); Art. 56 und 58 des *Europäische Abkommens über soziale Sicherheit* (CETS Nr. 78).

d. das Verfahren zur Vermeidung des Zusammentreffens von Leistungen gleicher Art;

e. das Verfahren für die Erstattung von Leistungen des Trägers eines Vertragsstaates zu Lasten des Trägers eines anderen.

(3) Zwei oder mehr Vertragsstaaten können den Verzicht auf Erstattung zwischen ihren Trägern vereinbaren."[1988]

Häufig zählen die Bestimmungen, welche die Bilateralisierung vorsehen, bereits auf, in welcher Weise der Vertrag ergänzt oder verändert werden kann. Die zusätzliche Vereinbarung ergänzt oder verändert die Vertragsnormen innerhalb des bilateralen Verhältnisses zwischen den Parteien. Die zusätzliche Vereinbarung kann insbesondere Begriffe definieren, die Bestimmungen des Vertrages auf Sachverhalte anwenden, die ansonsten nicht umfasst wären, und umgekehrt Sachverhalte von der Geltung ausschließen, einzelne Bestimmungen ausschließen, optionale Bestimmungen als verpflichtend festlegen, bestimmte Verfahren vorsehen oder in dem multilateralen Vertrag nicht festgelegte Aspekte regeln.[1989]

3. Rechtliche Einordnung

Teilweise wird für Konstellationen der Bilateralisierung der Begriff des bilateralisierten Vorbehalts („*bilateralized reservation*") verwendet.[1990] Dazu entwarf *Pellet* die Guideline 1.7.4, die zwar nicht in den „ILC Guide to Practice on Reservations to Treaties" übernommen wurde, sich jedoch inhaltlich widerspiegelt in Abschnitt Rn. 18–24 des Kommentars zur Guideline 1.7.1[1991]:

„1.7.4. [Bilateralized reservations.] [Agreements between States having the same object as reservations]

1988 CETS Nr. 78.

1989 Siehe für eine Einordnung der einzelnen Absätze der Konvention bei *Fragistas*, in: Bureau permanent de la Conférence, Conférence de la Haye, Conférence de la Haye, Actes et documents de la session extraordinaire, 1966, 360 (364) sowie bei *Droz*, in: Netherlands International Law Review 1966 (Vol. 13), 225 (240 f.).

1990 ILC Guide to Practice on Reservations to Treaties 2011, UN Doc. A/66/10/Add.1, Guideline 1.7.1 – Commentary, Rn. 20.

1991 ILC Guide to Practice on Reservations to Treaties 2011, UN Doc. A/66/10/Add.1, Guideline 1.7.1 – Commentary.

> An agreement [, concluded under a specific provision of a treaty,] by which two or more States purport to exclude or to modify the legal effect of certain provisions [of the] [of a] treaty or of the treaty as a whole in their application to their relations inter se does not constitute a reservation within the meaning of the present Guide to Practice."[1992]

Obwohl durch eine solche Bilateralisierung Bestimmungen des multilateralen Vertrages bilateral ausgeschlossen werden können, ist der Begriff des Vorbehalts irreführend. Der Ausschluss der Geltung des gesamten Vertrages ist nicht vereinbar mit der Definition eines Vorbehalts nach Art. 2 Abs. 1 lit. d) WVK.[1993]

Weiterhin könnte die Bilateralisierung eine Vertragsänderung nur zwischen einzelnen Vertragsparteien nach Art. 41 WVK darstellen. Dabei ist zu differenzieren zwischen den einzelnen Varianten der Bilateralisierung. Sieht die Bilateralisierung vor, dass nur durch eine weitere Vereinbarung Bestimmungen des multilateralen Vertrages innerhalb des bilateralen Verhältnisses in Kraft treten, erfolgt keine inhaltliche Modifikation des multilateralen Vertrages, sodass Art. 41 WVK nicht einschlägig ist. Vielmehr handelt es sich faktisch um eine Verlängerung des Prozesses hin zur vollständigen Geltung des Vertrages, da sich vor Abschluss der Vereinbarung in dem bilateralen Verhältnis geringere oder sogar gar keine Rechtsbeziehungen aus dem multilateralen Vertrag ergeben.

Ist durch die Bilateralisierung im weiteren Sinne auch eine inhaltliche Veränderung der Bestimmungen des multilateralen Vertrages möglich, ist dies eine spezielle Form der Modifikation nach Art. 41 WVK. Das Besondere im Vergleich zu sonstigen *inter-se*-Vereinbarungen ist, dass die Vereinbarung notwendig ist, um Bestimmungen in-Kraft-zusetzen, die bereits in dem multilateralen Vertrag vorgesehen sind. Über das In-Kraft-Setzen hinaus werden die Regeln des multilateralen Vertrages speziell dem bilateralen Verhältnis

1992 Fifth Report on reservations to treaties by the Special Rapporteur Mr. Allain Pellet, UN Doc. A/CN.4/508/Add.1 (2000), Rn. 129.

1993 So für den territorialen Anwendungsbereich: ILC Guide to Practice on Reservations to Treaties 2011, UN Doc. A/66/10/Add.1, Guideline 1.1.3 – Commentary, Rn. 9; *Miltner*, in: Bowman/Kritsiotis (Hrsg.), Conceptual and Contextual Perspective on the Modern Law of Treaties, 468 (485).

angepasst. Die Voraussetzungen des Art. 41 Abs. 1 lit. b) WVK sind für die Bilateralisierung regelmäßig nicht relevant, da eine Vertragsklausel in dem multilateralen Vertrag die konkreten Voraussetzungen aufstellt, sodass Art. 41 Abs. 1 lit. a) WVK einschlägig ist.

4. Vertragsgestaltungsmöglichkeiten

Unter dem Begriff der Bilateralisierung werden verschiedene Varianten zusammengefasst, durch die jede Partei eines multilateralen Vertrages bestimmen kann, gegenüber welchen anderen Vertragsparteien sie an die Vertragspflichten gebunden sein möchte. Die Bilateralisierung ermöglicht der ausübenden Partei die Dimension *ratione personae* des Anwendungsbereichs und teilweise zusätzlich die Dimension *ratione materiae* des Anwendungsbereiches zu verändern.

Die Bilateralisierung kann unterschiedlich gestaltet werden, insbesondere kann sie durch verschiedene Varianten begrenzt werden. Materielle Begrenzungen[1994] erfolgen insbesondere dahingehend, ob eine zusätzliche Vereinbarung zum Inkraftsetzen des gesamten multilateralen Vertrages erforderlich ist oder lediglich für einzelne Vertragsbestimmungen. Erlaubt die Klausel zusätzlich eine inhaltliche Veränderung, handelt es sich um eine materielle Begrenzung, wenn vorgegeben ist, welche Regelungen aufgenommen werden können. Andere materielle Begrenzungen wie die Vereinbarkeit mit Ziel und Zweck des Vertrages[1995], die Sicherstellung von Mindeststandards[1996] oder die Zahlung von Ersatz[1997] sind für die Bestimmungen zur Bilateralisierung ebenfalls möglich.

Die Parteien können Verfahrensvorschriften in den Vertrag aufnehmen und der ausübenden Partei verfahrenstechnische Verpflichtungen auferlegen (z. B. Anhörungserfordernisse oder Formerfordernisse).[1998] Andere verfah-

---

1994 Dazu genauer → Kapitel 2 C. II. 1.
1995 Dazu genauer → Kapitel 2 C. II. 1. a).
1996 Dazu genauer → Kapitel 2 C. II. 1. b).
1997 Dazu genauer → Kapitel 2 C. II. 8.
1998 Dazu genauer → Kapitel 2 C. II. 5.

renstechnische Verpflichtungen wie z. B. eine regelmäßige Überprüfungspflicht über die Erforderlichkeit wird typischerweise nicht sinnvoll sein.

Die Berechtigung, die Bilaterisierung auszuüben, kann begrenzt werden auf einzelne Parteien.[1999] Dies ist der Fall, wenn ausschließlich den bisherigen Parteien die Möglichkeit eingeräumt wird, durch Einspruch zu verhindern, dass zwischen ihnen und einer neuen Partei des multilateralen Vertrages Vertragsbeziehungen entstehen. Ein Beispiel für ein Ereignis als Frist ist Art. 54 Abs. 3 des *Übereinkommens über den internationalen Schutz von Erwachsenen*:

> „Der Beitritt wirkt nur im Verhältnis zwischen dem beitretenden Staat und den Vertragsstaaten, die innerhalb von sechs Monaten nach Eingang der in Artikel 59 Buchstabe b vorgesehenen Notifikation keinen Einspruch gegen den Beitritt erhoben haben. Nach dem Beitritt kann ein solcher Einspruch auch von jedem Staat in dem Zeitpunkt erhoben werden, in dem er dieses Übereinkommen ratifiziert, annimmt oder genehmigt. Die Einsprüche werden dem Verwahrer notifiziert."[2000]

Eine Bilateralisierungsbestimmung kann zeitliche Einschränkungen vorsehen.[2001] Erlaubt die Klausel einen Widerspruch, ist ein Zeitpunkt, bis zu dem dieser vorliegen muss, erforderlich. Dieser kann durch eine Dauer oder ein Ereignis festgelegt werden. Ein Beispiel ist Art. 37 Abs. 3 des *Europäischen Übereinkommens über Staatenimmunität*:

> „Notifiziert jedoch ein Staat, der dem Übereinkommen bereits beigetreten ist, dem Generalsekretär des Europarats einen Einspruch gegen den Beitritt eines anderen Nichtmitgliedstaats, bevor dieser Beitritt wirksam geworden ist, so ist das Übereinkommen auf die Beziehungen zwischen beiden Staaten nicht anzuwenden."[2002]

Die Bilateralisierung wirkt sich in einer bilateralen Erfüllungsstruktur[2003] zwangsläufig gegenseitig aus, da die vertraglichen Rechte und Pflichten nur gegenüber den Parteien gelten, die eine zusätzliche Vereinbarung getroffen haben, oder die Pflichten zwischen diesen Parteien ausgeschlossen werden.

[1999] Dazu genauer → Kapitel 2 C. II. 2.

[2000] BGBl. 2007 II 323, 324. International: https://www.hcch.net/en/instruments/conventions/full-text/?cid=71 [28.07.2025].

[2001] Dazu genauer → Kapitel 2 C. II. 4.

[2002] CETS Nr. 74.

[2003] Dazu genauer → Kapitel 2 C. II. 7. b).

In Verträgen mit integraler Erfüllungsstruktur bestehen die Pflichten gegenüber der Gesamtheit der Vertragsparteien und können nur gegenüber allen erfüllt werden. Zusätzliche Vereinbarungen i. S. e. Bilateralisierung, welche die Anwendung von Vertragsnormen in Kraft setzen oder ausschließen, sind möglich. Dadurch verändert sich allerdings ausschließlich, welche Parteien die Erfüllung verlangen können. Den faktischen Vorteil aus der Erfüllung erlangen auch die anderen Parteien.

Flexibilität durch einen Bereich der Rechtmäßigkeit bei Pflichterfüllung

Jegliche Form von Recht ist davon geprägt, dass es in vielen Fällen für eine Pflichterfüllung genügt, wenn sich das Tun, Dulden oder Unterlassen innerhalb eines durch die Norm gesetzten Bereichs befindet.[2004] Die völkerrechtliche Verpflichtung aus dem Vertrag umfasst nur die Pflicht der Parteien, sich innerhalb des zulässigen Spielraums zu verhalten. Die Rechte und Pflichten der Parteien werden dabei rechtlich nicht verändert. Der Bereich der Rechtmäßigkeit kann jedoch eine vergleichbare Wirkung erzielen wie eine individuelle Änderung der Rechte und Pflichten. Der Bereich kann dabei unterschiedlich groß sein. Ist nur ein einziges Tun, Dulden oder Unterlassen als Erfüllung der Pflicht anzusehen, ist der Bereich auf Null reduziert. Der Bereich der Rechtmäßigkeit setzt sich aus dem Interpretationsspielraum (A.) und dem Umsetzungsspielraum (B.) zusammen.

A. Bereich der Rechtmäßigkeit durch einen Interpretationsspielraum

Die Interpretation eines Vertrages ist ein notwendiger Schritt vor der Anwendung des Vertrages.[2005] Interpretation und Anwendung einer Norm fallen

---

2004 Siehe → Kapitel 1 A. I. 1.; *Shany*, in: European Journal of International Law 2006 (Vol. 16), 907 (910); *van Aaken*, in: The Journal of World Investment & Trade 2014 (Vol. 15), 827 (832).

2005 *Dörr*, in: Dörr/Schmalenbach (Hrsg.), VCLT, Art. 31, Rn. 1; *Etinski*, in: Zbornik Radova 2016 (Vol. 50), 9 (12); *Orakhelashvili*, The Interpretation of Acts and Rules in Public International Law, 285. Grundlegend zu der Auslegung völkerrechtlicher

häufig in einem Akt zusammen.[2006] Dennoch handelt es sich um zwei Schritte.[2007] Ein Spielraum bereits auf der Ebene der Interpretation wirkt sich auf die Anwendung und den Bereich der Rechtmäßigkeit aus und damit darauf, welches Tun, Dulden oder Unterlassen eine Pflichterfüllung ist und welches nicht. Ein Interpretationsspielraum entsteht, wenn mehrere Auslegungen möglich sein können (A. I.). Wie weit ein Interpretationsspielraum ist, wird durch die verwendete Sprache in einem Vertrag bestimmt (A. II.). Eine verbindliche Auslegung kann den Interpretationsspielraum verringern oder schließen (A. III.). Den Vertragsparteien stehen verschiedene Mittel zu, um den Interpretationsspielraum zu nutzen (A. IV.).

I. Existenz eines Interpretationsspielraum (*margin of interpretation*)

Für Normen in einem völkerrechtlichen Vertrag entsteht ein Interpretationsspielraum in rechtlicher Hinsicht aufgrund der Möglichkeit, dass mehrere zulässige Interpretationsergebnisse denkbar sind (1.) und in faktischer Hinsicht, da jede Partei zur Auslegung berechtigt ist und häufig eine Instanz fehlt, die das Auslegungsergebnis überprüfen könnte (2.).

1. Die Möglichkeit mehrerer zulässiger Interpretationsergebnisse

Der Ausgangspunkt für die Frage, ob es mehrere zulässige Interpretationsergebnisse geben kann, muss wie bei der Auslegung selbst der Wortlaut sein. Die Worte in einem Vertrag „transportieren" die wahre Bedeutung der Norm und somit den Rechtssatz.[2008] Verträge bestehen aus Sprache und keine Sprache ist perfekt, da sie als solche regelmäßig nicht klar ist, sondern

---

Verträge: *Herdegen*, Interpretation in International Law, in: Wolfrum (Hrsg.), MPEPIL; *Dörr*, in: Dörr/Schmalenbach (Hrsg.), VCLT, Art. 31-33; *Heintschel von Heinegg*, in: Ipsen (Begr.), Völkerrecht, § 14.

2006 Comments of Mr. Verdross at the 729. ILC Meeting on the Third Report on the Law of Treaties by Sir Humphrey Waldock, on the proposed Article 56, ILC Yearbook 1964 Vol. I, 33, Rn. 6.

2007 Über deren Trennbarkeit insbesondere im Hinblick auf Art. 31 Abs. 3 lit. b) WVK in der Literatur diskutiert wird. Diese Debatte soll hier außer Acht gelassen werden. Verwiesen wird auf: *Sands/Commission*, in: Fitzmaurice/Elias/Merkouris (Hrsg.), Treaty Interpretation and the Vienna Convention on the Law of Treaties: 30 Years on, 39.

2008 *Barak*, Purposive Interpretation, 3, 6 f., 11 f.; *Pehl*, Repräsentative Auslegung, 84.

Raum für unterschiedliche Bedeutungen eines Wortes oder Satzes als Rechtssatz bietet.[2009] Dies ist der Grund, warum überhaupt eine Interpretation von Rechtssätzen erforderlich ist. Umgekehrt zeigt die Existenz von Auslegungsregelungen, dass ein Text eine Mehrzahl von Bedeutungen haben kann.[2010] Die Interpretation ist der Prozess, der darauf abzielt, die wahre Bedeutung einer Norm zu ermitteln.[2011] Auslegung erfolgt immer vor der Anwendung,[2012] jedoch ist sie von besonderer Bedeutung und bedarf eines gesteigerten Aufwandes für Normen, aus denen sich nicht klar und deutlich genug ergibt, was sie in einer konkreten Situation erfordern.[2013]

Enthält ein Vertrag keine speziellen Regeln zur Auslegung, sind die Regeln der Art. 31–33 WVK anzuwenden.[2014] Die enthaltenen Regeln sind ebenfalls gewohnheitsrechtlich anerkannt.[2015] Die WVK verfolgt einen textbasierten Ansatz und nimmt an, dass eine Bedeutung „wahr" ist, wenn sie der Intention der Vertragsparteien entspricht, welche Niederschlag im Vertragstext

---

2009 *Bulygin*, in: Gianformaggio/Paulson (Hrsg.), Cognition and Interpretation of Law, 11 (14); *Cao*, in: Journal of Pragmatics 2007 (Vol. 39), 69 (69); *Kammerhofer*, Uncertainty in International Law, 117 f.; *Kulick*, in: German Yearbook of International Law 2015 (Vol. 59), 257 (258); *Merkouris*, in: Fitzmaurice/Elias/Merkouris (Hrsg.), Treaty Interpretation and the Vienna Convention on the Law of Treaties: 30 Years on, 1 (6).

2010 *Ascensio*, ICSID Review 2016 (Vol. 31), 366 (369).

2011 *Barak*, Purposive Interpretation, 6; *Dörr*, in: Dörr/Schmalenbach (Hrsg.), VCLT, Art. 31, Rn. 2; *Orakhelashvili*, The Interpretation of Acts and Rules in Public International Law, 285; *van Damme*, Treaty Interpretation by the WTO Appellate Body, 33.

2012 *Barak*, Purposive Interpretation, 4, 12-14; *Dörr*, in: Dörr/Schmalenbach (Hrsg.), VCLT, Art. 31, Rn. 12; *Kelsen*, Reine Rechtslehre, 2. Aufl., 1960, 346; *van Damme*, Treaty Interpretation by the WTO Appellate Body, 33.

2013 *Dascal/Wróblewski*, in: Journal of Pragmatics 1991 (Vol. 15), 421 (428).

2014 Der Inhalt der Interpretationsregeln der WVK wird hier nicht ausführlicher dargestellt. Es wird verwiesen auf grundlegende Darstellungen: *Djeffal*, Static and Evolutive Treaty Interpretation; *Dörr*, in: Dörr/Schmalenbach (Hrsg.), VCLT, Art. 31-Art. 33; *Gardiner*, Treaty Interpretation; *Herdegen*, Interpretation in International Law, in: Wolfrum (Hrsg.), MPEPIL; *Linderfalk*, On the Interpretation of Treaties; *Orakhelashvili*, The Interpretation of Acts and Rules in Public International Law, 285-439; *van Damme*, Treaty Interpretation by the WTO Appellate Body; *Villiger*, VCLT, Art. 31-33.

2015 IGH, *Avena and other Mexican Nationals (Mexico v. United States of America)*, Urteil vom 31.03.2004, ICJ Reports (2004), 12, 48 Rn. 83; *Dörr*, in: Dörr/Schmalenbach (Hrsg.), VCLT, Art. 31, Rn. 6; *Pehl*, Repräsentative Auslegung, 100.

gefunden hat.[2016] Daher ist der Wortlaut die äußere Grenze der Auslegung. Eine Bedeutung, die nicht von dem Wortlaut getragen werden kann, kann nicht durch den Prozess der Auslegung zugeschrieben werden.[2017] Innerhalb dieses äußeren Rahmens konkretisieren die Auslegungsmethoden die zulässigen Bedeutungen.[2018]

Art. 31 WVK enthält die generelle Auslegungsregel, die aus drei einzelnen Prinzipien besteht. Erstens ist ein Vertrag nach Treu und Glauben auszulegen. Dabei ist zweitens die in den Begriffen in ihrem Zusammenhang gewöhnliche Bedeutung zugrunde zu legen, die drittens unter Berücksichtigung von Ziel und Zweck des Vertrages zu betrachten ist.[2019]

Diese Regeln stehen bei der Auslegung in keiner Hierarchie und sind in keiner bestimmten Reihenfolge zu beachten.[2020] Vielmehr sah bereits die ILC den Prozess der Interpretation als eine Einheit in Form einer *„single combined operation"*.[2021]

Ein Interpretationsspielraum liegt im Prozess der Auslegung dann vor, wenn der Prozess der Interpretation unter Beachtung der geltenden Auslegungsregelungen zu mehreren zulässigen Auslegungsergebnissen führt.[2022] Zum Teil wird vertreten, dass bei korrekter Anwendung der Auslegungsregeln nur ein Interpretationsergebnis zulässig sein könne.[2023] Diese Diskussion zeigte sich bereits in der Frage, ob es sich bei Interpretation um eine

---

2016 *Dörr*, in: Dörr/Schmalenbach (Hrsg.), VCLT, Art. 31, Rn. 3; *Pehl*, Repräsentative Auslegung, 109.

2017 *Barak*, Purposive Interpretation, 7 f., 18, 102 f.; *Pehl*, Repräsentative Auslegung, 295.

2018 *Pehl*, Repräsentative Auslegung, 297.

2019 *Dörr*, in: Dörr/Schmalenbach (Hrsg.), VCLT, Art. 31, Rn. 38.

2020 *Dörr*, in: Dörr/Schmalenbach (Hrsg.), VCLT, Art. 31, Rn. 38; ILC Commentary on the final Draft, ILC Yearbook 1966 II 219 f., Art. 27, 28, § 8 f.; *Regan*, in: Besson/d'Aspremont (Hrsg.), The Oxford Handbook on the Sources of International Law, 1047 (1053).

2021 ILC Commentary on the final Draft, ILC Yearbook 1966 II 219 f., Art. 27, 28, § 8. Bestätigt hat die ILC dies in Conclusion 2 Abs. 5 der Draft Conclusions on subsequent agreements and subsequent practice in relation to the interpretation of treaties 2018, UN Doc. A/73/10.

2022 Vgl. *Fastenrath*, Lücken im Völkerrecht, 194.

2023 *Croley/Jackson*, in: American Journal of International Law 1996 (Vol. 90), 193 (200); *Ehlermann/Ehring*, in: Journal of International Economic Law 2005 (Vol. 8), 803 (810); *Fitzmaurice/Merkouris*, in: Fitzmaurice/Elias/Merkouris (Hrsg.), Treaty Interpretation and the Vienna Convention on the Law of Treaties: 30 Years on, 153 (183-187);

Wissenschaft oder eine Kunst handelt.[2024] In den letzten zwei Jahrzehnten entzündete sich die Diskussion darum beispielsweise an Art. 17.6 lit. ii) des *Antidumping-Übereinkommens* der WTO, der in seinem Text bereits eine solche Möglichkeit annimmt:

> „Bei der Prüfung der in Absatz 5 genannten Angelegenheit:
>
> i) [...]
>
> ii) legt die Sondergruppe die maßgeblichen Bestimmungen dieses Übereinkommens gemäß den üblichen Regeln für die Auslegung des Völkerrechts aus. Stellt die Sondergruppe fest, daß eine maßgebliche Bestimmung des Übereinkommens mehr als eine Auslegung zulässt, so erklärt sie die Maßnahme der Behörden als mit dem Übereinkommen vereinbar, sofern sich diese Maßnahme auf eine der zulässigen Auslegungen stützt."[2025]

Der Ansicht, dass bei korrekter Anwendung der Auslegungsregeln immer nur ein zulässiges Auslegungsergebnis möglich sei, ist aus verschiedenen Gründen nicht zu folgen. Stattdessen ist mit der Gegenansicht anzunehmen, dass es Situationen gibt, in denen auch bei korrekter Anwendung der Auslegungsregeln mehrere Ergebnisse zulässig sind.[2026]

Gardiner, Treaty Interpretation, 30-35; *Spamann*, in: Journal of World Trade 2004 (Vol. 38), 509 (517).

2024 *Linderfalk*, in: European Journal of International Law 2015 (Vol. 26), 169; *Merkouris*, in: Fitzmaurice/Elias/Merkouris (Hrsg.), Treaty Interpretation and the Vienna Convention on the Law of Treaties: 30 Years on, 1 (8-13).

2025 EU ABl. L 336 vom 23/12/1994 S. 0103-0118.

2026 *Ascensio*, ICSID Review 2016 (Vol. 31), 366 (372); *Barak*, Purposive Interpretation, 53, 91 f., 209-217; *Cremer*, in: Dörr/Grote/Marauhn (Hrsg.), EMRK/GG Konkordanzkommentar, Kapitel 4 Rn. 63; *Fahner*, in: European Journal of International Law 2021 (Vol. 32), 835 (845); *Heymann*, Einseitige Interpretationserklärungen zu multilateralen Verträgen, 49 f.; *Heussen*, in: Heussen/Pischel (Hrsg.), Handbuch Vertragsverhandlung und Vertragsmanagement, 150; *Kelsen*, Reine Rechtslehre, 2. Aufl., 1960, 349-353; *Klabbers*, in: Fitzmaurice/Elias/Merkouris (Hrsg.), Treaty Interpretation and the Vienna Convention on the Law of Treaties: 30 Years on, 17 (33); *Kolb*, The Law of Treaties, 155 f.; *Linderfalk*, On the Interpretation of Treaties, 45; *Linderfalk*, in: European Journal of International Law 2015 (Vol. 26), 169 (189); *Pehl*, Repräsentative Auslegung, 96 f., 286; *Waibel*, in: Research Handbook on the Law of Treaties, Tams/Tzanakopoulos/Zimmermann (Hrsg.), 375 (377).

Um immer nur zu einem Auslegungsergebnis zu kommen, müssten die Auslegungsregeln vergleichbar zu Rechenregeln in der Mathematik sein.[2027] Eine mathematische Gleichung ergibt aufgrund der streng geltenden Rechenregeln zu jeder Zeit und unabhängig von der rechnenden Person nur ein korrektes Ergebnis. Dass dies für die Auslegung nicht zutrifft, ergibt sich bereits daraus, dass die Auslegungsprinzipien nach Art. 31 WVK zwar ein einheitliches Konzept sind, aber es an einer Hierarchie oder Reihenfolge unter den einzelnen Prinzipien fehlt.[2028] Übertragen auf eine mathematische Operation, wäre dies wie die Streichung der Regelung „Punkt vor Strich" mit dem Ergebnis, dass 2 + 3 x 5 sowohl 17 als auch 25 ergeben könnte. Bereits aufgrund der möglichen unterschiedlichen Gewichtung der einzelnen Prinzipien kann es somit zu unterschiedlichen zulässigen Auslegungsergebnissen kommen.[2029]

Hinzu kommt, dass die Auslegungsregeln sich mehr auf subjektive Einschätzungen stützen als mathematische Rechenregeln. So erfolgt die Anwendung von „Punkt vor Strich" unabhängig von subjektiven Einschätzungen der rechnenden Person, denn sie hat keinen Einfluss darauf, welche Rechenoperation in die Kategorie „Punkt" und welche in die Kategorie „Strich" fällt. Dagegen bedarf die Entscheidung, welche Auslegung i. S. d. Effektivitätsprinzips Ziel und Zweck des Vertrages effektiver erreichen vermag, bereits einer subjektiven Einschätzung der auslegenden Person.[2030]

Dem Argument, dass es zu vielen *non-liquet*-Entscheidungen durch internationale Kontrollorgane kommen müsste, wenn die Möglichkeit mehrerer zulässiger Auslegungsergebnisse bestünde,[2031] ist zunächst entgegenzuhalten,

---

2027 Dass Auslegung nicht der Mathematik entspricht: *Polzin*, in: Temple International & Comparative Law Journal 2019 (Vol. 33), 247 (254 f.). Dass Recht nicht vergleichbar mit Mathematik ist: *Barak*, Purposive Interpretation, 210.

2028 *Van Damme*, Treaty Interpretation by the WTO Appellate Body, 37.

2029 *Ascensio*, ICSID Review 2016 (Vol. 31), 366 (373); *Fahner*, in: European Journal of International Law 2021 (Vol. 32), 835 (845); *Kammerhofer*, International Investment Law and legal theory, 142; *Kolb*, The Law of Treaties, 155 f.; *Linderfalk*, On the Interpretation of Treaties, 45; *Pehl*, Repräsentative Auslegung, 97; *Sorel/Boré Eveno*, in: Corten/Klein, VCLT, Art. 31 Rn. 58.

2030 Vgl. *Barak*, Purposive Interpretation, 215 f.; *Fahner*, in: European Journal of International Law 2021 (Vol. 32), 835 (852, 854).

2031 *Fitzmaurice/Merkouris*, in: Fitzmaurice/Elias/Merkouris (Hrsg.), Treaty Interpretation and the Vienna Convention on the Law of Treaties: 30 Years on, 153 (185).

dass dafür zuvor die Kontrolldichte zu klären ist.[2032] Bei einer verringerten Kontrolldichte wie z. B. in Art. 17.6. lit. ii) des *Antidumping-Übereinkommens* der WTO ist das Kontrollorgan nur befugt zu prüfen, ob die Auslegung der Partei einen äußeren Rahmen nicht überschritten hat. Das Kontrollorgan überprüft, ob die Partei eine der zulässigen Auslegungsergebnisse gewählt hat, und trifft keine Aussage darüber, ob es die einzig richtige ist. Ist das Kontrollorgan zu einer vollständigen Kontrolle der Auslegung befugt, kommt ihm derselbe Spielraum wie den Parteien zu.[2033] Ein Auslegungsergebnis eines Kontrollorgans bedeutet daher nicht, dass dieses *die* einzig korrekte Auslegung gefunden habe, sondern, dass es *eine* zulässige Auslegung zugrunde legt.[2034] Die Parteien haben mit der Schaffung des Organs diesem die Kompetenz eingeräumt, über eine Auslegung zu entscheiden.[2035] *Barak* bezeichnet diese Kompetenz der Gerichte als „*the sovereign prerogative of choice*"[2036]. Das Organ hat sich somit aus den zulässigen Auslegungsergebnissen anhand einer Abwägung für eine Auslegung zu entscheiden. Für den Fall, dass von dieser Entscheidung Bindungswirkung für eine Auslegung ausgeht, führt dies dazu, dass die übrigen zuvor zulässigen Auslegungsergebnisse nun unzulässig werden.

Weiterhin zeigt auch das Konzept der Auslegungsregelung *in dubio mitius*, dass nach den Auslegungsregeln in Art. 31–33 WVK mehrere Auslegungen zulässig sein können.[2037] Die Auslegungsregel *in dubio mitius*, wonach bei Zweifeln über die Auslegung die weniger strenge oder anspruchsvolle Auslegung zu wählen sei,[2038] ist zwar nicht als generelle Regel anerkannt,[2039] wird jedoch weiterhin diskutiert.[2040]

2032 Zur Frage der Kontrolldichte siehe die zweite Facette der Flexibilität: → Kapitel 1 A. I. 2. und Kapitel 6.

2033 *Pehl*, Repräsentative Auslegung, 97.

2034 *Kelsen*, Reine Rechtslehre, 2. Aufl., 1960, 349.

2035 *Van Damme*, Treaty Interpretation by the WTO Appellate Body, 164, 208 f. Für die Übertragung der Kompetenz an Gerichte in einem innerstaatlichen Rechtssystem so auch *Barak*, Purposive Interpretation, 16.

2036 *Barak*, Purposive Interpretation, 208.

2037 *Fahner*, in: European Journal of International Law 2021 (Vol. 32), 835 (835, 846 f.).

2038 *Fahner*, in: European Journal of International Law 2021 (Vol. 32), 835 (835 f.); *Schulte*, Zur Übertragbarkeit der *Margin-of-appreciation*-Doktrin des EGMR auf die Rechtsprechung des EuGH im Bereich der Grundfreiheiten, 28 f.

2039 *Dörr*, in: Dörr/Schmalenbach (Hrsg.), VCLT, Art. 31, Rn. 33.

2040 *Fahner*, in: European Journal of International Law 2021 (Vol. 32), 835 (835, 846 f.).

Mit den Worten von *Kelsen* ist somit anzunehmen, dass es mehr als eine zulässige Auslegung geben kann:

> „[D]aß eine Rechtsnorm stets nur eine, die ‚richtige' Deutung zuläßt. Das ist eine Fiktion, deren sich die traditionelle Jurisprudenz zur Aufrechterhaltung des Ideals der Rechtssicherheit bedient."[2041]

Den Interpretationsspielraum als Konsequenz umschreibt *Kelsen* ebenfalls:

> „Versteht man unter ‚Interpretation' die erkenntnismäßige Feststellung des Sinnes des zu interpretierenden Objektes, so kann das Ergebnis einer Rechtsinterpretation nur die Feststellung des Rahmens sein, den das zu interpretierende Recht darstellt, und damit die Erkenntnis mehrerer Möglichkeiten, die innerhalb dieses Rahmens gegeben sind. Dann muß die Interpretation eines Gesetzes nicht notwendig zu einer einzigen richtigen Entscheidung als der allein richtigen, sondern möglicherweise zu mehreren führen, die alle – sofern sie nur an dem anzuwendenden Gesetz gemessen werden – gleichwertig sind, wenn auch nur eine einzige von ihnen im Akt des rechtsanwendenden Organs, insbesondere des Gerichtes, positives Recht wird."[2042]

Der Interpretationsspielraum wird teilweise als *„margin of interpretation"*,[2043] als *„interpretative space"*[2044], als *„interpretative range"*[2045] oder *„zone of ambiguity"*[2046] und deren Ausübung als *„(judicial/interpretative) discretion"*[2047] bezeichnet. Innerhalb dieses Interpretationsspielraums liegen nur zulässige Auslegungsergebnisse. Ein Auslegungsergebnis ist zulässig, wenn es durch

2041 *Kelsen*, Reine Rechtslehre, 2. Aufl., 1960, 353. Ähnlich *Barak*, Purposive Interpretation, 217: „Interpretation without discretion is a myth." sowie *Cremer*, in: Dörr/Grote/Marauhn (Hrsg.), EMRK/GG Konkordanzkommentar, Kapitel 4 Rn. 63, der von einer „Illusion" schreibt.

2042 *Kelsen*, Reine Rechtslehre, 2. Aufl., 1960, 349. So ebenfalls: *Pehl*, Repräsentative Auslegung, 96.

2043 *Goodwin-Gil*, in: International Refugee Law 1999 (Vol. 11), 730; *Herdegen*, Interpretation in International Law, in: Wolfrum (Hrsg.), MPEPIL, Rn. 4; *Stern*, in: Fitzmaurice/Elias/Merkouris (Hrsg.), Treaty Interpretation and the Vienna Convention on the Law of Treaties: 30 Years on, 111 (111 f.).

2044 *Waibel*, in: Research Handbook on the Law of Treaties, Tams/Tzanakopoulos/Zimmermann (Hrsg.), 375 (383).

2045 *Fahner*, in: European Journal of International Law 2021 (Vol. 32), 835 (845 f.); *Watson*, in: American Journal of International Law 1977 (Vol. 71), 60 (67).

2046 *Chayes/Chayes*, in: International Organizations 1993 (Vol. 47), 175 (189).

2047 *Barak*, Purposive Interpretation, 91 f., 207; *Linderfalk*, in: European Journal of International Law 2015 (Vol. 26), 169 (184).

eine nach rechtlichen Maßstäben vertretbare Anwendung der Interpretationsregeln zustande gekommen ist.[2048] Der Spielraum kann dabei unterschiedlich weit sein.[2049]

Innerhalb dieses Interpretationsspielraums steht der interpretierenden Person ein Auswahlermessen zwischen den zulässigen Auslegungen zu. Die Ausübung des Ermessens stellt den letzten Schritt in dem Prozess der Auslegung dar und ist somit ein Aspekt des Auslegungsprozesses und nicht außerhalb dieses Prozesses.[2050] Dies äußert sich auch darin, dass das Ermessen häufig dadurch ausgeübt wird, indem einem Prinzip in der Auslegung die höhere und damit ausschlaggebende Bedeutung zugesprochen wird. Als Teil des gesamten Auslegungsprozesses wird auch die Ermessensentscheidung von Treu und Glauben und dem darin enthaltene Effektivitätsprinzip geprägt. Darüber hinaus bestehen jedoch keine Vorgaben, die zu einem bestimmten Ergebnis führen müssten.[2051] Ein Versuch, das Ermessen zu lenken, ist die bereits genannte diskutierte Auslegungsregelung *in dubio mitius*. Diese ist jedoch weder in der WVK noch gewohnheitsrechtlich anerkannt.[2052]

Zusammenfassend ist der Interpretationsspielraum zunächst bestimmt von den möglichen semantischen Bedeutungen eines Begriffes oder Satzes, da die Wortlautgrenze die äußere Grenze des Interpretationsspielraums ist. Die Gesamtheit der semantisch zulässigen Bedeutung eines Textes bildet die Grundlage für den Interpretationsprozess. Aus dieser Gesamtheit filtern die Auslegungsmethoden die zulässige rechtliche Bedeutung für eine Norm heraus. Ein zulässiges Auslegungsergebnis ist nur ein solches, welches bei korrekter Anwendung der Auslegungsmethoden zustande gekommen ist. Nach Anwendung der Auslegungsregeln kann das Ergebnis sein, dass nur eine einzige Auslegung zulässig ist oder dass mehrere Auslegungen zulässig sind.

2048 *Fahner*, in: European Journal of International Law 2021 (Vol. 32), 835 (845); *Linderfalk*, On the Interpretation of Treaties, 48; *Waibel*, in: Research Handbook on the Law of Treaties, Tams/Tzanakopoulos/Zimmermann (Hrsg.), 375 (377).

2049 *Endicott*, Vagueness in Law, 190.

2050 *Barak*, Purposive Interpretation, 38.

2051 *Barak*, Purposive Interpretation, 208; *Linderfalk*, in: European Journal of International Law 2015 (Vol. 26), 169 (189).

2052 *Dörr*, in: Dörr/Schmalenbach (Hrsg.), VCLT, Art. 31, Rn. 33.

In der letzteren Situation kommt der interpretierenden Person ein Spielraum zu und sie kann sich für eine der zulässigen Auslegungen entscheiden.[2053]

2. Berechtigung zur Auslegung durch jede Partei und häufig fehlende Überprüfungsinstanz

Die Bedeutung von mehreren zulässigen Auslegungsergebnissen wird in der Völkerrechtsordnung durch verschiedene Faktoren noch verstärkt und erlangt dadurch eine größere Relevanz als in nationalen Rechtsordnungen.

Da die Interpretation eines völkerrechtlichen Vertrages der notwendige Schritt vor der Anwendung des Vertrages ist,[2054] ist jeder zur Interpretation berechtigt, der den Vertrag anwendet.[2055] Nicht außer Acht zu lassen ist, dass jede auslegende Person mit gewissen Vorkenntnissen oder einem Vorverständnis an die Auslegung eines juristischen Textes herangeht.[2056] Dieses ist jedoch regelmäßig national vorgeprägt und daher zwischen den auslegenden Personen unterschiedlich, wie *Crawford* es generell für den Einfluss eines nationalen Verständnisses formuliert:

> „It cannot be said too often that our thinking about law is infiltrated, marinated, drenched with the influence of national legal systems, with their characteristic ways of enforcing obligations and vindicating rights. We were all national lawyers first."[2057]

So besteht beispielsweise das Risiko, dass die Vorprägung eines Juristen aus einem *Common Law*-Staat einer Auslegung durch ein internationales Gericht bei der Auslegung eine besondere Bedeutung beimessen möchte, obwohl dies

---

2053 Für eine bildliche Darstellung des Prozesses: *Barak*, Purposive Interpretation, Appendix 1, 395.

2054 *Dörr*, in: Dörr/Schmalenbach (Hrsg.), VCLT, Art. 31, Rn. 14; *Endicott*, Vagueness in Law, 11; *Orakhelashvili*, The Interpretation of Acts and Rules in Public International Law, 285; *Stern*, in: Fitzmaurice/Elias/Merkouris (Hrsg.), Treaty Interpretation and the Vienna Convention on the Law of Treaties: 30 Years on, 111 (111 f.).

2055 *Bernhardt*, Auslegung völkerrechtlicher Verträge, 43 f.; *Dörr*, in: Dörr/Schmalenbach (Hrsg.), VCLT, Art. 31, Rn. 17; *Heymann*, Einseitige Interpretationserklärungen zu multilateralen Verträgen, 47.

2056 *Ascensio*, ICSID Review 2016 (Vol. 31), 366 (386); *Pehl*, Repräsentative Auslegung, 84. Vgl. *Buffard/Zemanek*, in: Austrian Review of International and European Law 1998 (Vol. 3), 311 (331).

2057 *Crawford*, in: Recueil des Cours 2006 (Vol. 319), 325 (345).

explizit keine Auslegungsmittel nach Art. 31 WVK ist[2058]. Ebenfalls gilt dies besonders für Rechtsbegriffe, die als Konzept in verschiedenen nationalen Rechtsordnungen bestehen. Eine Person, die einen internationalen Vertrag auslegt, muss sich von einem nationalen Verständnis von beispielsweise Treu und Glauben lösen. Dennoch besteht die Gefahr, dass ein solches Vorverständnis sich (unbewusst) auf die Auslegung auswirkt.

Diese subjektive Komponente in Form eines Vorverständnisses wird noch verstärkt dadurch, dass die einzelnen Rechtsgebiete des Völkerrechts sich teilweise als geschlossene Systeme entwickeln und die Gefahr besteht, dass eine auslegende Person mit einer starken Vorprägung in einem anderen Bereich des Völkerrechts einen Vertrag mit einem anderen Vorverständnis auslegt. *Merkouris* beschreibt dies wie folgt:

> „In international law, this situation is further aggravated by the fact that language is an element of a larger system that of international law; and this latter system is not devoid of complications itself. International law is a "universe of inter-connected islands", a house with many different rooms. Each room/island is a different area of international law, and depending on its area of focus, be it environmental law, trade law etc. it might have developed a terminology that could differ from the generally accepted one."[2059]

Diese größere Diversität der Vorverständnisse der auslegenden Personen wird für völkerrechtliche Verträge nur teilweise durch Kontrollorgane verringert. Anders als auf nationaler Ebene existieren nur für manche Verträge Instanzen, welche eine verbindliche Interpretation festlegen können.[2060] Stattdessen ist die Völkerrechtsordnung ein dezentralisiertes und koordinationsrechtliches System. In der Völkerrechtsordnung fehlt es an einer Zentralgewalt, die vergleichbar zu innerstaatlich Hoheitsgewalt ausübenden Institutionen wäre.[2061]

2058 Insbesondere fallen sie auch nicht unmittelbar unter die spätere Übung nach Art. 31 Abs. 3 lit. b) WVK: ILC Draft Conclusions on subsequent agreements and subsequent practice in relation to the interpretation of treaties 2018, UN Doc. A/73/10, Conclusion 3, Rn. 11, 26 f.

2059 *Merkouris*, in: Fitzmaurice/Elias/Merkouris (Hrsg.), Treaty Interpretation and the Vienna Convention on the Law of Treaties: 30 Years on, 1 (6 f.).

2060 *Dörr*, in: Dörr/Schmalenbach (Hrsg.), VCLT, Art. 31, Rn. 18; *Nehls*, Die Auslegung mehrsprachiger völkerrechtlicher Verträge, 250; *Polzin*, in: Temple International & Comparative Law Journal 2019 (Vol. 33), 247 (270).

2061 *Dahm/Delbrück/Wolfrum*, Völkerrecht Band I/1, 34; *von Arnauld*, Völkerrecht, Rn. 43.

Vielmehr erfolgt sowohl die Rechtsetzung als auch die Rechtsdurchsetzung gemeinschaftlich.[2062] Ein Völkerrechtssubjekt ist anders als ein Bürger eines Staates aufgrund des Konsensprinzips nur an das Völkerrecht gebunden, dem es zugestimmt hat oder im Fall des Völkergewohnheitsrechts zumindest nicht widersprochen hat.[2063] Eine weitere Folge des koordinationsrechtlichen Charakters ist, dass jede Ansicht in der Rechtsanwendung gleichwertig ist und somit darf jede Partei ohne verbindliche Interpretation an ihrer Auslegung festhalten und sie der Anwendung der Norm zugrunde legen.[2064] Aufgrund dieser letzten Folge wird die Auslegung auch als Auto-Interpretation bezeichnet.[2065] Der Akteur ist sowohl auslegende Partei als auch Richter über die Richtigkeit der Auslegung.[2066]

II. Die Determinierung des Interpretationsspielraums bei der Vertragsgestaltung

Inwiefern unter Anwendung der Interpretationsregeln verschiedene Interpretationsergebnisse zulässig sind, hängt von verschiedenen Faktoren ab. Nicht für jede Norm entsteht ein großer Spielraum, innerhalb dessen die Parteien unterschiedliche zulässige Interpretationen wählen können. Da der Wortlaut die äußere Grenze der Auslegung ist,[2067] legen die aushandelnden Völkerrechtssubjekte mit der Vertragsgestaltung die Grundlage für den Umfang eines späteren Interpretationsspielraums. Die Aussage von *Klabbers* *„interpretation is the continuation of treaty negotiations by other means"*[2068] kann insofern auch umgekehrt werden und die Vertragsverhandlungen als

---

2062 *Benatar*, in: Belgian Review of International Law 2011 (Vol. 44), 170 (174 f.); *von Arnauld*, Völkerrecht, Rn. 43.

2063 *Brunnée*, Consent, in: Wolfrum (Hrsg.), MPEPIL, Rn. 5, 15-17; *von Arnauld*, Völkerrecht, Rn. 40.

2064 *Benatar*, in: Belgian Review of International Law 2011 (Vol. 44), 170 (174 f.); vgl. *Watson*, in: American Journal of International Law 1977 (Vol. 71), 60 (61).

2065 *Benatar*, in: Belgian Review of International Law 2011 (Vol. 44), 170 (174); *Gourgourinis*, in: Journal of International Dispute Settlement 2011 (Vol. 2), 31 (35); *Watson*, in: American Journal of International Law 1977 (Vol. 71), 60; *Zhang*, in: Japanese Yearbook of International Law 2009 (Vol. 52), 35 (62).

2066 *Provost*, in: Bianchi/Peat/Windsor (Hrsg.), Interpretation of International Law, 290 (293 f.).

2067 *Barak*, Purposive Interpretation, 7 f., 18, 102 f.; *Pehl*, Repräsentative Auslegung, 295.

2068 *Klabbers*, in: Nordic Journal of International Law 2005 (Vol. 74), 405 (406).

Vorspann für die Auslegung angesehen werden. Bereits bei den Vertragsverhandlungen sollte daher bedacht werden, welche semantischen Bedeutungsmöglichkeiten ein Text haben kann und wie und mit welchem Ergebnis die Auslegungsmethoden auf diesen angewendet werden können.[2069]

Der Interpretationsspielraum eines Vertrages kann unbewusst durch ungenaues Arbeiten in den Aushandlungen des Vertrages entstehen oder die Parteien können bewusst den Text eines Vertrages so ausgestalten, dass sich in dessen Auslegung Spielräume ergeben.[2070] Die beabsichtigte Schaffung von Interpretationsspielräumen durch eine vage Sprache wird auch als konstruktive Mehrdeutigkeit (*constructive ambiguity*)[2071], als beabsichtigte Mehrdeutigkeit (*intentional ambiguity*)[2072] oder als beabsichtigte Unbestimmtheit (*intended indeterminacy*)[2073] bezeichnet. Diese Methode setzen Völkerrechtssubjekte ein, um sich leichter zu einigen.[2074] Interpretationsspielräume innerhalb eines Vertrages dienen somit dem Ausgleich divergierender Interessen der Parteien sowie der Erreichung einer breiten Beteiligung an einem Vertrag.[2075]

1. Präzision der Vertragsbestimmungen

Wesentlich für die Frage, ob eine Norm einen Interpretationsspielraum eröffnet, ist die Präzision der Norm. Ist eine Norm sehr präzise formuliert, besteht für die Parteien kein oder nur ein sehr geringer Interpretationsspielraum an zulässigen Interpretationen.[2076]

2069 *Pehl*, Repräsentative Auslegung, 324.

2070 *Stern*, in: Fitzmaurice/Elias/Merkouris (Hrsg.), Treaty Interpretation and the Vienna Convention on the Law of Treaties: 30 Years on, 111 (113).

2071 *Bell*, On the Law of Peace, 166; *Kulick*, in: German Yearbook of International Law 2015 (Vol. 59), 257 (283); New Zealand Centre for Environmental Law, Multilateral Environmental Agreement Negotiator's Handbook, Pacific Region 2013, online verfügbar: https://portals.iucn.org/library/node/44714 [28.07.2025], 74; *Oberthur/Bodle*, in: Climate Law 2016 (Vol. 6), 40 (48 f.); *Troitskiy*, in: Zartman (Hrsg.), How Negotiations end, 238 (239).

2072 *Zhang*, in: Japanese Yearbook of International Law 2009 (Vol. 52), 35 (55).

2073 *Stern*, in: Fitzmaurice/Elias/Merkouris (Hrsg.), Treaty Interpretation and the Vienna Convention on the Law of Treaties: 30 Years on, 111 (113).

2074 *Bell*, On the Law of Peace, 166.

2075 Siehe dazu ausführlicher: → Kapitel 2 B. II. 3.

2076 *Abbott/Keohane/Moravcsik/Slaughter/Snidal*, in: International Organizations 2000 (Vol. 54), 401 (412); *Marcoux*, in: Conflict Management and Peace Science 2009 (Vol. 26), 209 (211 f.); *Pehl*, Repräsentative Auslegung völkerrechtlicher Verträge, 325.

Ein erster Impuls mag sein zu fordern, dass Rechtsnormen besonders präzise formuliert sein sollen. So existiert im US-amerikanischen Recht die *void-for-vagueness*-Doktrin, wonach eine zu vage Norm ungültig ist.[2077] Das deutsche Recht enthält den Bestimmtheitsgrundsatz.[2078] Allerdings würde eine zu strenge Handhabung einer Anforderung an Präzision eine kaum mögliche Zahl an Rechtsnormen erfordern, da für jeden Einzelfall eine Norm existieren müsste. Insbesondere höherrangige Normen schaffen überwiegend lediglich einen – manchmal weiteren und manchmal engeren – Rahmen, innerhalb dessen dem Normanwender ein Spielraum zukommt.[2079]

a) Definition der Präzision

Die Präzision von Vertragsbestimmungen wird ebenfalls unter dem Begriff der (sprachlichen) Unsicherheit („*(linguistic) uncertainty*")[2080] oder Unbestimmtheit („*indeterminacy*")[2081] behandelt. Recht ist unbestimmt, wenn für eine rechtliche Fragestellung oder die Anwendung von Recht auf eine tatsächliche Situation mehr als eine richtige Antwort existiert.[2082] Dies umfasst all jene Eigenschaften einer Sprache, welche dazu führen, dass ein Begriff oder eine Formulierung unklar ist.[2083]

Weiterhin wird die Präzision von Vertragsbestimmungen unter dem Begriff der unvollständigen Verträge („*incomplete treaties*") als Aspekt der

---

2077 *Keil/Poscher*, in: Keil/Poscher (Hrsg.), Vagueness and law, 1 (9); *Kompa*, in: Keil/Poscher (Hrsg.), Vagueness and law, 205 (220).

2078 BVerfG, Beschluss vom 10.11.2020 – 1 BvR 3214/15 –, BVerfGE 156, 11-63, Rn. 85-88; *Lepsius*, in: Herdegen/Masing/Poscher/Gärditz (Hrsg.), Handbuch des Verfassungsrechts, § 12 Rn. 69-77.

2079 *Berner*, in: Zeitschrift für ausländisches öffentliches Recht und Völkerrecht 2016 (Vol. 76), 845 (850).

2080 *Cao*, in: Journal of Pragmatics 2007 (Vol. 39), 69 (70); *Kammerhofer*, Uncertainty in International Law, 117 f.

2081 *Endicott*, in: Oxford Journal of Legal Studies 1996 (Vol. 16), 667 (669); *Kammerhofer*, Uncertainty in International Law, 120; *Orakhelashvili*, The Interpretation of Acts and Rules in Public International Law, 528; *Zhang*, in: Journal of Pragmatics 1998 (Vol. 29), 13 (15).

2082 *Endicott*, Vagueness in Law, 9; *Kress*, in: California Law Review 1989 (Vol. 77), 283 (283).

2083 *Endicott*, in: Oxford Journal of Legal Studies 1996 (Vol. 16), 667 (669).

Vertragstheorie („*contract theory*") diskutiert.[2084] Ein Vertrag wird als unvollständig bezeichnet, wenn er einzelne Situationen oder zukünftige Umstände, welche in den Anwendungsbereich des Vertrages fallen, nicht (umfassend) regelt.[2085] Dies ist insbesondere der Fall, wenn nicht für alle möglichen Szenarien in der Zukunft die Rechte und Pflichten der Parteien bestimmt sind.[2086] Da es in der weit überwiegenden Zahl völkerrechtlicher Verträge unmöglich ist, jegliche zukünftige Szenarien zu berücksichtigen, sind die meisten (vermutlich alle) völkerrechtlichen Verträge unvollständig. Ein vollständiger Vertrag ist allerdings zumeist aufgrund der hohen Kosten in der Aushandlung für die Parteien nicht erstrebenswert. Umgekehrt kann es im Interesse der Parteien sein, dass ein Vertrag Lücken aufweist, welche den Parteien einen Handlungsspielraum einräumen.[2087]

Ein Vertrag ist beispielsweise unvollständig, wenn auf Tatbestandsseite vage Begriffe verwendet werden. *Fjelstul/Reiter* nennen als Beispiel die vage Festlegung des territorialen Anwendungsbereichs eines Vertrages. Legt ein Vertrag seinen geographischen Anwendungsbereich lediglich durch die Beschreibung „pazifische Region" fest, stellt sich die Frage, ab welchem Längen- und Breitengrad diese Region beginnt.[2088]

Teilweise werden die Begriffe unvollständig und vage gleichgesetzt.[2089] Ein Vertrag kann jedoch unvollständig sein, indem bewusst Aspekte nicht

---

[2084] *Abbott/Snidal*, in: International Organization 2000 (Vol. 54), 421 (433); *Bernheim/Whinston*, in: The American Economic Review 1998 (Vol. 88), 902; *Fjelstul/Reiter*, in: International Interactions 2019 (Vol. 45), 976; *Fontanelli/Bianco*, in: Stanford Journal of International Law 2014 (Vol. 50), 211 (234-238); *Lo*, Treaty Interpretation under the Vienna Convention on the Law of Treaties, 11; *Rasmusen*, in: Advances in Economic Analysis & Policy 2001 (Vol. 1), 1; WTO World Trade Report 2009, Trade Policy Commitments and Contingency Measures, online verfügbar: https://www.wto.org/english/res_e/booksp_e/anrep_e/world_trade_report09_e.pdf [28.07.2025], 41.

[2085] *Fjelstul/Reiter*, in: International Interactions 2019 (Vol. 45), 976 (983); *Endicott*, Vagueness in Law, 38; *Lo*, Treaty Interpretation under the Vienna Convention on the Law of Treaties, 11.

[2086] WTO World Trade Report 2009, Trade Policy Commitments and Contingency Measures, online verfügbar: https://www.wto.org/english/res_e/booksp_e/anrep_e/world_trade_report09_e.pdf [28.07.2025], 41.

[2087] *Bernheim/Whinston*, in: The American Economic Review 1998 (Vol. 88), 902 (903).

[2088] *Fjelstul/Reiter*, in: International Interactions 2019 (Vol. 45), 976 (977).

[2089] *Bernheim/Whinston*, in: The American Economic Review 1998 (Vol. 88), 902 (921); *Fjelstul/Reiter*, in: International Interactions 2019 (Vol. 45), 976 (977).

thematisiert werden. Regeln die aushandelnden Völkerrechtssubjekte eine Thematik bewusst nicht und überdecken dies nicht mit vager Sprache, handelt es sich um einen unvollständigen Vertrag, aber nicht aufgrund von Vagheit. Weiterhin kann ein Vertrag unvollständig sein, da die Parteien spätere tatsächliche Änderungen nicht vorhersehen konnten.[2090] Dies beruht zumeist nicht auf einer unpräzisen Sprache. Vielmehr räumen vage oder generelle Begriffe den Parteien die Möglichkeit ein, dass sie den Anwendungsbereich weit verstehen können und dass eine Norm in einer Vielzahl späterer, nicht vorgesehener Umstände gilt und anwendbar ist. Fehlende Präzision und unvollständige Verträge sollten daher nicht synonym verwendet werden. Die Bezeichnung als unvollständiger Vertrag legt den Fokus eher auf den Effekt als auf die Instrumente, mit denen dieser erzielt wird. Da der Fokus dieser Arbeit jedoch auf den Mitteln der Vertragsgestaltung liegt, wird vorliegend einzig die Bezeichnung der Präzision einer Norm verwendet.

b) Begriffseigenschaften, welche sich auf die Präzision auswirken

Verschiedene Umstände führen dazu, dass eine Norm nicht eindeutig formuliert ist.[2091] Zu unterscheiden ist insbesondere, ob der Wortlaut einer Regelung mehrdeutig, vage oder generell ist. In der Literatur wird nicht immer zwischen einem mehrdeutigen („*ambiguous*") und einem vagen Wortlaut unterschieden, sondern teilweise ausschließlich von Mehrdeutigkeit („*ambiguity*") gesprochen.[2092] Dies gilt insbesondere, wenn von der Methode gesprochen wird, dass in der Aushandlung eines Vertrages bewusst Begriffe oder Formulierungen mit einer geringen Präzision gewählt werden. Dafür wird regelmäßig die Bezeichnung konstruktive Mehrdeutigkeit („*constructive ambiguity*")[2093] oder bewusste Mehrdeutigkeit („*intentional ambiguity*")[2094] verwendet, unabhängig

---

2090 WTO World Trade Report 2009, Trade Policy Commitments and Contingency Measures, online verfügbar: https://www.wto.org/english/res_e/booksp_e/anrep_e/world_trade_report09_e.pdf [28.07.2025], 41.

2091 *Fahner*, in: European Journal of International Law 2021 (Vol. 32), 835 (843).

2092 So z. B.: *Chayes/Chayes*, in: International Organizations 1993 (Vol. 47), 175 (191); *Orakhelashvili*, The Interpretation of Acts and Rules in Public International Law, 24.

2093 *Bell*, On the Law of Peace, 166; *Kulick*, in: German Yearbook of International Law 2015 (Vol. 59), 257 (283).

2094 *Zhang*, in: Japanese Yearbook of International Law 2009 (Vol. 52), 35 (55).

davon, ob es sich um mehrdeutige oder vage Formulierungen handelt. Da die Wirkungen unterschiedlich sind, ist eine Differenzierung erforderlich.

aa) Mehrdeutige Begriffe oder Formulierungen

Ein Begriff oder der Wortlaut eines Satzes ist mehrdeutig („*ambiguous*"), wenn ihm mehr als eine semantisch nicht zusammenhängende Bedeutung zukommt.[2095] Eine Formulierung kann aus zwei Gründen mehrdeutig sein.

Erstens kann ein verwendeter Begriff verschiedene – voneinander unabhängige – Bedeutungen aufweisen, sodass die Bedeutung in der Situation unbestimmt bleibt.[2096] Dies wird auch als lexikalische Mehrdeutigkeit („*lexical ambiguity*")[2097] bezeichnet. Beispiele dafür sind Bank als Parkbank oder als Finanzinstitut oder Erde als Erdreich oder als Welt. Diese Art der Mehrdeutigkeit wird häufig durch den verwendeten Kontext aufgeklärt.[2098] So würde wohl niemand davon ausgehen, dass das „Gericht" in Art. 6 EMRK[2099] eine Mahlzeit anstelle des rechtsprechenden Organs meint. Im Völkerrecht ist der Kontext dabei sowohl die gesamte Norm als auch die anderen Sprachfassungen. Im Beispiel von Art. 6 EMRK handelt es sich bei der deutschen Übersetzung darüber hinaus nicht um einen authentischen Text. Die englischen und französischen Begriffe („*tribunal*") sind insofern nicht mehrdeutig.

Zweitens kann eine Norm aufgrund der Syntax mehrdeutig sein,[2100] welches als syntaktische Mehrdeutigkeit („*syntactical ambiguity*")[2101] oder auch struktu-

---

2095 *Barak*, Purposive Interpretation, 100; *Endicott*, Vagueness in Law, 54; *Horn*, Reservations and Interpretative Declarations to Multilateral Treaties, 252; *Zhang*, in: Journal of Pragmatics 1998 (Vol. 29), 13 (17); vgl. *Linderfalk*, On the Interpretation of Treaties, 45.

2096 *Thaler*, Mehrdeutigkeit und juristische Auslegung, 3; *Kulick*, in: German Yearbook of International Law 2015 (Vol. 59), 257 (259); *Kammerhofer*, Uncertainty in International Law, 118; *Waldron*, in: California Law Review 1994 (Vol. 82), 509 (512).

2097 *Marmor*, in: Bongiovanni, u. a. (Hrsg.), Handbook of Legal Reasoning and Argumentation, 561 (566).

2098 *Marmor*, in: Bongiovanni, u. a. (Hrsg.), Handbook of Legal Reasoning and Argumentation, 561 (576); *Orakhelashvili*, The Interpretation of Acts and Rules in Public International Law, 338; *Zhang*, in: Journal of Pragmatics 1998 (Vol. 29), 13 (27 f.).

2099 Neufassung der deutschen Übersetzung aus BGBl. 2010 II, 1199. International: CETS Nr. 5.

2100 *Barak*, Purposive Interpretation, 100; *Cao*, in: Journal of Pragmatics 2007 (Vol. 39), 69 (70); *Dörr*, in: Dörr/Schmalenbach (Hrsg.), VCLT, Art. 31, Rn. 46.

2101 *Barak*, Purposive Interpretation, 100; *Cao*, in: Journal of Pragmatics 2007 (Vol. 39), 69 (70); *Horn*, Reservations and Interpretative Declarations to Multilateral Treaties,

relle Mehrdeutigkeit („*structural ambiguity*")[2102] bezeichnet wird. Ein Aspekt der Grammatik ist insofern auch die verwendete Zeitform.[2103] Eine syntaktische Mehrdeutigkeit wurde bewusst im Rahmen des *UN-Klimarahmenvertrages*[2104] genutzt. In den Verhandlungen über das Prinzip der *common but differentiated responsibilities* waren sich die aushandelnden Völkerrechtssubjekte zwar einig, dass die Industriestaaten eine Führungsrolle übernehmen sollten, allerdings fehlte es an der Einigkeit darüber, ob dies in den unterschiedlichen Verantwortlichkeiten für den Klimawandel oder den verschiedenen Fähigkeiten zur Bekämpfung desselben begründet liegt. Art. 3 Abs. 1 des *UN-Klimarahmenvertrages* formuliert deshalb wie folgt:

> „The Parties should protect the climate system for the benefit of present and future generations of humankind, on the basis of equity and in accordance with their common but differentiated responsibilities and respective capabilities. Accordingly, the developed country Parties should take the lead in combating climate change and the adverse effects thereof."[2105]

Aufgrund des „*accordingly*" kann jede Partei später interpretieren, ob es sich auf unterschiedliche Verantwortlichkeiten oder verschiedene Fähigkeiten bezieht.[2106]

bb) Vage Begriffe oder Formulierungen

Ein Begriff ist vage, wenn der Bezug eines Rechtsbegriffes unbestimmt ist.[2107] Der Bezug eines Rechtsbegriffes meint die Klasse der Objekte, die unter einen Begriff fällt.[2108] Für vage Begriffe ist in vielen Situationen nicht eindeutig, ob sie erfüllt sind oder nicht. Dies verdeutlichen die Begriffe „groß" und „reich", welche typische Beispiele für vage Begriffe sind. Ein Handballspieler, der über

---

254; *Marmor*, in: Bongiovanni u. a. (Hrsg.), Handbook of Legal Reasoning and Argumentation, 561 (566).

2102 *Cao*, in: Journal of Pragmatics 2007 (Vol. 39), 69 (70).

2103 *Dörr*, in: Dörr/Schmalenbach (Hrsg.), VCLT, Art. 31, Rn. 41.

2104 BGBl. 1993 II 1783, 1784. International: UNTS Vol. 1771, 107.

2105 UNTS Vol. 1771, 107. Deutsche Fassung: BGBl. 1993 II 1783, 1784.

2106 *Biniaz*, in: Michigan Journal of Environmental Administrative Law 2016 (Vol. 6), 37 (40).

2107 *Barak*, Purposive Interpretation, 100 f.; *Kulick*, in: German Yearbook of International Law 2015 (Vol. 59), 257 (259); *Thaler*, Mehrdeutigkeit und juristische Auslegung, 3.

2108 *Thaler*, Mehrdeutigkeit und juristische Auslegung, 2.

zwei Meter groß ist, ist „groß" und eine Person, dessen Vermögen zehn Millionen Euro umfasst, ist „reich". Allerdings stellt sich bei vagen Begriffen die Frage, ab wann sie vorliegen. Ab wann ist eine Person als „groß" oder „reich" zu bezeichnen? Eine Überlegung ist, zunächst von einem definitiven Fall auszugehen und davon in minimalen Schritten abzuweichen. Da jeder Schritt an sich so minimal ist, kann ein einziger Schritt nicht den Unterschied darstellen zwischen dem Vorliegen und Nicht-Vorliegen des Begriffes. Eine Person, der zehn Millionen minus einem Euro gehören, ist ebenfalls „reich". Dasselbe gilt für eine Person mit einem Vermögen von zehn Millionen minus zwei Euro oder zehn Millionen minus hundert Euro. Führt man diese Annahme konsequent durch, kommt man zu dem Ergebnis, dass eine Person mit fünf Euro „reich" ist. Es lässt sich keine Grenze bestimmen, die bei Abzug eines einzigen Euros, dazu führt, dass eine Person nicht mehr als „reich" zu bezeichnen ist. Dies wird als Paradoxie des Haufens oder *Sorites*-Paradoxie bezeichnet.[2109] Es umschreibt eine quantitative Vagheit[2110] oder in Anlehnung an das *Sorites*-Paradox *„soritical vagueness"*[2111]. Ein Beispiel für eine Norm mit quantitativ vagem Begriff ist Art. 37 des *Wiener Übereinkommens über konsularische Beziehungen*:

> „Verfügen die zuständigen Behörden des Empfangsstaats über die entsprechenden Auskünfte, so sind sie verpflichtet,
>
> a) beim Tod eines Angehörigen des Entsendestaats unverzüglich die konsularische Vertretung zu benachrichtigen, in deren Amtsbezirk der Todesfall eingetreten ist;
>
> [...]"[2112]

Quantitativ vage ist der Begriff „unverzüglich".[2113] Eine Benachrichtigung nach einer halben Stunde ist sicher unverzüglich, somit auch eine nach einunddreißig Minuten, nach zweiunddreißig Minuten u. s. w.

2109 *Edgington*, in: Legal Theory 2001 (Vol. 7), 371 (371-373); *Pardey*, in: Journal for General Philosophy of Science 2002 (Vol. 33), 323 (326-336); *Schiffer*, in: Legal Theory 2001 (Vol. 7), 421 (425-428); *Waldron*, in: California Law Review 1994 (Vol. 82), 509 (517).

2110 *Keil/Poscher*, in: Keil/Poscher (Hrsg.), Vagueness and law, 1 (3).

2111 *Weber*, in: Keil/Poscher (Hrsg.), Vagueness and law, 189 (190).

2112 BGBl. 1969 II 1585. International: UNTS Vol. 596, 261.

2113 Zu der Auslegung dieser Bestimmung, ohne auf die Eigenschaft als quantitativ vage einzugehen: IGH, *Avena and Other Mexican Nationals (Mexico v. United States of America)*, Urteil vom 31.03.2004, Rn. 74-90.

Für quantitativ vage Begriffe besteht die Schwierigkeit darin, dass nicht festgestellt werden kann, wo eine Grenze verläuft, es kann eine solche jedoch willkürlich gesetzt werden.[2114] Die tatsächliche Reife und das Verantwortungsbewusstsein einer Person ändern sich nicht von einer Sekunde auf die andere um Mitternacht, wenn diese achtzehn wird. Dennoch legt das deutsche Recht fest, dass sie vor Mitternacht minderjährig war und danach volljährig ist, und knüpft an diesen willkürlichen Moment eine Reihe von Rechtsfolgen.

Qualitative oder kombinatorische Vagheit beruht auf einer Unsicherheit, welche Kombination aus Kriterien erforderlich ist, damit die Voraussetzungen für einen Begriff erfüllt sind. Teilweise wird dies auch als „*cluster-vague*" bezeichnet.[2115] Es stellt sich jeweils die Frage, welche Merkmale vorliegen müssen, damit diese Begriffe erfüllt sind. Beispiele sind Begriffe wie „Religion"[2116] oder „Sport". Für letzteren Begriff zeigte sich diese Problematik in der Entscheidung des WTO Appellate Body *United States — Measures Affecting the Cross-Border Supply of Gambling and Betting Services*, in welcher dieser zu prüfen hatte, ob Glücksspiele und Wetten unter den Begriff der „*sporting services*" in Subsection 10.D des *United States' GATS Schedule* fallen.[2117] „Sport" ist ein qualitativ vager Begriff. Eindeutig ist, dass Fußball ein „Sport" ist. Während sich für den quantitativ vagen Begriff „reich" eine Vielzahl von kleinen Veränderungen einen kontinuierlichen Weg zwischen einem Vermögen von zehn Millionen Euro und zehn Euro darstellen, sind solche kleinen Veränderungen, die für sich genommen die Einordnung nicht ändern, zwischen „Fußball" - als eindeutigem Fall von „Sport" - und „Glückspiel" nicht möglich. Die Paradoxie des Haufens ist für solche Begriffe nicht anwendbar.

Anders als bei quantitativ vagen Begriffen, wo willkürlich eine Grenze festgelegt werden kann, ist dies für qualitativ vage Begriffe nicht möglich, da für diese Begriffe eine Vielzahl an Merkmalen zusammenkommen. Stattdessen kann die Vagheit reduziert werden durch einheitliche Begriffsdefinitionen.

2114 *Marmor*, The Language of Law, 89 f.

2115 *Weber*, in: Keil/Poscher (Hrsg.), Vagueness and law, 189 (191).

2116 Beispielsweise stellt sich die Frage, ob in einem Glauben ein Gott erforderlich ist: *Keil/Poscher*, in: Keil/Poscher (Hrsg.), Vagueness and law, 1 (3); *Waldron*, in: California Law Review 1994 (Vol. 82), 509 (517 f.).

2117 WTO Appellate Body, *United States – Measures Affecting the Cross-Border Supply of Gambling and Betting Services*, 07.04.2005, WT/DS285/AB/R, Report of the Appellate Body, Rn. 158-213.

Quantitative und qualitative Vagheit können sich überschneiden und in einem Begriff können beide Arten vorliegen. Ein Beispiel dafür ist der Begriff „vernachlässigen". Damit dieser Begriff erfüllt ist, sind verschiedene Elemente einzubeziehen. Gleichzeitig ist bei diesen Elementen ein unterschiedlicher Grad denkbar.[2118] Ein Beispiel ist der Begriff der Demokratie. Für diesen müssen verschiedene Voraussetzungen erfüllt sein. Einzelne Voraussetzungen können weiterhin auf einer Skala eingeordnet werden. Das Kriterium der regelmäßigen Wahlen, die für eine Annahme einer Demokratie genügen, ist erfüllt, wenn alle vier Jahre gewählt wird. Addiert man im Rahmen der Paradoxie des Haufens immer einen Tag, wäre das Kriterium ebenfalls bei Wahlen alle hundert Jahre erfüllt. Dass es sich nicht um eine Demokratie handelt, wenn viele Menschen in ihrem Leben kein Mal wählen können, dürfte dagegen eindeutig sein.

Entscheidende Eigenschaft von vagen Begriffen ist somit, dass es problematisch ist, eine Grenze zu bestimmen.[2119] Neben einem Bereich, in welchem ein vager Begriff eindeutig erfüllt ist, und einem Bereich, in welchem dies eindeutig nicht der Fall ist, entsteht für vage Begriffe eine Grauzone, in der eine eindeutige Feststellung nicht möglich ist.[2120] Innerhalb dieser Grauzone besteht eine Unsicherheit darüber, ob der Begriff erfüllt ist oder nicht, weshalb dies auch als sprachliche Unsicherheit (*„linguistic uncertainty"*)[2121] bezeichnet wird. Daher werden vage Begriffe auch als solche Begriffe umschrieben, denen es an klaren Grenzen fehlt.[2122]

Verschiedene Beispiele für vage Begriffe enthält Art. XIX Abs. 1 lit. a) GATT:

> „Wenn infolge einer unvorhergesehenen Entwicklung der Umstände oder infolge der Verpflichtungen (einschliesslich der Zollzugeständnisse), die ein Vertragspartner auf Grund des vorliegenden Abkommens übernommen hat, der Fall eintritt,

---

2118 *Keil/Poscher*, in: Keil/Poscher (Hrsg.), Vagueness and law, 1 (4).

2119 *Edgington*, in: Legal Theory 2001 (Vol. 7), 371 (371-373); *Pardey*, in: Journal for General Philosophy of of Science 2002 (Vol. 33), 323 (330-332).

2120 *Jónsson*, in: Legal Theory 2009 (Vol. 15), 193 (195 f.); *Keil/Poscher*, in: Keil/Poscher (Hrsg.), Vagueness and law, 1 (2); *Marmor*, in: Bongiovanni, u. a. (Hrsg.), Handbook of Legal Reasoning and Argumentation, 561 (563 f.).

2121 *Cao*, in: Journal of Pragmatics 2007 (Vol. 39), 69 (70).

2122 *Zhang*, in: Intercultural Pragmatics 2011 (Vol. 8), 571 (572); *Waldron*, in: California Law Review 1994 (Vol. 82), 509 (513).

> dass ein Erzeugnis in das Gebiet dieses Vertragspartners in derart gesteigerten Mengen und unter solchen Umständen eingeführt wird, dass die hierdurch geschaffene Lage für die im Gebiet dieses Vertragspartners ansässigen Produzenten gleichartiger oder unmittelbar konkurrierender Erzeugnisse ernstlichen Schaden verursacht oder zu verursachen droht, so steht es diesem Vertragspartner frei, in dem Masse und während des Zeitraumes, die zur Verhütung oder zur Behebung dieses Schadens notwendig sind, seine hinsichtlich dieses Erzeugnisses übernommene Verpflichtung vorübergehend ganz oder teilweise ausser Kraft zu setzen oder das betreffende Zugeständnis zurückzunehmen oder zu ändern."[2123]

Vage sind dabei die Begriffe der „unvorhergesehenen Entwicklung", der „derart gesteigerten Mengen", der „Produzenten gleichartiger oder unmittelbar konkurrierender Erzeugnisse", des „ernstlichen Schaden[s]" und die Formulierung „zur Behebung dieses Schadens notwendig sind". Teilweise werden die Begriffe im Rahmen des *Übereinkommens über Schutzmaßnahmen (Safeguards Agreement)* genauer definiert.[2124] Dennoch bleibt eine Grauzone bestehen.

Innerhalb der Grauzone kommt den Parteien ein Spielraum zu, in welchem sie unter Würdigung der Umstände entscheiden, ob der Begriff erfüllt ist oder nicht. Innerhalb des Grenzbereichs können die Parteien unter Bezugnahme auf Ziel und Zweck des Vertrages[2125] oder weitere Auslegungsmethoden ermitteln, ob ein vager Begriff erfüllt ist oder nicht.

cc) Generelle oder abstrakte Begriffe oder Formulierungen

Von vagen Begriffen sind generelle oder abstrakte Begriffe zu unterscheiden, obwohl dasselbe Wort sowohl vage als auch generell sein kann[2126]. Ein Begriff ist generell, wenn es an Spezifizierungen fehlt und der Begriff eine Vielzahl an spezielleren Begriffen (z. B. Objekte, Subjekte oder Tätigkeiten) umfasst.[2127] Beispielsweise ist der Begriff des „Menschen", den Menschenrechtsverträge verwenden, generell, da dieser eine Klasse an Subjekten umschreibt, innerhalb derer weitere Spezifizierungen vorgenommen werden können. Menschenrechtsverträge unterscheiden dabei bewusst nicht nach Geschlecht, Alter,

---

2123 EU ABl. vom 23.12.1994, L 336/11.

2124 EU ABl. vom 23.12.1994, L 336/184.

2125 *Chayes/Chayes*, in: International Organizations 1993 (Vol. 47), 175 (191).

2126 *Allen/Engholm*, in: Journal of Legal Education 1977 (Vol. 29), 380 (382).

2127 *Cao*, in: Journal of Pragmatics 2007 (Vol. 39), 69 (70); *Kompa*, in: Keil/Poscher (Hrsg.), Vagueness and law, 205 (213); *Zhang*, in: Journal of Pragmatics 1998 (Vol. 29), 13 (16).

Staatsangehörigkeit, Hautfarbe etc. Gleichzeitig ist der Begriff „Mensch" quantitativ vage, denn zu Beginn des Lebens besteht ein Grenzbereich, in welchem zu ermitteln ist, ab wann es sich bei einem Fötus um einen Menschen handelt.

Generelle oder abstrakte Begriffe auf Tatbestandsseite führen zu einem sehr weiten Anwendungsbereich einer Norm. Beispielsweise verwendet das *Übereinkommen über die zivile Luftfahrt*[2128] den generellen Begriff des Luftfahrzeugs und nicht den spezielleren Begriff des Flugzeugs. So können heutzutage unter den Begriff des Luftfahrzeugs Drohnen gefasst werden, welche nicht unter den spezielleren Begriff des Flugzeugs fallen würden. Je genereller ein Begriff ist, desto umfassender ist dieser.[2129]

Generelle Begriffe können weiterhin auf Rechtsfolgenseite verwendet werden. Ein Beispiel dafür ist Art. 2 Abs. 1 des *UN-Übereinkommens gegen Folter und andere grausame, unmenschliche oder erniedrigende Behandlung oder Strafe*:

> „Jeder Vertragsstaat trifft wirksame gesetzgeberische, verwaltungsmässige, gerichtliche oder sonstige Massnahmen, um Folterungen in allen seiner Hoheitsgewalt unterstehenden Gebieten zu verhindern."[2130]

„Wirksame Maßnahmen" ist ein genereller Begriff, da jede Partei dies durch eine Vielzahl an Tätigkeiten erfüllen vermag. Außerdem ist der Begriff vage, da ein Graubereich zwischen wirksamen und unwirksamen Maßnahmen existiert.

Damit eine Norm viele Fälle umfasst und nicht jeder Einzelfall gesondert geregelt werden muss, ist es erforderlich, dass das Recht generelle Begriffe verwendet. Eine Möglichkeit, um generelle Begriffe in juristischen Texten zu konkretisieren, ohne sie durch speziellere Begriffe zu ersetzen, sind Regelbeispiele. Sie verdeutlichen, welche konkreteren Begriffe unter den generellen Begriff fallen sollen, sodass dies der Kontext für die Auslegung des generellen Begriffs ist.

Eine besondere Form sind vage und generelle juristische Konzepte. Diese sind regelmäßig als Begriff bereits generell und/oder vage. Beispiele sind Begriffe wie Treu und Glauben, Notstand oder erforderlich. Durch Staatenpraxis oder

---

2128 BGBl. 1956 II 411. International: UNTS Vol. 15, 295.

2129 *Kompa*, in: Keil/Poscher (Hrsg.), Vagueness and law, 205 (213).

2130 BGBl. 1990 II 246. International: UNTS Vol. 1465, 85.

Rechtsprechung werden die dahinterstehenden Konzepte ausgefüllt, allerdings bleiben sie zumeist weiterhin vage und abstrakt. So existiert für den Begriff des Notstandes im Rahmen von Notstandsklauseln eine breite Rechtsprechung und Staatenpraxis, welche sich zu einem über einen einzelnen Vertrag hinausgehenden Konzept etabliert hat.[2131] Trotz dieser Konkretisierung bleiben solche Konzepte regelmäßig generell und vage und eröffnen den Parteien einen Interpretationsspielraum.

2. Unterschiede zwischen authentischen Sprachfassungen eines Vertrages

Ein Interpretationsspielraum kann für die Parteien ebenfalls dann entstehen, wenn ein Vertrag in mehreren Sprachen bindend ist. Multilaterale völkerrechtliche Verträge legen häufig mehrere authentische Sprachen fest. Die authentischen Sprachfassungen sind alle gleichermaßen bindend, außer die Parteien haben etwas anderes vereinbart.[2132] Diese Gleichwertigkeitsregel wurde in Art. 33 Abs. 1 WVK kodifiziert. Einfache Übersetzungen sind dagegen nicht bindend.[2133]

Verschiedene authentische Sprachfassungen können sich auf den Interpretationsspielraum unterschiedlich auswirken. Ein gewisses Maß an Textdivergenzen aufgrund von Übersetzungen ist unvermeidbar.[2134] Die Auslegungen von Vertragsnormen können sich in verschiedenen authentischen Sprachfassungen unterscheiden, wenn Begriffe in verschiedenen Sprachen einen abweichenden Inhalt aufweisen.[2135] Dies zeigt beispielsweise der ICSID-Schiedsfall *Kiliç İnşaat İthalat İhracat Sanayi Ve Ticaret Anonim Şirketi v. Turkmenistan*, in dem es um Unterschiede zwischen den authentischen englischen und russischen Sprachfassungen ging.[2136] Dabei stellte

---

2131 Für einen Überblick wird verwiesen auf *Weber*, Notstandskontrolle, 25-49.

2132 *Nehls*, Die Auslegung mehrsprachiger völkerrechtlicher Verträge, 61 f.; *Mössner*, in: Archiv des Völkerrechts 1972 (Vol. 15), 273 (282).

2133 *Von Heinegg*, in: Ipsen (Begr.), Völkerrecht, § 14, Rn. 23; *Messer*, Die Verständlichkeit multilingualer Normen, 98; *Shelton*, in: Hastings International and Comparative Law Review 1997 (Vol. 20), 611 (634).

2134 *Messer*, Die Verständlichkeit multilingualer Normen, 118.

2135 *Nehls*, Die Auslegung mehrsprachiger völkerrechtlicher Verträge, 58.

2136 ICSID, *Kiliç İnşaat İthalat İhracat Sanayi Ve Ticaret Anonim Şirketi v. Turkmenistan*, Case No. ARB/10/1, Entscheidung vom 07.05.2012.

sich die Frage, ob vor einem internationalen Streitschlichtungsverfahren verpflichtend die nationalen Gerichte befasst werden müssen oder nicht, da die Sprachfassungen unterschiedliche Auslegungen indizierten.

Da jede authentische Sprachfassung verbindlich ist, vergrößert sich der Interpretationsspielraum für die Parteien, wenn die Parteien auf mehrere authentische Sprachen zurückgreifen können und dessen Begriffe nicht vollständig dieselbe Bedeutung haben. Andererseits können Begriffe in anderen authentischen Sprachen hinzugezogen werden, um Unklarheiten in der Auslegung zu beseitigen.[2137] Dadurch kann sich der zulässige Interpretationsspielraum verringern.

Zu dem Aspekt der Divergenzen zwischen verschiedenen authentischen Sprachfassungen regeln Art. 33 Abs. 3 und 4 WVK folgendes:

> „(3) Es wird vermutet, daß die Ausdrücke des Vertrags in jedem authentischen Text dieselbe Bedeutung haben.
>
> (4) Außer in Fällen, in denen ein bestimmter Text nach Absatz 1 vorgeht, wird, wenn ein Vergleich der authentischen Texte einen Bedeutungsunterschied aufdeckt, der durch die Anwendung der Artikel 31 und 32 nicht ausgeräumt werden kann, diejenige Bedeutung zugrunde gelegt, die unter Berücksichtigung von Ziel und Zweck des Vertrags die Wortlaute am besten miteinander in Einklang bringt."[2138]

In der Literatur und der Staatenpraxis wurden darüber hinaus verschiedene Ansätze für eine Vereinheitlichung verschiedener authentischer Sprachfassungen diskutiert. Dies reicht von einer Arbeitssprachenregelung,[2139] über

---

2137 *Lo*, Treaty Interpretation under the Vienna Convention on the Law of Treaties, 235 f.; *Shelton*, in: Hastings International and Comparative Law Review 1997 (Vol. 20), 611 (612).

2138 BGBl. 1985 II 927. Englische authentische Fassung, UNTS Vol. 1155, 331: „(3) The terms of the treaty are presumed to have the same meaning in each of semantic text. (4) Except where a particular text prevails in accordance with paragraph 1, when a comparison of the authentic texts discloses a difference of meaning which the application of articles 31 and 32 does not remove, the meaning which best reconciles the texts, having regard to the object and purpose of the treaty, shall be adopted.".

2139 *Nehls*, Die Auslegung mehrsprachiger völkerrechtlicher Verträge, 97-124; *Mössner*, in: Archiv des Völkerrechts 1972 (Vol. 15), 273 (289 f.).

eine Klarheitsregelung[2140] bis hin zu einer Gemeinsamer-Nenner-Regel[2141]. Die Lösungsansätze zielen jeweils darauf ab, dass sich Divergenzen zwischen den verschiedenen authentischen Sprachfassungen möglichst gering auswirken. Falls Völkerrechtssubjekte auf diese Regeln zurückgreifen möchten, empfiehlt sich aufgrund der nicht eindeutigen völkergewohnheitsrechtlichen Verankerung dieser Ansätze,[2142] eine vertragliche Regelung aufzunehmen. Allerdings können diese Regeln weiterhin nicht vollständig verhindern, dass durch Unterschiede in den Sprachfassungen die Rechte und Pflichten der einzelnen Parteien zulässigerweise verschieden ausgelegt werden. Dazu kommt, dass die diskutierten Regeln ebenfalls von den einzelnen Parteien angewendet werden. Solange nicht ein Vertragsorgan oder ein sonstiger Gerichtshof verbindlich über die Auslegung entscheidet, kann es zu Unterschieden in der Auslegung kommen.[2143] Dadurch können unterschiedliche authentische Sprachfassungen den Interpretationsspielraum der Parteien beeinflussen.

Unterschiede zwischen einzelnen Sprachfassungen können bewusst als Instrument genutzt werden, um eine Einigung zu erreichen. *Cao* führt das Beispiel des 1972 vereinbarten *Sino-US Shanghai Communique* an. In der englischen Sprachfassung formuliert dieses:

> „The United States acknowledges that Chinese on both sides of the Taiwan Straits maintain that there is only one China, and that Taiwan is a part of China."[2144]

Die chinesische Sprachfassung verwendet dagegen für *acknowledges* den Begriff *shengren*, welcher neben *acknowledge* auch als *recognise* zu übersetzen ist. Der Unterschied zwischen den Begriffen besteht nur in leichten Nuancen.

2140 *Nehls*, Die Auslegung mehrsprachiger völkerrechtlicher Verträge, 124-136; *Mössner*, in: Archiv des Völkerrechts 1972 (Vol. 15), 273 (285 f.).

2141 StIGH, *Mavrommatis Palestine Concessions*, Urteil v. 30.08.1924, PCIJ Rep Series A No 2, 19; *Nehls*, Die Auslegung mehrsprachiger völkerrechtlicher Verträge, 136-147; *Mössner*, in: Archiv des Völkerrechts 1972 (Vol. 15), 273 (284 f.).

2142 Die Nachweisbarkeit der einzelnen Auslegungsregeln im völkerrechtlichen Rechtsquellensystem stellt Nehls dar: *Nehls*, Die Auslegung mehrsprachiger völkerrechtlicher Verträge, 60-192.

2143 Daher werden die einzelnen Regeln hier nicht ausführlicher dargestellt, sondern auf einschlägige Literatur verwiesen: *Nehls*, Die Auslegung mehrsprachiger völkerrechtlicher Verträge, 97-192; *Mössner*, in: Archiv des Völkerrechts 1972 (Vol. 15), 273 (281-291).

2144 The Shanghai Communiqué, 1972, in: Current History 1972 (Vol. 63) 131 (132).

Acknowledge ist in der Tendenz mehr ein Hinnehmen der Gegebenheiten und *recognise* enthält bereits ein Element des Gutheißens. Nach Berichten wurde der Begriff *shengren* dabei bewusst verwendet, um einen solchen Spielraum einzuräumen.[2145] Dies zeigt, wie Völkerrechtssubjekte die Unterschiede zwischen authentischen Sprachen nutzen, um in den Verhandlungen und in der späteren Auslegung einen Spielraum zu erlangen. Insofern ist *Prins* zuzustimmen, wenn er formuliert „*[t]o translate is to interpret*" und aufzeigt, wie Völkerrechtssubjekte den Übersetzungsprozess zur weiteren Durchsetzung ihrer Interessen nutzen.[2146]

3. Methoden zur Veränderung des Interpretationsspielraums

Durch verschiedene Methoden kann der Interpretationsspielraum verändert werden. Der Interpretationsspielraum wird verkleinert durch Methoden, die die Präzision erhöhen (a). Weiterhin kann eine Norm die Parteien verpflichten, dass sie eine interpretative Erklärung abgeben müssen (b). Schließlich beeinflussen Auslegungsregeln in einem Vertrag den verfügbaren Interpretationsspielraum (c).

a) Methoden, die Präzision zu erhöhen

Um die Präzision von mehrdeutigen, vagen oder generellen Normen zu erhöhen, können die Parteien die Anzahl der möglichen Subjekte oder Objekte, welche in den Anwendungsbereich dieser Normen fallen können, verringern.[2147] Umgesetzt werden kann dies mit einheitlichen Begriffsdefinitionen (aa) oder dem einheitlichen Ausschluss bestimmter Auslegungen (bb).

aa) Einheitliche Begriffsdefinitionen

Ein Ansatz, um die Präzision eines Vertrages zu erhöhen und den Spielraum der Parteien in der Interpretation zu verringern, sind einheitliche Begriffsdefinitionen innerhalb eines Vertrages.[2148] Diese können entweder im Vertragstext selbst oder in einer zusätzlichen Vereinbarung enthalten sein. Diese

---

2145 *Cao*, in: Journal of Pragmatics 2007 (Vol. 39), *69* (71).

2146 *Prins*, in: Chesterman/Malone/Villapando (Hrsg.), The Oxford Handbook of United Nations Treaties, 137 (143).

2147 *Jónsson*, in: Legal Theory 2009 (Vol. 15), 193 (197).

2148 Auswärtiges Amt, Richtlinien für die Behandlung völkerrechtlicher Verträge, § 11, 23; *Heymann*, Einseitige Interpretationserklärungen zu multilateralen Verträgen, 69.

beiden Möglichkeiten führt auch Guideline 1.7.2 des „ILC Guide to Practice on Reservations to Treaties" auf:

> „In order to specify or clarify the meaning or scope of a treaty or certain of its provisions, States or international organizations may also have recourse to procedures other than interpretative declarations, such as:
>
> · the insertion in the treaty of provisions purporting to interpret the treaty;
>
> · the conclusion of a supplementary agreement to the same end, simultaneously or subsequently to the conclusion of the treaty."[2149]

Ein Beispiel[2150] ist Art. 1 des *UN-Rahmenübereinkommens der Vereinten Nationen über Klimaänderungen*:

> „Im Sinne des Übereinkommens
>
> 1. bedeutet „nachteilige Auswirkungen der Klimaänderungen" die sich aus den Klimaänderungen ergebenden Veränderungen der belebten oder unbelebten Umwelt, die erhebliche schädliche Wirkungen auf die Zusammensetzung, Widerstandsfähigkeit oder Produktivität naturbelassener und vom Menschen beeinflußter Ökosysteme oder auf die Funktionsweise des sozio-ökonomischen Systems oder die Gesundheit und das Wohlergehen des Menschen haben;
> 2. bedeutet „Klimaänderungen" Änderungen des Klimas, die unmittelbar oder mittelbar auf menschliche Tätigkeiten zurückzuführen sind, welche die Zusammensetzung der Erdatmosphäre verändern, und die zu den über vergleichbare Zeiträume beobachteten natürlichen Klimaschwankungen hinzukommen;
>
> [...]"[2151]

Die Begriffe „nachteilige Auswirkungen der Klimaänderungen" und „Klimaänderungen" sind sowohl generelle als auch vage Begriffe. Die Definitionen

---

2149 ILC Guide to Practice on Reservations, UN Doc. A/66/10/Add.1, Guideline 1.7.2.

2150 Weitere Beispiele an Begriffsdefinitionen in Verträgen: Art. 2 WVK (BGBl. 1985 II 927. International: UNTS Vol. 1155, 331), Art. 1 des *Wiener Überkommens über konsularische Beziehungen* (BGBl. 1969 II 1585, 1587. International: UNTS Vol. 596, 261.), Art. 1 des *Wiener Übereinkommens über diplomatische Beziehungen* (BGBl. 1964 II 958. International: UNTS Vol. 500, 95), Art. 2 des *Europäischen Übereinkommens über die Staatsangehörigkeit* (BGBl. 2004 II 579. International: CETS Nr. 166).

2151 BGBl. II 1993, 1783. International: UNTS Vol. 1771, 107.

konkretisieren die generellen Begriffe und verringern somit den Grenzbereich zwischen einem eindeutigen Vorliegen und einem eindeutigen Nicht-Vorliegen der Voraussetzungen. Gleichzeitig verwenden die Definitionen andere generelle und vage Begriffe (z. B.: „erhebliche schädliche Wirkungen“ oder „menschliche Tätigkeiten“), sodass der Interpretationsspielraum für die Parteien zwar verringert wird, jedoch regelmäßig nicht auf null reduziert wird.[2152]

Weiterhin können die aushandelnden Völkerrechtssubjekte ein bestimmtes Verständnis statt im Vertragstext in Fußnoten oder Annexen, welche einen integralen Bestandteil des Vertrages bilden, niederlegen.[2153] Einen solchen Annex verwendet beispielsweise die *United Nations Conventions on Jurisdictional Immunities of States and Their Property*[2154].

Eine einheitliche Begriffsdefinition kann bewusst dazu genutzt werden, um den Anwendungsbereich für einen Vertrag oder eine Norm restriktiv auszugestalten. Dabei handelt es sich um eine Form der restriktiven Klausel[2155]. Ein klassisches Beispiel für eine restriktive Definition, die den Anwendungsbereich beschränkt, ist die Definition des völkerrechtlichen Vertrages in Art. 2 Abs. 1 lit. a) WVK. Die Definition beschränkt den Anwendungsbereich der WVK gleich zweifach: Aufgrund der Definition fallen sowohl mündliche Verträge aus dem Anwendungsbereich der WVK als auch Verträge mit Völkerrechtssubjekten, die nicht Staaten sind.[2156] Ein weiteres Beispiel ist Art. 3

2152 Vgl. *Marmor*, The Language of Law, 104.

2153 *Yee*, in: Chesterman/Malone/Villapando/Ivanovic (Hrsg.), The Oxford Handbook of United Nations Treaties, 513 (514).

2154 Resolution adopted by the UN General Assembly on 02.12.2004, UN Doc. A/RES/59/38.

2155 Restriktive Klauseln umfassen verschiedene Vertragsbestimmungen, die den Anwendungsbereich eines Vertrages oder einzelner Normen sowie die Tatbestandsvoraussetzungen oder Rechtsfolgen einer Norm beeinflussen. Dazu ausführlich → Kapitel 4 C.

2156 *Virally*, Les clauses échappatoires en matière d'instruments internationaux relatifs aux droits de l'homme : quatrième colloque du Département des droits de l'homme, in: Universitè catholique de Louvain (Hrsg.), 5 (10 f.).

Abs. 1 lit. a) des *Europäischen Übereinkommens über die zivilrechtliche Haftung für durch Kraftfahrzeuge verursachte Schäden*:

> „Im Sinne dieses Übereinkommens:
>
> b) bedeutet „Fahrzeug“ ein Fahrzeug, das mit einem Antriebsmotor versehen und zum Fahren auf dem Boden bestimmt ist, ausgenommen Schienenfahrzeuge und Luftkissenfahrzeuge;
>
> [...]“[2157]

bb) Ausschluss bestimmter Auslegungen im Vertragstext

Der Spielraum der Auslegung wird ebenfalls reduziert, wenn eine Norm ein bestimmtes Interpretationsergebnis ausdrücklich ausschließt. Beispielsweise[2158] legt Art. IV Abs. 1 des *Vertrages über die Nichtverbreitung von Kernwaffen* fest:

> „Dieser Vertrag ist nicht so auszulegen, als werde dadurch das unveräußerliche Recht aller Vertragsparteien beeinträchtigt, unter Wahrung der Gleichbehandlung und in Übereinstimmung mit den Artikeln I und II die Erforschung, Erzeugung und Verwendung der Kernenergie zu entwickeln.“[2159]

Eine negative Aufzählung, was nicht unter einen bestimmten Begriff fällt, enthält Art. 4 Abs. 3 EMRK:

> „(1) Niemand darf in Sklaverei oder Leibeigenschaft gehalten werden.
>
> (2) Niemand darf gezwungen werden, Zwangs- oder Pflichtarbeit zu verrichten.

2157 CETS Nr 79.

2158 Weitere Beispiele: Art. 13 Abs. 4 des *Internationalen Paktes über wirtschaftliche, soziale und kulturelle Rechte* (BGBl. 1973 II 1569, 1570. International: UNTS Vol. 999, 171): „Keine Bestimmung dieses Artikels darf dahin ausgelegt werden, daß sie die Freiheit natürlicher oder juristischer Personen beeinträchtigt, Bildungseinrichtungen zu schaffen und zu leiten, sofern die in Absatz 1 niedergelegten Grundsätze beachtet werden und die in solchen Einrichtungen vermittelte Bildung den vom Staat gegebenenfalls festgesetzten Mindestnormen entspricht.“ Art. 22 des *Abkommens über die Internationale Zivilluftfahrt* (BGBl. 1956 II 411. International: UNTS Vol. 15, 295).

2159 BGBl. II 1974, 785, 786. International: UNTS Vol. 729, 161.

> (3) Nicht als Zwangs- oder Pflichtarbeit im Sinne dieses Artikels gilt
>
> a) eine Arbeit, die üblicherweise von einer Person verlangt wird, der unter den Voraussetzungen des Artikels 5 die Freiheit entzogen oder die bedingt entlassen worden ist;
>
> b) eine Dienstleistung militärischer Art oder eine Dienstleistung, die an die Stelle des im Rahmen der Wehrpflicht zu leistenden Dienstes tritt, in Ländern, wo die Dienstverweigerung aus Gewissensgründen anerkannt ist;
>
> c) eine Dienstleistung, die verlangt wird, wenn Notstände oder Katastrophen das Leben oder das Wohl der Gemeinschaft bedrohen;
>
> d) eine Arbeit oder Dienstleistung, die zu den üblichen Bürgerpflichten gehört."[2160]

Eine Kombination aus einer einheitlichen Begriffsbestimmung und zusätzlich einer negativen Umschreibung, was nicht von einem Begriff umfasst sein soll, nimmt Art. 2 Abs. 5 des *Londoner Protokolls zum Übereinkommen über die Verhütung der Meeresverschmutzung durch das Einbringen von Abfällen und anderen Stoffen* vor:

> „.1 Der Ausdruck „Verbrennung auf See" bezeichnet die Verbrennung an Bord eines Schiffes, einer Plattform oder eines sonstigen auf See errichteten Bauwerks von Abfällen oder sonstigen Stoffen zum Zweck ihrer vorsätzlichen Beseitigung durch thermische Vernichtung.
>
> .2 Der Ausdruck „Verbrennung auf See" umfaßt nicht die Verbrennung von Abfällen oder sonstigen Stoffen an Bord eines Schiffes, einer Plattform oder eines sonstigen auf See errichteten Bauwerks, wenn diese Abfälle oder sonstigen Stoffe während des normalen Betriebs des Schiffes, der Plattform oder des sonstigen auf See errichteten Bauwerks anfielen."[2161]

Solche Vorgaben sind insbesondere dann zu berücksichtigen, wenn ein mehrdeutiger, vager oder genereller Begriff nach regelkonformer Interpretation

---

2160 Neufassung der deutschen Übersetzung aus BGBl. 2010 II, 1199. International: CETS Nr. 5.

2161 BGBl. 1998 II 1345. International: https://www.imo.org/en/OurWork/Environment/Pages/London-Convention-Protocol.aspx [28.07.2025].

eine Auslegung erlauben würde, welche in dem Ausschluss genannt ist. Ein Ausschluss reduziert damit den Interpretationsspielraum.

b) Verpflichtung zur Abgabe einer interpretativen Erklärung

Der Interpretationsspielraum jeder Partei kann verringert werden, indem ein Vertrag jede Partei dazu verpflichtet, eine interpretative Erklärung abzugeben. Die Abgabe einer solchen Erklärung ist ansonsten nach dem Völkervertragsrecht freiwillig. Ein Beispiel ist Art. 1 Abschnitt B Abs. 1 des *Abkommens über die Rechtsstellung der Flüchtlinge*:

> „B. (1) Im Sinne dieses Abkommens können die im Artikel 1 Abschnitt A enthaltenen Worte „Ereignisse, die vor dem 1. Januar 1951 eingetreten sind“ in dem Sinne verstanden werden, daß es sich entweder um
>
> a) „Ereignisse, die vor dem 1. Januar 1951 in Europa eingetreten sind“ oder
>
> b) „Ereignisse, die vor dem 1. Januar 1951 in Europa und anderswo eingetreten sind
>
> handelt. Jeder vertragsschließende Staat wird zugleich mit der Unterzeichnung, der Ratifikation oder dem Beitritt eine Erklärung abgeben, welche Bedeutung er diesem Ausdruck vom Standpunkt der von ihm auf Grund dieses Abkommens übernommenen Verpflichtungen zu geben beabsichtigt.
>
> (2) Jeder vertragsschließende Staat, der die Formulierung zu a) angenommen hat, kann jederzeit durch eine an den Generalsekretär der Vereinten Nationen gerichtete Notifikation seine Verpflichtungen durch Annahme der Formulierung b) erweitern.“[2162]

Indem die Abgabe der interpretativen Erklärung verpflichtend ist und eine Änderung nach Abs. 2 angezeigt werden muss, kann sich keine Partei später auf die jeweils andere Auslegung berufen. Durch die Verpflichtung, die Erklärung abzugeben, wird der Interpretationsspielraum geschlossen, sodass es sich bei dem Instrument nicht um die Ausübung des Interpretationsspielraums der Parteien, sondern um eine Veränderung des Anwendungsbereichs handelt.[2163]

2162 BGBl. 1953 II 559. International: UNTS Vol. 189, 137.

2163 Zu restriktiven Klauseln → Kapitel 4 C.

c) Auslegungsregeln im Vertrag

Der Interpretationsspielraum kann außerdem durch Auslegungsregeln, die als *lex specialis* entweder über die Regeln der Art. 31–33 WVK hinausgehen oder generell von ihnen abweichen, beeinflusst werden. Beispielsweise[2164] enthält das *Übereinkommen der Vereinten Nationen über Verträge über den internationalen Warenkauf* in Art. 7 eine Regelung zur Auslegung und Lückenfüllung:

> „(1) Bei der Auslegung dieses Übereinkommens sind sein internationaler Charakter und die Notwendigkeit zu berücksichtigen, seine einheitliche Anwendung und die Wahrung des guten Glaubens im internationalen Handel zu fordern.
>
> (2) Fragen, die in diesem Übereinkommen geregelte Gegenstände betreffen, aber in diesem Übereinkommen nicht ausdrücklich entschieden werden, sind nach den allgemeinen Grundsätzen, die diesem Übereinkommen zugrunde liegen, oder mangels solcher Grundsätze nach dem Recht zu entscheiden, das nach den Regeln des internationalen Privatrechts anzuwenden ist."[2165]

Eine andere Auslegungsbestimmung enthält Art. 10 § 34 des *Abkommens über die Vorrechte und Befreiungen der Sonderorganisationen der Vereinten Nationen*:

> „Die Bestimmungen des Abkommens sind für jede Sonderorganisation unter Berücksichtigung der Aufgaben, die ihr durch ihre Satzung übertragen sind, auszulegen."[2166]

Hinsichtlich einer größeren Vereinheitlichung zwischen verschiedenen völkerrechtlichen Verträgen kann eine Erweiterung der Auslegungsmittel genutzt werden, indem Entscheidungen internationaler Kontrollorgane als Auslegungsmittel aufgenommen werden, wie in Art. 29.17 *Umfassenden Wirtschafts- und Handelsabkommens EU-Kanada (CETA)*:

> „Dieses Abkommen wird vom Schiedspanel nach den Auslegungsregeln des Völkerrechts einschließlich des Wiener Vertragsrechtsübereinkommens ausgelegt.

2164 Weitere Beispiele sind Art. 34 des *Übereinkommens über die Vorrechte und Befreiungen der Sonderorganisationen der Vereinten Nationen* (BGBl. 1954 II 639, 640, 653. International: UNTS Vol. 33, 261) und Art. 53 des *Übereinkommens über die internationale Geltendmachung der Unterhaltsansprüche von Kindern und anderen Familienangehörigen* (EU ABl. L 192 vom 22.07.2011, 51).

2165 BGBl. 1989 II 586. International: UNTS Vol. 1489, 3.

2166 BGBl. 1954 II 639. International: UNTS Vol. 33, 261.

Das Schiedspanel berücksichtigt auch einschlägige Auslegungen in vom WTO-Streitbeilegungsgremium verabschiedeten Panelberichten und Berichten des Berufungsgremiums."[2167]

Diese Auslegungsregeln selbst wiederum erfordern Auslegung.[2168]

III. Die Auswirkung einer verbindlichen Auslegung auf den Interpretationsspielraum

Nach Abschluss der Vertragsverhandlungen und Inkrafttreten eines Vertrages kann sich der Interpretationsspielraum insbesondere durch eine verbindliche Auslegung verkleinern oder vollständig beseitigt werden.

Zu einer verbindlichen Auslegung kann es zunächst in Form der authentischen Auslegung kommen, welches eine Auslegung durch alle Vertragsparteien ist.[2169] Dabei ist umstritten, ob jede spätere Übereinkunft bindend ist.[2170] Der Wortlaut von Art. 31 Abs. 3 lit. a) WVK, wonach eine solche spätere Vereinbarung bei der Auslegung nur zu berücksichtigen ist, spricht zunächst dagegen. Daran hält auch die ILC noch 2018 in Schlussfolgerung 10 Abs. 1 ihrer „Draft Conclusions on subsequent agreements and subsequent practice in relation to the interpretation of treaties" fest:

> „An agreement under article 31, paragraph 3 (a) and (b), requires a common understanding regarding the interpretation of a treaty which the parties are aware of and accept. Such an agreement may, but need not, be legally binding for it to be taken into account."[2171]

Andererseits wird aus praktischer Sicht eine Differenzierung schwierig, wenn zum einen die Parteien insbesondere auch konkludent von Art. 31 WVK

2167 EU ABl. L 11/192 vom 14.01.2017.

2168 *Dörr*, in: Dörr/Schmalenbach (Hrsg.), VCLT, Art. 31, Rn. 31.

2169 *Benatar*, in: Belgian Review of International Law 2011 (Vol. 44), 170 (194); *Berner*, in: Zeitschrift für ausländisches öffentliches Recht und Völkerrecht 2016 (Vol. 76), 845 (846 f.); *Böth*, Evolutive Auslegung völkerrechtlicher Verträge, 86; *Pehl*, Repräsentative Auslegung völkerrechtlicher Verträge, 76 f.

2170 *Berner*, in: Zeitschrift für ausländisches öffentliches Recht und Völkerrecht 2016 (Vol. 76), 845; *Polzin*, in: Temple International & Comparative Law Journal 2019 (Vol. 33), 247 (265).

2171 ILC Draft Conclusions on subsequent agreements and subsequent practice in relation to the interpretation of treaties 2018, UN Doc. A/73/10, Conclusion 10.

abweichen können[2172] oder konkludent einer Auslegung bindenden Charakter beilegen können. Im Hinblick auf diesen Streit empfiehlt sich, eine Verbindlichkeit der Auslegung durch eine spätere Übereinkunft deutlich zu machen. So kann sich eine Verbindlichkeit insbesondere daraus ergeben, dass bereits in dem Vertrag vorgesehen ist, dass eine gemeinsame Auslegung aller Parteien verbindlich ist. Ein Beispiel[2173] ist Art. 27 Abs. 3 des Chapter 11 des *ASEAN-Australia-New Zealand Free Trade Agreements*:

> „A joint decision of the Parties, declaring their interpretation of a provision of this Agreement shall be binding on a tribunal, and any decision or award issued by a tribunal must be consistent with that joint decision."[2174]

Weiterhin kann sich eine bindende Auslegung in Form der autoritativen Auslegung durch ein zur Auslegung befugtes Organ ergeben.[2175] Ein Beispiel[2176] ist eine Kommission nach Art. 1132 Abs. 2 des *Nordamerikanischen Freihandelsabkommens (NAFTA)*:

> „(1) Where a disputing Party asserts as a defense that the measure alleged to be a breach is within the scope of a reservation or exception set out in Annex I, Annex II, Annex III or Annex IV, on request of the disputing Party, the Tribunal shall request the interpretation of the Commission on the issue. The Commission, within 60 days of delivery of the request, shall submit in writing its interpretation to the Tribunal.
>
> (2) Further to Article 1131(2), a Commission interpretation submitted under paragraph 1 shall be binding on the Tribunal. If the Commission fails to submit an interpretation within 60 days, the Tribunal shall decide the issue."[2177]

2172 *Berner*, in: Zeitschrift für ausländisches öffentliches Recht und Völkerrecht 2016 (Vol. 76), 845 (876).

2173 Weitere Beispiele: Art. 30 Abs. 3 des *United States of America - Uruguay BIT* (2005) (Quelle: https://edit.wti.org/document/show/931c2be2-a82b-4fed-9f2e-672173e74af3?page=2 [28.07.2025]; Art. 32 Abs. 1 des *Canada - United Republic of Tanzania BIT* (2013) (Quelle: https://edit.wti.org/document/show/187c8249-3ed3-4ab3-a01d-b38bc3b70c8a [28.07.2025]. Zusätzliche Beispiele listet *Pehl*, Repräsentative Auslegung, 145 f. auf.

2174 https://aanzfta.asean.org/agreement-establishing-the-aanzfta [28.07.2025].

2175 *Fastenrath*, Lücken im Völkerrecht, 195 f.; *Heymann*, Einseitige Interpretationserklärungen zu multilateralen Verträgen, 51 f.

2176 Weitere Beispiele finden sich bei *Pehl*, Repräsentative Auslegung, 136-161.

2177 http://www.sice.oas.org/trade/nafta/naftatce.asp [28.07.2025].

Darüber hinaus kann es ein anderes internationales Organ sein, welches mit der autoritativen Auslegung beauftragt wird.[2178] Dabei ist zu beachten, dass Gerichtsentscheidungen häufig keine autoritative Auslegung darstellen, denn sie entscheiden nur im Einzelfall.[2179] Überschneidungen zwischen autoritativer und authentischer Auslegung sind insbesondere im Falle einer Mitgliederversammlung möglich.[2180]

Ob nach einer verbindlichen Auslegung ein Interpretationsspielraum nicht mehr besteht oder lediglich in einem geringeren Umfang, hängt von der ursprünglichen Weite des Spielraums und der Präzision der verbindlichen Auslegung ab. Es erfolgt eine weitergehende Konkretisierung.[2181] Definiert beispielsweise eine verbindliche Auslegung einen mehrdeutigen, vagen oder generellen Begriff und verwendet dabei ebenfalls mehrdeutige, vage oder generelle Begriffe, verbleibt für die Auslegung weiterhin ein – nun geringerer – Spielraum.

IV. Mittel zur Ausübung des Interpretationsspielraums

Eine oder verschiedene Interpretationen durch die Vertragsparteien beseitigen oder reduzieren die Ungenauigkeiten aufgrund mehrdeutigen, vagen oder generellen Wortlauts nicht.[2182] Dies ist nur durch verbindliche Auslegung möglich. Ansonsten nutzen die Parteien gerade den ihnen zustehenden Interpretationsspielraum, indem sie den Vertragstext auslegen und anwenden (1.). Eine Möglichkeit für Parteien, ihren Interpretationsspielraum zu nutzen, ist die Abgabe einer interpretativen Erklärung (2). Schließlich können sich zwei Parteien untereinander auf eine bestimmte Auslegung einigen (3.).

1. Nutzung des Interpretationsspielraums bei Anwendung des Vertrages

Um einen Vertrag anzuwenden, muss ihn jede Partei zunächst auslegen.[2183] Sind in einer Norm mehrdeutige, vage oder generelle Begriffe vorhanden,

---

2178 *Fastenrath*, Lücken im Völkerrecht, 195 f.; *Heymann*, Einseitige Interpretationserklärungen zu multilateralen Verträgen, 51 f.

2179 *Fastenrath*, Lücken im Völkerrecht, 196; *Heymann*, Einseitige Interpretationserklärungen zu multilateralen Verträgen, 53.

2180 *Heymann*, Einseitige Interpretationserklärungen zu multilateralen Verträgen, 52.

2181 *Pehl*, Repräsentative Auslegung, 98 f., 326 f.

2182 Vgl. *Endicott*, Vagueness in Law, 159.

2183 *Dörr*, in: Dörr/Schmalenbach (Hrsg.), VCLT, Art. 31, Rn. 1; *Orakhelashvili*, The Interpretation of Acts and Rules in Public International Law, 285.

muss jede Partei den Interpretationsspielraum für sich ausnutzen, um die Norm anzuwenden. Dabei tritt das Ergebnis der Interpretation entweder durch interpretative oder andere Erklärungen nach außen, ansonsten ist das Ergebnis für andere Parteien nur aus dem Verhalten einer Partei zu folgern. Entscheidend ist, dass der Interpretationsspielraum nicht nur durch besondere Instrumente genutzt wird, sondern jede Anwendung einen Interpretationsspielraum ausschöpft. Dies umfasst insbesondere auch die Nutzung des Interpretationsspielraums durch das Setzen innerstaatlicher Regelungen. Ein Vertrag kann die Parteien dazu verpflichten derartige innerstaatliche Festlegungen zu treffen, so beispielsweise[2184] Art. 1 des *ILO Übereinkommens Nr. 51 über die Verkürzung der Arbeitszeit bei öffentlichen Arbeiten*:

> „(1) Dieses Übereinkommen gilt für Personen, die bei den von einer Zentralregierung finanzierten oder unterstützten Hoch- und Tiefbauarbeiten unmittelbar beschäftigt sind.
>
> (2) Im Sinne dieses Übereinkommens wird die genaue Bedeutung der Ausdrücke „Hoch- und Tiefbau", „finanziert" und „unterstützt" durch die zuständige Stelle bestimmt nach Anhörung der beteiligten Berufsverbände der Arbeitgeber und der Arbeitnehmer, sofern solche bestehen."[2185]

2184 Weitere Beispiele sind: Art. 1 Abs. 2 des *ILO Übereinkommens Nr. 6 über die Nachtarbeit der Jugendlichen im Gewerbe*; Art. 2 Abs. 2 des *ILO Übereinkommens Nr. 13 über die Verwendung von Bleiweiß zum Anstrich*; Art. 1 Abs. 3 des *ILO Übereinkommens Nr. 14 über den wöchentlichen Ruhetag in gewerblichen Betrieben*; Art. 1 Abs. 3 *ILO Übereinkommen Nr. 77 über die ärztliche Untersuchung der Eignung von Kindern und Jugendlichen zur Arbeit im Gewerbe*; Art. 1 Abs. 3 des *ILO Übereinkommens Nr. 78 über die ärztliche Untersuchung der Eignung von Kindern und Jugendlichen zu nichtgewerblichen Arbeiten*; Art. 4 des *ILO Übereinkommens Nr. 106 über die wöchentliche Ruhezeit im Handel und in Büros*; Art. 1 Abs. 1 des *ILO Übereinkommens Nr. 111 über die Diskriminierung in Beschäftigung und Beruf*; Art. 1 Abs. 2 des *ILO Übereinkommens Nr. 119 über den Maschinenschutz*; Art. 7 des *ILO Übereinkommens Nr. 121 über Leistungen bei Arbeitsunfällen und Berufskrankheiten*; Art. 1 des *ILO Übereinkommens Nr. 126 über die Quartierräume von Fischereifahrzeugen*; Art. 1 Abs. 2 des *ILO Übereinkommens Nr. 129 über die Arbeitsaufsicht in der Landwirtschaft*; Art. 3 und 4 des *ILO Übereinkommens Nr. 182 über das Verbot und unverzügliche Maßnahmen zur Beseitigung der schlimmsten Formen der Kinderarbeit*. Quelle jeweils: Normlex (Information System on International Labour Standards, https://normlex.ilo.org/).

2185 Quelle: Normlex (Information System on International Labour Standards, https://normlex.ilo.org/).

Diese konkreteren Bestimmungen müssen sich innerhalb des Interpretationsspielraums befinden.

2. Interpretative Erklärung

Eine Methode, wie Parteien ihren Interpretationsspielraum nutzen und erkennbar für alle Parteien nach außen tragen können, besteht darin, eine interpretative Erklärung abzugeben. Die Parteien verfolgen vielfältige Ziele, wenn sie eine interpretative Erklärung abgeben. Die Erklärungen können darauf abzielen, die künftige Auslegung durch andere Parteien oder internationale Organe zu beeinflussen, sie können eine bloße Information an die anderen Parteien darstellen oder eine Bitte um besondere Behandlung sein.[2186]

a) Definition und Arten interpretativer Erklärungen

Der „ILC Guide to Practice on Reservations to Treaties“ definiert interpretative Erklärungen in Guideline 1.2 wie folgt:

> „"Interpretative declaration" means a unilateral statement, however phrased or named, made by a State or an international organization, whereby that State or that organization purports to specify or clarify the meaning or scope of a treaty or of certain of its provisions.“[2187]

Durch eine interpretative Erklärung einer Partei konkretisiert diese eine Vertragsbestimmung einseitig durch eine methodengerecht erzielte Auslegung oder macht die Auslegung zur Bedingung, sofern der jeweilige Vertrag kein zur Auslegung obligatorisch berechtigtes Organ vorsieht.[2188] Eine einfache oder reine Interpretationserklärung liegt vor, wenn eine Partei nur eine bestimmte Auslegung vorschlägt.[2189] Um eine qualifizierte Interpretationserklärung

---

2186 *Cameron*, Treaties, Declarations of Interpretation, in: Wolfrum (Hrsg.), MPEPIL, Rn. 8.

2187 ILC Guide to Practice on Reservations, UN Doc. A/66/10/Add.1, Guideline 1.2.

2188 *Cameron*, Treaties, Declarations of Interpretation, in: Wolfrum (Hrsg.), MPEPIL, Rn. 1; *Heymann*, Einseitige Interpretationserklärungen zu multilateralen Verträgen, 87 f.

2189 *Cameron*, Treaties, Declarations of Interpretation, in: Wolfrum (Hrsg.), MPEPIL, Rn. 4; *Heymann*, Einseitige Interpretationserklärungen zu multilateralen Verträgen, 151; *Kühner*, Vorbehalte zu multilateralen völkerrechtlichen Verträgen, 36 f.

handelt es sich, wenn eine Partei ihre methodengerecht erreichte Auslegung zur Bedingung macht.[2190] Sieht in letzterem Fall ein Vertrag ein Organ vor, welches zur Auslegung befugt ist, stellt eine Erklärung, welche eine Auslegung zur Bedingung macht, einen Vorbehalt dar.[2191] Solche Erklärungen werden auch als *„conditional interpretative declarations"* bezeichnet.[2192] Der „ILC Guide to Practice on Reservations to Treaties" formuliert dazu in Guideline 1.4:

> „1. A conditional interpretative declaration is a unilateral statement formulated by a State or an international organization when signing, ratifying, formally confirming, accepting, approving or acceding to a treaty, or by a State when making a notification of succession to a treaty, whereby the State or international organization subjects its consent to be bound by the treaty to a specific interpretation of the treaty or of certain provisions thereof.
>
> 2. Conditional interpretative declarations are subject to the rules applicable to reservations."[2193]

b) Abgrenzung zu Vorbehalten

Aufgrund der strikteren Regeln für die Erklärung von Vorbehalten sind interpretative Erklärungen von Vorbehalten abzugrenzen. Teilweise benennen Parteien eine Erklärung als interpretativ, während es sich tatsächlich um einen Vorbehalt handelt. Sie versuchen so, die Regeln über Vorbehalte zu umgehen. Daher beschäftigen sich verschiedene Autoren und Gerichte damit, wie interpretative Erklärungen und Vorbehalte abzugrenzen sind.[2194]

Interpretative Erklärungen zielen darauf ab, den Inhalt und Anwendungsbereich einer Norm zu konkretisieren. Dagegen ist es nicht ihr Zweck, die

---

2190 *Bauer*, Vorbehalte zu Menschenrechtsverträgen, 43; *Heymann*, Einseitige Interpretationserklärungen zu multilateralen Verträgen, 151; *McRae*, in: British Yearbook of International Law 1978 (Vol. 49), 155 (160).

2191 *Heymann*, Einseitige Interpretationserklärungen zu multilateralen Verträgen, 151.

2192 ILC Guide to Practice on Reservations, UN Doc. A/66/10/Add.1, Guideline 1.4; *Cameron*, Treaties, Declarations of Interpretation, in: Wolfrum (Hrsg.), MPEPIL, Rn. 4.

2193 ILC Guide to Practice on Reservations, UN Doc. A/66/10/Add.1, Guideline 1.4.

2194 EGMR, Nr. 10328/83 - *Belilos v Switzerland* (Pl.); *Benatar*, in: Belgian Review of International Law 2011 (Vol. 44), 170 (177-182); *Del Mar*, in: Tams/Tzanakopoulos/Zimmermann (Hrsg.), Research Handbook on the Law of Treaties, 285 (287-294);

Vertragsbindung zu verändern.[2195] Falls eine Veränderung doch beabsichtigt oder faktisch erfolgt, ist die Bezeichnung als interpretative Erklärung unerheblich und die Bestimmung ist materiell dennoch als Vorbehalt anzusehen.[2196] Um zu bestimmen, welche Wirkung beabsichtigt ist, ist zunächst der Wortlaut der Erklärung zu untersuchen.[2197] Räumt die Norm, zu welcher eine Erklärung abgegeben wurde, keinen Interpretationsspielraum ein, oder wird dieser durch die Erklärung überschritten, handelt es sich nicht mehr um eine Interpretationserklärung, sondern um einen Vorbehalt.[2198] Wesentliche Fragen zur Abgrenzung zwischen interpretativen Erklärungen und Vorbehalten sind, erstens ob die Erklärung lediglich den Vertrag interpretiert oder ob sie die Vertragsbestimmungen begrenzt oder verändert, und zweitens, ob die erklärende Partei die Zustimmung oder das Schweigen der anderen Parteien als Voraussetzung für seine Zustimmung zu dem Vertrag macht.[2199] Welche Wirkungen eine Erklärung erzielen soll, ist durch Auslegung dieser Erklärung zu ermitteln.[2200]

Nicht jede qualifizierte interpretative Erklärung ist als Vorbehalt einzuordnen. Die Bedingung, dass nur die erklärte Interpretation für die Partei gelten soll, verändert die Rechtswirkungen des Vertrages, wenn dieser ein Organ vorsieht, welches verbindlich den Vertrag auslegen darf. Legt dieses Organ eine Vertragsbestimmung anders als in der qualifizierten interpretativen Erklärung einer Partei aus, ist die Partei nicht daran gebunden. Insofern entzieht die Erklärung bereits von Beginn an dem Organ die Auslegungsbefugnis in Bezug auf die in der Erklärung genannte Norm.[2201] Inzwischen unterstellt die Regel in Guideline 1.4 des „ILC Guide to Practice on Reservations to Treaties“ qualifizierte Interpretationserklärungen dem Vorbehaltsregime.

Der „ILC Guide to Practice on Reservations to Treaties“ bestimmt in seinem ersten Abschnitt, wie Vorbehalte von anderen Erklärungen zu unterscheiden

---

Horn, Reservations and Interpretative Declarations to Multilateral Treaties, 237-242, 246-257; *Kühner*, Vorbehalte zu multilateralen völkerrechtlichen Verträgen, 37-43.

2195 ILC Yearbook 1995 Vol. I, UN Doc. A/CN.4/SR.2401, 2401st meeting, 154, Rn. 4; *Heymann*, Einseitige Interpretationserklärungen zu multilateralen Verträgen, 37.

2196 *Kühner*, Vorbehalte zu multilateralen völkerrechtlichen Verträgen, 38 f.

2197 EGMR, Nr. 10328/83 - *Belilos v Switzerland* (Pl.), Rn. 44.

2198 *Kühner*, Vorbehalte zu multilateralen völkerrechtlichen Verträgen, 38.

2199 *McRae*, in: British Yearbook of International Law 1978 (Vol. 49), 155 (161 f.).

2200 *Heymann*, Einseitige Interpretationserklärungen zu multilateralen Verträgen, 89 f.

2201 *Heymann*, Einseitige Interpretationserklärungen zu multilateralen Verträgen, 81 f.

sind. Für eine ausführliche Analyse dieser Unterscheidung wird auf die Ausführungen dort und verschiedener Autoren in der Literatur verwiesen.[2202]

c) Zulässigkeit

Interpretative Erklärungen können jederzeit durch jede Vertragspartei abgegeben werden.[2203] Das Völkervertragsrecht enthält lediglich im „ILC Guide to Practice on Reservations to Treaties" als unverbindliche Quelle einige allgemeine Regeln für interpretative Erklärungen. Völkerrechtssubjekte können innerhalb eines Vertrages spezielle Regeln für interpretative Erklärungen aufstellen. Beispielsweise untersagt das *Freihandelsabkommen zwischen Kanada und Costa Rica* in Art. XV.3 interpretative Erklärungen:

> „This Agreement shall not be subject to unilateral reservations or unilateral interpretative declarations."[2204]

Anders als für Vorbehalte existiert für interpretative Erklärungen nach generellem Völkervertragsrecht keine zeitliche Begrenzung. Ein Vertrag kann abweichend von dieser allgemeinen Regel eine zeitliche Beschränkung vorsehen.[2205] Ein Beispiel dafür ist Art. 6 des *Europäischen Auslieferungsübereinkommens*:

> „a) A Contracting Party shall have the right to refuse extradition of its nationals.
>
> b) Each Contracting Party may, by a declaration made at the time of signature or of deposit of its instrument of ratification or accession, define as far as it is concerned the term „nationals" within the meaning of this Convention.
>
> c) [...]"[2206]

Implizit enthält die Klausel mit der Formulierung „*within the meaning of this Convention*" die Möglichkeit für die Parteien, dass sie für diesen Vertrag

---

2202 Es wird verwiesen auf: ILC Guide to Practice on Reservations, UN Doc. A/66/10/Add.1, Guideline 1.2 – Commentary; *Kühner*, Vorbehalte zu multilateralen völkerrechtlichen Verträgen, 35-43; *Bauer*, Vorbehalte zu Menschenrechtsverträgen, 30-49.

2203 *Barrett/Beckman*, Handbook on Good Treaty Practice, 274; *Heymann*, Einseitige Interpretationserklärungen zu multilateralen Verträgen, 151.

2204 https://www.international.gc.ca/trade-commerce/trade-agreements-accords-commerciaux/agr-acc/costa_rica/fta-ale/background-contexte.aspx?lang=eng [28.07.2025].

2205 *Heymann*, Einseitige Interpretationserklärungen zu multilateralen Verträgen, 114 f.

2206 BGBl. 1964 II 1369. International: CETS Nr. 24.

von der gewöhnlichen Bedeutung des Begriffs „*nationals*“ im Völkerrecht abweichen können. Für einen konkreten Vertrag können Parteien entweder eigene Staatsangehörige ausschließen oder Staatsangehörige anderer Staaten einbeziehen.[2207] So bezogen Dänemark, Island, Finnland, Norwegen und Schweden die Staatsangehörigen der jeweils vier anderen Staaten ein. Beispielhaft sei die Erklärung von Island genannt, die inhaltsgleich durch die anderen für Staaten abgegeben wurden:

> „Within the meaning of the Convention the term ‘nationals’ means a national of Iceland and a national of Denmark, Finland, Norway or Sweden or a person domiciled in Iceland or other aforementioned countries.”[2208]

d) Rechtswirkungen einer interpretativen Erklärung

Die Rechtswirkungen einer interpretativen Erklärung unterscheiden sich je nach Reaktion der anderen Parteien. Der „ILC Guide to Practice on Reservations to Treaties“ definiert in Guideline 2.9.1 und 2.9.2 die Annahme und den Widerspruch zu einer interpretativen Erklärung.

> „2.9.1 Approval of an interpretative declaration
>
> “Approval” of an interpretative declaration means a unilateral statement made by a State or an international organization in reaction to an interpretative declaration in respect of a treaty formulated by another State or another international organization, whereby the former State or organization expresses agreement with the interpretation formulated in that declaration.
>
> 2.9.2 Opposition to an interpretative declaration
>
> “Opposition” to an interpretative declaration means a unilateral statement made by a State or an international organization in reaction to an interpretative declaration in respect of a treaty formulated by another State or another international organization, whereby the former State or organization disagrees with the interpretation

---

2207 *Hoffmann*, Völkerrechtliche Vorgaben für die Verleihung der Staatsangehörigkeit, 61.

2208 Declaration contained in a letter from the Permanent Representative of Iceland, handed to the Secretary General at the time of deposit of the instrument of ratification, on 20.06.1984 - Or. Engl. Aufgeführt unter: Vorbehalte und Erklärungen für Vertrag Nr. 24: https://www.coe.int/de/web/conventions/full-list/-/conventions/treaty/024/declarations?p_auth=YeQKRMMk [28.07.2025].

> formulated in the interpretative declaration, including by formulating an alternative interpretation."[2209]

Dabei können die Reaktionen selbst die interpretative Erklärung auslegen und eine Zustimmung für ein bestimmtes Verständnis erklären.[2210] Zu Art. 6 des *Europäischen Auslieferungsübereinkommens*[2211] rief die Erklärung Polens verschiedene Reaktionen hervor. Die Erklärung Polens lautet:

> „The Republic of Poland declares that, for the purposes of this Convention, in accordance with paragraph 1 (b) of Article 6, persons granted asylum in Poland will be treated as Polish nationals."[2212]

Dazu erklärte Österreich sowie inhaltsgleich Deutschland und die Türkei:

> „The Government of Austria declares that Poland's declaration concerning Article 6, paragraph 1(b) of the European Convention on Extradition is interpreted by Austria in the same way, as meaning that persons who have been granted asylum in Poland will be placed on an equal footing with Polish nationals only in the event of a request for extradition by the persecuting State and that, in that case, such persons will not be extradited.
>
> The declaration by Poland concerning Article 6, paragraph 1(b) is compatible with the aim and purpose of the Convention only if the extradition to a third state of persons granted asylum in Poland is not refused solely on the grounds that those persons are treated as Polish nationals."[2213]

Der „ILC Guide to Practice on Reservations to Treaties" ordnet diese Reaktionen als bedingte Zustimmung zu der Erklärung Polens ein. Die Bedingung

---

2209 ILC Guide to Practice on Reservations to Treaties 2011, UN Doc. A/66/10/Add.1, Guidelines 2.9.1 und 2.9.2. Zur weitergehenden Analyse der Reaktionen: *Benatar*, in: Belgian Review of International Law 2011 (Vol. 44), 170 (184-196).

2210 ILC Guide to Practice on Reservations to Treaties 2011, UN Doc. A/66/10/Add.1, Guideline 2.9.2, Rn. 6; *Benatar*, in: Belgian Review of International Law 2011 (Vol. 44), 170 (188 f.).

2211 BGBl. 1964 II 1369. International: CETS Nr. 24.

2212 Declaration contained in the instrument of ratification, deposited on 15.06.1993. Siehe: Vorbehalte und Erklärungen für Vertrag Nr. 024: https://www.coe.int/de/web/conventions/full-list/-/conventions/treaty/024/declarations?p_auth=YeQKRMMk [28.07.2025].

2213 Declaration contained in a letter form the Permanent Representation of Austria to the Council of Europe, dated 07.01.1994, registered at the Secretariat General

ist dabei, dass die interpretative Erklärung Polens mit der in den Erklärungen von Deutschland, Österreich und die Türkei zum Ausdruck kommenden ergänzenden Auslegung übereinstimmt.[2214]

Eine Reaktion ist – anders als bezogen auf einen Vorbehalt – nicht an eine Frist gebunden, sondern kann jederzeit erfolgen.[2215] Ohne eine Regelung, die Art. 20 Abs. 5 WVK entspricht, bedeutet ein bloßes Schweigen auf eine interpretative Erklärung keine Annahme dieser.[2216]

Solange andere Parteien eine einfache interpretative Erklärung nicht annehmen, entfaltet sie keine Wirkung für die anderen Parteien.[2217] Allerdings ist eine einfache interpretative Erklärung gem. Art. 31 Abs. 2 lit. b) WVK bei der Auslegung zu berücksichtigen,[2218] sodass eine Beeinflussung der Auslegung anderer Parteien sowie möglicher Kontrollorgane ein Grund für die Abgabe einer interpretativen Erklärung sein kann.

Wird eine interpretative Erklärung durch alle Parteien angenommen, kann dadurch eine authentische Auslegung entstehen.[2219] Umgekehrt verhindert eine interpretative Erklärung eine entgegenstehende authentische Auslegung, denn solange mindestens eine Partei eine andere Auslegung vertritt, besteht keine einheitliche Auslegung durch alle Parteien.[2220]

3. Bilaterale Auslegung

Zwei Parteien können zwischen sich eine bestimmte Auslegung festlegen. Dies ist möglich durch gemeinsame Abgabe einer interpretativen Erklärung

---

on 11.01.1994. Siehe: Vorbehalte und Erklärungen für Vertrag Nr. 024: https://www.coe.int/de/web/conventions/full-list/-/conventions/treaty/024/declarations?p_auth=YeQKRMMk [18.07.2025].

2214 ILC Guide to Practice on Reservations to Treaties 2011, UN Doc. A/66/10/Add.1, Guideline 2.9.2, Rn. 6.

2215 *Barrett/Beckman*, Handbook on Good Treaty Practice, 276.

2216 *Benatar*, in: Belgian Review of International Law 2011 (Vol. 44), 170 (189-191). Dies formulierte auch die ILC in Guideline 2.9.9, ILC Guide to Practice on Reservations to Treaties 2011, UN Doc. A/66/10/Add.1: „An approval of an interpretative declaration shall not be inferred from the mere silence of a State or an international organization.".

2217 *Heymann*, Einseitige Interpretationserklärungen zu multilateralen Verträgen, 118.

2218 *Dörr*, in: Dörr/Schmalenbach (Hrsg.), VCLT, Art. 31, Rn. 67; *Kühner*, Vorbehalte zu multilateralen völkerrechtlichen Verträgen, 36 f.

2219 *Benatar*, in: Belgian Review of International Law 2011 (Vol. 44), 170 (194).

2220 *Heymann*, Einseitige Interpretationserklärungen zu multilateralen Verträgen, 129 f.

oder durch Annahme einer einseitigen interpretativen Erklärung, auch als *interprétation partagée* bezeichnet.[2221] Eine weitere Möglichkeit sind Auslegungen durch Zusatzvereinbarungen. Teilweise sehen Verträge ausdrücklich vor, dass Parteien die Auslegung einzelner Begriffe bilateral klarstellen. Ein Beispiel dafür ist Art. 23 *Convention of 1 February 1971 on the Recognition and Enforcement of Foreign Judgements in Civil and Commercial Matters*, der in 22 Absätzen aufzählt, was die zusätzliche Vereinbarung regeln kann.

> „In the Supplementary Agreements referred to in Article 21 the Contracting States may agree -
>
> (1) to clarify the meaning of the expression "civil and commercial matters", to determine the courts whose decisions shall be recognised and enforced under this Convention, to define the expression "social security" and to define the expression "habitual residence";
>
> (2) to clarify the meaning of the term "law" in States with more than one legal system;
>
> [...]"[2222]

Die zusätzliche Vereinbarung führt einerseits zu einer zusätzlichen Vertragsbindung für die betroffenen Parteien und gleichzeitig bewirkt es andererseits eine verbindliche Auslegung für die Parteien der Vereinbarung in ihrer bilateralen Beziehung.

Unproblematisch möglich ist eine bilaterale Auslegung im Rahmen einer bilateralen Erfüllungsstruktur[2223]. Grundsätzlich ist eine bilaterale Auslegung auch denkbar zu einem Vertrag mit integraler Erfüllungsstruktur. Da sich jedes Interpretationsergebnis immer innerhalb des äußeren Rahmens der Wortlautgrenze befinden muss, erfüllen zwei Parteien ihre Pflichten weiterhin gegenüber allen Parteien, wenn sie sich bilateral auf eine konkrete Auslegung einigen. Eine Partei kann jedoch dann nicht mehr die Pflichten gegenüber allen Parteien erfüllen, wenn sie mit verschiedenen Parteien sich widersprechende bilaterale Auslegungen vereinbart, indem sie den Spielraum unterschiedlich nutzt. Das Instrument der bilateralen

---

2221 *Heymann*, Einseitige Interpretationserklärungen zu multilateralen Verträgen, 119 f.

2222 UNTS Vol. 1144, 249.

2223 Zu der vertraglichen Erfüllungsstruktur genauer → Kapitel 2 C. II. 7. b).

Auslegung kann in Verträgen mit integraler Erfüllungsstruktur insofern nur zurückhaltend genutzt werden.

V. Vertragsgestaltung

Ein Interpretationsspielraum besteht, wenn die korrekte Anwendung der Auslegungsregeln zu mehr als einem zulässigen Auslegungsergebnis führen. Der auslegenden Person kommt sodann ein Ermessen zu, für welche der zulässigen Auslegungen sie sich entscheidet. Sie darf entscheiden, ob sie eine enge oder weite Auslegung wählt. Im Hinblick auf das Ergebnis ist dies insofern mit Vorbehalten zu vergleichen, als eine Partei sich dabei gegen Auslegungsergebnisse entscheiden kann, die nicht in ihrem Interesse liegen. Sie kann so die Wirkung einer Vertragsnorm beeinflussen. Anders als bei einem Vorbehalt ist sie dabei jedoch an die Wortlautgrenze gebunden. Jedenfalls in den häufigen Situationen, dass kein Kontrollorgan zur Überprüfung der Auslegung und Anwendung des Vertrages berechtigt ist, liegt die Durchsetzung der Wortlautgrenze bei den anderen Parteien des Vertrages.

Für die Vertragsgestaltung sind zwei Aspekte zu unterscheiden: Erstens legen die verhandelnden Völkerrechtssubjekte den Wortlaut als Grenze der Auslegung bei der Aushandlung des Vertrages fest und können dabei auch Methoden verwenden, welche die Präzision erhöhen. Ein Interpretationsspielraum entsteht vornehmlich durch mehrdeutige, vage oder generelle Begriffe sowie durch Unterschiede zwischen authentischen Sprachfassungen eines Vertrages. Zweitens können sie bei der Aushandlung auch Vorgaben für die Mittel zur Ausübung des Interpretationsspielraums aufnehmen.

Während verschiedene Richtlinien und Guidelines für die Vertragsgestaltung völkerrechtlicher Verträge empfehlen, die Verträge möglichst präzise zu formulieren,[2224] zeigt ein Blick in verschiedene Verträge, dass sich die aushandelnden Völkerrechtssubjekte dennoch für Begriffe und Formulierungen entschieden haben, die aufgrund ihrer geringeren Präzision zu einem größeren Interpretationsspielraum führen. Regelmäßig dürfte der Grund

---

[2224] Auswärtiges Amt, Richtlinien für die Behandlung völkerrechtlicher Verträge, Anlage A II. 1., 100; ILO, Manual for drafting ILO instruments, The Quick Guide, 2007, online verfügbar: https://webapps.ilo.org/public/libdoc/ilo/2007/107B09_106_engl.pdf [28.07.2025] 23; New Zealand Centre for Environmental Law, Multilateral Environmental Agreement Negotiator's Handbook, Pacific Region 2013, online verfügbar: https://portals.iucn.org/library/node/44714 [28.07.2025], 74.

dafür in der Tatsache bestehen, dass Uneinigkeiten durch derartig unpräzise Formulierungen überspielt werden sollen.[2225] Aus diesem Grund wird es auch als konstruktive Mehrdeutigkeit („*constructive ambiguity*")[2226], als beabsichtigte Mehrdeutigkeit („*intentional ambiguity*")[2227] oder als beabsichtigte Unbestimmtheit („*intended indeterminacy*")[2228] bezeichnet.

Neben der Erzielung einer Einigung sollten jedoch bei der Wahl unpräziser Formulierungen folgende Aspekte berücksichtigt werden. Aus der Umkehr der Aussage von *Klabbers* „*interpretation is the continuation of treaty negotiations by other means*"[2229] in die Aussage, dass die Vertragsverhandlungen als Vorspann für die Auslegung anzusehen sind, empfiehlt es sich, die spätere Auslegung bei der Vertragsgestaltung bereits zu bedenken. Insbesondere folgende drei Faktoren können die aushandelnden Völkerrechtssubjekte berücksichtigen.

Erstens gilt für Konstellationen, in denen die Parteien ihren Interpretationsspielraum ausschließlich bei der Anwendung ausüben, dass es für die anderen Parteien schwierig sein kann, zu erkennen, wie der Interpretationsspielraum genutzt wurde.

Zweitens ist relevant, ob mit dem Vertrag ein Kontrollorgan geschaffen wird oder einem bereits existierenden Organ die Befugnis zur Kontrolle übertragen wird[2230]. Einem Kontrollorgan steht ein genauso weiter Interpretationsspielraum zu wie den Parteien selbst, wenn ihm die Befugnis zur vollen Überprüfung inklusive der Auslegung übertragen wird. Es besteht insofern für die Parteien die Gefahr, dass ein Kontrollorgan sich innerhalb dieses Spielraums für eine andere zulässige Auslegung als die jeweilige

---

2225 *Bell*, On the Law of Peace, 166; *Troitskiy*, in: Zartman (Hrsg.), How Negotiations end, 238 (238 f.).

2226 *Bell*, On the Law of Peace, 166; *Kulick*, in: German Yearbook of International Law 2015 (Vol. 59), 257 (283); New Zealand Centre for Environmental Law, Multilateral Environmental Agreement Negotiator's Handbook, Pacific Region 2013, online verfügbar: https://portals.iucn.org/library/node/44714 [28.07.2025], 74; *Oberthur/Bodle*, in: Climate Law 2016 (Vol. 6), 40 (48 f.); *Troitskiy*, in: Zartman (Hrsg.), How Negotiations end, 238 (239).

2227 *Zhang*, in: Japanese Yearbook of International Law 2009 (Vol. 52), 35 (55).

2228 *Stern*, in: Fitzmaurice/Elias/Merkouris (Hrsg.), Treaty Interpretation and the Vienna Convention on the Law of Treaties: 30 Years on, 111 (113).

2229 *Klabbers*, in: Nordic Journal of International Law 2005 (Vol. 74), 405 (406).

2230 Genauer zu Kontrollmechanismen → Kapitel 2 C. II. 6.

Partei selbst entscheidet. Die Fortsetzung der Vertragsverhandlung mit anderen Mitteln wird dann auf ein anderes Organ delegiert und liegt nicht mehr ausschließlich bei jeder einzelnen Partei.[2231] In dieser Situation wird eine Einigung bei Vertragsverhandlungen erkauft mit einer größeren Unsicherheit, wie Kontrollorgane später entscheiden werden.[2232]

Drittens ist ein davon zu unterscheidender Umstand, dass insbesondere ein weiter Wortlaut zugänglicher für eine evolutive Auslegung ist.[2233] Unpräzisere Normen sind grundsätzlich besser geeignet, um sie auf bei Vertragsschluss nicht vorhergesehene Umstände anzuwenden.[2234]

In den Vertragsverhandlungen kann jeweils erwogen werden, ob die Präzision der Vertragsbestimmungen erhöht werden soll oder ob sie bewusst geringgehalten werden soll. So kann für quantitativ vage Begriffe eine Grenze formuliert werden, z. B. „unverzüglich, spätestens innerhalb einer Woche". Sowohl für quantitativ als auch für qualitativ vage Begriffe und für generelle Begriffe können Definitionen und der Ausschluss bestimmter Auslegungen den Interpretationsspielraum verkleinern. Ein Beispiel ist Art. 2 Abs. 5 des *Londoner Protokolls zum Übereinkommen über die Verhütung der Meeresverschmutzung durch das Einbringen von Abfällen und anderen Stoffen*:

> „.1 Der Ausdruck „Verbrennung auf See" bezeichnet die Verbrennung an Bord eines Schiffes, einer Plattform oder eines sonstigen auf See errichteten Bauwerks von Abfällen oder sonstigen Stoffen zum Zweck ihrer vorsätzlichen Beseitigung durch thermische Vernichtung.
>
> .2 Der Ausdruck „Verbrennung auf See" umfaßt nicht die Verbrennung von Abfällen oder sonstigen Stoffen an Bord eines Schiffes, einer Plattform oder eines sonstigen

---

[2231] *Caiado*, Commitments and Flexibilities in the WTO Agreement, 50; vgl. *Karakamisheva-Jovanovska*, in: Central European Journal of Comparative Law 2021 (Vol. 2), 65 (68); New Zealand Centre for Environmental Law, Multilateral Environmental Agreement Negotiator's Handbook, Pacific Region 2013, online verfügbar: https://portals.iucn.org/library/node/44714 [28.07.2025], 74; *Pehl*, Repräsentative Auslegung, 325.

[2232] Vgl. *Van Aaken*, University of St. Gallen Law School Law and Economics Research Paper Series Working Paper No. 2008-23, online verfügbar: https://ssrn.com/abstract=1269416 [28.07.2025], 10.

[2233] *Böth*, Evolutive Auslegung völkerrechtlicher Verträge, 69; *Dahm/Delbrück/Wolfrum*, Völkerrecht Band I/1, 47; *Lo*, Treaty Interpretation Under the Vienna Convention on the Law of Treaties, 261; *Pehl*, Repräsentative Auslegung, 113, 327.

[2234] *Pehl*, Repräsentative Auslegung, 325.

auf See errichteten Bauwerks, wenn diese Abfälle oder sonstigen Stoffe während des normalen Betriebs des Schiffes, der Plattform oder des sonstigen auf See errichteten Bauwerks anfielen."[2235]

Weiterhin können Auslegungsregeln in den Vertrag aufgenommen werden, die spezifisch für diesen Vertrag sind.[2236]

Werden während der Vertragsverhandlung hinsichtlich einer Formulierung zwei Deutungen vertreten, könnte eine Klausel wie in Art. 1 Abschnitt B Abs. 1 des *Abkommens über die Rechtsstellung der Flüchtlinge*[2237] eine Möglichkeit sein, eine Einigung zu ermöglichen, ohne dass eigene Positionen aufzugeben sind. Die Auswahlmöglichkeit erlaubt es jedem Völkerrechtssubjekt, an seinem Verständnis festzuhalten, und erhöht gleichzeitig die Präzision.

Anders als für Vorbehalte und die übrigen Flexibilitätsinstrumente, die eine Abweichung von gleichförmigen Rechten und Pflichten bewirken, können die meisten in Kapitel 2 Abschnitt C dargestellten verschiedenen Begrenzungen auf die Ausgestaltung des Interpretationsspielraums nicht angewendet werden. Ausnahmen sind dabei Veröffentlichungspflichten[2238] in Form einer Pflicht zur Abgabe einer interpretativen Erklärung oder auch Begründungspflichten[2239] für ein bestimmtes Verständnis einer Vertragsnorm. Außerdem kann der Interpretationsspielraum dadurch begrenzt werden, dass ein Überprüfungsmechanismus in einem Vertrag enthalten ist.[2240]

2235 BGBl. 1998 II 1345. International: https://www.imo.org/en/OurWork/Environment/Pages/London-Convention-Protocol.aspx [28.07.2025].

2236 Dazu genauer → Kapitel 5 B. II. 3. c).

2237 „(1) Im Sinne dieses Abkommens können die im Artikel 1 Abschnitt A enthaltenen Worte „Ereignisse, die vor dem 1. Januar 1951 eingetreten sind" in dem Sinne verstanden werden, daß es sich entweder um
„Ereignisse, die vor dem 1. Januar 1951 in Europa eingetreten sind" oder
„Ereignisse, die vor dem 1. Januar 1951 in Europa und anderswo eingetreten sind
handelt. Jeder vertragsschließende Staat wird zugleich mit der Unterzeichnung, der Ratifikation oder dem Beitritt eine Erklärung abgeben, welche Bedeutung er diesem Ausdruck vom Standpunkt der von ihm auf Grund dieses Abkommens übernommenen Verpflichtungen zu geben beabsichtigt." (BGBl. 1953 II 559. International: UNTS Vol. 189, 137).

2238 Dazu genauer → Kapitel 2 C. II. 5. a) bb).

2239 Dazu genauer → Kapitel 2 C. II. 5. a) cc).

2240 Dazu genauer → Kapitel 2 C. II. 6.

Anders ist dies teilweise für die Mittel zur Ausübung des Interpretationsspielraums sowie den Reaktionen darauf. Interpretative Erklärungen können zu einem Vertrag generell untersagt werden. Die Parteien können Verfahrensvorschriften in den Vertrag aufnehmen und der ausübenden Partei verfahrenstechnische Verpflichtungen auferlegen (z. B. Anhörungserfordernisse, Begründungspflichten oder Formerfordernisse).[2241] Eine Verfahrensvorschrift ist es unter anderem, wenn der Vertrag konkret für Meinungsverschiedenheiten bezogen auf die Auslegung ein Streitschlichtungsverfahren verpflichtend vorsieht. Ein Beispiel[2242] enthält Art. 29 Abs. 1 der *UN-Konvention zur Beseitigung jeder Form von Diskriminierung der Frau*:

> „Entsteht zwischen zwei oder mehr Vertragsstaaten über die Auslegung oder Anwendung dieses Übereinkommens eine Streitigkeit, die nicht auf dem Verhandlungsweg beigelegt werden kann, so wird sie auf Verlangen einer Partei zum Gegenstand eines Schiedsverfahrens gemacht. Können sich die Parteien innerhalb von sechs Monaten vom Zeitpunkt des Antrags auf ein Schiedsverfahren über dessen Ausgestaltung nicht einigen, so kann eine Partei die Streitigkeit dem Internationalen Gerichtshof vorlegen, indem sie einen Antrag im Einklang mit dessen Statut stellt."[2243]

Eine Verfahrensvorschrift ist ebenfalls, wenn die interpretative Erklärung oder die Reaktion anderer Parteien zu dieser zu begründen ist[2244]. Für die Reaktionen auf eine interpretative Erklärung empfiehlt Guideline 2.9.6 des „ILC Guide to Practice on Reservations to Treaties" eine solche Begründung:

> „An approval, opposition or recharacterization in respect of an interpretative declaration should, to the extent possible, indicate the reasons why it is being made."[2245]

Weiterhin kann als Voraussetzung auch in einer Vertragsklausel aufgenommen werden, dass für eine interpretative Erklärung die Zustimmung aller übrigen Vertragsparteien erforderlich ist,[2246] sodass jede interpretative Erklä-

---

2241 Dazu genauer → Kapitel 2 C. II. 5.

2242 Weitere Beispiele: Art. 27 des *Übereinkommens über die biologische Vielfalt* (BGBl. 1993 II 1741, 1742. International: UNTS Vol. 1760, 79) und Art. 22 des *Übereinkommens zur Beseitigung jeder Form von Rassendiskriminierung* (BGBl. II 1969, 961. International: UNTS Vol. 660, 195).

2243 BGBl. 1985 II 647, 648. International: UNTS Vol. 1249, 13.

2244 Dazu genauer → Kapitel 2 C. II. 5. a) cc).

2245 ILC Guide to Practice on Reservations to Treaties 2011, UN Doc. A/66/10/Add.1, Guideline 2.9.6.

2246 Dazu genauer → Kapitel 2 C. II. 3.

rung eine authentische Interpretation darstellen würde. Als geringere Begrenzung kann den anderen Parteien ein Einspruchsrecht eingeräumt werden. Alternativ kann die Zustimmung eines Vertragsorgans als Voraussetzung vorgesehen werden oder einem solchen die Möglichkeit eines Einspruchs eingeräumt werden.

Neben den Reaktionsmöglichkeiten kann den anderen Vertragsparteien ein spezielles Kontrollrecht eingeräumt werden sowie auch einem Vertragsorgan eine Berechtigung zur Überprüfung eingeräumt werden kann.[2247]

Eine Vertragsklausel zu interpretativen Erklärungen kann Einschränkungen hinsichtlich des Zeitpunkts[2248], zu dem eine interpretative Erklärung erklärt werden muss, enthalten. Ohne eine Regelung besteht für eine interpretative Erklärung keine zeitliche Begrenzung (vgl. auch Guideline 2.4.4 des „ILC Guide to Practice on Reservations to Treaties“[2249]).

Da in den weit überwiegenden Fällen eine Partei den Interpretationsspielraum unilateral nutzt, wirkt sich dies nicht reziprok[2250] auf die Auslegung durch andere Parteien aus. Nur im Rahmen der bilateralen Auslegung nutzen zwei Parteien den Interpretationsspielraum gemeinsam und wirkt eine Auslegung in ihrer Vertragsbeziehung reziprok. Unproblematisch können Parteien eine bilaterale Auslegung im Rahmen einer bilateralen Erfüllungsstruktur nutzen. Solange es die Parteien ihre Pflichten weiterhin gegenüber allen Parteien des Vertrages gleichzeitig erfüllen können, wenn sie den Vertrag entsprechend einer bilateralen Auslegung erfüllen, ist sie auch in einer integralen Erfüllungsstruktur möglich. Es besteht jedoch das Risiko von sich widersprechenden bilateralen Auslegungen. Ansonsten ist der Interpretationsspielraum als Flexibilitätsinstrument unabhängig von der Erfüllungsstruktur.

B. Bereich der Rechtmäßigkeit durch einen Umsetzungsspielraum

Eine Erfüllungshandlung ist all jenes Handeln, Dulden oder Unterlassen, welches die Rechtspflicht aus einer Norm erfüllt. Viele Normen sehen nicht eine

---

2247 Dazu genauer → Kapitel 2 C. II. 6.

2248 Zu zeitlichen Beschränkungen genauer → Kapitel 2 C. II. 4.

2249 ILC Guide to Practice on Reservations to Treaties 2011, UN Doc. A/66/10/Add.1, Guideline 2.4.4.

2250 Dazu genauer → Kapitel 2 C. II. 7.

konkrete und einzig korrekte Erfüllungshandlung vor, sondern sie eröffnen den Parteien einen Spielraum, innerhalb dessen sie auswählen können, welche Handlung sie vornehmen. Die Pflicht aus einer solchen Norm ist lediglich, eine Handlung vorzunehmen, die innerhalb des Spielraums liegt. Die verschiedenen Eigenschaften der vertraglichen Bestimmungen, durch die der Umsetzungsspielraum determiniert wird (I.), können die aushandelnden Völkerrechtssubjekte in der Vertragsgestaltung berücksichtigen (II.).

I. Die Determinierung des Umsetzungsspielraums bei der Vertragsgestaltung

Viele Normen in völkerrechtlichen Verträgen sind nicht so präzise formuliert, dass sie nur durch eine bestimmte Form des Handelns, Duldens oder Unterlassens umgesetzt werden können.[2251] Außerdem räumen Vertragsnormen einen Spielraum ein, die einen Standard oder ein Ziel festlegen, während sie den Parteien die Wahl der Umsetzungsmittel überlassen.[2252] Jede Partei kann dann bei der Rechtsanwendung bestimmen, welche Maßnahmen sie zur Erfüllung des Vertrages ergreift. Die Grundlagen für einen solchen Umsetzungsspielraum schaffen die aushandelnden Völkerrechtssubjekte bei der Vertragsverhandlung.

Teilweise wird die Existenz eines Umsetzungsspielraums ausdrücklich in einen Vertrag aufgenommen, z. B. in Art. 28 des *ILO Übereinkommens Nr. 107 über den Schutz und die Eingliederung eingeborener Bevölkerungsgruppen und anderer in Stämmen lebender oder stammesähnlicher Bevölkerungsgruppen in unabhängigen Ländern*:

> „Art und Umfang der in diesem Übereinkommen vorgesehenen Maßnahmen sind in elastischer Weise zu gestalten, wobei auf die jedem Lande eigentümlichen Verhältnisse Rücksicht zu nehmen ist."[2253]

Eine solche Bestimmung ist hinsichtlich des Umsetzungsspielraums nur deklaratorisch, denn dieser besteht unabhängig von einer solchen Regelung.

[2251] *Bodansky*, in: Japanese Yearbook of International Law 2011 (Vol. 54), 62 (70 f.).

[2252] *Bodansky*, in: Japanese Yearbook of International Law 2011 (Vol. 54), 62 (71); *Shany*, in: European Journal of International Law 2006 (Vol. 16), 907 (912-917); *van Asselt*, in: Netherlands Yearbook of International Law 2014 (Vol. 45), 255 (271); *von Rochow*, Transnationale Nomaden im Völkerrecht, 187.

[2253] Normlex (Information System on International Labour Standards, https://normlex.ilo.org/).

Der Umsetzungsspielraum wird durch generelle und vage Formulierungen auf Rechtsfolgenseite (1.), kontextabhängige Normen (2.) und die Natur der Pflicht (3.) determiniert. Der Vertrag kann die Umsetzungsmöglichkeiten weiter konkretisieren (4.).

1. Generelle und vage Formulierungen auf Rechtsfolgenseite

Zu einem Umsetzungsspielraum führen auf Rechtsfolgenseite generelle Begriffe oder Formulierungen. Ein Begriff ist als „generell" zu bezeichnen, wenn es an Spezifizierungen fehlt und der Begriff eine Vielzahl an spezielleren Begriffen (beispielsweise Objekte, Subjekte oder Tätigkeiten) umfasst.[2254] Unter dieser Vielzahl kann jede Partei die Maßnahmen auswählen, die sie zur Pflichterfüllung umsetzen möchte. Generelle Begriffe oder Formulierungen auf Rechtsfolgenseite führen im Vergleich zu präziseren Formulierungen zu einem größeren Spielraum, innerhalb dessen die Parteien auswählen können, durch welches Verhalten sie ihre Vertragspflichten erfüllen. Vage Begriffe bewirken, dass ein Graubereich entsteht, innerhalb dessen die Parteien argumentieren können, dass ihr Verhalten bereits genügt, um eine Pflicht zu erfüllen, somit besteht ein Umsetzungsspielraum. Dies verdeutlicht beispielsweise[2255] Art. 3 Abs. 4 des *Übereinkommens über den Zugang zu Informationen, die Öffentlichkeitsbeteiligung an Entscheidungsverfahren und den Zugang zu Gerichten in Umweltangelegenheiten (Aarhus-Übereinkommen)*:

> „Jede Vertragspartei sorgt für angemessene Anerkennung und Unterstützung von Vereinigungen, Organisationen oder Gruppen, die sich für den Umweltschutz einsetzen, und stellt sicher, dass ihr innerstaatliches Rechtssystem mit dieser Verpflichtung vereinbar ist."[2256]

2254 *Cao*, in: Journal of Pragmatics 2007 (Vol. 39), 69 (70); *Kompa*, in: Keil/Poscher (Hrsg.), Vagueness and law, 205 (213); *Zhang*, in: Journal of Pragmatics 1998 (Vol. 29), 13 (16).

2255 Weitere Beispiele sind Art. 2 Abs. 2 des *Internationalen Paktes über bürgerliche und politische Rechte* (BGBl. 1973 II 1569, 1570. International: UNTS Vol. 999, 171); Art. 2 Abs. 1 *des Internationalen Paktes über wirtschaftliche, soziale und kulturelle Rechte* (BGBl. 1973 II 1570. International: UNTS Vol. 993, 3); Art. 2 Abs. 1 des *UN-Übereinkommens gegen Folter und andere grausame, unmenschliche oder erniedrigende Behandlung oder Strafe* (BGBl. 1990 II 246. International: UNTS Vol. 1465, 85).

2256 BGBl. 2006 II 1251. International: UNTS Vol. 2161, 447.

Unter eine angemessene Anerkennung und Unterstützung fallen dabei sehr viele verschiedene Maßnahmen, die die Parteien ergreifen können. Die Parteien können bereits für niederschwellige Maßnahmen argumentieren, dass sie die Pflicht aus Art. 3 Abs. 4 erfüllen. Gleichzeitig entsteht ein Graubereich, innerhalb dessen fraglich ist, ob dies bereits als anerkennen genügt. Dieser zweite Aspekt zählt zum Interpretationsspielraum.

2. Kontextabhängige Normen

Der Umsetzungsspielraum für die einzelnen Parteien wird durch kontextabhängige Normen beeinflusst. Eine Kontextabhängigkeit entsteht zunächst durch kontextabhängige Begriffe. In der Anwendung hängen Begriffe wie die öffentliche Moral sehr stark von der Situation ab, in der sie angewendet werden. Dies wird auch als Kontextabhängigkeit,[2257] Kontextsensibilität[2258] oder als „*contextual norm*“[2259] bezeichnet. *Magraw* versteht unter einer „*contextual norm*“:

> „The second type of norm is what I call a “contextual” norm, by which I mean a norm that on its face provides identical treatment to all States affected by the norm but the application of which requires (or at least permits) consideration of characteristics that might vary from country to country.“[2260]

Kontextsensibel definiert *Kompa*:

> „An expression type is context-sensitive only if different tokens of it can have different extensions relative to different contexts of its use.“[2261]

2257 *Endicott*, Vagueness in Law, 17-21; *Lanius*, Strategic Indeterminacy in the Law, 52; *Recanati*, in: Hinzen/Machery/Werning (Hrsg), Oxford Handbook of Compositionality, 175.

2258 *Kompa*, in: Keil/Poscher (Hrsg.), Vagueness and law, 205 (214 f.); *Plunkett/Sundell*, in: Legal Theory 2013 (Vol. 19), 242 (257).

2259 *Alexander*, in: Virginia Journal of International Law 2008 (Vol. 48), 817 (819); *French*, in: International and Comparative Law Quarterly 2000 (Vol. 49), 35 (39); *Maljean-Dubois*, in: Review of European, Comparative & International Environmental Law 2016 (Vol. 25), 151 (155 f.); *Magraw*, in: Colorado Journal of International Environmental Law and Policy 1990 (Vol. 1), 69 (74); *McGee/Taplin*, in: McGill International Journal of Sustainable Development Law and Policy 2009 (Vol. 5), 11 (23); *Weisslitz*, in: Colorado Journal of International Environmental Law & Policy 2002 (Vol. 13), 473 (486).

2260 *Magraw*, in: Colorado Journal of International Environmental Law and Policy 1990 (Vol. 1), 69 (74).

2261 *Kompa*, in: Keil/Poscher (Hrsg.), Vagueness and law, 205 (215).

Den Unterschied zwischen einem kontextabhängigen Begriff und einem kontextunabhängigen Begriff auf Rechtsfolgenseite verdeutlicht Art. 2 Abs. 1 und Abs. 3 des *ILO Übereinkommens Nr. 138 über das Mindestalter für die Zulassung zur Beschäftigung*:

> „(1) Jedes Mitglied, das dieses Übereinkommen ratifiziert, hat in einer seiner Ratifikationsurkunde beigefügten Erklärung ein Mindestalter für die Zulassung zur Beschäftigung für die Zulassung zur Beschäftigung oder Arbeit in seinem Gebiet und auf den in seinem Gebiet und auf den in eingetragenen Verkehrsmitteln anzugeben; vorbehaltlich der Artikel 4 bis 8 dieses Übereinkommens darf niemand vor Erreichung dieses Alters zur Beschäftigung oder Arbeit in irgendeinem Beruf zugelassen werden.
>
> […]
>
> (3) Das gemäß Absatz 1 dieses Artikels anzugebende Mindestalter darf nicht unter dem Alter, in dem die Schulpflicht endet, und auf keinen Fall unter 15 Jahren liegen."[2262]

Kontextabhängig ist das Alter, in dem die Schulpflicht endet, da dies von den innerstaatlichen Regeln einer Partei abhängt. Die völkerrechtliche Pflicht ist für alle Parteien dieselbe. Die Parteien können jedoch innerstaatlich das dahinterstehende Alter beeinflussen. Anders ist dies für die Untergrenze von 15 Jahren, für die kein weiterer innerstaatlicher Gestaltungsraum bleibt.

Darüber hinaus wirkt sich die Kontextabhängigkeit insbesondere bei der Anwendung und Subsumtion der jeweiligen tatsächlichen Gegebenheiten unter die völkerrechtlichen Begriffe aus. Für völkerrechtliche Verträge werden zunächst viele der Begriffe wie öffentliche Ordnung, öffentliche Moral u. s. w. autonom auf völkerrechtlicher Ebene bestimmt. Beispielsweise definierte ein WTO-Panel öffentliche Moral wie folgt:

> „"Public morals" in turn refers to standards of right and wrong that can be described as "belonging to, affecting, or concerning the community or nation.""[2263]

Diese Definition selbst ist dabei so generell und vage, dass in der Auslegung insbesondere der Standards von richtig und falsch auf die Vorstellungen aus

2262 BGBl. 1976 II 201.

2263 WTO Panel, *United States – Measures affecting the cross-border supply of gambling and betting services*, WT/DS285/R, Report vom 10.11.2004, Rn. 3.278.

dem betreffenden Staat ausschlaggebend sind. Diese Standards können je nach Staat und je nach Zeitpunkt abweichen, sodass die öffentliche Moral in einem Staat einen Aspekt umfasst, welcher in einem anderen nicht umfasst ist. Kontextabhängig ist somit nicht der Begriff als solches, sondern im Rahmen der Subsumtion fließen kontextabhängige Aspekte ein.

Neben der Verwendung von kontextabhängigen Begriffen stellen einige Normen ausdrücklich auf die Fähigkeiten oder Kapazitäten der verpflichteten Parteien ab. Ein Beispiel[2264] dafür ist Art. 4 des *Übereinkommens zum Schutz des Kultur- und Naturerbes der Welt*:

> „Jeder Vertragsstaat erkennt an, daß es in erster Linie seine eigene Aufgabe ist, Erfassung, Schutz und Erhaltung in Bestand und Wertigkeit des in seinem Hoheitsgebiet befindlichen, in den Artikeln 1 und 2 bezeichneten Kultur- und Naturerbes sowie seine Weitergabe an künftige Generationen sicherzustellen. Er wird hierfür alles in seinen Kräften Stehende tun, unter vollem Einsatz seiner eigenen Hilfsmittel und gegebenenfalls unter Nutzung jeder ihm erreichbaren internationalen Unterstützung und Zusammenarbeit, insbesondere auf finanziellem, künstlerischem, wissenschaftlichem und technischem Gebiet."[2265]

Insbesondere der zweite Satz macht die Pflichten stark von den einzelnen Umständen einer Partei abhängig, indem die Norm auf die verfügbaren Mittel der jeweiligen Partei verweist. Da diese Mittel unterschiedlich sind, verpflichtet die Norm einen Industriestaat wie Deutschland zu einem höheren Einsatz als den Senegal.

3. Natur der Pflicht

Ein Faktor, der zwar immer wieder herangezogen wird, jedoch von untergeordneter Bedeutung für die Weite eines Umsetzungsspielraums ist, ist die Natur der zu erfüllenden Pflicht. Dabei sind Verhaltens- und Ergebnispflichten (a),

---

[2264] Ein weiteres Beispiel enthält Art. 15 Abs. 1 des *ILO Übereinkommens Nr. 117 über die grundlegenden Ziele und Normen der Sozialpolitik* [Normlex (Information System on International Labour Standards, https://normlex.ilo.org/)]: „Soweit die örtlichen Voraussetzungen es irgendwie zulassen, sind geeignete Maßnahmen zum schrittweisen Ausbau eines umfassenden Systems der Schul-, Berufs- und Lehrlingsausbildung zu treffen, um die Kinder und die Jugendlichen beider Geschlechter wirksam auf eine nützliche Beschäftigung vorzubereiten.".

[2265] BGBl. 1977 II 213. International: UNTS Vol. 1037, 151.

Handlungs-, Duldungs- und Unterlassungspflichten (b) sowie Pflichten, die einen Prozess formulieren (c) zu unterscheiden.

a) Unterscheidung in Verhaltenspflicht und Ergebnispflicht

Die Unterscheidung zwischen Ergebnis- und Verhaltenspflichten stammt ursprünglich aus der Tradition des *Civil Law*.[2266] Rechtlich legt eine Ergebnispflicht fest, dass die Parteien verpflichtet sind, ein bestimmtes Ergebnis zu erreichen.[2267] Dagegen ist eine Verhaltenspflicht („*obligation of conduct*“[2268] oder „*obligation of means*“[2269]) die Pflicht, eine Tätigkeit vorzunehmen, unabhängig davon, ob die Tätigkeit ein bestimmtes Ergebnis herbeiführt oder nicht.[2270] Trotz dieser Bezeichnungen erfordert eine Ergebnispflicht häufig ein Handeln, damit das Ergebnis erreicht wird. Weiterhin verfolgt eine Verhaltenspflicht ebenfalls ein Ziel, wie das klassische Beispiel für eine Verhaltenspflicht zeigt: Der Vertrag zwischen einem Arzt und einem kranken Patienten verpflichtet den Arzt rechtlich nicht zu dem Heilungserfolg, dennoch schließen die Parteien den Vertrag mit diesem Ziel ab.[2271] Allerdings verletzt die verpflichtete Partei eine Verhaltenspflicht nicht, wenn sie das anvisierte Ziel nicht erreicht.

2266 *Dupuy*, in: European Journal of International Law 1999 (Vol. 10), 371 (375); *Mayer*, in: Review of European, Comparative & International Environmental Law 2018 (Vol. 27), 130 (130 f.).

2267 IGH, *Request for Interpretation of the Judgment of 31 March 2004 in the Case concerning Avena and Other Mexican Nationals (Mexico v. United States of America)*, ICJ Rep. 2009, 3, Rn. 27; ILC Yearbook 1977, Vol. II (Part Two), 19 Rn. 3; *Dupuy*, in: European Journal of International Law 1999 (Vol. 10), 371 (375, 378); *Mayer*, in: Review of European, Comparative & International Environmental Law 2018 (Vol. 27), 130 (130).

2268 *Dupuy*, in: European Journal of International Law 1999 (Vol. 10), 371 (375); *Shany*, in: European Journal of International Law 2006 (Vol. 16), 907 (917); *Wolfrum*, in: Arsanjani/Cogan/Sloane/Wiessner (Hrsg.), Looking to the Future – Essays on International Law in Honor of W. Michael Reisman, 363 (366).

2269 ILC Yearbook 1977, Vol. II (Part Two), 13 Rn. 4; *Mayer*, in: Review of European, Comparative & International Environmental Law 2018 (Vol. 27), 130 (131).

2270 *Dupuy*, in: European Journal of International Law 1999 (Vol. 10), 371 (375, 378); *Mayer*, in: Review of European, Comparative & International Environmental Law 2018 (Vol. 27), 130 (130).

2271 *Dupuy*, in: European Journal of International Law 1999 (Vol. 10), 371 (375); *Mayer*, in: Transnational Environmental Law 2018 (Vol. 7), 251 (259).

Teilweise wird in der Literatur festgestellt, dass für Ergebnispflichten generell ein breiter Umsetzungsspielraum entstehe.[2272] Dabei wird ausdrücklich oder implizit angenommen, dass der Umsetzungsspielraum für eine Verhaltenspflicht geringer sei. Dass es sich dabei um eine Generalisierung handelt, zeigt das bereits genannte klassische Beispiel des Behandlungsvertrages. Vergleicht man einen klassischen Behandlungsvertrag, bei dem der Behandlungserfolg nicht versprochen wird, mit einem grundsätzlich im Rahmen der Vertragsfreiheit denkbaren Behandlungsvertrag, bei dem der Behandlungserfolg versprochen wird, verändert sich dadurch die Freiheit, wie der Arzt dieses Ziel zu erreichen gedenkt, nicht. In beiden Konstellationen obliegt dem Arzt die Auswahl der Behandlungsmethoden. Der Umsetzungsspielraum hängt somit nicht davon ab, ob der Vertrag die Pflicht umfasst, ein bestimmtes Ergebnis zu erreichen, oder nur die Vornahme einer Tätigkeit. Eingeschränkt werden kann der Umsetzungsspielraum für beide Konstellationen, indem die konkrete Behandlungsmethode in die vertragliche Vereinbarung aufgenommen wird. Als Ergebnispflicht würde dies lauten, dass sich der Arzt verpflichtet, die Krankheit unter Anwendung von Behandlungsmethode A zu heilen. Die Verhaltenspflicht würde lediglich die Anwendung von Behandlungsmethode A umfassen. Dies zeigt, dass es nicht entscheidend für den Umsetzungsspielraum ist, ob es sich um eine Verhaltens- oder eine Ergebnispflicht handelt, sondern wie konkret die Pflicht formuliert ist.[2273] Den Vertretern in der Literatur, die darauf verweisen, dass für Ergebnispflichten ein breiterer Umsetzungsspielraum entstehe,[2274] ist zuzugeben, dass Ergebnispflichten typischerweise nicht derart konkretisiert sind und aufgrund dessen typischerweise ein großer Umsetzungsspielraum entsteht. Allerdings ist aus einem typischerweise großem Umsetzungsspielraum

---

2272 *Matz*, Wege zur Koordinierung völkerrechtlicher Verträge, 19; *Shany*, in: European Journal of International Law 2006 (Vol. 16), 907 (917); *von Rochow*, Transnationale Nomaden im Völkerrecht, 187.

2273 So auch *Wolfrum*, in: Arsanjani/Cogan/Sloane/Wiessner (Hrsg.), Looking to the Future – Essays on International Law in Honor of W. Michael Reisman, 363 (366): „The definition does not reflect that international obligations – irrespective of whether they require a conduct or a result – vary as to the discretion they leave to State Parties in the implementation of such obligations.".

2274 *Matz*, Wege zur Koordinierung völkerrechtlicher Verträge, 19; *Shany*, in: European Journal of International Law 2006 (Vol. 16), 907 (917); *von Rochow*, Transnationale Nomaden im Völkerrecht, 187.

für eine Ergebnispflicht nicht gleichzeitig zu schlussfolgern, dass der Umsetzungsspielraum für eine Verhaltenspflicht geringer ist. Die Möglichkeit eines weiten Umsetzungsspielraumes der Parteien für eine Verhaltenspflicht sah beispielsweise auch der EGMR für Art. 11 EMRK[2275] gegeben:

> „While it is the duty of Contracting States to take reasonable and appropriate measures to enable lawful demonstrations to proceed peacefully, they cannot guarantee this absolutely and they have a wide discretion in the choice of the means to be used (see, mutatis mutandis, the Abdulaziz, Cabales and Balkandali judgment of 28 May 1985, Series A no. 94, pp. 33–34, § 67, and the Rees judgment of 17 October 1986, Series A no. 106, pp. 14–15, §§ 35–37). In this area the obligation they enter into under Article 11 (art. 11) of the Convention is an obligation as to measures to be taken and not as to results to be achieved."[2276]

Für den Umsetzungsspielraum einer Norm ist die Einordnung als Ergebnis- oder Verhaltenspflicht somit höchstens ein Indiz.

b) *Unterscheidung in Handlungs-, Duldungs- und Unterlassungspflichten*

Die Unterscheidung in Handlungs-, Duldungs- oder Unterlassungspflicht richtet sich danach, wie eine Pflicht zu erfüllen ist. Für eine Handlungspflicht, die für den Bereich des Völkerrechts auch als Leistungspflicht bezeichnet wird,[2277] ist ein positives Tun zur Erfüllung der Pflicht erforderlich.[2278] Dies eröffnet den Parteien einen Umsetzungsspielraum wie Art. 2A Abs. 1 S. 1 des *Montrealer Protokolls über Stoffe, die zu einem Abbau der Ozonschicht*, zeigt:

> „Jede Vertragspartei sorgt dafür, dass während des Zeitraums von zwölf Monaten, der am ersten Tag des siebten Monats nach Inkrafttreten dieses Protokolls beginnt, und in jedem Zwölfmonatszeitraum danach der berechnete Umfang ihres Verbrauchs der geregelten Stoffe in Gruppe I der Anlage A denjenigen von 1986 nicht übersteigt."[2279]

2275 Neufassung der deutschen Übersetzung aus BGBl. 2010 II, 1199. International: CETS Nr. 5.

2276 EGMR, No. 10126/82 – *„Ärzte für das Leben" v. Austria*, Rn. 34.

2277 *Künzli*, Zwischen Rigidität und Flexibilität, 212.

2278 *Künzli*, Zwischen Rigidität und Flexibilität, 212.

2279 BGBl. 1988 II, 1014, 2002 II, 921. International: UNTS 1522, 3.

Wie jede Partei dies erreicht, überlässt die Norm den Parteien. Jede Partei muss für sich taugliche Strategien entwickeln und situationsgerechte Maßnahmen ergreifen, um die Pflicht einzuhalten. Die rechtliche Pflicht ist für alle dieselbe, aber für die Umsetzung besteht ein Spielraum.

Eine Unterlassungspflicht gebietet es, ein positives Tun zu unterlassen und somit Inaktivität zu zeigen.[2280] Ein Beispiel ist Art. 6 Abs. 1 des *Übereinkommens zum Schutz des Kultur- und Naturerbes der Welt*:

> „Jeder Vertragsstaat verpflichtet sich, alle vorsätzlichen Maßnahmen zu unterlassen, die das in den Artikeln 1 und 2 bezeichnete, im Hoheitsgebiet anderer Vertragsstaaten befindliche Kultur- und Naturerbe mittelbar oder unmittelbar schädigen könnten."[2281]

Das Unterlassen einer bestimmten Handlung kann für den Verpflichteten nur in einer Form erfolgen. Dies gilt ebenfalls für eine Pflicht, etwas zu dulden. Ein Umsetzungsspielraum entsteht dabei nicht. Allerdings führt die Besonderheit, dass das Völkerrecht die Völkerrechtssubjekte bindet und nicht ohne Weiteres in die nationalen Rechtsordnungen einwirkt, dazu, dass eine Unterlassungspflicht häufig mit einer Handlungspflicht verknüpft ist. Diese verlangt, dass innerstaatlich sichergestellt wird, dass die in dieser Jurisdiktion befindlichen natürlichen und juristischen Personen sich entsprechend der Unterlassungspflicht, die dem gesamten Völkerrechtssubjekt obliegt, verhalten. Insofern formuliert das *UN-Übereinkommen gegen Folter und andere grausame, unmenschliche oder erniedrigende Behandlung oder Strafe* keine reine Unterlassungspflicht für einen Staat, Folterungen zu unterlassen. Stattdessen lautet Art. 2 Abs. 1:

> „Jeder Vertragsstaat trifft wirksame gesetzgeberische, verwaltungsmäßige oder sonstige Maßnahmen, um Folterungen in allen seiner Hoheitsgewalt unterstehenden Gebieten zu verhindern."[2282]

Da Folterungshandlungen von den einzelnen dem Völkerrechtssubjekt zuzurechnenden Personen vorgenommen würden, muss das Völkerrechtssubjekt Maßnahmen ergreifen, dass diese Personen solche Handlungen nicht

---

[2280] *Künzli*, Zwischen Rigidität und Flexibilität, 212 f.
[2281] BGBl. 1977 II 213. International: UNTS Vol. 1037, 151.
[2282] BGBl. 1990 II 246. International: UNTS Vol. 1465, 85.

vornehmen. Dies ist insofern eine Handlungspflicht, sodass dem Völkerrechtssubjekt ein Umsetzungsspielraum zusteht, indem es beispielsweise Folterungshandlungen unter Strafe stellt oder durch eine interne Organisation der Verwaltungsbehörden dem entgegenwirkt.

Die enge Verknüpfung zwischen Unterlassungs- und Handlungspflicht verdeutlichte die IGH-Entscheidung *Case Concerning the Application of the Convention on the Prevention and Punishment of the Crime of Genocide*, in welcher der IGH entschied, dass sich aus der *Konvention über die Verhütung und Bestrafung des Völkermordes*[2283] für die Parteien auch die Pflicht ergibt, keinen Völkermord zu begehen. In ihrem Wortlaut sind die Pflichten aus der Konvention auf die Verhinderung und die Bestrafung von Völkermord gerichtet, nicht jedoch auf die Unterlassung. Dennoch stellte der IGH fest:

> „The Article does not expressis verbis require States to refrain from themselves committing genocide. However, in the view of the Court, taking into account the established purpose of the Convention, the effect of Article I is to prohibit States from themselves committing genocide.“[2284]

Insofern ist jeweils präzise zu differenzieren, ob eine Vertragsnorm ausschließlich eine Unterlassungspflicht enthält oder ob sie nicht auch – zumindest konkludent – eine Handlungspflicht darauf gerichtet enthält, dass das Völkerrechtssubjekt innerstaatlich Maßnahmen ergreifen muss, um das Unterlassen auf internationaler Ebene sicherzustellen.

Eine besondere Form eines Umsetzungsspielraums – ohne als solches bezeichnet zu werden – wird im Bereich des WTO-Rechts für Pflichten diskutiert, wonach eine festgesetzte Grenze nicht überschritten werden darf. Dabei stellt sich bereits die Frage, ob es sich um eine Handlungspflicht (das positive Tun muss innerhalb eines bestimmten Bereiches liegen) oder um eine Unterlassungspflicht (die Grenze darf nicht überschritten werden) handelt. Beispielsweise bedeutet eine Geschwindigkeitsbegrenzung von 50 km/h, die Pflicht, dass die Fahrgeschwindigkeit zwischen 0 und 50 km/h liegt und anders formuliert, dass ein Fahren mit mehr als 50 km/h unterlassen wird. Eingehalten werden kann diese Geschwindigkeitsbegrenzung somit, indem

---

2283 BGBl. 1954 II 730. International: UNTS Vol. 78, 277.

2284 IGH, *Case Concerning the Application of the Convention on the Prevention and Punishment of the Crime of Genocide*, Urteil vom 26.02.2007, ICJ Rep. 2007, 43, Rn. 166.

man 49 km/h fährt oder 48 km/h u. s. w. Im Bereich des WTO-Rechts hat sich für die Unterschreitung einer solchen Grenze als spezieller Begriff *„binding overhang"* herausgebildet.[2285] Diesen beschreibt die WTO wie folgt:

> „The gap between the bound and applied tariff rate – referred to as the binding overhang – provides governments with a margin of flexibility to change trade policy. Tariffs can freely be raised so long as they do not rise above the bound rate."[2286]

Angewendet auf das Beispiel der Geschwindigkeitsbegrenzung bedeutet dies, dass wenn eine Person auf einer Straße, auf der 50 km/h erlaubt sind, mit 40 km/h fährt und ihre Geschwindigkeit noch zulässigerweise um 10 km/h erhöhen könnte, die restlichen 10 km/h in diesem Verständnis der *„binding overhang"* sind. Die Besonderheit ist dabei, dass ein *„policy space"*[2287] in der Umsetzung erst durch eine vorherige Übererfüllung einer Pflicht entsteht. Sind nach der völkervertraglichen Festlegung zwischen zwei Staaten ein Zolltarif von 15% auf ein bestimmtes Produkt zulässig und es werden aktuell nur 10% erhoben, handelt es sich dabei um eine Übererfüllung der Vereinbarung. Dies ist ein qualitativer Unterschied zu dem Umsetzungsspielraum für Leistungspflichten. In ähnlicher Weise argumentiert *Schropp*, wenn er annimmt, dass *„binding overhang"* kein Flexibilitätsinstrument für den Marktzugang sei, da dieser nicht in der anfänglichen Balance der Konzessionen enthalten sei.[2288] Dennoch beeinflussen die Völkerrechtssubjekte bereits bei den Vertragsverhandlungen die Wahrscheinlichkeit für die spätere Entstehung von *„binding overhang"*. Legen sie beispielsweise rechtsverbindlich Zolltarife fest, die sie bereits aktuell unterschreiten, stellen sie sicher, dass sie eine Freiheit aufrechterhalten, ihre Zolltarife zu erhöhen, ohne dabei gegen die rechtlich bindende Pflicht zu verstoßen.

2285 WTO World Trade Report 2009, online verfügbar: https://www.wto.org/english/res_e/booksp_e/anrep_e/world_trade_report09_e.pdf [28.07.2025], 37; *Davis/Pelc*, in: Journal of Conflict Resolution 2017 (Vol. 61), 398 (399); *Pelc*, Making and Bending International Rules, 174 f.

2286 WTO World Trade Report 2009, online verfügbar: https://www.wto.org/english/res_e/booksp_e/anrep_e/world_trade_report09_e.pdf [28.07.2025]., 37.

2287 *Pelc*, in: World Politics 2011 (Vol. 63), 618 (625).

2288 *Schropp*, Trade Policy Flexibility and Enforcement in the World Trade Organization, 222 in Fn. 22.

Zusammengefasst entsteht bei den Reinformen von Duldungs- und Unterlassungspflichten kein Umsetzungsspielraum auf internationaler Ebene. Allerdings verliert diese Unterscheidung in der Praxis an Bedeutung, da zum einen die Unterscheidung Schwierigkeiten bereiten kann und zum anderen eine Unterlassungs- oder Duldungspflicht ausdrücklich oder konkludent mit einer Handlungspflicht darauf gerichtet, dass innerstaatlich das Unterlassen oder Dulden sichergestellt wird, verknüpft werden kann.

c) *Pflichten, die einen Prozess formulieren*

Pflichten, die einen Prozess formulieren, wirken sich auf den Umsetzungsspielraum für die einzelnen Parteien aus. Diese Pflichten legen nicht ein verbindliches Ergebnis fest, sondern die Parteien sind dazu verpflichtet, einen Prozess in eine bestimmte Richtung in Gang zu setzen.[2289] Die Umsetzungshandlungen hängen dabei davon ab, an welchem Punkt des Prozesses eine Partei bereits ist. Derartige Pflichten weisen bestimmte Eigenschaften auf. Sie enthalten kein verbindliches Ergebnis, sie sind kontextabhängig und sie sind regelmäßig sehr generell und vage formuliert.

Pflichten, die einen Prozess formulieren, werden auch als *goal-oriented*[2290] oder *promotional*[2291] bezeichnet. Die Bezeichnung als *goal-oriented* ist dabei unglücklich gewählt. Es handelt sich um Handlungspflichten[2292], welche zwar in der Pflicht nicht das Erreichen eines bestimmten Ergebnisses verbindlich festlegen, dennoch dienen Handlungspflichten einem bestimmten Ziel. Dies zeigt das klassische Beispiel für eine Handlungspflicht – der Vertrag eines Arztes mit seinem kranken Patienten. Dieser Vertrag verpflichtet den Arzt

---

2289 *Wolfrum*, in: Arsanjani/Cogan/Sloane/Wiessner (Hrsg.), Looking to the Future – Essays on International Law in Honor of W. Michael Reisman, 363 (366 f.).

2290 *Wolfrum*, in: Arsanjani/Cogan/Sloane/Wiessner (Hrsg.), Looking to the Future – Essays on International Law in Honor of W. Michael Reisman, 363 (366 f.).

2291 *Åkermark/Mårsäter*, in: Nordic Journal of International Law 2005 (Vol. 74), 509 (515); *Jenks*, in: Zeitschrift für ausländisches öffentliches Recht und Völkerrecht 1958 (Vol. 19), 197 (203); *Vierdag*, in: Netherlands Yearbook of International Law 1978 (Vol. 9), 69 (83).

2292 Für die Einordnung von Art. 2 Abs. 1 der Art. 2 Abs. 1 des *Internationalen Paktes über wirtschaftliche, soziale und kulturelle Rechte* (BGBl. 1973 II 1569, 1570. International: UNTS Vol. 993, 3) als Handlungspflicht: *Haugen*, The Right to Food and the TRIPS Agreement, 89 f.; *Mayer*, in: Review of European, Comparative & International Environmental Law 2018 (Vol. 27), 130 (132).

rechtlich nicht zu dem Heilungserfolg, dennoch schließen die Parteien den Vertrag mit diesem Ziel ab.[2293] Daran gemessen wäre jede Handlungspflicht *goal-oriented*. Die Besonderheit der Pflichten, die einen Prozess formulieren, ist vielmehr, dass sie die Parteien dazu verpflichten, einen Prozess in Gang zu setzen. Ein Beispiel[2294] ist Art. 2 Abs. 1 des *Internationalen Paktes über wirtschaftliche, soziale und kulturelle Rechte*:

> „Jeder Vertragsstaat verpflichtet sich, einzeln und durch internationale Hilfe und Zusammenarbeit, insbesondere wirtschaftlicher und technischer Art, unter Ausschöpfung aller seiner Möglichkeiten Maßnahmen zu treffen, um nach und nach mit allen geeigneten Mitteln, vor allem durch gesetzgeberische Maßnahmen, die volle Verwirklichung der in diesem Pakt anerkannten Rechte zu erreichen."[2295]

„Nach und nach die volle Verwirklichung der Paktrechte zu erreichen" ist keine strikte Ergebnispflicht, sondern eine Handlungspflicht, Maßnahmen in eine bestimmte Richtung zu ergreifen. Pflichten, die einen Prozess formulieren, können so formuliert sein, dass der Prozess niemals enden wird und permanent ein Prozess bleiben wird, oder der Prozess beendet ist, wenn ein sehr fernes Ziel erreicht ist.[2296] Während Art. 2 Abs. 1 des *Internationalen Paktes über wirtschaftliche, soziale und kulturelle Rechte* ein solches sehr fernes Ziel enthält – die volle Verwirklichung der Paktrechte –, ist dies für Art. 55 der *UN Charta* nicht der Fall:

> „Um jenen Zustand der Stabilität und Wohlfahrt herbeizuführen, der erforderlich ist, damit zwischen den Nationen friedliche und freundschaftliche, auf der Achtung

---

2293 *Dupuy*, in: European Journal of International Law 1999 (Vol. 10), 371 (375); *Mayer*, in: Transnational Environmental Law 2018 (Vol. 7), 251 (259).

2294 Ein weiteres Beispiel ist Art. 10 Abs. 1 des *ILO Übereinkommens Nr. 29 über Zwangs- oder Pflichtarbeit* [BGBl. 1956 II 640, 641. International: Normlex (Information System on International Labour Standards, https://normlex.ilo.org/)]: „Zwangs- oder Pflichtarbeit, die als Steuer gefordert, und solche, die für öffentliche Arbeiten von Häuptlingen in Ausübung von Verwaltungsbefugnissen beansprucht wird, ist mehr und mehr abzuschaffen.".

2295 BGBl. 1973 II 1569, 1570. International: UNTS Vol. 993, 3.

2296 *Wolfrum*, in: Arsanjani/Cogan/Sloane/Wiessner (Hrsg.), Looking to the Future – Essays on International Law in Honor of W. Michael Reisman, 363 (367).

von dem Grundsatz der Gleichberechtigung und Selbstbestimmung der Völker beruhende Beziehungen herrschen, fördern die Vereinten Nationen

a) die Verbesserung des Lebensstandards, die Vollbeschäftigung und die Voraussetzung für wirtschaftlichen und sozialen Fortschritt und Aufstieg;

b) die Lösung internationaler Probleme wirtschaftlicher, sozialer, gesundheitlicher und verwandte Art sowie die internationale Zusammenarbeit auf den Gebieten der Kultur und der Erziehung;

c) die allgemeine Achtung und Verwirklichung der Menschenrechte und Grundfreiheiten für alle ohne Unterschied der Rasse, des Geschlechts, der Sprache oder der Religion."[2297]

In einzelnen Aspekten können auch in dieser Norm ferne Ziele ausgemacht werden. Andererseits zeigt die Menschheitsgeschichte, dass eine Verbesserung des Lebensstandards immer denkbar ist und der Prozess somit keinen Endpunkt hat.

Für die Handlungspflicht der Parteien aus Art. 2 Abs. 1 des *Internationalen Paktes über wirtschaftliche, soziale und kulturelle Rechte* stellt die Allgemeine Bemerkung Nr. 3 fest:

„Thus while the full realization of the relevant rights may be achieved progressively, steps towards that goal must be taken within a reasonably short time after the Covenant's entry into force for the States concerned. Such steps should be deliberate, concrete and targeted as clearly as possible towards meeting the obligations recognized in the Covenant."[2298]

Die Umsetzung einer Pflicht, die einen Prozess formuliert, wird teilweise auch als progressive Realisierung umschrieben.[2299] Dies bedeutet, dass die

---

2297 BGBl. 1973 II 431; 1974 II 770; 1980 II 1253. International: Yearbook of the United Nations 1969, 953.

2298 CESCR General Comment No. 3, Committee on Economic, Social and Cultural Rights, Report of the 5th session 26.11.-14.12.1990, UN Doc. E/1991/23, Annex III 83 Rn. 2.

2299 CESCR General Comment No. 3, Committee on Economic, Social and Cultural Rights, Report of the 5th session 26.11.-14.12.1990, UN Doc. E/1991/23, Annex III 85 Rn. 9; *Alston/Quinn*, in: Human Rights Quarterly 1987 (Vol. 9), 156 (172); *Haugen*, The Right to Food and the TRIPS Agreement, 95; *Nehls*, Die Auslegung mehrsprachiger völkerrechtlicher Verträge, 268; *Riedel/Söllner*, in: JZ 2006 (Vol. 61), 270 (271); *Young*, in: Young (Hrsg.), The future of economic and social rights, 654 (654).

Pflichten nicht direkt bei Inkrafttreten des Vertrages für die jeweilige Partei vollständig erfüllt sein müssen, sondern eine schrittweise Umsetzung zulässig ist. Ein Aspekt der progressiven Realisierung ist dabei, dass entweder gar keine Rückschritte (engl.: „*non-retrogression*")[2300] oder Rückschritte nur unter Erfüllung weiterer Voraussetzungen zulässig sind.[2301] Dazu formuliert die Allgemeine Bemerkung Nr. 3:

> „Moreover, any deliberately retrogressive measures in that regard would require the most careful consideration and would need to be fully justified by reference to the totality of the rights provided for in the Covenant and in the context of the full use of the maximum available resources."[2302]

Da es sich um einen Prozess handelt, spielen die Umstände innerhalb eines Völkerrechtssubjektes, insbesondere der bisherige Stand bei der Verwirklichung der Rechte, sowie dessen finanziellen und organisatorischen Kapazitäten eine Rolle für die Frage, welche Handlungen im jeweiligen aktuellen Stadium erforderlich sind, um die Pflichten zu erfüllen. Die konkrete Pflicht, die für eine Partei aus dem Vertrag erwächst, ist somit kontextabhängig. Dasselbe Verhalten kann für Deutschland nicht ausreichen, um seine Pflicht zu erfüllen, während es für Bangladesch genügt. Die Rechtsfolge einer Norm eröffnet für verschiedene Parteien daher einen unterschiedlichen Umsetzungsspielraum. Dies ist der Unterschied zu anderen Handlungs- oder Ergebnispflichten, die ebenfalls einen weiten Umsetzungsspielraum einräumen, für die allerdings der Spielraum für alle Parteien derselbe ist. Das verdeutlicht auch Art. 24 des *Übereinkommens über die Rechte des Kindes*:

> „(1) Die Vertragsstaaten erkennen das Recht des Kindes auf das erreichbare Höchstmaß an Gesundheit an sowie auf Inanspruchnahme von Einrichtungen zur Behandlung von Krankheiten und zur Wiederherstellung der Gesundheit.

2300 *Young*, in: Young (Hrsg.), The future of economic and social rights, 654 (666 f.).

2301 *Haugen*, The Right to Food and the TRIPS Agreement, 95; *Riedel/Söllner*, in: JZ 2006 (Vol. 61), 270 (271 f.); *Young*, in: Young (Hrsg.), The future of economic and social rights, 654 (666 f.).

2302 CESCR General Comment No. 3, Committee on Economic, Social and Cultural Rights, Report of the 5th session 26.11.-14.12.1990, UN Doc. E/1991/23, Annex III 85 Rn. 9.

Die Vertragsstaaten bemühen sich sicherzustellen, daß keinem Kind das Recht auf Zugang zu derartigen Gesundheitsdiensten vorenthalten wird.

(2) Die Vertragsstaaten bemühen sich, die volle Verwirklichung dieses Rechts sicherzustellen, und treffen insbesondere geeignete Maßnahmen, um

a) die Säuglings- und Kindersterblichkeit zu verringern;

b) sicherzustellen, daß alle Kinder die notwendige ärztliche Hilfe und Gesundheitsfürsorge erhalten, wobei insbesondere Nachdruck auf den Ausbau der gesundheitlichen Grundversorgung gelegt wird;

[...]“[2303]

Welches „das erreichbare Höchstmaß an Gesundheit“ ist, hängt von den jeweiligen Umständen innerhalb eines Völkerrechtssubjektes ab.

Eine weitere Eigenschaft, die regelmäßig auf Pflichten, die einen Prozess formulieren, zutrifft, ist, dass sie sehr generell und vage formuliert sind. Generelle und vage Begriffe oder Formulierungen auf Rechtsfolgenseite führen dazu, dass den Parteien bei der Erfüllung ein großer Spielraum zusteht und dass darüber hinaus ein Graubereich entsteht, in welchem die Parteien argumentieren können, dass ihr Verhalten, die Pflicht bereits erfüllt. Dadurch ist die untere Schwelle der Erfüllung niedrig.

4. Konkretisierung der Umsetzungsmöglichkeiten

Der Umsetzungsspielraum kann auf vertraglicher Ebene insbesondere durch eine Konkretisierung der Umsetzungsmöglichkeiten determiniert werden. Nennt ein Vertrag oder eine Norm keine Umsetzungsmöglichkeiten, sind die Parteien frei, wie sie einen Vertrag umsetzen.

Eine Nennung von Umsetzungsmöglichkeiten kann deklaratorisch erfolgen, insbesondere wenn im Ergebnis alle denkbaren Möglichkeiten aufgelistet werden. Ein solches Beispiel ist Art. 5 Abs. 1 des *Internationalen Übereinkommens der Vereinten Nationen zur Bekämpfung der Finanzierung des Terrorismus*:

„Jeder Vertragsstaat trifft in Übereinstimmung mit seinen innerstaatlichen Rechtsgrundsätzen die notwendigen Maßnahmen, um eine juristische Person, die ihren Sitz in seinem Hoheitsgebiet hat oder nach seinem Recht gegründet wurde, zur Verantwortung ziehen zu können, wenn eine für die Leitung oder Kontrolle

2303 BGBl. 1992 II 121, 122. International: UNTS Vol. 1577, 3.

> dieser juristischen Person zuständige Person in dieser Eigenschaft eine in Artikel 2 genannte Straftat begangen hat. Diese Verantwortung kann strafrechtlicher, zivilrechtlicher oder verwaltungsrechtlicher Art sein."[2304]

Durch die Aufzählung strafrechtlicher, zivilrechtlicher oder verwaltungsrechtlicher Art wird keine andere denkbare Umsetzungsmöglichkeit ausgeschlossen, sodass der Umsetzungsspielraum nicht beschränkt wird.

Neben dieser Variante kann die Auflistung von Umsetzungsmöglichkeiten derart erfolgen, dass sie abschließend ist und andere Umsetzungsmöglichkeiten ausschließt, wodurch der Umsetzungsspielraum begrenzt würde. Eine klassische Beschränkung ist es, wenn die Umsetzung beschränkt wird auf den Erlass eines förmlichen Gesetzes, z. B. Art. 146 des *IV. Genfer Abkommen über den Schutz von Zivilpersonen in Kriegszeiten*:

> „Die Hohen Vertragsparteien verpflichten sich, alle notwendigen gesetzgeberischen Maßnahmen zur Festsetzung von angemessenen Strafbestimmungen für solche Personen zu treffen, die irgendeine der im folgenden Artikel umschriebenen schweren Verletzungen des vorliegenden Abkommens begehen oder zu einer solchen Verletzung den Befehl erteilen."[2305]

Schließlich kann eine Auflistung Beispielcharakter aufweisen und somit andere Umsetzungsmöglichkeiten nicht ausschließen. Den letzten Ansatz verfolgte beispielsweise[2306] das *Kyoto Protokoll*[2307], wozu *Missfeldt* ausführte:

> „Agreement on targets was only reached by the inclusion of additional instruments, commonly referred to as 'flexibility mechanisms', since their aim is to facilitate emissions reductions by providing the means to achieve targets at lower cost. Accordingly, the Kyoto Protocol allows Annex I Parties to implement their commitments by entering into a formal agreement to undertake their obligations jointly (Article 4), to transfer emission reduction units from projects undertaken within their jurisdiction (Article 6) or to engage in trading of their emission allowance (Article 17)."[2308]

2304 BGBl. 2003 II 1923. International: UNTS Vol. 2178, 197.

2305 BGBl. 1954 II 917, 1956 II 1586. International: UNTS Vol. 75, 287.

2306 Ein weiteres Beispiel enthält Art. 21 lit. e) des *Übereinkommens über die Rechte des Kindes* (BGBl. 1992 II 121, 122. International: UNTS Vol. 1577, 3).

2307 BGBl. 2002 II 966, 967. International: UNTS Vol. 2303, 162.

2308 *Missfeldt*, in: Review of European, Comparative & International Environmental Law 1998 (Vol. 7), 128 (128).

Als letzte Variante kann ein Vertrag zwar keine Beschränkung der Umsetzungsmöglichkeiten vornehmen, jedoch eine Präferenz für eine bestimmte Umsetzung ausdrücken.[2309] Ein Beispiel für diesen Ansatz ist Art. 2 Abs. 1 des *Internationalen Paktes über wirtschaftliche, soziale und kulturelle Rechte*:

> „Jeder Vertragsstaat verpflichtet sich, einzeln und durch internationale Hilfe und Zusammenarbeit, insbesondere wirtschaftlicher und technischer Art, unter Ausschöpfung aller seiner Möglichkeiten Maßnahmen zu treffen, um nach und nach mit allen geeigneten Mitteln, vor allem durch gesetzgeberische Maßnahmen, die volle Verwirklichung der in diesem Pakt anerkannten Rechte zu erreichen.“[2310]

Eine Beschränkung der Umsetzungsmöglichkeiten erfolgt durch eine derartige Präferenz allerdings nicht.

II. Vertragsgestaltung

Durch einen Umsetzungsspielraum können die Parteien eines Vertrages ihre völkervertraglichen Pflichten unter Einbeziehung weiterer Erwägungen individuell umsetzen. Sie können berücksichtigen, wie sich die Umsetzung am besten in ihr Rechtssystem einfügt oder wie die Umsetzung möglichst kosteneffizient erfolgen kann.[2311] Anders als bei Erklärung eines Vorbehalts bleibt die Pflicht für alle Parteien dieselbe, dennoch vermag jede einzelne Partei die individuellen Umstände berücksichtigen und jene Umsetzungsmethoden wählen, die sie bevorzugt. Ein Umsetzungsspielraum ermöglicht Parteien, dass innerhalb eines multilateralen Vertrages ihre individuellen Bedürfnisse berücksichtigt werden können. Dies gilt insbesondere, wenn das Bedürfnis nach Flexibilität auf dem faktischen Unvermögen zu einer bestimmten Umsetzung beruht.[2312] Es empfiehlt sich im Rahmen der Vertragsverhandlung zu analysieren, inwiefern Aspekte des Bedürfnisses nach Flexibilität durch einen Umsetzungsspielraum erfüllt werden können.

2309 ILC Yearbook 1977, Vol. II (Part Two), 20 f. Rn. 8.

2310 BGBl. 1973 II 1569, 1570. International: UNTS Vol. 993, 3.

2311 Die Kosteneffizienz für Einsparungen von CO_2-Emissionen war insbesondere für die verschiedenen Umsetzungsinstrumente des Kyoto Protokolls ein relevanter Faktor: *van Asselt/Gupta*, in: Stanfort Environmental Law Journal 2009 (Vol. 28), 311 (376 f.).

2312 Zu diesem Aspekt als Grund für Flexibilität: → Kapitel 2 B. IV. 1.

Der Umsetzungsspielraum wird wesentlich durch die Präzision der Rechtsfolge und ob durch den Vertrag eine Konkretisierung der Umsetzungsmöglichkeiten vorgenommen wird, beeinflusst. Deklaratorisch ist dagegen, wenn die Existenz eines Umsetzungsspielraums ausdrücklich in einen Vertrag aufgenommen wird, wie z. B. in Art. 28 des *ILO Übereinkommens Nr. 107 über den Schutz und die Eingliederung eingeborener Bevölkerungsgruppen und anderer in Stämmen lebender oder stammesähnlicher Bevölkerungsgruppen in unabhängigen Ländern*:

> „Art und Umfang der in diesem Übereinkommen vorgesehenen Maßnahmen sind in elastischer Weise zu gestalten, wobei auf die jedem Lande eigentümlichen Verhältnisse Rücksicht zu nehmen ist.“[2313]

Verwendet eine Norm für die Rechtsfolge generelle Begriffe, können die Parteien innerhalb des entstehenden Spielraums auswählen, wie sie die Pflicht umsetzen. Außerdem kann ein Vertrag kontextabhängige Begriffe verwenden wie z. B. die öffentliche Ordnung, öffentliche Moral u. s. w. Für dessen Anwendung sind die Umstände innerhalb eines Völkerrechtssubjektes heranzuziehen, wodurch sich die Anwendung zwischen den einzelnen Parteien unterscheiden kann.

Neben der Verwendung von kontextabhängigen Begriffen stellen einige Normen ausdrücklich auf die Fähigkeiten oder Kapazitäten der verpflichteten Parteien ab. Ein Beispiel[2314] dafür ist Art. 4 des *Übereinkommens zum Schutz des Kultur- und Naturerbes der Welt*:

> „Jeder Vertragsstaat erkennt an, daß es in erster Linie seine eigene Aufgabe ist, Erfassung, Schutz und Erhaltung in Bestand und Wertigkeit des in seinem Hoheitsgebiet befindlichen, in den Artikeln 1 und 2 bezeichneten Kultur- und Naturerbes sowie seine Weitergabe an künftige Generationen sicherzustellen. Er wird hierfür alles

---

2313 Normlex (Information System on International Labour Standards, https://normlex.ilo.org/).

2314 Ein weiteres Beispiel enthält Art. 15 Abs. 1 des *ILO Übereinkommens Nr. 117 über die grundlegenden Ziele und Normen der Sozialpolitik* [Normlex (Information System on International Labour Standards, https://normlex.ilo.org/)]: „Soweit die örtlichen Voraussetzungen es irgendwie zulassen, sind geeignete Maßnahmen zum schrittweisen Ausbau eines umfassenden Systems der Schul-, Berufs- und Lehrlingsausbildung zu treffen, um die Kinder und die Jugendlichen beider Geschlechter wirksam auf eine nützliche Beschäftigung vorzubereiten.“.

> in seinen Kräften Stehende tun, unter vollem Einsatz seiner eigenen Hilfsmittel und gegebenenfalls unter Nutzung jeder ihm erreichbaren internationalen Unterstützung und Zusammenarbeit, insbesondere auf finanziellem, künstlerischem, wissenschaftlichem und technischem Gebiet."[2315]

Da die Fähigkeiten und Kapazitäten unterschiedlich sind, kann eine Partei die Verpflichtung durch geringere Maßnahmen umsetzen als eine Partei mit höheren Fähigkeiten und Kapazitäten.

Ein Vertrag kann erstens verschiedene Umsetzungsmöglichkeiten ausdrücklich und abschließend auflisten, zweitens konkrete Umsetzungsmöglichkeiten nur beispielhaft und nicht abschließend aufzählen, drittens bestimmte Umsetzungsmöglichkeiten ausschließen oder viertens eine Präferenz für eine Umsetzungsmöglichkeit ausdrücken.

Eine geringere Bedeutung dafür, wie weit der Umsetzungsspielraum ist, hat die Natur der Pflicht entweder als Ergebnis- oder Verhaltenspflicht oder als Handlungs-, Duldungs- oder Unterlassungspflicht. Sowohl im Rahmen einer Ergebnis- als auch einer Verhaltenspflicht kann den Parteien ein (großer) Umsetzungsspielraum zustehen. Dagegen erscheinen ein Unterlassen und ein Dulden lediglich in einer Form denkbar. Allerdings ist die Besonderheit des Völkerrechts zu berücksichtigen, dass das Völkerrechtssubjekt der Pflicht unterworfen ist, jedoch als gedankliches Konstrukt nicht selbst eine Handlung dulden oder unterlassen kann. Vielmehr muss das Völkerrechtssubjekt sicherstellen, dass ihm zugerechnete natürliche oder juristische Personen die Handlungen dulden und unterlassen. Daher ist eine Duldungs- oder Unterlassungspflicht häufig ausdrücklich oder konkludent mit einer Handlungspflicht verknüpft und diese kann einen Umsetzungsspielraum einräumen.

Ein für die Parteien unterschiedlicher Umsetzungsspielraum entsteht, wenn die Pflicht einen Prozess formuliert. Welche Handlungen zur Erfüllung der Verpflichtung, den Prozess fortzuführen, erforderlich sind, hängt davon ab, wie weit eine Partei im Prozess schon fortgeschritten ist. Ein Beispiel[2316] ist Art. 10 Abs. 1 des *ILO Übereinkommens Nr. 29 über Zwangs- oder Pflichtarbeit*:

2315 BGBl. 1977 II 213. International: UNTS Vol. 1037, 151.

2316 Ein weiteres Beispiel ist Art. 2 Abs. 1 des *Internationalen Paktes über wirtschaftliche, soziale und kulturelle Rechte* (BGBl. 1973 II, 1570. International: UNTS Vol. 993, 3).

> „Zwangs- oder Pflichtarbeit, die als Steuer gefordert, und solche, die für öffentliche Arbeiten von Häuptlingen in Ausübung von Verwaltungsbefugnissen beansprucht wird, ist mehr und mehr abzuschaffen.“[2317]

Anders als für Vorbehalte und die übrigen Flexibilitätsinstrumente, die eine Abweichung von gleichförmigen Rechten und Pflichten bewirken, können die meisten in Kapitel 2 Abschnitt C dargestellten verschiedenen Begrenzungen auf die Ausgestaltung des Umsetzungsspielraums nicht angewendet werden. Ausnahmen sind dabei Veröffentlichungspflichten[2318] von z. B. Maßnahmen, durch die eine Partei ihre vertraglichen Pflichten umsetzt. Außerdem kann der Umsetzungsspielraum dadurch begrenzt werden, dass ein Überprüfungsmechanismus in einem Vertrag enthalten ist.[2319]

2317 BGBl. 1956 II 640, 641. International: Normlex (Information System on International Labour Standards, https://normlex.ilo.org/).

2318 Dazu genauer → Kapitel 2 C. II. 5. a) bb.

2319 Dazu genauer → Kapitel 2 C. II. 6.

Flexibilität durch eine beschränkte Kontrolldichte

Durch eine beschränkte Kontrolldichte (A.) besteht für die Parteien ein Spielraum, innerhalb dessen ein Kontrollorgan nur eingeschränkt überprüft, inwiefern das Verhalten des Völkerrechtssubjekts die vertraglichen Pflichten erfüllt. Dadurch entsteht ein auch als „*zone of legality*" bezeichneter Bereich, innerhalb dessen die Parteien frei entscheiden können.[2320] Eine beschränkte Kontrolldichte kann durch unterschiedliche Methoden entstehen (B.).

A. Beschränkungen der Kontrolldichte auf nationaler und internationaler Ebene

Innerhalb der dezentralen Völkerrechtsordnung interpretiert und wendet jede Partei einen Vertrag selbstständig an. Während in nationalen Rechtsordnungen der Regelfall ist, dass Gerichte die Auslegung und Anwendung des Rechts überprüfen können, ist dies im Bereich des Völkerrechts anders. Nur in manchen Verträgen ist ein Kontrollorgan berechtigt, die Auslegung und Anwendung des Vertrages zu überprüfen. Sieht ein Vertrag ein solches Kontrollorgan nicht vor, sind abhängig von der Erfüllungsstruktur alle oder einzelne andere Parteien dazu berechtigt, die Erfüllung zu überprüfen. Dabei stellt sich sowohl für ein Kontrollorgan sowie für jede andere Vertragspartei, welche eine solche Kontrolle vornimmt, die Frage, welchen Prüfungsmaßstab

---

2320 *Ragni*, in: Gruszczynski/Werner (Hrsg.), Deference in International Courts and Tribunals, 319 (334); *Shany*, in: European Journal of International Law 2006 (Vol. 16), 907 (910).

oder welche Kontrolldichte das Kontrollorgan oder die andere Vertragspartei zugrunde legt. Die Kontrolldichte betrifft jeweils das Verhältnis zwischen verschiedenen Akteuren innerhalb eines Vertragssystems.[2321] Auf der einen Seite steht der Akteur, dessen Entscheidung überprüft wird. Dies ist in vielen Fällen die Partei, dessen Einhaltung des Vertrages überprüft wird. Es kann jedoch auch ein anderes Kontrollorgan sein (siehe z. B. das Verhältnis BVerfG zu EuGH). Auf der anderen Seite befindet sich der kontrollierende Akteur in Form einer anderen Vertragspartei oder einem Kontrollorgan.[2322]

Der Prüfungsmaßstab oder die Kontrolldichte, welche englisch zumeist als „*standard of review*"[2323] bezeichnet wird, meint die Art und die Intensität der Überprüfung von Entscheidungen oder Handlungen der Vertragsparteien und ihrer jeweiligen Organe durch eine Kontrollinstanz.[2324] Eine solche Kontrolle ist möglich in Form einer vollständigen Kontrolle oder einer eingeschränkten Kontrolle. Gegenstand einer vollständigen Kontrolle sind Feststellung und Überprüfung der relevanten Tatsachen, des anwendbaren Rechts und der Anwendung dieses Rechts auf die relevanten Tatsachen im konkreten Fall.[2325] Eine vollständige Kontrolle wird als *de-novo*-Kontrolle bezeichnet.[2326] Diesen Prüfungsmaßstab definierte das Ständige Berufungsgremium (*Appellate Body*) der WTO wie folgt:

> „This standard of review would allow a panel complete freedom to come to a different view than the competent authority of the Member whose act or determination

---

2321 *Spamann*, in: Journal of World Trade 2004 (Vol. 38), 509 (509); *Sulyok*, in: Kajtár (Hrsg.), Secondary Rules of Primary Importance, 83 (85).

2322 *Fahner*, Judicial Deference in International Adjudication, 13.

2323 *Fahner*, in: European Journal of International Law 2021 (Vol. 32), 835 (858); *Lanovoy*, in: Kajtár (Hrsg.), Secondary Rules of Primary Importance, 42 (42); *Spamann*, in: Journal of World Trade 2005 (Vol. 38), 509 (509).

2324 *Bohanes/Lockhart*, in: Bethlehem u. a. (Hrsg.), The Oxford Handbook of International Trade Law, 378 (379 f.); *Gruszczynski/Werner*, in: Gruszczynski/Werner (Hrsg.), Deference in International Courts and Tribunals, 1 (2); *Henckels*, in: Gruszczynski/Werner (Hrsg.), Deference in International Courts and Tribunals, 113 (114); *Lanovoy*, in: Kajtár (Hrsg.), Secondary Rules of Primary Importance, 42 (42); *Spamann*, in: Journal of World Trade 2004 (Vol. 38), 509 (510).

2325 *Gruszczynski/Werner*, in: Gruszczynski/Werner (Hrsg.), Deference in International Courts and Tribunals, 1 (2); *Petersmann*, in: Gruszczynski/Werner (Hrsg.), Deference in International Courts and Tribunals, 19 (19 f.).

2326 WTO Appellate Body, *EC Measures concerning meat and meat products (hormones)*, WT/DS26/AB/R, Report vom 16.01.1998, Rn. 111; *Henckels*, in: Gruszczynski/Werner

is being reviewed. A panel would have to "verify whether the determination by the national authority was ‚correct' both factually and procedurally."[2327]

Bei einer solchen vollständigen Kontrolle ist die Kontrollinstanz an keine Feststellung oder Beurteilung der zuerst handelnden Einheit, somit hier der Vertragspartei und seiner Organe, gebunden. Das Kontrollorgan bewertet den Sachverhalt in jeglicher Hinsicht selbst und wendet das einschlägige Recht darauf an.[2328]

Im Rahmen eines eingeschränkten Prüfungsmaßstabes respektiert die Kontrollinstanz dagegen vollständig oder in Teilen die Feststellungen und Beurteilungen der zuerst handelnden Einheit, solange sich diese innerhalb genereller Grenzen bewegen.[2329] Diese Art der Kontrolldichte wird daher im Englischen auch als „*deference*"[2330] bezeichnet. „*Deference*" bedeutet dabei Respekt oder Zurückhaltung und umschreibt damit den Mechanismus, dass die Kontrollinstanz die Feststellungen oder Beurteilungen der zuerst handelnden Einheit nicht erneut selbst vornimmt, sondern in der getroffenen Form akzeptiert. Auf internationaler Ebene erfolgt eine Zurückhaltung in der Überprüfung häufiger hinsichtlich der Tatsachen, welche die handelnde Partei festgestellt hat, und für die Frage, welches Recht anwendbar ist oder wie dieses anzuwenden ist.[2331]

(Hrsg.), Deference in International Courts and Tribunals, 113 (116); *Shany*, in: European Journal of International Law 2006 (Vol. 16), 907 (910); *Voelcker*, Schutzklauseln als Grenzpunkte internationaler Integration, 124.

2327 WTO Appellate Body, *EC Measures concerning meat and meat products (hormones)*, WT/DS26/AB/R, Report vom 16.01.1998, Rn. 111.

2328 *Lanovoy*, in: Kajtár (Hrsg.), Secondary Rules of Primary Importance, 42 (42); *Spamann*, in: Journal of World Trade 2004 (Vol. 38), 509 (510).

2329 *Bohanes/Lockhart*, in: Bethlehem u. a. (Hrsg.), The Oxford Handbook of International Trade Law, 378 (380); *Shirlow*, Judging at the Interface, 16; *Spamann*, in: Journal of World Trade 2004 (Vol. 38), 509 (510).

2330 WTO Appellate Body, EC Measures concerning meat and meat products (hormones), WT/DS26/AB/R, Report vom 16.01.1998, Rn. 111; *Arato*, in: Virginia Journal of International Law 2014 (Vol. 54), 545 (549 f.); *Asche*, Die Margin of Appreciation, 2; *Burke-White/von Staden*, in: Virginia Journal of International Law 2008 (Vol. 48), 307 (372 f.); *Henckels*, in: Gruszczynski/Werner (Hrsg.), Deference in International Courts and Tribunals, 113 (115 f.); *Letsas*, in: Oxford Journal of Legal Studies 2006 (Vol. 26), 705 (722).

2331 *Bernard*, in: Gruszczynski/Werner (Hrsg.), Deference in International Courts and Tribunals, 371 (373 f.).

Verschiedene nationale Rechtsordnungen kennen ebenfalls Beschränkungen der Überprüfbarkeit durch Gerichte.[2332] Das deutsche Verwaltungsrecht unterscheidet zwischen gebundenen Entscheidungen und Ermessensentscheidungen. Für Ermessensentscheidungen räumt das deutsche Verwaltungsrecht den Verwaltungsbehörden einen Ermessensspielraum ein. Die Ermessensausübung dürfen die Gerichte gem. § 114 VwGO nur eingeschränkt überprüfen.[2333] Für die Legislative sieht das deutsche Recht teilweise eine Einschätzungsprärogative vor.[2334] Das britische Recht beschränkt die Kontrolle der Administrative bei der Ausübung von *„discretion"* regelmäßig auf bestimmte *grounds for judicial review* wie z. B. *irrationality*.[2335] Im nationalen Recht erfolgt diese Beschränkung horizontal aufgrund der Gewaltenteilung zwischen Judikative und Legislative bzw. Administrative. Im Bereich des Völkerrechts handelt es sich um eine vertikale Konstellation, in welcher die Kompetenzen zwischen den Vertragsparteien und einem internationalen Kontrollorgan aufzuteilen sind.[2336]

Abzulehnen ist der Vorschlag von *Stahl*, die Differenzierung des deutschen Verwaltungsrechts zwischen Beurteilungsspielraum auf Tatbestandsseite sowie gebundenen und Ermessensentscheidungen auf das Völkerrecht zu übertragen.[2337] Bei der Übertragung eines so ausdifferenzierten nationalen Rechtskonzepts wie des Beurteilungs-, Ermessensspielraums und der Ermessensfehlerlehre auf das Völkerrecht empfiehlt sich Zurückhaltung. Der Gedanke einer beschränkten Überprüfbarkeit durch Vertragsorgane

---

2332 *Gerards*, in: European Law Journal 2011 (Vol. 17), 80 (87). Für einen Überblick wird verwiesen auf Frowein (Hrsg.), Die Kontrolldichte bei der gerichtlichen Überprüfung von Handlungen der Verwaltung.

2333 *Maurer/Waldhoff*, Allgemeines Verwaltungsrecht, § 7 Rn. 6.

2334 BVerfG, Beschluss vom 26.03.2007 – 1 BvR 2228/02, Rn. 38-49; BVerfG, Beschluss vom 27.01.2011 – 1 BvR 3222/09, Rn. 40.

2335 *Herdegen*, in: Frowein (Hrsg.), Die Kontrolldichte bei der gerichtlichen Überprüfung von Handlungen der Verwaltung, 38 (44-46); *Parpworth*, Constitutional & Administrative Law, Rn. 13.7-13.9, 14.1-14.107; *Schill/Briese*, in: Max Planck Yearbook of International Law 2009 (Vol. 13), 61 (128).

2336 *Ioannidis*, in: Gruszczynski/Werner (Hrsg.), Deference in International Courts and Tribunals, 91 (92).

2337 *Stahl*, Schutzpflichten im Völkerrecht, 47-53.

oder internationale Gerichte findet sich auch auf internationaler Ebene.[2338] Es handelt sich dabei um ein eigenes völkerrechtliches Konzept, für welches vermieden werden sollte, die in einem nationalen Recht entwickelten Grundsätze zu übertragen. Insbesondere räumen die internationalen Kontrollorgane zumeist sowohl auf Tatbestands- als auch auf Rechtsfolgenseite einen Spielraum ein, sodass die Terminologie des Beurteilungsspielraums auf Tatbestandsseite missverständlich sein kann, wenn der Maßstab des deutschen Verwaltungsrechts angelegt wird.

B. Methoden, um die Kontrolldichte einzuschränken

Drei Vorgehensweisen können begründen, dass die internationale Kontrollinstanz ihren Prüfungsmaßstab begrenzt und nicht eine vollständige Überprüfung aller tatsächlichen und rechtlichen Aspekte eines Falles vornimmt. Ein Vertrag kann ausdrücklich den Prüfungsmaßstab für ein Kontrollorgan festlegen (I.). Die Kontrolle einer Überprüfungsinstanz kann für einzelne Normen oder Tatbestandsmerkmale durch „*self-judging clauses*“ in dem Vertrag beschränkt werden oder das Kontrollorgan kann sich selbst beschränken, indem sie den Parteien eine „*margin of appreciation*“ einräumt (II.). Trotz beschränkter Kontrollmöglichkeit bestehen weiterhin gewisse verbleibende Kontrollmöglichkeiten (III.).

I. Ausdrückliche Festlegung einer Kontrolldichte

Zunächst kann ein Vertrag explizit den Umfang der Kontrolldichte für ein Kontrollorgan oder auch die anderen Vertragsparteien festlegen.[2339]

Ein Beispiel[2340] enthält Art. 17.6 des *WTO Antidumping Übereinkommens*:

2338 IGH, *La Grand* (Deutschland und USA), ICJ Rep. 2001, 466, Rn. 126; IGH, *Avena* (Mexiko und USA), ICJ Rep. 2004, 12, Rn. 122; WTO Dispute Settlement Body, *European Communities – Measures Affecting Asbestos and Products Containing Asbestos*, DS135, WTO Doc WT/DS135/AB/R, Rn. 168.

2339 *Petersmann*, in: Gruszczynski/Werner (Hrsg.), Deference in International Courts and Tribunals, 19 (26).

2340 Im Übrigen wird im Rahmen der WTO auf Art. 11 der *Vereinbarung über Regeln und Verfahren zur Beilegung von Streitigkeiten* (EU ABl. Nr. L336/234 vom 23.12.1994) bezuggenommen: „Die Aufgabe der Panels besteht darin, das DSB bei der Wahrnehmung seiner Aufgaben aufgrund dieser Vereinbarung und der unter die

„Bei der Prüfung der in Absatz 5 genannten Angelegenheit:

i) stellt die Sondergruppe zwecks Beurteilung des Sachverhalts fest, ob die Sachverhaltsfeststellung der Behörden richtig und die Sachverhaltswürdigung unparteiisch und objektiv war. War die Sachverhaltsfeststellung richtig und die Sachverhaltswürdigung unparteiisch und objektiv, so kann die Würdigung nicht verworfen werden, auch wenn die Sondergruppe möglicherweise zu einer anderen Schlußfolgerung gekommen wäre;

ii) legt die Sondergruppe die maßgeblichen Bestimmungen dieses Übereinkommens gemäß den üblichen Regeln für die Auslegung des Völkerrechts aus. Stellt die Sondergruppe fest, daß eine maßgebliche Bestimmung des Übereinkommens mehr als eine Auslegung zuläßt, so erklärt sie die Maßnahme der Behörden als mit dem Übereinkommen vereinbar, sofern sich diese Maßnahme auf eine der zulässigen Auslegungen stützt.“[2341]

Je nachdem, wie ausführlich die Kontrolldichte beschrieben ist, bedarf es einer weiteren Auslegung, in welchem Umfang das Kontrollorgan überprüfen darf. Beispielsweise wurde die Formulierung „einschließlich einer objektiven Beurteilung des Sachverhalts“ (*„including an objective assessment of the facts of the case“*) durch die Entscheidungen der WTO-Organe so ausgefüllt, dass überprüft werden muss, ob das jeweilige Völkerrechtssubjekt alle relevanten Fakten einbezogen hat und ob das Völkerrechtssubjekt eine begründete Erläuterung abgegeben hat, wie es aufgrund der Umstände zu der getroffenen Entscheidung gekommen ist.[2342] Im Ergebnis überprüfen die WTO Organe

---

Vereinbarung fallenden Übereinkommen zu unterstützen. Demgemäß nimmt das Panel eine objektive Beurteilung der vor ihm liegenden Angelegenheit vor, einschließlich einer objektiven Beurteilung des Sachverhalts und der Anwendbarkeit sowie der Vereinbarkeit mit den einschlägigen unter die Vereinbarung fallenden Übereinkommen, und trifft andere Feststellungen, die dem DSB helfen, die in den unter die Vereinbarung fallenden Übereinkommen vorgesehenen Empfehlungen abzugeben oder Entscheidungen zu treffen. Die Panels sollen sich regelmäßig mit den Streitparteien beraten und ihnen ausreichend Gelegenheit geben, eine für alle Seiten zufriedenstellende Lösung zu finden.“.

2341 EU ABl. L336 vom 23.12.1994, 115.

2342 Appellate Body Report, *Argentina – Safeguard Measures on Imports of Footwear*, WT/DS121/AB/R, 14.12.1999, Rn. 121; Appellate Body Report, *United States – Safeguard Measure on Imports of Fresh, Chilled or Frozen Lamb from New Zealand*, WT/DS177/AB/R, WT/DS178/AB/R, 01.05.2001, Rn. 103-107.

mit einem beschränkten Prüfungsumfang, ob die Handlungen der Parteien den gesetzten Rahmen nicht überschritten haben.

Ein Prüfungsmaßstab kann für einen Vertrag festgelegt werden. Sofern ein Kontrollorgan für verschiedene Verträge zur Überprüfung berechtigt ist und ein Vertrag die Verfahrensregeln festlegt, kann der Prüfungsmaßstab in den Verfahrensregeln festgelegt werden.

II. Beschränkung der Kontrolle einzelner Normen oder Tatbestandsmerkmale

Ist die Kontrolldichte nicht generell festgelegt, ist sie für jede zu prüfende Norm und für jedes Tatbestandsmerkmal zu bestimmen. Die Kontrolldichte ist dabei entweder dadurch beschränkt, dass eine Norm die Beurteilung nur der anwendenden Partei zuweist und anderen Parteien sowie einem Kontrollorgan entzieht, dies zu überprüfen (1.). Daneben kann ein Kontrollorgan seine Kontrolldichte selbst beschränken (2.). Der Übergang zwischen den beiden Formen ist dabei fließend. Je weniger sich aus der Norm unmittelbar eine eingeschränkte Kontrolldichte ergibt, desto mehr handelt es sich um eine Selbstbeschränkung.

1. *Self-judging clauses*

Die Kontrolldichte einer Überprüfungsinstanz wird durch den Entzug der Überprüfung einzelner Normen oder Tatbestandsmerkmale durch *„self-judging clauses"* verringert.[2343]

Die Bezeichnung als *„self-judging"* ist insofern missglückt, da sie suggeriert, dass die Parteien für andere Begriffe nicht selbst beurteilen, ob sie erfüllt sind oder nicht. Dies ist jedoch nicht korrekt, denn die erste Beurteilung, wie das Recht auszulegen und auf einen konkreten Sachverhalt anzuwenden ist, nimmt für jede Norm jeder Rechtsanwender vor.[2344] Entscheidend für *self-judging clauses* ist vielmehr, ob die subjektive Beurteilung, die der erste

---

2343 *Sempra Energy International v. Argentina*, ICSID Case No. ARB/02/16, Award vom 28.09.2007, Rn. 383; *Fahner*, Judicial Deference in International Adjudication, 121; *Schill/Briese*, in: Max Planck Yearbook of International Law 2009 (Vol. 13), 61 (68).

2344 *CMS Gas Transmission Company v. The Republic of Argentina*, ICSID Case No. ARB/01/8, Award vom 12.05.2005, Rn. 366; *Orakhelashvili*, The Interpretation of Acts and Rules in Public International Law, 555.

Rechtsanwender vornimmt, durch andere Akteure überprüft und anders beurteilt werden kann.[2345]

Inwiefern eine Vertragsbestimmung *self-judging* ist, ist durch Auslegung zu bestimmen.[2346] Der Charakter als *self-judging* ergibt sich insbesondere aus Formulierungen wie „*it considers*", „*it determines*" oder „*it decides*" und sich das „*it*" jeweils auf die einzelne Vertragspartei bezieht.[2347] So lautet Art. 2 der *Convention between the Government of the French Republic and the Government of the Republic of Djibouti concerning judicial assistance in criminal matters*, der Gegenstand der IGH Entscheidung *Certain Questions of Mutual Assistance in Criminal Matters (Djibouti v. France)*[2348] war:

> „Judicial assistance may be refused:
>
> (a) If the request relates to any offence which the requested State regards as a political offence or an offence connected with a political offence or as an offence concerning taxes, duties, customs or foreign exchange;
>
> (b) If the request relates to an offence which is not punishable at the same time under the law of the requesting State and under that of the requested State;
>
> (c) If the requested State considers that execution of the request is likely to impair its sovereignty, security, public policy or other essential interests."[2349]

Um den *self-judging*-Charakter einer Vertragsbestimmung deutlich zu machen, verwenden insbesondere die Vereinigten Staaten von Amerika eine Fußnote[2350]:

> „For greater certainty, if a Party invokes Article 23.2 in an arbitral proceeding initiated under Chapter Eleven (Investment) or Chapter Twenty-Two (Institutional

---

2345 *Schill/Briese*, in: Max Planck Yearbook of International Law 2009 (Vol. 13), 61 (68).

2346 *Bahmaei/Sabzevari*, in: Asian Journal of International Law 2023 (Vol. 13), 97 (100).

2347 *Bahmaei/Sabzevari*, in: Asian Journal of International Law 2023 (Vol. 13), 97 (100 f.); *Fahner*, Judicial Deference in International Adjudication, 121; *Kalkhoran/Sabzevari*, in: Netherlands International Law Review 2021 (Vol. 68), 281 (312); *Sabanogullari*, General Exception Clauses in International Investment Law, 43.

2348 IGH, *Certain Questions of Mutual Assistance in Criminal Matters (Djibouti v. France)*, ICJ Rep. 2008, 177.

2349 UNTS Vol. 1695, 297.

2350 Weitergehend zu der verwendeten Fußnote: *Bahmaei/Sabzevari*, in: Asian Journal of International Law 2023 (Vol. 13), 97 (102, 110).

Provisions and Dispute Settlement), the tribunal or panel hearing the matter shall find that the exception applies."[2351]

Die verwendeten Formulierungen müssen sehr präzise sein, damit sie durch den *self-judging*-Charakter die Kontrolldichte verringern.[2352]

Dennoch entstehen auch bei Formulierungen wie *„it considers"* Streitigkeiten darüber, ob und inwieweit Kontrollorgane die ursprüngliche Auslegung und Subsumtion auf einen Sachverhalt anders bewerten können. Beispielsweise diskutieren Kontrollorgane, Völkerrechtssubjekte sowie Autoren darüber, inwiefern Art. XXI GATT *self-judging* ist.[2353] Art. XXI GATT lautet:

„Nothing in this Agreement shall be construed

a) to require any contracting party to furnish any information the disclosure of which it considers contrary to its essential security interests; or

b) to prevent any contracting party from taking any action which it considers necessary for the protection of its essential security interests

(i) relating to fissionable materials or the materials from which they are derived;

(ii) relating to the traffic in arms, ammunition and implements of war and to such traffic in other goods and materials as is carried on directly or indirectly for the purpose of supplying a military establishment;

(iii) taken in time of war or other emergency in international relations; or

---

2351 Fußnote zu Art. 23.2 des *Free Trade Agreements between the United States of America and the Republic of Korea* (Quelle: https://ustr.gov/trade-agreements/free-trade-agreements/korus-fta/final-text [28.07.2025]); Weitere Beispiele: Fußnote zu Art. 22.2 des *United States of America-Peru Trade Promotion Agreement* (Quelle: https://ustr.gov/trade-agreements/free-trade-agreements/peru-tpa/final-text [28.07.2025]); Fußnote zu Art. 22.2 des *United States of America-Colombia Free Trade Agreements* (Quelle: https://ustr.gov/trade-agreements/free-trade-agreements/colombia-tpa/final-text [28.07.2025]).

2352 *Sempra Energy International v. Argentina*, ICSID Case No. ARB/02/16, Award vom 28.09.2007, Rn. 383.

2353 *Russia – Measures Concerning Traffic in Transit*, WT/DS512, Report des Panels vom 05.04.2019, Rn. 7.27-7.104; *van Aaken*, in: The Journal of World Investment & Trade 2014 (Vol. 15), 827 (843). Einen Überblick über die verschiedenen Darstellungen in der Literatur gibt *Misra*, in: International Journal of Legal Science and Innovation 2022 (Vol. 4), 593 (596-602). Eine historische Betrachtung bzgl. der Aushandlung von Art. XXI GATT erfolgt bei *Davis*, in: Maryland Journal of International Law 2019 (Vol. 34), 364 (369 f.).

c) to prevent any contracting party from taking any action in pursuance of its obligations under the United Nations Charter for the maintenance of international peace and security."

Fraglich ist dabei besonders, auf welchen Teil des Unterabsatzes lit. b) sich die Formulierung *„which it considers"* bezieht. In Betracht kommt ausschließlich auf das Wort *„necessary"*, somit die Erforderlichkeit der Maßnahmen, um die wesentlichen Sicherheitsinteressen zu wahren. Weiterhin kann sich die Einleitung ebenfalls darauf beziehen, welches als wesentliche Sicherheitsinteressen anzusehen sind. Schließlich wäre die weitestgehende Auslegung, dass auch alle drei Unterabsätze erfasst sein sollen.[2354] Je nach Auslegung wirkt sich dies auf die Kontrolldichte eines Kontrollorgans aus. Das Panel entschied, dass sich die Einleitung nicht auf alle drei Unterabsätze bezieht, und nahm an, dass es die erfolgte Anwendung überprüfen könne.[2355] Dieses Beispiel zeigt, wie schwierig es im Rahmen der Vertragsgestaltung ist, durch *self-judging clauses* die Kontrolldichte eindeutig zu verringern.

2. Selbstbeschränkung eines Kontrollorgans

Eine verringerte Kontrolldichte entsteht weiterhin durch eine bewusste Zurückhaltung des Kontrollorgans.[2356] Die bewusste Zurückhaltung wird überwiegend als *„Margin of Appreciation"* bezeichnet.[2357] Im Ergebnis entsteht

---

2354 *Russia – Measures Concerning Traffic in Transit*, WT/DS512, Report des Panels vom 05.04.2019, Rn. 7.63.

2355 *Russia – Measures Concerning Traffic in Transit*, WT/DS512, Report des Panels vom 05.04.2019, Rn. 7.101. Ebenso entschieden wurde dies in *United States – Origin Marking Requirement*, WT/DS597/R, Report des Panels vom 21.12.2021, Rn. 7.76-7.186.

2356 *Asche*, Die Margin of Appreciation, 2; *Prepeluh*, in: Zeitschrift für ausländisches öffentliches Recht und Völkerrecht 2001 (Vol. 61), 771 (780); *Schill/Briese*, in: Max Planck Yearbook of International Law 2009 (Vol. 13), 61 (74); *Schulte*, Zur Übertragbarkeit der Margin-of-appreciation-Doktrin des EGMR auf die Rechtsprechung des EuGH im Bereich der Grundfreiheiten, 181.

2357 Zur *Margin of Appreciation* existiert eine Vielzahl an Literatur: *Arai-Takahashi*, The Margin of Appreciation Doctrine; *Arato*, in: Virginia Journal of International Law 2014 (Vol. 54), 545; *Arnardóttir*, in: European Constitutional Review 2016 (Vol. 12), 27; *Asche*, Die Margin of Appreciation; *Benvenisti*, in: New York University Journal of International Law and Politics 1999 (Vol. 31), 843; *Brems*, in: Zeitschrift für ausländisches öffentliches Recht und Völkerrecht 1996 (Vol. 56), 240; *Cot*, Margin of Appreciation, in: Wolfrum (Hrsg.), MPEPIL; *Gorzoni*, Der „margin of appreciation"

dadurch ein unüberprüfter Spielraum, welcher einer Vertragspartei bei der Bewertung von Sachlagen und der Anwendung eines Vertrages eingeräumt wird.[2358] Teilweise wird dieser Spielraum auch als Ermessensspielraum bezeichnet.[2359] Während die *Margin of Appreciation* ihren Ursprung im französischen Verwaltungsrecht hat und verschiedene nationale Rechtsordnungen ebenfalls eine begrenzte Kontrolldichte zugunsten der Verwaltung oder der Legislative kennen[2360], handelt es sich bei der *Margin of Appreciation* um eine eigene völkerrechtliche Figur, sodass ein nationales Verständnis nicht übertragen werden kann.[2361]

Insbesondere der EGMR räumt den Vertragsparteien regelmäßig eine *Margin of Appreciation* ein.[2362] Ein maßgebliches Urteil des EGMR zur *margin of appreciation* ist *Handyside v. United Kingdom*[2363]: Der Beschwerdeführer, ein britischer Verleger, wandte sich gegen Maßnahmen der Verwaltung, die ihm wegen des Besitzes von Nachschlagewerken für Jugendliche auferlegt wurden. Diese hatten britische Gerichte aufgrund teilweise sexuellen Inhalts als Verstoß gegen den „*Obscene Publications Act*" angesehen.[2364] Der EGMR

---

beim Europäischen Gerichtshof für Menschenrechte; Gruszczynski/Werner (Hrsg.), Deference in International Courts and Tribunals; *Legg*, The Margin of Appreciation in International Human Rights Law; *Letsas*, in: Oxford Journal of Legal Studies 2006 (Vol. 26), 705; *Prepeluh*, in: Zeitschrift für ausländisches öffentliches Recht und Völkerrecht 2001 (Vol. 61), 771; *Weber*, Notstandskontrolle, 101-175.

2358 *Asche*, Die Margin of Appreciation, 2; *Arai-Takahashi*, The Margin of Appreciation Doctrine, 1 f.; *Arato*, in: Virginia Journal of International Law 2014 (Vol. 54), 545 (549 f.); *Brems*, in: Zeitschrift für ausländisches öffentliches Recht und Völkerrecht 1996 (Vol. 56), 240 (240); *Shirlow*, Judging at the Interface, 162 f.; *Weber*, Notstandskontrolle, 104.

2359 *Asche*, Die Margin of Appreciation, 65 f.; *Prepeluh*, in: Zeitschrift für ausländisches öffentliches Recht und Völkerrecht 2001 (Vol. 61), 771 (774).

2360 *Arai-Takahashi*, The Margin of Appreciation Doctrine, 2 f.; *Brems*, in: Zeitschrift für ausländisches öffentliches Recht und Völkerrecht 1996 (Vol. 56), 240 (240 f.); *Cot*, Margin of Appreciation, in: Wolfrum (Hrsg.), MPEPIL, Rn. 5; *Gruszczynski/Werner*, in: Gruszczynski/Werner (Hrsg.), Deference in International Courts and Tribunals, 1 (3).

2361 Vgl. *Schulte*, Zur Übertragbarkeit der Margin-of-appreciation-Doktrin des EGMR auf die Rechtsprechung des EuGH im Bereich der Grundfreiheiten, 152.

2362 *Arai-Takahashi*, The Margin of Appreciation Doctrine; *Asche*, Die Margin of Appreciation; *Shany*, in: European Journal of International Law 2006 (Vol. 16), 907 (926 f.).

2363 EGMR, Nr. 5493/72 - *Handyside v. The United Kingdom*.

2364 EGMR, Nr. 5493/72 - *Handyside v. The United Kingdom*, Rn. 1-26.

musste sich damit auseinandersetzen, ob in diesem Fall die in Art. 10 Abs. 1 EMRK geschützte Meinungsfreiheit nach Art. 10 Abs. 2 EMRK zum Schutz der Moral beschränkt werden könnte und führte insofern aus, dass die Moralvorstellungen örtlich und zeitlich unterschiedlich seien und die nationalen Staatsorgane in einer besseren Position seien, dies zu beurteilen.[2365] Insofern stehe ihnen eine *margin of appreciation* zu, für welche der EGMR überprüft, dass diese nicht überschritten wurde.[2366]

Aber auch bei anderen internationalen Kontrollorganen finden sich Ansätze einer Selbstbeschränkung der jeweiligen Kontrolldichte.[2367] Die Ansätze, die die verschiedenen Kontrollorgane wählen, sind dabei jedoch sehr vielfältig,[2368] sodass jeweils die Praxis des Organs zu betrachten ist.

Ausgangspunkt für die *Margin of Appreciation* ist, dass es zur Aufgabe eines Kontrollorgans gehört, die Kontrolldichte zu bestimmen, wenn sie nicht vertraglich festgelegt ist.[2369] Eine Besonderheit ergibt sich inzwischen für den EGMR, da seit dem Inkrafttreten des *15. Zusatzprotokoll zur EMRK* zum 01.08.2021[2370] in die Präambel der EMRK aufgenommen ist:

> „Affirming that the High Contracting Parties, in accordance with the principle of subsidiarity, have the primary responsibility to secure the rights and freedoms defined in this Convention and the Protocols thereto, and that in doing so they enjoy a margin of appreciation, subject to the supervisory jurisdiction of the European Court of Human Rights established by this Convention",[2371]

2365 EGMR, Nr. 5493/72 - *Handyside v. The United Kingdom*, Rn. 48.

2366 EGMR, Nr. 5493/72 - *Handyside v. The United Kingdom*, Rn. 49.

2367 Für den IGH: *Ragni*, in: Gruszczynski/Werner (Hrsg.), Deference in International Courts and Tribunals, 319. Für den EuGH: *Schulte*, Zur Übertragbarkeit der Margin-of-appreciation-Doktrin des EGMR auf die Rechtsprechung des EuGH im Bereich der Grundfreiheiten, 332 f., 348 f.; *Shany*, in: European Journal of International Law 2006 (Vol. 16), 907 (927 f.). Für den Interamerikanische Gerichtshof für Menschenrechte: *Duhaine*, in: Gruszczynski/Werner (Hrsg.), Deference in International Courts and Tribunals, 289. Für den Internationalen Seegerichtshof: *Rayfuse*, in: Gruszczynski/Werner (Hrsg.), Deference in International Courts and Tribunals, 337.

2368 *Fahner*, Judicial Deference in International Adjudication, 88.

2369 *Burke-White/von Staden*, in: Virginia Journal of International Law 2008 (Vol. 48), 307 (370); *Ragni*, in: Gruszczynski/Werner (Hrsg.), Deference in International Courts and Tribunals, 319 (319); *Shany*, in: European Journal of International Law 2006 (Vol. 16), 907 (911).

2370 BGBl. 2014 II 1034, 1035; 2021 II 522.

2371 CETS Nr. 213.

Zwar ist dadurch die *Margin-of-Appreciation*-Doktrin ausdrücklich im Vertrag enthalten, jedoch nur in der Präambel und weiterhin ergibt sich daraus nicht, für welche Normen, Begriffe oder Umstände den Parteien ein Ermessensspielraum einzuräumen ist. Die Doktrin vollständig aufgeben könnte der EGMR aufgrund der geänderten Präambel wohl nicht, aber unbenommen bleibt dem EGMR, sie weiterzuentwickeln.

Ausgangspunkt für die Annahme einer *Margin of Appreciation* ist, dass die Norm einen Interpretations- oder Umsetzungsspielraum aufweist.[2372] Eine *Margin of Appreciation* nehmen Kontrollorgane an für Normen mit generellem und vagem Wortlaut.[2373] Darüber hinaus kommen weitere Faktoren hinzu, die das jeweilige Kontrollorgan dazu bewegen, die Kontrolldichte zu beschränken.[2374] Zu nennen sind insbesondere die demokratische Legitimation der nationalen Organe der Parteien, die einheitliche Praxis der Vertragsparteien und die Expertise der Parteien in der Beurteilung der Umstände vor Ort.[2375]

2372 *Shany*, in: European Journal of International Law 2006 (Vol. 16), 907 (910); *Schulte*, Zur Übertragbarkeit der Margin-of-appreciation-Doktrin des EGMR auf die Rechtsprechung des EuGH im Bereich der Grundfreiheiten, 39. Zum Interpretations- und Umsetzungsspielraum wird verwiesen auf → Kapitel 5.

2373 *Lanovoy*, in: Kajtár (Hrsg.), Secondary Rules of Primary Importance, 42 (62); *Schulte*, Zur Übertragbarkeit der Margin-of-appreciation-Doktrin des EGMR auf die Rechtsprechung des EuGH im Bereich der Grundfreiheiten, 40; *Shirlow*, Judging at the Interface, 162.

2374 Vgl. *Schulte*, Zur Übertragbarkeit der Margin-of-appreciation-Doktrin des EGMR auf die Rechtsprechung des EuGH im Bereich der Grundfreiheiten, 39 f. Zu den Faktoren: *Asche*, Die Margin of Appreciation, 99-217; *Brems*, in: Zeitschrift für ausländisches öffentliches Recht und Völkerrecht 1996 (Vol. 56), 240 (276-293); *Henckels*, in: Gruszczynski/Werner (Hrsg.), Deference in International Courts and Tribunals, 113 (120-132); *Legg*, The Margin of Appreciation in International Human Rights Law, 67-174.

2375 *Asche*, Die Margin of Appreciation, 99-217; *Gerards*, in: European Law Journal 2011 (Vol. 17), 80 (107); *Gilani/Rehman/Khan*, in: Journal of European Studies 2021 (Vol. 37), 1 (7-10); *Lanovoy*, in: Kajtár (Hrsg.), Secondary Rules of Primary Importance, 42 (61 f.); *Legg*, The Margin of Appreciation in International Human Rights Law, 37; *Schulte*, Zur Übertragbarkeit der Margin-of-appreciation-Doktrin des EGMR auf die Rechtsprechung des EuGH im Bereich der Grundfreiheiten, 46, 180 f., 361; *Shirlow*, Judging at the Interface, 117 f.

Spezifisch für Menschenrechte werden darüber hinaus die Bedeutung des jeweiligen Rechts und der Beschränkung aufgeführt.[2376]

Der Spielraum, den ein Kontrollorgan einräumt, ist nicht feststehend, sondern kann zu verschiedenen Zeiten oder je nach Umständen variieren.[2377] Da internationale Kontrollinstanzen nicht den Grundsatz der „*stare decisis*" kennen,[2378] sind sie nicht an die Selbstbeschränkung aus vorherigen Entscheidungen gebunden und daher berechtigt, in jedem Fall erneut zu entscheiden, ob und in welchem Umfang sie eine *Margin of Appreciation* gewähren. Überschreiten sie bei der Kontrolle das Maß der *Margin of Appreciation*, welche sie zuvor gewährt hatten, ist die Entscheidung nicht deshalb unrechtmäßig oder *ultra vires*.[2379]

III. Verbleibende Kontrollmöglichkeiten

Statt einer vollen Kontrolle überprüft das jeweilige Kontrollorgan bei einer eingeschränkten Kontrolldichte am Maßstab von „*good faith*".[2380] Dies gilt sowohl für eine eingeschränkte Kontrolldichte aufgrund einer *self-judging clause* als auch für die *Margin of Appreciation*. Maßstab ist vor allem, dass es plausibel erscheint, dass die Partei durch die Handlung die Vertragspflicht

2376 *Gerards*, in: European Law Journal 2011 (Vol. 17), 80 (107); *Gilani/Rehman/Khan*, in: Journal of European Studies 2021 (Vol. 37), 1 (8); *Lanovoy*, in: Kajtár (Hrsg.), Secondary Rules of Primary Importance, 42 (54 f.).

2377 EGMR No. 8777/79 – *Rasmussen v. Denmark*, Rn. 40; *Arato*, in: Virginia Journal of International Law 2014 (Vol. 54), 545 (569).

2378 *De Brabandere*, in: Law & Practice of International Courts and Tribunals 2016 (Vol. 15), 24 (29 f.).

2379 *Schill/Briese*, in: Max Planck Yearbook of International Law 2009 (Vol. 13), 61 (74).

2380 IGH, *Certain Questions of Mutual Assistance in Criminal Matters (Djibouti v. France)*, ICJ Rep. 2008, 177, Rn. 145; International Centre for Settlement of Investment Disputes, *LG&E Energy Corp, LG&E Capital Corp. LG&E Capital, Inc. v. Argentine Republic*, ICSID Case No. ARB/02/1, Decision on Liability, 03.10.2006; *Continental Casualty Company v. The Argentine Republic*, ICSID Case No. ARB/03/9, Award vom 05.09.2008, Rn. 187 f.; *Burke-White/von Staden*, in: Virginia Journal of International Law 2008 (Vol. 48), 307 (370, 376); *Fahner*, Judicial Deference in International Adjudication, 122; *Sabanogullari*, General Exception Clauses in International Investment Law, 43; *Ragni*, in: Gruszczynski/Werner (Hrsg.), Deference in International Courts and Tribunals, 319 (328 f.); *Saliba/Fernandes Barbosa*, in: Revista da Faculdade de Direito da Universidade Federal de Minas Gerais 2023 (Vol. 82), 57 (67 f.); *Schill/Briese*, in: Max Planck Yearbook of International Law 2009 (Vol. 13), 61 (120); *Shany*, in: European Journal of International Law 2006 (Vol. 16), 907 (910); *van Aaken*, in: The Journal of World Investment & Trade 2014 (Vol. 15), 827 (845 f.).

erfüllt.[2381] Insbesondere prüfen die Kontrollorgane, ob die Partei die Tatsachen nach Treu und Glauben ausreichend ermittelt hat, sie ein angemessenes Verfahren eingehalten hat und ob sie bei Ausübung ihres Spielraums die an Ziel und Zweck des Vertrages gemessenen relevanten und angemessenen Erwägungen berücksichtigt hat.[2382]

Eine Norm kann daneben konkret festlegen, in welcher Weise die Parteien innerhalb des Bereichs, den die Kontrollorgane nur beschränkt überprüfen, nicht handeln dürfen. Dies zeigt beispielsweise Art. 246 Abs. 5, 6 der *UN-Seerechtskonvention*:

> „(5) Die Küstenstaaten können jedoch nach eigenem Ermessen ihre Zustimmung zur Durchführung eines Vorhabens der wissenschaftlichen Meeresforschung durch einen anderen Staat oder eine zuständige internationale Organisation in ihrer ausschließlichen Wirtschaftszone oder auf ihrem Festlandsockel versagen, wenn das Vorhaben
>
> a) von unmittelbarer Bedeutung für die Erforschung und Ausbeutung der lebenden oder nichtlebenden Ressourcen ist;
>
> b) Bohrungen im Festlandsockel, die Verwendung von Sprengstoffen oder die Zuführung von Schadstoffen in die Meeresumwelt vorsieht;
>
> c) die Errichtung, den Betrieb oder die Nutzung der in den Artikeln 60 und 80 genannten künstlichen Inseln, Anlagen und Bauwerken vorsieht;
>
> d) nach Artikel 248 übermittelte Informationen über Art und Ziele des Vorhabens enthält, die unzutreffend sind, oder wenn der Staat oder die zuständige internationale Organisation, welche die Forschung betreiben, aus einem früheren Forschungsvorhaben herrührende Verpflichtungen gegenüber dem Küstenstaat nicht erfüllt hat.
>
> (6) Ungeachtet des Absatzes 5 dürfen die Küstenstaaten ihr Ermessen nicht so ausüben, daß sie ihre Zustimmung nach Buchstabe a jenes Absatzes für Vorhaben der wissenschaftlichen Meeresforschung versagen, die in Übereinstimmung mit diesem Teil auf dem Festlandsockel jenseits von 200 Seemeilen von den Basislinien, von denen aus die Breite des Küstenmeers gemessen wird, außerhalb der bestimmten Gebiete durchgeführt werden sollen, welche die Küstenstaaten jederzeit öffentlich als Gebiete bezeichnen können, in denen auf diese Gebiete bezeichnen können, in

---

[2381] *Russia – Measures Concerning Traffic in Transit*, WT/DS512, Report des Panels vom 05.04.2019, Rn. 7.138; *Fahner*, Judicial Deference in International Adjudication, 125 f.

[2382] *Schill/Briese*, in: Max Planck Yearbook of International Law 2009 (Vol. 13), 61 (137).

> denen auf diese Gebiete bezogene Ausbeutung oder eingehende Aufsuchungsarbeiten erfolgen oder innerhalb einer angemessenen Frist erfolgen werden. Die Küstenstaaten geben die von ihnen bezeichneten Gebiete und alle sich auf sie beziehenden Änderungen innerhalb einer angemessenen Frist bekannt; sie sind jedoch nicht verpflichtet, Einzelheiten der dort durchgeführten Arbeiten bekanntzugeben."[2383]

Während die Parteien für *self-judging clauses* die Grenzen der beschränkten Kontrolle im Vertrag festlegen können, legen die Kontrollorgane diese bei einer *Margin of Appreciation* selbstständig fest.

C. Vertragsgestaltung

Durch eine beschränkte Kontrolldichte besteht für die Parteien ein Spielraum, innerhalb dessen ein Kontrollorgan nur eingeschränkt überprüft, inwiefern das Verhalten des Völkerrechtssubjekts die vertraglichen Pflichten erfüllt. Dadurch entsteht ein auch als „*zone of legality*" bezeichneter Bereich, innerhalb dessen die Parteien frei entscheiden können.[2384] Eine punktuelle beschränkte Kontrolldichte kann die Akzeptanz des Kontrollorgans fördern.[2385]

Besteht für einzelne Tatbestandsmerkmale oder Normen eine verringerte Kontrolldichte, führt dies zu einer Flexibilität für die Vertragsparteien. Allerdings besteht für diese Facette der Flexibilität die Schwierigkeit, wie während der Vertragsgestaltung Völkerrechtssubjekte bewirken können, dass sie später auf die Flexibilität aufgrund einer verringerten Kontrolldichte zurückgreifen können. Sollte die Flexibilität durch eine verringerte Kontrolldichte ein Ziel im Rahmen der Vertragsgestaltung sein, ist sorgfältig zu prüfen, wie dies im Vertrag angelegt werden kann. Ansonsten handelt es sich bei der zweiten Facette der Flexibilität um eine Form der Flexibilität, deren konkreter Umfang sich erst im Verlauf der Vertragslaufzeit konkretisiert und (weiter-)entwickelt.

2383 BGBl. 1994 II 1798. International: UNTS 1833, 3.

2384 *Ragni*, in: Gruszczynski/Werner (Hrsg.), Deference in International Courts and Tribunals, 319 (334); *Shany*, in: European Journal of International Law 2006 (Vol. 16), 907 (910).

2385 *Shirlow*, Judging at the Interface, 32.

Am besten können die Parteien dies dadurch sicherstellen, dass sie in einem Vertrag konkret die Kontrolldichte/den *standard of review* festlegen. Ein Beispiel ist Art. 17.6 des *Antidumping Übereinkommens*:

> „Bei der Prüfung der in Absatz 5 genannten Angelegenheit:
>
> i) stellt die Sondergruppe zwecks Beurteilung des Sachverhalts fest, ob die Sachverhaltsfeststellung der Behörden richtig und die Sachverhaltswürdigung unparteiisch und objektiv war. War die Sachverhaltsfeststellung richtig und die Sachverhaltswürdigung unparteiisch und objektiv, so kann die Würdigung nicht verworfen werden, auch wenn die Sondergruppe möglicherweise zu einer anderen Schlußfolgerung gekommen wäre;
>
> ii) legt die Sondergruppe die maßgeblichen Bestimmungen dieses Übereinkommens gemäß den üblichen Regeln für die Auslegung des Völkerrechts aus. Stellt die Sondergruppe fest, daß eine maßgebliche Bestimmung des Übereinkommens mehr als eine Auslegung zuläßt, so erklärt sie die Maßnahme der Behörden als mit dem Übereinkommen vereinbar, sofern sich diese Maßnahme auf eine der zulässigen Auslegungen stützt."[2386]

Eine materielle Begrenzung[2387] wird dabei dadurch vorgenommen, dass die Kontrolldichte für konkrete Bestimmungen festgelegt wird. Andere in Kapitel 2 Abschnitt C dargestellten Begrenzungen können dagegen auf die Ausgestaltung der ausdrücklichen Beschränkung der Kontrolldichte nicht angewendet werden.

Im Vergleich zur ausdrücklichen Festlegung der Kontrolldichte erweist sich bereits der Einfluss durch die aushandelnden Völkerrechtssubjekte auf die spätere Kontrolldichte durch *self-judging* Begriffe oder Formulierungen als deutlich geringer. Es zeigt sich, dass über den konkreten Umfang der noch verfügbaren Kontrolldichte sowohl akademischer Streit entstehen kann als auch umfangreiche Prüfungen durch das jeweilige Kontrollorgan erforderlich werden können.[2388] Darüber hinaus kann auch die individuelle

---

2386 EU ABl. L336/115 vom 23.12.1994.

2387 Dazu genauer → Kapitel 2 C. II. 1.

2388 Siehe beispielhaft die Diskussion über den Umfang der Kontrolldichte für Art. XXI GATT: *Russia – Measures Concerning Traffic in Transit*, WT/DS512, Report des Panels vom 05.04.2019, Rn. 7.27-7.104. *Van Aaken*, in: The Journal of World Investment & Trade 2014 (Vol. 15), 827 (843). Einen Überblick über die verschiedenen Darstellungen in der Literatur gibt *Misra*, in: International Journal of Legal Science and Innovation

Sichtweise eines Schiedsrichters beeinflussen, inwiefern die Kontrolldichte des Kontrollorgans reduziert ist.[2389] Für die Völkerrechtssubjekte besteht bei der Verwendung von *self-judging* Begriffen und Formulierungen somit das Risiko, dass trotz eines *self-judging* Begriffes ein Kontrollorgan den Umfang der reduzierten Kontrolldichte anders beurteilt.

Inwiefern eine Vertragsbestimmung *self-judging* ist, ist durch Auslegung zu bestimmen.[2390] Der Charakter als *self-judging* ergibt sich insbesondere aus Formulierungen wie *„it considers"*, *„it determines"* oder *„it decides"*, wobei sich das *„it"* jeweils auf die einzelne Vertragspartei bezieht.[2391] Die verwendeten Formulierungen müssen sehr präzise sein, damit sie durch den *self-judging* Charakter die Kontrolldichte verringern.[2392] Alternativ kann sich ein *self-judging* Charakter einer Bestimmung auch aus der Praxis der Parteien ergeben.[2393]

Als Verfahrensvorschriften können *self-judging clauses* Begründungspflichten enthalten.[2394] Beispielsweise verpflichtet Art. 17 der *Convention between the Government of the French Republic and the Government of the Republic of Djibouti concerning judicial assistance in criminal matters* die Parteien:

> „Reasons shall be given for any refusal of judicial assistance."[2395]

2022 (Vol. 4), 593 (596-602). Eine historische Betrachtung bzgl. der Aushandlung von Art. XXI GATT erfolgt bei *Davis*, in: Maryland Journal of International Law 2019 (Vol. 34), 364 (369 f.).

2389 *Fahner*, Judicial Deference in International Adjudication, 88.

2390 *Bahmaei/Sabzevari*, in: Asian Journal of International Law 2023 (Vol. 13), 97 (100).

2391 *Bahmaei/Sabzevari*, in: Asian Journal of International Law 2023 (Vol. 13), 97 (100 f.); *Fahner*, Judicial Deference in International Adjudication, 121; *Kalkhoran/Sabzevari*, in: Netherlands International Law Review 2021 (Vol. 68), 281 (312); *Sabanogullari*, General Exception Clauses in International Investment Law, 43.

2392 International Centre for Settlement of Investment Disputes, *Sempra Energy International v. Argentina*, ICSID Case No. ARB/02/16, Award vom 28.09.2007, Rn. 383.

2393 *Bahmaei/Sabzevari*, in: Asian Journal of International Law 2023 (Vol. 13), 97 (100).

2394 *Ragni*, in: Gruszczynski/Werner (Hrsg.), Deference in International Courts and Tribunals, 319 (329).

2395 UNTS Vol. 1695, 297.

Diese Verpflichtung dient dazu, dass die anderen Parteien überprüfen können, ob die Grenzen der *self-judging* Klausel eingehalten wurden.[2396]

Ob ein Kontrollorgan eine *Margin of Appreciation* einräumt, entscheidet dieses selbstständig und nicht jedes Kontrollorgan gewährt eine solche. Grundlage für die Annahme einer *Margin of Appreciation* ist, dass die Norm einen Interpretations- oder Umsetzungsspielraum aufweist.[2397] Eine *Margin of Appreciation* nehmen Kontrollorgane für Normen mit generellem und vagem Wortlaut an.[2398] Darüber hinaus kommen Faktoren hinzu, die das jeweilige Kontrollorgan dazu bewegen, die Kontrolldichte zu beschränken.[2399] Inwiefern ein Kontrollorgan sich auf diese zusätzlichen Faktoren stützt, können die Völkerrechtssubjekte jedoch bei der Vertragsgestaltung nicht beeinflussen. Abgesehen von der Grundlage für eine *Margin of Appreciation* durch einen Interpretations- und Umsetzungsspielraum liegt es nicht in ihrer Hand, ob das Kontrollorgan eine *Margin of Appreciation* annimmt und wie sich eine *Margin of Appreciation* über den Verlauf der Zeit entwickelt.

2396 *Ragni*, in: Gruszczynski/Werner (Hrsg.), Deference in International Courts and Tribunals, 319 (329).

2397 *Shany*, in: European Journal of International Law 2006 (Vol. 16), 907 (910); *Schulte*, Zur Übertragbarkeit der Margin-of-appreciation-Doktrin des EGMR auf die Rechtsprechung des EuGH im Bereich der Grundfreiheiten, 39. Zum Interpretations- und Umsetzungsspielraum ausführlich → Kapitel 5.

2398 *Lanovoy*, in: Kajtár (Hrsg.), Secondary Rules of Primary Importance, 42 (62); *Schulte*, Zur Übertragbarkeit der Margin-of-appreciation-Doktrin des EGMR auf die Rechtsprechung des EuGH im Bereich der Grundfreiheiten, 40; *Shirlow*, Judging at the Interface, 162.

2399 Vgl. *Schulte*, Zur Übertragbarkeit der Margin-of-appreciation-Doktrin des EGMR auf die Rechtsprechung des EuGH im Bereich der Grundfreiheiten, 39 f. Zu den Faktoren: *Asche*, Die Margin of Appreciation, 99-217; *Brems*, in: Zeitschrift für ausländisches öffentliches Recht und Völkerrecht 1996 (Vol. 56), 240 (276-293); *Henckels*, in: Gruszczynski/Werner (Hrsg.), Deference in International Courts and Tribunals, 113 (120-132); *Legg*, The Margin of Appreciation in International Human Rights Law, 67-174.

Zusammenfassung

1. Flexibilität prägt das Völkerrecht als Rechtsordnung. Aspekte der Flexibilität sind dabei, dass die Völkerrechtssubjekte auswählen können, in welcher Form sie zusammenarbeiten. Weiterhin entsteht für jedes Völkerrechtssubjekt ein individuelles völkerrechtliches Pflichtenprogramm, da Völkerrecht überwiegend dezentral geschaffen wird und Völkerrechtssubjekte nur an jene Pflichten gebunden sind, denen sie zugestimmt haben.

2. Flexibilität in völkerrechtlichen Verträgen ist vielseitig. Flexibilität umfasst Methoden, die es den Parteien erlauben, ihre Rechte und Pflichten kollektiv oder individuell zu verändern, sowie die Methoden, die ohne rechtlich unterschiedliche Pflichten einen Spielraum bei der Rechtsbefolgung schaffen. Schließlich inkludiert Flexibilität die Freiheit, aus einem Vertrag auszutreten. Flexibilität ist in fünf verschiedene Facetten zu unterteilen.

   a) Zunächst bedeutet Flexibilität in völkerrechtlichen Verträgen, dass eine Norm einen Bereich der Rechtmäßigkeit schafft, innerhalb dessen die Parteien selbstständig entscheiden können, welches Verhalten die Vertragspflichten erfüllt (erste Facette).[2400] Dieser Bereich entsteht auf zwei Ebenen: Zum einen auf der Ebene der Auslegung durch einen Interpretationsspielraum und zum anderen auf Ebene der Umsetzung durch einen Umsetzungsspielraum. Ein Interpretationsspielraum ergibt sich, wenn die korrekte Anwendung der

[2400] → Kapitel 1 A. I.

Interpretationsregeln zu mehreren zulässigen Auslegungsergebnissen führt, aus denen die auslegende Person auswählen kann. Ein Umsetzungsspielraum liegt vor, wenn eine Norm nicht eine konkrete und einzig korrekte Erfüllungshandlung vorsieht, sondern sie den Parteien einen Spielraum eröffnet, innerhalb dessen sie aussuchen können, welche Handlung sie vornehmen. Die Parteien sind jeweils verpflichtet, eine Handlung vorzunehmen, die innerhalb des Spielraums liegt. Alle Maßnahmen, die innerhalb des Interpretationsspielraums und des Umsetzungsspielraums liegen, sind eine zulässige Form der Vertragserfüllung. Es bestehen zwar rechtlich formal gleichförmige Rechte und Pflichten aller Parteien, dennoch erlaubt der Bereich der Rechtmäßigkeit den Vertragsparteien innerhalb dieses Bereichs individuelle Zweckmäßigkeitserwägungen zu treffen, wie sie ihre Pflichten erfüllen.

b) Flexibilität völkerrechtlicher Verträge meint weiterhin, dass andere Parteien oder ein Kontrollorgan aufgrund einer verringerten Kontrolldichte nicht (vollständig) überprüfen kann, ob eine Partei sich vertragskonform verhält (zweite Facette).[2401] Der Überprüfungsmaßstab oder die Kontrolldichte bedeutet die Art und die Intensität der Überprüfung von Entscheidungen oder Handlungen der Vertragsparteien und ihrer jeweiligen Organe durch eine Kontrollinstanz. Bei einer beschränkten Kontrolldichte respektiert die Kontrollinstanz vollständig oder in Teilen die Feststellungen und Beurteilungen der zuerst handelnden Einheit, solange sich diese innerhalb genereller Grenzen bewegen. Ebenso wie für die erste Facette bestehen zwar formal gleichförmige Rechte und Pflichten, allerdings werden in dem nicht (vollständig) kontrollierten Bereich die individuellen Beurteilungen und Zweckmäßigkeitserwägungen einer jeden Partei vor einer Kontrolle von außen geschützt.

c) Außerdem umfasst Flexibilität völkerrechtlicher Verträge das Abweichen von gleichförmigen Rechten und Pflichten für alle Vertragsparteien (dritte Facette).[2402] Ein Abweichen von gleichförmigen Rechten und Pflichten liegt vor, wenn sich die Rechte und Pflichten einer Partei qualitativ oder quantitativ von denen aller oder einzelner

2401 → Kapitel 1 A. II.
2402 → Kapitel 1 A. III.

anderer Parteien unterscheiden. Flexibilität im Sinne der dritten Facette ist nur die legale Abweichung der gleichförmigen Rechte und Pflichten.

d) Darüber hinaus meint Flexibilität, dass sich Rechte und Pflichten für alle Parteien während der Vertragsdauern verändern können (vierte Facette).[2403] Zu dem ersten Zeitpunkt t_1 ergaben sich aus dem Vertrag die Pflichten mit dem Inhalt A und zu einem späteren Zeitpunkt t_2 sind alle Parteien an die Pflichten mit dem Inhalt B gebunden. Zu demselben Zeitpunkt weichen die Rechte und Pflichten der Parteien untereinander nicht ab. Eine derartige Flexibilität entsteht durch Vertragsänderungen oder eine evolutive Auslegung.

e) Schließlich umfasst Flexibilität völkerrechtlicher Verträge, dass Völkerrechtssubjekte die Rechte und Pflichten aus einem multilateralen Vertrag wieder vollständig beenden können (fünfte Facette).[2404] Anders als bei den anderen Facetten der Flexibilität ist diese destruktiv für den Vertrag. Entweder wird der gesamte Vertrag kollektiv aufgelöst oder zumindest die ausübende Partei ist anschließend nicht mehr Partei des Vertrages.

3. Welche flexiblen Elemente für einen konkreten Vertrag den Parteien zur Verfügung stehen, ergibt sich aus dem jeweiligen Vertrag und einem Rückgriff auf das allgemeine Völkervertragsrecht. Die aushandelnden Völkerrechtssubjekte bestimmen durch ihre Vertragsgestaltung, wie Flexibilität in einem Vertrag enthalten ist. Ziel der Tätigkeit der Vertragsgestaltung auf internationaler Ebene ist eine zeit- und zukunftsgerechte Gestaltung von internationalen Beziehungen zwischen verschiedenen Völkerrechtssubjekten mit den Mitteln und in den Grenzen des Rechts.[2405] Das Bedürfnis an Flexibilität innerhalb eines Vertrages zählt zu den Interessen und Zielen, die durch eine Vertragsgestaltung umgesetzt werden kann. Unabhängig von den konkreten Gründen für Flexibilität in einem spezifischen Vertrag, beeinflussen folgende vier Gruppen das Bedürfnis an Flexibilität.[2406] Erstens kann Flexibilität ermöglichen, dass ein Vertrag eine Vielzahl an unterschiedlichen Kollektiv- und Partikularinteressen

2403 → Kapitel 1 A. IV.
2404 → Kapitel 1 A. V.
2405 → Kapitel 2 A.
2406 → Kapitel 2 B.

berücksichtigt und für sie Raum bietet. Dies ist zweitens entscheidend dafür, dass ein Vertrag eine breite Beteiligung durch Völkerrechtssubjekte erreicht. Eine breite Beteiligung ist häufig ein Faktor für den Erfolg eines Vertrages und entsteht aufgrund des Konsensprinzips des Völkervertragsrechts nur durch die freiwillige Bindung vieler Völkerrechtssubjekte an einen Vertrag. Drittens erhöht Flexibilität die Robustheit eines Vertrages, indem sie Parteien ermöglichen bei späteren Änderungen zu reagieren. Viertens bietet Flexibilität eine Alternative zu einem Vertragsbruch. Anstatt entgegen der rechtlichen Vorgabe eines Vertrages zu handeln, erlauben verschiedene Flexibilitätsinstrumente den Parteien, von ihrem ansonsten bestehenden Pflichtenprogramm abzuweichen, indem für sie diese Pflichten entweder gar nicht entstehen oder sie diese ausnahmsweise nicht erfüllen zu müssen.

4. In der Vertragsgestaltung der Flexibilität in einem Vertrag müssen die aushandelnden Völkerrechtssubjekte jedoch auch die Aspekte berücksichtigen, auf die sich Flexibilität negativ auswirken kann und erwägen, inwiefern sie die Flexibilität in einem Vertrag begrenzen möchten.[2407] Eine Begrenzung von Flexibilität kann insbesondere den folgenden Funktionen dienen. Ein Flexibilitätsinstrument, welches eine Partei unilateral ausüben kann, kann den gefundenen Konsens aller Völkerrechtssubjekte aushöhlen. Dabei kann die Einheitlichkeit des Vertragsregimes beeinträchtigt werden. Weiterhin sind Flexibilitätsinstrumente mit *pacta sunt servanda* nur dann vereinbar, wenn die Parteien von dem ursprünglich vereinbarten Vertrag unter Voraussetzungen abweichen, auf die sie sich ebenfalls geeinigt haben. Weiterhin kann eine Begrenzung die Integrationswirkung in den Vertrag fördern, somit dass ein Völkerrechtssubjekt die Nutzung eines Flexibilitätsinstruments aufgibt. Schließlich dienen Begrenzungen dazu, das Risiko zu verringern, dass Parteien Flexibilitätsinstrumente opportunistisch nutzen oder missbrauchen.
5. Es sind neun Kategorien von Begrenzungen von Flexibilität zu unterscheiden.[2408] Indem diese losgelöst von den einzelnen Flexibilitätsinstrumenten betrachtet werden, sollen die bisher häufig üblichen Kombination einzelner Flexibilitätsinstrumente mit spezifischen Begrenzungen aufgebrochen werden und die Fantasie der Vertragsgestalter angeregt werden.

2407 → Kapitel 2 C. I.

2408 → Kapitel 2 C. II.

6. Ein Flexibilitätsinstrument kann dadurch begrenzt werden, dass ein Vertrag festlegt, welche materiellen Voraussetzungen erfüllt werden müssen, damit und wie ein Flexibilitätsinstrument ausgeübt werden kann.[2409] Die Gestaltungsmöglichkeiten von materiellen Begrenzungen dahingehend, ob und wie ein Flexibilitätsinstrument genutzt werden kann, sind sehr vielfältig.

   a) Ziel und Zweck ist eine wiederkehrende Methode, wie Flexibilitätsinstrumente begrenzt werden können. Bereits das allgemeine Völkervertragsrecht sieht vor, dass Vorbehalte nach Art. 19 lit. c) WVK nicht unvereinbar mit Ziel und Zweck eines Vertrages sein dürfen. Auch für andere Flexibilitätsinstrumente können die aushandelnden Völkerrechtssubjekte vorsehen, dass sie mit Ziel und Zweck vereinbar sein müssen, sie Ziel und Zweck nicht vereiteln dürfen oder in einer anderen Weise Ziel und Zweck berücksichtigen müssen.

   b) Ein Flexibilitätsinstrument kann dadurch beschränkt werden, dass jede Partei, die es nutzt, quantitative oder qualitative Mindeststandards zu erfüllen hat. Quantitative Mindeststandards verlangen, dass eine festgelegte Anzahl an Pflichten übernommen werden oder dass eine bestimmte Mindestanzahl an Lebenssachverhalten von einer Regelung erfasst sind. Qualitative Mindeststandards sehen vor, dass die rechtliche Verpflichtung auch mit dem Flexibilitätsinstrument nicht unter einen festgelegten Standard fallen soll.

   c) Ein Flexibilitätsinstrument kann materiell dergestalt begrenzt werden, dass es nicht auf den gesamten Vertrag angewendet werden kann, sondern nur für einzelne Regelungen oder Abschnitte. Ein Flexibilitätsinstrument kann auf einzelne Aspekte beschränkt werden, indem entweder explizit Normen oder Teile des Vertrages genannt werden, für die das Instrument genutzt werden kann oder umgekehrt diese ausgenommen werden.

   d) Eine Vertragsbestimmung kann voraussetzen, dass durch das Flexibilitätsinstrument ein bestimmtes Ziel verfolgt wird oder ein Rechtsgut geschützt werden soll.

[2409] → Kapitel 2 C. II. 1.

e) Für ein Flexibilitätsinstrument kann eine Voraussetzung sein, dass außergewöhnliche Umstände wie ein Notstand vorliegen müssen.

f) Ein Flexibilitätsinstrument kann davon abhängig gemacht werden, dass entweder bereits zuvor eine alternative Regelung zu einer im Vertrag getroffenen Regelung vorhanden sein muss oder dass ein Themengebiet noch nicht geregelt war.

7. Ein Flexibilitätsinstrument kann dadurch beschränkt werden, dass nur einzelne Parteien oder eine Gruppe an Parteien berechtigt sind, es zu nutzen.[2410]

8. Ein Flexibilitätsinstrument kann begrenzt werden, indem mehrere Parteien es kollektiv ausüben müssen, andere Parteien oder ein Vertragsorgan zustimmen müssen oder diese Einspruch dagegen erheben können, wie eine Partei ein Flexibilitätsinstrument nutzen möchte.[2411]

   a) Eine kollektive Ausübung liegt vor, wenn mehrere oder alle Parteien eines Vertrages gemeinschaftlich handeln müssen, um ein Flexibilitätsinstrument zu verwenden.

   b) Übt dagegen eine Partei ein Flexibilitätsinstrument selbstständig aus, kann ein Vertrag vorsehen, dass es erst durch die Zustimmung der anderen Parteien wirksam wird oder dass den anderen Parteien ein Einspruchsrecht zusteht. Alternativ können diese Rechte auch einem Vertragsorgan eingeräumt werden.

9. Eine zeitliche Grenze kann für ein Flexibilitätsinstrument in verschiedenen Weisen vorgesehen werden[2412]: Erstens kann ein Vertrag beschränken, in welchem Zeitraum ein Völkerrechtssubjekt auslösen kann, ein Flexibilitätsinstrument zu nutzen. Zweitens kann zwischen der Handlung eines Völkerrechtssubjektes, durch welche sie ein Flexibilitätsinstrument nutzt, und der Wirkung des Instruments ein Zeitraum vorgesehen werden. Drittens kann ein Vertrag begrenzen, wie lange ein Flexibilitätsinstrument genutzt werden darf. Daneben können die Reaktionen der anderen Parteien oder andere Begrenzungsmöglichkeiten von Flexibilitätsinstrumenten zeitlich begrenzt werden. Aufgrund

---

2410 → Kapitel 2 C. II. 2.

2411 → Kapitel 2 C. II. 3.

2412 → Kapitel 2 C. II. 4.

der Annahmefiktion des Art. 20 Abs. 4, 5 WVK ist beispielsweise der Einspruch gegen einen Vorbehalt auf ein Jahr begrenzt.

10. Ein Flexibilitätsinstrument kann dadurch beschränkt werden, indem eine Partei Verfahrensvorschriften einhalten muss, wenn es das Instrument ausübt.[2413]

    a) Verschiedene Techniken führen dazu, dass die Art und der Umfang, wie eine Partei ein Flexibilitätsinstrument nutzt, öffentlich sind. Darunter fallen Notifizierungspflichten, Pflichten zur Veröffentlichung innerstaatlicher Maßnahmen, Begründungspflichten sowie Berichtspflichten. Durch eine Notifizierungspflicht ist eine Partei dazu verpflichtet, bekannt zu machen, wie sie ein Flexibilitätsinstrument nutzt. Statt einer Notifizierung kann eine Vertragsbestimmung verlangen, dass innerstaatliche Maßnahmen, die eine Partei aufgrund eines Flexibilitätsinstruments ergreift, veröffentlicht werden. Weitergehend als eine reine Notifizierungspflicht ist eine Begründungspflicht dahingehend, warum ein Flexibilitätsinstrument genutzt wird. Berichtspflichten können entweder spezifisch bezogen sein auf die Anwendung eines Flexibilitätsinstruments oder sich auf die gesamten Vertragspflichten beziehen. Da eine generelle Berichtspflicht darauf abzielt, wie eine Partei den Vertrag einhält, kann dies auch umfassen über die genutzten Flexibilitätsinstrumente zu berichten. Berichtspflichten können erstens von den Parteien einen einmaligen Bericht nach der Anwendung eines Flexibilitätsinstruments verlangen. Zweitens können sie als regelmäßige Berichtspflichten ausgestaltet sein. Drittens kann einem Vertragsorgan die Befugnis gegeben werden, eine Partei zur Berichterstattung aufzufordern.

    b) Sonstige Verfahrens- oder Formvorschriften können vielfältig sein. Ein Flexibilitätsinstrument kann voraussetzen, dass entweder innerstaatlich oder auf internationaler Ebene ein bestimmtes Verfahren eingehalten wird, bevor eine Partei das Instrument nutzen kann. Um ein Flexibilitätsinstrument auszuüben, kann eine Erklärung in einer bestimmten Form verlangt werden.

2413 → Kapitel 2 C. II. 5.

11. Überprüfungsmechanismen begrenzen Flexibilitätsinstrumente, indem die anderen Parteien oder das Kontrollorgan prüft, ob die Voraussetzungen und übrigen Grenzen des Flexibilitätsinstruments gewahrt sind.[2414]
12. Eine reziproke Wirkung eines Flexibilitätsinstruments ist in verschiedenen Weisen möglich.[2415] Zum einen kann die Ausübung eines Flexibilitätsinstruments dazu führen, dass die Pflichten der anderen Parteien gegenüber der ausübenden Partei in demselben Ausmaß reduziert werden. Zum anderen besteht eine gegenseitige Wirkung eines Instruments, wenn seine Wirkung voraussetzt, dass zwei Parteien es positiv ausüben. Eine reziproke Wirkung eines Flexibilitätsinstruments unterstützt es, dass die Parteien ein Flexibilitätsinstrument nur im erforderlichen Umfang nutzen. Verwenden sie ein Flexibilitätsinstrument sehr weitgehend, reduzieren sie dadurch nicht nur die eigenen Pflichten, sondern auch die eigenen Rechte gegenüber den anderen Parteien bzgl. der entsprechenden Norm. Zu berücksichtigen ist für die reziproke Wirkung eines Flexibilitätsinstruments die Erfüllungsstruktur des jeweiligen Vertrages, innerhalb dessen ein Flexibilitätsinstrument angewendet wird. Innerhalb eines Vertrages mit bilateraler Erfüllungsstruktur wirken Instrumente reziprok, die für die Veränderung der Pflichten eine positive Übereinstimmung verlangen. Ebenfalls reziprok wirken dort Instrumente, die als Reaktion negativ die Pflichten der anderen Parteien gegenüber der das Instrument ausübenden Partei anpassen. Anders ist dies bei einer integralen Erfüllungsstruktur. In einer integralen Erfüllungsstruktur ist jede Partei gegenüber allen übrigen Parteien zur Erfüllung verpflichtet. Zu unterscheiden ist zwischen den Formen der negativen und positiven Reziprozität. Bei einer negativen Reziprozität wie bei Vorbehalten oder einem *Opting-Out* ist die Nichterfüllung oder Veränderung einer Pflicht als Reaktion auf eine Veränderung durch eine andere Partei nicht ohne die eigene Verletzung der Vertragspflichten gegenüber den weiteren Parteien möglich. In einer integralen Erfüllungsstruktur kann sich eine reziproke Wirkung insofern als abgeschwächte Form darauf beschränken, dass die Partei, die das Flexibilitätsinstrument genutzt hat, nicht berechtigt ist, die Erfüllung der jeweiligen Pflicht durch die anderen Parteien zu verlangen. In der Konstellation der positiven Reziprozität droht dagegen keine Vertragsverletzung, solange die Veränderung, die zwei Parteien

[2414] → Kapitel 2 C. II. 6.
[2415] → Kapitel 2 C. II. 7.

positiv ausüben müssen, gleichzeitig mit den übrigen Vertragspflichten erfüllt werden kann.

13. Ein Flexibilitätsinstrument kann dadurch begrenzt werden, dass die ausübende Partei bestimmten oder allen anderen Parteien Geld zahlen muss oder andere Kompensationen leisten muss.[2416]
14. Ein Vertrag kann ausdrücklich Regeln zur Beendigung des Flexibilitätsinstruments enthalten.[2417] Als Begrenzung kann eine Norm vorsehen, dass die Partei einen Plan vorlegen muss, wie sie die Nutzung des Flexibilitätsinstruments beenden möchte. Weiterhin kann die Verpflichtung aufgenommen werden, Schritte zu unternehmen, um die Abweichung aufgrund eines Flexibilitätsinstrumentes zu beenden.

15. Ähnliche Wirkungen wie Vorbehalte können die Flexibilitätsinstrumente in den ersten drei Facetten der Flexibilität erzielen. In der 1. Facette der Flexibilität entsteht ein Bereich der Rechtmäßigkeit durch einen Interpretationsspielraum und einen Umsetzungsspielraum. Die 2. Facette enthält drei Methoden, wie die Kontrolldichte begrenzt werden kann. In der 3. Facette sind inklusive der Vorbehalte fünfzehn Kategorien an Flexibilitätsinstrumenten zu nennen, die ein Abweichen von gleichförmigen Rechten und Pflichten ermöglichen: 1. Vorbehalte, 2. *Opting-Out*, 3. die *pick-and-choose*-Methode, 4. optionale Klauseln, 5. restriktive Klauseln, 6. differenzierte Rechte und Pflichten, 7. Übergangsfristen, 8. Zusatzverträge, 9. die Bestimmung der territorialen Geltung, 10. die vorläufige Anwendung, 11. die Suspendierung, 12. Trennungsklauseln, 13. die Abweichung von gleichförmigen Rechten und Pflichten nach Vertragsänderungen, 14. die teilweise Beendigung eines Vertrages und 15. Flexibilitätsinstrumente bezogen auf den Anwendungsbereich *ratione personae*).

16. Der Interpretationsspielraum ist im Hinblick auf das Ergebnis insofern mit Vorbehalten zu vergleichen, da eine Partei sich dabei gegen Auslegungsergebnisse entscheiden kann, die nicht in ihrem Interesse liegen. Die Partei kann so die Wirkung einer Vertragsnorm verringern. Anders als bei einem Vorbehalt ist sie dabei jedoch an die Wortlautgrenze gebunden. Der Interpretationsspielraum hängt von verschiedenen Faktoren ab. Er entsteht dadurch, dass die Parteien aus

[2416] → Kapitel 2 C. II. 8.
[2417] → Kapitel 2 C. II. 9.

unterschiedlichen zulässigen Interpretationen wählen können.[2418] Da der Wortlaut die äußere Grenze der Auslegung ist, legen die aushandelnden Völkerrechtssubjekte mit der Vertragsgestaltung die Grundlage für den Umfang eines späteren Interpretationsspielraums. Die Vertragsverhandlungen sind insofern der Vorspann für die Auslegung. Bereits bei den Vertragsverhandlungen sollte daher bedacht werden, welche semantischen Bedeutungsmöglichkeiten ein Text haben kann und wie und mit welchem Ergebnis die Auslegungsmethoden auf diesen angewendet werden können.

a) Wesentlich für die Frage, ob eine Norm einen Interpretationsspielraum eröffnet, ist die Präzision der Norm. Ist eine Norm sehr präzise formuliert, besteht für die Parteien kein oder nur ein sehr geringer Interpretationsspielraum zulässiger Interpretationen.[2419] Zu unterscheiden ist insbesondere, ob der Wortlaut einer Regelung mehrdeutig, vage oder generell ist.

b) Ein Begriff oder der Wortlaut eines Satzes ist mehrdeutig, wenn ihm mehr als eine semantisch nicht zusammenhängende Bedeutung zukommt. Erstens kann ein verwendeter Begriff verschiedene, voneinander unabhängige, Bedeutungen aufweisen, sodass die Bedeutung in der Situation unbestimmt bleibt. Zweitens kann eine Norm aufgrund der Syntax mehrdeutig sein.

c) Ein Begriff ist vage, wenn der Bezug eines Rechtsbegriffes unbestimmt ist. Der Bezug eines Rechtsbegriffes meint die Klasse der Objekte, die unter einen Begriff fällt. Für vage Begriffe entsteht ein Graubereich, in dem fraglich ist, ob der Begriff erfüllt ist oder nicht. Beispielsweise ist fraglich, ob eine Partei der Pflicht einer unverzüglichen Mitteilung nachgekommen ist, wenn sie eine solche einen Tag nach dem mitzuteilenden Ergebnis vornimmt.

d) Ein Begriff ist generell, wenn es an Spezifizierungen fehlt und der Begriff eine Vielzahl an spezielleren Begriffen (beispielsweise Objekte, Subjekte oder Tätigkeiten) umfasst.

e) Durch verschiedene Methoden kann der Interpretationsspielraum verändert werden.[2420] Der Interpretationsspielraum wird verkleinert

---

2418 → Kapitel 5 A. I. 1.

2419 → Kapitel 5 A. II. 1.

2420 → Kapitel 5 A. II. 3.

durch Methoden, die die Präzision erhöhen. Weiterhin kann eine Norm die Parteien verpflichten, dass sie eine interpretative Erklärung abgeben müssen. Schließlich beeinflussen Auslegungsregeln in einem Vertrag den verfügbaren Interpretationsspielraum.

f) Eine Methode, wie Parteien ihren Interpretationsspielraum nutzen und erkennbar für alle Parteien nach außen tragen können, besteht darin, eine interpretative Erklärung abzugeben.

17. Ein Umsetzungsspielraum entsteht, wenn eine Norm nicht lediglich eine konkrete und einzig korrekte Erfüllungshandlung vorsieht, sondern die Parteien wählen können, durch welche Handlung sie die Pflicht erfüllen.[2421] Die Pflicht aus einer solchen Norm ist lediglich eine Handlung vorzunehmen, die innerhalb des Umsetzungsspielraums liegt. Anders als bei Erklärung eines Vorbehalts bleibt die Pflicht für alle Parteien dieselbe, dennoch vermag jede einzelne Partei die individuellen Umstände berücksichtigen und jene Umsetzungsmethoden wählen, die sie bevorzugt.

a) Zu einem Umsetzungsspielraum führen auf Rechtsfolgenseite generelle und vage Begriffe oder Formulierungen.

b) Der Umsetzungsspielraum für die einzelnen Parteien wird durch kontextabhängige Begriffe beeinflusst. In der Anwendung hängen Begriffe wie die öffentliche Moral sehr stark von der Situation ab, in der sie angewendet werden.

c) Grundsätzlich kann sowohl eine Ergebnis- als auch eine Verhaltenspflicht einen Umsetzungsspielraum gewähren.

d) Im Rahmen von Handlungspflichten, die ein positives Tun erfordern, kann ein Umsetzungsspielraum bestehen. Dagegen entsteht bei den Reinformen von Duldungs- und Unterlassungspflichten kein Umsetzungsspielraum auf internationaler Ebene. Allerdings verliert diese Unterscheidung in der Praxis an Bedeutung. Zum einen kann die Unterscheidung im Einzelfall Schwierigkeiten bereiten. Zum anderen kann eine Unterlassungs- oder Duldungspflicht ausdrücklich oder konkludent darauf gerichtet sein, dass das Unterlassen oder Dulden des gesamten Völkerrechtssubjektes verknüpft ist mit einer Handlungspflicht, innerhalb des Völkerrechtssubjekts

---

[2421] → Kapitel 5 B.

sicherzustellen, dass alle natürlichen und juristischen Personen die betreffenden Handlungen unterlassen. Für die Frage, wie ein Völkerrechtssubjekt dies sicherstellt, kann ein Umsetzungsspielraum bestehen.

e) Pflichten, die einen Prozess formulieren, wirken sich auf den Umsetzungsspielraum für die einzelnen Parteien aus. Diese Pflichten legen nicht ein verbindliches Ergebnis fest, sondern die Parteien sind dazu verpflichtet, einen Prozess in eine bestimmte Richtung in Gang zu setzen. Durch welche Handlungen die Verpflichtung, den Prozess fortzuführen, umgesetzt werden, hängt davon ab, an welchem Punkt des Prozesses eine Partei bereits ist.

18. Durch eine beschränkte Kontrolldichte besteht für die Parteien ein Spielraum, innerhalb dessen ein Kontrollorgan nur eingeschränkt überprüft, inwiefern das Verhalten des Völkerrechtssubjekts die vertraglichen Pflichten erfüllt. Über die Beschränkung der Kontrolldichte haben die Parteien je nach Methode unterschiedlichen Einfluss.[2422]

   a) Der stärkste Einfluss besteht bei der ausdrücklichen Aufnahme des Maßstabes im Vertrag.

   b) Bei einer *self-judging clause* kann die subjektive Beurteilung, die der erste Rechtsanwender vornimmt, durch andere Akteure nicht oder nur teilweise überprüft und anders beurteilt werden. Inwiefern eine Vertragsbestimmung „*self-judging*" ist, ist durch Auslegung zu bestimmen. Der Charakter als *self-judging* ergibt sich insbesondere aus Formulierungen wie „*it considers*", „*it determines*" oder „*it decides*" und sich das „*it*" jeweils auf die einzelne Vertragspartei bezieht.[2423]

   c) Die Selbstbeschränkung des Kontrollorgans, auch als *Margin of Appreciation* bezeichnet, entwickelt sich durch die Entscheidungspraxis des Kontrollorgans.[2424] Im Ergebnis entsteht dadurch ein unüberprüfter Spielraum, welcher einer Vertragspartei bei der Bewertung von Sachlagen und der Anwendung eines Vertrages eingeräumt wird.

   d) Statt einer vollen Kontrolle überprüft das jeweilige Kontrollorgan bei einer eingeschränkten Kontrolldichte am Maßstab von Treu

---

2422 → Kapitel 6 B.

2423 → Kapitel 6 B. II. 1.

2424 → Kapitel 6 B. II. 2.

und Glauben.[2425] Dies gilt sowohl für eine eingeschränkte Kontrolldichte aufgrund einer *self-judging clause* als auch für die *Margin of Appreciation*. Maßstab ist vor allem, dass es plausibel erscheint, dass die Partei durch die Handlung die Vertragspflicht erfüllt. Insbesondere prüfen die Kontrollorgane, ob die Partei die Tatsachen nach Treu und Glauben ausreichend ermittelt hat, sie ein angemessenes Verfahren eingehalten hat und ob bei Ausübung ihres Spielraums sie die an Ziel und Zweck des Vertrages gemessenen relevanten und angemessenen Erwägungen berücksichtigt hat.

19. Vorbehalte können gemäß Art. 19–23 WVK zu jedem völkerrechtlichen Vertrag erklärt werden, sofern dieser keine speziellen Regelungen enthält. Allerdings gibt es im Regelungsregime der WVK[2426] noch offene Fragen, insbesondere hinsichtlich der Rechtswirkung unzulässiger Vorbehalte, etwa wenn diese gegen Ziel und Zweck des Vertrages verstoßen oder die reziproke Wirkung von Vorbehalten bei Verträgen mit integraler Erfüllungsstruktur betreffen. Die Vielzahl an Ansätzen zu den Rechtsfolgen unzulässiger Vorbehalte führt zu Unsicherheiten. Diese Unsicherheiten können jedoch auch Vorteile bieten, indem sie die Zurückhaltung von Völkerrechtssubjekten überwinden helfen, sich an einen Vertrag zu binden. Ohne diese Unsicherheiten könnten sie bezweifeln, ob ein Vorbehalt tatsächlich ihre Interessen schützen kann. Die aushandelnden Völkerrechtssubjekte können diesen Schwierigkeiten begegnen, indem sie Regelungen zu Vorbehalten in dem konkreten Vertrag aufnehmen. Diese Regeln können in unterschiedlicher Weise begrenzen, wie Vorbehalte verwendet werden können.

20. *Opting-Out* wird definiert als Vertragsbestimmung, durch welche ein Völkerrechtssubjekt an die dort enthaltenen Regeln automatisch gebunden ist, außer es äußert den Willen an diesen Teil eines Vertrages nicht gebunden zu sein.[2427]

21. Nach der *Pick-and-choose-* oder *a-la-carte-*Methode gem. Art. 17 Abs. 2 WVK sieht der Vertrag vor, dass die Vertragsparteien auswählen, an welche Vertragsbestimmungen sie gebunden sein möchten.[2428] Die verfügbare Auswahl für die Parteien richtet sich danach, wie der Vertrag das *Pick-and-choose* ausgestaltet. Die Auswahl kann sich auf verschiedene

2425 →§ 6 B. III.
2426 →§ 3 A.-C.
2427 →§ 4 A. I.
2428 →§ 4 A. II.

Regelungen in festgelegten Abschnitten eines Vertrages oder auch auf Anhänge oder Protokolle beziehen. Weiterhin kann ein Vertrag vorsehen, dass die Auswahlmöglichkeiten nur alternativ oder kumulativ gewählt werden können.

22. *Opting-In* oder optionale Klauseln sind Bestimmungen, die ein Verfahren schaffen, wonach nur diejenigen Vertragsparteien an eine Vertragsbestimmung gebunden sind, welche in einem von der Zustimmung zum gesamten Vertrag getrennten Akt eingewilligt haben.[2429]

23. Restriktive Klauseln umfassen verschiedene Vertragsbestimmungen, die den Anwendungsbereich eines Vertrages oder einzelner Normen sowie die Tatbestandsvoraussetzungen oder Rechtsfolgen einer Norm beeinflussen.[2430] Verschiedene Arten restriktiver Klauseln verändern durch unterschiedliche Rechtstechniken den Anwendungsbereich eines Vertrages oder einer Norm. Dazu zählen erstens Vertragsbestimmungen, die entweder einheitlich den Anwendungsbereich eines Vertrages für alle Parteien ausdrücklich oder implizit durch eine restriktive Begriffsdefinition beschränken. Zweitens gehören dazu Klauseln, die jeder Partei Ausgestaltungsmöglichkeiten hinsichtlich des Anwendungsbereichs einräumen. Drittens fallen darunter Vertragsbestimmungen, die statt einheitlich für alle Parteien die Tatbestandsvoraussetzungen einer Norm oder den Umfang der Rechtsfolgen festzulegen, es den Parteien erlauben, eine oder mehrere Tatbestandsvoraussetzungen oder den konkreten Umfang der Rechtsfolge individuell festzulegen. Viertens umfassen sie einheitliche Ausnahmen für alle Parteien. Fünftens kann eine restriktive Klausel den Parteien erlauben, Ausnahmen zu einem festgelegten Zweck im innerstaatlichen Recht zu schaffen.

24. Differenzierte Rechte und Pflichten (auch als differenzierte Behandlung bezeichnet) liegen in Situationen vor, in denen ein Vertrag unterschiedliche Rechte und Pflichten für verschiedene Gruppen von Vertragsparteien oder einzelne Parteien vorsieht.[2431] Die Pflichten können abweichen, indem strengere, mildere Pflichten oder ganz andere Rechte und Pflichten für eine Gruppe von Parteien oder eine einzelne Partei geschaffen werden. Die unterschiedlichen Rechte und Pflichten

---

[2429] → Kapitel 4 B.

[2430] → Kapitel 4 C.

[2431] → Kapitel 4 D.

für die verschiedenen Kategorien der Vertragsparteien können auf mehrere Arten erzeugt werden. Sie können entstehen durch Normen, welche ausdrücklich für verschiedene Parteien unterschiedliche Pflichten vorsehen. Außerdem kann ein Vertrag vorsehen, dass die Parteien selbst den genauen Umfang ihrer Pflichten festlegen, dies wird auch als (gebundene) Selbstdifferenzierung bezeichnet.

25. Durch Übergangsfristen wird den Parteien ein längerer Zeitraum zur Verfügung gestellt, in dem sie Maßnahmen ergreifen können, um die Pflichten aus dem Vertrag zu erfüllen.[2432] Die meisten Flexibilitätsinstrumente können mit zeitlichen Fristen versehen werden und so einen Übergangszeitraum schaffen. Darunter fällt, wenn zeitlich begrenzte Ausnahmen durch das Flexibilitätsinstrument geschaffen werden. Andererseits können Übergangsfristen auch spezielle Sonderregelungen für einen Übergangszeitraum vorsehen, die danach durch andere Regeln ersetzt werden.

26. Die vertragliche Bindung kann erweitert werden, indem Zusatzverträge geschlossen werden. Dadurch entsteht ein Vertragsregime mit untereinander verknüpften Verträgen. Zusatzverträge ergänzen das Regelungsregime des Hauptvertrages, ohne dabei den Vertragstext des Hauptvertrages zu ändern.[2433] Als besondere Formen der Zusatzverträge sind der Rahmenvertrags-Protokoll-Ansatz und die implementierende Vereinbarung zu unterscheiden. Wesentlich ist für den Rahmenvertrags-Protokoll-Ansatz („*Framework-Protocol-Approach*"), dass zunächst ein Rahmenvertrag abgeschlossen wird, der lediglich generelle und nur breitangelegte Pflichten enthält. Anschließend werden ein oder mehrere dazugehörige Protokolle ausgehandelt, welche konkretere und strengere Pflichten als der Rahmenvertrag enthalten. Eine implementierende Vereinbarung als weitere besondere Form eines Zusatzvertrages verfolgt den Zweck die Effektivität des Originalvertrages zu steigern, indem sie die Umsetzung und Durchführung des Vertrages verbessert.

27. Die Bestimmung der territorialen Geltung, auch als *ratione loci* bezeichnet, ist ein wichtiger Aspekt, um zu bestimmen, wo der Vertrag anzuwenden ist.[2434]

2432 → Kapitel 4 E.

2433 → Kapitel 4 F.

2434 → Kapitel 4 G.

a) Es sind verschiedene Arten zu unterscheiden, wie die Parteien die räumliche Geltung bestimmen können. Die erste Möglichkeit ist dabei die ausdrückliche Festlegung des räumlichen Anwendungsbereichs in einer Territorialklausel des Vertrages. Weiterhin kann ein Vertrag als zweite Möglichkeit Territorialklauseln enthalten, wonach Parteien den räumlichen Anwendungsbereich durch Erklärungen erweitern oder beschränken können. Drittens ist es denkbar, dass eine abweichende Intention zu einem ansonsten schweigenden Vertrag durch eine unilaterale Erklärung geäußert wird.

b) Unter die Bestimmung der territorialen Geltung fallen auch Klauseln, die erforderlich sind aufgrund der politischen Unterteilung des staatlichen Hauptgebiets.[2435] Das Grundproblem für Bundesstaaten im Völkerrecht ist, dass völkerrechtlich der Gesamtstaat gebunden wird, nach der innerstaatlichen Rechtsordnung für die Umsetzung indes die Untereinheiten zuständig sein können. Die erste Möglichkeit ist eine Föderalklausel, die für den Gesamtstaat die generelle Umsetzungspflicht vorsieht und gleichzeitig weitere Pflichten für Bundesstaaten. Zweitens können föderale Staaten nach Gebietseinheitenklauseln wählen, ob die Vertragspflichten auch für alle oder einzelner der unteren Einheiten des Staates gelten sollen. Drittens bestimmen Anti-Föderalklauseln, dass Bundesstaaten dieselben Pflichten eingehen wie Zentralstaaten und der gesamte Vertrag für alle Teile des Bundesstaates gilt. Schließlich können föderale Staaten einen föderalen Vorbehalt abgeben.

28. Die vorläufige Anwendung ist die Anwendung eines völkerrechtlichen Vertrages oder einzelner Bestimmungen vor Inkrafttreten des Vertrages.[2436] Zu einer Abweichung von Rechten und Pflichten der verschiedenen Völkerrechtssubjekte kommt es bei der vorläufigen Anwendung, wenn nicht alle verhandelnden Völkerrechtssubjekte den Vertrag vorläufig anwenden, wenn der Umfang der vorläufigen Anwendung des Vertrages sich unterscheidet oder wenn die vorläufige Anwendung nicht einheitlich beendet wird. In der letzten Konstellation wenden manche Völkerrechtssubjekte den Vertrag noch vorläufig an und andere endgültig.

2435 → Kapitel 4 G. IV.

2436 → Kapitel 4 H.

29. Durch eine Suspendierung ist die erklärende Partei zeitweise von der Rechtseinhaltungspflicht befreit.[2437] Neben einer Vielzahl von Suspendierungstatbeständen des allgemeinen Völkervertragsrechts können die aushandelnden Völkerrechtssubjekte konkrete Suspendierungsklauseln in einem Vertrag vorsehen. Suspendierungstatbestände sind zum einen nach der Zielrichtung zu unterscheiden. Eine Suspendierung kann zum Vorteil einer Partei erfolgen, damit diese zeitweise ihre Pflichten nicht erfüllen muss. Weiterhin können Parteien eine Suspendierung als Reaktion auf das vertragsverletzende Verhalten einer Partei nutzen. Außerdem sind Suspendierungsklauseln danach zu unterscheiden, ob sie durch eine unilaterale Erklärung oder kollektives Handeln ausgelöst werden.
30. Trennungsklauseln („*disconnection clauses*") sind Regeln zur Vermeidung von Normkollisionen und legen abweichend von Art. 30 Abs. 1 WVK fest, welche Regelungen aus mehreren Verträgen vorrangig sein sollen. Trennungsklauseln schließen die Anwendbarkeit von Teilen eines multilateralen Vertrages zugunsten anderer internationaler Regelungen aus und ersetzen damit diesen Teil des multilateralen Vertrages durch andere Bestimmungen.[2438]
31. Mechanismen zur Vertragsänderung verfolgen vornehmlich das Ziel, dass Parteien über die Vertragsdauer ihre Rechte und Pflichten verändern können und fallen daher unter die vierte Facette von Flexibilität. Da Vertragsänderungsmechanismen überwiegend derart ausgestaltet sind, dass Parteien entweder zustimmen müssen oder zumindest nicht widersprechen dürfen, um an die geänderten Regeln gebunden zu sein, entsteht entweder vorübergehend oder längerfristig ein Zustand, in dem manche Parteien an die ursprünglichen Regeln gebunden sind und manche bereits an die geänderten Regeln.[2439] Im Falle mehrerer aufeinanderfolgender Änderungen erweitert sich diese Teilung von Rechten und Pflichten sowie die Gruppierung von Parteien innerhalb eines Vertrages. Abweichende Rechte und Pflichten sind somit zumeist lediglich eine Nebenfolge und nicht das vornehmlich verfolgte Ziel.

2437 → Kapitel 4 I.
2438 → Kapitel 4 J.
2439 → Kapitel 4 K.

32. Das Instrument der Beendigung bezieht sich nicht zwangsläufig auf sämtliche Normen des Vertrages oder beendet den multilateralen Vertrag gegenüber allen Parteien. Bereits die Regeln des allgemeinen Völkervertragsrechts ermöglichen es in Art. 44 und Art. 60 WVK, einen Vertrag lediglich hinsichtlich einzelner Bestimmungen zu beenden. Darüber hinaus kann nach Art. 60 WVK eine Beendigung gegenüber einzelnen Vertragsparteien erfolgen. Der multilaterale Vertrag ist jeweils weiterhin in Kraft, es ändert sich indes die Vertragsbindung oder der Anwendungsbereich in personeller Hinsicht.[2440] Die aushandelnden Völkerrechtssubjekte können in einem Vertrag weitere Regeln für die teilweise Beendigung eines Vertrages aufnehmen.
33. Ein einzelnes Völkerrechtssubjekt hat zwei Möglichkeiten, die Dimension des Anwendungsbereichs des Vertrages *ratione personae* zu verändern.[2441] Dies erfolgt entweder durch eine einseitige Erklärung ohne eine Vertragsbestimmung oder aufgrund einer solchen.

    a) Eine unilaterale Erklärung erfolgt zumeist als Nicht-Anerkennungserklärung. Dabei sind zwei Arten der Nicht-Anerkennungsklärung zu einem Vertrag zu unterscheiden.[2442] Einmal können solche Erklärungen bezwecken, dass die gemeinsame Teilnahme an einem Vertrag, keine Anerkennung eines Staates bedeutet. Die andere Art der Nicht-Anerkennungserklärungen sind Erklärungen, die zusätzlich festlegen, dass keine Vertragsbeziehungen zwischen ihnen und der nicht-anerkannten Partei entstehen sollen.
    b) Die Bilateralisierung ermöglicht einer Vertragspartei auszuwählen, gegenüber welchen anderen Parteien die Bindung eines multilateralen Vertrages eintritt.[2443] Die Anwendung eines Vertrages, der einen Bilateralisierungsansatz wählt, hängt innerhalb des bilateralen Verhältnisses zweier Parteien von einer weiteren Vereinbarung oder Erklärung ab. In dem Fall wird zunächst ein multilateraler Vertrag geschlossen, anschließend wählt jede Partei diejenigen Parteien aus, gegenüber denen sie an die Pflichten aus dem multilateralen Vertrag gebunden sein möchte und schließt mit diesen weitere bilaterale Vereinbarungen ab oder gibt entsprechende unilaterale Erklärungen ab.

2440 → Kapitel 4 L.
2441 → Kapitel 4 M.
2442 → Kapitel 4 M. I.
2443 → Kapitel 4 M. II.

Umgekehrt können zwei Parteien durch eine weitere Vereinbarung die Anwendung von Vertragsnormen zwischen sich ausschließen. Bei Bilateralisierung im weiteren Sinne werden nicht nur die Vertragspartner gewählt, sondern auch für dieses bilaterale Verhältnis inhaltliche Änderungen oder Ergänzungen des multilateralen Vertrages vorgenommen.

Literaturverzeichnis

Abbott, Kenneth W. / Keohane, Robert O. / Moravcsik, Andrew / Slaughter, Anne-Marie / Snidal, Duncan, The Concept of Legalization, in: International Organizations 2000 (Vol. 54), S. 401–419.

Abbott, Kenneth W. / Snidal, Duncan, Hard and Soft Law in International Governance, in: International Organization 2000 (Vol. 54), S. 421–456.

Adsett, Hugh / Daniel, Anne / Husain, Masud / McDorman, Ted L., Compliance Committees and Recent Multilateral Environmental Agreements: The Canadian Experience with Their Negotiation and Operation, in: The Canadian Yearbook of International Law 2004 (Vol. 42), S. 91–142.

Ahnlid, Anders, Improving the Effectiveness of Multilateral Trade Negotiations: A Practitioner's Perspective on the 2008 WTO Ministerial Meeting, in: International Negotiation 2012 (Vol. 17), S. 65–89.

Åkermark, Sia Spiliopoulou / Mårsäter, Olle, Treaties and Limits to Flexibility, in: Nordic Journal of International Law 2005 (Vol. 74), S. 509–540.

Åkermark, Sia Spiliopoulou, Reservation Clauses in Treaties concluded within the Council of Europe, in: International & Comparative Law Quartely 1999 (Vol. 48), S. 479–514.

Alexander, Emily A., Taking Account of Reality: Adopting Contextual Standards for Developing Countries in International Investment Law, in: Virginia Journal of International Law 2008 (Vol. 48), S. 817–842.

Alexy, Helmut, Die Beteiligung an multilateralen Konferenzen, Verträgen und internationalen Organisationen als Frage der indirekten Anerkennung von Staaten, in: Zeitschrift für ausländisches öffentliches Recht und Völkerrecht 1966 (Vol. 32), S. 495–601.

Allen, Layman E. / Engholm, C. Rudy, Normalized Legal Drafting and the Query Method, in: Journal of Legal Education 1977 (Vol. 29), S. 380–412.

Al-Midani, Mohammed Amin / Cabanettes, Mathilde, Arab Charter on Human Rights, in: Boston University International Law Journal 2006 (Vol. 24), S. 147–164.

Alston, Philip / Quinn, Gerard, The Nature and Scope of States Parties' Obligations under the International Covenant on Economic, Social and Cultural Rights, in: Human Rights Quarterly 1987 (Vol. 9), S. 156–229.

Anderson, D. H., Resolution and Agreement Relating to the Implementation of Part XI of the Convention on the Law of the Sea: A General Assessment, in: Zeitschrift für ausländisches öffentliches Recht und Völkerrecht 1995 (Vol. 55), S. 275–289.

Andrade, Lauren E., Up in the Air: Adequate Alternative Forums in Forum Non Conveniens Litigation, in: Gonzaga Journal of International Law 2021 (Vol. 24), S. 157–177.

Arai-Takahashi, Yutaka, The Margin of Appreciation Doctrine and the Principle of Proportionality in the Jurisprudence of the ECHR, Antwerpen [u. a.] 2002, teilw. zugl.: Cambridge, Univ., Diss., 1998.

Arato, Julian, The Margin of Appreciation in International Investment Law, in: Virginia Journal of International Law 2014 (Vol. 54), S. 545–578.

Arnardóttir, Oddny Mjoll, Rethinking the Two Margins of Appreciation, in: European Constitutional Review 2016 (Vol. 12), S. 27–53.

Arp, Björn, Denunciation Followed by Re-Accession with Reservation to a Treaty: A Critical Appraisal of Contemporary State Practice, in: Netherlands International Law Review 2014 (Vol. 61), S. 141–165.

Ascensio, Hervé, Article 31 of the Vienna Conventions on the Law of Treaties and International Investment Law ICSID Review 2016 (Vol. 31), S. 366–387.

Asche, Josefine, Die Margin of Appreciation: Entwurf einer Dogmatik monokausaler richterlicher Zurückhaltung für den europäischen Menschenrechtsschutz, Berlin [u. a.] 2018, zugl. Diss. Univ. Tübingen 2015.

Ashauer, Christoph, Die Menschenrechte im Notstand – Eine Untersuchung zu den Voraussetzungen der Derogation nach Artikel 15 EMRK unter besonderer Berücksichtigung der Figur des überpositiven Notstandes, in: Archiv des Völkerrechts 2007 (Vol. 45), S. 400–431.

Augustauskaitė-Keršienė, Aiste, Reservations to UN Human Rights Treaties: Sovereign States Seeking to Avoid Their Obligations?, in: International Comparative Jurisprudence 2020 (Vol. 6), S. 118–133.

Aust, Anthony, Pacta sunt servanda, in: Wolfrum, Rüdiger (Hrsg.), The Max Planck encyclopedia of public international law (online), Stand: Februar 2007.

Aust, Anthony, The Theory and Practice of Informal International Instruments, in: International and Comparative Law Quarterly 1986 (Vol. 35), S. 787–812.

Aust, Anthony, Treaties, Termination, in: Wolfrum, Rüdiger (Hrsg.), The Max Planck encyclopedia of public international law (online), Stand: Juni 2006.

Aust, Anthony, Treaties, Territorial Application, in: Wolfrum, Rüdiger (Hrsg.), The Max Planck encyclopedia of public international law (online), Stand: Juni 2006.

Aust, Anthony, Unequal Treaties: A Response, in: Craven, Matthew / Fitzmaurice, Malgosia, Interrogating the Treaty: Essays in the contemporary law of treaties, Nijmegen 2005, S. 81–85.

Axelrod, Robert, Die Evolution der Kooperation, Studienbuch, 7. Aufl., München 2009.

Azaria, Danae, Provisional Application of Treaties, in: Hollis, Duncan B. (Hrsg.), The Oxford Guide to Treaties, 2. Aufl., New York 2020, S. 229–257.

Azaria, Danae, State Responsibility and Community Interest in International Energy Law: A European Perspective, in: Cambridge Journal of International and Comparative Law 2016 (Vol. 5), S. 169–201.

Baccini, Leonardo / Dür, Andreas / Elsig, Manfred, The Politics of Trade Agreement Design: Revisiting the Depth–Flexibility Nexus, in: International Studies Quarterly 2015 (Vol. 59), S. 765–775.

Bahmaei, Mohammad-Ali / Sabzevari, Habib, Self-Judging Security Exception Clause as a Kind of Carte Blanche in Investment Treaties: Nature, Effect and Proper Standard of Review, in: Asian Journal of International Law 2023 (Vol. 13), S. 97–123.

Baltag, Crina / Joshi, Riddhi / Duggal, Kabir, Recent Trends in Investment Arbitration on the Right to Regulate, Environment, Health and Corporate Social Responsibility: Too Much or Too Little? in: ICSID Review 2023 (Vol. 38), S. 381–421.

Barak, Aharon, Purposive Interpretation, Princeton [u. a.] 2005.

Baratta, Roberto, Should Invalid Reservations to Human Rights Treaties be Disregarded?, in: European Journal of International Law 2000 (Vol. 11), S. 413–425.

Barrett, Jill / Beckman, Robert, Handbook on Good Treaty Practice, Cambridge 2020.

Barrett, Scott, Environment and Statecraft: The Strategy of Environmental Treaty-Making, Oxford [u. a.] 2005.

Barrett, Scott, International Cooperation and the International Commons, in: Duke Environmental Law & Policy Forum 1999 (Vol. 10), S. 131–146.

Bauer, Monika, Vorbehalte zu Menschenrechtsverträgen, München 1994, zugl. Diss. Univ. München, 1994.

Beck, Hanno, Behavioral Economics: eine Einführung, Wiesbaden 2014.

Behnsen, Alexander, Das Vorbehaltsrecht völkerrechtlicher Verträge: Vorschlag einer Reform, Diss. Universität Kiel, Berlin 2007.

Bell, Christine, On the Law of Peace, Oxford 2008.

Benatar, Marco, From Probative Value to Authentic Interpretation: The Legal Effects of Interpretative Declarations, in: Belgian Review of International Law 2011 (Vol. 44), S. 170–196.

Benvenisti, Eyal, Margin of Appreciation, Consensus, and Universal Standards, in: New York University Journal of International Law and Politics 1999 (Vol. 31), S. 843–854.

Bernard, Diane, Beyond Hierarchy, in: Gruszczynski, Łukasz (Hrsg.) / Werner, Wouter (Hrsg.), Deference in International Courts and Tribunals, Oxford [u. a.], 2014, S. 371–385.

Berner, Katharina, Authentic Interpretation in Public International Law, in: Zeitschrift für ausländisches öffentliches Recht und Völkerrecht 2016 (Vol. 76), S. 845–878.

Bernhardt, Rudolf, Die Auslegung völkerrechtlicher Verträge – insbesondere in der neueren Rechtsprechung internationaler Gerichte, Köln [u. a.], 1963.

Bernheim, B. Douglas / Whinston, Michael D., Incomplete Contracts and Strategic Ambiguity, in: The American Economic Review 1998 (Vol. 88), S. 902–932.

Bernier, Ivan, International legal aspects of federalism, Hamden, Conn. [u. a], 1973.

Bilder, Richard B., Managing the Risks of International Agreement, Madison Wisconsin 1981.

Binder, Christina, Die Grenzen der Vertragstreue im Völkerrecht: am Beispiel der nachträglichen Änderung der Umstände, Heidelberg [u. a.] 2013, zugl.: Wien, Univ., Habil.-Schrift, 2012.

Binder, Christina, Stability and Change in Times of Fragmentation: The Limits of Pacta sunt servanda Revisited, in: Leiden Journal International Law 2012 (Vol. 25), S. 909–934.

Biniaz, Susan, Comma but Differentiated Responsibilities: Punctuation and 30 Other Ways Negotiators have Resolved Issues in the International Climate Change Regime, in: Michigan Journal of Environmental Administrative Law 2016 (Vol. 6), S. 37–64.

Birmingham, Robert L., Breach of Contract, Damage Measures, and Economic Efficiency, in: Rutgers Law Review 1970 (Vol. 24), S. 273–292.

Blaser, Cornelia, Die clausula rebus sic stantibus im Völkerrecht, Zürich 2012, zugl. Diss. Univ. Bern 2011.

Bodansky, Daniel / van Asselt, Harro, The Art and Craft of International Environmental Law, 2. Aufl., Cambridge 2024.

Bodansky, Daniel, Implementation of International Environmental Law, in: Japanese Yearbook of International Law 2011 (Vol. 54), S. 62–96.

Bodansky, Daniel, The Paris Climate Change Agreement: A New Hope, in: American Journal of International Law 2016 (Vol. 110), S. 288–319.

Bodansky, Daniel, The United Nations Framework Convention on Climate Change: A Commentary, in: Yale Journal of International Law 1993 (Vol. 18), S. 451–558.

Bogdandy, Armin von / Rau, Markus, Lotus, The, in: Wolfrum, Rüdiger (Hrsg.), The Max Planck encyclopedia of public international law (online), Stand: Juni 2006.

Bohanes, Ian / Lockhart, Nicolas, Standard of Review in WTO Law, in: Bethlehem, Daniel u. a. (Hrsg.), The Oxford Handbook of International Trade Law, Oxford [u. a.], 2009, S. 378–436.

Boisson de Chazournes, Laurence, International Economic Law and the Quest for Universality, in: Leiden Journal of International Law 2019 (Vol. 32), S. 401–414.

Boister, Neil / Jelsma, Martin, Inter Se Modification of the UN Drug Control Conventions: An Exploration of Its Applicability to Legitimise the Legal Regulation of Cannabis Markets, in: International Community Law Review 2018 (Vol. 20), S. 456–492.

Bokor-Szego, Hanna, The Colonial Clause in International Treaties, in: Acta Juridica 1962 (Vol. 4), S. 261–294.

Boockmann, B. / Thurner, Paul W., Flexibility provisions in multilateral environmental treaties in: International Environmental Agreements 2006 (Vol. 6), S. 113–135.

Bot, Bernhard Rudolf, Nonrecognition and treaty relations, Leiden, 1968.

Böth, Katharina, Evolutive Auslegung völkerrechtlicher Verträge, Berlin 2013, zugl. Univ. Düsseldorf, Diss., 2012.

Bowett, Derek William, Reservations to non-restricted multilateral treaties, in: British Yearbook of International Law 1976–1977, S. 67–92.

Bowett, Derek William, Treaties and State Responsibility, in: Bardonnet u. a. (Hrsg.), Le droit international au service de la paix de la justice et du développement, Melanges Virally, Paris 1991, S. 139–145.

Bowman, Michael J., Treaty Obligations, Universalized Norms and Differentiated Responsibilities, in: Bowman, Michael J. (Hrsg.) / Kritsiosotis, Dino (Hrsg.), Conceptual and Contextual Perspectives on the Modern Law of Treaties, Cambridge 2018, S. 392–439.

Boyle, Alan / Chinkin, Christine, The Making of International Law, Oxford [u. a.] 2007.

Boyle, Alan, Further Development of the Law of the Sea Convention: Mechanisms for Change, in: International and Comparative Law Quarterly 2005 (Vol. 54), S. 563–584.

Brems, Eva, The Margin of Appreciation Doctrine in the Case-Law of the European Court of Human Rights, in: Zeitschrift für ausländisches öffentliches Recht und Völkerrecht 1996 (Vol. 56), S. 240–314.

Briggs, Herbert W., Reservations to the Acceptance of the Compulsory Jurisdiction of the International Court of Justice, in: Recueil des Cours 1958-I (Vol. 93), S. 229–367.

Brillat, Regis, The European Social Charter, in: Alfredsson, Gudmundur (Hrsg.), International Human Rights Monitoring Mechanisms: essays in honour of Jakob Th. Möller, Den Haag [u. a.] 2001, S. 503–513.

Brölmann, Catherine / den Dekker, Guido, Treaties, Provisional Application, in: Wolfrum, Rüdiger (Hrsg.), The Max Planck encyclopedia of public international law (online), Stand: Februar 2022.

Broude, Tomer, Behavioral international law, in: University of Pennsylvania Law Review 2015 (Vol. 163), S. 1099–1157.

Brunnée, Jutta, Between Sovereignty, Efficiency, and Legitimacy: Lawmaking under Multilateral Environmental Agreements, in: Aginam, Obijofor (Hrsg.) / Okafor, Obiora (Hrsg.) Humanizing Our Global Order: Essays in Honour of Ivan Head, Toronto 2019, S. 62–79.

Brunnée, Jutta, Consent, in: Wolfrum, Rüdiger (Hrsg.), The Max Planck encyclopedia of public international law (online), Stand: Januar 2022.

Brunnée, Jutta, COPing with Consent: Law-Making Under Multilateral Environmental Agreements in: Leiden Journal of International Law 2002 (Vol. 15), S. 1–52.

Brunnée, Jutta, International Environmental Law and Climate Change: Reflections on Structural Challenges in a "Kaleidoscopic" World, in: The Georgetown Environmental Law Review 2020 (Vol. 33), S. 113–134.

Brunnée, Jutta, Reweaving the Fabric of International Law? Patterns of Consent in Environmental Framework Agreements, in: Wolfrum, Rüdiger (Hrsg.) / Röben, Volker (Hrsg.), Developments of International Law in Treaty Making, Berlin 2005, S. 101–126.

Brunnée, Jutta, Treaty Amendments, in: Hollis, Duncan B. (Hrsg.), The Oxford Guide to Treaties, 2. Aufl., New York 2020, S. 336–354.

Buergenthal, Thomas, To Respect and Ensure: State Obligations and Permissible Derogations, in: Henkin, Louis (Hrsg.), The International Bill of Rights: the Covenant on Civil and Political Rights, New York 1981, S. 72–91.

Buffard, Isabelle / Zemanek, Karl, Object and Purpose of a Treaty: An Enigma, in: Austrian Review of International and European Law 1998 (Vol. 3), S. 311–344.

Bulygin, Eugenio, Cognition and Interpretation of Law, in: Gianformaggio, Letizia (Hrsg.) / Paulson L., Stanley (Hrsg.), Cognition and Interpretation of Law, Turin, 1995, S. 11–35.

Burke-White, William W. / von Staden, Andreas, Investment Protection in Extraordinary Times: The Interpretation and Application of

Non-Precluded Measures Provisions in Bilateral Investment Treaties, in: Virginia Journal of International Law 2008 (Vol. 48), S. 307–410.

Burmann, Christoph, Strategische Flexibilität und Strategiewechsel in turbulenten Märkten, in: Der Betriebswirt 2001 (Vol. 61), S. 169–188.

Burmester, Henry, Federal Clauses: An Australian Perspective, in: International and Comparative Law Quarterly 1985 (Vol. 34), S. 522–537.

Caflisch, Lucius, Unequal Treaties, in: German Yearbook of International Law 1992 (Vol. 35), S. 52–80.

Caiado, José Guilherme Moreno, Commitments and Flexibilities in the WTO Agreement, New York 2019.

Cameron, Iain, Treaties, Declarations of Interpretation, in: Wolfrum, Rüdiger (Hrsg.), The Max Planck encyclopedia of public international law (online), Stand: Dezember 2020.

Cameron, Iain, Treaties, Suspension, in: Wolfrum, Rüdiger (Hrsg.), The Max Planck encyclopedia of public international law (online), Stand: Dezember 2020.

Candelmo, Claudia, The Vienna Convention on the Law of Treaties and the Guide to Practice on Reservations to Treaties, in: Pascale, Giuseppe / Tonolo, Sara (Hrsg.), The Vienna Convention on the Law of Treaties – The Role of the Treaty on Treaties in Contemporary International Law, Napoli 2022, S. 21–48.

Cao, Deborah, Inter-lingual uncertainty in bilingual multilingual law, in: Journal of Pragmatics 2007 (Vol. 39), S. 69–83.

Capotorti, Francesco, L'extinction et la suspension des traités, in: Recueil des Cours 1971 (Vol. 134), S. 417–513.

Carneiro, Christine, From the United Nations Arms Register to an Arms Trade Treaty – What Role for Delegation and Flexibility?, in: ILSA Journal of International & Comparative Law 2007–2008 (Vol. 14), S. 477–497.

Cavalcanti, Amaro, Restrictive Clauses in International Arbitration Treaties, in: American Journal of International Law 1914 (Vol. 8), S. 723–737.

Chambers, W. Bradnee, Towards an Improved Understanding of Legal Effectiveness of International Environmental Treaties, in: Georgetown International Environmental Law Review 2004 (Vol. 16), S. 501–532.

Chamon, Merijn, Provisional Application of Treaties: The EU's Contribution to the Development of International Law in: European Journal of International Law 2020 (Vol. 31), S. 883–915.

Chayes, Abram / Chayes, Antonia Handler, On Compliance, in: International Organizations 1993 (Vol. 47), S. 175–205.

Cheshire, Geoffrey C. (Begr.) / North, Peter M. (Begr.) / Fawcett, James J. (Begr.), Torremans, Paul (Hrsg.), Private International Law, 15. Aufl., Oxford 2017.

Chow, Pok Yin S., Reservations as Unilateral Acts: Examining the International Law Commission's Approach to Reservations, in: International and Comparative Law Quarterly 2017 (Vol. 66), S. 335–366.

Chung, Eric, The Judicial Enforceability and Legal Effects of Treaty Reservations, Understandings, and Declarations, in: Yale Law Journal 2016 (Vol. 126), S. 170–241.

Clark, Belinda, The Vienna Convention Reservations Regime and the Convention on Discrimination Against Women, in: American Journal of International Law 1991 (Vol. 85), S. 281–321.

Collins, David, Efficient Breach, Reliance and Contract Remedies at the WTO, in: Journal of World Trade 2009 (Vol. 43), S. 225–244.

Conconi, Paola / Perroni, Carlo, Special and Differential Treatment of Developing Countries in the WTO, in: World Trade Review 2015 (Vol. 14), S. 67–86.

Cook, Robecca J., Reservations to the Convention on the Elimination of All Forms of Discrimination against Women, in: Virginia Journal of International Law 1990 (Vol. 30), S. 643–716.

Corten, Oliver (Hrsg.) / Klein, Pierre (Hrsg.), The Vienna Conventions on the Law of Treaties – Volume I und Volume II, Oxford [u. a.], 2011.

Cot, Jean-Pierre, Margin of Appreciation, in: Wolfrum, Rüdiger (Hrsg.), The Max Planck encyclopedia of public international law (online), Stand: Juni 2007.

Craven, Matthw (Hrsg.) / Fitzmaurice, Malgosia (Hrsg.), Interrogating the Treaty: Essays in the contemporary law of treaties, Nijmegen 2005.

Crawford, James, Multilateral Rights and Obligations in International Law, in: Recueil des Cours 2006 (Vol. 319), S. 325–482.

Criddle, Evan (Hrsg.), Human Rights in Emergencies, Cambridge 2016.

Criddle, Evan J., Protecting Human Rights During Emergencies, in: Netherlands Yearbook of International Law 2014 (Vol. 45), S. 197–220.

Crnic-Grotic, V., Object and Purpose of Treaties in the Vienna Convention on the Law of Treaties, in: Asian Yearbook of International Law 1997 (Vol. 7), S. 141–174.

Croley, Steven P. / Jackson, John H., WTO Dispute Procedures, Standard of Review, and Deference to National Governments, in: American Journal of International Law 1996 (Vol. 90), S. 193–213.

Croquet, Nicolas J., The European Court of Human Rights' Norm-Creation and Norm-Limiting Processes: Resolving a Normative Tension, in: Columbia Journal of European Law 2011 (Vol. 17), S. 307–373.

Croquet, Nicolas J., The International Criminal Court and the Treatment of Defence Rights: A Mirror of the European Court of Human Rights' Jurisprudence, in: Human Rights Law Review 2011 (Vol. 11), S. 91–131.

Cullet, Philippe, Differential Treatment in International Law: Towards a New Paradigm of Inter-state Relations, in: European Journal of International Law 1999 (Vol. 10), S. 549–582.

Cullet, Phillipe, Differential Treatment in Environmental Law: Addressing Critiques and Conceptualizing the Next Steps, in: Transnational Environmental Law 2016 (Vol. 5), S. 305–328.

Dahm, Georg / Delbrück, Jost / Wolfrum, Rüdiger, Völkerrecht Band I/3 Formen des völkerrechtlichen Handelns, 2. Aufl. Berlin 2002.

Dahm, Georg / Delbrück, Jost / Wolfrum, Rüdiger, Völkerrecht Band I/1 Die Grundlagen, Die Völkerrechtssubjekte, 2. Aufl. Berlin 1989.

Dascal, Marcelo / Wróblewski, Jerzy, The rational law-maker and the pragmatics of legal interpretation, in: Journal of Pragmatics 1991 (Vol. 15), S. 421–444.

d'Aspremont, Formalism versus flexibility in the law of treaties, in: Research Handbook on the Law of Treaties, Tams, Christian (Hrsg.) / Tzanakopoulos, Antonios (Hrsg.) / Zimmermann, Andreas (Hrsg.), Cheltenham [u. a.] 2014, S. 257–284.

Davis, Christina L. / Pelc, Krzysztof J., Cooperation in Hard Times: Self-restraint of Trade Protection, in: Journal of Conflict Resolution 2017 (Vol. 61), S. 398–429.

Davis, Stuart, Inherent Limits to the World Trade Organization's Article XXI Self-Judging Security Exception, in: Maryland Journal of International Law 2019 (Vol. 34), S. 364–387.

De Brabandere, Eric, The Use of Precedent and External Case Law by the International Court of Justice and the International Tribunal for the Law of the Sea, in: Law & Practice of International Courts and Tribunals 2016 (Vol. 15), S. 24–55.

De Jonge, Alice, From Unequal Treaties to Differential Treatment: Is There a Role for Equality in Treaty Relations?, in: Asian Journal of International Law, 2014 (Vol. 4), S. 125–151.

De Santa Maria, Paz Andres, The European Union and the Law of Treaties: A Fruitful Relationship, in: European Journal of International Law 2019 (Vol. 30), S. 721–752.

De Vriese Kit, How to?: A Methodological Guide to Identify a Treaty's Object and Purpose, in: The Law and Practice of International Courts and Tribunals 2022 (Vol. 21), S. 35–97.

Del Mar, Katherine, Integrity versus flexibility in the application of treaties, in: Research Handbook on the Law of Treaties, Tams / Tzanakopoulos / Zimmermann (Hrsg.), Cheltenham [u. a.] 2014, S. 285–311.

Delmas-Marty, Mireille, General Introduction, in: Delmas-Marty, Mireille (Hrsg.), The European Convention for the Protection of Human Rights, International Protection Versus National Restrictions, Dordrecht [u. a.], 1992, S. 1–3.

Depledge, Joanna, The Organization of Global Negotiations: Constructing the Climate Change Regime, Sterling [u. a.] 2005.

Detter, Ingrid, The Problem of Unequal Treaties, in: International and Comparative Law Quarterly 1966 (Vol. 15), S. 1069–1089.

Devlin, Dominick, Flexibility and the International Labour Organisation, in: Blokker, Niels M. (Hrsg.) / Schermers, Henry G. (Hrsg.), Proliferation of International Organizations, Den Haag 2001.

Djeffal, Christian, Static and evolutive Treaty interpretation, Cambridge 2015.

Doeker, Günter, Das Connally Amendment und die obligatorische internationale Gerichtsbarkeit, in: Archiv des Völkerrechts 1963 (Vol. 11), S. 156–167.

Donders, Yvonne / Vleugel, Vincent, Universality, Diversity, and Legal Certainty: Cultural Diversity in the Dialogue Between the CEDAW and States Parties, in: Kanetake, Machiko (Hrsg.) / Nollkaemper, André (Hrsg.), The Rule of Law at the National and International Levels: Contestations and Deference, Oxford 2016, S. 321–352.

Donges, Jürgen B. / Freytag, Andreas (Hrsg.), Die Rolle des Staates in der globalisierten Wirtschaft, Stuttgart 1998.

Dörr, Oliver (Hrsg.) / Grote, Rainer (Hrsg.) / Marauhn, Thilo (Hrsg), EMRK/GG: Konkordanzkommentar zum europäischen und deutschen Grundrechtsschutz, 3. Aufl. 2022 (zitiert: Bearbeiter, in: Dörr/Grote/Marauhn, EMRK/GG Konkordanzkommentar).

Dörr, Oliver (Hrsg.)/Schmalenbach, Kirsten (Hrsg.), Vienna Convention on the Law of Treaties: a commentary, 2. Aufl., Heidelberg [u. a.] 2018 (zitiert: *Bearbeiter*, in: Dörr/Schmalenbach (Hrsg.), VCLT).

Dörr, Oliver, Codifying and Developing Meta-Rules: The ILC and the Law of Treaties, in: German Yearbook International Law 2006 (Vol. 49), S. 129–164.

Dörr, Oliver, European Social Charter, in: Schmahl, Stephanie (Hrsg.) / Breuer, Marten (Hrsg.), The Council of Europe, Oxford 2017, S. 465–541.

Dörr, Oliver, in: Abi-Saab, Georges (Hrsg.) / Keith, Kenneth (Hrsg.) / Marceau, Gabrielle (Hrsg.) / Marquet, Clément (Hrsg.), Evolutionary Interpretation and International Law, London 2019, S. 115–121.

Dowd, Rebecca / McAdam, Jane, International Cooperation and Responsibility Sharing to Combat Climate Change: Lessons for International Refugee Law, in: Melbourne Journal International Law 2017 (Vol. 18), S. 180–218.

Droz, Georges A. L., Le recent projet de Convention de la Haye sur la reconnaissance et l'execution des jugements etrangers en matiere civile et commerciale, in: Netherlands International Law Review 1966 (Vol. 13), S. 225–242.

Duhaine, Bernhard, Subsidiarity in the Americas: What Room Is There for Deference in the Inter-American System?, in: Gruszczynski, Łukasz (Hrsg.) / Werner, Wouter (Hrsg.), Deference in International Courts and Tribunals, Oxford [u. a.], 2014, S. 289–315.

Dupuy, Pierre-Maire, Reviewing the Difficulties of Codification: On Ago's Classification of Obligations of Means and Obligations of Result in Relation to State Responsibility, in: European Journal of International Law 1999 (Vol. 10), S. 371–385.

Dürig, Günter (Begründer) / Herzog, Roman (Hrsg.) / Scholz, Rupert (Hrsg.), Grundgesetz Kommentar, München 2024 (106. Ergänzungslieferung, Oktober 2024).

Dzehtsiarou, Kanstantsin / Coffey, Donal K., Coffey, Suspension and Expulsion of Members of the Council of Europe: Difficult Decisions in Troubled Times in: International Comparative Law Quarterly 2019 (Vol. 68), S. 443–476.

Economides, Constantin P. / Kolliopoulos, Alexandros G., La clause de déconnexion en faveur du droit communautaire: une pratique critiquable, in: Revue Générale de Droit International Public 2006 (Vol. 110), S. 273–302.

Edgington, Dorothy, The Philosophical Problem of Vagueness, in: Legal Theory 2001 (Vol. 7), S. 371–378.

Edwards Jr., Richard W., Reservations to Treaties, in: Michigan Journal of International Law 1989 (Vol. 10), S. 362–405.

Ehlermann, Claus Dieter / Ehring, Lothar, The authoritative interpretation under Article IX:2 of the Agreement establishing the World Trade Organization: current law, practice and possible improvements, in: Journal of International Economic Law 2005 (Vol. 8), 803–824.

Ehrmann, Markus, Procedures of Compliance Control in International Environmental Treaties, in: Colorado Journal of International Environmental Law and Policy 2002 (Vol. 13), S. 377–444.

Elias, Taslim Olawale, The Modern Law of Treaties, Dobbs Ferry, New York [u. a.], 1974.

Endicott, Timothy A. O., Linguistic Indeterminacy, in: Oxford Journal of Legal Studies 1996 (Vol. 16), S. 667–697.

Endicott, Timothy A. O., Vagueness in Law, Oxford [u. a.], 2000.

Etinski, Rodoljub M., Means of Interpretation and Their Interrelationship, in: Zbornik Radova 2016 (Vol. 50), S. 9–37.

Fahner, Johannes Hendrik, In Dubio Mitius: Advancing Clarity and Modesty in Treaty Interpretation, in: European Journal of International Law 2021 (Vol. 32), S. 835–861.

Fahner, Johannes Hendrik, Judicial Deference in International Adjudication: A Comparative Analysis, Oxford 2020.

Fastenrath, Ulrich, Lücken im Völkerrecht: zu Rechtscharakter, Quellen, Systemzusammenhang, Methodenlehre und Funktionen des Völkerrechts, Berlin 1991.

Fearon, James D., Bargaining, Enforcement, and International Cooperation, in: International Organization 1998 (Vol. 52), S. 269–305.

Feichter, Isabel, Community Interest, in: Wolfrum, Rüdiger (Hrsg.), The Max Planck encyclopedia of public international law (online), Stand: Februar 2007.

Feichtner, Isabel, The Law and Politics of WTO Waiver: Stability and Flexibility in Public International Law, Cambridge [u. a.] 2012.

Feichtner, Isabel, The Waiver Power of the WTO: Opening the WTO for Political Debate on the Reconciliation of Competing Interests in: European Journal of International Law 2009 (Vol. 20), S. 615–645.

Feichtner, Isabel, Waiver, in: Wolfrum, Rüdiger (Hrsg.), The Max Planck encyclopedia of public international law (online), Stand: Oktober 2006.

Feist, Christian, Kündigung, Rücktritt und Suspendierung von multilateralen Verträgen, Berlin 2001, zugl. Diss. Univ. Kiel.

Fernandez, Gemmo Bautista, Within the Margin of Error: Derogations, Limitations, & the Advancement of Human Rights, in: Philippine Law Journal 2019 (Vol. 92), S. 1–28.

Fitzmaurice, Malgosia (Hrsg.) / Elias, Olufemi (Hrsg.) / Merkouris, Panos (Hrsg.), Treaty Interpretation and the Vienna Convention on the Law of Treaties: 30 Years on, Leiden [u. a.], 2010.

Fitzmaurice, Malgosia / Elias, Olufemi, Canons of Treaty Interpretation: Selected Case Studies from the World Trade Organization and the North American Free Trade Agreement, in: Fritzmaurice, Malgosia (Hrsg.) / Elias, Olufemi (Hrsg.) / Merkouris, Panos (Hrsg.), Treaty Interpretation and the Vienna Convention on the Law of Treaties: 30 Years on, Leiden [u. a.] 2010, S. 153–237.

Fitzmaurice, Malgosia / Elias, Olufemi, Contemporary Issues in the Law of Treaties, Utrecht, 2005.

Fitzmaurice, Malgosia /Merkouris, Panos, Treaties in Motion: The Evolution of Treaties from Formation to Termination, Cambridge 2020.

Fitzmaurice, Malgosia, Compliance With Multilateral Environmental Agreements, in: National Law School of India Review 2009 (Vol. 21), S. 1–38.

Fitzmaurice, Malgosia, Consent to be bound – Anything New under the Sun?, in: Nordic Journal of International Law 2005 (Vol. 74), S. 483–507.

Fitzmaurice, Malgosia, Exceptional Circumstances and Treaty Commitments, in: Hollis, Duncan B. (Hrsg.), The Oxford Guide to Treaties, 2. Aufl., New York, 2020, S. 595–623.

Fitzmaurice, Malgosia, Modifications to the Principles of Consent in Relation to Certain Treaty Obligation, in: Austrian Review of International & European Law 1997 (Vol. 2), S. 275–317.

Fitzmaurice, Malgosia, On the Protection of Human Rights, the Rome Statute and Reservations to multilateral Treaties, in: Singapore Year Book of International Law 2006 (Vol. 10), S. 133–173.

Fitzmaurice, Malgosia, The Optional System and the Law of Treaties: Issues of Interpretation in Recent Jurisprudence of the International Court of Justice, in: Australian Year Book of International Law 1999 (Vol. 20), S. 127–159.

Fitzmaurice, Malgosia, Treaties, in: Wolfrum, Rüdiger (Hrsg.), The Max Planck encyclopedia of public international law (online), Stand: Februar 2021.

Fjelstul, Joshua C. / Reiter, Dan, Explaining Incompleteness and conditionality in alliance agreements, in: International Interactions 2019 (Vol. 45), S. 976–1002.

Flad, Michael, Kooperative Regelungskonzepte auf Basis der Spieltheorie und deren Anwendung auf Fahrerassistenzsysteme, Karlsruhe 2017, zugl. Diss., Karlsruher Institut für Technologie (KIT) 2016.

Fontanelli, Filippo / Bianco, Giuseppe, Converging towards NAFTA: An Analysis of FTA Investment Chapters in the European Union and the United States, in: Stanford Journal of International Law 2014 (Vol. 50), S. 211–245.

French, Duncan, Developing States and International Environmental Law: The Importance of Differentiated Responsibilities, in: International and Comparative Law Quarterly 2000 (Vol. 49), S. 35–60.

Friedman, Alan G. / Williams, Cynthia A., Group of 77 at the United Nations: An Emergent Force in the Law of the Sea, in: San Diego Law Rev. 1979 (Vol. 16), S. 555–574.

Friedmann, W., General Course in Public International Law, in: Recueil des Cours 1969 II (Vol. 127), S. 39–246.

Frowein, Jochen Abr. (Hrsg.), Die Kontrolldichte bei der gerichtlichen Überprüfung von Handlungen der Verwaltung, Berlin [u. a.] 1993.

Frowein, Jochen Abr., Das de facto-Regime im Völkerrecht : eine Untersuchung zur Rechtsstellung ‚nichtanerkannter Staaten' und ähnlicher Gebilde, Köln [u. a.], 1968.

Fuchs, Eileen, Optional Provision (Stand: 2011), in: Wolfrum, Rüdiger (Hrsg.), The Max Planck encyclopedia of public international law, Vol. 1–10, Oxford [u. a.] 2012.

Gaja, Giorgio, Unilateral declarations excluding bilateral relations under a multilateral treaty, in: Leiden Journal of International Law 2022 (Vol. 35), S. 155–162.

Galbraith, Jean, Temporary International Legal Regimes as Frames for Permanent Ones, in: Netherlands Yearbook of International Law 2014 (Vol. 45), S. 41–65.

Galbraith, Jean, Treaty Options: Towards a Behavioral Understanding of Treaty Design, in: Virginia Journal of International Law 2013 (Vol. 53), S. 309–363.

Gardiner, Richard K., Treaty Interpretation, 2. Aufl., Oxford [u. a.], 2015.

Garner, J. W., The doctrine of rebus sic stantibus and the termination of treaties, in: American Journal of International Law 1927 (Vol. 21), S. 509–516.

Gautier, Non-Binding Agreements, in: Wolfrum, Rüdiger (Hrsg.), The Max Planck encyclopedia of public international law (online), Stand: Mai 2022.

Gerards, Janneke, Pluralism, Deference and the Margin of Appreciation Doctrine, in: European Law Journal 2011 (Vol. 17), S. 80–120.

Giegerich, Thomas, Treaties, Multilateral, Reservations to, in: Wolfrum, Rüdiger (Hrsg.), The Max Planck encyclopedia of public international law (online), Stand: September 2020.

Giegerich, Thomas, Vorbehalte zu Menschenrechtsabkommen: Zulässigkeit, Gültigkeit und Prüfungskompetenzen von Vertragsregimen, in: Zeitschrift für ausländisches öffentliches Recht und Völkerrecht 1995 (Vol. 55), S. 713–782.

Gilani, Syed Raza Shah / Rehman, Hidayat Ur / Khan, Abdus Samad, Contextual Analyses of "The Doctrine of a Margin of Appreciation" in the Frameworks of the European Court of Human Rights and the British Legal System, in: Journal of European Studies 2021 (Vol. 37), S. 1–14.

Gillespie, Alexander, Iceland's Reservation at the International Whaling Commission, in: European Journal of International Law 2003 (Vol. 14), S. 977–998.

Girshovich, Marina, Classifications of Objections Based on the Legal Assessment of a Reservation by Objecting States, in: International Community Law Review 2014 (Vol. 16), S. 333–370.

Gittleman, Richard, The African Charter on Human and Peoples' Rights: A Legal Analysis, in: Virginia Journal of International Law 1982 (Vol. 22), S. 667–714.

Goetz, Charles J. / Scott, Robert E., Liquidated Damages, Penalties and the Just Compensation Principle: Some Notes on an Enforcement Model and a Theory of Efficient Breach in: Colombia Law Review 1977 (Vol. 77), S. 554–594.

Gomaa, Mohammed M., Suspension or Termination of Treaties on Grounds of Breach, Den Haag u. a. 1996.

Goodliffe, Jay / Hawkins, Darren G., Explaining Commitment: States and the Convention against Torture, in: The Journal of Politics 2006 (Vol. 68), S. 358–371.

Goodman, Ryan, Human Rights Treaties, Invalid Reservations, and State Consent, in: American Journal of International Law 2002 (Vol. 96), S. 531–560.

Goodwin-Gil, Guy S., The Margin of Interpretation: Different or Disparte, in: International Refugee Law 1999 (Vol. 11), S. 730–737.

Goote, Maas M., Non-Compliance Procedures in International Environmental Law: The Middle Way between Diplomacy and Law, in: International Law FORUM du Droit International 1999 (Vol. 1), S. 82–89.

Gormley, Paul W., The Modification of multilateral conventions by means of „negotiated reservations“ and other „alternatives“: A comparative study the ILO and the Council of Europe – Part I, in: Fordham Law Review 1970 (Vol. 39), S. 59–80.

Gormley, Paul W., The Modification of multilateral conventions by means of „negotiated reservations“ and other „alternatives“: A comparative study the ILO and the Council of Europe – Part II, in: Fordham Law Review 1971 (Vol. 39), S. 413–446.

Gorzoni, Paula, Der „margin of appreciation“ beim Europäischen Gerichtshof für Menschenrechte: Eine prinzipientheoretische Rekonstruktion, Baden-Baden 2019, zugl. Diss. Univ. Kiel 2016.

Gourgourinis, Anastasios, The Distinction between Interpretation and Application of Norms in International Adjudication, in: Journal of International Dispute Settlement 2011 (Vol. 2), S. 31–57.

Gragl, Paul / Fitzmaurice, Malgosia, The Legal Character of Article 18 of the Vienna Convention on the Law of Treaties, in: International & Comparative Law Quarterly 2019 (Vol. 68), S. 699–718.

Greig, Donald W., Reciprocity, Proportionality and the Law of Treaties, in: Virginia Journal of International Law 1993–1994 (Vol. 34), S. 295–403.

Greig, Donald W., Reservations: Equity as a Balancing Factor?, in: Australian Yearbook of International Law 1995 (Vol. 16), S. 21–171.

Greschek, Eva, Die evolutive Auslegung völkerrechtlicher Verträge am Beispiel des GATT, Frankfurt a. M. 2013, zugl.: Gießen, Univ., Diss., 2011.

Gruszczynski, Łukasz (Hrsg.) / Werner, Wouter (Hrsg.), Deference in International Courts and Tribunals, Oxford [u. a.], 2014

Guzman, Andrew T., Against Consent, in: Virginia Journal of International Law 2012 (Vol. 52), S. 747–790.

Guzman, Andrew T., How International Law Works: a rational choice theory, Oxford [u. a.] 2010.

Guzman, Andrew T., The Design of International Agreements, in: European Journal of International Law 2005 (Vol. 16), S. 579–612.

Hafner, Gerhard, Panel „Große Kodifikationen – Eingefrorenes Recht oder weiterhin tauglich?“, in: Nolte/Hilpold (Hrsg), Auslandsinvestitionen – Entwicklung großer Kodifikationen – Fragmentierung des Völkerrechts – Status des Kosovo. Beiträge zum 31. Österreichischen Völkerrechtstag 2006 in München, 2008, S. 94–137.

Hafner, Gerhard, Provisional Application of Treaties, in: Austrian Review of International and European Law 2019 (Vol. 24), S. 67–87.

Hafner-Burton, Emilie M. / Helfer, Laurence R. / Fariss, Christopher J., Emergency and Escape: Explaining Derogations from Human Rights Treaties, in: International Organizations 2011 (Vol. 65), S. 673–707.

Hamid, Abdul Ghafur, The Rohingya Genocide Case (The Gambia v Myanmar): Breach of Obligations Erga Omnes Partes and the Issue of Standing, in: International Islamic University Law Journal 2021 (Vol. 29), S. 29–54.

Handl, Gunther, Compliance Control Mechanisms and International Environmental Obligations, in: Tulane Journal of International and Comparative Law 1997 (Vol. 5), S. 29–50.

Hartmann, Jürgen, Internationale Beziehungen, 2. Aufl., Wiesbaden 2009.

Haugen, Hans Morten, The Right to Food and the TRIPS Agreement: With a Particular Emphasis on Developing Countries' Measures for Food Production and Distribution, Leiden [u. a.] 2007.

Heintschel von Heinegg, Wolf, Treaties, Fundamental Change of Circumstances, in: Wolfrum, Rüdiger (Hrsg.), The Max Planck encyclopedia of public international law (online), Stand: März 2021.

Helfer, Laurence R., Constitutional analogies in the international legal system, in: Loyola of Los Angeles Law Review 2003 (Vol. 37), S. 193–238.

Helfer, Laurence R., Exiting Treaties, in: Virginia Law Review 2005 (Vol. 91), S. 1579–1648.

Helfer, Laurence R., Flexibility in International Agreements, in: Dunoff, Jeffrey L. (Hrsg.) / Pollack, Mark A. (Hrsg.), Interdisciplinary Perspectives on International Law and International Relations, Cambridge 2013, S. 175–196.

Helfer, Laurence R., Nonconsensual International Lawmaking, in: University of Illinois Law Review 2008 (Vol. 2008), S. 71–126.

Helfer, Laurence R., Taking Stock of Three Generations of Research on Treaty Exit, in: Israel Law Review 2019 (Vol. 52), S. 103–118.

Helfer, Laurence R., Terminating Treaties, in: Hollis (Hrsg.), The Oxford Guide to Treaties, 2. Aufl., New York, 2020, 624–640.

Helfer, Lawrence R., Rethinking Derogations from Human Rights Treaties, in: American Journal of International Law 2021 (Vol. 115), S. 20–40.

Henckels, Caroline, The Role of the Standard of Review and the Importance of Deference in Investor-State Arbitration, in: Gruszczynski, Łukasz (Hrsg.) / Werner, Wouter (Hrsg.), Deference in International Courts and Tribunals, Oxford [u. a.], 2014, S. 113–134.

Henrich, Christina, Vertragsgewohnheitsrecht und Parlamentsbeteiligung: verfassungsrechtliche Probleme informeller Vertragsänderungen im Völkerrecht, Tübingen 2020, zugl. Diss. Univ. Frankfurt am Main 2019.

Herdegen, Matthias, Interpretation in International Law, in: Wolfrum, Rüdiger (Hrsg.), The Max Planck encyclopedia of public international law (online), Stand: November 2020.

Herdegen, Matthias, Landesbericht Großbritannien, in: Frowein, Jochen Abr. (Hrsg.), Die Kontrolldichte bei der gerichtlichen Überprüfung von Handlungen der Verwaltung, Berlin [u. a.], 1993, S. 38–58.

Heussen, Benno (Hrsg.) / Pischel, Gerhard (Hrsg.), Handbuch Vertragsverhandlung und Vertragsmanagement: Planung, Verhandlung, Design und Durchführung von Verträgen, Köln, 4. Aufl. 2014.

Heymann, Monika, Einseitige Interpretationserklärungen zu multilateralen Verträgen, Berlin 2005, zugl. Diss. Univ. Kiel 2004.

Heymann, Monika, Unity and Diversity in Regard to International Treaty Law, in: Zimmermann, Andreas (Hrsg.) / Hoffmann, Rainer (Hrsg.), Unity and Diversity in International Law, Proceedings of an International Symposium of the Kiel Walther Schücking Institute of International Law, November 4–7, 2004, Berlin 2006, S. 217–240.

Higgins, Rosalyn, Derogations under Human Rights Treaties, in: British Yearbook of International Law 1976–1977 (Vol. 48), S. 281–319.

Higgins, Rosalyn, Human Rights: some questions of integrity, in: Commonwealth Law Bulletin 1989, S. 598–614.

Hirsch, Moshe, Developing Countries, in: Wolfrum, Rüdiger (Hrsg.), The Max Planck encyclopedia of public international law (online), Stand: Juli 2017.

Hoda, Anwarul, Tariff negotiations and renegotiations under GATT and the WTO : procedures and practices, Cambridge 2018.

Hoekman, Bernard M. / Kostecki, Michel M., The Political Economy of the World Trading System : the WTO and beyond, Oxford [u. a.] 2001.

Hoffmann, Patrick R., Völkerrechtliche Vorgaben für die Verleihung der Staatsangehörigkeit, Tübingen 2022, zugl. Diss. Univ. Osnabrück 2021.

Hollis, Duncan B. (Hrsg.), The Oxford Guide to Treaties, 2. Aufl., New York, 2020.

Horn, Frank, Reservations and Interpretative Declarations to Multilateral Treaties, Amsterdam [u. a.] 1988, zugl. Diss, Univ. Uppsala, 1986.

Huber, Peter M., (Hrsg.) / Voßkuhle, Andreas (Hrsg.) Grundgesetz Kommentar, Band 2: Art. 20–82, 8. Aufl., München 2024. (zitiert: Bearbeiter, in: Huber/Voßkuhle, GG Kommentar).

Hudson, Manley O., Recognition and Multipartite Treaties, in: American Journal of International Law 1929 (Vol. 23), S. 126–132.

Iles, Alastair, Rethinking Differential Obligations: Equity Under the Biodiversity Convention, in: Leiden Journal of International Law 2003 (Vol. 16), S. 217–251.

Imbert, Pierre-Henri, Les réserves aux traités multilatéralaux, Paris 1978.

Ioannidis, Michael, Beyond the Standard of Review: Deference Criteria in WTO Law and the Case for a Procedural Approach, in: Gruszczynski, Łukasz (Hrsg.) / Werner, Wouter (Hrsg.), Deference in International Courts and Tribunals, Oxford [u. a.], 2014, S. 91–112.

Ipsen, Knut (Begründer), Völkerrecht: ein Studienbuch, herausgegeben von Epping, Volker und Heintschel von Heinegg, Wolff, 8. Aufl., München 2024 (zitiert: *Bearbeiter*, in: Ipsen (Begr.), Völkerrecht).

Irish, Maureen, Development, Reciprocity and the WTO Trade Facilitation Agreement, in: Manchester Journal of International Economic Law 2017 (Vol. 14), S. 50–68.

Ishikawa, Tomoko, Provisional Application of Treaties at the Crossroads between International and Domestic Law in: ICSID Review 2016 (Vol. 31), S. 270–289.

Jackson, John H., Editorial Comment: International Law Status of WTO Dispute Settlement Reports: Obligation to Comply or Option to Buy Out, in: American Journal of International Law 2004 (Vol. 98), S. 109–123.

Jegede, Ademola Oluborode, Framing Climate Litigation in Individual Communications of the African Human Rights System: Claw-Backs and Substantive Divergences, in: Journal of Human Rights Practice 2023 (Vol. XX), S. 1–18.

Jenard, P., Une Technique Originale la Bilateralisation de Conventions Multilaterales, in: Belgian Review of International Law 1966 (Vol. 2), S. 386–395.

Jenks, Wilfred, ILO Standards: Are they Obsolete, Premature, Marginal or Important?, in: International Labour Office (Hrsg.), Social Policy in a Changing World: The ILO-Response – Speeches by W. Jenks, Genf 1979, online verfügbar: https://webapps.ilo.org/public/libdoc/ilo/1976/76B09_212.pdf [28.07.2025], S. 79–97.

Jenks, Wilfred, The Application of International Labour Conventions by means of Collective Agreements, in: Zeitschrift für ausländisches öffentliches Recht und Völkerrecht 1958 (Vol. 19), S. 197–224.

Joannin, Pascale, Elements of Differentiation Within the Schengen Acquis and the Prüm Convention, in: Giegerich, Thomas (Hrsg.) / Schmitt, Desirée C. (Hrsg.) / Zeitzmann, Sebastian (Hrsg.), Flexibility in the EU and beyond, Baden-Baden 2017, S. 123–138.

Jobim, Maria Luisa Kurban, Drawing on the Legal and Economic Arguments in Favour and Against 'Reciprocity' and 'Special and Differential Treatment' for Developing Countries within the WTO System, in: Journal of Politics and Law 2013 (Vol. 6), S. 55–66.

Jonas, David S. / Saunders, Thomas N., The Object and Purpose of a Treaty: Three Interpretive Methods, in: Vanderbilt Transnational Law Journal 2010 (Vol. 43), S. 565–610.

Jónsson, Ólafur Páll, Vagueness, Interpretation and the Law, in: Legal Theory 2009 (Vol. 15), S. 193–214.

Kalkhoran, Mir-Hossein Abedian / Sabzevari, Habib, Standards of Review for the Non-Precluded Measures Clause in Investment Treaties: Different Wording, Different Levels of Scrutiny, in: Netherlands International Law Review 2021 (Vol. 68), S. 281–314.

Kamanabrou, Sudabeh / Wietfeld, Anne Christin, Vertragsgestaltung, München, 6. Aufl. 2023.

Kammerhofer, Jörg, International Investment Law and legal theory, Cambridge, 2021.

Kammerhofer, Jörg, Uncertainty in International Law, London [u. a.], 2011.

Kanetake, Machiko / Nollkaemper, André, The International Rule of Law in the Cycle of Contestations and Deference, in: Kanetake, Machiko (Hrsg.) / Nollkaemper, André (Hrsg.), The Rule of Law at the National and International Levels: Contestations and Deference, Oxford 2016, S. 445–460.

Karagiannis, Syméon, The Territorial Application of Treaties, in: Hollis, Duncan B. (Hrsg.), The Oxford Guide to Treaties, 2. Aufl., New York, 2020, S. 309–335.

Karakamisheva-Jovanovska, Tanja, Fundamental Rights Seen through the "Pluralistic Interpretive Box": The National, European Court of Human Rights, and Court of Justice of the European Union Perspective, in: Central European Journal of Comparative Law 2021 (Vol. 2), S. 65–80.

Kassoti, Eva, Interpretation of Unilateral Acts in International Law, in: Netherlands International Law Review 2022 (Vol. 69), S. 295–326.

Keenan, Patrick J., The Slippery Concept of Object and Purpose in International Criminal Law, 8 (27.04.2022). Verfügbar auf SSRN: https://ssrn.com/abstract=4095439 [28.07.2025].

Keil, Geert / Poscher, Ralf, Vagueness and Law, in: Keil, Geert (Hrsg.) / Poscher, Ralf (Hrsg.), Vagueness and law, Oxford, New York, 2016, S. 1–20.

Kelsen, Hans, Reine Rechtslehre, 2. Aufl., Wien 1960.

Kelsen, Hans, Théorie du droit international public, 84 Recueil des Cours 1953-III, S. 1–203.

Kempen, Bernhard / Schiffbauer, Björn, Die vorläufige Anwendung völkerrechtlicher Verträge im internationalen Mehrebenensystem, in:

Zeitschrift für ausländisches öffentliches Recht und Völkerrecht 2017 (Vol. 77), S. 95–124.

Keohane, Robert O., After hegemony: Cooperation and discord in world political order, Princeton [u. a.], 2005.

Keohane, Robert O., Rational Choice Theory and International Law: Insights and Limitations, in: The Journal of Legal Studies 2002 (Vol. 31), S. 307–319.

Khatniuk, Nataliia / Olefir, Liudmila / Ivashko, Sergey / Malyshenko, Ievgen / Pobiianska, Nelli, Legal Aspects of the Problems in the Area of Denouncement of International Treaties, in: Journal of Legal Ethical & Regulatory Issues 2020 (Vol. 23), S. 1–8.

Kiss, Alexandre Charles, Permissible Limitations on Rights, in: Henkin, Louis (Hrsg.), The International Bill of Rights: the Covenant on Civil and Political Rights, New York 1981, S. 290–310.

Klabbers, Jan, Accepting the Unacceptable? A New Nordic Approach to Reservations to Multilateral Treaties, in: Nordic Journal of International Law 2000 (Vol. 69), S. 179–193.

Klabbers, Jan, How to Defeat a Treaty's Object and Purpose Pending Entry into Force: Toward Manifest Intent, in: Vanderbilt Journal of Transnational Law 2001 (Vol. 34), S. 283–332.

Klabbers, Jan, On Rationalism in Politics: Interpretation of Treaties and the World Trade Organization, in: Nordic Journal of International Law 2005 (Vol. 74), S. 405–428.

Klabbers, Jan, Safeguarding the Organizational Acquis: The EU's External Practice, in: International Organizations Law Review 2007 (Vol. 4), S. 57–90.

Klabbers, Jan, Some Problems Regarding the Object and Purpose of Treaties, in: Finnish Yearbook of International Law 1997 (Vol. VIII), S. 138–160.

Klabbers, Jan, Treaties, Amendment and Revision, in: Wolfrum, Rüdiger (Hrsg.), The Max Planck encyclopedia of public international law (online), Stand: Dezember 2006.

Klabbers, Jan, Treaties, Object and Purpose, in: Wolfrum, Rüdiger (Hrsg.), The Max Planck encyclopedia of public international law (online), Stand: Dezember 2006.

Klabbers, Jan, Virtuous Interpretation, in: Fitzmaurice, Malgosia (Hrsg.) / Elias, Olufemi A. (Hrsg.) / Merkouris, Panos (Hrsg.), Treaty

Interpretation and the Vienna Convention on the Law of Treaties: 30 Years on, Leiden [u. a.] 2010, S. 17–37.

Kleinlein, Thomas, Die vorläufige Anwendung völkerrechtlicher Verträge, in: JZ 2017 (Vol. 72), S. 377–428.

Koch, Raphael / Kruse, Cornelius / Wiese, Matthias, Vertragsgestaltung, Baden-Baden, 5. Aufl. 2024.

Koester, Veit, The Compliance Mechanism - Outcomes and Stocktaking, in: Environmental Policy and Law 2011 (Vol. 41), S. 196–205.

Koester, Veit, The Convention on Access to Information, Public Participation in Decision-Making and Access to Justice in Environmental Matters (Aarhus Convention), in: Ulfstein, Geir (Hrsg.) / Marauhn, Thilo (Hrsg.) / Zimmermann, Andreas (Hrsg.), Making treaties work, Cambridge [u. a.] 2007, S. 179–217.

Koh, Jean Kyongun, Reservations to Multilateral Treaties: How International Legal Doctrine Reflects World Vision, in: Harvard International Law Journal 1982 (Vol. 23), S. 71–116.

Kojima, Chie / Vereshchetin, Vladlen S., Implementation Agreements, in: Wolfrum, Rüdiger (Hrsg.), The Max Planck encyclopedia of public international law (online), Stand: März 2013.

Kolb, Robert, The Law of Treaties - An Introduction, 2. Aufl., Cheltenham [u. a.] 2023.

Kompa, Nikola, The Role of Vagueness and Context Sensitivity in Legal Interpretation, in: Keil, Geert (Hrsg.) / Poscher, Ralf (Hrsg.), Vagueness and law, Oxford, New York, 2016, S. 205–227.

König, Doris, Tacit Consent/Opting Out Procedure, in: Wolfrum, Rüdiger (Hrsg.), The Max Planck encyclopedia of public international law (online), Stand: Januar 2013.

Koremenos, Barbara / Lipson, Charles /Snidal, Duncan, The Rational Design of International Institutions, in: International Organization 2001 (Vol. 55), S. 761–799.

Koremenos, Barbara, Can Cooperation Survive Changes in Bargaining Power - The Case of Coffee, in: Journal of Legal Studies 2002 (Vol. XXXI), S. 259–283.

Koremenos, Barbara, Contracting around International Uncertainty, in: American Political Social Science Review 2005 (Vol. 99), S. 549–565.

Koremenos, Barbara, Loosening the Ties that Bind: A Learning Model of Agreement Flexibility, in: International Organization 2001 (Vol. 55), S. 289–325.

Koremenos, Barbara, The Continent of International Law, Cambridge 2016.

Krell, Gert / Schlotter, Peter, Weltbilder und Weltordnung, 5. Aufl., Baden-Baden 2018.

Krenzler, Horst-Günther, Die vorläufige Anwendung völkerrechtlicher Verträge, Heidelberg 1964, zugl. Diss. Univ. Heidelberg 1964.

Kress, Ken, Legal Indeterminacy, in: California Law Review 1989 (Vol. 77), S. 283–338.

Krimmer, Maren, The Yukos Arbitration Saga and Russia's Constitutional Amendments, in: Juridica International 2020 (Vol. 29), S. 86–94.

Kritsiotis, Dino, The Object and Purpose of a Treaty's Object and Purpose, in: Bowman, Michael J. (Hrsg.) / Kritsiosotis, Dino (Hrsg.), Conceptual and Contextual Perspectives on the Modern Law of Treaties, Cambridge 2018, S. 237–302.

Krivenko, Ekaterina Yahyaoui, Revisiting the Reservations Dialogue: Negotiating Diversity while Preserving Universality Through Human Rights Law, in: Kanetake, Machiko (Hrsg.) / Nollkaemper, André (Hrsg.), The Rule of Law at the National and International Levels: Contestations and Deference, Oxford 2016, S. 289–319.

Kucik, Jeffrey / Reinhardt, Eric, Does Flexibility Promote Cooperation? An Application to the Global Trade Regime, in: International Organization 2008 (Vol. 62), S. 477–505.

Kucik, Jeffrey, The Domestic Politics of International Design: Producer Preferences over Trade Agreement Rules, in: Economics & Policy 2012 (Vol. 24), S. 95–118.

Kühner, Rolf, Vorbehalte zu multilateralen völkerrechtlichen Verträgen, Berlin [u. a.] 1986.

Kulick, Andreas, From Problem to Opportunity?: An Analytical Framework for Vagueness and Ambiguity in International Law, in: German Yearbook of International Law 2015 (Vol. 59), S. 257–288.

Kunkel, Carsten, Vertragsgestaltung – Eine methodisch-didaktische Einführung, Berlin, Heidelberg, 2016.

Kunz, Josef L., The Meaning of Pacta Sunt Servanda, in: American Journal International Law 1945 (Vol. 39), S. 180–197.

Künzli, Jörg, Zwischen Rigidität und Flexibilität : Der Verpflichtungsgrad internationaler Menschenrechte : ein Beitrag zum Zusammenspiel von Menschenrechten, humanitärem Völkerrecht und dem Recht der Staatenverantwortlichkeit, Berlin 2001, zugl. Diss. Bern, Univ. 1999.

Lador-Lederer, J., Legal Aspects of Declarations, in: Israel Law Review 1977 (Vol. 12), S. 202–231.

Lamm, Vanda, The Legal Character of the Optional Clause System, in: Acta Juridica Hungarica 2001 (Vol. 42), S. 25–51.

Langenfeld, Gerrit, Grundlagen der Vertragsgestaltung, München, 2. Aufl. 2010.

Lanius, David, Strategic Indeterminacy in the Law, New York 2019, zugl. Diss., Humboldt-Universität zu Berlin 2017.

Lanovoy, Vladyslav, Standards of Review in the Practice of International Courts and Tribunals, in: Kajtár, Gábor (Hrgs.), Secondary Rules of Primary Importance, Oxford 2022, S. 42–64.

Lauterpacht, Hersch, Recognition in International Law, Cambridge, 1948.

Lauterpacht, Hersch, The Nature of International Law and General Jurisprudence, in: Economica 1932 (Vol. 12), S. 301–320.

Leblanc, Lawrence J., Reservations to the Convention on the Rights of the Child: A macroscopic view of state practice, in: The International Journal of Children's Rights 1996 (Vol. 4), S. 357–381.

Lebret, Audrey, COVID-19 Pandemic and Derogation to Human Rights, in: Journal of Law and the Biosciences 2020 (Vol. 7), S. 1–15.

LeClercq, Desiree, Sea Change: New Rulemaking Procedures at the International Labour Organization, in: ILSA Journal of International and Comparative Law 2015 (Vol. 22), S. 105–132.

Lefers, René, The Provisional Application of Treaties, in: Klabbers, Jan (Hrsg.) / Lefeber, René (Hrsg.), Essays on the Law of Treaties, Leiden u. a. 1998, S. 81–95.

Legg, Andrew, The Margin of Appreciation in International Human Rights Law : deference and proportionality, Oxford 2012, zugl. Diss. Oxford Univ.

Leinen, Jo / Pescher, Fabian, The Limits of Differentiated Integration in the and the Way forward, in: Giegerich, Thomas (Hrsg.) / Schmitt, Desirée C. (Hrsg.) / Zeitzmann, Sebastian (Hrsg.), Flexibility in the EU and beyond, Baden-Baden 2017, S. 461–477.

Lekkas, Sotirios-Ioannis / Tzanakopoulos, Antonios, Pacta sunt servanda versus flexibility in the suspension and termination of treaties, in: Research Handbook on the Law of Treaties, Tams, Christian (Hrsg.) / Tzanakopoulos, Antonios (Hrsg.) / Zimmermann, Andreas (Hrsg.), Cheltenham [u. a.] 2014, S. 312–340.

Lenhoff, Arthur, Reciprocity: The Legal Aspect of a Perennial Idea (Part I), in: Northwestern University Law Review 1954–55 (Vol. 5), S. 619–641.

Lepsius, Oliver, § 12 Gesetz und Gesetzgebung, in: Herdegen, Matthias / Masing, Johannes / Poscher, Ralf / Gärditz, Ferdinand (Hrsg.), Handbuch des Verfassungsrechts, München 2021.

Leruth, Benjamin / Lord, Christopher, Differentiated integration in the European Union: a concept, a process, a system or a theory?, in: Journal of European Policy 2015 (Vol. 22), S. 754–763.

Letsas, George, Two Concepts of the Margin of Appreciation, in: Oxford Journal of Legal Studies 2006 (Vol. 26), S. 705–732.

Li, Jiangfeng, Equal or Unequal: Seeking a New Paradigm for the Misused Theory of Unequal Treaties in Contemporary International Law, in: Houston Journal of International Law 2016 (Vol. 38), S. 465–498.

Liang, Yuen-Li, Colonial clauses and federal clauses in UN multilateral instruments, in: American Journal of International Law 1951 (Vol. 45), S. 108–128.

Ličková, Magdalena, European Exceptionalism in International Law, in: European Journal of International Law 2008 (Vol. 19), S. 463–490.

Lindenau, Christoph A., Die Einführung des Renvoi in das internationale Privatrecht Italiens, Frankfurt am Main [u. a.], 2001.

Linderfalk, Ulf, Is Treaty Interpretation an Art or a Science? International Law and Rational Decision Making, in: European Journal of International Law 2015 (Vol. 26), S. 169–189.

Linderfalk, Ulf, On the Interpretation of Treaties, The Modern International Law as Expressed in the 1969 Vienna Convention on the Law of Treaties, Dordrecht, 2007.

Linderfalk, Ulf, On the Meaning of the 'Object and Purpose' Criterion, in the Context of the Vienna Convention on the Law of Treaties, Article 19, in: Nordic Journal of International Law 2003 (Vol. 72), S. 429–448.

Lo, Chang-fa, Treaty Interpretation under the Vienna Convention on the Law of Treaties, Singapur, 2017.

Loibl, Gerhard, Conferences of Parties and the Modification of Obligations, in: Craven, Matthew (Hrsg.) / Fitzmaurice, Malgosia (Hrsg.), Interrogating the treaty, Nijmegen 2005, S. 103–117.

Longobardo, Marco, The Contribution of International Humanitarian Law to the Development of the Law of International Responsibility Regarding Obligations Erga Omnes and Erga Omnes Partes, in: Journal of Conflict and Security Law, 2018 (Vol. 23), S. 383–404.

Looper, Robert B., 'Federal State' Clauses in Multilateral Instruments, in: British Yearbook of International Law 1955–1956 (Vol. 32), S. 162–203.

Luce, R. Duncan / Raiffa, Howard, Games and Decisions, New York [u. a.], 1957.

Lupu, Yonatan, Why Do States Join Some Universal Treaties but Not Others? An Analysis of Treaty Commitment Preferences, in: Journal of Conflict Resolution 2016 (Vol. 60), S. 1219–1250.

Magraw, Daniel Barstow, Legal Treatment of Developing Countries: Differential, Contextual, and Absolute Norms, in: Colorado Journal of International Environmental Law & Policy 1990 (Vol. 1), S. 69–99.

Majoros, Ferenc, Systeme der "Bilateralisation" von multilateralen Konventionen, in: österreichischen Zeitschrift für Rechtsvergleichung 1973 (Vol. 14), S. 4–34.

Malawer, Stuart S., Imposed Treaties and International Law, in: California Western International Law Journal 1977 (Vol. 7), S. 1–178.

Maljean-Dubois, Sandrine, The Paris Agreement: A New Step in the Gradual Evolution of Differential Treatment in the Climate Regime, in: Review of European Comparative & International Environmental Law 2016 (Vol. 25), S. 151–160.

Marauhn, Thilo, Dispute resolution, compliance control and enforcement of international arms control law, in: Ulfstein, Geir (Hrsg.) / Marauhn, Thilo (Hrsg.) / Zimmermann, Andreas (Hrsg.), Making treaties work, Cambridge [u. a.] 2007, S. 243–272.

Marcoux, Christopher, Institutional Flexibility in the Design of Multilateral Environmental Agreements, in: Conflict Management and Peace Science 2009 (Vol. 26), S. 209–228.

Marmor, Andrei, The Language of Law, Oxford, 2014.

Marmor, Andrei, Varieties of Vagueness, in: Bongiovanni, Giorgio (Hrsg.) / Postema, Gerald (Hrsg.) / Rotolo, Antonio (Hrsg.) / Sartor, Giovanni (Hrsg.) / Valentini, Chiara (Hrsg.) / Walton, Douglas (Hrsg.), Handbook of Legal Reasoning and Argumentation, Dordrecht, 2018, S. 561–580.

Matz, Nele, Wege zur Koordinierung völkerrechtlicher Verträge: Völkervertragsrechtliche und institutionelle Ansätze, Berlin 2005, zugl. Diss. Univ. Heidelberg 2003–2004.

Matz-Lück, Nele, Framework Agreements, in: Wolfrum, Rüdiger (Hrsg.), The Max Planck encyclopedia of public international law (online), Stand: Februar 2011.

Matz-Lück, Nele, Framework Conventions as a Regulatory Tool, in: Goettingen Journal of International Law 2009 (Vol. 1), S. 439–458.

Maurer, Hartmut / Waldhoff, Christian, Allgemeines Verwaltungsrecht, 21. Aufl., München 2024.

Mayer, Benoit, International Law Obligations Arising in relation to Nationally Determined Contributions in: Transnational Environmental Law 2018 (Vol. 7), S. 251–275.

Mayer, Benoit, Obligations of conduct in the international law on climate change: A defence, in: Review of European, Comparative & International Environmental Law 2018 (Vol. 27), S. 130–140.

Mayer, Benoit, The International Law on Climate Change, Cambridge 2018.

McAllister, Jordan H. / Schnakenberg, Keith E., Designing the Optimal International Climate Agreement with Variability in Commitments in: International Organization 2022 (Vol. 76), S. 469–486.

McCall-Smith, Kasey L., Mind the Gaps: The ILC Guide to Practice on Reservations to Human Rights Treaties, in: International Community Law Review 2014 (Vol. 16), S. 263–305.

McCall-Smith, Kasey L., Reservations and the Determinative Function of the Human Rights Treaty Bodies, in: German Yearbook of International Law 2011 (Vol. 54), S. 521–564.

McGee, Jeffry / Taplin, Ros, The Asia-Pacific Partnership on Clean Development and Climate: A Retreat from the Principle of Common but Differentiated Responsibilities, in: McGill International Journal of Sustainable Development Law and Policy 2009 (Vol. 5), S. 11–44.

McMahon, J. F., The Legislative Techniques of the International Labour Organization, in: British Yearbook of International Law 1965–1966 (Vol. 41), S. 1–102.

McRae, D. M., The Legal Effect of Interpretative Declarations, in: British Yearbook of International Law 1978 (Vol. 49), S. 155–173.

Mégret, Frédéric, Globalization, in: Wolfrum, Rüdiger (Hrsg.), The Max Planck encyclopedia of public international law (online), Stand: Februar 2009.

Merkouris, Panos, Introduction: Interpretation is a Science, is an Art, is a Science, in: Malgosia (Hrsg.) / Elias, Olufemi (Hrsg.) / Merkouris, Panos (Hrsg.), Treaty Interpretation and the Vienna Convention on the Law of Treaties: 30 Years on, Leiden [u. a.] 2010, S. 1–13.

Messer, Jan, Die Verständlichkeit multilingualer Normen, Göttingen, 2012, zugl. Diss. Univ. Göttingen.

Mik, Cezary, Provisional Application of Treaties from the Vienna Convention to the UN ILC Guide and beyond, in: Polish Review of International and European Law 2022 (Vol. 11), S. 25–78.

Milanovic, Marko, The spatial dimension: Treaties and territory, in: Research Handbook on the Law of Treaties, Tams / Tzanakopoulos / Zimmermann (Hrsg.), Cheltenham [u. a.] 2014, S. 186–221.

Milewicz, Karolina M. /Snidal, Duncan, Cooperation by Treaty: The Role of Multilateral Powers, in: International Organization 2016 (Vol. 70), S. 823–844.

Miltner, Barbara, Territory and Its Relationship to Treaties, in: Bowman, Michael J. (Hrsg.) / Kritsiosotis, Dino (Hrsg.), Conceptual and Contextual Perspectives on the Modern Law of Treaties, Cambridge 2018, S. 468–505.

Minagawa, Takeshi, Operation of Reciprocity under the Option Clause, in: Japanese Annual of International Law 1960 (Vol. 4), S. 32–41.

Misra, Kartikey Vipul, Analysing the 'Self Judging' Nature of Article XXI of the GATT, in: International Journal of Legal Science and Innovation 2022 (Vol. 4), S. 593–606.

Missfeldt, Fanny, Flexibility Mechanisms: Which Path to Take after Kyoto, in: Review of European, Comparative & International Environmental Law 1998 (Vol. 7), S. 128–139.

Mitchell, Andrew / Taubman, Antony / Samlidis, Theodore, The Legal Character and Practical Implementation of a TRIPS Waiver for COVID-19 Vaccines, in: Fordham Intellectual Property, Media & Entertainment Law Journal 2022 (Vol. 33), S. 100–175.

Montag, Frank, Völkerrechtliche Verträge mit vorläufigen Wirkungen: eine Untersuchung ihrer Bedeutung im Völkerrecht sowie im Recht der Vereinigten Staaten von Amerika und der Bundesrepublik Deutschland, Berlin 1986, zugl. Diss. Univ. Bonn 1984/1985.

Montjoie, Michel, Treaty Implementation Applied to Conventions on Nuclear Safety, in: Nuclear Law Bulletin 2015 (Vol. 96), S. 9–34.

Moor, Louise / Simpson, AW Brian, Ghosts of Colonialism in the European Convention on Human Rights, in: British Yearbook of International Law 2006 (Vol. 76), S. 121–193.

Morrison, Richard, Efficient Breach of International Agreements, in: Denver Journal of International Law and Policy 1997 (Vol. 23), S. 183–222.

Mössner, Jörg Manfred, Die Auslegung mehrsprachiger Staatsverträge, in: Archiv des Völkerrechts, 1972 (Vol. 15), S. 273–302.

Mueller, Felix, Is the General Agreement on Tariffs and Trade Article XIX "Unforeseen Developments Clause" Still Effective Under the Agreement on Safeguards?, in: Journal of World Trade 2003 (Vol. 37), S. 1119–1151.

Müller, Konrad, Instrumenta pacis Westphalicae, Bern 1949.

Munter, Johannes, Expanding Object and Purpose - Vienna Convention on the Law of Treaties, Article 18, and the Domestic Courts' Struggle to Deal with It, in: Naval Law Review 2016 (Vol. 65), S. 32–68.

Mus, Jan B., Conflicts between Treaties in International Law, in: Netherlands International Law Review 1998 (Vol. 45), S. 208–232.

Nehls, Benedikt, Die Auslegung mehrsprachiger völkerrechtlicher Verträge – Eine Darstellung der Auslegungsregeln unter Berücksichtigung ihrer historischen Entwicklung, Berlin, 2019, zugl. Diss. Univ. Erlangen-Nürnberg, 2018/2019.

Neuman, Gerald L., Constrained Derogation in Positive Human Rights Regimes, in: Criddle, Evan (Hrsg.), Human Rights in Emergencies, Cambridge 2016, S. 15–31.

Neumayer, Eric, Qualified Ratification: Explaining Reservations to International Human Rights Treaties, in: Journal of Legal Studies 2007 (Vol. 36), S. 397–429.

Ng'ambi, Sangwani Patrick, The Efficient Breach Theory in International Investment Law, in: Northwestern Journal of International Law & Business 2021 (Vol. 41), S. 325–350.

Norris, Robert E. / Reiton, Paula Desio, The Suspension of Guarantees: A Comparative Analysis of the American Convention on Human Rights and the Constitutions of the States Parties, in: American University Law Review 1980 (Vol. 30), S. 189–223.

Oberthur, Sebastian / Bodle, Ralph, Legal Form and Nature of the Paris Outcome, in: Climate Law 2016 (Vol. 6), S. 40–57.

Oberthur, Sebastian / Lefeber, René, Holding Countries to Account: The Kyoto Protocol's Compliance System Revisited after Four Years of Experience in: Climate Law 2010 (Vol. 1), S. 133–158.

Ofosu-Amaah, G. K. A., Observations on Exception Clauses, in: University of Ghana Law Journal 1964 (Vol. 1), S. 110–124.

Orakhelashvili, Alexander, The Interpretation of Acts and Rules in Public International Law, Oxford [u. a.], 2008.

Oxman, Bernard H., The 1994 Agreement and the Convention, in: American Journal of International Law 1994 (Vol. 88), S. 687–696.

Palmer, Geoffrey, New Ways to make International Environmental Law, in: The American Journal of International Law 1992 (Vol. 86), S. 259–283.

Pardey, Ulrich, Unscharfe Grenzen: Über die Haufen-Paradoxie, den Darwinismus und die rekursive Grammatik, in: Journal for General Philosophy of Science 2002 (Vol. 33), S. 323–348.

Parisi, Francesco / Ghei, Nita, The Role of Reciprocity in International Law, in: Cornell International Law Journal 2003 (Vol. 36), S. 93–123.

Parisi, Francesco / Ševčenko, Catherine, Treaty Reservations and the Economics of Article 21(1) of the Vienna Convention, in: Berkeley Journal of International Law 2003 (Vol. 21), S. 1–26.

Park, Tae Jung, Incomplete International Investment Law - Applying the Incomplete Contract Theory, in: University of Cincinnati Law Review 2022 (Vol. 90), S. 1088–1112.

Park, Tae Jung, Reservation List in International Investment Law: An Alternative Flexibility Device for Securing Policy Space, in: North Carolina Journal of International Law 2018 (Vol. XLIII), S. 83–112.

Parpworth, Neil, Constitutional & Administrative Law, 12. Aufl., Oxford 2022.

Paulus, Andreas, Reciprocity Revisited, in: Fastenrath (Hrsg.), From Bilaterism to community interest: essays in honour of Judge Bruno Simma, Oxford [u. a.], 2011, S. 113–137.

Pauwelyn, Joost, A Typology of Multilateral Treaty Obligations: Are WTO Obligations Bilateral or Collective in Nature?, in: European Journal of International Law 2003 (Vol. 14), S. 907–951.

Pauwelyn, Joost, Optimal Protection of International Law, University of St. Gallen Law School, Law and Economics Paper Series, Working Paper No. 2007–27, online verfügbar: https://papers.ssrn.com/sol3/papers.cfm?abstract_id=1019415 [28.07.2025].

Pauwelyn, Joost, The End of Differential Treatment for Developing Countries? Lessons from the Trade and Climate Change Regimes, in: Review of European, Comparative & International Environmental Law 2013 (Vol. 22), S. 29–41.

Pehl, Alexander, Repräsentative Auslegung völkerrechtlicher Verträge, Baden-Baden 2019, zugl.: Diss. Univ. Bonn 2018.

Pelc, Krzysztof J. / Urpelainen, Johannes, When do international economic agreements allow countries to pay to breach?, in: Review of International Organizations 2015 (Vol. 10), S. 231–264.

Pelc, Krzysztof J., How States Ration Flexibility: Tariffs, Remedies, and Exchange Rates as Policy Substitutes, in: World Politics 2011 (Vol. 63), S. 618–646.

Pelc, Krzysztof J., Making and Bending International Rules, New York 2016.

Pelc, Krzysztof J., Seeking Escape: The Use of Escape Clauses in International Trade Agreements, in: International Studies Quarterly 2009 (Vol. 53), S. 349–368.

Pellet, Alain / Müller, Daniel, Reservations to Human Rights Treaties: not an Absolute Evil, in: Fastenrath, Ulrich (Hrsg.), From Bilaterism to community interest: essays in honour of Judge Bruno Simma, Leiden, Boston 2008, S. 521–551.

Pergantis, Vassilis, The Paradigm of State Consent in the Law of Treaties: challenges and perspectives, Cheltenham 2017.

Peters, Anne, Treaties, Unequal, in: Wolfrum, Rüdiger (Hrsg.), The Max Planck encyclopedia of public international law (online), Stand: Februar 2018.

Petersmann, Ernst-Ulrich, Judicial Standards of Review and Administration of Justice in Trade and Investment Law and Adjudication, in: Gruszczynski, Łukasz (Hrsg.) / Werner, Wouter (Hrsg.), Deference in International Courts and Tribunals, Oxford [u. a.], 2014, S. 19–37.

Pietropaoli, Irene, Islamic Reservations to the Convention on the Elimination of All Forms of Discrimination against Women, in: Journal of Human Rights 2019 (Vol. 14), S. 83–108.

Piper, Catherine Logan, Reservations to Multilateral Treaties: The Goal of Universality, in: Iowa Law Review 1985–1986 (Vol. 71), S. 295–322.

Plunkett, David / Sundell, Timothy, Dworkin's interpretivism and the pragmatics of legal disputes, in: Legal Theory 2013 (Vol. 19), S. 242–281.

Polakiewicz, Jörg, Treaty-Making in the Council of Europe, Council of Europe Publishing, 1999.

Politakis, George P., The ILO's Standard-Setting the first hundert years, in: Chesterman, Simon (Hrsg.) / Malone, David M. (Hrsg.) / Villapando, Santiago (Hrsg.) / Ivanovic, Alexandra (Hrsg.), The Oxford Handbook of United Nations Treaties, New York 2019, S. 229–248.

Polzin, Monika, Authentic Interpretations and International Courts: Like Calvin and Hobbes or Tom and Jerry, in: Temple International & Comparative Law Journal 2019 (Vol. 33), S. 247–278.

Posner, Eric A. / Sykes, Alan O., Efficient Breach of International Law: Optimal Remedies, ‚Legalized Noncompliance,' and Related Issues, in: Michigan Law Revue 2011 (Vol. 110), S. 243–294.

Preiswerk, Roy, La réciprocité dans les négociations entre pays à systèmes sociaux, in: Journal du droit international 1967 (Vol. 94), S. 5–40.

Prepeluh, Urska, Die Entwicklung der Margin of Appreciation-Doktrin im Hinblick auf die Pressefreiheit, in: Zeitschrift für ausländisches öffentliches Recht und Völkerrecht 2001 (Vol. 61), S. 771–832.

Prins, Daniël, Creating From Chaos: practitioner reflections on multilateral treaty-making, in: Chesterman, Simon (Hrsg.) / Malone, David M. (Hrsg.) / Villapando, Santiago (Hrsg.) / Ivanovic, Alexandra (Hrsg.), The Oxford Handbook of United Nations Treaties, New York 2019, S. 137–145.

Pritzkow, Sebastian, Das völkerrechtliche Verhältnis zwischen der EU und Russland im Energiesektor: eine Untersuchung unter Berücksichtigung der vorläufigen Anwendung des Energiecharta-Vertrages durch Russland, Heidelberg [u. a.] 2011, zugl. Diss. Univ. Köln, 2009–2010.

Prost, Mario, The Concept of Unity in Public International Law, Oxford [u. a.] 2012.

Provost, René, Interpretation in International Law as a Transcultural Project, in: Bianchi, Andrea (Hrsg.) / Peat, Daniel (Hrsg.) / Windsor, Matthew (Hrsg.), Interpretation in International Law, Oxford 2015, S. 290–308.

Quast Mertsch, Anneliese, The reform measures of ECHR Protocol No. 14 and the provisional application of treaties, in: Fitzmaurice, Malgosia (Hrsg.) / Merkouris, Panos (Hrsg.), The Interpretation and Application of the European Convention of Human Rights, Leiden [u. a.], 2013, S. 33–71.

Ragni, Chiara, Standard of Review and the Margin of Appreciation, in: Gruszczynski, Łukasz (Hrsg.) / Werner, Wouter (Hrsg.), Deference in International Courts and Tribunals, Oxford [u. a.], 2014, S. 319–336.

Rajamani, Lavanya, Ambition and Differentiation in the 2015 Paris Agreement: Interpretative Possibilities and underlying Politics, in: International and Comparative Law Quarterly 2016 (Vol. 65), S. 493–514.

Rajamani, Lavanya, The 2015 Paris Agreement: Interplay Between Hard, Soft and Non-Obligations, in: Journal of Environmental Law 2016 (Vol. 28), S. 337–358.

Ranjan, Prabhash / Gour, Praharsh, The TRIPS Waiver Decision at the World Trade Organization: Too Little Too Late!, in: Asian Journal of International Law 2023 (Vol. 13), S. 10–21.

Rasmusen, Eric Bennett, Explaining Incomplete Contracts as the Result of Contract-Reading Costs, in: Advances in Economic Analysis & Policy 2001 (Vol. 1), S. 1–37.

Ratner, Steven R., Compensation for Expropriations in a World of Investment Treaties: Beyond the lawful/unlawful Distinction, in: American Journal of International Law 2017 (Vol. 111), S. 7–56.

Rayfuse, Rosemary, Standard of Review in the International Tribunal for the Law of the Sea, in: Gruszczynski, Łukasz (Hrsg.) / Werner, Wouter (Hrsg.), Deference in International Courts and Tribunals, Oxford [u. a.], 2014, S. 337–354.

Recanati, François, Compositionality, Flexibility, and Context Dependence, in: Werning, Markus (Hrsg.) / Hinzen, Wolfram (Hrsg.) / Machery, Edourd (Hrsg.), The Oxford Handbook of Compositionality, S. 175–191.

Redgwell, Catherine, Universality or Integrity? Some Reflections on Reservations to General Multilateral Treaties, in: British Yearbook of International Law 1993 (Vol. 64), S. 245–282.

Redgwell, Catherine, Multilateral Environmental Treaty-Making, in: Gowlland-Debbas, Vera (Hrsg.), Multilateral Treaty-making: the current status of challenges to and reforms needed in the international legislative process, The Hague [u. a.], 2000, S. 89–107.

Redgwell, Catherine, Reservations to Treaties and Human Rights Committee General Comment No. 24, in: International and Comparative Law Quarterly 1997 (Vol. 46), S. 390–412.

Reeve, Rosalind, The Convention on International Trade in Endangered Species of Wild Fauna and Flora (CITES), in: Ulfstein, Geir (Hrsg.) / Marauhn, Thilo (Hrsg.) / Zimmermann, Andreas (Hrsg.), Making treaties work, Cambridge [u. a.] 2007, S. 134–160.

Regan, Donald, Sources of International Trade Law: Understanding what the Vienna Convention says about identifying and using 'Sources for Treaty Interpretation', in: Besson, Samantha (Hrsg.) / d'Aspremont, Jean (Hrsg.), The Oxford Handbook on the Sources of International Law Oxford [u. a.] 2017, S. 1047–1065.

Rehbinder, Eckard, Die Rolle der Vertragsgestaltung im zivilrechtlichen Lehrsystem, in: Archiv für die civilistische Praxis 1974 (Vol. 174), S. 265–312.

Rehbinder, Eckard, Vertragsgestaltung, 2. Aufl., Berlin [u. a.] 1993.

Ress, Georg, Die Bedeutung der nachfolgenden Praxis für die Vertragsinterpretation nach der Wiener Vertragsrechtskonvention (WVRK), in: Bieber, Roland (Hrsg.) / Ress, Georg (Hrsg.), Die Dynamik des Europäischen Gemeinschaftsrechts/The dynamics of EC-law: Die Auslegung des Europäischen Gemeinschaftsrechts im Lichte nachfolgender Praxis der Mitgliedsstaaten und der EG-Organe, S. 49–79.

Reuter, Paul, Introduction to the Law of Treaties, 2. rev. Aufl., London u. a., 1995.

Riechmann, Thomas, Spieltheorie, 4. Aufl., München 2014.

Riedel, Eibe / Söllner, Sven, Studiengebühren im Lichte des UN-Sozialpakts, in: JZ 2006 (Vol. 61), S. 270–277.

Rohls, Wilhelm, Die Voraussetzungen der Clausula Rebus Sic Stantibus im Völkerrecht, Münster 1989, zugl. Diss. Univ. Münster 1989.

Romanin Jacur, Francesca, The making of international environmental law, in: Brölmann, Catherine (Hrsg.) / Radi, Yannick (Hrsg.), Research Handbook on the Theory and Practice of International Lawmaking, Cheltenham [u. a.] 2016, S. 419–441.

Romanin Jacur, Francesca, The Non-Compliance Procedure of the 1987 Montreal Protocol to the 1985 Vienna Convention on Substances that Deplete the Ozone Layer, in: Treves, Tullio (Hrsg.) / Tanzi, Attila (Hrsg.) / Pitea, Cesare (Hrsg.) / Ragni, Chiara (Hrsg.) / Pineschi, Laura (Hrsg.), Non-Compliance Procedures and Mechanisms and the Effectiveness of International Environmental Agreements, Den Haag 2009, S. 11–32.

Romanin Jacur, Francesca, Triggering Non-Compliance Procedures, in: Treves, Tullio (Hrsg.) / Tanzi, Attila (Hrsg.) / Pitea, Cesare (Hrsg.) / Ragni, Chiara (Hrsg.) / Pineschi, Laura (Hrsg.), Non-Compliance Procedures and Mechanisms and the Effectiveness of International Environmental Agreements, Den Haag 2009, S. 373–387.

Rosendorff, B. Peter / Milner, Helen V., The Optimal Design of International Trade Institutions: Uncertainty and Escape, in: International Organizations 2001 (Vol. 55), S. 829–857.

Rosendorff, B. Peter, Stability and Rigidity: Politics and Design of the WTO's Dispute Settlement Procedure, in: The American Political Science Review 2005 (Vol. 99), S. 389–400.

Rosenne, Shabtai, The Law and Practice of the International Court 1920–2005, Vol. II Jurisdiction, Leiden [u. a.], 2006.

Rowell, Arden / van Zeben, Josephine, A New Status Quo? The Psychological Impact of the Paris Agreement on Climate Change, in: European Journal of Risk Regulation 2016 (Vol. 7), S. 49–53.

Ruda, Jóse M., Reservations to Treaties, in: Recueil des Cours 1975 III, S. 95–218.

Ruda, Jóse M., Terminación y suspensión de los tratados, in: Bello, Emmanuel (Hrsg.) / Ajibola, Bola (Hrsg.), Essays in Honour of Jugde Taslim Olawale Elias, Vol. I., Dordrecht [u. a.] 1992, S. 93116.

Rydberg, Agnes Viktoria, The Duty to Safeguard the Object and Purpose of Pending Treaties: A Closer Examination of Article 18 VCLT, Leiden 2024.

Sabanogullari, Levent, General Exception Clauses in International Investment Law, The Recalibration of Investment Agreements via WTO-Based Flexibilities, Baden-Baden 2018, zugl. Diss. Univ. Heidelberg.

Sachariew, K., State responsibility for multilateral treaty violations, in: Netherlands International Law Review 1988 (Vol. XXXV), S. 273–289.

Sagemueller, Imke, Non-Compliance Procedures under the Cartagena Protcol: A Wise Decision for a Soft Approach, in: New Zealand Journal of Environmental Law 2005 (Vol. 9), S. 163–208.

Saliba, Aziz Tuffi / Fernandes Barbosa, Lutiana Valadares, Djibouti v. France Reflections on the Jurisprudential Contributions on the Judgment, in: Revista da Faculdade de Direito da Universidade Federal de Minas Gerais 2023 (Vol. 82), S. 57–74.

Samuelson, William / Zeckhauser, Richard, Status Quo Bias in Decision Making, in: Journal of Risk and Uncertainty 1988 (Vol. 1), S. 7–59.

Sandler, Todd, Treaties: Strategic considerations, in: University of Illinois Law Review 2008 (Vol. 2008), S. 155–179.

Sands, Philippe / Commission, Jeffrey, Treaty, Custom and Time: Interpretation/Application?, in: Fitzmaurice, Malgosia (Hrsg.) / Elias, Olufemi A. (Hrsg.) / Merkouris, Panos (Hrsg.), Treaty Interpretation and the Vienna Convention on the Law of Treaties: 30 Years on, Leiden [u. a.] 2010, S. 39–58

Saner, Raymond, The Expert Negotiator, Leiden, 4. Aufl. 2012.

Schabas, William A., Reservations to the Convention on the Rights of the Child, in: Human Rights Quarterly 1996 (Vol. 18), S. 472–491.

Schiffer, Stephan, A Little Help from Your Friends, in: Legal Theory 2001 (Vol. 7), S. 421–432.

Schill, Stephan / Briese, Robyn, "If the State Considers": Self-Judging Clauses in International Dispute Settlement, in: Max Planck Yearbook of International Law 2009 (Vol. 13), S. 61–140.

Schimmelfennig, Frank / Leuffen, Dirk / Rittberger, Berthold, The European Union as a system of differentiated integration: interdependence, politicization and differentiation, in: Journal of European Public Policy 2015 (Vol. 22), S. 764–782.

Schmidt, Jürgen, Vorbehalte zu multilateralen Verträgen unter dem Aspekt des intertemporalen Völkerrechts – eine Untersuchung am Beispiel des Genfer Giftgasprotokolls vom 17. Juni 1925, Bochum 1992, zugl. Diss. Univ. Bochum 1991.

Schneeberger, Ernst, Reciprocity as a Maxim of International Law, in: Georgetown Law Journal 1948 (Vol. 37), S. 29–41.

Schreuer, Christoph, Derogation of Human Rights in Situations of Public Emergency: The Experience of the European Convention on Human Rights, in: The Yale Journal of World Public Order 1982 (Vol. 9), S. 113–132.

Schreuer, Christoph, State Sovereignty and the Duty of States to Cooperate – Two Incompatible Notions? (Summary and Comments), in: Delbrück, Jost (Hrsg.) / Heinz, Ursula (Hrsg.), International Law of Cooperation and State Sovereignty, Proceedings of an International Symposium of the Kiel Walther-Schücking-Institute of International Law, May 23–26, 2001, S. 163–180.

Schropp, Simon A. B., Trade Policy Flexibility and Enforcement in the World Trade Organization, Cambridge u. a., 2009.

Schulte, Henrike, Zur Übertragbarkeit der Margin-of-appreciation-Doktrin des EGMR auf die Rechtsprechung des EuGH im Bereich der Grundfreiheiten, Baden-Baden 2018, zugl.: Konstanz, Univ., Diss., 2018.

Sellheim, Nikolas /Morishita, Jōji, Japan's Withdrawal from International Whaling Regulation, New York 2024.

Servais, J. M., Flexibility and rigidity in international labour standards, in: International Labour Review 1986 (Vol. 125), S. 193–208.

Setear, John K., Responses to Breach of a Treaty and Rationalist International Relations Theory, in: Virginia Law Review 1997 (Vol. 83), S. 1–126.

Shany, Yuval, Toward a General Margin of Appreciation Doctrine in International Law?, in: European Journal of International Law 2006 (Vol. 16), S. 907–940.

Shelton, Dinah, Hierarchy of Norms and Human Rights: Of Trumps and Winners, in: Saskatchewan Law Review 2002 (Vol. 65), S. 301–331.

Shelton, Dinah, Reconcilable Differences - The Interpretation of Multilingual Treaties, in: Hastings International and Comparative Law Review 1997 (Vol. 20), S. 611–638.

Shirlow, Esmé, Judging at the Interface: deference to state decision-making authority in international adjudication, Cambridge 2021.

Sicilianos, Linos-Alexander, The Classification of Obligations and the Multilateral Dimension of the Relations of International Responsibility, in: European Journal of International Law 2002 (Vol. 13), S. 1127–1145.

Sicilianos, Linos-Alexander, The Relationship Between Reprisals and Denunciation or Suspension of a Treaty, in: European Journal of International Law 1993 (Vol. 4), S. 341–359.

Simma, Bruno / Tams, Christian J., Reacting against Treaty Breaches, in: Hollis, Duncan B. (Hrsg.), The Oxford Guide to Treaties, 2. Aufl., New York, 2020, S. 568 594.

Simma, Bruno, Das Reziprozitätselement im Zustandekommen völkerrechtlicher Verträge: Gedanken zu einem Bauprinzip der internationalen Rechtsbeziehungen, Habil.-Schrift Universität Innsbruck, Berlin 1972.

Simma, Bruno, From Bilateralism to Community Interest, in: Recueil des Cours 1994 IV (Vol. 248), S. 219–384.

Simma, Bruno, Reciprocity, in: Wolfrum, Rüdiger (Hrsg.), The Max Planck encyclopedia of public international law (online), Stand: April 2008.

Simma, Bruno, Reservations to Human Rights Treaties: Some Recent Developments, in: Rest, Alfred u. a. (Hrsg.), Liber Amicorum Professor

Seidl-Hohenveldern in Honour of his 80th Birthday, Leiden [u. a.] 1998, S. 659–682.

Simonsick, William, Is Provisional Application on the Rise in International Investment Agreements: The European Union's Recent Treaty Practice and the Curious Case of Von Pezold, in: Nordic Journal of International Law 2019 (Vol. 88), S. 180–215.

Snidal, Duncan, Coordination versus Prisoners' Dilemma: Implications for International Cooperation and Regimes, in: The American Political Science Review 1985 (Vol. 79), S. 923–942.

Sohn, Louis B., International Law Implications of the 1994 Agreement, in: American Journal of International Law 1994 (Vol. 88), S. 696–705.

Spamann, Holger, Standard of Review for World Trade Organization Panels in Trade Remedy Cases: a Critical Analysis, in: Journal of World Trade 2004 (Vol. 38), S. 509–555.

Stahl, Sandra, Schutzpflichten im Völkerrecht, Heidelberg [u. a.] 2012, zugl. Diss., Univ. Hamburg.

Steinbach, Armin / van Aaken, Anne, Ökonomische Analyse des Völker- und Europarechts, Tübingen 2019.

Stern, Brigitte, Interpretation in international Trade Law, in: Fitzmaurice, Malgosia (Hrsg.) / Elias, Olufemi (Hrsg.) / Merkouris, Panos (Hrsg.), Treaty Interpretation and the Vienna Convention on the Law of Treaties: 30 Years on, Leiden [u. a.] 2010, S. 111–128.

Stone, Christopher D., Common but Differentiated Responsibilities in International Law, in: American Journal of International Law 2004 (Vol. 98), S. 276–301.

Stubb, Alexander, Negotiating Flexibility in the European Union, Basingstoke [u. a.] 2002.

Stützel, Maximilian, Innerstaatliche Gewaltenteilung und vorvertragliche Pflichten bei völkerrechtlichen Verträgen – Das Frustrationsverbot und die vorläufige Anwendung im Spannungsverhältnis zur innerstaatlichen Gewaltenteilung, Berlin 2022, zugl. Diss. Univ. Freiburg 2020.

Subritzky, Monika, An Analysis of the Treaty on the Prohibition of Nuclear Weapons in Light of Its Form as a Framework Agreement, in: Goettingen Journal of International Law 2019 (Vol. 9), S. 367–384.

Sulyok, Katalin, Science, Legitimacy, and the Judicial Funktion, in: Kajtár, Gábor (Hrgs.), Secondary Rules of Primary Importance, Oxford 2022, S. 83–101.

Suy, Eric, Les actes juridiques unilatéraux en droit international public, Paris 1962.

Swaine, Edward T., Reserving, in: The Yale Journal of International Law 2006 (Vol. 31), S. 307–366.

Switzer, Stephanie, A Contract Theory Approach to Special and Differential Treatment and the WTO, in: Journal of International Trade Law and Policy 2017 (Vol. 16), S. 126–140.

Szafarz, Renata, Reservations to Multilateral Treaties, in: Polish Yearbook of International Law 1970 (Vol. 3), S. 293–316.

Tams, Christian J. (Hrsg.), Tzanakopoulos, Antonios (Hrsg.), Zimmermann, Andreas (Hrsg.), Research Handbook on the Law of Treaties, Cheltenham [u. a.] 2014.

Tams, Christian J., Individual States as Guardians of Community Interests, in: Fastenrath, Ulrich (Hrsg.) / Geiger, Rudolf (Hrsg.) / Khan, Daniel-Erasmus (Hrsg.) / Paulus, Andreas (Hrsg.) / von Schorlemer, Sabine (Hrsg.) / Vedder, Christoph (Hrsg.), From Bilateralism to community interest – Essays in Honour of Judge Bruno Simma, Oxford [u. a.] 2011, S. 379–405.

Tams, Christian J., Regulating Treaty Breaches, in: Bowman, Michael J. (Hrsg.) / Kritsiosotis, Dino (Hrsg.), Conceptual and Contextual Perspectives on the Modern Law of Treaties, Cambridge 2018, S. 440–467.

Tams, Christian, Enforcing Obligations Erga Omnes in International Law, Cambridge [u. a.] 2005.

Teichman, Doron / Zamir, Eyal, Nudge Goes International, in: European Journal of International Law 2019 (Vol. 30), S. 1263–1280.

Templeton, Jessica / Kohler, Pia, Implementation and Compliance under the Minamata Convention on Mercury, in: Review of European, Comparative & International Environmental Law 2014 (Vol. 23), S. 211–220.

Tempone, Eduardo, Special and Differential Treatment, in: Wolfrum, Rüdiger (Hrsg.), The Max Planck encyclopedia of public international law (online), Stand: Dezember 2014.

Thaler, Michael, Mehrdeutigkeit und juristische Auslegung, Wien [u. a.], 1982.

Thompson, Alexander, Applying rational choice theory to international law: The promise and pitfalls, in: The Journal of Legal Studies 2002 (Vol 31), S. 285–306.

Thompson, Alexander, Rational design in motion: Uncertainty and flexibility in the global climate regime, in: European Journal of International Relations 2010 (Vol. 16), S. 269–296.

Thomson, Robert, Resolving controversy in the European Union: legislative decision-making before and after enlargement, Cambridge u. a. 2011.

Tietje, Christian, The Changing Legal Structure of International Treaties as an Aspect of an Emerging Global Governance Architecture, in: German Yearbook of International Law 1999 (Vol. 42), S. 26–55.

Tino, Elisa, The Unilateral Termination of Provisional Application of Treaties, in: Pascale, Giuseppe (Hrsg.) / Tonolo, Sara (Hrsg.), The Vienna Convention on the Law of Treaties – The Role of the Treaty on Treaties in Contemporary International Law, Napoli 2022, S. 67–101.

Torres-Bernardez, Santiago, Reciprocity on the System of Compulsory Jurisdiction and in Other Modalities of Contentious Jurisdiction Exercised by the International Court of Justice, in: Bello, Emmanuel G. (Hrsg.) / Ajibola, Prince Bola A. (Hrsg.), Essays in Honour of Judge Taslim Olawale Elias, Vol. I, Contemporary International Law and Human Rights, Dordrecht [u. a.], 1992, S. 291–329.

Trindade, Antônio Augusto Cançado, The access of individuals to international justice, Oxford [u. a.], 2011.

Troitskiy, Mikhail, When is "Enough" Enough? Unvertainty, in: Zartman, I. William (Hrsg.), How Negotiations end, Cambridge 2019, S. 238–255.

Turk, Matthew C., Reversing the Two Wrong Turns in the Economic Analysis of International Law: A Club Goods Theory of Treaty Membership & the European Integration, in: Berkeley Journal of International Law 2018 (Vol. 36), S. 446–504.

Tyagi, Yogesh, The Conflict of Law and Policy on Reservations to Human Rights Treaties, in: British Yearbook of International Law 2000 (Vol. 71), S. 181–258.

Tyc, Vladimir / Janku, Linda / Sipulova, Katarina, Reservations to Human Rights Treaties: A Case Study on the Practice of Czechoslovakia and

Its Successor States, in: International Community Law Review 2014 (Vol. 16), S. 371–400.

Ulfstein, Geir / Marauhn, Thilo / Zimmermann, Andreas, Introduction, in: Ulfstein, Geir (Hrsg.) / Marauhn, Thilo (Hrsg.) / Zimmermann, Andreas (Hrsg.), Making treaties work, Cambridge [u. a.] 2007, S. 3–12.

Ulfstein, Geir, Dispute resolution, compliance control and enforcement in international environmental law, in: Ulfstein, Geir (Hrsg.) / Marauhn, Thilo (Hrsg.) / Zimmermann, Andreas (Hrsg.), Making treaties work, Cambridge [u. a.] 2007, S. 115–133.

Ulfstein, Geir, Reweaving the Fabric of International Law? Patterns of Consent in Environmental Framework Agreements - Comment, in: Wolfrum/Röben (Hrsg.), Developments of International Law in Treaty Making, S. 145–153.

Vagts, Detlef F., Rebus Revisited: Changed Circumstances in Treaty Law, in: Columbia Journal of Transnational Law 2005 (Vol. 43), S. 459–476.

Valticos, Nicolas, The ILO: A Retrospective and Future View, in: International Labour Review 1996 (Vol. 135), S. 473–480.

Van Aaken, Anne, Die vielen Wege zur Effektuierung des Völkerrechts, in: RW Rechtswissenschaft 2013 (Vol. 4), S. 227–262.

Van Aaken, Anne / Broude, Tomer, Behavioral economic analysis of international law, in: Economic Analysis of International Law, in: Kontorovich, Eugene (Hrsg.) / Parisi, Francesco (Hrsg.), Economic Analysis of International Law, Cheltenham, UK, Northampton, MA, USA 2016, S. 249–275.

Van Aaken, Anne / Stradner, Ivana, Economic Analysis of International Law, in: Deplano, Rossana (Hrsg.) / Tsagourias, Nikolaos K. (Hrsg.), Research Methods in International Law, Cheltenham 2021, S. 366–384.

Van Aaken, Anne, Behavioral International Law and Economics, in: Harvard International Law Journal 2014 (Vol. 55), S. 421–481.

Van Aaken, Anne, Between Commitment and Flexibility: The Fragile Stability of the International Investment Protection Regime, University. of St. Gallen Law & Economics Working Paper No. 2008–23, online verfügbar: https://ssrn.com/abstract=1269416 [28.07.2025].

Van Aaken, Anne, International Investment Law between Commitment and Flexibility: A Contract Theory Analysis, in: Journal of International Economic Law 2009 (Vol. 12), S. 507–538.

Van Aaken, Anne, Smart Flexibility Clauses in International Investment Treaties and Sustainable Development, in: The Journal of World Investment & Trade 2014 (Vol. 15), S. 827–861.

Van Asselt, Harro / Gupta, Joyeeta, Stretching Too Far - Developing Countries and the Role of Flexibility Mechanisms beyond Kyoto, in: Stanfort Environmental Law Journal 2009 (Vol. 28), S. 311–380.

Van Asselt, Harro, Between the Devil and the Deep Blue Sea: Enhancing Flexibility in International Climate Change Law, in: Netherlands Yearbook of International Law 2014 (Vol. 45), S. 255–286.

Van Damme, Isabelle, Treaty Interpretation by the WTO Appellate Body, Oxford 2009.

Van Genugten, Willem /van Gestel, Rob /Groenhuijsen, Marc /Letschert, Rianne, Loopholes, Risks and Ambivalences in international Lawmaking: The Case of Framework Convention on Victims' Rights, in: Netherlands Yearbook of International Law 2006 (Vol. XXXVII), S. 109–154.

Van Loon, Aukje, The Selective Politicization of Transatlantic Trade Negotiations, in: Politics and Governance 2020 (Vol. 8), S. 325–335.

Verdini Trejo, Bruno, Winning Together, Cambridge, Massachusetts, 2017.

Verdross, Alfred / Simma, Bruno, Universelles Völkerrecht: Theorie und Praxis, 3. Aufl., Berlin 1984.

Verhoeven, Joe, The Law of Responsibility and the Law of Treaties, in: Crawford, James / Pellet, Allain / Olleson, Simon (Hrsg.), The Law of International Responsibility, Oxford [u. a.] 2010, Kap. 11, S. 105–113.

Vierdag, E. W., The legal nature of the rights granted by the International Covenant on Economic, Social and Cultural Rights, in: Netherlands Yearbook of International Law 1978 (Vol. 9), S. 69–105.

Villagram-Kramer, Francisco, Les actes unilatéraux dans le cadre de la jurisprudence international, in: ILC (Hrsg.), International Law on the Eve of the Twenty-First Century, New York 1997, S. 137–161.

Villiger, Mark E., Commentary on the 1969 Vienna Convention on the Law of Treaties, Leiden [u. a.] 2009.

Virally, Michel, Le principe de réciprocité dans le droit international contemporain, in: Recueil des Cours 1967-III (Vol. 122), S. 1–105.

Virally, Michel, Les clauses échappatoires en matière d'instruments internationaux relatifs aux droits de l'homme, in: Universitè catholique de Louvain (Hrsg.), Brüssel [u. a.], 1982.

Voelcker, Franziska Marie, Schutzklauseln als Grenzpunkte internationaler Integration, Baden-Baden 2020, zugl. Diss. Univ. Konstanz 2019.

Voigt, Christina / Ferreira, Felipe, 'Dynamic Differentiation': The Principles of CBDR-RC, Progression and Highest Possible Ambition in the Paris Agreement, in: Transnational Environmental Law 2016 (Vol. 5), S. 285–303.

Voigt, Christina / Ferreira, Felipe, Differentiation in the Paris Agreement, in: Climate Law 2016 (Vol. 6), S. 58–74.

Voigt, Christina, The Compliance and Implementation Mechanism of the Paris Agreement, in: Review of European Community & International Environmental Law 2016 (Vol. 25), S. 161–173.

Von Arnauld, Andreas, Völkerrecht, 5. Auf. Heidelberg 2023.

Von Rochow, Moritz, Transnationale Nomaden im Völkerrecht, Berlin 2019, zugl. Diss. Bucerius Law School – Hochschule für Rechtswissenschaft Hamburg, 2018.

Von Stein, Jana, The International Law and Politics of Climate Change – Ratifications of the United Nations Framework Convention and the Kyoto Protocol, in: Journal of Conflict Resolution 2008 (Vol. 52), S. 243–268.

Vordermayer, Markus, The Extraterritorial Application of Multilateral Environmental Agreements, in: Harvard International Law Journal 2018 (Vol. 59), S. 59–124.

Waibel, Michael, Uniformity versus specialization (2): A uniform regime of treaty interpretation?, in: Research Handbook on the Law of Treaties, Tams, Christian (Hrsg.) / Tzanakopoulos, Antonios (Hrsg.) / Zimmermann, Andreas (Hrsg.), Cheltenham [u. a.] 2014, S. 375–412.

Waldock, C. H. M., The decline of the Optional Clause, in: British Yearbook of International Law 1955–1956 (Vol. 32), S. 244–287.

Waldron, Jeremy, Vagueness in Law and Language, in: California Law Review 1994 (Vol. 82), S. 509–540.

Watson, J. S., Autointerpretation, Competence, and the Continuing Validity of Article 2(7) of the UN Charter, in: American Journal of International Law 1977 (Vol. 71), S. 60–83.

Weber, Felix, Notstandskontrolle : Notstand und Beurteilungsspielraum in der Praxis des Europäischen Gerichtshofs für Menschenrechte, Baden-Baden 2019, zugl. Diss. Univ. Konstanz 2018.

Weber, Marc Andree, The Non-Conservativeness of Legal Definitions, in: Keil, Geert (Hrsg.) / Poscher, Ralf (Hrsg.), Vagueness and law, Oxford, New York 2016, S. 189–203.

Weisslitz, Micheal, Rethinking the Equitable Principle of Common but Differentiated Responsibility: Differential versus Absolute Norms of Compliance and Contribution in the Global Climate Change Context in: Colorado Journal of International Environmental Law & Policy 2002 (Vol. 13), S. 473–510.

Whelan, Ariana, Reciprocity in International Public Law, Cambridge 2023.

Whytock, Christopher, A Rational Design Theory of Transgovernmentalism: The Case of E.U.-U.S. Merger Review Cooperation, in: Boston University International Law Journal 2005 (Vol. 23), S. 1–53.

Wild, Florian, Flexibilität in multilateralen Instrumenten: eine völkerrechtliche Untersuchung anhand der Rechtsetzung der Internationalen Arbeitsorganisation unter Berücksichtigung der Vergleichbarkeit der Ergebnisse für die multilaterale Rechtsetzung anderer internationaler Organisationen, Frankfurt am Main 1992, Zugl.: Diss., Mannheim, Univ.

Wittich, Stephan, Domestic Implementation and the Unity of International Law, in: Zimmermann, Andreas (Hrsg.) / Hoffmann, Rainer (Hrsg.), Unity and Diversity in International Law, Proceedings of an International Symposium of the Kiel Walther Schücking Institute of International Law, November 4–7, 2004, Berlin 2006, S. 345–372.

Wold, Chris, Implementation of Reservations Law in International Environmental Treaties: The Cases of Cuba and Iceland, in: Colorado Journal of International Environmental Law and Policy 2003 (Vol. 14), S. 53–118.

Wolfrum, Rüdiger / Pichon, Jakob, Consensus, in: Wolfrum, Rüdiger (Hrsg.), The Max Planck encyclopedia of public international law (online), Stand: Oktober 2010.

Wolfrum, Rüdiger, International, in: Wolfrum, Rüdiger (Hrsg.), The Max Planck encyclopedia of public international law (online), Stand: November 2006.

Wolfrum, Rüdiger, Obligation of Result Versus Obligation of Conduct: Some Thoughts About the Implementation of International Obligations, in: Arsanjani, Mahnoush H. (Hrsg.) / Cogan, Jacob (Hrsg.) / Sloane, Robert D. (Hrsg.) / Wiessner, Siegfried (Hrsg.), Looking to the Future – Essays on International Law in Honor of W. Michael Reisman, Leiden [u. a.], 2010, S. 363–384.

Xiouri, Maria, Problem in the Relationship between the Termination or Suspension of a Treaty on the Ground of Its Material Breach and Countermeasures, in: Queen Mary Journal 2015 (Vol. 6), S. 63–76.

Xiouri, Maria, The Breach of a Treaty, Leiden [u. a.] 2021.

Yee, Lionel, Law of Treaties practitioner reflection, in: Chesterman, Simon / Malone, David M. / Villapando, Santiago / Ivanovic, Alexandra (Hrsg.), The Oxford Handbook of United Nations Treaties, New York 2019, S. 513–520.

Young, Katharine G., Waiting for Rights: Progressive Realization and Lost Time, in: Young, Katherine G. (Hrsg.), The future of economic and social rights Cambridge 2019, S. 654–683.

Young, Oran R., International Governance – Protecting the Environment in a stateless Society, New York 1994.

Zhang, Grace, Elasticity of vague language, in: Intercultural Pragmatics 2011 (Vol. 8), S. 571–599.

Zhang, Qiao, Fuzziness – vagueness – generality – ambiguity, in: Journal of Pragmatics 1998 (Vol. 29), S. 13–31.

Zhang, Xinjun, Intentional Ambiguity and the rule of Interpretation in Auto-Interpretation, in: Japanese Yearbook of International Law 2009 (Vol. 52), S. 35–66.

Ziemele, Ineta / Liede, Lāsma, Reservations to Human Rights Treaties: From Draft Guideline 3.1.12 to Guideline 3.1.5.6, in: European Journal of International Law 2013 (Vol. 24), S. 1135–1152.

Zimmermann, Andreas (Hrsg.) / Tomuschat, Christian (Hrsg.) / Oellers-Frahm, Karin (Hrsg.), The Statute of the International Court of Justice – A Commentary, 3. Aufl. Oxford [u. a.] 2019.

Zvobgo, Kelebogile / Sandholtz, Wayme / Mulesky, Suzie, Reserving Rights: Explaining Human Rights Treaty Reservations, in: International Studies Quarterly 2020 (Vol. 64), S. 785–797.

Sonstige Quellen

Auswärtiges Amt, Richtlinien für die Behandlung völkerrechtlicher Verträge gemäß § 72 Absatz 6 GGO, Stand 28. Januar 2021. Online abrufbar: https://www.auswaertiges-amt.de/blob/2481616/31364feaa9019e4a9281796ceda6362d/rvv-data.pdf [28.07.2025].

Fragistas, Ch. N., Rapport explicatif de M. Ch. N. Fragistas, in: Bureau permanent de la Conférence, Conférence de la Haye, Actes et documents de la session extraordinaire, Den Haag 1966, S. 360–388.

Lošek, Fritz (Hrsg.), Stowasser: Lateinisch-deutsch Schulwörterbuch, München, völlige Neubearbeitung 2016.

Memorandum by the Director of the International Labour Office to the Committee of Experts for the Codification of International Law, in: League of Nations, Official Journal 1927, S. 882–884.

Schenker, Claudia, Federal Department of Foreign Affairs FDFA, Practice Guide to Treaties der Schweiz, Edition 2015.

Sprachendienst des Auswärtigen Amtes, Standardformulierungen für deutsche Vertragstexte, 4. Aufl. Berlin 2004.

www.ingramcontent.com/pod-product-compliance
Ingram Content Group UK Ltd.
Pitfield, Milton Keynes, MK11 3LW, UK
UKHW020715041026
15590UKWH00002B/691

9 783631 941584